BRIEFE AN
VOLKMAR ANDREAE

BRIEFE AN VOLKMAR ANDREAE

EIN HALBES JAHRHUNDERT ZÜRCHER MUSIKLEBEN
1902–1959

Herausgegeben von Margaret Engeler
in Zusammenarbeit mit Ernst Lichtenhahn
Einleitung von Gerold Fierz
Beiträge von
Andres Briner
Roman Brotbeck
Max Favre
Kurt von Fischer
Ernst Lichtenhahn
Fritz Müller
Marianne Savoff-Andreae
Hans Peter Schanzlin
Willi Schuh
Josef Willimann
Alfred Zimmerlin

ATLANTIS MUSIKBUCH-VERLAG

Patronatskomitee:
Dr. Thomas Wagner, Stadtpräsident von Zürich
Hans J. Bär, Präsident der Tonhalle-Gesellschaft Zürich
Prof. Dr. Ernst Lichtenhahn, Universität Zürich

Diese Publikation wurde unterstützt durch Beiträge folgender Institutionen:
Cassinelli-Vogel Stiftung
Schweizerischer Bankverein
Bank Julius Bär & Co.
Georges und Jenny Bloch-Stiftung
Ernst Göhner-Stiftung
Ulrico Hoepli-Stiftung
Migros Genossenschafts-Bund
Schweizerische Rückversicherungs-Gesellschaft
Ernst von Siemens-Stiftung
Dr. Adolf Streuli-Stiftung

© 1986 Atlantis Musikbuch-Verlag AG, Zürich
Dr. Daniel Bodmer
Schutzumschlag: Heinz Unternährer, Zürich
Herstellung: Wilhelm Röck, Weinsberg
Printed in Germany
ISBN 3-254-00122-2

INHALT

Margaret Engeler
VORWORT
7

Gerold Fierz
VOLKMAR ANDREAE UND DAS MUSIKLEBEN ZÜRICHS
11

Fritz Müller
FRIEDRICH HEGAR UND VOLKMAR ANDREAE
51

Roman Brotbeck
DIE REGER-BRIEFE IM ANDREAE-NACHLASS
69

Kurt von Fischer
BRIEFE VON GUSTAV MAHLER
100

Hans Peter Schanzlin
ANDREAE UND BASEL: DIE BRIEFE HANS HUBERS UND HERMANN SUTERS
103

Max Favre
DER SINFONIKER FRITZ BRUN IM SPIEGEL SEINER BRIEFE AN VOLKMAR ANDREAE
127

Kurt von Fischer
BRIEFE VON BÉLA BARTÓK
140

Ernst Lichtenhahn
ANDREAES BEZIEHUNGEN ZU FRIEDRICH KLOSE
150

Alfred Zimmerlin
ARNOLD SCHÖNBERGS «GURRELIEDER» –
EINE IN ZÜRICH GEPLANTE AUFFÜHRUNG
164

Willi Schuh
RICHARD STRAUSS AN VOLKMAR ANDREAE
185

Joseph Willimann
FERRUCCIO BUSONI UND VOLKMAR ANDREAE
200

Marianne Savoff / Margaret Engeler
DIE BEZIEHUNGEN VOLKMAR ANDREAES
ZU FRITZ UND ADOLF BUSCH

Kurt von Fischer
BRIEFE VON ZOLTÁN KODÁLY
248

Andres Briner
VOLKMAR ANDREAE UND PAUL HINDEMITH
257

Ernst Lichtenhahn
AUS VOLKMAR ANDREAES BRIEFWECHSEL
MIT WILLY BURKHARD
266

GESAMTVERZEICHNIS DER BRIEFE VON MUSIKERN
AN VOLKMAR ANDREAE
277

Bemerkungen zu den Regesten
277

Regesten
279

Personen- und Werkregister
415

Verzeichnis der Abbildungen und Faksimiles
427

VORWORT

Nachdem mir die Familie Andreae die umfangreiche Briefsammlung von Volkmar Andreae zur wissenschaftlichen Erschließung übergeben hatte, erwies sich sehr bald, daß es sich dabei um einen ganz besonders wertvollen Schatz zeit- und musikgeschichtlicher Dokumente handelt. In diesen Briefen wird das Zürcher Musikleben eines halben Jahrhunderts in seiner Vielfalt und in seiner Einmaligkeit besonders auch in schwierigen Zeiten deutlich. Es widerspiegeln sich in Hunderten von Briefen und Karten fast alle großen Persönlichkeiten, die das Musikleben in der ersten Hälfte unseres Jahrhunderts mitgeprägt haben.

Ich durfte mich glücklich schätzen, daß eine Reihe bedeutender Musiker und Musikwissenschaftler sich an diesem Material begeisterten. Ihre Arbeit ermöglichte es, daß mit dem vorliegenden Band vom Reichtum der Briefsammlung einiges erschlossen werden konnte. Allen voran zu nennen ist Prof. Dr. Ernst Lichtenhahn vom musikwissenschaftlichen Institut der Universität Zürich, der mir bei diesem Projekt mit Rat und Tat hilfreich zur Seite stand.

Unser Ziel war, dem Musikfreund ein paar wichtige musik- und geistesgeschichtliche Höhepunkte aus dieser Korrespondenz zu vermitteln, sie kritisch zu beleuchten und in den Zusammenhang des Zürcher Musik- und Kulturlebens zu stellen.

Mit seinem einleitenden Kapitel über das Musikleben Zürichs macht Gerold Fierz anhand von Originaldokumenten aus dem Archiv der Tonhallegesellschaft den kulturellen Rahmen deutlich, in dessen Bezugsfeld die Korrespondenz der einzelnen Briefsteller steht. Von diesen Briefstellern haben wir die in ihrem Einfluß wichtigsten Autoren herausgegriffen. Sie werden in einzelnen Beiträgen von führenden Experten behandelt. Dabei zeigten sich für jeden Briefsteller Perioden intensiverer Korrespondenz. Die einzelnen Korrespondenzen erscheinen in diesem Buch solchen Häufungen entsprechend in einer ungefähren chronologischen Ordnung. So ergibt sich ein Bild von Andreaes Beziehungen über die Jahrzehnte, vom Vorgänger und väterlichen Ratgeber Friedrich Hegar bis zur freundschaftlichen Anteilnahme Andreaes am Leben und Werk von Willy Burkhard. In den Fachbeiträgen werden je nach der Beschaffenheit der Korrespondenz verschiedene Darstellungsmethoden verwendet; die Briefgegenstände sind wie die persönlichen Beziehungen zu den Briefstellern sehr vielfältig. Bei Hindemith ist z. B. eine geschlossene und zusammenhängende Darstellung der Beziehung möglich, während etwa bei den Schönberg-Briefen wegen des wichtigen musikalischen Inhaltes ein vollständiger Abdruck und ihre Bearbeitung vornehmlich in den Anmerkungen angemessen ist. Die Titel der Beiträge deuten demgemäß auf das Hauptthema des Briefwechsels bzw. auf die Natur des Verhältnisses zwischen dem Briefsteller und Volkmar Andreae hin.

Natürlich ist in diesen Beiträgen nur ein Teil des vielfältigen musikalischen, zeitgeschichtlichen und persönlichen Materials verarbeitet. Der Zweck der von uns bearbeiteten Regesten, in denen die Hauptinhalte der Briefe in kurzen Worten charakterisiert werden, und des zugehörigen Werk- und Personenregisters, ist deshalb, das Gros des Nachlasses der wissenschaftlichen Bearbeitung zugänglich zu machen. Insgesamt ergibt sich ein lebendiges Bild von politischer Kontroverse bis zu Querelen über Aufführungsdetails, von Dank für die Förderung junger und lokaler Talente bis zu Zumutungen betreffend Ehrenpromotionen und schweizerischem Bürgerrecht. Als Streiflichter möchten wir an dieser Stelle nur auf ein paar wenige Beispiele verweisen.

Wie sich Wilhelm Furtwängler 1936 *(Nr. 571)* ausdrückt, wird die Musik durch die Politik «beansprucht», und so werden es auch die Musiker, insbesondere in der Zeit des Nationalsozialismus. Adolf Busch bricht 1933 eine Konzertreihe in Deutschland wegen Rassenverfolgung ab *(Nr. 289)*. Hermann Abendroth *(Nr. 26)* und Siegmund von Hausegger *(Nr. 710)* suchen Stellen in der Schweiz für ihre verfemten jüdischen Freunde, Andreae zieht 1936 eines seiner Werke aus einem deutschen Konzertprogramm zurück *(Nr. 716)*. Casals *(Nr. 449)* schreibt über seinen politisch motivierten Entschluß, in Spanien nicht mehr zu spielen, solange sich die Verhältnisse nicht grundlegend geändert haben. Die Schweiz erscheint vielen Briefstellern in dieser Zeit, wie schon während des Ersten Weltkrieges, als Insel politischer

Freiheit und wirtschaftlicher Stabilität, doch will es nur wenigen gelingen, sich in der Schweiz niederzulassen: Adolf Busch geht schließlich in die USA, und Furtwängler muß sich 1945 einer Pressekampagne und einer Rechtfertigung seines Verbleibens in Deutschland stellen *(Nr. 572–579)*. Selbst Andreae werden seine fortgeführten Beziehungen zum Vorsitzenden des Allgemeinen Deutschen Musikvereins Max von Schillings *(Nr. 1303–1330)* und zu Siegmund von Hausegger *(Nr. 614–721)* vermerkt, und von schweizerischer Seite wird eine Vernachlässigung «jüdischer» Musik vermutet *(Nr. 29)*.

Neben politischen schlagen sich auch wirtschaftliche Schwierigkeiten in den Briefen nieder. Hermann Abendroth beklagt sich 1931 über eine Verringerung des Kölner Orchesters *(Nr. 17)*, Adolf Buschs Frau verwendet sich 1919 für eine Vorauszahlung *(Nr. 273)*, 1926 wegen des Kaufs einer neuen Geige *(Nr. 274)*. In verschiedenen Briefen setzen sich überhaupt Frauen für Männer ein, so etwa bedankt sich Helene Braunfels dafür, daß ihr Sohn «in seiner Laufbahn merklich gefördert» werde *(Nr. 90)*.

Selbstverständlich stehen vielfach Fragen der Instrumentation und der Aufführungspraxis im Vordergrund. Dies kann bis in die Details der Plazierung der Aufführenden (Schönberg, Gurrelieder, *Nr. 1347)*, der Wahl des Flügels (Max von Schillings, *Nr. 1324)* oder der Verwendung von «Tubular Bells» (Röhrenglocken) für die Aufführung von ‹Brigg Fair› von Frederick Delius *(Nr. 465)* und die Anzahl Holzbläser (Braunfels, *Nr. 97)* gehen. In diesen Dokumenten ist ein Reichtum von originalen aufführungstechnischen Hinweisen enthalten, welche möglicherweise bei zukünftigen Interpretationen relevant sein können. Musikgeschichtlich interessant sind außerdem die oft recht freimütigen Äußerungen über Werke und Personen und die Schwierigkeiten, die sich aus den unterschiedlichen Vorstellungen der Dirigenten und Interpreten ergeben (z. B. bei Ysaye, *Nr. 1588–1592)*.

Aus dem ganzen Briefwechsel geht aber deutlich hervor, mit welch musikalischer Wärme und künstlerischem Feinsinn Volkmar Andreae seine Zeitgenossen behandelte, aufnahm und förderte. Sprechende Dokumente dafür sind die Briefe von Carl Flesch *(Nr. 528)*: «Zählen doch die Züricher Concerte unter Ihrer Leitung zu den schönsten Erinnerungen meiner Laufbahn.» Wladimir Vogel *(Nr. 1471)* dankt für «die 1932 erfolgte Erstaufführung meiner 2 Etüden für Orchester, mit der Sie mich zu einer Zeit legitimierten, als man meine Musik und mich in Zürich kaum kannte»; Erich Schmid ist Andreae dankbar für die Unterstützung zur Wahl als Nachfolger und Dirigent des Tonhalle-Orchesters *(Nr. 1331)*. Armin Schibler gratuliert Volkmar Andreae anläßlich des 80. Geburtstages und dankt ihm «für Ihr Wirken und Schaffen im Allgemeinen, für Ihr Eintreten für mich in meinen ersten Schaffensjahren im Besonderen» *(Nr. 1302)*.

Die Briefsteller, die im Album des Tonkünstlervereins Volkmar Andreae zum 80. Geburtstag gratuliert haben, sind alphabetisch in die Regesten eingeordnet. Dem Titelblatt «Der Schweizerische Tonkünstlerverein zum 80. Geburtstag von Volkmar Andreae» folgt ein handschriftliches Blatt mit den Worten «avec les messages reconnaissants des membres du comité de l'A.M.S. à leur cher Président d'honneur: Samuel Baud-Bovy, Paul Müller, Conrad Beck, A. F. Marescotti, Adolf Streuli, Constantin Regamey, Richard Sturzenegger, Paul Baumgartner, Jean Henneberger».

Ich möchte den Mitarbeitern, welche mit ihren Beiträgen dieses Buch ermöglicht haben, ganz herzlich für ihre Arbeit danken. Der Tonhalle-Gesellschaft sowie dem Stadtarchiv Zürich verdanken wir ihre bereitwillige Mithilfe. Danken darf ich auch unserem Patronatskomitee, durch dessen Mithilfe wir die Unterstützung einer Reihe von großzügigen Gönnern erhielten, die unser Buchprojekt finanziell auf eine sichere Basis stellten.

Margaret Engeler

Gerold Fierz

VOLKMAR ANDREAE UND DAS MUSIKLEBEN ZÜRICHS

I
KOORDINATEN

Am 1. Mai 1906 trat Volkmar Andreae, damals noch nicht ganz siebenundzwanzig Jahre alt (sein Geburtsdatum ist der 5. Juli 1879), sein Amt als Kapellmeister des Tonhalle-Orchesters an. Friedrich Hegar, Ehrendoktor der Universität Zürich, war am 3. April mit einem Konzert aus Amt und Würden gegangen, das Jubiläum und Abschied von seinem Publikum zugleich war: 1863 war er, zweiundzwanzig Jahre alt, als Konzertmeister zum damals eben erst gegründeten ersten ständigen Sinfonieorchester der aufstrebenden, musikfreundlichen Stadt gekommen, zum Orchesterverein Zürich, der, einunddreißig Musiker stark, der Allgemeinen Musikgesellschaft Zürich für Sinfoniekonzerte, dem «Actientheater», Zürichs damals seit rund drei Jahrzehnten bestehendem festen Theater, für seine musiktheatralischen Aufführungen zur Verfügung stand. Schon zwei Jahre später, 1865, rückte er zum Kapellmeister auf. Er übernahm den Gemischten Chor Zürich, dirigierte auch am Actientheater. Während rund vier Jahrzehnten prägte er das Musikleben der Stadt, die ihm zur neuen Heimat geworden war.

Friedrich Hegar kann füglich als der «Architekt» eines zeitgemäßen, wachen und offenen, vielseitigen und künstlerisch konsolidierten zürcherischen Musiklebens gelten: Er baute das Orchester systematisch, numerisch und qualitativ, aus; er benützte die Gelegenheit eines großen Schweizerischen Musikfestes, 1867, den Zürchern einen neuen, größeren Konzertsaal zu verschaffen – die «alte» Tonhalle, die vordem ein Kornhaus gewesen war und jetzt von der Stadt zu neuem Zwecke um- und ausgebaut wurde. 1868 wurde die Tonhalle-Gesellschaft gegründet; sie wählte Friedrich Hegar zu ihrem Kapellmeister. Einen ehrenvollen Ruf seiner Vaterstadt Basel, 1875, lehnte er ab – nicht ohne ihn als sanftes Druckmittel zu verwenden, um Zürich endlich zu einer Musikschule zu verhelfen... Sie wurde im Jahre 1877 dann auch gegründet, und Friedrich Hegar wurde ihr erster Leiter. Starke Impulse verliehen dem Musikleben Zürichs ein neues Schweizerisches Musikfest, 1874, und die Vierzehnte Tonkünstlerversammlung des Allgemeinen Deutschen Musikvereins, 1882. Friedrich Hegar war hier wie dort Organisator und Hauptdirigent; sein Orchester (das sich, seit es sein umgebautes Kornhaus, feierlich und ein wenig pompös «Tonhalle» zubenannt, bezogen hatte, Tonhalle-Orchester nannte) bewährte sich in anstrengenden Aufgaben souverän. Zürich und sein Musikleben wurden weitherum, über die engen Landesgrenzen hinaus, bekannt. Berühmte Musiker kamen, viele von ihnen als Solisten der Tonhalle-Konzerte.

Die alte Tonhalle wurde bald einmal zu klein: Provisorien, auch wenn sie lange dauern, haben ihre Zeit... Nachdem in der Nacht vom 1. auf den 2. Januar 1890 das Actientheater niedergebrannt war, die Wiener Theaterarchitekten Fellner und Helmer gerade daran waren, das neue Stadttheater in unmittelbarer Nähe der alten Tonhalle zu bauen, reiften auch die Pläne, dem Zürcher Konzertleben eine neue Heimstatt zu geben. Und weil es sich gerade so gab, bauten die beiden Wiener Architekten auch gleich ihre «neue Tonhalle»: eine Art von Fata Morgana des Pariser Trocadéro, turmbewehrt, feinziseliert, umgeben von einem großen, französisch inspirierten Garten, einen großen und einen kleinen Konzertsaal umfassend. Friedrich Hegar komponierte eine Festouvertüre für großes Orchester, im ersten Festkonzert dirigierte Johannes Brahms, Leitstern und Freund des Zürcher Kapellmeisters, sein Triumphlied, Friedrich Hegar leitete eine Aufführung von Ludwig van Beethovens Neunter Sinfonie. Man feierte vier Tage lang: vom 19. bis zum 22. Oktober 1895.

Die neue Tonhalle bot mit ihren beiden Sälen nicht nur der Tonhalle-Gesellschaft für ihre Abonnementskonzerte und Kammermusikaufführungen, nicht nur den traditionellen Chören Zürichs, sondern auch anderen Veranstaltern Heimstatt. Unter ihnen war die Pestalozzigesellschaft Zürich, die mit ihren Vorträgen, mit ihren Bibliotheken Bildung ins Volk zu tragen sich bemühte, die, mit Hilfe einer kundigen Konzert-Kommission, jetzt auch damit begann, unentgeltliche Volkskonzerte durchzuführen – kammermusikalische Veranstaltungen, häufig vokaler Art, um die Verbindung zum literarischen Hauptzweck der Institution zu wahren. Aber auch privaten Veranstaltern waren die Säle willkommen – und willkommen ihrer Besitzerin die Saalmieten, die sich aus solcher Erweiterung des öffentlichen Musiklebens erzielen ließen. Wie in der alten Tonhalle, gab es auch in der neuen einen Pavillon, ein Restaurant, in dem zu Speis und Trank gehobene Unterhaltungsmusik geboten wurde – Konzerte, die eine Unterhaltungskapelle, Gastorchester (unter ihnen immer wieder fremde Militärkapellen, die als besondere Attraktion galten), zu Zeiten auch das Tonhalle-Orchester unter der Leitung eines eigens dafür verpflichteten Konzertmeisters bestritten. Aber auch gesellschaftliche Anlässe, Bälle zum Beispiel, blieben der neuen Tonhalle keineswegs fremd...

Daß das musikalische Zürich auch weltläufig-weltmännisch geworden war, bewiesen Konzerte berühmter Solisten, die, wie Pablo de Sarasate, immer wieder auftraten, zeigten Gastkonzerte berühmter Orchester unter der Leitung berühmter Dirigenten. Es spielten in Zürich das Berliner Philharmonische Orchester, geleitet von Arthur Nikisch, das Orchestre des Concerts Colonne unter seinem Gründer Edouard Colonne (beide im Sommer 1897), die Berliner wiederum, doch diesmal unter Hans Richter, schon im folgenden Jahr, das Orchester des Teatro alla Scala (Mailand) unter Pietro Mascagni (1899/1900), das Kaim-Orchester München unter Felix Weingartner (1901/02). Am 20. und am 21. März 1903 gab das Berliner Tonkünstler-Orchester «unter persönlicher Leitung des k. k. Hofkapellmeisters Richard Strauss» zwei Konzerte: die Siebente Sinfonie und die «Egmont»-Ouvertüre von Ludwig van Beethoven, Franz Liszts «Mazeppa» und Anton Bruckners Dritte Sinfonie standen auf den Programmen – und natürlich Werke des jungen Dirigenten, der damals mit seinen kühnen und farbigen, selbstherrlichen Tondichtungen weiterhum Furore machte: «Aus Italien», «Don Juan», «Tod und Verklärung», ein Orchesterfragment aus der Oper «Feuersnot»...

Als die Tonhalle-Gesellschaft ihr neues Haus bezog, behielt sie die Strukturen, wie sie seit ihrer Gründung bestanden hatten, grundsätzlich bei: Ein «Ausschuß» (21 Mitglieder, dazu ein Aktuar) trug die Gesamtverantwortung. Ein «Vorstand» (9 Mitglieder, Präsident und Vizepräsident aus dem Ausschuß delegiert, dazu ein Sekretär) führte die laufenden Geschäfte. Eine «Musik-Kommission» (5 Mitglieder) war für das Orchester, eine «Konzert-Direktion» (9 Mitglieder, davon je 3 vom Vorstand der Tonhalle-Gesellschaft und von der Allgemeinen Musikgesellschaft als Mitveranstalterin der Konzerte abgeordnet, 2 freigewählte Mitglieder) war für die Abwicklung des Generalprogrammes verantwortlich. Eine «Saal-Inspektion» (11 Mitglieder) hatte für den reibungslosen technischen Ablauf der Konzerte zu sorgen. Es wurden zwischen November und März zehn Abonnementskonzerte und sechs Kammermusikaufführungen veranstaltet. Aber auch die Unterhaltungskonzerte, die von Oktober bis April gegeben wurden (1895/96: 187 Konzerte mit 62430 Besuchern; Reingewinn: 16669 Franken...), gehörten zum offiziellen «Konzerttableau» der Tonhalle-Gesellschaft – sie wurden denn auch in den Jahresberichten immer, wenn auch vorwiegend unter materiellem Aspekte, aufgeführt.

Das Orchester bestand im Sommer aus 35, im Winter aus 46 Musikern. Dieser Bestand reichte in der Regel für seine Theaterdienste aus. Für die Konzerte konnte es, wo das Programm es forderte, durch 24 weitere Berufsmusiker und 4 Liebhabermusiker verstärkt werden. Sein Höchstbestand war also 74 Musiker (1895/96).

Schon ein Jahr nach dem Einzug ins neue Haus begründete Friedrich Hegar eine neue Konzertreihe: die «populären Symphoniekonzerte». Sie verlängerten die traditionelle Konzertsaison um einen guten Monat; künstlerisch knüpften sie an die Abonnementskonzerte an, verzichteten aber auf Solisten und boten kürzere Programme. Ihre Eintrittspreise waren moderat. Diese neue Konzertreihe, in der Regel fünf Veranstaltungen, brachte beispielsweise zyklische Aufführungen aller Sinfonien Ludwig van Beethovens (1900/01) und Johannes Brahms' (1901/02), widmete je ein Konzert den «musikalischen Hausgöttern» der Zeit (Ludwig van Beethoven, Johannes Brahms, Richard Wagner, Franz Liszt; 1903/04), vereinte sinfonische Hauptwerke in musikhistorischen Epochen (1905/06); eine galt der historischen Entwicklung der Orchestermusik (1902/03). Eine musikpädagogische, eine volkserzieherische Zielsetzung war unverkennbar; sie fügte sich ins allgemeine Bestreben Friedrich Hegars, Musik nicht nur für einen vergleichsweise kleinen Kreis von Liebhabern, «Eingeweihten» und Munifizenten zu machen, sondern sie in die ganze Bevölkerung zu tragen.

Er hatte eine Musikschule für Zürich psychologisch geschickt ertrotzt; er hatte sie zu einem wirklichen «Konservatorium für Musik» ausgebaut, das nach zwei Provisorien im Jahre 1901 auch endlich sein eigenes, nach damaligen Erfahrungen zweckmäßiges Haus erhielt, das nicht nur Liebhaber, sondern auch professionelle Musiker ausbildete.

Friedrich Hegar hatte für das Musikleben Zürichs, sowohl künstlerisch, als auch organisatorisch, solide Grundlagen geschaffen, das Tonhalle-Orchester zu einem leistungsfähigen professionellen Klangkörper erzogen, seinen Mitgliedern auch, durch die Schaffung einer Hilfs- und Pensionskasse, wenigstens eine minimale soziale Sicherung verschafft. Er war unter den Aktivsten, als es darum ging, eine Interessengemeinschaft aller schweizerischen Musiker, den Schweizerischen Tonkünstlerverein, zu gründen. Und er war gleich auch die treibende Kraft eines Komitees, welches das erste jener Schweizerischen Tonkünstlerfeste organisierte und durchführte (30. Juni bis 2. Juli 1900), wie sie seither ohne Unterbrechung die Jahresversammlungen dieses Vereins begleitet haben.

★ ★ ★

Volkmar Andreae konnte, als er am 1. Mai 1906 sein Amt als Kapellmeister des Tonhalle-Orchesters antrat, ein wohlbestelltes Haus übernehmen – auf den «Architekten» des zürcherischen Musiklebens folgte der «Innenarchitekt», der es pfleglich ausschmückte, der es dann auch erweiterte, gelegentlich umbaute, vergrößerte – es laufend neuen Entwicklungen, neuen Bedürfnissen anzupassen verstand.

Der Verpflichtung Volkmar Andreaes waren natürlich Präliminarien vorausgegangen:
Er war am 5. November 1902 zum Direktor des Gemischten Chors Zürich gewählt worden: Nachfolger Hermann Suters, der einem Ruf nach Basel gefolgt war. Das letzte Konzert, das der scheidende Dirigent mit seinem Chor gab (28. Oktober 1902), war wohl vorentscheidend: In einem gemischten Programm war auch Volkmar Andreaes Kantate «Charons Nachen» (auf einen Text von Joseph Viktor Widmann) für Soli, Chor und Orchester (bereits sein Opus 3) zu finden, das zu dirigieren Hermann Suter dem Komponisten, seinem um neun Jahre jüngeren Kollegen, überließ. Werk und Aufführung scheinen den Chor damals beeindruckt zu haben: Eine Woche später war Volkmar Andreae gewählt. Und der noch nicht einmal Dreiundzwanzigjährige stürzte sich förmlich in seine erste große Dirigentenaufgabe: Schon am 21. Dezember, sechsundvierzig Tage nach seiner Wahl, gab er mit dem Chor das erste Konzert

(Philipp Wolfrum: Weihnachtsmysterium); im traditionellen Karfreitagskonzert (10. April) führte er Johann Sebastian Bachs Matthäus-Passion auf, am 23. Juni widmeten sich Dirigent und Chor alter a-cappella-Musik und Werken des 19. Jahrhunderts. Es folgten, und nur die wichtigeren Konzerte sind hier erwähnt, Aufführungen von Werken Ludwig van Beethovens (Missa solemnis; 1904), Joseph Haydns («Die Jahreszeiten»; 1904), Georg Friedrich Händels («Der Messias»; 1905), Friedrich Kloses (Messe d-Moll; 1905) und wiederum Johann Sebastian Bachs (Johannes-Passion; 1906).

Schon ein Jahr nach seiner Wahl zum Dirigenten des Gemischten Chors trat Volkmar Andreae beim Männerchor Zürich, einem anderen Traditionschor der Stadt, als zweiter Direktor an die Seite von Carl Attenhofer, der sich, bereits im siebenten Lebensjahrzehnt stehend, den Chor seit dem Jahre 1863 leitend, zu entlasten wünschte. Am 1. Juli 1904 gab er mit seinem neuen, zweiten Chor das erste Konzert, und an diesem Tage übernahm er definitiv die Leitung. Im Eröffnungskonzert zum Einundzwanzigsten Eidgenössischen Sängerfest, das vom 13. bis 16. Juli 1905 in Zürich stattfand, dirigierte Volkmar Andreae den großen Festchor des Eröffnungs- und Begrüßungskonzertes, zu dem sich die Chöre der Stadt, eine Tausendschaft von Sängerinnen und Sängern, begleitet vom Tonhalle-Orchester, den Regimentskapellen von Konstanz und Weingarten, zürcherischen Blasmusiken, zusammengetan hatten.

Aber auch den Komponisten Volkmar Andreae hatten die Musikfreunde Zürichs schon bei verschiedenen Gelegenheiten kennenlernen können: In der Saison 1902/03 spielte Henri Marteau, ein damals knapp dreißigjähriger Geiger aus Reims, Schüler Joseph Joachims, der fünf Jahre zuvor mit Max Bruchs g-Moll-Konzert die Herzen der Zürcher Musikfreunde gewonnen hatte, der nach Zürich während vieler Jahre immer wieder zurückkehrte (und einmal, 1905, auf Wunsch Volkmar Andreaes, beinahe Konzertmeister des Tonhalle-Orchesters geworden wäre...), die während der Studienzeit in Köln komponierte (und dort auch uraufgeführte) Sonate in D-Dur op. 4. Am Flügel begleitete der Komponist Andreae. Friedrich Hegar nahm in das sechste Abonnementskonzert der Saison 1903/04 (15. Dezember) zur Uraufführung die Sinfonische Fantasie «Schwermut – Entrückung – Vision» op. 7 (auf einen Text von Walter Schädelin) für großes Orchester, Tenorsolo, Chortenor und Orgel auf, die der junge

1884

1905/06

ca. 1920

Mit Adolf Busch, ca. 1930

Anfangs der 50er Jahre

Linz, 1949

Wien, Ende der 50er Jahre

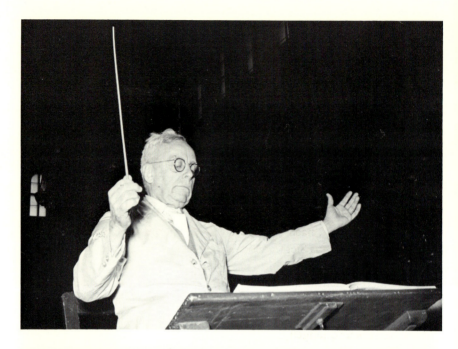

Wien, Ende der 50er Jahre

Komponist seinem Mentor Friedrich Hegar gewidmet hatte. In derselben Saison schrieb Volkmar Andreae, einen Versuch fortführend, den die Tonhalle-Gesellschaft in der vorangegangenen Saison (erst tastend) begonnen hatte, konsequenter wieder aufnehmend, Einführungen zu den Programmen aller zehn Abonnementskonzerte.

Doch das Wichtigste in diesem Vorfeld seiner Laufbahn als Kapellmeister des Tonhalle-Orchesters: Friedrich Hegar erkrankte, und Volkmar Andreae vertrat ihn in zwei Konzerten, die innerhalb einer Woche stattfanden: im siebenten Abonnementskonzert am 12. Januar und im Konzert zu Gunsten der Hilfs- und Pensionskasse des Tonhalle-Orchesters am 19. Januar – dort Werke von Ludwig van Beethoven (Dritte Sinfonie), Christoph Willibald Gluck («Rezitativ und Arie aus Orpheus», nach dem Programmblatt zitiert), Richard Wagner («Waldweben aus Siegfried») und Franz Liszt («Ungarische Rhapsodie» – wohl die berühmte zweite, die man noch bis weit ins Jahrhundert hinein in der pompösen Instrumentierung Felix Mottls hat hören können...) dirigierend, hier mit Gustav Mahlers Dritter Sinfonie sich auseinandersetzend – eine gewaltige, fordernde Aufgabe für einen noch so jungen, im Orchesterrepertoire erst wenig erfahrenen Dirigenten! In seiner 259. Sitzung (29. März 1904) beschloß der Vorstand der Tonhalle-Gesellschaft, laut Protokoll: «Herr Director Andreae erhält für die Stellvertretung des erkrankten Dr. Hegar ein Honorar von fr 500.– unter Verdankung der geleisteten Dienste»...

Im Elften Bericht des Vorstandes der Tonhalle-Gesellschaft über das Geschäftsjahr 1903/04 wird, nun eine Spur enthusiastischer, berichtet, es habe der junge Dirigent die Gelegenheit wahrgenommen, «sich dem musikverständigen Publikum von der allervorteilhaftesten Seite als talentvoller und feuriger Kapellmeister» vorzustellen.

Auch in der übernächsten Saison (1905/06) wurde Volkmar Andreae ein Abonnementskonzert, das sechste (19. Dezember) mit Orchesterwerken von Ludwig van Beethoven («Leonorenouvertüre Nr. 3»), Franz Liszt (zwei orchesterbegleitete Lieder), Richard Wagner («‹Der Venusberg› (Bacchanale) aus ‹Tannhäuser›») und Joseph Haydn («Sinfonie in B-Dur [Breitkopf & Härtel Nr. 8]») anvertraut.

Die Situation trieb der Entscheidung entgegen: Friedrich Hegar hatte der Tonhalle-Gesellschaft seinen unwiderruflichen Entschluß mitgeteilt, auf das Ende der Konzertsaison 1905/06 vom Kapellmeisteramt zurückzutreten. Seit 1863 hatte er im Dienste der Gesellschaft und ihres Orchesters gestanden; vier Jahrzehnte verantwortungsvoller Kapellmeistertätigkeit und verantwortungsschwerer organisatorisch-administrativer Arbeit erfüllten sich mit dieser Saison. In der 285. Vorstandssitzung (13. November 1905) gab ein Mitglied (Professor Rudolf Escher, Vizepräsident) seine Meinung zu Protokoll, daß es «an der Zeit wäre, an die Besetzung der auf Frühjahr frei werdenden Kapellmeisterstelle zu denken. Man hätte ja nicht lange zu suchen; ein gegebener Mann sei ja da; Herr Dr. Hegar habe es schon lange gesagt und ihn sehr empfohlen». Es zeigte sich Einstimmigkeit; zwei Vorstandsmitglieder wurden beauftragt, mit dem Kandidaten zu reden und ihm als Anfangsgehalt 5000 Franken anzubieten.

Die Unterredung fand statt, aber der junge Kapellmeisteraspirant war mit dem Angebot nicht ganz zufrieden: Er forderte für die ersten zwei Jahre 6000, vom dritten Jahr an 8000 Franken, «nach Rücksprache», wie das Protokoll vermeldet, «mit Herrn Dr. Hegar und unter Hinweis auf die heutzutage meist anstrengende Mission». Der Brief Volkmar Andreaes, so berichtet das Protokoll der 286. Vorstandssitzung (18. November), habe einer eingehenden Diskussion gerufen; man war einigermaßen indigniert über die Art, wie der junge Bewerber schon vielen Ortes verwöhnt werde. Eine sichere Voraussicht, wie die Sache sich machen werde, habe man heute doch nicht. Anderseits wurden aber «die Tüchtigkeit doch sehr hervorgehoben und das Ansehen des so jungen Mannes beim Orchester selbst und auswärts». Man stellte Anträge und diskutierte sie; man redete über das Honorar: aufsteigende Zahlen von 5000 bis 8000 Franken, 6000, 6000 und 7000 Franken, einen dreijährigen Vertrag. Es wurde «schließlich der Commission [der Verhandlungsdelegation] die Competenz eingeräumt, auf 4 Jahre abzuschließen, in dem Sinne, daß für die ersten 3 Jahre f. 6000, im 4ten f. 8000 angesetzt» würden.

Der junge Volkmar Andreae hatte sich gegen die würdigen Vorstandsherren der Tonhalle-Gesellschaft, seine künftigen Arbeitgeber, durchgesetzt, und die Gesellschaft hatte immerhin doch – 2000 Franken gespart!...

In der 287. Sitzung (27. November) wurde der Entwurf eines Anstellungsvertrages artikelweise beraten und mit einigen formellen Änderungen genehmigt. Volkmar Andreae war neuer Kapellmeister des Tonhalle-Orchesters: Eine dreiundvierzig Jahre währende Arbeit begann...

II
PRAECEPTOR MUSICAE TURICENSIS

Auch wenn der Vertrag, mit dem Volkmar Andreae im Jahre 1906 an die Tonhalle-Gesellschaft und ihr Orchester gebunden wurde, allfällige spätere Änderungen und Erweiterungen, nicht publik geworden sind, auch wenn die «Konzert-Direktion» der Gesellschaft für die Gestaltung des jährlichen Generalprogrammes nach außen verantwortlich war: Volkmar Andreae verstand seinen Kapellmeisterauftrag von allem Anfang an durchaus umfassend – als Dirigent seiner Konzerte nicht nur, sondern auch als Mitgestalter des ganzen Programms, als Mitverantwortlicher des Orchesters. Wie schon zu Zeiten Friedrich Hegars, war auch der neue Kapellmeister, sozusagen von Amtes wegen, Mitglied der Konzert-Direktion, gehörte er auch der Musik-Kommission an, die für Orchesterangelegenheiten zuständig war.

Er sorgte, in Stufen, eingedenk der stets etwas fragilen (und labilen) materiellen Situation der Gesellschaft, der er verpflichtet war, für die mähliche Konsolidierung seines Orchesters: Wohl konnte er, wenn die Umstände es forderten, über einen Klangkörper von rund hundert Musikern verfügen (ein Orchestertableau der Saison 1911/12, im Generalprogramm veröffentlicht, führte nicht weniger als 101 Musiker auf: 18 erste und 13 zweite Violinen, 10 Violen, 8 Violoncelli, 9 Kontrabässe, 5 Flöten, je 4 Oboen, Klarinetten und Fagotte, 8 Hörner, je 5 Trompeten und Posaunen, für das Schlagzeug 6 Musiker, 2 Harfen, den Organisten). Aber dieses «Winterorchester», wie es für die Zeit der eigentlichen Konzertsaison, für die Abonnementskonzerte also, zur Verfügung stand, zählte nach wie vor nur ein knappes halbes Hundert Stammitglieder. Sechzehn Musiker stellte das kleine Unterhaltungsorchester, das im Pavillon aufspielte, zwanzig waren sogenannte Winterzuzüger, die zwar einigermaßen fest, aber nur für einen Teil des Jahres verpflichtet waren. Weitere Zuzüger, die von Fall zu Fall engagiert wurden und deren Zahl entsprechend, etwa zwischen zehn und zwanzig, schwankte, entstammten mindestens zum

Teil jenem Reservoir tüchtiger Dilettanten (von oft durchaus professionellem Können), die sich im Umkreis der Allgemeinen Musikgesellschaft Zürich, Mitveranstalterin der Abonnementskonzerte der Tonhalle-Gesellschaft, gewissermaßen aus alter Tradition fanden. Eine kleine Vergrößerung des Stammorchesters, nämlich dritte Stellen bei Oboe/Englischhorn und Baßtuba/Kontrabaß, wurde dem Kapellmeister auf die Saison 1913/14 bewilligt. Von 1914/15 an, der Erste Weltkrieg war unterdessen ausgebrochen, wurde auf den Zuzug der Unterhaltungsmusiker verzichtet, dafür die Zahl der festen und der gelegentlichen Zuzüger erhöht. Die Kriegsjahre brachten ohnehin viel Probleme, nicht nur, weil Volkmar Andreae, als Kommandant des Schützenbataillons 3, immer wieder aufgeboten wurde und oft während Monaten seinen Grenzbesetzungsdienst leistete, sondern auch, weil Orchestermusiker ebenfalls einzurücken hatten, Ausländer in die Heimat zurückzukehren gezwungen waren. In der Saison 1922/23 begann Volkmar Andreae, Absolventen des Konservatoriums (dessen Leitung er im Jahre 1914 übernommen hatte) ins Orchester einzubeziehen. Aber noch in der Saison 1926/27 zählte das Tonhalle-Orchester im Sommer 50, im Winter 79 Mitglieder (Stammorchester: 50, Winterzuzüger: 17, andere Zuzüger: 12) – es war noch ein weiter Weg bis zum vollbesetzten, ganzjährig verpflichteten und restlos professionellen Sinfonieorchester! Volkmar Andreae ging ihn mit der ihm eigenen Beharrlichkeit, durchaus pragmatisch, geduldig, aber unerbittlich in der Verfolgung des endlichen Ziels.

* * *

Auch wenn Volkmar Andreae sich der Strukturen bediente, die sein Vorgänger geschaffen hatte, setzte er doch da und dort, und auf entschiedene, persönliche Weise, neue Akzente:
Er führte die Programmschemata, die Friedrich Hegar, seinen eigenen Gestaltungswillen durchsetzend und doch auch den Willen und die Wünsche seines Publikums berücksichtigend und allgemeine Gepflogenheiten des Konzertbetriebes seiner Zeit beachtend, institutionalisiert hatte, vorerst unverändert weiter: ausgedehnte, mehr auf Abwechslung und Kurzweil, denn auf thematische Durchdringung gerichtete Werkfolgen, die einem mitwirkenden Solisten (und es gab sie damals, Erwecker vordergründigen Interesses, praktisch in jedem

Konzert) auch den beinahe obligaten Soloauftritt, wenn nötig klavierbegleitet, konzedierten. Nur in den Populären Symphoniekonzerten verzichtete er vorerst auf Solisten – allerdings mehr aus praktischen, denn aus künstlerischen Gründen (man sparte das Solistenhonorar, und die Konzerte wurden kürzer). Recht rasch kristallisierte sich aber, und wohl kaum ganz ohne den Einfluß dieser Populären Symphoniekonzerte, ein neues Programmschema heraus, das Volkmar Andreae mehr und mehr bevorzugte: die Folge Ouvertüre – Instrumentalkonzert – Sinfonie. Sie ließ vielerlei Optionen zu – musikhistorische, thematische, innere Zusammenhänge erhellende oder ganz einfach nach äußerer Wirkung strebende –, manche Möglichkeit zu programmatischem Crescendo, zum Wechsel von Spannung und Entspannung, selbst eine Umkehrung der Reihenfolge (sofern nur die Ouvertüre effektvoll genug war...), derer sich Volkmar Andreae auch, vorurteilslos, wie er war, gerne bediente.

In diese neue, konzentriertere, konsequentere Form des Konzertprogramms paßte der übliche Zugabebrauch seiner Zeit nur mehr schlecht – Volkmar Andreae setzte einem (nicht nur zürcherischen) Usus ein striktes Ende: Er verbot Zugaben. Er fand Zustimmung bei einem Teil seines Publikums, Widerspruch beim anderen, der sich den Lohn für seine Huldigungen an einen Berühmten des Konzertpodiums nicht nehmen lassen wollte. Auch der Vorstand der Gesellschaft war skeptisch; mindestens müsse (Protokoll der 305. Sitzung vom 26. November 1906) «der Kapellmeister dem Publikum diese Neuerung als seinen Wunsch mitteilen»... Volkmar Andreae setzte das Prinzip aber durch. Als, Jahre später (1913/14), Willy Burmester, ein Geiger, der einst Schüler Joseph Joachims gewesen war und sich eines gewissen, nicht ganz unangefochtenen Ruhmes erfreute, in einer konzertmäßigen Generalprobe, vor vollem Saal, auf das Violinkonzert von Felix Mendelssohn-Bartholdy eine Zugabe, dann noch eine, folgen ließ, war Volkmar Andreae wütend – so wütend, daß er sich weigerte, am nächsten Tag, im eigentlichen (Abonnements-)Konzert, den Solisten zu begleiten. Er dirigierte die beiden Orchesterwerke am Anfang und am Ende des Programms; das Mendelssohnsche Konzert zu dirigieren, überließ er einem seiner Konzertmeister – und nicht einmal dem ersten, Willem de Boer, sondern dem zweiten, Peter Sandner. Es gab milde Vorwürfe aus dem Vorstand, aber am Prinzip wurde nicht gerüttelt.

In den ersten Jahren dirigierte Volkmar Andreae stets alle Orchesterkonzerte der Tonhalle-Gesellschaft, die (vorerst zehn, später zwölf) Abonnementskonzerte und die (vier oder, zumeist, fünf) Populären Symphoniekonzerte. Gastdirigenten wurden kaum, und wenn schon, dann nur aus Gründen höherer Gewalt, verpflichtet, auch in solchen Fällen jedoch (wie einmal das Protokoll einer Vorstandssitzung kurz und bündig festhielt) zu Lasten des Herrn Kapellmeister... Volkmar Andreae überließ aber Ur- und zürcherische Erstaufführungen schweizerischer, gelegentlich auch nichtschweizerischer Werke oft den Komponisten – ganz gewiß nicht aus Bequemlichkeit, eher aus der Einsicht, daß der Schöpfer einer Komposition auch deren gegebener Interpret sei, sicher mitunter auch aus Courtoisie, vor allem gegenüber seinen Freunden und Kollegen in Basel, Bern und St. Gallen, Hermann Suter, Fritz Brun und Othmar Schoeck. Eigentliche Gastdirigenten, bewußt und ohne zufällige Zwänge engagiert, tauchen in den Generalprogrammen und Rechenschaftsberichten der Tonhalle-Gesellschaft regelmäßig und in zunehmender Zahl (denn auch die Zahl der Konzerte vergrößerte sich allmählich) erst seit den zwanziger Jahren auf, und vorerst eher in Extra- und Volkskonzerten, als in den traditionellen Zyklen.

Sehr rasch aber wurde deutlich, daß Volkmar Andreae die Populären Symphoniekonzerte unter eine im weiten Sinne «populäre», das heißt: erzieherische, musikpädagogische Thematik zu stellen willens war. Natürlich tauchten in der Reihe immer wieder die Namen Ludwig van Beethovens und Johannes Brahms' auf: Mit einer integralen Aufführung aller Sinfonien Beethovens setzte Volkmar Andreae gleich in seinem ersten Kapellmeisterjahr ein Zeichen, das vom Zürcher Publikum auch verstanden wurde; ein unter vielen Aspekten «neuer» Beethoven tauchte da auf. Die Zyklen wiederholten sich: 1917/18, 1926/27, 1930/31 (zum ersten Mal mit Gastdirigenten, in der ausdrücklich erklärten Absicht, Aspekte der aktuellen Beethoven-Interpretation aufzuzeigen: mit Fritz Busch, Hermann Abendroth, Felix Weingartner, Fritz Brun und Volkmar Andreae), 1939/40, 1944/45. Aber auch Brahms stand wiederholt im Mittelpunkt der Reihe: 1923/24 (zusammen mit Beethoven), 1932/33, 1946/47. In der Saison 1921/22 war erstmals Wolfgang Amadeus Mozart Thema eines ganzen Zyklus; er signalisierte eine Befassung Volkmar Andreaes mit dem Salzburger Meister, die sich im Laufe der Jahre

vertiefte und in zwei Zyklen, die dicht aufeinander folgten (1937/38, 1940/41), ihre Höhepunkte hatte. Johann Sebastian Bach trat als Thema der Populären Symphoniekonzerte erst vergleichsweise spät in den Vordergrund (1936/37, 1941/42). Aber Volkmar Andreae knüpfte mit diesen Bach-Zyklen an sehr viel frühere Bestrebungen an, der Musik Bachs gerecht zu werden: Schon in der Saison 1913/14, als von kleinbesetzten Kammerorchestern als idealen Interpreten barocker Orchestermusik noch lange nicht die Rede war, hatte er Werke Bachs und seiner (deutschen, italienischen, französischen, englischen) Zeigenossen mit einer kleinen Streicherformation des Tonhalle-Orchesters aufgeführt – etliche Jahre bevor Alexander Schaichet sein «Zürcher Kammerorchester», das erste Orchester dieser Art nicht nur in Zürich, sondern in der ganzen Schweiz, gründete...
Die Komponisten der zweiten Hälfte des 19. Jahrhunderts, die Volkmar Andreae besonders nahe standen, bildeten, oft in sehr originellen, mitunter fast abenteuerlichen, stets aber ungemein anregenden Konstellationen, weitere Schwerpunkte des Zyklus: Konfrontation von Neudeutscher Schule mit Anton Bruckner und Gustav Mahler (1924/25), von Joseph Haydn mit der Romantik (1925/26), Anton Bruckners mit der Wiener Klassik und Brahms (1927/28), mit Franz Schubert (1945/46). In der Saison 1927/28 ergänzten fünf Sinfonien Bruckners, die in den fünf Populären Symphoniekonzerten aufgeführt wurden, die vier anderen Sinfonien, welche in je zwei Abonnements- und Volkskonzerten zu hören gewesen waren, zur ersten integralen Wiedergabe aller neun Sinfonien des Linzer Meisters in den Konzerten der Tonhalle-Gesellschaft.
Aber auch an ganz anderen Programmideen hat es Volkmar Andreae nie gefehlt: Adolf Busch spielte sich (1928/29) in einem Zyklus durch die ganze Geschichte des Violinkonzerts (zehn Werke, dazu die Violinsoli in drei Brandenburgischen Konzerten Bachs), Walter Gieseking tat dasselbe mit dem Klavierkonzert (zwölf Werke; 1935/36). In einer Reihe mit «nationalen» Programmen sorgten die entsprechenden Gastdirigenten für Authentizität (Pierre Monteux, Vittorio Gui, Volkmar Andreae, Henry Wood, Hermann Abendroth; 1931/32). Und in seinem letzten Kapellmeisterjahr (1948/49) widmete Volkmar Andreae die Frühjahrskonzerte – diesen Namen hatten die Populären Symphoniekonzerte in der Saison 1933/34 bekommen – «Meisterwerken der Sinfonik»: Werken von Johann Sebastian Bach bis zu

Richard Strauss und Igor Strawinsky. Damit dokumentierte der scheidende Tonhalle-Kapellmeister noch einmal, konzentriert und exemplarisch, sein Epochen und Stile souverän umfassendes Künstlertum. Er hat, keinen Zweifel kann es darüber geben, diese Populären Symphoniekonzerte oder, eben, Frühjahrskonzerte, die er von seinem Vorgänger übernommen, doch auf seine eigene, persönliche Weise fortgeführt hatte, geliebt. In ihnen konnte er, frei von institutionellen Zwängen, Persönliches verwirklichen – seinen Vorlieben ungezwungen, auch wohl seinen Abneigungen unauffällig, folgen.

Sie waren eine von seinen schönsten Hinterlassenschaften – und unbegreiflich hätte er es wohl gefunden, daß die Tonhalle-Gesellschaft, wie sie es, beklagenswerterweise, vor kurzem tat, aus modischen «Optimierungszwängen» auf diesen originellsten, thematischen Einfällen offensten und unbefangensten Konzertzyklus verzichtete...

★ ★ ★

Volkmar Andreae hatte, wohl nicht ganz unbeeinflußt von den verdienstlichen Gratis-Volkskonzerten der Pestalozzigesellschaft Zürich, schon früh die Veranstaltung von Volkskonzerten auch durch die Tonhalle-Gesellschaft angeregt, um, wie der Jahresbericht 1907/08 vermeldet, «die Orchesterwerke der Größten auch den weitesten Kreisen zugänglich zu machen». Der Versuch fand freilich wenig Widerhall; er wurde nach zwei Jahren abgebrochen: Die Zeit für solche «Volks-Sinfoniekonzerte» war wohl noch nicht gekommen! Bessere Voraussetzungen schienen nach dem Ersten Weltkrieg sich zu bieten: In der Saison 1920/21 erschienen zwei solcher Volks(sinfonie)konzerte auf dem Konzerttableau, eines als selbständige Veranstaltung der Tonhalle-Gesellschaft, das zweite als gemeinsames Unternehmen der Gesellschaft und des Bildungsausschusses der Arbeiterunion Zürich: eine Beethoven-Feier. Später kam als Mitveranstalter die Pestalozzigesellschaft hinzu, die bereitwillig die Möglichkeit akzeptierte, der Reihe ihrer längst zur Tradition gewordenen Gratis-Volkskonzerte, die aber bisher praktisch nur kammermusikalische Veranstaltungen umfaßt hatten, auch Orchesterwerke beizufügen. Die Zusammenarbeit mit beiden Institutionen bewährte sich über Jahre hinweg – bis die Tonhalle-Gesellschaft die Zahl ihrer eigenen Konzerte sukzessive erhöhte, sie mehr und mehr in eigener Regie durchführte. Schon bald hatte Volkmar Andreae in den Populären Symphoniekonzerten, anders als ihr Begründer Friedrich Hegar, Solisten berücksichtigt – schweizerische, zürcherische vor allem. Die Volkskonzerte boten dafür neue, willkommene Gelegenheiten. In der Saison 1945/46 war ihre Zahl auf fünfzehn gestiegen. Als im Jahre 1947 der neue Subventionsvertrag zwischen der Stadt Zürich und der Tonhalle-Gesellschaft in Kraft trat (das ehemalige Radioorchester Beromünster in Zürich war *in corpore* entlassen worden, weil es sich einer Neuordnung seiner Struktur, die es aus künstlerischen Gründen ablehnte, widersetzt hatte; es war dann ins Tonhalle-Orchester integriert worden, das längst entschiedener personeller Verstärkung bedurft hatte), wurde die Veranstaltung von Volkskonzerten zur vertraglichen Pflicht erklärt (selbstverständlich gegen entsprechende finanzielle Absicherung); ihre Zahl bewegt sich seither um die zwanzig.

* * *

Gegen Ende der zwanziger Jahre, die Volkskonzerte waren unterdessen zur festen Institution geworden, schien es Volkmar Andreae an der Zeit, auch etwas für die Jugend, für die Konzertbesucher von morgen, zu tun. Er deklarierte das dritte Volkskonzert der Saison 1928/29 zum Jugendkonzert und lud Zürichs Mittelschüler dazu ein. Er erklärte ihnen die Instrumente des Sinfonieorchesters und dirigierte dann Franz Schuberts Unvollendete Sinfonie – damit seine jungen Konzertbesucher auch an das Schubert-Jahr (die hundertste Wiederkehr des Todestages) erinnernd. In der Folge waren stets ein bis zwei Volkskonzerte Jugendkonzerte – Konzerte, die von der Saison 1938/39 an auch für Sekundarschüler und Schulentlassene (Lehrlinge) gegeben wurden. Und nie unterließ es Volkmar Andreae, sein junges Publikum persönlich in die Programme einzuführen. Er fand zwischen Analysen bedeutender Standardwerke und unalltäglichen Themen ein gutes Gleichgewicht: ein Musiker, der sehr wohl wußte, daß die Musik nicht nur aus «großen» Meisterwerken, sondern auch aus kleinen Dingen, mitunter sogar aus Märschen und Tänzen, besteht, die es wert sind, betrachtet zu werden, weil sie ein junges Publikum direkter und spontaner als eine heroische oder eine pathetische Sinfonie ansprechen.

Volkmar Andreae war auch Lehrer – musikalischer Erzieher der Jugend:
Am 15. Oktober 1913 wählte ihn der Studentengesangverein Zürich zu seinem Dirigenten; Volkmar Andreae folgte auch hier, wie beim Männerchor Zürich, Carl Attenhofer nach. Er war dadurch *ex officio* Universitätsmusikdirektor geworden und besaß damit auch die *venia legendi:* das Recht (doch nicht die Pflicht!), an der Zürcher Universität akademische Vorlesungen zu halten. Während zweier Semester (1914/15) las er über «Die musikalische Form bei Beethoven».
Am 13. Juni 1914 wurde Volkmar Andreae, wie bei der Tonhalle-Gesellschaft als Nachfolger Friedrich Hegars (Carl Attenhofer, zweiter Direktor seit 1896, war am 22. Mai gestorben), zum Direktor des Zürcher Konservatoriums gewählt. Er übernahm das neue Amt vorderhand mit Vorbehalten: Er hatte schon reichliche Verpflichtungen, hegte darum Bedenken. Es brach auch der Erste Weltkrieg aus. Wie beim Tonhalle-Orchester seine Freunde, stand ihm hier, im Konservatorium, Friedrich Hegar bei. Aber die Dinge regelten sich da wie dort: Trotz vielfältiger Beanspruchung künstlerischer und militärischer Art, übernahm er die neue Aufgabe mit der ihm eigenen Tatkraft und arbeitsamen Konsequenz.
Er begnügte sich nicht damit, zu verwalten, zu führen, sondern unterrichtete auch: Dirigieren, Komposition, Partiturstudium. Und er unternahm vieles, das Zürcher Konservatorium zu einer aufgeschlossenen, zeitgemäßen und weltoffenen musikpädagogischen Institution zu machen: Er erreichte es, daß sie ihren Absolventen staatlich anerkannte Diplome ausstellen konnte, er gründete ein Seminar für Schulgesang und Schulmusik, auch eines für musikalisch-rhythmische Erziehung. Er richtete Organistenschulen sowohl reformierter, als auch katholischer Observanz ein. Er baute den Unterricht in den Orchesterinstrumenten aus, und durch mehr oder minder sanften Zwang erreichte er auch, daß seine Schülerinnen und Schüler im hauseigenen Orchester mitwirkten, um zu lernen, sich mit künftigen Aufgaben als Orchestermusiker vertraut zu machen. Er führte Kurse für Blasmusikdirigenten ein – sehr wohl wissend, daß der Laienmusikübung, von der bläserisches Musizieren zwar nur ein Teil, aber ein wichtiger, landesumfassender Teil (auch ein das Militär betreffender Teil – wie der langjährige Kommandant des Schützenbataillons 3 und neugebackene Oberstleutnant sehr wohl aus direkter

Erfahrung wußte) war, in der Musikerziehung ein wichtiger Stellenwert zugemessen war. Er reorganisierte den Theorieunterricht und die Diplomprüfungen. Volkmar Andreaes Unterricht war persönlich und undogmatisch. Der Lehrer forderte seine Schüler, aber er ließ sich von ihnen auch fordern. Er ging auf ihre Individualität ein, aber er verlangte Einsatz. Er stellte die Musik immer auch in größere Zusammenhänge: Einblicke in die Literatur, der Besuch von Ausstellungen bildender Kunst, Extempores über Politik, Geschichte und Wirtschaft gehörten zu den Selbstverständlichkeiten seines Lehrens. Volkmar Andreae war wohl gerade in dieser umfassenden, «generalistischen» Art des Unterrichtens ein eminent schweizerischer (und «republikanischer») Pädagoge, weltläufig aber darin, daß er Verantwortung nicht nur selber, und im allgemeinen fröhlichen Herzens, trug, sondern auch anderen, seinen Schülern wie den Lehrern, zugestand. Sein Naturell war gewiß nicht frei von autoritären (doch immer autoritativ begründeten) Zügen, aber Diskussion, autorisierte Mitsprache akzeptierte er, ließ sie nicht nur passiv zu, sondern institutionalisierte sie aktiv: im Lehrerkonvent, den er schuf, in einer nicht nur marginalen Vertretung der Lehrerschaft in der Vorsteherschaft des (nach seiner Rechtsform privaten, freilich von der Öffentlichen Hand subventionierten) Instituts, dem er vorstand. Er sorgte auch, durch die Gründung einer Pensionskasse, für die soziale Absicherung seiner Lehrerinnen und Lehrer.

★ ★ ★

In allen Bereichen von Volkmar Andreaes Wirken – als Dirigent, als Programmverantwortlicher, als Musikerzieher, als Leiter des Konservatoriums – dokumentierten sich das Bewußtsein von Verantwortung, Großzügigkeit, organisatorisches Talent, die unerschütterliche Erkenntnis, daß Kultur im allgemeinen, die Musik im besonderen zu den unabdingbaren Notwendigkeiten, zu den unumstößlichen Bedingungen menschlichen Seins gehören. Ihm, dem *praeceptor musicae turicensis*, war es gegeben, diese Wahrheit ohne große Worte, dafür mit um so klareren Taten, unter den verschiedensten Aspekten zu vermitteln.

III
DER KAPELLMEISTER: DIRIGENT UND ORGANISATOR

Volkmar Andreae (das Thema wurde schon gestreift; vergleiche Abschnitt II, Seite 19) hat in den ersten anderthalb Jahrzehnten seiner Kapellmeistertätigkeit bei der Tonhalle-Gesellschaft praktisch alle Konzerte – Abonnements-, Extra-, Volkskonzerte, Populäre Symphoniekonzerte: stets um die zwanzig im Jahr – selber dirigiert. Daß Arthur Nikisch einmal (1919/20) ein Extrakonzert übernahm, war schon eine Ausnahme – und würdig, im Jahresbericht (27) ausdrücklich vermerkt zu werden («In zwei Proben hatte dieser Virtuose des Taktstocks dem letzten Musiker seine künstlerischen Absichten einzuprägen und ihn für seine Auffassung zu gewinnen verstanden. Hier liegt die Macht von Nikischs Persönlichkeit, hier auch das Geheimnis des beispiellosen Erfolges, der auch in Zürich nicht ausblieb.») Und Ernest Ansermet, ein damals am internationalen Dirigentenhimmel rasch aufsteigender Stern (der sich drei Jahre zuvor sein eigenes Orchester, das Orchestre de la Suisse romande, geschaffen hatte), scheint überhaupt der allererste Gastdirigent gewesen zu sein, dem ein Abonnementskonzert der Tonhalle-Gesellschaft (1922/23) anvertraut wurde. Ausgeklammert blieben hier natürlich die Jahre des Ersten Weltkrieges, die, Volkmar Andreaes militärdienstlicher Verpflichtungen wegen, oft Ersatzleistungen, kurz- und mittelfristig, forderten; in diesen Konzerten kamen Volkmar Andreaes Freunde in Basel, Bern und St. Gallen (Hermann Suter, Fritz Brun, Othmar Schoeck), aber auch Ferruccio Busoni, der die Zeit des Krieges im Zürcher Exil verbrachte, Richard Strauss, der am Stadttheater gerade Aufführungen zweier seiner Opern dirigierte, und der junge Robert F. Denzler, Schüler Volkmar Andreaes, der am selben Theater seine ersten Erfahrungen als Erster Opernkapellmeister sammelte, zum Zuge.
Othmar Schoeck blieb ein treuer Freund der Zürcher Tonhalle-Konzerte: Er konnte hier seine neuen Werke («Erwin und Elmire», 1925/26; «Lebendig begraben», 1926/27; «Elegie», 1928/29) vorführen; er übernahm in den dreißiger und in den frühen vierziger Jahren

manches Abonnementskonzert. Es kamen als Gäste, die, der eine wenige, der andere viele Male, wiederkehrten, Felix Weingartner (erstmals 1928/29), Bruno Walter (1936/37), Wilhelm Furtwängler (1939/40), Paul Klecki und Charles Munch (1943/44), Carl Schuricht (1944/45), Alceo Galliera (1945/46), Issay Dobrowen (1946/47). Es dirigierten je ein Konzert Thomas Beecham, Paul Paray, Otto Klemperer und André Cluytens (1946/47), Malcolm Sargent und Hans Knappertsbusch (1947/48), Herbert von Karajan (1948/49). In den dreißiger und vierziger Jahren war Robert F. Denzler ein sehr häufiger, Ernest Ansermet ein etwas seltenerer, aber regelmäßiger Gast. Und Generationen junger Schweizer Dirigenten erprobten ihr Können in Volks- und Jugendkonzerten.

Aber die Hauptlast trug immerfort Volkmar Andreae: 1919/20 (ein frühes Beispiel) dirigierte er zwanzig von insgesamt einundzwanzig Konzerten, 1948/49 (in seinem letzten Kapellmeisterjahr) waren es vierundzwanzig von insgesamt siebenundvierzig, die Wiederholungen und sein Abschiedskonzert mit dem Gemischten Chor Zürich nicht gerechnet.

Zwanzig Konzerte im Jahr, und das während dreiundvierzig Jahren: das ergibt, und begründeterweise etwas aufgerundet, um die neunhundert Konzerte – genug, um einer aufschlüsselnden Statistik zu vertrauen (es werden darin nur die Orchesterkonzerte berücksichtigt, nicht auch die Kammermusik-Aufführungen, die Robert Freund, der vortreffliche Kammermusiker, noch bis zur Saison 1911/12 betreute, ehe auch sie in die Programmverantwortung von Kapellmeister und Konzert-Direktion übergingen).

* * *

Daß Ludwig van Beethoven der große Leitstern Volkmar Andreaes war, macht diese Statistik unzweifelhaft deutlich: Es findet sich kaum eine Saison, in der nicht mindestens ein halbes Dutzend seiner Werke zu hören gewesen wären. Dabei dominierten, verständlicherweise, die Sinfonien und die Instrumentalkonzerte, aber auch die Ouvertüren blieben immer gleich beliebt. Eine leise Bevorzugung für die Sinfonien mit ungeraden Ordnungszahlen läßt sich ausmachen, die Neunte Sinfonie wurde des öftern als unwiderstehlicher, publikumswirksamer «Nothelfer» zu nur bedingt musikalischen Zwecken (zum

Beispiel zur Errichtung der Hilfs- und Pensionskasse des Tonhalle-Orchesters oder anderswie wohltätigem Ziele) gebraucht. Bei den Ouvertüren: kleine Vorteile für die eher heldischen Stücke. Aber selbst ein heutzutage so sehr belächeltes Werk wie das «Tongemälde» von «Wellingtons Sieg» («oder: Die Schlacht bei Vittoria») op. 91 fand so etwa jedes zehnte Jahr, insgesamt dreimal, des Dirigenten Neigung – und erst noch in den späteren Jahren. Zyklische Aufführungen aller neun Sinfonien Beethovens gab es mehrfach: eine erste Reihe setzte Volkmar Andreae gleich als effektvollen Schlußpunkt hinter sein erstes Kapellmeisterjahr – und das Zürcher Publikum schien sehr wohl zu merken (so formuliert es jedenfalls der entsprechende Jahresbericht; 24), daß hier ein jugendlicher Kapellmeister «mit großem Geschick, nimmermüder Arbeitskraft und feuriger Begeisterung» gewirkt hatte; seine Interpretation habe in den musikalischen Kreisen und in der Presse durchweg unbeschränkte Anerkennung gefunden, «trotzdem sie ihre eigenen Wege wandelte und nicht immer der Auffassung entsprach, die sonst üblich war».

Bezogen auf die geringere Zahl von Orchesterwerken, die Johannes Brahms, verglichen mit Beethoven, komponiert hat, ist sein Schaffen kaum weniger dicht vertreten – auch es gleichmäßig auf vier Jahrzehnte verteilt, ohne besondere Bevorzugung von Sinfonien oder Instrumentalkonzerten. Auch bei den Konzerten des Gemischten Chors Zürich, den Volkmar Andreae von 1902 bis 1949, also länger noch als das Tonhalle-Orchester, dirigierte, erscheinen Missa Solemnis und Deutsches Requiem ziemlich gleich oft.

Eine besondere Neigung hat Volkmar Andreae zu der Musik Richard Strauss' gehabt. Dabei scheint ihm die muntere und eher handfeste, ironische Sinfonia domestica op. 53, die er insgesamt sechsmal dirigierte, weitaus näher gestanden zu haben als die mit Naturphänomenen vielleicht (für sein gesundes helvetisches Naturempfinden!) etwas zu sehr befrachtete Alpensinfonie op. 64. Vor allem aber haben ihn die sinfonischen Dichtungen stets von neuem gefesselt; unter ihnen wählte er «Don Juan» op. 20 immer wieder. Am liebsten aber (und am meisten) führte er «Till Eulenspiegels lustige Streiche» op. 28 vor: Ihm behagte diese launige, farbige Schilderung «nach alter Schelmenweise in Rondoform»...

Joseph Haydn und Wolfgang Amadeus Mozart war Volkmar Andreae unverbrüchlich zugeneigt. Sinfonien Haydns bot er oft in Reihen, zum Beispiel in den Populären Symphoniekonzerten, um Beziehungen zu anderen Epochen (Romantik; 1925/26) zu erhellen, Entwicklungen zu demonstrieren (Beethoven/Mendelssohn; 1920/21). Einmal, doch erst, als sich sein Verhältnis zu Haydn vollkommen geklärt und konsolidiert hatte, widmete er ihm alle fünf Konzerte eines Frühjahrszyklus (1943/44). Auch an Mozart hat sich Volkmar Andreae vorerst langsam herangetastet, immerhin schon früh einen Zyklus (Populäre Symphoniekonzerte) gewagt; von den drei letzten Sinfonien (Es-Dur KV 543, g-Moll KV 550, C-Dur KV 551) her hat er sich, die Chronologie gleichsam umkehrend, an immer frühere Muster der Gattung herangewagt, während ihm die Instrumentalkonzerte von den Solisten vorgegeben, die Ouvertüren als Einspielstücke vom ersten Kapellmeisterjahr an tauglich erschienen waren. Die Befassung mit Haydn blieb über alle Jahrzehnte hinweg konstant, jene mit Mozart verdichtete sich in den letzten fünfzehn Jahren. Wer sich an Volkmar Andreaes Mozart-Stil noch aus persönlicher Begegnung erinnert, wird manchen dramatischen Akzent, Prägnanz der Phrasierung und temperamentvolle Lebendigkeit der Interpretation, wie man sie heute neu zu entdecken vermeint, bei ihm bereits gefunden, mindestens vorgeprägt gefunden haben. Auch den Divertimenti, Serenaden, Tanzstücken, den Ouvertüren zu Jugendopern hat sich Andreae aufmerksam zugewandt und sie oft in Jugendkonzerten einem jungen Publikum nahezubringen versucht.

* * *

Unverändert lebendig ist Volkmar Andreaes Interesse für Hector Berlioz durch alle Jahrzehnte geblieben – wie ihn denn überhaupt die Musik Frankreichs, Claude Debussys und Maurice Ravels vor allem, auch Edouard Lalos und César Francks, gefesselt zu haben scheint. Deutlich weniger allerdings beschäftigten ihn Werke von Emanuel Chabrier, Gabriel Fauré, Vincent d'Indy, Ernest Chausson, Albert Roussel oder Jacques Ibert, von Camille Saint-Saëns allenfalls die Dritte Sinfonie. Eine gewisse Neigung wird mindestens in den ersten Jahren für Georges Bizets farbige, rhythmisch reizvolle «Arlésienne»-Musik, in den späten Jahren für Paul Dukas' geistreich-effektvollen «Apprenti sorcier» deutlich.
Werke englischer oder skandinavischer Komponisten sind in Volkmar

Andreaes Programmen nur selten anzutreffen; Namen wie Edward Elgar, Frederick Delius, Ralph Vaughan Williams, Gustav Holst, Arnold Bax und William Walton, Johann S. Svendsen und Lars Erik Larsson tauchen je einmal auf, oft aber in Programmen von Gastdirigenten. Franz Berwald und Hilding Rosenberg, die bedeutendsten schwedischen Sinfoniker im 19. und im 20. Jahrhundert, vermißt man – und erstaunlicherweise Jean Sibelius, Finnlands bemerkenswerten Sinfoniker im Spannungsfeld zwischen alt und neu, auch weitgehend: Volkmar Andreae hat von ihm nur gerade die Zweite Sinfonie zweimal (1934/35, 1940/41), zweimal auch das Violinkonzert (1907/08, 1943/44), einmal (1907/08) einen Satz aus der Suite «Lemminkäinen» (Nummer 3: «Der Schwan von Tuonela») dirigiert.

Die Musik Rußlands ist wirklich repräsentativ nur mit dem ganz nach Westen orientierten Peter Tschaikowsky vertreten; die Sechste Sinfonie, die berühmte und beliebte «Pathétique», hat Volkmar Andreae immer wieder, auch im ersten und im letzten Kapellmeisterjahr, aufgeführt, gelegentlich auch die Fünfte, die Vierte, die Erste Sinfonie; zum Violinkonzert und zum Ersten Klavierkonzert (die beiden anderen fehlen in der Statistik ganz) hat er viele Solisten begleitet. «Das Mächtige Häuflein» der Alexander Borodin, César Cui, Mili Balakirew, Modest Mussorgsky und Nicolai Rimski-Korsakow, Tschaikowskys «nationale» Gegenspieler, traten gelegentlich mit einzelnen Werken auf – Borodin zum Beispiel dreimal mit der Zweiten Sinfonie, Mussorgsky mit der «Nacht auf dem kahlen Berg» und mit den «Bildern einer Ausstellung» (in Ravels glänzender Verfremdung). Von den russischen Zeitgenossen findet man Alexander Skrjabin, Sergei Prokofjew, Aram Katschaturian und Dimitri Schostakowitsch ganz gelegentlich mit einzelnen Werken.

Zu den böhmischen Erzmusikanten Bedřich Smetana und Antonín Dvořák bestand ein zwar durchaus inniges, aber doch zur Bevorzugung einiger weniger Werke neigendes Verhältnis: Er liebte «Vltava (Die Moldau)», die Nummer 2 aus dem Zyklus «Má vlast (Mein Vaterland)» (die einzige integrale Aufführung des Zyklus verdankten die Zürcher Musikfreunde allerdings, in Volkmar Andreaes letztem Kapellmeisterjahr, einem Gast: Paul Müller dirigierte ihn in einem Volkskonzert am 17. Mai 1949...), und er bevorzugte unter Dvořáks Sinfonien die Neunte, «Aus der Neuen Welt». Er fand aber auch immer wieder Solisten für das Violin-, das Violoncello-, das Klavierkonzert. Leoš Janáček, der Mähre, erscheint ein einziges Mal (1947/ 48) in den Konzerten des Tonhalle-Orchesters: mit seiner Sinfonietta op. 60 (Dirigent in einem Volkskonzert: Niklaus Aeschbacher).

Für die Musik Spaniens taucht der Name Manuel de Falla dreimal auf: zweimal mit dem «camouflierten» Klavierkonzert «Noches en los jardínes de España», einmal mit der Konzertsuite aus der Ballettmusik «El amor brujo».

Italien spielte eine wichtigere, wenngleich auch noch keine eigentlich wichtige Rolle: Natürlich bediente sich Volkmar Andreae, um ein Konzert anzufangen oder zu beschließen, gerne (und oft) der wirkungsvollen Ouverturen zu den Opern Luigi Cherubinis – seltsamerweise aber überhaupt nicht derer, nicht minder effektvoll, sicher weitaus dramatischer, auch tiefer lotend, Giuseppe Verdis. Werke von Leone Sinigaglia, Ottorino Respighi, Ildebrando Pizzetti, Gian-Francesco Malipiero und Alfredo Casella nahm Volkmar Andreae hingegen dann und wann ins Konzerttableau auf, den Programmen mindestens gelegentlich ein paar mediterrane Farben beimischend...

* * *

Man kann, von einem europäischen *tour d'horizon,* erschöpft vielleicht, aber um einige Einsichten immerhin reicher, zurückkehren und durchaus der Meinung sein, es wäre jetzt hoch an der Zeit, endlich von der Schweiz zu reden.

Volkmar Andreae war, kein Zweifel kann darüber bestehen, ein Schweizer Dirigent von echtem Schrot und Korn. Er ist, obgleich neuenburgischen Herkommens (die feine, liebenswerte Geschichte, wie sein Großvater auf überraschenden Wegen zu seinem Neuenburger Bürgerrecht kam, hätte eine ausführliche Fußnote verdient – man kann sie aber bei Franz Giegling [Volkmar Andreae. Hundertdreiundvierzigstes Neujahrsblatt der Allgemeinen Musikgesellschaft Zürich. Auf das Jahr 1959] nachlesen) und bernischer Geburt, im Laufe seiner dreiundvierzig Zürcher Kapellmeisterjahre gar zu einem Zürcher Dirigenten geworden. Ein Provinzler wurde er deswegen noch lange nicht – im Gegenteil: Er verstand Zürcherisches immer auch als Schweizerisches, und Schweizerisches war ihm stets nur Spielform von etwas sehr viel Umfassenderen: der europäischen, der «abendländischen» Musiktradition.

Er hatte seine Kollegen in Basel, Bern und St. Gallen; sie waren sogar Freunde. Aber nicht, weil sie Kollegen und Freunde waren, führte er ihre Werke auf, sondern weil sie Werke komponierten, die es wert waren, aufgeführt und das heißt doch wohl auch: zur Diskussion gestellt zu werden. Da waren die Sinfonien Hermann Suters und Fritz Bruns, eine (in d-Moll, op. 17) von jenem, eine stolze Zehnzahl von diesem, denen Volkmar Andreae fast allen seine Zürcher Konzerte öffnete. Da waren die Werke Othmar Schoecks, die er selber dirigierte, die er den Komponisten dirigieren, nicht selten uraufführen ließ – wie er denn diesem Freunde vor allem, und gewiß nicht nur als Nothelfer in Mobilmachungszeiten, viele seiner Konzerte, Abonnementskonzerte während vieler Jahre, als dem Treuesten unter Treuen, doch wohl auch dem nach Naturell und Temperament am nächsten Verwandten, anvertraute. Lang ist die Reihe der Werke Schoecks, die, meist schon kurz nach ihrer Vollendung, einige immer wieder, zwischen der Saison 1909/10, als mit der Serenade op. 1 diese Reihe begann, und jener von 1947/48, als das Konzert für Violoncello und Orchester op. 61 (Solist war Pierre Fournier) uraufgeführt wurde, in Konzerten der Tonhalle-Gesellschaft zu hören waren. Ein allerletztes Mal huldigte der Freund dem Freunde, als er in einem Abonnementskonzert seiner Abschiedssaison (1948/49) jenes ‹pastorale Intermezzo› op. 58 für Streichorchester, «Sommernacht», aufführte, in dem sich reife Meisterschaft, die vollendete Kunst beschwörender Atmosphäre, das vollkommene Raffinement letzter Einfachheit ankündigt.

Die Schweizer Komponisten, die jungen nicht weniger als die alten, bestandenen, bewährten, fanden bei Volkmar Andreae ein offenes Ohr. Den Zyklus der Populären Symphoniekonzerte widmete er in der Saison 1919/20 ganz einem Überblick über das schweizerische Musikschaffen mit Werken von nicht weniger als vierzehn Komponisten – darunter auch Volkmar Andreae mit der Kleinen Suite op. 27, der Sinfonie in C-Dur op. 31 und, in Uraufführung, der Rhapsodie für Violine und Orchester op. 32. (Nie zuvor hatte der Dirigent Volkmar Andreae dem Komponisten Volkmar Andreae so viel Platz eingeräumt, und nie würde er es in Zukunft wieder tun – dem *praeceptor musicae turicensis* ließ die Arbeit immer weniger Zeit zum Komponieren. Daß er das Handwerk verstand, hatte er bewiesen; der Komponist durfte jetzt füglich in den Hintergrund treten...)

Friedrich Hegar, Hans Huber und Joseph Lauber, auch Karl Heinrich David, eine der stärksten Individualitäten unter den Komponisten einer älteren Generation, dessen persönliche Diskretion einer künstlerischen Entfaltung stets im Wege zu stehen schien, hatten in Volkmar Andreae einen treuen Fürsprecher. In Robert F. Denzler (der später das Komponieren über dem Dirigieren beinahe vergaß) förderte er einen seiner kompositorisch begabten Schüler. Die Generation der um 1900 Geborenen (Albert Moeschinger, Robert Blum, Willy Burkhard, Conrad Beck, Adolf Brunner) erschien mit ihren Werken in vielen Programmen. Auch jüngeren Begabungen (Heinrich Sutermeister, Franz Tischhauser, Armin Schibler) verhalf Volkmar Andreae zu öffentlichem Widerhall. Weitaus am meisten aber erschien der Name Arthur Honeggers in den Programmen. Man kann wohl behaupten, daß dieser international bekannteste Schweizer Komponist (so bekannt, daß er, der die meisten seiner Jahre in Paris verbrachte, nur immer wieder in der Schweiz und für die Schweiz komponierte, für viele als Franzose galt...) Volkmar Andreae in Zürich (und Paul Sacher in Basel wie Zürich) die Resonanz seiner Musik in der Schweiz, seiner eigentlichen Heimat, verdankte.

* * *

Die Hausgötter der Zeit, neben Beethoven, mit denen Volkmar Andreae aufgewachsen war, hat der seine Persönlichkeit zielbewußt formende Dirigent sehr unterschiedlich behandelt: Franz Liszt, in den Konzerten der zwei ersten Jahrzehnte immer präsent, schien langsam (das lag freilich auch an den Zeitläuften, die dem Schillernden seiner Musik zu mißtrauen begannen) vergessen zu werden. Nur die beiden Klavierkonzerte, bei den Solisten unverbrüchlich beliebt, widerstanden dem zweifelnden Zeitgeist. Das Schaffen Ferruccio Busonis, in den Jahren seines Zürcher Aufenthaltes recht im Vordergrund stehend, überlebte kaum die Rückkehr des Komponisten nach Berlin, schon gar nicht seinen Tod (1924). Gelegentlich blitzten einzelne Werke, vor allem das Violinkonzert op. 34, wieder auf, doch zum festen Repertoirebestand vermochten sie nicht aufzurücken. Die Neigung aber, die Volkmar Andreae schon in den ersten Kapellmeisterjahren zu Max Regers Werken gewonnen hatte, blieb bestehen: Sie erschienen regelmäßig in den Konzerten der Tonhalle-Gesellschaft (und die Zürcher Organisten pflegten sein Orgelschaffen); am häufigsten war das Opus 132, Variationen und Fuge über ein Thema von Mozart, zu hören. Treue auch, unwandelbar, beinahe nibelungenhaft, für Richard Wagner, den einstigen Exilzürcher, der seinerzeit die gute Gesellschaft der Stadt nicht selten skandalisiert, im Zürcher Musikleben aber auch unauslöschliche Spuren hinterlassen hatte: Seine Ouvertüren zu Opern und seine Vorspiele zu Musikdramen (der feine Unterschied wäre, nach dem «Meister», sehr streng zu beachten!) dienten immer wieder als Prunkstücke für Konzertanfänge und -beschlüsse, immer willkommen im Effekt, der, je nachdem, feierlich, festlich oder dramatisch war. Und den *Zürcher* Musikfreund darf es nicht wundern, daß das so prachtvoll «zünftige», bürgerlichen Glanz und meistersingerliche Gloria verkörpernde «Meistersinger»-Vorspiel weitaus am beliebtesten war!

Was für Richard Wagner recht war, konnte für Carl Maria von Weber auch nur billig sein: Die Ouvertüren zu seinen Opern waren im Tonhallesaal sicher häufiger zu hören als seine Opern, der «Freischütz» ausgenommen, im Stadttheater: «Oberon», «Euryanthe», «Abu Hassan» und, natürlich, «Der Freischütz»...

★ ★ ★

Noch blieben bisher in unserer aufgeschlüsselten Statistik ein paar Namen unerwähnt, die doch dem Orchesterrepertoire, seit es ein entwickeltes, öffentliches, demokratisches Konzertleben gab, Substanz und Gewicht gegeben hatten: Franz Schubert, Felix Mendelssohn-Bartholdy, Robert Schumann, Anton Bruckner, Gustav Mahler. Mendelssohns Werke waren beim jungen Kapellmeister Volkmar Andreae beliebt: Er setzte die Ouvertüren häufig ein, dirigierte oft die Sinfonien, mindestens die dritte (Schottische) und die vierte (Italienische); Aufführungen der Instrumentalkonzerte blieben, wohl, weil die verpflichteten Solisten sie unverbrüchlich schätzten, durch alle vier Jahrzehnte von Volkmar Andreaes Zeit im Repertoire. Für die Sinfonien aber gab es eine Zäsur: In der Saison 1934/35 bot der Tonhalle-Kapellmeister seine letzte Aufführung einer Mendelssohn-Sinfonie (der Italienischen); drei Aufführungen zwischen 1944/45 und 1948/49 wurden von Gästen dirigiert. Dafür trat just in dieser Zeit ein anderer deutscher Komponist in den Vordergrund: Hans Pfitzner, der

Wetterer wider «Futuristengefahr» und «Neue Ästhetik der musikalischen Impotenz»...
Aber auch mit der Musik Schumanns schien Volkmar Andreae es nicht leicht, wenngleich aus anderen Gründen, zu haben – es sich nicht leicht zu machen: Die Sinfonien finden sich zwar regelmäßig in den Programmen, alle vier auch ungefähr gleich verteilt, aber in weiteren Abständen als zum Beispiel die vier Sinfonien Brahms'. Nur das Klavierkonzert, häufiger als alle anderen großen Werke Schumanns aufgeführt, wurde von den Solisten immer wieder gefordert.

Bei Schubert zeigt sich eine deutliche Konzentration auf die Unvollendete Sinfonie (die achte); bevorzugt wurden auch die Siebente (C-Dur) und die Fünfte (B-Dur) Sinfonie. Mit der Achten Sinfonie setzte sich schon der junge Kapellmeister auseinander, B-Dur- und C-Dur-Sinfonie folgten erst anderthalb Jahrzehnte später, noch später allerdings die frühen Sinfonien. Ein seltsames Phänomen: daß ein Dirigent erst mit wachsender Reife sich den Jugendwerken eines Komponisten, den er offensichtlich liebt, zuwendet – Linien, gewissermaßen, die sich kreuzen...

Es bleiben Bruckner und Mahler:

Im Zeichen Mahlers stand der erste Kontakt des jungen Dirigenten, der eben angefangen hatte, sich mit Choraufführungen einen guten Namen zu machen, mit dem Tonhalle-Orchester. Mit dem Gemischten Chor Zürich, zu dessen Leiter er am 1. November 1902 gewählt worden war, hatte er die Matthäus-Passion von Johann Sebastian Bach (10. April 1903) und das Requiem von Hector Berlioz (10. November 1903) aufgeführt, dazwischen auch noch ein Konzert mit Chormusik des 16. und des 19. Jahrhunderts (23. Juni 1903) gegeben. Und als Friedrich Hegar, Tonhalle-Kapellmeister, plötzlich erkrankte, hatte er die Leitung eines Abonnementskonzertes (12. Januar 1904) und des traditionellen Konzertes zu Gunsten der Hilfs- und Pensionskasse des Tonhalle-Orchesters (19. Januar) übernommen. Im ersten Konzert dirigierte er Ludwig van Beethovens Dritte Sinfonie, ein Fragment aus Christoph Willibald Glucks Oper «Orpheus und Eurydike» und eine von Franz Liszts Ungarischen Rhapsodien (in einer der damals sehr beliebten Orchestrierungen), im anderen stand die Dritte Sinfonie Mahlers auf dem Programm.

Um Mahler bemühte sich der junge Tonhalle-Kapellmeister sehr intensiv: Schon in seinem ersten Jahr (1906/07) brachte er die «Kindertotenlieder», in der Saison 1909/10 die Zweite Sinfonie, drei Jahre später (1912/13) «Das Lied von der Erde»; im Jahre danach, gewissermaßen geprüft und gestählt durch das Tonkünstlerfest des Allgemeinen Deutschen Musikvereins, das er für das Jahr 1910 nach Zürich geholt, glänzend vorbereitet und ebenso glänzend durchgeführt hatte, organisierte er eine Dreiviertel-Tausendschaft, um (zum 50-Jahr-Jubiläum seines Chores) die Achte Sinfonie, die «Sinfonie der Tausend» genannt, weil tausend Musiker sie uraufgeführt hatten, dem Zürcher Publikum bekannt zu machen... Weitere Sinfonien (und die «Lieder eines fahrenden Gesellen») prägten Programme der Jahre zwischen 1915 und 1925. Dann wurden die Werke Mahlers seltener, setzten nach der Saison 1932/33 ganz aus, mit der Saison 1944/45 aber wieder ein.

Volkmar Andreaes Befassung mit Bruckner begann schon in seiner ersten Tonhalle-Saison (Neunte Sinfonie); es folgten gelegentliche Fortsetzungen, bis sich die Aufführungen ab 1924/25 vervielfältigten, 1927/28 in einer ersten Gesamtdarstellung aller neun Sinfonien gipfelten. Von dieser Saison an gab es kein Konzertjahr mehr, in dem Volkmar Andreae nicht eine oder mehrere Sinfonien Bruckners dirigiert hätte. Eine integrale Aufführung wiederholte sich in der Saison 1942/43 (die Vierte Sinfonie fehlte zwar, wurde aber in der folgenden Saison nachgeholt).

Die intensive Auseinandersetzung mit Bruckner führte für Volkmar Andreae zu einer Auszeichnung ganz besonderer Art: Die Internationale Bruckner-Gesellschaft übertrug Zürich, der Tonhalle-Gesellschaft und ihrem Kapellmeister, die Durchführung des Internationalen Bruckner-Festes 1936. Es gelang Volkmar Andreae, die musikalischen Institutionen zu einer großen, gemeinsamen künstlerischen Anstrengung zu vereinen: fünf Sinfonien, die drei Messen, das Te Deum, der 150. Psalm und etliche a cappella-Chorwerke wurden im Rahmen von Konzerten, liturgischen Feiern und einer Festversammlung aufgeführt. Wohl hatten andere Dirigenten einige der Aufgaben übernommen, die das Fest bereithielt, doch auf Volkmar Andreae lasteten gleichwohl ein Chor- und ein Orchesterkonzert, dazu die letzte Verantwortung für die «Logistik» der ganzen, neun volle Tage während, immerhin glanzvollen und glanzvoll bewältigten Veranstaltung. «Das Gelingen», vermeldete der zuständige Jahresbericht der Tonhalle-Gesellschaft (43), «danken wir namentlich Herrn Dr.

Andreae, der alles organisierte, und unserem Orchester, das nach einer anstrengenden Wintersaison, nach einer Strauss-Woche und einer Stagione Italiana im Stadttheater auch die großen Ansprüche des Bruckner-Festes restlos erfüllte»...
Volkmar Andreae hatte, der kleine Exkurs sei uns im Anschluß an das Bruckner-Fest von 1936 gestattet, auch andere Feste, musikalische Großanlässe allesamt, zu bewältigen. Er tat das auf die ihm eigene, restlosen Einsatz voraussetzende, Organisationstalent, dirigentische Unverwüstlichkeit, wohl auch Geduld und Improvisationsgabe, sicher eine (wie der Volksmund so trefflich sagt) dicke Haut, vermutlich auch ein hohes Maß an Lebenslust und Humor vereinende Weise mit dem schon einmal erwähnten Tonkünstlerfest des Allgemeinen Deutschen Musikvereins (ADMV; der 46. Jahresversammlung seit seiner Gründung, 1861) vom 27. bis 31. Mai 1910, mit dem 31. Schweizerischen Tonkünstlerfest vom 29. bis 31. Mai 1920, mit dem 4. Weltmusikfest der Internationalen Gesellschaft für Neue Musik (IGNM) vom 18. bis 23. Juni 1926, mit einem weiteren, dem 62., Tonkünstlerfest des ADMV vom 10. bis 14. Juni 1932, mit dem 40. Schweizerischen Tonkünstlerfest vom 23. bis 26. Juni 1939 (während der zur Legende gewordenen «Landi», der Schweizerischen Landesausstellung 1939 in Zürich). Das alles: der organisatorischen Arbeit viel, der künstlerischen Verantwortung noch mehr – doch diese Feste umschlossen Ereignisse von bedeutenden Maßen: Es wurden beim IGNM-Fest von 1926 Zoltán Kodálys *Psalmus Hungaricus* und Arthur Honeggers *psaume symphonique* (die Konzertfassung des *psaume dramatique*) «Le roi David», beim ADMV-Fest von 1932 Paul Hindemiths Oratorium «Das Unaufhörliche» aufgeführt. Es wuchs, durch Volkmar Andreaes Initiative und unbedingten künstlerischen wie organisatorischen Einsatz, dank seiner alles umfassenden, souveränen Persönlichkeit der Ruhm der Stadt, die solches, und erst noch auf bemerkenswert sichere Weise (das wiederum: künstlerisch und organisatorisch) zuwege gebracht hatte, der Ruhm ihrer musikalischen Institutionen, die sich so überaus leistungsfähig gezeigt hatten. Den Nachfahren bleibt nur – das Staunen...

* * *

Wir sind beim Thema «zeitgenössische Musik» – bei der Musik, die man gemeinhin unter dem Begriffe «Neue Musik» (ungenau, doch zweckmäßig und handgerecht – wie so viele Begriffe auf dem weiten Felde des Musikalischen...) subsumiert. Bei einer Musik, die in den ersten zwei Jahrzehnten von Volkmar Andreaes Wirken als Tonhalle-Kapellmeister so vielfältig-vielschichtig, so vehement, leidenschaftliche Zustimmung ebenso wie leidenschaftlichen Widerstand weckend, die Geister scheidend, in die musikalische Landschaft Europas einbrach.

Am 1. Dezember 1922 war Arnold Schönberg mit seinem (Wiener) Verein für musikalische Privataufführungen auch nach Zürich gekommen und hatte seinen «Pierrot Lunaire» vorgestellt (der Jahresbericht der Tonhalle-Gesellschaft [30]) führt das Konzert in seiner Liste der «Konzerte von Vereinen, Künstlern und fremden Orchestern etc.» als «Schönberg-Abend [Veranstaltung der Internationalen Festspiele in Zürich]» auf). Und im Rahmen des IGNM-Festes von 1926 dirigierte Anton Webern das Tonhalle-Orchester in einer Aufführung seiner Fünf Stücke für Orchester op. 10. In Programmen der Tonhalle-Gesellschaft erschienen in der Saison 1935/36 die Drei sinfonischen Stücke aus der Oper «Lulu» (Hermann Scherchen dirigierte sie in einem Extrakonzert, das noch Werke von Richard Wagner und Wolfgang Amadeus Mozart einschloß) und 1947/48 die Drei Bruchstücke aus der Oper «Wozzeck» (Erich Schmid in einem Volkskonzert; Werke von Béla Bartók und Mozart); damit war auch Alban Berg vertreten. 1948/49 wurde in einem Extrakonzert von einem ««Pierrot Lunaire»-Ensemble» dieser «Zyklus von dreimal sieben Melodramen nach Texten von Albert Giraud» ein zweites Mal vorgeführt.

Ein genauer Beobachter der Zürcher Musikszene in der ersten Hälfte unseres Jahrhunderts, Ernst Isler, von 1902 bis 1944 Musikkritiker der Neuen Zürcher Zeitung, hat schon von der ersten Saison des neuen Tonhalle-Kapellmeisters gesagt, Volkmar Andreae habe «zur Bestreitung der Programme der Abonnementskonzerte ... reichlich zur Moderne gegriffen». Er hätte diese Feststellung für manches weitere Jahr treffen können – an Einsatz für die neue Musik (um für einmal das immer etwas provokant wirkende große N zu meiden...) hat es Volkmar Andreae nie fehlen lassen. Er galt unter den Dirigenten in den großen Städten unseres Landes, mit Ernest Ansermet, als Pionier

der Moderne. Aber mit der Neuen Wiener Schule hat er sich offensichtlich nie verstanden; er hat daraus auch kein Hehl gemacht – seine Tonhalle-Generalprogramme reden da eine sehr deutliche Sprache.
Er hat viele Konzertprogramme mit zeitgenössischer Musik, schweizerischer nicht zuletzt, zusammengestellt, fast alle auch selber dirigiert: «moderne Abende», Studienaufführungen, Konzerte für die Sektion Schweiz der IGNM. Sie alle zeigen, woran ihm auf dem Felde der Musik unseres Jahrhunderts lag: an einer Musik, die sich zwar so aggressiv und so unkonventionell, wie immer sie wollte, gab (die Werke Igor Strawinskys hat er in einer breiten Palette präsentiert, und die Konzertsuiten aus den Ballettmusiken «Pétrouchka» und «L'oiseau de feu» dirigierte er mehrmals), an einer Musik, die sich fremder Volksmusik in einer schillernden, oft komplexen Weise bediente (Béla Bartók), an temperamentgeladener, handwerklich geprägter Musik, die sich durchaus auch unbekümmert, gar frech gebärden durfte (Paul Hindemiths Werke tauchen in den Programmen der Tonhalle-Gesellschaft nach etwa 1928/29 immer wieder, und ebenfalls in breiter Streuung, auf) – an Musik aber stets, die Traditionen erweiterte, gelegentlich durchbrach, aber nicht in Frage stellte.

★ ★ ★

Man kann vom Dirigenten Volkmar Andreae nicht reden, ohne an den Chordirigenten zu denken. Während siebenundvierzig Jahren, beinahe ein halbes Jahrhundert lang, fast vier Jahre länger als das Tonhalle-Orchester, hat er den Gemischten Chor Zürich geleitet. Und er hat mit ihm Jahr für Jahr drei Konzerte gegeben. Weit über hundert sind es am Ende gewesen.
Natürlich standen die großen oratorischen und liturgischen Werke Johann Sebastian Bachs, Joseph Haydns, Wolfgang Amadeus Mozarts, Ludwig van Beethovens, Franz Schuberts, Hector Berlioz', Giuseppe Verdis, Johannes Brahms' und Anton Bruckners, vor allem in den traditionellen Karfreitagsaufführungen, im Vordergrund. Aber Volkmar Andreae hat von Georg Friedrich Händel nicht nur den «Messias», sondern auch «Saul», «Israel in Ägypten» und «Acis und Galatea» aufgeführt, oft auch Kantaten Bachs, Christoph Willibald Glucks Oper «Alceste» in konzertanter Form, Chorwerke von Engelbert Humperdinck und Hans Pfitzner, von Florent Schmitt und Max

Reger, von Edward Elgar, Claude Debussy und Zoltán Kodály, von Friedrich Hegar, Hermann Suter und Arthur Honegger. Auch der Vokalkunst der Renaissance hat er sich recht oft zugewendet.

Es gibt Lücken in der langen Reihe der Komponisten und Werke, die er mit seinem Chor (und seinem Orchester) den Zürcher Musikfreunden geboten hat – Felix Mendelssohn-Bartholdy, von dem er (1909 und 1928) zwar die «Walpurgisnacht», nicht aber die weit bekannteren Oratorien «Elias» und «Paulus» aufführte, bezeichnet auch hier die auffallendste dieser Lücken.

Dafür hat Volkmar Andreae mit dem Gemischten Chor Zürich den Mailändern die erste Begegnung mit der Bachschen Matthäus-Passion ermöglicht, es war die erste Aufführung des Werkes in Italien überhaupt (1911; ein zweites Gastspiel fand 1929 statt). Er hat, ebenfalls in Mailand, Beethovens Missa solemnis aufgeführt und in Paris (1937) das Requiem von Verdi. Unvergessen aber bleiben dem, der sie gehört hat, die Aufführungen von Willy Burkhards Oratorien «Das Gesicht Jesajas» (1937, 1939, 1945) und «Das Jahr» (1942). Man hatte durchaus den Eindruck, daß sich hier verwandte, sehr nahe verwandte (und kongeniale) Geister trafen...

★ ★ ★

Volkmar Andreae war ein Musiker, wie es ihn heute nicht mehr gibt: ein vortrefflicher Dirigent, ein nicht minder vortrefflicher Pädagoge, ein effizienter Organisator, ein kenntnisreicher Bewahrer und ein Sucher des Neuen – kurz und gut: ein «Generalmusikdirektor» im guten, echten und wahren Sinne des Wortes – nicht offiziell mit diesem etwas hochtrabenden, hierzulande auch nicht üblichen Titel ausgestattet (ihn auch nicht beanspruchend!), aber seine Funktionen im vollen Maße erfüllend. Er nannte sich nicht einmal Chefdirigent – doch er war einer: streng, aber väterlich, fordernd, aber freundschaftlich, selbstbewußt und sicher führend, aber nicht grundlos diktierend. Die strengsten Forderungen aber stellte er an sich selbst: Vorbild, Lehrer, Musiker – Musiker vor allem und zuerst, nicht bloß ein *praeceptor,* sondern ein *inspirator,* ein *creator musicae turicensis*...

IV
DER MENSCH

Treue, Gemütlichkeit und Humor seien Volkmar Andreaes auffallendste Eigenschaften gewesen – so eine dominante Erinnerung «aus dem Hause»*.

★ ★ ★

Treue.
Treue hielt, die mitteilenden Dokumente, wo sie sich häufen, verhehlen es nicht, Volkmar Andreae seinen Dirigenten- und Komponistenfreunden in Basel, Bern und St. Gallen: Hermann Suter (Regesten 1414–1451; vergleiche auch: Hans Peter Schanzlin), Fritz Brun (136–230; Max Favre), Othmar Schoeck. Auch wenn hier, bei Schoeck, die Dokumente versagen: «Er wohnte zu nah, ein Briefwechsel war nicht nötig. ... oft kam er nach einem Konzert noch für einen Schlaftrunk bei uns vorbei. Er war, entgegen üblen Gerüchten, sehr befreundet mit Vater.» (Erinnerungen, p. 2)

Treu verbunden, und noch über dessen Tod hinaus, blieb Volkmar Andreae Ferruccio Busoni (322–409, auch Gerda Busoni 410–416; Josef Willimann), dem er in den Wirren des Ersten Weltkrieges in Zürich ein sicheres Asyl geschaffen hatte, dem er, selber durch militärische Verpflichtungen beansprucht, des öftern sein Orchester anvertraute, dem er auch sonst vielfältige Möglichkeiten bot, als Komponist, Pianist und Lehrer sich der Öffentlichkeit zu präsentieren. In der Busoni-Stiftung, um deren Gründung er sich viel Ver-

* Frau Ruth Schkölziger-Andreae und Frau Marianne Savoff-Andreae, Töchter Volkmar Andreaes, haben, von der Herausgeberin um ein paar persönliche Erinnerungen gebeten, ein sechsseitiges Typoskript zur Verfügung gestellt, aus dem in diesem, vor allem der «privaten» Persönlichkeit Volkmar Andreaes gewidmeten vierten Abschnitt unserer Einleitung des öftern zitiert wird – durchaus in der Meinung, daß aus persönlich-familiären Erinnerungen der (versuchten) Darstellung eines Menschenbildes gewissermaßen von außen, auf Grund von Quellen und Dokumenten, Akzente zuwachsen können, derer sie unbedingt bedarf.

dienst erwarb und die noch heute angehenden Berufsmusikern, Absolventen der Zürcher Musikberufsschulen, hilfreich ist, lebt die Erinnerung fort. Über nicht weniger als vier Jahrzehnte bewährte sich, von den politischen Stürmen der Zeit zwar, vor allem in späteren Jahren, nicht ganz unberührt, die Verbindung mit dem österreichischen Dirigenten und Komponisten Siegmund von Hausegger, von dem Volkmar Andreae in Zürich immer wieder Werke aufführte, der selber sich etlicher Kompositionen seines Freundes annahm. Beide schätzten sich auch als Dirigenten, freuten sich darüber, als Dirigenten die Podien zu tauschen *(614–721)*. Über mehr als zwei Jahrzehnte währte auch die Verbindung mit Wilhelm Furtwängler; auch sie wurde freilich, wenngleich unter etwas anderen Umständen, in den Strudel der Zeitgeschichte gerissen – ein Brief wie der vom 20. Mai 1936 *(571)*, der sich leidenschaftlich gegen die Beanspruchung der Musik durch die Politik (und das meint hier: durch den Nationalsozialismus) verwahrt, bildet den Hintergrund für jene Polemik um den Dirigenten, den der Brief vom 30. August 1948 (samt beigefügten Dokumenten) zum Ausdruck bringt *(575–579)*. Darin bezieht sich Furtwängler auf die Angriffe der Sozialdemokratischen Partei Zürichs in einem «Tagblatt»-Inserat gegen ihn und meint, es werde ihm unmöglich sein, in Zukunft weiter in Zürich zu dirigieren, wenn nicht die Freunde seiner Kunst eine Möglichkeit fänden, diesen Angriffen wirksam entgegenzutreten.
Freundschaftliche Beziehungen verbanden Volkmar Andreae auch mit anderen Dirigenten: mit Hermann Abendroth *(1–28)*, Walter Braunfels *(91–133)*, Fritz Busch *(299–313)*, Felix von Weingartner *(1493–1521)*. Sie dauerten über Jahre, oft Jahrzehnte, waren freundschaftlich viel mehr als bloß kollegial, und sie wurden erst durch den Tod gelöscht. Mitunter endeten sie freilich auch in der Ungunst der Zeit – mancher Brief führt mitten in eine unselige geschichtliche Verwirrung, läßt sie mindestens ahnen. Plötzliches Schweigen deutet Brüche an – gewollte, ungewollte, zeitbedingte. Treue, kollegiale und freundschaftliche, auch hier!
Treue aber auch, und vor allem, gegenüber den Solisten von Volkmar Andreaes Konzerten: Instrumentalisten, Sängerinnen, Sängern. Es gab «keinen Winter ohne Adolf Busch und Rudolf Serkin, keinen ohne Robert Casadesus» (Erinnerungen, p. 1). Es waren noch mehr: Pablo Casals, treuer Gast der Konzerte Volkmar Andreaes über vier

Jahrzehnte hinweg, Edwin Fischer und Carl Flesch, nicht viel weniger lang, Henri Marteau, den Volkmar Andreae einmal (um 1909) als Konzertmeister und als Lehrer am Konservatorium nach Zürich zu ziehen versucht hatte, der dann aber, nachdem sich diese Pläne zerschlagen hatten, als Solist immer wieder zurückkehrte.

Es waren Sängerinnen und Sänger nicht zuletzt, denen Volkmar Andreae die Treue hielt: «Ein Karfreitagskonzert mit einer anderen Altistin als Ilona Durigo wäre, solange sie zur Verfügung stand, undenkbar gewesen, ebenso möglichst immer mit Erb und Schey.» (Erinnerungen, p. 1) Es müßte hier auch Emilie Welti-Herzog genannt werden: eine Schweizer Sopranistin, deren Name in den Konzerten von Volkmar Andreaes ersten Zürcher Kapellmeisterjahren immer wieder auftaucht *(1528–1541)*.

Johann Martinus Messchaert, der niederländische Sänger (Baßbariton), sei nicht vergessen: Er war bereits ein anerkannter Konzertsänger, Interpret Hector Berlioz' nicht zuletzt, als ihn Volkmar Andreae ein erstes Mal nach Zürich holte («La damnation de Faust» stand auf dem Programm). Die Zusammenarbeit währte bis zum Tode des Sängers (am 10. September 1922). In den letzten Jahren hatte Messchaert noch als Lehrer am Zürcher Konservatorium gewirkt (dessen Direktor Volkmar Andreae im Jahre 1914 geworden war). Die Trauerrede des Freundes – sie findet sich in unserer Sammlung *(1098)* – ist ein bewegendes Dokument: Zeugnis einer Freundschaft, die über das Berufliche, den so oft geübten gemeinsamen Dienst an der Musik, weit hinausging, in ihrer Betroffenheit tief ins Menschliche drang.

Doch die tiefste Treue – und tief nicht nur, weil sie am längsten währte und am unverbrüchlichsten war – hielt Volkmar Andreae seinem Orchester, dem Tonhalle-Orchester.

«Oft sagte er Engagements ab, weil er Proben und Konzerte in Zürich nicht verpassen wollte.» (Erinnerungen, p. 1) Es war nicht nur das: Schon als junger Dirigent, er stand, zweiunddreißigjährig, gerade in seiner fünften Saison als Kapellmeister des Tonhalle-Orchesters, widerstand er der Versuchung einer höchst ehrenvollen Berufung nach New York – wo Gustav Mahler, auf den Tod krank, in die alte Heimat zurückgekehrt war und eine schwere Lücke hinterlassen, ein damals schon (und nicht zuletzt durch ihn) berühmtes Orchester beinahe fluchtartig verlassen hatte.

Als Friedrich Hegar, der Vorgänger Volkmar Andreaes, am 3. April

1906 aus seinem Amte schied, hielt er an dem Bankett, das sich an sein
Abschiedskonzert anschloß, eine Rede, die insgesamt eine vortreffliche, eine mit köstlichen Anekdoten gewürzte, aber gleichwohl analy-
tisch scharfe Darstellung des Zürcher Musiklebens jener Zeit dar-
stellte (sie ist im Jahresbericht 1905/06 [13] der Tonhalle-Gesellschaft
in extenso abgedruckt – jedem am Zürcher Musikleben von einst
Interessierten zur amüsant-aufschlußreichen Lektüre herzhaft empfohlen!*). Er schloß sie mit der Bemerkung, er scheide mit dem
beruhigenden Gefühl aus dem Amte, daß das, was er gepflanzt habe,
guter Pflege übergeben werde; daß es Landeskraft sei, die ihn ersetzen
werde, freue ihn ganz besonders. «Auch in unserer Kunst dürfen wir
uns unseres Schweizertums freuen.» Sollte hier an das Geheimnis
gerührt sein, das Volkmar Andreae so treu und unbestechlich in
Zürich und bei Zürichs Orchester, das ihm anvertraut war, bei allen
anderen Aufgaben, die er sich als *praeceptor musicae turicensis* aufgela-
den hatte, hielt?

Volkmar Andreae (es ist hier wohl der rechte Ort, darauf hinzuweisen) war seit seiner Rekrutenschule (1899) ein begeisterter Soldat: Er
hatte hier, beim Militär, wie dort, in der Musik, keinerlei Identitäts-
probleme, keine (inneren oder äußeren) Hindernisse, sich eine glück-
liche und erfolgreiche Laufbahn aufzubauen. Von 1913 an und während des ganzen Ersten Weltkrieges kommandierte Major Volkmar
Andreae das traditionsreiche Schützenbataillon 3. Er wurde noch zum
Oberstleutnant ernannt. Ist es vermessen, zu folgern, daß der militärische Dienst die Persönlichkeit geprägt, mindestens ein paar Züge
dieser Persönlichkeit mitbestimmt, sich auch im Musiker akzentuiert
habe? Wer sich an den Dirigenten erinnert, weiß, wie sicher und fest
er (mindestens in den späteren Jahren seiner Kapellmeistertätigkeit)
auf dem kleinen Podium vor dem Orchester stand, wie wenig er zu
ausladender Bewegung neigte, wie dezidiert und exakt seine Zeichen
waren. Und wenn sein Konzertmeister über viele Jahre hinweg,
Willem de Boer, davon redet, daß Volkmar Andreae stets ernst und
zielbewußt, konzentriert und sachlich geprobt, an die Arbeit nie
überflüssiges, ermüdendes Gerede gewendet habe: bestätigt er damit
nicht (auch) Eigenschaften des guten Soldaten?

* Der hier erwähnte Jahresbericht (1905/06) kann in den Archivalien der Tonhalle-
Gesellschaft, die sich im Stadtarchiv Zürich befinden, von jedermann eingesehen
(und am Ort photokopiert) werden.

Volkmar Andreae war nicht nur der künstlerische Erzieher eines Orchesters. Er war auch sein Vater. Mit feinem Takt und großem Enthusiasmus, mit lebendiger Intention und doch sachlich (so wiederum Willem de Boer) arbeitete er; geistige Beweglichkeit und Humor standen ihm zu Gebote. Er verstand es, seine Musiker für sich einzunehmen, aber seine Musiker wußten auch, daß er für sie da war – nicht nur in musikalischen, sondern auch in privaten, persönlichen Angelegenheiten. Mag er auch (mitunter) autoritär gewesen sein, seine Autorität auch geltend gemacht haben: ein Despot war Volkmar Andreae nie. Despoten sind humorlos, und eben das war er nicht. Er machte gerne Spaß, gewann sich damit seine Musiker; er ließ aber auch einen Scherz, der aus dem Orchester kam, wohlgelaunt gelten. Sigrid Onegin, in Zürich oft zu hören, schrieb einmal, nach einer Aufführung von Händels «Messias», die sie begeistert hatte: «Ich muß Ihnen aber sagen, daß Ihre ganzen Chöre – kurz alles was Sie taten, mir einen größeren Eindruck machte, als meine 6 Toscanini-Konzerte nebst 14!! Proben, die ich gerade hinter mir habe. ... Sie sind ein ganz wunderbarer Musiker und dabei ein so lieber, gütiger Mensch.» *(1141)*
Volkmar Andreae hielt treu zu diesem seinem Orchester, und er stand zu den Aufgaben, die er in der Stadt, die so sehr zu einer echten Vaterstadt geworden war, übernommen hatte. Das hinderte ihn nicht, gelegentlich im Ausland zu dirigieren, Kontakte mit anderen Orchestern aufzunehmen, wo sie sich ihm boten. Und sie boten sich zahlreich genug! Auch wenn sein offizieller Arbeitgeber, die Tonhalle-Gesellschaft, ihm mitunter ein wenig säuerlich auf die Finger zu schauen sich nicht versagen mochte (von der 302. Sitzung ihres Vorstandes, am 15. Oktober 1906, wurde protokolliert, daß Herr Andreae zwar für ein Konzert in Frankfurt beurlaubt, Friedrich Hegar als Ersatzdirigent vorgesehen werde, daß aber «principiell» beschlossen sei, «daß die jeweilige Stellvertretung des Kapellmeisters finanziell zu dessen Lasten falle...), dirigierte Volkmar Andreae doch vom Anfang seiner Zürcher Laufbahn an fast jedes Jahr mindestens einmal im Ausland, oft in Deutschland und Österreich, aber auch in Frankreich und England, in Polen, Schweden, Italien, Spanien. Werke von Mozart, Beethoven, Berlioz, Brahms, Wagner und Richard Strauss bildeten in den ersten Jahren, die Sinfonien Bruckners später die Schwerpunkte solcher Gastspiele.

Volkmar Andreae erhielt auch Angebote aus Nord- und Südamerika, doch schlug er sie alle aus, weil sie allzu lange Abwesenheiten von Zürich mit sich gebracht hätten. (Es gab damals noch keine Flugzeuge, die tausend Kilometer in einer einzigen Stunde hinter sich bringen; Schiffsreisen waren das Mittel für weite Distanzen.) Daß der künstlerische Ruf Volkmar Andreaes weit über die Grenzen Zürichs, selbst der Schweiz, hinausgedrungen war, machen zwei Briefe deutlich, die beide in den späten Fünfzigerjahren geschrieben wurden: Hans Rosbaud, der Zürichs Musikleben in der Zeit nach Volkmar Andreae entscheidend formte, sagte: «Ihre Künstlerpersönlichkeit hat nicht nur das Musikleben Zürichs geprägt, sondern darüber hinaus internationale Bedeutung erlangt.» *(1279)* Und Bruno Walter schrieb, in seinem Gratulationsbrief zum achtzigsten Geburtstag Volkmar Andreaes: «Die Gesamtbedeutung aber Ihrer edlen Lebensleistung in einer musikalisch so problematischen Epoche wie der jetzigen steht vor aller Augen als ein weithin wirksames und mahnendes Beispiel.» *(1484)*
Volkmar Andreae «liebte seine Familie über alles, fühlte sich wohl zu Hause und scheute ausgedehnte Konzertreisen» (Erinnerungen, p. 1).

* * *

Gemütlichkeit, Humor.
Siegfried Ochs, der deutsche Dirigent, bedankte sich einmal, mit Zeilen vom 31. Mai 1910, «für die Genüsse künstlerischer und geselliger Art, ...die uns durch Ihre Vermittlung geboten worden sind» *(1133)*. In den Erinnerungen der Familie ist ein gesellig-gemütlicher Aspekt von Volkmar Andreaes Naturell noch sehr lebendig: Es gab – vom Hausherrn selber sehr geschätzt – das unter vielen Musikern, alten und jungen, berühmten und unbekannten, beinahe legendäre «Wurstessen» vom Donnerstagmittag. Dazu fand sich ein, wer gerade Zeit und Lust (und Hunger) hatte, wer gerade in Zürich weilte; jeder durfte auch einen Gast mitbringen. «Besonders Durigo und Krenek gehörten regelmäßig dazu während ihrer Zürcher Zeit.» (Erinnerungen, p. 4)
«Sein ganzes Leben war er fröhlich, immer voller Scherze. Er liebte die Wortspiele. Dieser Humor verließ ihn auch im Alter nicht. Als er, über 80jährig, nicht mehr gut gehen konnte, pflegte er zu sagen: ‹Ich

war 80 Jahre gesund, jetzt ist nur eben meine Geh-Saite etwas verstimmt›.» (Erinnerungen, p. 6) Humor schaffte Humor: Zu Volkmar Andreaes Zeiten war es im allgemeinen nicht üblich, daß Solisten im Hotel wohnten; das Andreaesche Haus stand ihnen, neben Häusern anderer Zürcher Familien, stets offen. «Und dank dem gemütlichen und humorvollen Wesen unseres Vaters geschah dies auf sehr familiäre Weise. So konnte es vorkommen, daß man bei der Heimkehr aus der Schule von Hindemith aus dem Hundshäuschen heraus angebellt wurde, daß Hermann Hesse... auf vier Beinen, die Arme in Papas Militärstiefeln, als Kinderschreck zur Türe hereinkam. Es gab sich auch, daß Strawinsky uns im Auto zur Schule brachte, Turczinsky die Ovomaltine rührte oder daß Fritz Busch plötzlich im Übungszimmer erschien und eine herrliche Fantasie über unsere Czerny-Etüde improvisierte.» (Erinnerungen, pp. 2 f.) Im Musiksaal des Hauses Andreae, der im Halbrund weit in den Garten ragte, übten Ferruccio Busoni, Pablo Casals, Max Reger. Hier spielten auch Komponisten, unter ihnen immer auch junge Schweizer, dem Herrn Kapellmeister, der sich im häuslichen Bereiche so gar nicht «kapellmeisterlich» gab, ihre neuen Werke vor (Erinnerungen, p. 4).

* * *

Volkmar Andreae hat in seinem langen und erfüllten Leben viele Ehrungen erfahren. Orden hat er, als Offizier der Schweizer Armee, beharrlich abgelehnt. Auszeichnungen aber, Medaillen, Ernennungen zum Ehrenmitgliede finden sich in seiner Hinterlassenschaft recht viele. Sie mögen ihn allesamt herzlich gefreut haben, doch keine tat es wohl mehr als die Urkunde, die ihn mit dem Tage des 18. April 1914, dem Dies academicus der eben an diesem Tage eröffneten neuen Universität Zürich, zum Doktor der Philosophie ehrenhalber ernannte – verliehen «dem Tondichter und vor allem dem feinfühligen und temperamentvollen Leiter der großen Zürcher Konzerte, in denen er seine Interpretationskunst mit derselben Liebe klassischer und moderner Kunst widmet». Er liebte die Würde, die ihm mit dieser Ernennung verliehen war, aber mehr als den «Herrn Doktor» schätzte er den einfacheren, kollegialeren «Doktor» – mit dem ihn anreden durfte, wer ihm, ohne schon zum familiären «Du» vorgestoßen zu sein, freundschaftlich verbunden war. Die Musiker seines Orchesters nicht zuletzt...

Viele dieser Auszeichnungen, vor allem die späteren, kreisen um den Namen Anton Bruckners. Als Interpret Bruckners hat Volkmar Andreae in Zürich eine Tradition geschaffen, die weiterlebte und noch heute lebt. Bruckner hat ihn, vor allen anderen Meistern, in sein *otium cum dignitate* begleitet.

Denen aber, die ihn als Kapellmeister des Tonhalle-Orchesters miterlebt haben, ist er als ein universaler Musiker in Erinnerung – als ein Dirigent, der aus souveränem Überblick, vor allem aber aus Liebe zu allen Epochen der Musikgeschichte, so weit sie das öffentliche Musikleben unserer Zeit integriert hat, zu musizieren verstand.

Fritz Müller

FRIEDRICH HEGAR UND VOLKMAR ANDREAE

Als Friedrich Hegar am 2. Juni 1927 beinahe 86jährig starb, war sich das musikalische Zürich bewußt, daß es seinen eigentlichen Vater und einen der bedeutendsten Förderer, nicht nur des städtischen, sondern des Musiklebens des ganzen Landes, ja sogar des ganzen deutschsprachigen Raumes seiner Zeit verloren hatte. Ein auch nur flüchtiger Blick auf Hegars Zürcher Tätigkeit, wie sie sich etwa allein aus den eher spärlichen Publikationen über ihn, aus den Dokumenten des alten «Aktien-Theaters» an den «Untern Zäunen», aus den Jahresberichten und Programmheften der Tonhalle-Gesellschaft seit ihrer Gründung im Jahre 1868 und auch aus dem lückenhaften Korrespondenznachlaß[1] des Komponisten, Dirigenten und Musikschuldirektors darbietet, nötigt uns Heutigen höchste Bewunderung dieser Bewältigung einer immensen Arbeitslast ab.
1865 erfolgte die Wahl Hegars zum Dirigenten der Abonnementskonzerte der *Allgemeinen Musikgesellschaft Zürich* (AMG). Von diesem anspruchsvollen Posten trat er nach kaum je unterbrochener 41jähriger Tätigkeit am 4. April 1906 zurück. Als Leiter des Gemischten Chors Zürich wirkte er von 1865 bis 1901. Die andern großen Zürcher Stadtchöre standen während kürzerer oder längerer Zeit ebenfalls unter seiner Leitung (Männerchor Zürich, Sängerverein «Harmonie» Zürich, Lehrergesangverein Zürich); ebenso bekleidete er etliche Jahre die Stelle eines Gesanglehrers an der Kantonsschule Zürich. Ab 1900 präsidierte er den von ihm ins Leben gerufenen *Schweizerischen Tonkünstlerverein*. Wir treffen ihn als begehrten Dirigenten seiner berühmt gewordenen Werke, ganz speziell der «Chorballaden», an vielen Eidgenössischen, Deutschen und Österreichischen Großveranstaltungen. Hegar trat in früheren Jahren auch als Sologeiger auf, und er leitete zudem während vielen Jahren ein von ihm gegründetes Streichquartett, in welchem er abwechselnd die erste Geige oder die Bratsche spielte. Des Aufzählens weiterer Verpflichtungen wäre kein Ende; es sei lediglich daran erinnert, daß

er auch einige Jahre als Kapellmeister des «Aktien-Theaters» wirkte. Wie es ihm möglich war, sich neben all dem noch als erfolgreicher Komponist (viele Chorwerke, ein Violinkonzert, eine Festouvertüre, eine Festkantate, ein Cellokonzert, ein Streichquartett) zu bewähren, erscheint uns heute fast rätselhaft.

Über Hegar stand während der ersten 35 Jahre seiner Zürcher Aktivität als künstlerischer Leitstern derjenige seines weltberühmten Freundes *Johannes Brahms* (1833–1897), mit dem ihn eine seit dessen erstem Auftreten in Zürich (1865) innige Freundschaft bis zu Brahms' Tod verband. Noch mehrere Male weilte Brahms in den nachfolgenden Jahren bei seinen Freunden Hegar, Theodor Billroth, Gottfried Keller und J. V. Widmann in Zürich bzw. Bern oder Thun: als Gast, Pianist oder «Takt schlagend» (wie er sich selbst in einem Brief an Hegar vom 7. Januar 1874 aus Wien ausdrückt), aber auch als liebenswürdig umschwärmter Mittelpunkt von Festlichkeiten im privaten oder öffentlichen Kreis[2]. – Hegars Verehrung für Brahms wurzelte tief, und die Art seiner künstlerischen Interpretation der Brahmsschen Werke stieß bei seinem Wiener Freund auf warme Sympathie. Wir glauben Ernst Isler[3], wenn er schreibt:

«... Hegar entfaltete sein ganzes, herrliches Verständnis für Brahms...»

und an anderer Stelle:

«... so bedeutete für Hegar und sein Orchester ein Brahms-Zyklus in 4 populären Sinfoniekonzerten außerordentlichen künstlerischen Erfolg: als Brahms-Interpret kannte Hegar kaum einen Rivalen.» –

★ ★ ★

Volkmar Andreae übernahm 1906 als Nachfolger Hegars die Leitung des Tonhalleorchesters.

Wir geben wieder Ernst Isler das Wort, der zum Beginn von Andreaes Tätigkeit als Orchesterdirigent über den «Tausendsassa» (wie Hegar selbst seinen Nachfolger in einem Brief an diesen betitelt) u. a. schreibt:[4]

«... Die unerschrockene Sicherheit von Andreaes Auftreten hatte einen ganz besondern Reiz, ganz abgesehen vom Neuen seiner Auffassung. Andreae entwickelte eine unglaubliche Tatkraft und bald war er mit dem Orchester in einer Weise verwachsen, daß niemandem mehr um eine gute Weiterführung der Tradition des zürcherischen Musiklebens in seinen Hauptkonzerten bange zu sein brauchte...» Hegar selbst entsprang in einer Probe von Andreaes B-Dur-Streich-Quartett spontan das bewundernde Lob: «Er kann alles.» – Sein ganzes Leben lang hat Andreae sich in das Schaffen *Anton Bruckners* in ganz besonderem Maße vertieft. Von seinem «Zürcher Ruhestand» (seit 1949) aus, von allen übrigen bisherigen Pflichten und Aufgaben befreit, eröffneten sich ihm jetzt in vielen Städten Europas Gelegenheiten, als «Bruckner-Spezialist» vor den bedeutendsten Orchestern zu stehen.

«... Dr. Andreae blieb bei einer äußeren Würdigung des Meisters von St. Florian nicht stehen, seine und seines Orchesters Interpretationen ließen tiefes Eindringen in Wesen und Gehalt der Werke verspüren. Der Bann der ausschließlichen Herrschaft Brahms' als nachklassischen Symphonikers war nun selbst in der Brahms-Stadt Zürich für alle Zeit gebrochen...»[5].

Und immer wieder begeisterte er in den folgenden Jahren an seiner lebenslangen Wirkungsstätte eine große und treue Hörerschaft durch seine Ausstrahlung und Interpretationskunst vor «seinem» Orchester in dem ihm so vertrauten Tonhallesaal seines lieben Zürich. –

Schon 1902 hatte Andreae (nachdem *Hermann Suter* 1901 als Hegars Nachfolger beim Gemischten Chor Zürich bereits nach einem Jahr als Musikdirektor nach Basel berufen worden war) die Leitung des *Gemischten Chors Zürich* übernommen, was nicht ganz spannungslos vor sich ging, wie aus zwei Briefen Hegars an Andreae hervorgeht. Es ist nicht ohne Reiz, diese im folgenden wiederzugeben, zeigt sich doch daraus, wie – auch damals schon – bei solchen Stellen-Neubesetzungen «hinter den Kulissen» agitiert wurde. *(Nr. 725)*

«Zürich 17. Juli 1902[6];
Verehrter Herr Andreae! – Es ist richtig, daß Herr Suter[7] als Nachfolger Volklands[8] in Basel gewählt worden ist und daß er die Wahl angenommen hat. Wenn Sie auf die Dirigentenstelle beim hiesigen Gemischten Chor aspirieren wollen, so müssen Sie sich bei Herrn Prof. Dr. Hans Wirz[9], Zeltweg 66, anmelden. Obwohl Sie keine großen Aussichten haben, die Stelle zu bekommen, möchte ich Ihnen rathen, sich doch anzumelden, damit Ihr Name in den Kreisen, die zu beschließen haben, genannt wird; das kann Ihnen für spätere

derartige Gelegenheiten nützlich sein. Die Situation ist nämlich so: Der hiesige gem. Chor hat in den letzten 10 Jahren seine Männerstimmen vom Lehrergesangverein [Zürich] bezogen; ohne diesen Zuzug kann er überhaupt keine Aufführungen veranstalten, denn die Zahl der eigenen männlichen Mitglieder ist sowohl quantitativ als qualitativ durchaus ungenügend. Der Lehrergesangverein erklärt nun, daß er in Zukunft nur noch mitmacht, wenn sein Dirigent, Herr Julius Lange[10] zum Dirigenten des gem. Chors gewählt werde. Wenn das nicht geschieht, so wird Herr Lange aus dem Lehrerinnengesangverein, den er auch dirigiert, und dem Lehrergesangverein einen gemischten Chor bilden u. damit dem bestehenden gem. Chor eine empfindliche, ja vielleicht eine tödliche Wunde schlagen.[11]
Es kommt nun noch dazu, daß Herr Lange ein sehr tüchtiger Musiker u. fixer Klavierspieler ist und als Dirigent schon Erfahrung hat, so daß aus allen diesen Gründen er wohl die meisten Aussichten hat, zum Dirigenten des gem. Chors gewählt zu werden. – Mit den freundlichsten Grüßen

Ihr freundschaftlich ergebener F. Hegar»

Inzwischen aber erhob sich «ein Flüstern und ein Winken» hinter den Gardinen! Die für Andreae beim ersten Hinsehen eher entmutigende Situation, die aus Hegars Brief spricht, änderte sich damit innert kurzer Zeit schlagartig, wie der zweite Brief Hegars an Andreae zeigt *(Nr. 726):*

«Zürich 25. Sept. 1902;
  Lieber Herr Andreae! – Die Aussichten für Sie, zum Dirigenten des hies. gem. Chors gewählt zu werden, sind sehr begründet. Herr Lange, Dirigent des Lehrergesangvereins, der aus praktischen Gründen, die ich Ihnen früher mitgetheilt habe, nach meiner Ansicht zuerst in Betracht kommen würde, besitzt unter den Mitgliedern des gem. Chors keine Sympathien; es haben sich sogar Mitglieder geäußert, sie würden austreten, wenn er gewählt werde. Lange ist ein sehr tüchtiger Musiker und es sind nicht Zweifel in seine musikalische Befähigung, auf welcher die Abneigung gegen ihn beruht, sondern Gründe anderer Natur, die zu erörtern hier überflüssig ist. So wie die Situation jetzt ist, rathe ich Ihnen entschieden zu, den Vorschlag des Herrn Prof. Wirz anzunehmen. Bei Ihrem musikalischen Talent und Tempe-

rament und andern guten Eigenschaften, die ich Ihnen jetzt nicht so in's Gesicht rühmen will, zweifle ich nicht daran, daß Sie gewählt werden. Über die Hauptschwierigkeiten, mit denen ein Dirigent des gem. Chors in Zürich zu kämpfen hat, habe ich Ihnen schon früher deutliche Andeutungen gemacht; es ist der Mangel an Männerstimmen. Der Dirigent des gem. Chors sollte eben auch einen Männerchor dirigieren. Nun sind aber auch nach dieser Seite hin die Auspizien für Sie nicht ungünstig. Attenhofer[12] ist 65 Jahre alt; es wird nicht mehr lange dauern, so muß auch er dem Alter Rechnung tragen, und wenn er klug ist, so sieht er sich schon bald nach einer stützenden Hilfe um. Wenn Sie beim gem. Chor Erfolg haben, woran ich nicht zweifle, so wird auch der Männerchor Zürich[13] sein Auge zunächst auf Sie werfen.

Auch die Anfrage des Stadtsängervereins Winterthur[14] würde ich an Ihrer Stelle bejahend beantworten; schon aus ökonomischen Gründen. Wenn Sie Unterricht ertheilen wollen, so werden Sie natürlich hier auch Schüler bekommen; aber das geht gewöhnlich nicht sehr rasch und man muß oft lange Geduld haben, wie ich von früher her aus eigener Erfahrung weiß. Der Stadtsängerverein Winterthur gebietet auch über recht gute Stimmittel, so daß auch nach dieser Seite hin die Aufgabe keine undankbare ist.

Greifen Sie an beiden Orten zu, das ist mein wohlgemeinter Rath. – Mit herzlichem Gruß

Ihr Ihnen wohlgesinnter F. Hegar»

Einen tiefempfundenen Dank richtete der überglückliche Andreae nach seiner Wahl zum Direktor des Gemischten Chors Zürich an seinen Vorgänger Hermann Suter, der ihn bei seinem Abschied aufs wärmste zu seinem Nachfolger empfohlen hatte. –
Für Andreaes kompositorisches Schaffen sei der interessierte Leser auf die Werkübersicht hingewiesen, die Franz Giegling[15], zusammen mit einer «Würdigung der Werke», zusammengestellt hat. Hier sei lediglich auf op. 7 aufmerksam gemacht, auf die seinem Freunde Friedrich Hegar gewidmete «Sinfonische Fantasie» (mit Text von Walter Schädelin[16]), *Schwermut-Entrückung-Vision,* für Tenorsolo, Chortenor, großes Orchester und Orgel. Deren Erfolg bei der Zürcher Erstaufführung unter Andreaes Leitung am 15. Dezember 1903 wurde noch überboten anläßlich der Aufführung des Werkes im darauffolgenden

Jahr in Frankfurt a. M. Ernst Isler berichtete von dort an die «Neue Zürcher Zeitung»[17]:

«... Volkmar Andreae hat uns Schweizern hier viel Ehre gemacht. So glänzend habe ich ihn noch nie dirigieren gesehen, auswendig leitete er seine ‹Symphonische Fantasie› und zwang den ganzen großen Apparat, ihm willig zu folgen.»
Den Männerchören schenkte Andreae eine große Zahl von a cappella und begleiteten Gesängen, die satztechnisch und harmonisch sofort die Herkunft von dem unverkennbaren, originellen und temperamentvollen Komponisten verraten. –

★ ★ ★

Obschon die beiden Künstler in ihren Kompositionen, in der Interpretation großer und kleinerer Werke und – aus zeitgenössischen Urteilen zu schließen – vor allem in der Dirigiertechnik deutlich verschiedene Wege beschreiten, soll hier aus einigen wenigen Briefstellen Hegars[18] gezeigt werden, welch enge Bande zwischen den beiden und deren Angehörigen geknüpft waren. Man ist sogar geneigt, von einer «Vater-Sohn-Beziehung» zu sprechen, obwohl es nie zu einem gegenseitigen «Du» gekommen ist. *(Nr. 737)*

«Zürich 26. Dez. 1903;
Lieber Herr Andreae! – Der Arzt hat mir gerathen, die nächsten 2 Konzerte noch nicht zu dirigieren. ... und möchte Sie nun bitten, für mich eintreten zu wollen. Es handelt sich also um das 7. Abonnementskonzert am 12. Jan. (Eroica, Waldweben u. Rhapsodie v. Liszt) und um das Konzert zum Besten der Hilfs- und Pensionskasse am 19. Jan. (Symphonie von Mahler). Es thut mir leid, daß ich Sie plagen und Ihre Ferien verkürzen muß, indessen ist es ja auch keine undankbare Aufgabe, die ich Ihnen zumuthe. –
Mit den herzlichsten Grüßen auch an Ihre lieben Eltern Ihr
freundschaftlich ergebener F. Hegar.»

Um eine interessante Interpretations- bzw. Vortragsfrage geht es im folgenden Brief, die 9. Symphonie Beethovens betreffend *(Nr. 739):*

Lieber Herr Andreae!

Die Stelle in der 9. Symphonie finde ich so, wie Sie Müller u. Busch genommen haben doch nicht schön; dieses Abschwenken am Schluss der Phrase kenne ich nicht. So wie ich es bisher genommen habe steht es da und ich bin auch nicht überzeugt, ~~ob~~ daß hier wirklich ein Irrtum Beethovens in der Notierung vorliege. Ich gebe aber zu, daß die Stelle auf diese Weise einen schlüssigeren plastischen Eindruck bekommt und daß Beethoven, wenn er sie hätte hören können, sie wahrscheinlich so geändert haben würde, daß auch den Violen 2 Achtelnoten gegeben wären; ~~[illegible]~~ das „Menschen" am Schluß wird dann auch doppelt

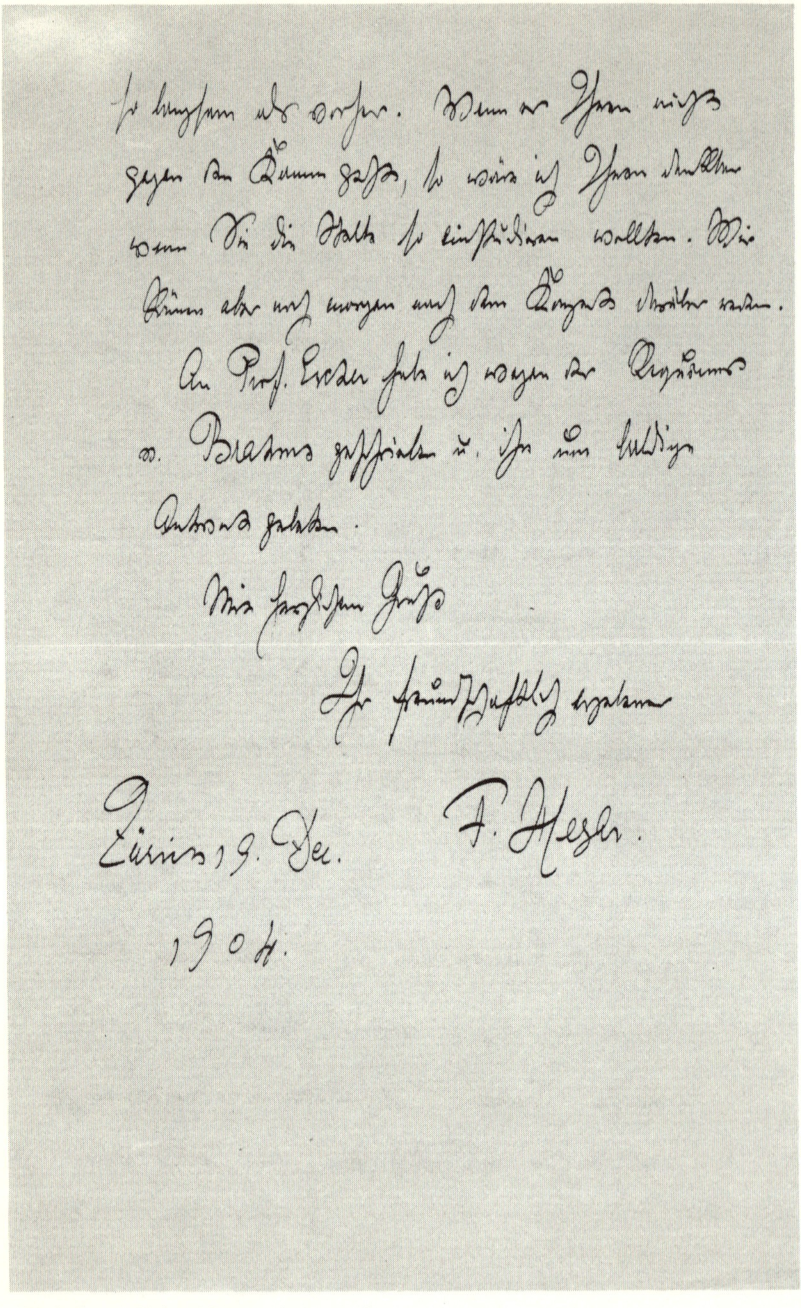

so langsam als vorher. Wenn es Ihnen nicht gegen den Daumen geht, so wäre ich Ihnen dankbar wenn Sie die Stelle so einstudieren wollten. Wir können aber auch morgen auf dem Konzerte darüber reden.

An Prof. Becker habe ich wegen der Originale v. Brahms geschrieben u. ihn um baldige Antwort gebeten.

Mit herzlichem Gruße

Ihr freundschaftlich ergebener

Zürich 19. Dec. 1904. F. Hegar.

Brief von Fritz Hegar *(Nr. 739)*

«Zürich 19. Dec. 1904;
Lieber Herr Andreae! – Die Stelle in der 9. Symphonie finde ich so, wie sie Wüllner[19] u. Strauss genommen haben doch nicht schön; dieses Abschnappen am Schluß der Phrase kanns mir nicht. So wie ich es bisher genommen habe steht es da und ich bin noch nicht überzeugt, daß hier wirklich ein Irrtum Beethovens in der Notierung vorliege. Ich gebe aber zu, daß die Stelle auf diese Weise einen philisteriös pathetischen Beigeschmack bekommt und daß Beethoven, wenn er sie hätte hören können, sie wahrscheinlich so geändert haben würde, daß aus den Vierteln 2 Achtelnoten geworden wären. Das «Menschen» am Schluß wird dann nur doppelt so langsam als vorher. Wenn es Ihnen nicht gegen den Kamm geht, so wäre ich Ihnen dankbar wenn Sie die Stelle so einstudieren wollten. Wir können aber noch morgen nach dem Konzert darüber reden. – An Prof. Escher[20] habe ich wegen des Requiems von Brahms geschrieben u. ihn um baldige Antwort gebeten. – Mit herzlichem Gruß Ihr freundschaftlich ergebener   F. Hegar»

Neidlose Bewunderung von Andreaes Schaffen spricht aus den folgenden Zeilen *(Nr. 740)*:

«Zürich 11. März 1905;
Mein Liebster! – Es ist wahrhaftig ganz unheimlich mit Ihnen; was Sie anfassen, darin sind Sie auch gleich ein Meister. Ich habe Ihr Quartett[21] gestern Abend durchgelesen und heute zwei Mal durchgespielt resp. geknorzt, denn spielen kann ich so etwas nicht. Und wie soll ich nun den Eindruck kurz in Worte fassen – freudig erstaunte Verblüfftheit wird wohl ungefähr das sein was ich meine, und dann vielleicht noch: Teufelskerl, Schwerenöther, Tausendsassa! – Herzlichen Glückwunsch zu diesem Wurf von Ihrem treuen Freund: Ich bringe die Partitur morgen in die Probe.   F. Hegar»

Im Kurbad Schuls-Tarasp (Unterengadin) hielt sich Hegar verschiedene Male auf. (Er erhoffte dort Linderung seiner zeitweise heftigen Rheuma-Schmerzen). – Nach Vorschlägen für die Gestaltung des kommenden Winterprogramms der Tonhalle – Andreae hielt sich zu dieser Zeit in Flims auf – heißt es dann u. a. *(Nr. 742)*:

«Schuls-Tarasp, Hôtel Belvedère 2. August 1905;

Lieber Herr Andreae! ... – Ich freue mich, daß es Ihnen so gut gefällt in Flims; meine Frau hatte mir schon geschrieben, daß Sie sehr zufrieden mit der Wahl Ihres Arztes seien u. daß der Katarrh so gut wie verschwunden sei» ... «Angerer[22] [ebenfalls Kurgast in Schuls-Tarasp] hat seinen Anekdotenvorrath bereits erschöpft und fängt nun an über Musik zu reden, weßhalb ich ihm so gut als möglich ausweichen muß. Es ist noch so ein Männerchormann angekommen; Beines oder Peines. Ich glaube der liebe Gott war nicht bei guter Laune, als er solche Leute Musiker werden ließ. – In welcher Neidhöhle ärgert sich denn *Attenhofer* über Ihre Erfolge? Ich habe ihn während des ganzen Festes[23] nie gesehen. Armer Mann, dem ganze Tröge voll Anerkennung und Beweihräucherung den Ruhmesdurst nicht stillen können! ... Adieu mein Lieber! Grüßen Sie Ihre liebe Mutter u. seien Sie selbst herzlich gegrüßt von Ihrem treuen Freund

F. Hegar»

Ganz begeistert und in zärtlichen Worten äußert sich Hegar in einem Brief (der gerade das Datum seines 65. Geburtstages trägt) über Volkmar Andreaes Braut[24] *(Nr. 745):*

«Zürich 11. Oktober 1906;

Lieber Herr Andreae! ... Bitte entschuldigen Sie, daß ich heute morgen nicht zu Hause war, als Sie mit Ihrer Braut kamen. ... Ihre Braut ist in ihrer Erscheinung eine außerordentlich sympathische Dame; nachdem ich sie persönlich kennen lernte gratuliere ich Ihnen noch erst recht von ganzem Herzen zu dieser Wahl, die Ihnen das schönste Glück bringen wird, das dem Menschen beschieden werden kann. – Mit herzlichsten Grüßen Ihr in treuer Freundschaft ergebener

F. Hegar»

Im folgenden geht es um die Neubesetzung der Dirigentenstelle beim Berner Orchester, die ausgeschrieben worden war und die dann später durch Fritz Brun[25] besetzt wurde *(Nr. 749):*

«Zürich 29. Jan. 1909;

Mein lieber Freund! ... Daß Sie den Gedanken nicht ernstlich erwogen haben, die Stelle in Bern anzunehmen, will ich doch hoffen.

Die Berner sind liebe Menschen, auch ich habe sie sehr gern, aber – es gibt auch in Zürich solche, und wenn Ihnen von gewissen Seiten hie u. da ein klein wenig Opposition gemacht wird, so erhöht das nur den Werth dessen, was Sie trotzdem erreichen. Man muß sich immer auch auf den Standpunkt der Andern stellen, die ja auch davon überzeugt sind, daß sie das Richtige wollen. Ohne Kampf kein Sieg; ohne Reibung der Geister würde alles stagnieren. Also fröhlich weiter kämpfen! – Mit den herzlichsten Grüßen, auch an Ihre liebe Frau – **einer Zürcherin!** [von Hegar dreifach unterstrichen!]
Ihr in Freundschaft ergebener F. Hegar»

Gewisse, wohl generationsbedingte Gegensätzlichkeiten der Auffassungen über die Bühnenmusik, lesen wir aus einem Brief Hegars heraus, in dem er sich über Andreaes Oper «Ratcliff», op. 25 (1914, Andreaes Eltern gewidmet), vernehmen läßt *(Nr. 753):*

«Zürich 7. Mai 1915;
Lieber Herr Andreae! ... Ihren Operntext habe ich nochmals durchgelesen und finde das Zusammenziehen der 2 ersten Akte des Originals in einen sehr zweckmäßig und gut ausgeführt, wie überhaupt alle Kürzungen. Ob für einen zu singenden Text nicht da und dort noch zu viele Worte sind, das werden Sie im Verlauf der Arbeit am besten sehen. Es kommt ja ganz darauf an, wie die Sache angefaßt wird. Für mich, der ich mit meinem Empfinden doch noch sehr in der Vergangenheit stecken geblieben bin und bei lyrischen Ergüssen die Hauptsache in der Melodie erblicke und diese gerne in die Singstimme gelegt sehe, für mich wäre wahrscheinlich an solchen Stellen zu viel Text. Ich wünsche sehr, daß Sie bald andauernd[26] sich mit der schönen Aufgabe beschäftigen können. ... Nun aber genug für heute. Mit den herzlichsten Grüßen, auch von meiner Frau und Tochter[27]
Ihr freundschaftlich ergebener F. Hegar»

Rund ein Jahr später läßt sich Hegar fast ausschließlich anerkennend über «Ratcliff» vernehmen *(Nr. 755):*

«Zürich 12. April 1916;
Lieber Herr Andreae! – ... Ihre Oper habe ich nun drei Mal gehört. Die Aufführungen wurden von Mal zu Mal besser, namentlich auch

im Orchester. Die großen Schönheiten, die Ihr Werk enthält, sind beim öftern Hören immer mehr gewachsen. ... Diese Aussetzungen, die ich selbst nur als ganz persönliche Eindrücke taxiere, vermögen nicht im geringsten meine hohe Bewunderung für Ihr außergewöhnliches Talent zu schmälern, das sich neuerdings in diesem Werk offenbart. Ich sehe mit großen Hoffnungen Ihrer nächsten Oper entgegen, bei der gerade diejenigen Seiten Ihres Talentes die schönsten Blüthen treiben können, die sich in der Erzählung Ratcliffs so wunderschön offenbarten. Also Glück auf! – ...
        Ihr freundschaftlich ergebener F. Hegar»

Und immer wieder neue Zeichen der Anerkennung *(Nr. 758):*

«Zürich 15. Nov. 1917;
 Lieber Herr Andreae! – Ihre reizende Suite[28] hat mir sehr gefallen; geistvoll in der Erfindung, treffsicher u. wundervoll in der Farbgebung – ein wahres Kabinettstück. Auch die Klageweibertöne der Clarinette u. Baßclarinette bei Ziffer 9 und 15 haben das Fragezeichen verschwinden lassen nachdem der erste Schock vorüber war. – ... Mit herzlichem Gruß, auch an Ihre liebe Frau, Ihr freundschaftlich ergebener
            F. Hegar»

Und noch ein letztes Zeichen der hohen Verehrung und Bewunderung des Freundes (am Beispiel von Andreaes Symphonie in C-Dur op. 31) *(Nr. 763):*

«Zürich 27. April 1920;
 Lieber Herr Andreae! ... das Stück..., das eine große Zahl schöne und große Eigenschaften besitzt, die nur ein großes Talent so zur Darstellung bringen kann. ... Die Farbengebung finde ich meisterhaft. ...»

★ ★ ★

In dem Maße, wie sich im Laufe der letzten drei Jahrhunderte das Zeitungswesen, ganz speziell die «Tagespresse» als wesentlicher, meinungsbildender Faktor unserer Kultur aus spärlichen Anfängen heraus in damals kaum geahnter Fülle entwickelte und dabei mehr und

mehr Einfluß auf die geistige Entwicklung und Orientierung der Gesellschaft ausübte, so etablierte sich auch die Berufsgruppe der Journalisten. Und unter ihnen, an der Seite der «holden Kunst», speziell diejenige der Musik-Berichterstatter, -Referenten, -Rezensenten oder -Kritiker. Von Kunstrichtern oder gar «Kampfrichtern» sprach man «in der guten alten Zeit» an Sänger- und Musikfesten, meist mit ehrerbietender Hochachtung oder hin und wieder auch mit Furcht, die sich nach dem Erscheinen des «Festberichtes» da und dort gar in Wut umwandelte. Man erkannte diese Herren in der «Festhalle» (in der sie meistens auf einem hohen Gerüst «thronten») an ihren «großen Rosetten mit Schleife und Goldfransen» im Knopfloch des festlich-schwarzen Rockkragens.
Heutzutage sind an den großen Tageszeitungen praktisch nur noch «Spezialisten», geschulte Musikwissenschaftler als «Kritiker» tätig. In den großen Konzertsälen fallen sie höchstens dadurch auf, daß sie während den musikalischen Darbietungen vielfach in kleinen Taschenpartituren mit spitzem Bleistift ihre Notizen eintragen – Beckmesser bediente sich während «seines Amtes» noch einer dicken weißen Kreide und einer kreischenden Schiefertafel – und daß sie meistens beim Einsetzen des Schlußapplauses eiligst den Ausgangstüren des Konzertsaales zustreben, um möglichst rasch zu Hause am Schreibtisch die «Kritik» abzufassen und sie baldmöglichst der «Redaktion ihres Blattes» zuhanden der Öffentlichkeit abzuliefern, die manchmal darauf gespannt ist.
Auch heute noch Bedenkenswertes, Amüsantes, ja sogar Angriffiges lesen wir bei Ernst Isler, dem markanten Vertreter seines Faches früherer Jahre[29]:
«... In der ersten Zeit unseres Musiklebens hatte er [der Kritiker] als Konzertreferent noch die beschauliche Aufgabe der öffentlichen Ermunterung zum Konzert und schließlich dessen vorwiegend wohlwollende Beschreibung. Mit der Entwicklung des Konzert- und Zeitungswesens verschob sich leider sein Amt mehr und mehr zu dem eines Kunstrichters. ...
... Der Kritiker ist nicht nur eine Schöpfung, sondern auch ein Opfer unserer unheimlich zeitungslesenden Zeit. Besitzt er Urteil und selbständiges Fachwissen, verfügt er über Wohlwollen und gute Gesinnung den vielfältigen Faktoren eines regen Musiklebens gegenüber, so kann er, trotz fortwährendem post-festum-Schreiben wertvoll und

erzieherisch wirken, ganz besonders, wenn ihm Zeit gegeben ist, durch Jahre einem guten und gesunden Standpunkt treu zu bleiben und solchen auch erkennen zu lassen. ...
Sie [die Kritiker] sind insgesamt nicht sehr beliebt, ungleich begabt, im großen ganzen aber doch besser als ihr Ruf. Sie und ihre Leistungen werden sehr oft und meistens im Echo ihres eigenen Tones wieder kritisiert, und je nach den Verhältnissen scharf oder gerecht. ...»

Hier bietet sich eine willkommene Gelegenheit, Hegars und Andreaes Einstellung und Verhalten der «Kritik» gegenüber an einem besonderen Vorfall, der sich im Sommer 1921 ereignete, zu beleuchten:
Daß Andreae unter gewissen Umständen seinen Standpunkt hartnäckig zu behaupten gewillt war, entsprach seinem Naturell. Die Angelegenheit geht auf das letzte Konzert der «Internationalen Festspiele und Konzerte Zürich» am 8. Juli 1921 unter Andreaes Leitung in der Tonhalle zurück. Zur Aufführung kam «Fausts Verdammung» von Berlioz (für gemischten Chor, 4 Solostimmen und großes Orchester). Der NZZ-Kritiker Ernst Isler schien an dieser und jener Stelle mit Andreaes Interpretation nicht gleicher Meinung zu sein und gab seinem stets von hohem Verantwortungsbewußtsein getragenen Urteil in der NZZ vom 11. Juli 1921 Ausdruck. Neben sehr anerkennenden Worten über Andreaes temperamentvolle Leitung, wie z.B.:

«... mit Dr. Volkmar Andreaes zündendem, bei Berlioz sich besonders glücklich bewegendem Temperament, das schönste Ergebnis erhoffen durfte. ... Es gab herrliche Momente. ..., es sei nur an den ungemein subtil behandelten Sylphentanz ... erinnert, ganz abgesehen von den Stellen, wo die scharfe Orchestercharakteristik bei Dr. Volkmar Andreae in besten Händen ist; ...»

hält Isler jedoch mit schärferen Wendungen nicht zurück:

«... daneben aber wurde doch vielfach zu dick und klangnivellierend aufgetragen, so im Orchestervorspiel, in den feinen Partien des «Rakoczy»-Marsches, beim Trinkchor, beim Pizzicato des Mephisto-Ständchens, ... Auch in die Chorleistung hinein wirkte die Gewohnheit des mangelnden dynamischen Haushaltens: die kräftigen Chöre waren mehr auf Stärke als auf Charakteristik eingestellt, ...»

Diese Berichterstattung Islers, dessen Person und Konzertkritiken im allgemeinen sehr geschätzt und beachtet wurden und der in den allermeisten Referaten das hohe künstlerische Talent Andreaes besonders hervorhob und hundertfach bewunderte, hat wie nie zuvor Andreaes Zorn heraufbeschworen. Die ihn so verletzende Kritik war in Gesprächen mit den führenden Orchestermusikern, vor allem aber mit Friedrich Hegar, das Tagesthema Nummer eins. Andreae stand in diesen Tagen gerade vor einer Erholungsreise mit seiner Frau nach Venedig. Hören wir also, was Hegar am 1. August 1921 nach diesen erregten Unterhaltungen seinem Freund von Zürich aus einige Zeit nach Andreaes Abreise in die Lagunenstadt schreibt *(Nr. 767):*

«... Wenn ich nun damals als Friedensstifter überflüssig war[30], so würde es mich freuen, wenn dasselbe der Fall wäre in Ihrer Angelegenheit mit Isler, die zu einem Zerwürfnis zwischen Ihnen beiden zu führen drohte. Wenn ich Ihnen den Rath gab, in solchen Dingen nie in der ersten Aufregung zu handeln, sondern erst darüber zu schlafen, so hat diese Ansicht nichts mit Bequemlichkeit zu thun. Ich habe nie aus Bequemlichkeit etwas unterlassen zu thun, was ich dem Institut bei dem ich angestellt war oder der Ehre meiner Person zu thun schuldig gewesen wäre. Daß ich auf schnöde Anrempelungen von unberufener Seite nie reagierte, wird mir kein Mensch übelnehmen können. Würde ich es gethan haben, so hätte ich mich selbst erniedrigt. Hat aber jemand ungünstig geurtheilt über Aufführungen die ich geleitet habe, *vor dem ich Achtung hatte,* so hielt ich zuerst Einkehr bei mir selbst, und wenn ich fand, der Tadel sei gerecht, so habe ich ihn mir hinter die Ohren geschrieben; fand ich ihn ungerecht, so habe ich bei dem Kritiker, sei es in mündlicher oder schriftlicher Auseinandersetzung, meine Gründe zu vertheidigen gesucht. ...[31] ... Sie sagten nämlich, daß Sie Isler für einen Ihrer besten Freunde gehalten haben. Auch ich hatte diese Ansicht und habe sie noch. Ich halte Isler für einen durchaus ehrlichen Menschen, der mit Ausdauer und Selbsterkenntnis konsequent an sich gearbeitet hat. Ein Mann, der durchaus ernst zu nehmen ist und dem ich den Fehdehandschuh nicht hinwerfen würde, weil er seine Ansicht über eine von mir geleitete Aufführung in etwas unfreundlicher Weise ausgedrückt hat. Die freundliche Gesinnung, die er Ihnen in seinen Konzertberichten seit Jahren entgegenbringt, dürfte fest genug gefügt sein, um einen Anprall, wie er sich bei Meinungsverschiedenheiten ergeben kann, aushalten zu können, ohne daß ein wertvolles Freundschaftsband deßhalb aus den Fugen gehen muß. Ich glaube, daß eine gegenseitige Aussprache zwischen Ihnen und Isler bessere Früchte tragen wird als eine im

Unmuth sich vollziehende Trennung. Da Sie mich neulich in das Vorkommnis eingeweiht haben müßte ich annehmen, daß Sie es gethan haben um meine Ansicht zu hören, die ich Ihnen hiermit mit bestem Wissen und Gewissen mitgetheilt habe. ...»

Allerdings zeigt sich Andreae fünf Tage später in seinem Brief an Hegar aus Venedig vom 6. August 1921 noch nicht sehr versöhnungs- oder gesprächsbereit. Er schildert zuerst begeistert seine Eindrücke, die er im «Märchenland Venedig» empfängt, und fährt dann fort:

«... Nirgends wurde der Gedanke an den Alltag so ausgeschaltet, wie hier, und da keine Zeit zur Arbeit bleibt so entstehen Ferien, wie ich noch nie erlebte. Ich vergaß auch ganz meinen *Zürcherärger* und werde auf die Angelegenheit *Isler* auch erst zurückkommen, wenn ich wieder zu Hause bin. Ihr Brief wird für mich bei der Erwägung der ganzen Sache äußerst wertvoll sein. *Ich schätze Ihre Liebe zu mir außerordentlich,* und so oft schon wurde mir Ihr Rat zum Wegweiser. Eine Annäherung an Isler wird aber sehr schwer sein, denn ich verspüre in mir eine unglaubliche Abneigung gegen diesen Menschen. Ich kann nur Leute verabscheuen, die ich früher geliebt habe; andere sind mir einerlei und berühren mich nicht. Ich fürchte, daß ich die Brücke zur Versöhnung nicht finden werde. Ich werde sie suchen, schon im Interesse unseres Musikbetriebes, *ich werde mein Möglichstes tun, ich verspreche es Ihnen,* aber ich glaube noch nicht an die Möglichkeit, diesem Menschen jemals mich wieder zu nähern. Denn, abgesehen von der Taktlosigkeit habe ich so ganz die Überzeugung, daß sein Urteil grundfalsch war, ich bin der festen Meinung mit meinem Orchester noch selten so gut musiziert zu haben. Dies bezeugten auch Reitz und de Boer sofort im Anschluß an das Konzert[32]. – Doch genug davon! ...»

(Es entzieht sich mangels Unterlagen unserer Kenntnis, wie lange diese Verstimmung andauerte und in welchem Maße Hegar nach Andreaes Rückkehr aus Venedig seines «Amtes als Friedensstifter» überhaupt waltete oder walten mußte.)

Daß zwischen Dirigenten, Komponisten und Ausführenden einerseits und Kritikern andererseits «auf höchster Ebene» immer wieder persönliche Sensibilitäten touchiert oder verletzt wurden und werden – sind doch immer beide Seiten zutiefst davon überzeugt, *ihre* Auffassung von einem Werk sei die «richtige» –, das wird wohl auch in Zukunft so bleiben. Denn nur Menschen sind am Werk; und wer wagt denn darüber zu urteilen, was in der Kunstausführung «richtig», was «falsch» ist?

ANMERKUNGEN

1 Erscheint 1986, herausgegeben durch den Verfasser des vorliegenden Beitrags im Atlantis Musikbuch-Verlag.
2 Hans Erismann, *Johannes Brahms und Zürich*, 40. Zürcher Druck der Offizin Gebrüder Fretz AG Zürich, 1974; Werner G. Zimmermann, *Brahms in der Schweiz*, Atlantis Musikbuch-Verlag AG, Dr. Daniel Bodmer, Zürich 1983.
3 Ernst Isler, *Das Zürcherische Konzertleben seit der Eröffnung der neuen Tonhalle 1895*, 2 Teile: 123. u. 124. Neujahrsblatt der AMG, Zürich 1935/1936, I, 18.
4 ebd. I, 31.
5 ebd. II, 64.
6 Hegar datierte seine Korrespondenzen meist erst an ihrem Schluß.
7 Hermann Suter (1870–1926), Organist, Chordirigent und Musikdirektor der Allgemeinen Musikgesellschaft Basel seit 1902.
8 Alfred Volkland (1841–1905), Pianist und Musikdirektor in Basel ab 1875, Vorgänger Hermann Suters (a.a.O.).
9 Hans Wirz (1842–1914), Gymnasiallehrer in Zürich, Präsident des Gemischten Chors Zürich von 1880–1914, enger Freund Hegars.
10 Julius Lange, geb. 1866, Dirigent des Lehrergesangvereins Zürich von 1902–1909.
11 Oder anders gelesen: Dem Gemischten Chor «wurde das Messer an den Hals gesetzt»!
12 Carl Attenhofer (1837–1914), Komponist und Chordirigent, Dirigent des Männerchors Zürich von 1867–1904, ab 1896 zweiter Direktor des Konservatoriums Zürich.
13 Männerchor Zürich, gegr. 1826 durch Hans Georg Nägeli.
14 Stadtsängerverein Winterthur, seit 1833 mit dem Männerchor Zürich durch mehrere gemeinsame Dirigenten enger verbunden.
15 Franz Giegling (Hrsg.), *Volkmar Andreae*, 141. Neujahrsblatt der AMG, Zürich 1959, 16ff.
16 Walter Schädelin (1873–1953), Oberförster und Prof. an der ETH, Zürich, Freund von Andreae; Gelegenheitsdichter («Sinfonische Fantasie» op. 7 von Andreae; etliche a-cappella-Lieder für Männerchor).
17 Ernst Isler a.a.O.
18 Leider ist bis jetzt nur ein einziger Brief Andreaes an Hegar zum Vorschein gekommen, mit Datum vom 6. August 1921 aus Venedig (s. im Hegar-Korrespondenz-Nachlaß a.a.O.).
19 Franz Wüllner (1832–1900), Andreaes Lehrer am Konservatorium Köln (1897–1900).
20 Rudolf Escher (1848–1922), Prof. an der ETH, Präsident des Tonhalle-Vorstandes von 1891–95.
21 Streichquartett in B-Dur, op. 9 (für Henri Marteau).
22 Gottfried Angerer (1851–1909), Dirigent und Komponist; Leiter des Sängervereins «Harmonie» Zürich (1887–1909).

23 Eidgenössisches Sängerfest 1905 in Zürich.
24 Fräulein Selina Elisabetha Landis (1884–1970), von Richterswil (ZH); Verehelichung am 13. 5. 1907.
25 Fritz Brun (1878–1959), Musikdirektor der Bernischen Musikgesellschaft von 1909 bis 1941; lebte seither zurückgezogen in Morcote (TI).
26 Hegar hoffte auf ein baldiges Ende des Zweiten Weltkrieges; Andreae stand zu dieser Zeit bei den Grenzbesetzungstruppen im Aktiv-Militärdienst.
27 Frieda Hegar (1871–1931), Tochter von Friedrich und Albertine Hegar-Volkart, Altistin; Schülerin ihrer Mutter und von Julius Stockhausen in Frankfurt a./M.
28 Kleine Suite für Orchester, op. 27 (1917).
29 Ernst Isler a.a.O., I. Teil 1935, 63.
30 Hegar spielt auf das weit zurückliegende Zerwürfnis zwischen Johannes Brahms und Joseph V. Widmann im Jahre 1888 an. (Vgl. hierzu den Brief Widmanns an Hegar vom 2. September 1888 im Hegar-Korrespondenz-Nachlaß a.a.O.).
31 Hegar hatte sich in diesem Sinne als früherer Theater-Kapellmeister im April 1869 veranlaßt gesehen, sich «seiner Haut zu wehren». Er mußte gegen den damaligen NZZ-Kritiker Alfred Jahner vorgehen, der kurz vorher eine «Fidelio»-Aufführung unter Hegars Leitung derart «verriß», daß sogar die NZZ selbst sich zu der öffentlichen Erklärung genötigt sah: «Wir haben nicht nötig, beizufügen, daß wir jeden weiteren Verkehr mit einem solchen Referenten abgebrochen haben.» – Jahner mußte bei der NZZ den Hut nehmen, und Hegar selbst ließ sich in der NZZ vom 14. April 1869 «maßvoll und würdig» über die «leidenschaftliche Schimpferei» des Herrn Jahner vernehmen. (s. Max Fehr [Hrsg.], *Friedrich Hegar als Zürcher Theater-Kapellmeister [1868/69]*, 122. Neujahrsblatt der AMG, Zürich 1934, 20f.).
32 Willem de Boer (1885–1962), 1. Konzertmeister des Tonhalleorchesters; Fritz Reitz (1885–1969), Solo-Cellist des Tonhalleorchesters.

Roman Brotbeck

DIE REGER-BRIEFE IM ANDREAE-NACHLASS

«Besten Gruß sendet der
    Herr Pfarrer Pf.»
*   Telegramm an Andreae, aufgegeben in Zürich
        am 17. 11. 1908, 16.50 h (Nr. 1222 a)*

«In andern Umständen befindlich, bittet um gute Ventilation
    Pfarrer Pf.»
*   Telegramm an Andreae, aufgegeben in Zürich
        am 17. 11. 1908, 17.40 h (Nr. 1222 b)*

«Soeben per Gasometer den Ütliberg in die Luft gesprengt; Ventil beschädigt; bitte mehr Gas
    Pfarrer Pf.»
*   Telegramm an Andreae, aufgegeben in Zürich
        am 17. 11. 1908, 17.50 h (Nr. 1222 c)*

«Hinterpommern explodiert, kehre zurück, alles verziehen
    Pfarrer Pf.»
*   Telegramm an Andreae, aufgegeben in Zürich
        am 17. 11. 1908, 18.10 h (Nr. 1222 d)*

Dieser Telegrammjux entstand in einer Zeit, während der die Zusammenarbeit zwischen Max Reger und Volkmar Andreae ihren Höhepunkt erreichte. Vom 12. bis 17. November (Donnerstag bis Dienstag) weilte Reger in Zürich; an zwei Kammermusikkonzerten und zwei Sinfoniekonzerten wurden Kompositionen aus Regers mittlerer Schaffensperiode repräsentativ vorgestellt.[1] Am letzten Tag seines Zürcher Aufenthaltes, vor der Wiederholung des Sinfoniekonzertes, in dem Reger seine Hiller-Variationen op. 100 dirigierte, erlaubte sich der Komponist wie oft nach großen Anstrengungen diesen Spaß mit den Telegrammen.

Im November 1908 hielt sich Reger zum erstenmal während einiger Tage in Zürich auf; er frischte während dieser Zeit frühere Beziehungen auf und knüpfte wahrscheinlich auch neue. Die fünf Tage in Zürich bildeten nämlich trotz der vier Konzerte einen Ruhepunkt in einer langen Konzertreise. Diese begann am 3. November in Lübeck – drei Tage zuvor hatte Reger eine zweite Tochter adoptiert – und endete am 27. November in Frankfurt am Main, nur an fünf Tagen gab Reger, der mehr in Nachtzügen als in Hotels nächtigte, kein Konzert. Solche anstrengenden Konzertreisen, die auch ein reiner Interpret kaum bewältigen würde, bildeten für ihn keineswegs eine Ausnahme. Die übermenschlichen Arbeitsleistungen Regers, der sich nicht zu Unrecht oft als «Accordarbeiter» bezeichnete, lassen sich allerdings erst richtig einschätzen, wenn man bedenkt, daß er neben diesen Konzerten regelmäßig Kompositionsunterricht in Leipzig erteilte, zudem ein kompositorisches Werk mit 146 Opuszahlen hinterließ, das in der Gesamtausgabe 38 Bände umfaßt, und daß er schließlich noch in die halbe Welt ungefähr 4000 bis 5000 Briefe und Postkarten verschickte.

Von daher müssen die über 60 Briefdokumente im Andreae-Nachlaß betrachtet und relativiert werden. Sie verweisen nicht auf eine intensive und enge Freundschaft zwischen Reger und Andreae, wie die im Vergleich zu andern Komponisten zahlreichen Briefe und Postkarten es vielleicht nahelegen könnten; von der quantitativen Seite her gesehen, behandelte Reger Volkmar Andreae ähnlich wie andere bedeutende Chor- und Orchesterdirigenten. Das wird uns auch von den Briefinhalten bestätigt. «Oft ist bedauert worden, daß Regers verbale Mitteilungen wenig über seine Werke und das, was ihn wirklich bewegte, aussagen. Seine zahlreichen brieflichen Äußerungen sind orientiert an alltäglichen Problemen und beschränken sich oft auf Termin-, Organisations- und Routinefragen.»[2] Diese Bemerkungen von Susanne Popp, der Herausgeberin von Regers Briefen an Fritz Stein und Karl Straube, treffen auf die Briefe an Andreae noch viel markanter zu. Hier fehlen sogar ausführlichere Hinweise auf Kompositionen, die eben entstehen oder geplant sind. Über den Kompositionsvorgang oder gar über Regers Ästhetik vernehmen wir gar nichts.

Für Reger war Volkmar Andreae in erster Linie der Chef des Tonhalleorchesters und als solcher neben Hermann Suter in Basel in der

Schweiz die wichtigste Persönlichkeit, um zu Aufführungen zu kommen. So nehmen denn auch die Bitten um Aufführungen den breitesten Raum ein. Private Probleme werden nicht erwähnt, aber auch das ist ein allgemeines Merkmal von Regers Briefen: er meidet «jeden verbalen Ausdruck seiner Empfindungen, meidet überhaupt große Worte und flüchtet, wenn die Situation solche verlangt, in Floskeln und Phrasen. Nicht zuletzt sind auch die teilweise banalen Albernheiten, der bayrische Stammtischhumor mit seinen unvermeidlichen Fäkalwitzen, die in ihren Wiederholungen (...) zumindest irritieren können, zu erklären als Flucht vor einer unter der lauten Oberfläche ihn häufig beherrschenden Schwermut und Einsamkeit, als beredtes Ablenkungsmanöver von seiner tatsächlichen Verschwiegenheit, zum Teil wohl auch schlicht als Versuch zu entspannen.»[3] Diese Verschwiegenheit war bei Reger nicht nur eine Frage des Wollens, sondern auch eine des Könnens: Wiewohl in seinen Kalauern und Sprachwitzen durchaus Begabung auffällt, waren seine sprachlichen Ausdrucksmöglichkeiten im allgemeinen doch eher beschränkt. Dies zeigt sich vor allem in den Briefen, sei es in den offiziellen, die formelhaft bis zum Klischee sind, sei es in den mehr privaten, wo Reger einfach drauf losschreibt, ohne Stil und Form irgendwie zu berücksichtigen.

Die Briefe an Andreae sind alle von der zweiten Art. Es ist kaum anzunehmen, daß ein schon damals weit über Zürich hinaus geachteter Dirigent und Komponist wie Andreae in seinem Leben von irgendeinem andern Komponisten mit ähnlicher Direktheit, ja Grobheit behandelt wurde wie von Reger. Diesen direkten und kameradschaftlichen Ton schlug Reger bei fast allen Bekannten und Freunden an. Ernst und Spaß vermischten sich, überhaupt wechselt Reger immer wieder die Kommunikationsebenen. Dieser Wechsel ist zwar oft gewandt und originell gehandhabt; er verhindert aber eine geregelte Kommunikation zwischen zwei gleichwertigen Briefpartnern. Regeln versucht Reger zu umgehen; er versteckt sich hinter einem wohl unbewußt sehr genau kalkulierten Gestrüpp von übertriebener Unterwürfigkeit, formeller Höflichkeit, schulterklopfender Kameradschaftlichkeit und vorwurfsvoller Ungeduld. Diese unberechenbaren Wechsel des Tons entstehen aus einer großen Unsicherheit heraus, in ihrer Wirkung sind sie aber auf autoritäre und ichbezogene Beziehungsformen angelegt. Reger interessiert sich kaum für die Person des Briefpartners; wenn er sich dazu äußert, dann mehr aus Konvention; überspitzt formuliert, ist für ihn der Adressat nur ein verlängerter Arm seiner selbst, und der ganze Stil der Briefe will den Partner den eigenen Intentionen gefügig machen. Deshalb der kollegiale Ton mit dem rasch eingeführten Du, deshalb auch die gemütlichen Biertischrunden, die von Reger mit einem ganzen Arsenal von Witzen völlig beherrscht wurden, – ohne daß er ein Jota von sich selbst preisgegeben hätte. Mit dieser gespielten Nähe konnte sich Reger einen ganzen Kreis von Adepten heranbilden, die seinen Absichten immer Folge leisteten. Das Adeptenhafte dieses Kreises wird bestätigt durch die Tatsache, daß dem engeren Zirkel kein wirklich namhafter Komponist entsprang. Alle wichtigen Schüler – wie z. B. Othmar Schoeck – haben Regers Bannkreis relativ früh verlassen.

Vielleicht muß an dieser Stelle erwähnt werden, daß diese autoritäre und zugleich isolierte Haltung Regers – er konnte ja mit niemandem in richtigen Kontakt treten – nicht als Negativum und vor allem nicht als Negativum fürs Werk aufgefaßt werden sollte. Dort konnte nämlich gerade der autoritäre Umgang mit dem musikalischen Material und der musikalischen Tradition Kunstwerke von erster Qualität hervorbringen.[4]

Volkmar Andreae gehörte nicht zum engen Freundeskreis von Reger; das macht die Briefe im Nachlaß eigentlich erst interessant. Wie genau Andreaes Verhältnis zu Reger bei den einzelnen Begegnungen war, können wir nur aus Regers Antworten indirekt vermuten; die Briefe von Andreae sind nämlich nicht erhalten geblieben, weil Reger alle erhaltene Korrespondenz, nachdem er sie beantwortet hatte, sofort vernichtete. Immerhin können wir aus Regers Briefen schließen, daß Andreae gegenüber den kühnen Plänen und Forderungen eher zurückhaltend war und sich nicht so rasch vereinnahmen ließ. Diese Distanz zwischen den beiden Musikern muß für Reger, der daran nicht gewöhnt war, immer wieder eine Herausforderung gewesen sein. So weisen die Briefe im Andreae-Nachlaß – obwohl sie sich fast ausschließlich auf Organisatorisches beschränken – verschiedenste Schattierungen auf, und sie können indirekt manchen Wesenszug von Regers Persönlichkeit zeigen.

Da eine integrale Veröffentlichung der Briefe und Postkarten aus Platz- und konzeptionellen Gründen nicht in Frage kam, wurde eine Auswahl von zwanzig Dokumenten getroffen, die einige Briefe exemplarisch vorstellt. In der Anordnung wurde die Chronologie gewählt, damit die Zusammenarbeit zwischen Reger und Andreae mit ergänzenden Überleitungen in ihrem Verlauf einigermaßen nachvollzogen werden kann.

Wann genau sich Reger und Andreae kennenlernten, geht aus den Briefen nicht hervor und war auch sonst nicht in Erfahrung zu bringen. Gewiß ist aber, daß Reger spätestens bei der 39. Tonkünstlerversammlung des Allgemeinen Deutschen Musikvereins in Basel Volkmar Andreae und auch einige andere bekannte Schweizer Musiker kennenlernte. Der dreißigjährige Reger weilte damals mit seiner Frau während einer ganzen Woche in Basel.

Zu einer ersten Zusammenarbeit kam es dann außerhalb von Zürich: am 27. Oktober 1904 spielte Reger an einem modernen Sonatenabend von Henri Marteau in Genf den Klavierpart seiner Violinsonate op. 72, während Volkmar Andreae und Henri Février eigene Violinsonaten begleiteten. Das Konzert von Genf wiederholten Reger und Andreae dann mit einem jeweils wechselnden dritten Komponisten, und zwar am 1. Dezember 1904 in München, am 25. Januar 1905 in Basel und am 7. März 1905 in Berlin. Es ist nun typisch für Reger, daß er in seiner ersten Postkarte vom 5. Oktober 1904 diese bevorstehende Zusammenarbeit gar nicht erwähnt, sondern nur eine Aufführungsbitte anbringt:

Postkarte (Nr. 1190)
«Mein Lieber! Hätten Sie nicht Lust, einen oder den anderen meiner am 1. Nov. a.c. erscheinenden 8 Gesänge für Männerchor op. 83 zur Aufführung zu bringen? Ich glaube, es sind recht dankbare, *nicht* schwierige Nummern dabei!
Es würde mich sehr freuen, von Ihnen *recht balde* eine *bejahende* Antwort zu erhalten; ich würde Ihnen dann die Chöre *sofort* nach Erscheinen senden.
Mit schönsten Grüßen u. der Bitte um recht baldige Nachricht
          Ihr ergebener Max Reger
München, Preysingstr. 1 I
5. Oktober 1904»

Bereits fünf Tage später wendet sich Reger in einer anderen Angelegenheit an Andreae. Der Komponist hat gehört, daß das Ackroyd-

Quartett[5] am 14. Februar 1905 sein zweites Streichquartett op. 54, II in Zürich spielen soll:

Postkarte (Nr. 1191)
 «Mein Lieber! Danke schönstens! Sie erhalten also anfangs *November* sicher die Chöre! *Bitte bitte,* setzen *Sie* es doch durch, daß *anstatt* meines Streichquartettes op. 54 II das *neue D moll op. 74* gespielt wird! Op. 74 ist *viel* besser! Versuchen Sie doch **bitte** da *alles,* um das zu ermöglichen! Hoffentlich können Sie mir recht *bald günstigen* Bescheid mittheilen! Ich theile Ihnen dann sofort die richtigen Tempi mit, da op. 74 **falsche** Tempoangaben enthält.
Auf Wiedersehen in Genf freue ich mich sehr!
  Mit besten Grüßen Ihr Max Reger
München, Preysingstraße 1 I
10. Okt. 1904»

Auf die falschen Tempoangaben in der Druckausgabe von op. 74 hat Reger schon im August 1904 bei einem anderen Streichquartett aufmerksam gemacht.[6]
Das Ackroyd-Quartett hat dann Regers Rat befolgt und op. 74 zur Aufführung gebracht; die Wertung Regers über das frühere Werk dürfen wir allerdings nicht allzu ernst nehmen; er hat nämlich immer wieder jene Werke als seine allerbesten bezeichnet, die er erst kurze Zeit zuvor vollendet hatte.
Am 12. Januar 1905 trat Reger zum erstenmal in Zürich auf, und zwar mit dem Geiger W. Kohlbecker und der Sopranistin Amalie Gimkiewicz. Volkmar Andreae konnte bei diesem Konzert nicht anwesend sein, weil er Verpflichtungen in Köln hatte. Er stellt Reger aber seine Wohnung zur Verfügung. Reger will allerdings den Abend des 11. Januar nicht alleine in Andreaes Wohnung verbringen:

Postkarte (Nr. 1194) (Poststempel Essen, 8. Jan. 1905)
 «Mein Lieber! Deine Karte erreichte mich hier in Essen![7] Deine freie [frdl.] Wohnung nehme mit *bestem* Dank an. **Bitte,** sage doch **sicher** Herren Rob. *Freund* u. *Isler* daß ich nächsten Mittwoch abends gegen 9 Uhr oder 8.50 Uhr in Zürich ankomme u. mit den beiden Herren den Abend verleben möchte; diese beiden Herren sollen mich *sicher* an der Bahn abholen; ich komme mit dem Münchener Schnell-

zug. Es ist *jammerschade* daß Du nicht in Zürich bist! Herzlichster Gruß u. Dank

             Dein Reger»

Hier hatte Reger bereits aufs vertraulichere Du gewechselt. Wie immer, wenn er die Gastfreundschaft von jemandem beansprucht hatte, bedankt er sich nachher dafür. Die Dankeskarte zeigt, mit wie vielen damals bedeutenden Schweizer Musikern Reger bei seinem kurzen Zürcher Aufenthalt zusammengetroffen ist, sie zeigt aber auch wie wichtig ihm die Zeitungskritik und die Öffentlichkeit waren.

Postkarte (Nr. 1195)   (Poststempel München)
«Mein werther Freund! Nachdem Du nun wohl von Köln wirst zurück sein, beeile ich mich, Dir für Deine so *große, große außerordentliche* Liebenswürdigkeit u. Gastfreundschaft während meines Aufenthaltes in Zürich meinen herzlichsten Dank zu sagen! Ich hab' mich sehr gefreut mit Dir, den Herren Dr. Hegar, Isler, Niggli, Freund, den Herren des Streichquartettes zusammen sein zu können.
Bitte, sage doch Herrn Isler[8], er solle mir doch **baldigst** je *10* Exemplare von *der Kritik über's Concert am 12/I* und *von seinem Artikel,* der ein paar Tage *vorher* erschien, senden! Nun nochmals *allerherzlichsten, besten* Dank, ebenfalls Grüße besonders an Dich, an die Herren Dr. Hegar[9], Isler, Freund[10], Niggli[11], die Herren des Quartettes[12] und an Ludwig Hess[13] – auch von meiner Frau –

  Stets Dein   Max Reger
Wenn ich meinen *Kamm* bei Dir liegen haben lassen sollte, so bringe mir denselben bitte nach *Basel* mit; ich fahre über Zürich; schreibe Dir noch *extra vorher*.»

Am 11. Februar 1905 schreibt Reger an Andreae zum erstenmal einen Brief und nicht bloß eine Postkarte.

Brief (Nr. 1198)
Max Reger
München
Preysingstr. 1 b/i   München, den 11. Febr. 1905

«Mein Lieber! Schönsten Dank für Karte; anbei findest Du Bild! Nun hab' ich mehrere Bitten an Dich, zu deren freundl. Erfüllung ich Dir sehr dankbar wäre.

a) Bitte, sende mir doch *immer* **alle** Programme und **alle** Kritiken, wenn irgend was von mir in Zürich zur Aufführung kommt; bitte, sag dies auch Herrn *Isler,* damit er *dasselbe* thut; ich *muß* immer **alle** Kritiken in mehreren Exemplaren haben.
b) Bitte sage den Herren Rob. Freund u. Konzertmeister Ackroit[14] meinen *wärmsten, herzlichsten* Dank für mein op 72!
Wenn es meine Zeit *einigermaßen* erlaubt werde ich selbst an die beiden Herren schreiben!
Bitte, führe doch noch *diese* Saison ein paar der *leichtern* meiner Männerchöre op 83 auf; du würdest mir damit einen *riesigen* Gefallen thun! Ferner wäre ich Dir sehr dankbar, wenn Du mein op 83 **möglichst vielen** Männergesangsvereinsdirigenten empfehlen würdest! Bitte, *nicht* zu vergessen!
Denke Dir, die Berliner Kritik mit wenig Ausnahmen hat meine Variationen u. Fuge über ein Thema von Beethoven op 86 fürchterlich verrissen! Diese Kerle verdienen doch wahrhaftig keine andere Bezeichnung als: die «Filzläuse des deutschen Musiklebens!»
Bitte, *sorge* dafür, daß dieser Ausdruck für diese Kerls in Berlin[15] **möglichst** weitest bekannt wird.
Es ist selbstredend, daß Du ein *Manuskript* von mir erhältst; ich hab' Dir da sogar etwas *besonders* zugedacht; aber Geduld – in 3/4 Jahren hast Du's!
Wegen Sinfonietta? Das ist ja fein, wenn Ihr sie schon am 10. Okt. machen wollt! Ob es mir aber möglich ist, Euch das Uraufführungsrecht zu reservieren, das weiß ich nicht! Ich kann's doch den Leuten nicht *verbieten,* das Werk vorm 10. Okt. aufzuführen; aber immerhin ist 10. Okt. sehr früh, daß es leicht möglich ist, daß Ihr *allen* voran seid. Nun nochmals meinen *herzlichsten* Dank für all Deine treue Freundschaft, auf die ich *sehr* stolz bin; mit den schönsten Grüßen an Dich, Herren Dr. Hegar, Freund, Isler, die Herren des Züricher Streichquartettes
    stets Dein Dir treuest ergebener

                                      Max Reger
Es ist Dir doch recht, wenn wir am 7. März in Berlin[16] einen **Ibach**flügel spielen?»

Im allgemeinen kann man feststellen, daß Reger Briefe und Postkarten fast immer ganz ausfüllt; bei Briefen wählt er grundsätzlich eine größere Schrift, dasselbe macht er bei Postkarten, wenn er nur wenig mitzuteilen hat; notfalls setzt er auch seine Unterschrift und die genaue Adresse breit in das offene Feld. Regers Briefe enthalten nicht unbedingt mehr Informationen als seine Postkarten, denn er wiederholt seine Anliegen einfach so lange, bis die Briefseiten ausgefüllt sind. Einem ähnlichen Verhalten begegnen wir auch bei Regers eigentlicher Kompositionsarbeit. Auch hier weiß er zum Teil lange vor der Niederschrift über die äußeren Ausmaße des Werkes genau Bescheid. Mit zunehmendem Alter komponiert er immer deutlicher nicht mehr vom Detail, von der einzelnen Motivzelle aus, vielmehr füllt er die Musik von einem – oft historischen – großformalen Modell her auf. Aber in den Tönen, die diese äußeren Formen ausfüllen, hat sich so ziemlich alles aufgelöst, was den Sinn dieser Formen einst ausmachte. Von dieser musikalischen Konsequenz ist bei den Briefen natürlich nichts zu spüren; aber Beziehungen zwischen dem Komponisten und dem Briefeschreiber Reger gibt es nicht nur im Bestreben, den äußeren Rahmen auszufüllen, sondern auch in der genauen Akzentsetzung fast jedes einzelnen Wortes: So wie in Regers Werken jede Note mit Phrasierung, Artikulationszeichen und Lautstärkebezeichnung ganz genau bestimmt, zuweilen fast überbezeichnet ist, so wird auch bei den Briefen mit Schriftdruck und -größe, mit vielen Satzzeichen und vor allem mit Unterstreichungen (die bis zu fünffachen Strichen gehen können), über die ohnehin schon oft rhetorisch angelegte Sprache noch eine zweite rhetorische Schicht gelegt. Deutlich wird das im Brief, den Reger Ende August – Anfang September 1905 während seines Sommeraufenthaltes in Kolberg schrieb. Inhaltlich wird wenig gesagt; Reger will einfach eine frühe Aufführung seines ersten Orchesterwerkes durchsetzen. Dieses Anliegen bringt er nun mit zahlreichen Wiederholungen und vielen Unterstreichungen vor. Diese Unterstreichungen lassen sich in dieser Druckausgabe leider nur mit Kursivschrift (eine Unterstreichung) und Fettschrift (zwei- oder mehrfache Unterstreichungen) darstellen:

Brief (Nr. 1201)   Colberg a/Ostsee, Pommern
                                          Hucke No. 14
«Mein Lieber! Schönsten Dank für Karte, die mir nach hierher nachgesandt wurde! Bin sehr erfreut, daß noch *1905* 3 Männerchöre,

Bach- u. Beethovenvariationen u. Lieder kommen! – *Wann* soll nun der Abend mit Marteau sein? Ich *muß* das baldigst wissen, da meine Zeit bis *31.* März 06 *enorm* mit Concerten besetzt ist!
Sehr traurig bin ich, daß meine Sinfonietta op 90 nicht mehr 1905 ist! Du schreibst, *1906* die Sinfonietta – ich verstehe das *nicht* ganz! Wann im Jahre 1906 –? Im *Januar, Februar* u. *März* oder *April* 1906 – oder *erst* im Oktober, Nov., Dec. 1906? Ich verstehe das nicht! Es wäre doch jammerschade, wenn Ihr meine Sinfonietta op 90 **nicht** in *kommender* Saison 1905/1906 also *nächsten* Winter d. h. eben *nächste* Saison machen würdet, sondern erst in *über*nächster Saison 1906/1907! Wie gesagt, wenn letzteres der Fall wäre, so wäre dies sehr betrübend, da meine Sinfonietta schon nächste Saison, also 1905/1906 *fast überall* in Deutschland gemacht wird u. Ihr also mit einer Aufführung 1906/7 doch sehr nachklappen würdet! Ich bitte Dich nun *dringenst,* doch Dein **Allermöglichstes** zu thun, daß meine Sinfonietta doch dann in der *2.* Hälfte der Saison 1905/06 d. h. eben in den Monaten Januar, Februar oder März 1906 *sicher* gemacht wird! Es liegt mir **enorm viel** daran, daß meine Sinfonietta gerade in Zürich *sobald als nur irgend möglich* gemacht wird, und hoffe ich sehr, daß ich bei Dir **keine** Fehlbitte thue, wenn ich Dich ersuche *Dein Möglichstes* zu thun, daß meine Sinfonietta *sicher* in einem der Monate Januar, Februar oder März 1905 in Zürich gemacht wird!
Sodann bitte ich Dich Deinen Damen u. Herren Folgendes zu sagen: am 1. September erscheinen von mir bei Lauterbach u. Kuhn (Leipzig)

a.) ‹Schlichte Weisen› op 76 Band **II** (No. 16–30)
(Lieder)
(op 76 Band **II** verlangen!)
b.) 2 Sonatinen (E moll, D dur) op 89 für Pianoforte zu 2 Händen.
(Bitte, mache besonders Rob Freund auf das op 89 aufmerksam!)
c.) bei *Simrock:* op *88 4 Lieder.*

Der 4 händige Klavierauszug der Sinfonietta op 90 erscheint so Ende September, während die *Partitur* (Preis 6 Mark) (*244* Seiten!) *schon* am **1.** September erscheint (alles bei Lauterbach und Kuhn.)
Ich wäre Dir sehr dankbar wenn Du *alles,* worum ich Dich in diesem Briefe bitte, erfüllen würdest! Ebenso wäre ich Dir sehr dankbar, wenn Du mir *recht balde,* recht balde hoffentlich *günstigen* Bescheid wegen «Sinfonietta» (in den Monaten: *Januar* oder *Februar* oder *März*

Postkarte von Max Reger *(Nr. 1208)*

1906) senden würdest! Ich bleibe bis 9. September hier in Colberg a/Ostsee, Pommern, Hucke No. 14. Vom 9. Sept – 13. Sept fahre auf Umwegen nach München u. ist meine Adresse vom 13. Sept abends wieder München, *Victor Scheffelstraße 10 III.* (Wie Du siehst, bin ich umgezogen!)
Mit schönsten Grüßen von meiner Frau u. mir u. der Bitte von *recht baldiger* Nachricht (hoffentlich *günstige*)

Dein Max Reger»

Privates taucht in den Reger-Briefen selten auf, es sei denn als kurzer Glückwunsch zu offiziellen Familienanlässen, wie z. B. die Gratulationskarte zu Andreaes Verlobung.

Postkarte (Nr. 1213) (München, 16. Okt. 1906)
«M. L.! Soeben komme ich von einer kleinen Reise zurück u. finde Deine Verlobungsanzeige vor! – Ich beeile mich, Dir unsere *wärmsten* Glückwünsche zu Deiner Verlobung zu senden u. bitte ich Dich, diese unsere besten Glückwünsche noch Deinem Frl. Braut zu Füßen legen zu wollen! – Vergiß bitte meine Kürze – allein ich habe schrecklich viel zu thun!
Mit viel, viel besten Grüßen

stets Dein Max Reger»

Regers großer Bekanntenkreis brachte es mit sich, daß er zuweilen auch gebeten wurde, neue Verbindungen einzuleiten, was er dann auch in seiner Art machte.

Postkarte (Nr. 1214) (München, 31. Dez. 1906)
«M. L.! **Wann** ist also *Sinfonietta* u. *Serenade* bei Dir?? In den nächsten Tagen wird Dich ein Musiker C. Hochstetter[18], der jetzt in Zürich ansässig ist u. vor Jahren mal über mich geschrieben hat, besuchen; nimm den Mann gut auf; ein Kirchenlicht ist er nicht! Aber nimm ihn immerhin gut auf! (*alles* bitte *à discrétion* zwischen uns) Wann ist der *Reger*abend, zu dem ich kommen soll? Bitte, bitte, lege diesen Regerabend in *März!* Bitte, schreib mir **umgehendst genaueste** Antwort auf Alles! Sag mir die **Daten** der Aufführungen von

Sinfonietta u. *Serenade* u. des Regerabends! Also schreib **baldigst**, da ich **baldigst** wieder auf Reisen gehe!
Mit viel besten Grüßen u. Neujahrswünschen u. sicherer Hoffnung von Dir *baldigst genaueste* Nachricht über *alles* zu erhalten stets Dein
Max Reger
München, Victor Scheffelstraße 10»

Der erfolgreichste und glücklichste Zürcher Aufenthalt von Reger wäre beinahe ins Wasser gefallen, weil Andreae die beiden Sinfoniekonzerte um zwei Wochen verschieben wollte. Die verzweifelte Reaktion von Reger beweist mindestens, daß ihm an Zürich mehr lag als an andern Städten, – am ehesten wohl deshalb, weil er hier in einer großen Stadt mit einem schon damals guten Orchester arbeiten konnte, ohne den sonst üblichen Anfeindungen ausgesetzt zu sein.

Brief (Nr. 1217) (Leipzig) 5. Juni 1908
«Mein Lieber! Vor cirka 4 Monaten schriebst Du mir, ich sollte den 16./17. November für Zürich freigehalten! Ich hab das *unentwegt* gethan – was oft mit den *größten* Schwierigkeiten verbunden war, da ich nächste Saison 90–100 Concerte mindestens habe! Wie gesagt; ich hielt unter *allen* Umständen daran fest: 16/17. November ist *definitiv reserviert* für Zürich! Nun kommt heute früh Deine Karte: ich bin *entsetzt* über deren Inhalt! Bedenke doch selbst: mit *größter Mühe* hab' ich 16/17 Nov. für Zürich freigehalten – u. nun ist die Sache die, daß ich am *30. Nov. 1. Dezember u. 3. Dec. unmöglich* nach Zürich kommen kann! Ich habe vom 19. November bis 19. December 25 Concerte zu absolvieren, die alle in *Nord*deutschland sind u. die ich allein in Rücksicht, um ja den 16/17 Nov. für Zürich frei zu halten, auf diese Zeit verlegt habe! Diese können *unmöglich* verschoben werden, das ist *ganz u. gar ausgeschlossen.*
Ich hatte mich schon so **sehr** auf Zürich gefreut – u. so **muß** ich nächste Saison *schweren* Herzens verzichten, nach Zürich kommen zu können! *Wie leid* das mir thut, kannst *Du Dir gar nicht* denken.
Nun mußt eben *Du* meine Variationen dirigieren, u. bitte Du doch Robert Freund, daß dann er mein Trio op 102 macht!
Nebenbei bemerkt bitte ich Dich, den Herren Deines Vorstandes zu sagen daß ich für 500 Franken für ein . . . . *nicht* kommen kann! Ich erhalte in Deutschland *gerne* 500 M = **620**

frcs für *einen* Abend! Da müssen die Herren doch etwas mehr geben! Für ein Orchesterconcert **u.** Kammermusikabend zusammen, kann ich nicht unter 1000 frc. = 800 M kommen! Mit diesem Honorar von 800 M *verliere* ich noch, da ich in Deutschland für 2 Abende *1000* M bekomme!
Bitte, laß mal Deine Schreibfaulheit einen *Moment* beiseite u. beantworte mir diesen Brief **möglichst umgehendst!**
Wann machst Du nun meine Variationen? Bitte mir diese Frage zu beantworten!
Gruß Dein

Max Reger»

Regers Haltung in den Briefen an Andreae verschiebt sich mit seiner zunehmenden Bekanntheit: 1908 war er in Deutschland neben Richard Strauss bereits der berühmteste lebende Komponist. Regers Kommunikationston wird nun befehlshafter; er bittet nun nicht mehr um seine Anliegen, er ordnet an. Das zeigt zum Beispiel jene Postkarte, mit der Reger seinen zweiten Aufenthalt in Zürich ankündigt:

Postkarte (Nr. 1221) (2. November 1908)
«M. L! Ich komme am Donnerstag 12. Nov. abends 11.12 in Zürich an, steige im *Hotel Victoria* ab, *bitte,* sorge Du dafür, daß mich am *13.* Oktober[19] (Freitag) **alle** Mitwirkenden zum Regerabend (am 13. Nov., vormittags 10 Uhr zur Probe im Hotel *Victoria* **abholen;** die Probe erbitte ich im **Concertsaal selbst!** Die beiden Flügel müssen *nebeneinander stehen;* ich spiele immer 1. Klavier! Bitte, beantworte mir diese Karte *umgehendst* u. theile mir das **genaue** Programm zum Regerabend am 13. Nov. mit.
Mit der Bitte um *möglichst umgehendste* genaueste Beantwortung dieser Karte u. Mittheilung des Programms mit besten Grüßen Dein alter

Dr Max Reger

Leipzig, Felixstr. 4 II»

Reger war sich der Hörschwierigkeiten, die viele seiner Werke beim Publikum auslösten, sehr wohl bewußt, und weil ihm ein erfolgreicher Auftritt lieber war als ein Skandal, baute er sich in jenen Städten, wo er regelmäßig konzertierte, sein Publikum langsam auf. Er setzte gerade in mittleren und kleineren Städten beim ersten Auftritt keine schwierigen Werke aufs Programm und überraschte die Leute erst beim zweiten oder dritten Gastspiel mit solchen Werken. Das Zürcher Publikum schätzte er in dieser Hinsicht erstaunlich offen und fortschrittlich ein. Mindestens geht das aus folgendem Brief hervor:

Brief (Nr. 1225)   Colberg a/Ostsee
                                                                              Hucke 14., 24. Aug. 1909

«Lieber Freund! Hiermit möchte ich Dich *dringendst, dringendst* ersuchen, daß Du nächsten Winter *sicher* in Zürich mein op 108: Symphonischer Prolog zu einer Tragödie für großes Orchester, erschienen bei C.F. Peters, Leipzig, Thalstraße 10 zur *Aufführung* bringst!
Das Orchestermaterial kostet *250* M bei einer Besetzung von 6 Pulten I. Geigen 5 Pulte 2. Geigen 4 Pulte Bratschen 3 Pulte Celli, 2 Pulte Contrabässe u. sämtliche Bläser. Jede Doublestimme *3* M!
Nämlich: das Werk ist so oft *mißverstanden* worden, daß ich es Dir ans Herz legen will, es in Zürich, wo man meine Sinfonietta «verdaut» hat, *aufleben* zu lassen! Du würdest mir damit eine *Riesenfreude* machen! Auch bin ich bereit, *ohne Honorar* nach Zürich zu kommen, um es **selbst** zu *dirigieren!* Ich bitte Dich deshalb um Angabe *mehrerer* Daten!
Sodann möchte ich dir bei diesem Werke einen *Sprung* empfehlen, der *sehr gut* ist, nämlich von Zahl 25 (**vorm** Eintritt des 2. Thenors in der

Reprise  1. Vln! zur Seite 86 (ich glaube, es ist Seite 86) zum Andante sostenuto (1. Vln)!

Dieser Sprung[20] ist *sehr gut!* Ich hoffe **zuversichtlichst,** bei Dir **keine** Fehlbitte gethan zu haben! Ferner: anfangs *Oktober* a. c. erscheint auch bei C.F. Peters mein op *106:* der 100. Psalm für gemischten Chor (Sopran Alt, Tenor Baß) mit gr. Orchester u. Orgel! (*Ohne Solisten*, Dauer 30 Minuten!) *das wäre so eine Sache für Deinen Chor! Das muβt Du machen!* Es ist zum Schluß fast «populär», wenn in der Schlußfuge am Schluß zur Fuge der Choral «Ein feste Burg ist unser Gott» von 4 Trompeten u. 4 Tenorposaunen – extra aufgestellt –

geblasen wird. – Außerdem hab' ich soeben ein neues Chorwerk op 112 «Die Nonnen» für 4stimmigen Chor (Sopran, Alt, Tenor und Baß) mit großem Orchester vollendet! Das Werk kommt Januar 1910 bei Bote & Bock in Berlin heraus. (Auch *ohne* Solisten!) 35 Minuten Dauer! Bitte, *sag* Du doch *umgehendst* Deinem Concertmeister, den ich bestens zu grüßen bitte, daß soeben op *109* ein neues Streichquartett Es dur von mir bei Bote & Bock in Berlin erschienen ist! Bitte, vergiß das *nicht!* Es wäre doch famos, wenn Dein Concertmeister das Werk kommenden Winter machte!
Wie geht's Dir? Was macht Dein Junge? Wie geht's Deiner lieben Frau?
Ich sitze hier am Ostseestrand u. arbeite fleißig!
Nun viel beste Grüße von Haus zu Haus

stets Dein alter Reger

Bitte, beantworte Du mir diesen Brief **umgehendst** u. **genauestens!**
Colberg a/Ostsee
Hucke 14»

Ende 1909 inszenierte Reger – wahrscheinlich aufgrund einer Fehlinformation von Marteau – einen richtigen Streit mit der Tonhalle:

Brief (Nr. 1227) (Leipzig) 19. XII 09.
«Lieber Freund! Durch Marteau erfahre ich zu meinem größten Erstaunen, daß Dein Comité es verhindert hat, daß er am 20./21. Jan. bei Dir mein Violinkonzert spielt! Mein grenzenloses Erstaunen kannst Du Dir wohl denken; nun höre: daraufhin habe ich nur *die* Antwort: da ich im Besitze der Aufführungsrechte meiner Werke bin, so *verbiete* ich hiemit der Tonhallegesellschaft in Zürich ein Werk – sei es jeglicher Art es wolle – von mir in den Orchester- u. Kammermusikconcerten zur Aufführung zu bringen, – solange ich im Besitze des Aufführungsrechts bin – also bis *30* Jahre nach meinem Tode!
Das war meine 1. Aufwallung – aber da ich *weiß,* daß ich *Dir* damit wehe thue u. dir gegenüber undankbar bin für Deine Pionierarbeit für mich – so spreche dieses Verbot *nicht* aus! Mache Du aber Deinem Comité **ernstlichst** klar, daß ich dieses Verbot – das womöglich *80* Jahre lang gelten könnte – *nur Deinethalben,* aber *nur Deinethalben* nicht ausspreche!
Ich bitte Dich aber *dringendst,* jetzt für eine **Reihe** von *Jahren* nichts

von mir in Orchester- u. Kammermusik zu bringen, bis die Herren von selbst andere Saiten aufziehen!
Selbstredend ziehe ich hiermit meinen 100. Psalm op 106 *zurück*, so daß er nicht gemacht wird beim Tonkünstlerfest; ich hatte auch noch eine *Uraufführung* eines *Kammermusikwerkes* vor zum Tonkünstlerfest; selbstredend mache ich diese *Uraufführung* auch **nicht!** – Ich hatte eigentlich vor, heute offiziell an Schillings[21] zu schreiben wegen des 100. Psalm u. der *Uraufführung* des neuen Kammermusikwerkes.[22]
Selbstredend schreibe ich diesen Brief *nicht* an Schillings!
Dir kann ich nur wiederholen, daß es **nur** meine ehrliche Freundschaft *für Dich* u. meine *herzliche* Dankbarkeit sind für Dich, die mich veranlassen, das Verbot, daß die Tonhalle in Zürich bis 30 Jahre *nach* meinem Tode *kein* Werk mehr von mir zur Aufführung bringen darf, **nicht** auszusprechen!
Hoffentlich geht bei Dir alles gut; bitte, beantworte Du mir diesen Brief **umgehendst, baldigst!**
Mit besten Grüßen
von Haus zu Haus
   immer Dein
    alter Reger»

Die Drohung, alle Werke für Zürich zu sperren, war damals ein durchaus wirkungsvolles Druckmittel, denn Reger war – wie schon gesagt – einer der wichtigsten deutschen Komponisten. Weshalb denn Andreae auf die Teilnahme von Marteau verzichten wollte, wissen wir nicht genau, möglicherweise zog er Marteau Willem de Boer vor; dieser spielte schließlich das Violinkonzert, allerdings erst ein Jahr später, am 17. Januar 1911. Andreaes Antwort auf Regers wütenden Brief muß den Komponisten sofort beruhigt haben, mindestens schreibt er einen beschwichtigenden Brief zurück. Um eine eigentliche Entschuldigung handelt es sich aber nicht; Reger gesteht keine eigenen Fehler ein, sondern zählt die Fehler der andern auf, die schließlich zu seiner Reaktion führten.

Brief (Nr. 1228)   (Leipzig) 24. Dez. 1909
 »Mein lieber Freund! Ich danke Dir 1000 × für Deinen lieben Brief, der mich vollständig aufklärt u. *befriedigt*.

Selbstredend bin ich *hocherfreut,* wenn Du meinen 100. Psalm op *106* bringst u. schon recht balde mit dem Studium beginnst; übrigens *freut* sich Dein Chor schon sehr auf das Studium meines Psalmes, wie eine junge Dame Deines Chores, die z. Z. hier ist, Bekannten von mir erzählt hat! – Ich bin in dieser Sache, weshalb ich den «wütigen» Brief schrieb, ganz entschieden nicht ganz richtig instruiert gewesen! Es wäre in Zukunft das Beste, wenn *Du* mich immer auf dem Laufenden erhieltest! Ich danke Dir *herzlichst* für All das, was Du für mich thust. Ich schreibe noch heute an Schillings wegen meines neuen Kammermusikwerkes fürs Tonkünstlerfest; *Du* mußt nur dann die Freundlichkeit haben, mein op 106 dazu möglichst energisch vorzuschlagen.
Im Übrigen mußt du mir das Eine zu gute erhalten: unser einer erlebt tagtäglich solch widerwärtige Anfeindung etc., daß man schließlich nervös werden muß.
Ich glaube, du bist nun zufrieden: *gleichzeitig* mit diesem Briefe geht ein Brief an Schillings ab.
An deinem guten Willen, an Deiner treuen Freundschaft zu mir hab' ich *nie* einen *Augenblick* gezweifelt. Es ist nun alles in bester Ordnung! Es wird dich interessieren, daß vor 4 Tagen in Berlin ein junger russischer Geiger Alexander Schmuller mit meinem Violinconcert – ich dirigierte – einen *sehr großen, durchaus unbestrittenen* Erfolg gehabt hat.
Was die «Presse» schreibt, lese ich prinzipiell *nicht,* denn die Berliner Presse ist *zu berüchtigt!*
Nun wünsche ich Dir und den lieben Deinen ein recht gutes, schönes Weihnachts- u. Neujahrsfest u. bin mit besten Grüßen von Haus zu Haus
Schreib du mir doch *recht balde* wieder!
Dein ergebenster alter

                                                         Reger»

An der Aufführung seines 100. Psalms op. 106 in Zürich war Reger sehr viel gelegen, wahrscheinlich nicht nur wegen Andreae und Zürich, sondern auch weil er beim 46. Tonkünstlerfest des Allgemeinen deutschen Musikvereins einen deutlichen Schwerpunkt bilden wollte. Reger machte sehr weitgehende finanzielle Angebote, damit die Aufführung zustande kam. In diesem Brief gibt Reger übrigens einen der ganz wenigen Hinweise auf die Interpretation seines Stükkes, aber auch das wieder ganz auf seine Art und Weise.

Brief (Nr. 1230) (Leipzig) 11. II. 10
«Mein Lieber! Von C. F. Peters erhielt ich die Nachricht, daß er Euch das Orchestermaterial *unentgeltlich* zur Verfügung stellt zum Psalm u. Ihr *nur* die Chorstimmen zum ordentlichen Preis zu bezahlen habt. Nun höre: mir selbst liegt *kolossal viel* daran, daß Psalm beim Deutschen Musikfest gemacht wird u. so biete ich Dir hiemit **100 M** an, die Du als *Zuschuß* zum Kaufe der *Chor*stimmen des Psalms verwenden sollst; *dann* kann doch die Ausgabe für Euch *nicht* mehr groß sein, so daß also Du «glücklich» sein kannst, den Psalm zu machen! (Nämlich: Du schriebst an mich: Du wärest *unglücklich*, wenn der Psalm wegen der *Spesen* nicht gemacht werden könnte!) Ich vermute, Ihr braucht so gegen 300 Chorstimmen, die gegen 240 M kosten, so daß Ihr *140 M* zu zahlen hättet für die *Chor*stimmen! Solltet Ihr *mehr* Chorstimmen brauchen u. Eure Kasse «erschöpft» sein, so bin ich *sehr gerne* bereit, die 100 M auf **200** M zu erhöhen, die ich **stifte** in *Dankbarkeit* dafür, daß Du so *treu* an mir hängst! Die *100* resp *200* M stehen Euch *jederzeit* zur Verfügung; es bedarf nur einer Postkarte deinerseits ausgeschrieben – u. das Geld – 100 oder 200 M – geht *sofort* an Dich ab zur Kostenerweisung.
Ich denke, nun ist die Aufführung des Psalms zum Tonkünstlerfest des Allg. D. Musikvereines wohl **absolut** gesichert! Ich freue mich *sehr* darauf! Bitte, mache den *Chor möglichst* groß; das *muß* klingen am Schluß als wollte die Welt zusammenkrachen; u. wenn der *Choral* in der Schlußfuge in den Trompeten u. Tenorposaunen kommt, so muß das klingen wie beim *jüngsten Gericht!* Ich lege alles *vertrauensvoll* in deine Hände! Ich fahre noch heute nach Berlin, Copenhagen, komme am *16. II.* wieder heim u. hoffe **absolut sicher,** dann bei meiner Rückkunft am 16. II. von dir *genaueste* Beantwortung *vorzufinden*; außerdem *noch eine Mittheilung*: für *nächsten* Winter hab' ich ein **neues** Chorwerk (Gemischter Chor mit Orchester)[23] für Dich, das *ganz* **apart** ist **u. noch** das **wundervolle** «Vater unser» für 12 stimmigen Chor a capella. Es gibt **kein schöneres** Gedicht als das «Vaterunser»; ich hab' das Werk soeben vollendet[24]; ich hab' es nur *rein menschlich* als **Bittender, Bittender** aufgefaßt.
Bitte, beantworte Du mir diesen Brief **umgehendst** *genauestens,* damit ich Deine Antwort *vorfinde,* wenn ich am 16. II heimkomme.
Beste herzlichste Grüße   Dein alter Reger
Also schreib mir **umgehendst!**»

Beim 46. Tonkünstlerfest in Zürich spielte Max Reger zum erstenmal bei diesen jährlich stattfindenden Veranstaltungen die unbestritten erste Rolle, vor allem die Uraufführung des Klavierquartetts op. 113 fand weitherum Beachtung, und in fast allen Kritiken wurde festgestellt, wie sehr Regers Werk den andern vorgestellten Kompositionen überlegen war. Der 100. Psalm op. 106 wurde gemischter aufgenommen. Möglicherweise haben Regers Bilder – «das muß klingen am Schluß als wollte die Welt zusammenkrachen» – Volkmar Andreae veranlaßt, die Interpretation relativ pompös und äußerlich anzulegen; Alfred Heuss schreibt in der «Zeitschrift der Internationalen Musik-Gesellschaft», «daß die Züricher Aufführung unter der allzu temperamentvollen und wenig innerlichen Leitung des Festdirigenten V. Andreae direkt mißverständlich wirkte und einen ganz äußerlich intensiven und dabei sehr verschwommenen Eindruck machte».[25]
Während des Tonkünstlerfestes wurden auch die privaten Bande zwischen Andreae und Reger, der seine Frau wie oft bei repräsentativen Anlässen mitgenommen hatte, näher geknüpft. Reger wurde gefragt, ob er die Patenschaft für das erwartete (zweite) Kind von Andreae übernehmen würde. Reger, der sehr vielen Kindern Pate war, nahm an und spielt in der Dankeskarte für den Zürcher Aufenthalt darauf an.

Postkarte (Nr. 1235) (Zürich, 31. Mai 1910)
 «M.L.! Vor unserer Abreise senden wir Dir, Deiner lieben Gattin nochmals herzlichste Grüße und **allerwärmsten** Dank für *Alles*. Wir hoffen, Euch *so liebe* Menschen recht balde wieder zu sehen!

	Immer Dein
Taufpate in spe	alter Reger mit
(resp in *Speck!*)	‹leichtern› Hälfte»

Nach diesem zweiten großen Auftritt von Reger in Zürich wurden zu seinen Lebzeiten noch zweimal Werke von ihm in Zürich gespielt. Zum ersten Anlaß, zur Aufführung des Violinkonzertes am 17. Januar 1911, das er ursprünglich dirigieren wollte, konnte Reger wegen Überlastung nicht kommen, am 18. Januar mußte er bereits wieder in Hamburg ein Konzert geben.

PROF. DR. MAX REGER   LEIPZIG, DEN   17. Mai 1910.
                          KAISER-WILHELM-STRASSE 68,

Mein Lieber!

Schönsten Dank!

1.) An Frauen von Maralt habe ich schon geschrieben u. mich bedankt;

2.) wir sind Dienstag 24. Mai genau 7 1/2 Uhr in der Probe in der Tonhalle.

3.) Große Trommel und Becken im Psalm müssen unter allen Umständen von 2 Spielern — nicht von einem — bedient werden

4.) Becken im Psalm muß freischwebend sein — also nicht auf der großen Trommel aufgeschraubt!

5.) Seite 90 der Partitur das Chor im 2. Takt nach Ziff. 26 ist in beiden Fagotten folgend. Intrument: es stehen im 3. Viertel die beiden Fagotten nicht mit dem „alt" gehen; derselbe Takt muß zu heißen:

[musical notation] × ♮ war fehlt den in Celli u. Bässen

also genau wie die **Celli**; in den Celli u. Bässen fehlt der in diesem Takt ♮ war a im 4. Viertel! —

Bitte laß der nach sehen in den beiden

Fagottnen u. daß ich in den Celli u. Bäßen *Controg* in den Ausspartitionen selbst nachlassen!

<u>Aber</u> muß die Engel spielen im Psalm.

Besten Grüßen
immer
Dein
alter
Reger.

Brief von Max Reger (Nr. 1234)

Brief (Nr. 1238) Leipzig, Kaiser Wilhelmstraße 68 I
23. XII. 1910

«Mein *so* Lieber! Verzeih, wenn ich erst heute schreibe – aber ich bin immer unterwegs; ich kann auch *nicht* kommen u. mein Violinkonzert dirigieren – denn ich bin an diesen Tagen *längst* «besetzt». Ich habe für Saison 1911/12 *jetzt* schon gegen 30 Concerte wieder; ich soll überall spielen u. dirigieren – u. so *müssen* alle Concertanfragen an mich **mindestens** 3/4 Jahre *vorher* an mich gelangen – u. so kommt es natürlich, daß ich eben *leider Gottes* am 17. Januar *unmöglich* in Zürich sein kann – u. Du kannst Dir wohl denken, **wie gerne** ich gekommen wäre.
Von der erneuten Psalmaufführung hab' ich gehört u. danke Euch allen – besonders Dir – **allerherzlichst.** Weißt Du – ich bin ein armer Teufel – ein stets abgehetzter Mensch – von Concertsaal zur Eisenbahn u. von Eisenbahn zum Concertsaal; das ist ein gar trauriges Kapitel – und man macht es eben, weil man *Geld* verdient; leider muß ich eben *Geld verdienen;* wenn ich ein reicher Mann wäre, so wäre ja alles anders; dann brauchte ich nicht so manches Concert anzunehmen, was mir eigentlich ganz «gegen den Strich» geht.[26]
Eben arbeite ich am Streichsextett op 118, welches Werk ich wohl noch in diesem Jahre vollenden kann.
Bitte, grüße mir alle Züricher Bekannten bestens u. sei Du selbst mit Deiner holden Gattin aufs herzlichste gegrüßt von
Deinem alten Reger.»

Zum erstenmal findet sich in diesem Brief eine Äußerung, in der er den Mißmut über seinen Alltag bekundet. Die Repräsentanz und öffentliche Beachtung, nach der er so lange strebte, wird ihm jetzt langsam zu einer Beschwernis. Mit der Übernahme der Meininger Hofkapelle hatte sich die Beanspruchung durch Konzerte noch erheblich gesteigert, obwohl seine Absagen zu privaten und öffentlichen Anlässen zunehmen; auch an der Taufe seines Patenkindes konnte er nicht teilnehmen:

Brief (Nr. 1242) [Briefumschlag mit Stempel:
Berchtesgaden 12. Sept. 1912]

«Mein Lieber! Dein Brief wurde mir nachgesandt; ich erhielt denselben am Tag der Taufe; mein Telegramm wirst Du erhalten

haben! Du siehst, ich *hätte* eben gar nicht kommen können, da ich Deine Nachricht **so** spät erhalten!
Meinem lieben Pathenkindchen wünsche ich aus vollstem Herzen Alles Alles Gute zum Eintritt in die Gemeinschaft der edeldenken-*sollenden* Menschen!
Ich danke *Dir sehr:* Concert op 123 im alten Styl! Famos, daß Ihr auch «Requiem»[27] macht; ich habe noch neu – soeben bei Bote u. Bock erscheinend – mein op 125 «Eine romantische Suite» für Orchester nach Gedichten von Eichendorff; *3 Stücke* – Dauer zusammen 25 Minuten.
Für Winter 1913/14 gibt's außer anderen neuen Orchestersachen noch «Römischer Triumphgesang» für Männerchor u. Orchester. – Auf Deine Oper wäre ich *riesig* gespannt.
So – also nur Volkslieder sollt Ihr singen – na ja – diese Reden kennen wir auch – aber es richtet sich in Deutschland *kein* Mensch danach. Heute vormittag 11½ Uhr, während Ihr tauft, werde ich lebhaftestens an Euch und mein liebes Pathenkindchen denken.
Mit besten Grüßen

          immer Dein alter Reger

Wir reisen am 13. September hier ab u. erreichen am *15.* September auf Umwegen:
  Meiningen, Marienstraße 6 I»

Im November 1911 machte Reger mit seinem Freund Philipp Wolfrum eine lange Tournee durch Deutschland und die Schweiz, wobei sie neben den Beethovenvariationen von Reger ausschließlich Werke von Johann Sebastian Bach spielten. Neben Basel und Zürich trat Reger in der Schweiz zum erstenmal in Schaffhausen, St. Gallen, Baden und Winterthur öffentlich auf. In Zürich bleibt bei dieser anstrengenden Tournee wenig Zeit für die Beziehung zu Andreae; und auch die Postkarten beschränken sich auf Terminfragen und Aufstellungswünsche der Flügel. Weder Andreae noch Reger hätten dabei wohl gedacht, daß dies der letzte Auftritt des Komponisten in Zürich sein sollte. In Basel trat Reger noch je einmal, 1912 und 1913, öffentlich auf. Die Übernahme der Meininger Hofkapelle mit sehr vielen Konzertverpflichtungen verhinderte manche Reisen.
Bereits im Jahr nach Regers Übernahme der Meininger Hofkapelle

häuften sich Gerüchte über einen möglichen Rücktritt. Auch Volkmar Andreae wird davon gehört und sich für die Leitung dieses traditionsreichen Orchesters interessiert haben. Reger rät ihm sehr deutlich ab, – vielleicht auch nur deshalb, weil er schon relativ früh Fritz Stein als seinen Nachfolger vorgesehen hatte.[28]

Brief (Nr. 1244) [1913][29]
«Mein Lieber! Schönsten Dank für Deinen Brief; ich *bleibe* in Meiningen; die Zeitungsnachricht war *ganz falsch!* Ich müßte Dir *dringend abraten,* wenn ich beim Tode des *jetzigen* Herzogs – 88 Jahre alt!!! – von Meiningen weggehe, daß Du nach Meiningen gehst; der Gehalt ist *sehr sehr klein* u. dann: eine *Hof*stellung – um Gotteswillen – u. *denn* Meiningen ist ein entsetzlich kleines Nest mit arg zurückgebliebener Bevölkerung. Also: thue Du das *nimmers;* es wäre die größte Dummheit, die Du machen könntest.
Daß Ihr so fleißig «regert», freut mich *ungemein!* Sehe Dir mal meine
Romantische Suite op 125
Böcklinsuite op 128   Bote & Bock
Ballettsuite op 130 (C. F. Peters) an
Hoffentlich geht es Dir, den lieben Deinen u. meinem Pathenkindchen *recht* gut.
Herzlichste, beste Grüße von Haus zu Haus
Dein alter Dir so sehr dankbarer Reger.»

Interessant an diesem Brief ist, daß Reger offensichtlich schon 1913 seinen Rücktritt in Meiningen vom Tode Herzog Georgs II. abhängig machte. Den Zerfall des kulturellen Meiningen nach dem Tod des Herzogs im Sommer 1914 kurz vor Ausbruch des Krieges, hatte Reger offenbar vorausgesehen. In der Gestalt dieses alten Fürsten, den Reger tief verehrte, erlebte der Komponist die idealistische Kultur des alten Deutschland in einer Intaktheit, die fast schon Geschichte war. Reger sah aber auch, daß die Kultur von Meiningen nur noch durch diesen einen Mann garantiert wurde. Zur Aufkündigung der Meininger Stellung kam es dann doch noch vor dem Tode des Herzogs, und zwar aus gesundheitlichen Gründen: Am 28. Februar 1914 erlitt Reger nach einem Konzert im westfälischen Hagen einen Nervenzusammenbruch. Er mußte alle Konzerte absagen, und am 6. April sandte er auf Anraten der Ärzte sein Rücktrittsgesuch an den Herzog. Er bekam aus der ganzen Welt Genesungswünsche, natürlich auch von der Tonhalle und Volkmar Andreae, für die er sich mit der folgenden Postkarte bedankte:

Postkarte (Nr. 1246) (31. März 1914)
«M. L.! Schönsten Dank für Karte; es geht mir *sehr langsam* besser; ich muß mich in Zukunft sehr schonen. Tausend Dank für Deine, Deiner Familie u. des herrlichen Tonhallen-Orchesters **so** *liebe* Wünsche.
Am 1. November erscheint mein «Variationen für kleines Orchester» über ein Thema von Mozart bei *Simrock*.
Ich faulenze hier ganz *gründlichst*. Von 26. April ab ist meine Adresse: Schneewinkel bei Berchtesgaden Oberbayern; am 1. Juni bin ich wieder in *Meiningen*.
Herzlichste Grüße von Haus zu Haus, besonders an mein Pathenkindchen
Dein alter Reger.
Martinsbrunn bei Meran, Südtirol»

Für Februar 1915 war noch einmal ein großer Auftritt für Reger in Zürich geplant: das ganze neuere Orchesterschaffen sollte vorgestellt werden an einem reinen Reger-Sinfoniekonzert (Ballettsuite op. 120 / Mozartvariationen op. 132 und Böcklinsuite op. 128).

Brief (Nr. 1249)
«Mein Lieber! Mit dem von Dir vorgeschlagenen Programm:
1) Ballettsuite op. 130
2) Variationen u. Fuge op. 132
   für kleines Orchester über ein Thema von Mozart
   (erscheinend am 1. November a C. bei Simrock)
      Pause
3) Soloviolinsonate
   gespielt von de Boer
4) Böcklinsuite
   bin ich **natürlich einverstanden!**
Die Mozartvariationen sind der Meininger Hofkapelle versprochen in der Dedikation.
Du selbst sollst eine **große** Geschichte dediciert erhalten; damit bist Du wohl zufrieden.

Bitte, habe Du die große Freundlichkeit, mir diesen Brief *möglichst umgehendst* zu beantworten, vor allem, ob nun Programm zum 1. u. 2. Februar *definitiv* in Ordnung ist!
Mit herzlichsten Grüßen von Haus zu Haus – besonders an mein Pathenkind –
Dein alter Reger.

Schneewinkel bei Berchtesgaden Oberbayern.
13. Mai 1914»

Die relativ häufigen Versprechungen für die Dedikation eines Werkes an Andreae lassen vermuten, daß Volkmar Andreae den Komponisten ab und zu darum gebeten hatte. Aus der angekündigten «großen Geschichte» wurde dann nichts. Es folgt nur noch eine Postkarte, die den Auftritt am 2. Februar 1915 in Zürich definitiv vereinbart:

Postkarte (Nr. 1250)
«M. L.! Schönsten Dank; es ist *alles* in Ordnung.
Zu dieser Probe bin ich natürlich da am 1. Februar vormittags 9 Uhr. Deine so gütige Einladung bei Dir zu wohnen, nehme ich mit herzlichstem Dank an; meine Frau wird kaum mitkommen.
Mit allerschönsten Grüßen
Dein alter Reger
bis 26. Mai abends: Schneewinkel bei Berchtesgaden (Oberbayern) am 29. Mai erreiche ich auf Umwegen Meiningen, Thüringen Marienstr. 6 I»

Diese Karte bildet das letzte Dokument von Max Reger im Volkmar-Andreae-Nachlaß. Weshalb es zu keiner Zusammenarbeit mehr kam, können wir vermuten, wenn wir das Konzertprogramm überblicken, das Reger am 1. Februar 1915, an dem er ursprünglich mit Andreae «vormittags 9 Uhr» abgemacht hatte, in München dirigierte: Neben Mozart und Brahms und den eigenen Mozartvariationen dirigierte er dort eigene instrumentierte Sololieder; das letzte Lied war der «Hymnus des Hasses» op. 55/1 nach einem Gedicht von Christian Morgenstern, unter anderem mit folgendem Text:
«Heil dir, dem erhabenen Zorns schmerzendes Feu'r enge Adern zerreißt, daß, den Überstrom deines Bluts in gewölbten Händen, du um dich spähst, daß Todestaufe deine Feinde von dir empfingen.»

Den Schluß des Konzertes bildete dann die Vaterländische Ouvertüre für großes Orchester op. 140.
Mit andern Worten: Reger schwamm mit der patriotischen Welle, die Deutschland beim Kriegsausbruch überschwemmte, anfänglich völlig mit, und die Staatsgrenzen, die ihm vorher kaum bewußt waren, wurden ihm nun zur Schwelle ins Feindesland. Und als sich Reger 1915 nach Jena zurückzog und zusehends kritischer über den deutschen Krieg urteilte, mochte er sich wahrscheinlich nicht mehr zur Wiederaufnahme des Kontaktes mit Andreae entschließen. Diese Welt war für ihn in Jena wohl schon zu weit weg.
Alle Freundschaften und Bekanntschaften zu Max Reger fanden nach dessen Tod am 9. Mai 1916 ihre Fortsetzung im Briefwechsel mit seiner Frau, die sich in unermüdlichem Engagement für ihren Gatten einsetzte. Als das Max-Reger-Institut und die Elsa-Reger-Stiftung sich nach dem Krieg nach Bonn verlegt wurden, wurde Volkmar Andreae «auf Grund der Verdienste, die Sie sich um das Lebenswerk Max Regers erworben haben, zum ‹Ehrenmitglied› des ‹Max-Reger-Instituts/Elsa-Reger-Stiftung›»[30] ernannt – eine Ehrung, auf die Andreae sicher nicht angewiesen war, die er aber zweifellos verdient hatte.[31]

ANMERKUNGEN

1 Max Reger wirkte an folgenden Konzerten mit:
13. November (Kl. Saal der Tonhalle)
Mitw.: Willem de Boer (Violine), Engelbert Röntgen (Violoncello), Robert Freund und Max Reger (Klavier)
   1. Max Reger: Beethoven-Variationen für zwei Klaviere op. 86
   2. Max Reger: Klaviertrio e-moll op. 102
   3. Max Reger: Introduktion, Passacaglia und Fuge h-moll für zwei Klaviere op. 96
14. November (Konzertsaal des Konservatoriums)
Mitw.: Stefi Geyer (Violine) und Max Reger (Klavier)
   1. J. S. Bach: Violinsonate E-Dur
   2. Max Reger: Violinsonate fis-moll op. 84
   3. Max Reger: Albumblatt für Violine und Klavier op. 87/1
   4. Max Reger: Intermezzo aus der Violinsonate A-Dur op. 41
   5. Max Reger: Suite a-moll für Violine und Klavier op. 103 A
   6. J. S. Bach: Sinfoniesatz für konzertierende Violine
16./17. November (Gr. Saal der Tonhalle)
III. Abonnements-Konzert der Neuen Tonhallegesellschaft, Ltg. Volkmar Andreae
Mitw.: Henri Marteau (Violine), Fritz Niggli (Klavier), Max Reger (als Gastdirigent)

1. Max Reger: Hiller-Variationen für Orchester op. 100 (Ltg. Reger)
2. W. A. Mozart: Violinkonzert A-Dur KV 219
3. H. F. Biber: Sonate für Violine und Klavier
4. Johannes Brahms: Akademische Festouvertüre
2 Susanne Popp in: Max Reger, Briefe an Fritz Stein, hrsg. von Susanne Popp. Bonn 1982, S. 7
3 ebenda, S. 8
4 Es sei hier auf die allgemeinen Untersuchungen über Regers Spätwerk verwiesen, die der Verfasser nächstens publizieren wird.
5 Das Ackroyd-Quartett setzte sich aus folgenden Musikern zusammen: William Ackroyd, Paul Essek (Violinen), Josef Ebner (Viola) und Ernst Mahr (Violoncello).
6 Max Reger: Sämtliche Werke Bd. 25. Werke für Streicher II, hrsg. von Hermann Grabner, Revisionsbericht, S. VIII.
7 Reger weilte vom 6. bis 8. Januar 1905 wegen Konzerten in Essen.
8 Ernst Isler: *30. 9. 1879 in Zürich, † 26. 9. 1944 in Zürich. Isler betreute – neben der Organistentätigkeit an der Kirche Enge und am Fraumünster – von 1902–1944 das Musikreferat der «Neuen Zürcher Zeitung». Von 1910–1929 war er auch Redaktor der «Schweizerischen Musikzeitung».
9 Friedrich Hegar: *11. 10. 1841 in Basel, † 2. 6. 1927 in Zürich. Hegar übernahm 1865 die Leitung des gemischten Chors sowie der Abonnementskonzerte der Allgemeinen Musikgesellschaft und leitete von 1876 bis 1914 die von ihm gegründete Musikschule (seit 1907 Konservatorium für Musik).
10 Robert Freund: *7. 4. 1852, † 8. 4. 1936 in Budapest. Schüler von Ignaz Moscheles, Carl Tausig und Franz Liszt, war von 1876–1912 Klavierlehrer an der Musikschule. Ab 1912 lebte er wieder in Budapest.
11 Fritz Niggli: *15. 12. 1875 in Aarburg, † 3. 11. 1959 in Zollikon bei Zürich. Niggli war von 1897 erster Klavierlehrer an der Musikschule Bern, 1900 übernahm er eine Lehrstelle am Konservatorium Zürich, und von 1921 bis 1936 unterrichtete er an der Zürcher Musikakademie.
12 Ackroyd-Quartett, siehe Anmerkung 5
13 Ludwig Hess: *23. 3. 1877 in Marburg, † 5. 2. 1944 in Berlin, deutscher Sänger (Tenor später Bariton), Dirigent und Komponist
14 Gemeint ist William Ackroyd, dessen Name Reger im Brief falsch schreibt.
15 Volkmar Andreae hielt sich anfangs März 1905 in Berlin auf.
16 Max Reger und Volkmar Andreae begleiteten in Berlin am 7. März Henri Marteau bei ihren eigenen Sonaten.
17 Der Brief ist auf 1. 8. – 8. 9. 1905 zu datieren; Reger hielt sich während seines Sommerurlaubs in Kolberg auf.
18 Cäsar Hochstetter: *12. 1. 1863, lebte von 1907 bis 1927 in Zürich; 1928 übersiedelte er dann nach Darmstadt. Dort ist er bis 1940 nachweisbar, zuletzt als Cäsar Israel Hochstetter. Weil dieser Zweitname im Dritten Reich den Juden aufgezwungen wurde, muß man vermuten, daß Hochstetter ein Opfer der Judenvernichtungen wurde.
19 Es sollte «November» heißen; wahrscheinlich ein Schreibfehler von Reger.
20 Max Reger hat beim «Symphonischen Prolog zu einer Tragödie» auch sonst Kürzungen vorgeschlagen, vor allem die drastische von Takt 299–413. Andreae gegenüber schlägt er nur die Kürzung von Takt 364–413 vor, was im wesentlichen die Auslassung des 2. Themas in der Reprise bedeutet.
21 Max von Schillings war damals Präsident des Allgemeinen deutschen Musikvereins und damit für das Programm des 46. Tonkünstlerfestes in Zürich verantwortlich.

22 Es handelt sich bei diesem Kammermusikwerk um das Klavierquartett op. 113.
23 Welches Chorwerk Reger hier meint, ist schwer zu entscheiden. Reger trug damals verschiedene Pläne herum, die dann nicht entstanden. Von den erschienenen Werken könnten es sein: «Die Nonnen» op. 112, die damals aber bereits im Handel waren, oder dann «Die Weihe der Nacht» op. 119 und «Römischer Triumphgesang» op. 125, die aber beide für Männerchor und Orchester komponiert wurden.
24 Das «Vaterunser» ist Fragment geblieben. Reger gibt oft – wie hier – die Vollendung eines Werkes vor der Niederschrift bekannt. Man merkt das an jenen Werken, die trotz der Vollendungsankündigung Fragment geblieben sind.
25 Zitiert nach: Max Reger in seinen Konzerten, Teil 3, Rezensionen, hrsg. von Ottmar und Ingeborg Schreiber. S. 275
26 Reger hatte schon relativ früh mit seinen zahlreichen Kompositionen ein gutes Einkommen; trotzdem jagte er von Konzert zu Konzert, auch im Geldverdienen zeigen sich bei ihm suchtartige Momente. Auf alle Fälle war er nicht so aufs Geldverdienen angewiesen, wie er es hier darstellt.
27 Gemeint ist nicht das Requiem op. 144b, sondern das Werk für Männerchor op. 83/9.
28 Fritz Stein hatte dann wegen des ausgebrochenen Krieges die Stellung nie angetreten.
29 Der Brief ist schwer zu datieren. Die Angabe über das Alter des Herzogs verweist auf das Jahr 1913.
30 Brief von Elsa Reger vom 15. 10. 1947 im Andreae-Nachlaß.
31 Die Briefe wurden von Peter Schlunegger transkribiert.

Kurt von Fischer

BRIEFE VON GUSTAV MAHLER

Die zwei folgenden Briefkarten Gustav Mahlers an Volkmar Andreae sind die bisher einzigen Zeugnisse eines direkten Kontaktes zwischen dem damals noch jungen Dirigenten Andreae und dem Komponisten Mahler. Andreae hat sich schon in den ersten Jahren seiner Dirigententätigkeit an der Tonhalle mit Mahlers Werk auseinandergesetzt. 1904 dirigierte er, vermutlich als schweizerische Erstaufführung, die Dritte Symphonie. Fünf Jahre später folgte die Zweite, 1911 die *Kindertotenlieder*, 1913 *Das Lied von der Erde* und zwischen 1915 und 1919 die Symphonien Nr. 1 und 7. Bis zu seinem Rücktritt hat Andreae sich immer wieder um Aufführungen Mahlerscher Werke verdient gemacht. Durch ihn enstand die bis heute in Zürich andauernde rege Mahlertradition.

* * *

(Nr. 987)
Der Director des K.K.Hof-Operntheaters
                                                            [Ende Januar/Februar 1904?]
Verehrter Herr College!
    Nehmen Sie herzlichsten Dank für Ihren lieben Brief[1], und für die Sorgfalt die Sie meinem Geisteskinde angedeihen ließen. – Ich habe auch schon von anderer Seite sehr viel Schönes von der Aufführung gehört, die die Meisterhand des Dirigenten verrieth[2].
Ihr sehr ergebener
                                                                     Gustav Mahler

Briefkarte von Gustav Mahler *(Nr. 987)*

(Nr. 988)
Der Director des K.K. Hof-Operntheaters[3]

(1908/1910?)

Sehr geehrter Herr College!
 für die Kindert[oten] Lieder[4] könnte ich am besten Herrn Meschaert [sic] empfehlen[5]. Sollte dieser verhindert sein, so wäre auch Herr Weidemann in Wien in Betracht zu ziehen[6].
Mit bestem Dank für Ihr freundliches Interesse Ihr ergebenster
                 Mahler

ANMERKUNGEN

1 Andreaes Brief an Mahler ist nicht mehr auffindbar.
2 Mahlers lobende Worte beziehen sich mit größter Wahrscheinlichkeit auf Andreaes Aufführung der Dritten Sinfonie am 19. Januar 1904 in der Tonhalle (mit Mina Weidele als Solistin). Von hier aus ergibt sich auch die annähernde Datierung von Mahlers Zeilen.
3 Der Briefkopf ist durchgestrichen, was vermutlich darauf hindeutet, daß Mahler zur Zeit, da er diese Zeilen schrieb, von seinem Operndirektorenposten zurückgetreten war (Dezember 1907).
4 Andreae hat die *Kindertotenlieder* am 12. Dezember 1911 mit der bekannten Berliner Altistin Lula Mysz-Gmeiner (1876–1948) in der Tonhalle aufgeführt. Mahler war am 18. Mai desselben Jahres gestorben, nachdem er die Wintersaison 1910/11 in New York verbracht hatte und am 12. Mai 1911 schwer krank nach Wien zurückgekehrt war. Mahlers Mitteilung ist daher zwischen Dezember 1907 (vgl. Anm. 3) und Sommer oder Herbst 1910 zu datieren. Daß Andreae keinen der beiden von Mahler genannten Sänger (vgl. Anm. 5 und 6) gewinnen konnte, geht aus dem Tonhalleprogramm vom 12. Dezember 1911 hervor.
5 Der niederländische, von Mahler ganz besonders geschätzte Bariton Johannes Martinus Messchaert (1857–1922) wird nicht nur verschiedentlich in Briefen Mahlers erwähnt, es sind auch mehrere Briefe des Komponisten an Messchaert erhalten (vgl. Ed. Reeser, *Gustav Mahler und Holland. Briefe,* Wien 1980, 74–78, 80f., 82f., 101). Für Erwähnungen von Messchaert in Mahlers Briefen vgl. *Gustav Mahler Briefe,* Neuausgabe erweitert und revidiert von H. Blaukopf, Wien/Hamburg 1982, 303; ferner *Alma Mahler-Werfel, Erinnerungen an Gustav Mahler. Gustav Mahler, Briefe an Alma Mahler,* hrsg. von D. Mitchell, Frankfurt/Berlin 1971, 323, 326, 329. Messchaert war von 1920 bis zu seinem Tode (1922) als Lehrer für Gesang am Zürcher Konservatorium tätig (vgl. Regesten Nrn. *1064–1098*).
6 Der Bariton Friedrich Weidemann (1871–1919) gehörte zu Mahlers Lieblingssängern. Von ihm schon 1903 ans Wiener Operntheater engagiert, sang er dort alle großen Baritonpartien (Don Giovanni, Wotan, Amonasro u. a.). An Mahlers Orchesterliederabend vom 29. Januar 1905 im Wiener Brahmssaal brachte Weidemann die *Kindertotenlieder* und zwei weitere Rückert-Lieder zur Uraufführung. Auf Empfehlung Mahlers sang er die *Kindertotenlieder* u. a. auch in Berlin (unter Arthur Nikisch) und in Köln (unter Fritz Steinbach). Für diese Mitteilungen danke ich Frau Herta Blaukopf in Wien; vgl. auch die in Anm. 5 genannten Briefausgaben von H. Blaukopf, 381f. und Mitchell, 108f. – Die Daten betr. Andreaes Mahler-Aufführungen wurden mir in freundlicher Weise von der Betriebsdirektion der Tonhalle zur Verfügung gestellt.

Hans Peter Schanzlin

ANDREAE UND BASEL
Die Briefe Hans Hubers und Hermann Suters

In Andreaes Nachlaß finden sich einige Dutzend Schriftstücke aus dem ersten Viertel unseres Jahrhunderts, welche die damals prominentesten Basler Musiker Hans Huber (1852–1921) und Hermann Suter (1870–1926) an Andreae gerichtet hatten. Sie bezeugen die sehr engen persönlichen und künstlerischen Beziehungen zwischen den beiden Musikstädten. Die in Frage kommenden, zum großen Teil kurzen Briefe und Briefkarten sowie Postkarten, Ansichtskarten und Visitenkarten beschränken sich oft nur auf fachliche oder persönliche Mitteilungen. Es lassen sich deshalb aus den Briefen Hubers und Suters an Andreae kaum tiefere Einblicke in künstlerische Probleme gewinnen; solche werden höchstens am Rande gestreift. Dies mag damit zu erklären sein, daß diese Briefschreiber anläßlich von Proben, Konzerten, Tonkünstlerfesten, Sitzungen, Prüfungen oder bei privaten Besuchen, auf gemeinsamen Wanderungen und Reisen Andreae häufig persönlich begegneten und bei solchen Gelegenheiten genügend Zeit fanden, sich über die sie beschäftigenden beruflichen und künstlerischen Fragen auszusprechen. Auch ist zu bedenken, daß Briefe Andreaes an Huber und Suter nur ausnahmsweise vorhanden sind. In der Handschriftenabteilung der Universitätsbibliothek Basel ist nur je ein Brief Andreaes an Huber und an Suter vorhanden, was eigentlich überrascht, da die genannte Bibliothek über tausend Briefe Hubers und über sechshundert Briefe Suters besitzt.[1]

Hans Hubers Name klingt heute nur noch wenigen vertraut. Der aus Schönenwerd im Kanton Solothurn stammende Musiker hatte seine musikalische Ausbildung vor allem am Leipziger Konservatorium erhalten und wirkte seit 1877 als hervorragender Klavierpädagoge und Konzertpianist in Basel. 1896 zum Leiter der «Allgemeinen Musikschule» ernannt, wurde er 1905, nach der Angliederung einer Berufsschule zum Direktor von «Musikschule und Konservatorium» gewählt. Seine Festspiele («Kleinbasler Gedenkfeier», 1892, und «Der Basler Bund», 1901) verhalfen dem Komponisten Huber zu bleibender Popularität und zur Ernennung zum Dr. phil. h.c. der Basler Universität. Sein umfassendes Wirken auf kompositorischem Gebiet ist für das gesamtschweizerische Musikleben von entscheidender Bedeutung. Huber, der sich auch im Ausland hoher Wertschätzung erfreute, gehörte zu den Mitgründern des «Schweizerischen Tonkünstlervereins».[2]

Die erhaltenen Briefe Hubers an Andreae datieren aus der Zeitspanne von 1906 bis 1921. Leider sind zahlreiche Briefe undatiert, von denen nur eine kleinere Anzahl vom Inhalt her genau oder annäherungsweise datiert werden kann. Inhaltlich beziehen sich diese Schriftstücke vor allem auf Abmachungen wegen Konzertprogrammen, Aufführungsdaten, Notenmaterial und privaten Zusammenkünften. Der Ton Hubers gegenüber dem um 27 Jahre jüngeren Kollegen berührt sympathisch und erweckt den Eindruck einer echten Freundschaft. Auch Andreae anerkennt Hubers Leistungen voll und ganz und setzt sich immer wieder für Aufführungen Huberscher Werke in Zürich ein, wofür sich Huber jeweils lebhaft bedankt.[3] Aus den frühen Jahren sind verhältnismäßig wenige Dokumente erhalten. Viel zu reden gibt namentlich Hubers Vierte Symphonie, deren endgültige Fassung Andreae 1919 in Zürich zur Uraufführung bringt. Neben den beruflichen Anliegen spielen in den Briefen familiäre und persönliche Angelegenheiten eine große Rolle, wobei Hubers Klagen über seine gesundheitlichen Störungen von 1918 an auffallend häufig Erwähnung finden.

Der früheste datierte Brief Hubers an Andreae stammt aus dem Jahre 1906 und hat den folgenden Wortlaut *(Nr. 798)*:

(Basel), Angensteinerstr[aße] 30, 17. Februar [1906].
«Lieber Herr Andreae!
   Da ich gleich nach dem Konzerte wieder verschwinden muß wegen einem anstrengenden Schultage am Mittwoch nebst Sitzung, so möchte ich Sie heute daran erinnern, daß wir Sie am Zarathustrasonntage um ½1 Uhr zum Mittagessen erwarten. Holen Sie mich vorher zu einem Bummel oder Frühschoppen ab. Ich werde noch einige Freunde dazubitten, die Prof[essoren] Cornelius, Joël und Bertholet dazu einladen! –
Mit herzlichen Grüßen Ihr
                                                                                Hans Huber.»[4]

Hubers Mitteilung, so unscheinbar sie auch sein mag, läßt zwei bezeichnende Eigenschaften des Schreibenden hervortreten. Huber war ein geselliger Mensch und liebte es, Gäste um sich zu haben. Daß er gerne auch bedeutende Persönlichkeiten des Basler Geisteslebens bevorzugte, spricht für sein waches Interesse an außermusikalischen Gebieten. Zweitens war es Huber immer ein Anliegen, jüngere Kollegen in jeglicher Hinsicht zu fördern, gerade auch indem er ihnen den Kontakt mit bedeutenden Künstlern und Gelehrten vermittelte. Auch war es ihm ein Bedürfnis, mit Vertretern der jungen Generation zu diskutieren. Hubers Biograph Edgar Refardt beschreibt die Atmosphäre der Einladungen und Hauskonzerte im Hause des «gesellschaftsfrohen Künstlers» sehr eindrücklich: «Hier ist es Hans Huber wohl gewesen, hier fühlte er den alten ‹Kulturboden›, den er gerne als Basler Kennzeichen erwähnte, aber mit der ihm eigenen Selbstverständlichkeit nahm er Platz in der Gruppe des jungen Volkes, das zugegen sein durfte, und tauschte Rede und Gegenrede, die sich, und vielleicht nicht ohne Absicht von ihm so geleitet, auch auf Gebieten bewegen durfte, auf denen die Musik nicht im Vordergrund stand.»[5]
Zum Freundeskreis Hubers gehörten auch der Rechtsgelehrte Andreas Heusler II (1834–1921) und namentlich der berühmte Kunsthistoriker Heinrich Wölfflin (1864–1945).[6]
Huber beobachtete die Erfolge des jungen Andreae als Dirigent und Komponist sehr genau und bemühte sich immer wieder, ihm Anregungen zu bieten. Auf einer Briefkarte aus dem Jahre 1915 empfiehlt er ihm eine in Amerika erschienene Harmonielehre: «Ich mache Sie auf das beste Buch über Harmonielehre aufmerksam, welches mir überhaupt zu Gesicht gekommen ist: ‹A System of Harmony› von Percy Goetschius [1853–1943] ... Lassen Sie es kommen; trotz des englischen Textes kann man doch alles klar erraten! ...»[7] Und in diesen Zusammenhang paßt auch eine Stelle auf einer undatierten Briefkarte aus Locarno.[8] Dort schreibt Huber: «Lesen Sie noch hie und da? Ich hätte Ihnen ein Prachtbuch zum Vorschlage: ‹Die griechische Kunst› von Salis, eine ganz neue Auffassung dieses so zerfahrenen Gegenstandes. Wenn ich damit fertig bin, so gebe ich es Ihnen »[9]
Sehr schön und deutlich kommt das Verhältnis Hubers zu den «Jungen» nochmals in einem späten Brief aus dem Tessin zum Ausdruck. Diese Briefkarte beleuchtet auch Hubers zurückhaltende

Art, seinen vornehmen Charakter, namentlich auch die kritische Einstellung den eigenen Werken gegenüber. Huber schreibt *(Nr. 833):*

Villa Ginia Minusio Locarno, [Jahreswechsel 1920/21].
«Mein lieber Freund!
   Tausend gute Wünsche zum neuen Jahre, zur glücklichen Bewältigung Ihrer Riesenarbeit, sowie auch zu Ihrem inneren Glücke und zur eigenen Befriedigung.
Die Cello-Suite kam von Neuchâtel zurück und bei der nochmaligen Durchsicht kam ich zum Entschlusse das Werk von der Aufführung am Tonkünstlerfeste zurückzuziehen. Dasselbe ist auch gar winzig und kurzatmig; es paßt in ein Liedertafelkonzert, aber nicht in den Rahmen einer solchen Veranstaltung. Übrigens habe ich nie an das Fest gedacht beim Komponieren, ich wollte das Stück dem Cellisten Zweygberg auf seine finnländische Konzertreise mitgeben, für die er mich um ein derartiges Orchesterstück bat. Also ich bitte Sie, mein lieber Freund, nehmen Sie mein Verlangen im allerernsten Sinne! – Suter, der einige Tage in Lugano weilte hat mich besucht und bei diesem Anlasse teilte ich ihm obigen Wunsch ebenfalls mit! Die Welt gehört den Jungen! –
Wir sind in einer miserablen Witterungsphase die im Tessin noch viel schrecklicher zu ertragen ist, als im Norden! – Sollten Sie für die Partitur Ihrer Symphonie einen freien Zeitraum sehen, so würde auch eine Einsicht in dieselbe ein gewaltiges Interesse erfahren [?].
Und nun herzlichste Segenswünsche für Ihre liebe Frau und für Sie von Ihrem

                                  treuen Hans Huber.»[10]

Beim leidenden und alternden Huber kommt oft das Verlangen nach einem Wiedersehen zum Ausdruck. «Von Ihrem und Ihren Arbeiten las und hörte ich bereits ziemlich viel! Wenn ich doch wieder einmal mit Ihnen irgendwo zusammensitzen könnte! Wie oft dieser Wunsch in den Vordergrund tritt, kann ich Ihnen gar nicht sagen!», schreibt er um 1919 aus Locarno-Minusio. Häufig aber klagt er in jenen Jahren über seine Krankheit, und einmal schildert er Andreae einen Anfall seines Leberleidens, der ihn gezwungen hatte, in Zürich ein Konzert frühzeitig zu verlassen.[11]
Die Uraufführung von Hubers Vierter Symphonie am 3./4. 2. 1919

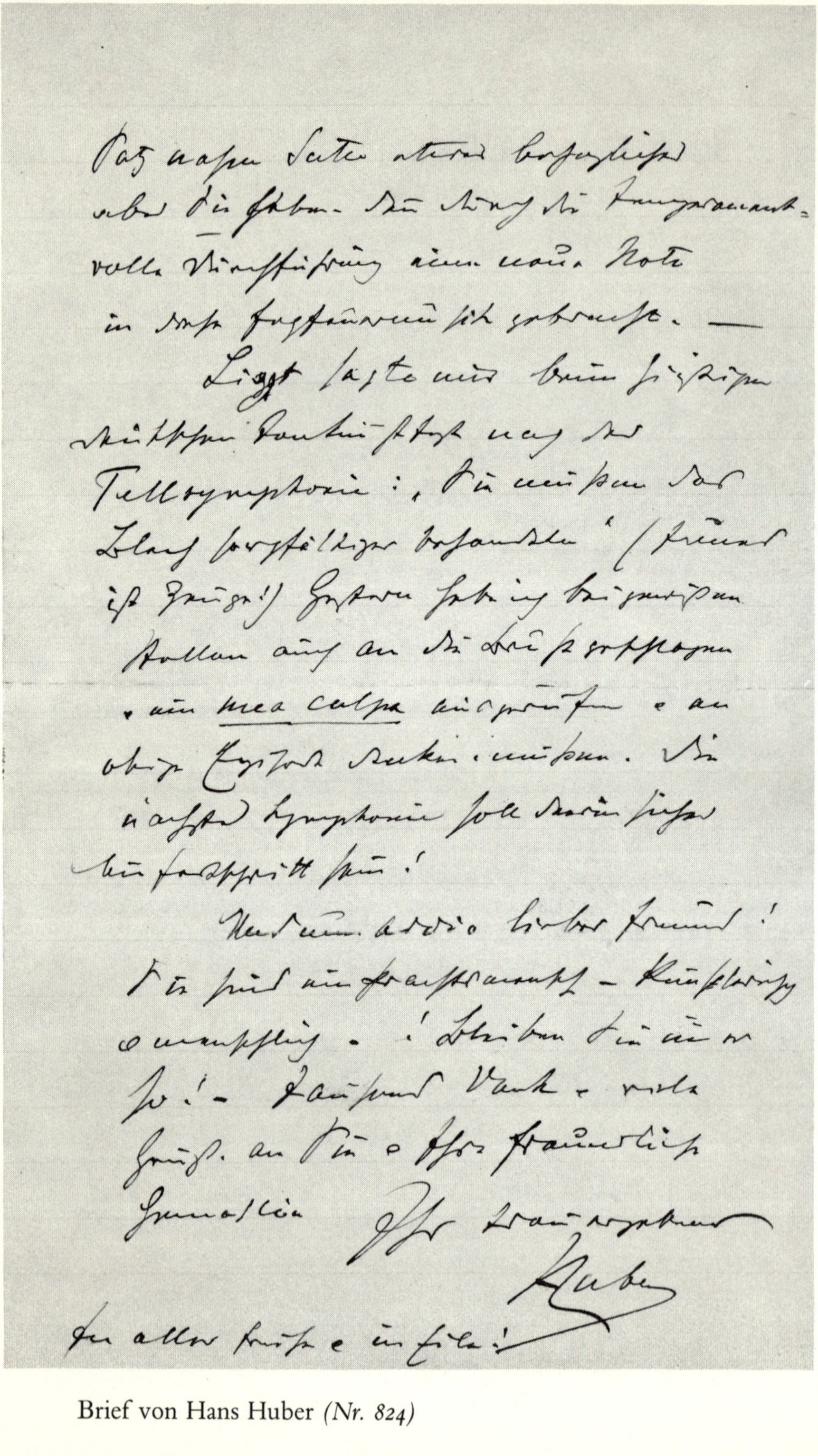

[illegible] Seite etwas bedenklich
aber Sie haben den Wunsch die temperamentvolle Durchführung einen neuen Note
in diese [illegible] gebracht. —
Liszt sagte mir beim hiesigen
[illegible] Tonkünstlerfest nach der
Tellsymphonie: „Sie müssen das
Blech sorgfältiger behandeln" (Freund
ist Zeuge!) Gestern habe ich beigemessen
Stellen auch an die Brust geschlagen
u. ein mea culpa ausgerufen u. an
obige Vorschrift denken müssen. Die
nächste Symphonie soll darin sicher
ein Fortschritt sein!
Und nun adio lieber Freund!
Sie sind ein prachtvoll – Künstlerisch
u. menschlich. Bleiben Sie immer
so! – Tausend Dank u. viele
Grüsse an Sie u. Ihre freundliche
Gemahlin. Ihr dankergebener
Huber
An allen Grüsse u. [illegible]!

Brief von Hans Huber *(Nr. 824)*

durch Andreae und das Zürcher Tonhalle-Orchester bildet wohl den Höhepunkt in den Beziehungen der beiden Musiker zueinander. – Am 2. Januar 1919 sendet Huber mit Neujahrsgrüßen Notenmaterial zum genannten Werk nach Zürich und erteilt Andreae «vollständige Freiheit im Behandeln des Stückes».[12] Andreae antwortet bald darauf wie folgt:

Zürich 2 den 14. 1. [19]19. Bellariastr[aße] 22.
«Mein lieber Freund!
 Bei meiner Rückkehr aus dem schönen Engadin fand ich Ihre Partitur und die Solostimmen. Besten Dank. Der Rest des Materials kam erst mittags von «Gold» an, sodaß wir heute früh noch nicht proben konnten. Es macht aber nichts. Wir werden trotzdem noch 4–5 Proben haben. Das Stück ist famos! Von einer unglaublichen Frische und Jugendlichkeit! Sie beschämen gründlich die moderne, pessimistische Jugend. Gott sei dank! Ich freue mich riesig darauf. Und nun bitte fürs Programmbuch einige Bemerkungen, wie z. B. Wann entstanden? Uraufführung [der ersten Fassung]? eventuell besonderes über Entstehung und Inhalt. Ich wäre für eine Selbsteinführung – oder wenn's Ihnen lieber ist für einige Winke, die von uns umgedeixelt würden, dankbar. Die Aufführungen sind am 3./4. Februar.
Meine Gedanken sind täglich bei Ihnen. Wenn ich reise, so geht's natürlich zur Frau nach Zuoz. Es geht ihr nur recht mäßig. Sonst wär ich schon lang persönlich bei Ihnen erschienen.
Herzlichen Gruß
Ihr Andreae.»[13]

Hubers Antwort auf Andreaes Bitte in bezug auf eine Einführung in seine Vierte Symphonie (die sogenannte «Akademische») in A-Dur, «in Form eines Concerto grosso für zwei Streichorchester, Klavier und Orgel» (ohne Opuszahl) läßt nicht lange auf sich warten. Das Schreiben, das im vollständigen Wortlaut folgen soll, berührt am Rande das damals schon aktuelle Problem der Umwandlung einer privaten Musiklehranstalt in eine staatliche Institution und Hubers Einstellung zu dieser Frage.[14] Hören wir also Huber *(Nr. 822)*:

Locarno, 16. 1. 1919.
«Mein lieber Freund!

Die Lebensgeschichte der Streichsymphonie ist so einfach, daß ich mich kaum getraue, Ihnen etwas darüber zu erzählen. Die erste Anlage in der Form eines «concerto grosso» entstand vor 15 Jahren in der Absicht, ein Eröffnungsstück für den neuen Konzertsaal des Konservatoriums in Basel zu schreiben. Aus Bescheidenheitsgründen des damaligen Präsidiums – Herr Dr. Prof. Speiser – unterblieb die Feier und das Werk wurde später einmal von den Lehrern und Schülern der Schule zum ersten und einzigen Male in einem Wohltätigkeitskonzerte aufgeführt. Aus dem obigen Gedanken erklären sich auch verschiedene Dinge, die auch in der neuen Version geblieben sind: so der Titel (akademisch), die Form (Fuge und Variationen) und endlich auch die eine Variation mit dem Gegenmotiv:

Bagge (schulmeisterlich, säuerlich). – Nachher blieb das Stück liegen, bis im Jahre 1917 die fünfzigjährige Jubiläumsfeier in das Jahresprogramm eintrat. Die Programme waren schon fix und fertig – mit der noch zu komponierenden Neugestaltung dieser Streichsymphonie an der Spitze, als meine Krankheit allen Projekten ein jähes Ende bereitete. Während meiner Rekonvaleszenz im letzten Jahre, als das Bedürfnis nach Arbeit wiederkehrte und um meinem kranken Kopfe nicht zu viel zuzumuten, ging ich an eine sehr gründliche Umarbeitung der Symphonie mit Angliederung des Klaviers und der Orgel! – Das ist Alles, was ich Ihnen als uninteressanten Schmuck bieten kann! Sie haben somit eine Uraufführung, wenn Sie dieselbe als solche taxieren wollen! Und aus dem «jungklingenden» Werk gestalten Sie ein «besseres», wie es Ihnen einfällt oder wie es Sie reizt! –

Wäre Locarno im Frühjahr nicht ein Ort für Ihre liebe Frau? Die Witterungsverhältnisse sind so ausgezeichnet und der Zudrang der Menschen (im Gegensatz zu Lugano) so minim, daß alle Bedingungen für Ruhe-Pflege gut erfüllt wären! Bei diesem Vorschlage steckt natürlich ein wenig Egoismus, Sie selbst auch hier zu haben! –

Wie froh bin ich, daß der Wille der Lehrer am Kons[ervatorium] in Basel nach Staatsmusik nicht mehr unter meiner Leitung vor sich geht. Man könnte ja eine Form finden, die allen Zielen entgegenkäme, aber bis jetzt hat das erlösende Wort noch niemand ausgesprochen.

Wie aristokratischer die Kunst behandelt wird, desto größer und
höher sind ihre Ideale und Ziele! –
Addio, mein Lieber! Meine Gedanken fliegen jetzt oft über die Alpen
und lassen sich bei Ihnen nieder.
Ihr herzlich grüßender und treuer

Hans Huber.»[15]

Wie Fritz Gysi in der Schweizerischen Musikzeitung festhält, hat man
mit der Uraufführung dieser «jugendlich klingenden» Symphonie
«wieder einen echten Huber aus der Taufe gehoben. Unter der
sensiblen Leitung Volkmar Andreaes, der sich ihren Inhalt mit größter Gewissenhaftigkeit zu eigen machte, errang sich diese Streichsinfonie den spontanen Beifall des Publikums». Am Schluß dieses Konzertes kam Huber mit der Ouvertüre zu seinem «Simplicius» nochmals zu Ehren.[16]
Andreae hat die Orchesterwerke seines Freundes Huber regelmäßig
in seine Programme aufgenommen und «liebevoll» gepflegt.[17] 1922,
nach Hubers Tod, führte Andreae in einem Tonhallekonzert noch
dessen Achte Symphonie in F-Dur auf.
Die Freundschaft Andreaes mit Huber, die in Hubers Briefen aufs
schönste zum Ausdruck kommt, dürfte dazu beigetragen haben, die
musikalischen Bande zwischen Zürich und Basel zu festigen, das
Musikleben beider Städte gegenseitig belebend und befruchtend.

★ ★ ★

Ganz anderer Art sind die Briefe Hermann Suters an Volkmar
Andreae. Was den Inhalt betrifft, unterscheiden sich diese Schriftstücke zwar nicht wesentlich von den Huberschen Briefen, doch fällt
sofort der völlig abweichende Tonfall auf. Im Vergleich zum sachlichen, korrekten und ruhigen Stil Hubers wirken Suters Briefe, wiewohl in persönlichen Äußerungen ebenfalls teilnehmend und herzlich, sehr temperamentvoll, impulsiv und gelegentlich sogar unbeherrscht. Schon Suters schwungvoller Duktus steht in krassem
Gegensatz zu Hubers kleinen, oft krakeligen und schwer zu entziffernden Schriftzügen. Huber und Suter waren zwei grundverschiedene Naturen, aber trotzdem bestand auch zwischen Andreae und
Suter ein enges Freundschaftsverhältnis. Schon der geringere Alters-

unterschied brachte sie einander eigentlich näher. Sie wechselten denn auch in ihren Briefen bald vom unpersönlichen «Sie» zum freundschaftlichen «Du». Zwei Briefe Suters aus dem Jahre 1915 verraten zwar eine vorübergehende Trübung des freundschaftlichen Verhältnisses.[18]

Hermann Suter, geboren in Kaiserstuhl im Kanton Aargau und aufgewachsen in Laufenburg am Rhein, besuchte das Humanistische Gymnasium in Basel, wo er das Reifezeugnis erwarb. Nach erstem Musikunterricht bei Hans Huber und dem Basler Münsterorganisten Alfred Glaus setzte er seine Studien an den Konservatorien in Stuttgart und Leipzig fort. Von 1892 an wirkte er als Chordirigent, Organist und Musikpädagoge in Zürich und Umgebung. 1902 wurde er als Leiter der Symphoniekonzerte der Allgemeinen Musikgesellschaft sowie als Dirigent des «Gesangvereins» und der «Liedertafel» nach Basel berufen. Von 1918 bis 1921 amtete er als Direktor von «Musikschule und Konservatorium». Seine einzige Symphonie widmete er 1913 der Universität Basel als Dank für die Ernennung zum Ehrendoktor. Zu den bekanntesten Werken seines nicht umfangreichen Oeuvres zählen das noch heute da und dort erklingende Chorwerk «Le Laudi», sein für Adolf Busch geschriebenes Violinkonzert (beide 1924 entstanden), die «Musik zum Riehener Festspiel» (1923) und die Landeshymne «Vaterland, hoch und schön».[19]

Suters Briefe an Andreae datieren aus den Jahren 1902 bis 1926. Die frühesten Dokumente betreffen hauptsächlich die Aufführung von Andreaes Kantate «Charons Nachen» (op. 3) für Soli, gemischten Chor und Orgel durch die Chöre Suters in Zürich und Basel.[20] Wichtige Ereignisse fallen für beide Musiker in das Jahr 1902: Suter wird nach Basel berufen, und Andreae wird auf Empfehlung Suters als dessen Nachfolger zum Dirigenten des «Gemischten Chors Zürich» gewählt. Erfreulicherweise hat sich Andreaes Dankbrief für Suters Vermittlung dieser Wahl in Basel erhalten.[21] Dieses Schreiben des jungen Andreae lautet wie folgt:

Zürich V, den 8. Nov[ember] 1902. Seegartenstraße 12/III.
«Lieber Herr Suter!
    Wie ich vorgestern aus Coeln zurückkehrte, wo Steinbach mein 1. Oenonevorspiel zur Aufführung letzten Dienstag brachte, fand ich einen Brief zu Hause, der mir die Wahl zum Dirigenten des Gem[isch-

Zürich V, den 8. Nov. 1902.
Seegartenstrasse 16/iv.

Lieber Herr Suter!

Wie ich vorgestern aus Coeln zurück kehrte, wo Steinbach mein 1. Concertvorspiel zur Aufführung letzten Dienstag brachte, fand ich einen Brief zu Hause, der mir die Wahl zum Dirigenten des Gem. Chores Zürich nun definitiv mittheilte. Da Sie nun doch die Haupt-

Kinder an der Tat sind, so kann ich nicht umhin, Ihnen vor allen andern ganz von Herzen für die große Mühe zu danken, die Sie sich für mich gegeben haben. Sie haben mir eine schöne Zukunft geschaffen, wie ich sie mir kaum vorzustellen getraute, und die meine Eltern und mich ungemein beglückt. Also tausend, tausend Dank! Sie wissen ja selbst, wie schwer es heutzutage ist, auf unserm Gebiete etwas zu erreichen, und Sie wissen auch, wie sehr es einen beglückt, wenn man sieht, daß das bischen was man leistet, oder doch zu leisten sich bestrebt, Anerkennung findet. Ich habe seit Wüllners Tode eine arge Lücke für meine Zukunft empfunden gehabt; der Mann, der für mein Weiterkommen alles war, war tot. Sie sind dafür eingetreten und haben für mein Weiterkommen gesorgt; das einzige, was ich bedaure, ist die Unmöglichkeit für meinen früheren Lehrer, von meinem Glücke erfahren zu können. Seine Witwe war überglücklich, wie ich ihr letzten Mittwoch in Cöln von dem Geschehenen berichtete.

Also nochmals herzlichsten Dank, auch im Namen meiner lieben Eltern.

Mit bestem Gruss, auch an Frau Suter

Ihr dankbarer

Volkmar Andreae.

Brief von Andreae an Hermann Suter

ten] Chores Zürich nun definitiv mitteilte. Da Sie nun doch der Haupt-Sünder an der Tat sind, so kann ich nicht umhin, Ihnen vor allen andern ganz von Herzen für die große Mühe zu danken, die Sie sich für mich gegeben haben. Sie haben mir eine schöne Zukunft geschaffen, wie ich sie mir kaum vorzustellen getraute, und die meine Eltern und mich ungemein beglückt. Also tausendfachen Dank! Sie wissen ja selbst, wie schwer es heutzutage ist auf unserm Gebiete etwas zu erreichen, und Sie wissen auch, wie sehr es einem beglückt, wenn man sieht, daß das bißchen was man leistet, oder doch zu leisten sich bestrebt, Anerkennung findet. Ich habe seit Wüllners Tode eine arge Lücke für meine Zukunft empfunden gehabt; der Mann, der für mein Weiterkommen alles war, war tot. Sie sind dafür eingetreten und haben für mein Weiterkommen gesorgt; das einzige, was ich bedaure, ist die Unmöglichkeit für meinen frühern Lehrer, von meinem Glücke erfahren zu können. Seine Witwe war überglücklich, wie ich letzten Mittwoch in Coeln von dem Geschehenen berichtete.
Also nochmals herzlichsten Dank, auch im Namen meiner lieben Eltern.
Mit bestem Gruße, auch an Frau Suter
Ihr dankbarer Volkmar Andreae.»[22]

Ein kurzer Gruß Suters vom Neujahrstag 1903 zeigt, daß die sozusagen auf einer Schicksalsgemeinschaft basierende Freundschaft zwischen den beiden Musikern bereits gefestigt ist *(Nr. 1416):*

Basel, Leimenstraße 57, 1. Jan[uar] 1903.
«Lieber Herr Andreae!
Herzlichste Wünsche auch meinerseits zum angetretenen neuen Jahre.
Es wird mich immer freuen, daß das verflossene für uns beide so entscheidungsvolle Jahr uns so nahe zusammengeführt hat; mögen wir noch oft in so schöner Weise zusammentreffen!
Mit freundlichsten Grüßen
Ihr Hermann Suter.»

Nach dem «Charon» taucht in Suters Briefen der Titel eines weiteren neuen Werkes von Andreae auf, das Suter in Basel aufführen möchte. So schreibt er beispielsweise am 10. 11. 1905: «Symphon[ische]

Phantasie wird 19. und 20. Jan[uar] 1906 zum ersten Mal probiert...»[23]

Ähnlich wie bei Huber spielen auch in Suters Korrespondenzen persönliche Mitteilungen wie Gratulationen, Einladungen und Feriengrüße eine wichtige Rolle. Es fanden regelmäßige Besuche und Gegenbesuche sowie gemeinsame Wanderungen und Reisen statt, wegen deren Terminen und Vorbereitungen kurze Benachrichtigungen nötig waren. Wer allein reiste, schickte dem Freunde einen Kartengruß. Als origineller Feriengruß des Ehepaars Suter an Andreae in Musiknoten mag die Ansichtskarte vom 28. 7. 1905 (Poststempel) aus Zweisimmen gelten. Die «Partitur» für die Instrumente «Fidel», «Chalumeau» und «Clavecin» mit dem unterlegten Text «Humpepäng, humpepäng – Wy, Wy, wisse Wy – Nume füre Gluscht», als «Ouverture zur Sommerfahrt 1905» betitelt, ist mit den Grüßen von «H[edwig] und H[ermann] Sutter» unterzeichnet.[24]

Die beiden Dirigenten führten mit ihren Oratorienchören in den Jahren 1904 (Suter, Basel) und 1905 (Andreae, Zürich) Händels «Messias» auf. Der aus Basel stammende, an der Universität Zürich dozierende Musikforscher Eduard Bernoulli (1867–1927) erwähnte in seiner Untersuchung über die «Oratorientexte Händels» (Zürich 1905) diese Konzerte und zwar in einer Weise, die Suter veranlaßte, Andreae darauf hinzuweisen *(Nr. 1434):*

Basel, 30. Aug[ust] 1905.
«Lieber Andreae!

Herr Dr. E. Bernoulli hat mir eine Dir gewidmete Broschüre über Händelsche Oratorientexte zukommen lassen, in deren Vorrede ich eine äußerst konfuse vergleichende Bemerkung über unsere beiden Messias-Aufführungen finde. Ich bin der Ansicht, daß alles Philologengeschwätz über Fortschritt – oder Nichtfortschritt, in der Händel-Sache, wie wir's namentlich bei uns tagtäglich zu genießen bekommen, vom Übel ist, und ich bitte Dich, mir einen Einblick in Frankes Messiasbearbeitung zu ermöglichen, damit ich mir in dieser Sache eine Meinung bilden kann.
Herzliche Grüße   Deines Hermann Suter.»[25]

Detaillierte aufführungspraktische Probleme erörtert Suter in einem seiner späten Briefe an Andreae. Suter hatte vor einer Basler Aufführung von Robert Schumanns Zweiter Symphonie in C-Dur (op. 61) Andreae um Zusendung der Partitur und des Stimmenmaterials zu diesem Werk ersucht. Nun aber schreibt Suter am 2. 10. 1925 an Andreae zurück *(Nr. 1447)*[26]:

«Mein Lieber!
Ich schicke heute der Tonhalle das Schumann-Material und Deine Partitur. Ich habe sie schließlich doch nicht verwendet; denn als ich die Weingartnerschen Vorschläge so übersichtlich beisammen eingetragen sah, erregten sie mir vielerorts Bedenken. Kein Zweifel: Vieles ist klarer geworden; sehr oft aber finde ich nun zu Gunsten eines wirksamen Details die große Linie gestört, insbesondere die großen dynamischen Komplexe verändert...»
Und im folgenden zitiert Suter verschiedene Stellen, die ihn nicht befriedigen und die er teils «für direkt Schumanns Absicht widersprechend» erklärt.[27]
Im gleichen Brief äußert sich Suter übrigens sehr anerkennend über Andreaes «Abenteuer des Casanova» (op. 34): «Am ‹Casanova› hatte ich mit jedem Akt steigende Freude; es ist ein glänzendes und gewiß erfolgsicheres Theaterstück, auch war die Aufführung prachtvoll.»
Ehrliche Bewunderung für eine große Leistung des Dirigenten Andreae spricht aus einem früheren Brief Suters. Am 22. und 23. April 1911 hatte Andreae mit dem Gemischten Chor Zürich in Mailand Bachs «Matthäuspassion» zur Aufführung gebracht; Suter saß unter den geladenen Gästen. Sein Dankbrief an Andreae gehört zu den schönsten Dokumenten dieser Schriftstücke *(Nr. 1437)*:

(Basel, 8 Heinrichsgasse), 29. April 1911.
«Mein Lieber!
Vor Allem meine herzlichsten Glückwünsche zum herrlichen Gelingen Euerer erhabenen Bach-Mission nach Mailand. Ich war stolz, Zeuge dieses künstlerischen Ereignisses sein zu dürfen und danke Deinem Vorstande aufs Wärmste, daß er mich zur Teilnahme eingeladen hat. Ich habe den Gemischten Chor noch nie so vollendet, überlegen und klangschön singen hören... Die Impression auf das Publikum, wenn auch eben «all' Italiana» geäußert, war sichtlich doch eine tiefe; in meiner Nähe saßen junge Leute mit Partituren, die mit feinem Verständnis jeden innigen und malerischen Zug einander

zeigten, und neben ihnen saß eine junge Italienerin, die ihre Rührung bei den Golgatha-Szenen nicht mehr bemeistern konnte und bitterlich weinte.

In Summa: Du durftest große Freude haben und das Prachtswetter bekamt Ihr noch zur Belohnung obendrein. Für mich war's ein wunderschöner Ausklang meiner italienischen Erlebnisse. Also nochmals vielen Dank! ...

Herzliche Grüße von Haus zu Haus
Dein Hermann Suter.»

Es wäre merkwürdig, wenn in Suters Briefen an Andreae nicht auch von Suters Symphonie und dessen Oratorium «Le Laudi» die Rede wäre. – Da die Aufführung von Suters Symphonie in dessen Zürcher Vertretungszeit für den zum Aktivdienst eingerückten Andreae fiel, gab es diverse Abmachungen wegen Terminen und Programmfolgen festzuhalten. So kam es, daß das Sutersche Orchesterwerk am 15. und 16. März 1915 unter Leitung des Komponisten seine Uraufführung in Zürich erlebte, während die Basler Erstaufführung erst zwei Monate später stattfand. Merian schrieb von einem Ereignis «von großer Tragweite, denn die sinfonische Literatur ist hier um ein Werk bereichert worden, das den Ruf der jüngeren Schweizer Schule nach Huber mächtig hob».[28] Das betont «schweizerisch» konzipierte Werk mit der Verwendung verschiedener einheimischer Volksmelodien muß damals, im Kriegsjahr 1915, offenbar starke Eindrücke erweckt haben, während wir heute zu Suters Symphonie deutlich Distanz gewonnen haben.

Anders liegt der Fall bei Suters 1924 vollendetem Meisterwerk «Le Laudi di San Francesco d'Assisi» (op. 25), das der Komponist zum hundertjährigen Bestehen des Basler Gesangvereins geschrieben hatte. Suters Oratorium scheint, nicht zuletzt dank seinem prächtigen zeitlosen Text, eines der wenigen überlebenden Werke des Basler Komponisten zu sein; noch heute bringen einzelne Chöre Suters «Laudi» zu erfolgreichen Aufführungen. Der Basler Uraufführung am 13. Juni 1924 folgten bald darauf Darbietungen in Bern und Zürich.[29] In bewegten Worten dankt Suter Andreae für die Zürcher Aufführung *(Nr. 1449)*:

Mein Lieber, Meine Frau wollte dir schon lange etwas Süßes senden als Ausdruck ihrer Freude über die schöne Ländi-Aufführung. Nehmt also die Jakob'sche Leckerli-Rakete, die dieser Tage bei Euch ankommt, als Festtagsgruß freundlich entgegen. Seit mir die Tonhalle-Aufführung in ihrer Vollkommenheit und Feierlichkeit gleich der Bern'schen ins Herz eingeschrieben blieb, habe ich

dir schon gesagt, und es will umso mehr heißen, als es die erste Saal-Aufführung war, die ich hörte, und die mir zu meiner Beruhigung gezeigt hat, daß die Wirkung des Werkes nicht vom Raume abhängig ist. Nochmals also herzlichsten Dank für Deine und Euere Hingabe und beste Wünsche und Grüße für Dich und die Deinigen! Dein Hermann Suter.
22. XII. 25.

Briefkarte von Hermann Suter *(Nr. 1449)*

[Basel], 22. XII. [19]25.

Mein Lieber, Meine Frau wollte Dir schon lange etwas Süßes schicken als Ausdruck ihrer Freude über die schöne Laudi-Aufführung. Nehmt also die Jakobsche Leckerli-Schachtel, die dieser Tage bei Euch ankommt, als Festtagsgruß freundlich entgegen. Daß *mir* die Tonhalle-Aufführung in ihrer Vollkommenheit und Innerlichkeit gleich der Brunschen ins Herz eingeschrieben bleibt, habe ich Dir schon gesagt, und es will umso mehr heißen, als es die erste Saal-Aufführung war, die ich hörte, und die mir zu meiner Genugtuung gezeigt hat, daß die Wirkung des Werkes nicht vom Raume abhängig ist. Nochmals also herzlichsten Dank für Deine und Euere Hingabe und beste Wünsche und Grüße für Dich und die Deinigen!
Dein Hermann Suter.»[30]

Suter litt seit Anfang 1925 an einem Nierenleiden und sah sich gezwungen, im folgenden Sommer seine Pflichten als Chordirigent einzuschränken. Doch erholte er sich und konnte die Arbeit wieder aufnehmen, leider aber nur für kurze Zeit.[31] Der letzte erhaltene Brief Suters an Andreae trägt das Datum des 4. Juni 1926; knappe drei Wochen später war Suter tot. Er hingegen ist noch voller Hoffnung und spricht über Pläne für die nächste Saison *(Nr. 1451)*:

[Basel], 4. VI. [19]26.
«Mein Lieber,

Wird für Schönbergs Quintett eine Hauptprobe stattfinden und dürfte ich derselben vielleicht beiwohnen? Ich sollte mich nämlich am 19. und 20. auch bei den jubilierenden Schaffhausern zeigen. Sonst werde ich vom 18.–24. in Zürich bei meiner Schwester (Steinwiesstr. 54) sein.
Wenn Du schon etwas Sicheres über Deine nächstjährigen Solisten weißt, so wäre ich dankbar, es zu erfahren. Wir können vielleicht da und dort anschließen.
Die Emmentalertour habe ich trotz Regen in angenehmster Erinnerung. Es war eine nette Gesellschaft, und Du hast alles glänzend organisiert. Daß mir die Sache nicht geschadet hat, hat auch mein Zutrauen zu mir selber wieder gestärkt, und ich werde gewiß ein ander Mal normal mitlaufen.
Mit herzlichen Grüßen von Haus zu Haus
Dein Hermann Suter.»[32]

Dieser letzte Brief Suters beleuchtet nochmals sehr eindrücklich, wie eng die Beziehungen zwischen den beiden führenden Schweizer Musikern bis zu Suters viel zu frühem Tode waren, wie diese Freundschaft, trotz vorübergehenden Trübungen, doch eine dauerhafte und für beide Persönlichkeiten fruchtbare war, und wie das Musikleben beider Städte auch dank dieser persönlichen Verbundenheit Anregungen erhielt. Andreae wurde als Komponist und Dirigent in Basel sehr geschätzt, und umgekehrt genoß Suter in Zürich hohes Ansehen. Suters Kompositionen kamen in Zürich zum Zuge, und Basel nahm sich gleichermaßen der Werke Andreaes an. Nach Suters Tod blieben diese Verbindungen bestehen. 1930 erklang in Basel in zwei Konzerten Andreaes «Musik für Orchester» Nr. 1 (op. 35) unter Felix Weingartner (1863–1942), und in das Jahr 1934 fällt eine Basler Aufführung von Andreaes Streichtrio d-Moll (op. 29) durch drei Mitglieder des Busch-Quartetts. Es figurierten zwischen 1906 und 1934 über ein Dutzend Kompositionen des Zürcher Musikers, die er zum Teil selbst leitete, auf Basler Programmen, worunter als Uraufführung am 20. 10. 1917 die «Kleine Suite für Orchester» (op. 27) hervorzuheben ist. Am Dirigentenpult wirkte Andreae nach Suters Tod als Gast in Basel noch erfolgreich in der Ära Hans Münchs (1893–1983) bis in die fünfziger Jahre, zuletzt am 10. 1. 1956 im 5. Abonnementskonzert jener Saison mit einem Programm, das Haydn und Bruckner gewidmet war.[33]

ANMERKUNGEN

1 Hans Zehntner, *Musikerbriefe in der Univ.bibl. Basel,* Fontes artis musicae 13 (1966), 140 ff. Der Gesamtbestand an Musikerbriefen dieser Bibl. dürfte heute (1984) über 6000 Stücke betragen. Von den 10 in Basel vorhandenen Schriftstücken Andreaes sind außer den 2 Briefen an Huber und Suter nur ein Brief und eine Karte an Friedrich Klose und ein Brief an Walter Lang (1896–1966) von Wichtigkeit.
2 Edgar Refardt, *Hans Huber, Leben und Werk eines Schweizer Musikers,* Zürich 1944 (mit ausführlichem Werkverz. und Bibliogr.). – Hubers Nachlaß befindet sich in der Univ.bibl. Basel.
3 Rudolf Schoch, *Hundert Jahre Tonhalle Zürich,* Zürich 1968, 207.
4 Es läßt sich leider nicht feststellen, auf welches Konzert Huber sich in der 1. Zeile des Briefes bezieht. – Die symphonische Dichtung «Also sprach Zarathustra» von Richard Strauss ist Sonntag, den 25. 2. 1906, in Basel erstmals aufgeführt worden. – Carl Cornelius (1868–1945), ein Schüler Heinrich Wölfflins, war von 1905 bis 1909 Inhaber des Lehrstuhls für Kunstgeschichte an der Univ. Basel; s. Edgar Bonjour, *Die Universität Basel bis zur Gegenwart,* 2. Aufl., Basel 1971, 698 f., und E. Refardt

a.a.O., 54. – Karl Joël (1864–1934) las von 1893 an Philosophie an der Univ. Basel, von 1902 bis 1931 als ordentlicher Professor; s. Christoph Bernoulli, in: Andreas Staehelin (Hrsg.), *Professoren der Universität Basel aus fünf Jahrhunderten, Bildnisse und Würdigungen,* Basel 1960, 288 f. – Alfred Bertholet (1868–1951) wirkte seit 1896 in Basel, von 1905 bis 1913 als ordentlicher Professor für Altes Testament und allgemeine Religionsgeschichte. Er gehörte, u. a. mit Karl Nef (1873–1935), dem ersten Ordinarius für Mw. an der Univ. Basel, zu den Gründern der Ortsgruppe Basel der Schweizerischen Musikforschenden Ges., und diese gab kurz vor Bertholets Tod dessen Vortrag *Erinnerungen eines Musikfreundes,* Basel 1950, im Druck heraus; s. Walter Baumgartner, ebd. 320 f.

5 E. Refardt a.a.O., 44 f.
6 Zur Freundschaft Hubers mit Wölfflin vgl. Wölfflins Briefe an seine Eltern, in: Joseph Gantner (Hrsg.), *Heinrich Wölfflin, Autobiogr., Tagebücher und Briefe,* Basel/Stuttgart 1982 (s. Register).
7 Der undatierte Brief *(Nr. 806)* muß am 27. 10. 1915 geschrieben worden sein. Der von Huber zitierte Titel von Goetschius fehlt allerdings in MGG und The New Grove; es liegt vielleicht eine Verwechslung vor mit *The Larger Forms of Musical Composition,* New York 1915, desselben Verfassers. – Die Datierung des Briefes ergibt sich aus der Erwähnung von Suters erstem Auftreten als Konzertsänger in Basel am 26. 10. 1915; Huber schreibt: «Gestern fand...» (Vgl. Programmsammlung der Univ.bibl. Basel: Sammlung Refardt 31, 1915).
8 Nr. 828.
9 Der Autor des von Huber erwähnten Buches ist der Archäologe Arnold von Salis (1881–1958), und der genaue Titel lautet *Die Kunst der Griechen* (erstmals 1919 in Leipzig erschienen).
10 2. Zeile: Hubers Schreibfehler «zum» wurde in «zu» korrigiert. – Mit «Cello-Suite» meint Huber seine ungedruckte «Suite für Violoncell und Orchester» in D-Dur (ohne Opuszahl); Partitur (datiert: 6. 12. 1919) und Kl.-A. befinden sich in Hubers Nachlaß in der Univ.bibl. Basel, Refardt a.a.O., 148. – Ein Violoncellist namens Zweygberg läßt sich anhand der einschlägigen Musiklexika nicht eruieren. – Bei der «Partitur Ihrer Symphonie» handelt es sich um Andreaes Symphonie C-Dur (op. 31); Franz Giegling, *Volkmar Andreae,* 143. Neujahrsblatt der AMG Zürich, Zürich 1959, 18.
11 Nr. 851.
12 Nr. 820.
13 Univ.bibl. Basel: Ms. G III 18, 208 a (Briefkarte). – Albert Gold, damals erster Oboist des Basler Orchesters, war von Huber offenbar beauftragt worden, das Orchestermaterial für Hubers 4. Symphonie nach Zürich zu spedieren. – Andreaes Gattin hielt sich während jenen Wochen zur Erholung in Zuoz (Kanton Graubünden) auf.
14 E. Refardt a.a.O., 144. – Die Originalhs. von Hubers 4. Symphonie liegt ebenfalls in der Univ.bibl. Basel.
15 Prof. Dr. iur. Paul Speiser-Sarasin (1846-1935), Univ.dozent, Regierungs- und Nationalrat, präsidierte die Kommission von «Musikschule und Konservatorium» von 1901 bis 1907; Wilhelm Merian, *Gedenkschrift zum 50jährigen Bestehen der Allgemeinen Musikschule in Basel ... zu Musikschule und Konservatorium...,* Basel 1917, 130. – Selmar Bagge (1823–1896) war der erste Direktor der seit 1867 bestehenden Basler Musikschule und amtete von 1868 bis 1896; ebd. 50 ff.
16 a.a.O., 59 (1919), 44.
17 F. Giegling a.a.O., 34.

18 Vgl. Nrn. *1438* und *1439*.
19 Wilhelm Merian, *Hermann Suter*, 2 Bde., Basel 1936 (mit genauem Werkverz. am Schluß von Bd. 2). – Suters Nachlaß befindet sich ebenfalls in der Univ.bibl. Basel.
20 Vgl. Nrn. *1414, 1415, 1418, 1422, 1427, 1428, 1440, 1441, 1444, 1448*. – «Charons Nachen» erlebte seine Uraufführung am 22. 12. 1901 in Bern; F. Giegling a.a.O., 16. Über die Basler Erstaufführung schrieb Karl Nef in den Basler Nachrichten, Nr. 57 vom 26. 2. 1905, u. a.: «Die Musik von Volkmar Andreae ... verrät ein eminentes Produktionstalent in jedem Takt. Andreae ... beherrscht das Orchester mit staunenswerter Sicherheit ... und entfaltet eine Fülle schöner und echt poetisch wirkender Klangfarben ...»
21 Univ.bibl. Basel: Nachlaß Hermann Suter B V 1.
22 Fritz Steinbach (1855–1916) war seit 1902 städtischer Kapellmeister und Konservatoriumsdirektor in Köln. Von ihm und dessen Bruder Emil (1849–1919) besitzt die Univ.bibl. Basel verschiedene hs. Kompositionen. – Nach F. Giegling a.a.O., 19 ist Andreaes Oenone-Vorspiel (ohne Opuszahl) erst 1906 in Zürich zur Uraufführung gelangt. – Franz Wüllner, Andreaes Lehrer am Kölner Konservatorium, war erst kurz vorher, am 7. 9. 1902, gestorben.
23 Nr. *1435* – Die «Symphonische Phantasie» für Orchester, Tenorsolo, Chortenor und Orgel (op. 7) wurde am 15. 12. 1903 in Zürich erstmals aufgeführt; F. Giegling a.a.O., 16. Auch diese Komposition fand nach der Basler Aufführung vom 11. 2. 1906 eine günstige Beurteilung durch Karl Nef, der von einer «glänzenden Talentprobe eines jugendlichen Feuergeistes» spricht (Basler Nachrichten, Nr. 44 vom 14. 2. 1906). Unter Andreaes «elektrisierender Leitung kamen die üppigen Farben des mit allen Mitteln des modernen Orchesters entworfenen Tongemäldes zu glanzvollem Ausdruck».
24 Nr. *1431*.
25 Andreae hatte seiner Aufführung die Messiasbearbeitung von Friedrich Wilhelm Franke (1862–1932) zugrunde gelegt.
26 Suters Basler Aufführung dieser Schumann-Symphonie fand nach Walter Mörikofer, *Die Konzerte der Allgemeinen Musikgesellschaft in Basel in den Jahren 1876 bis 1926*, Basel 1926, 241, am 17. 10. 1925 im 1. Symphoniekonzert der Saison 1925/26 statt.
27 Andreae hatte offenbar die entsprechenden, von ihm in die Partitur und die Stimmen eingetragenen Änderungen Felix Weingartners Schrift *Ratschläge für Aufführungen klassischer Symphonien*, Bd. 2: *Schubert und Schumann*, Leipzig 1918, entnommen, worin Schumanns 2. Symphonie S. 40ff. behandelt wird.
28 Merian a.a.O., Bd. 1, 143.
29 ebd. 189.
30 Die «Leckerli» der bekannten Basler Bäckerei Jakob in der Steinenvorstadt wurden ihrer Güte wegen besonders geschätzt. – Die Berner «Laudi»-Erstaufführung unter Leitung von Fritz Brun vollzog sich im Rahmen des Schweizerischen Tonkünstlerfestes am 14. 6. 1925. In Zürich dirigierte Andreae das Sutersche Oratorium erstmals am 8. 12. 1925. (Merian a.a.O., 201 und 207.) – Außer Aufführungen in verschiedenen anderen Schweizer Städten fanden auch bald Wiedergaben im Ausland statt, u.a. 1926 in Wien, Leipzig und Paris.
31 ebd. 198ff. – Suter starb am 22. 6. 1926 in Basel.
32 Arnold Schönbergs «Kopfzerbrechen bereitendes» Quintett für Flöte, Oboe, Klarinette, Fagott und Horn, op. 26, wurde am 19. Juni 1926 im Rahmen des 4. Festes der «Internationalen Gesellschaft für Neue Musik» in Zürich aufgeführt: E(rnst) I(sler) in SMZ 66 (1926), 258; Anton Haefeli, *Die Internationale Gesellschaft für Neue Musik*, Zürich 1982, 133f. und 484. – Suter wie Andreae verfolgten alle Novitäten sehr

genau, und Suter zeigte für Schönberg seit Jahren großes Interesse. Nachdem in Basel dessen «Verklärte Nacht» (op. 4) schon 1916 erklungen war, führte Suter 1921 Schönbergs «Kammersymphonie für 15 Soloinstrumente» (op. 9) auf und ließ dieser eine Darbietung des Schönbergschen A-cappella-Chors «Friede auf Erden» (op. 13) folgen. (Hans Peter Schanzlin, *Schönberg und Basel,* Basler Nachrichten Nr. 215 vom 14. 9. 1974.) – Suter war von 1893 bis 1902 Dirigent des Männerchors Schaffhausen, der 1926 sein 100jähriges Bestehen feierte. – Nach Merian a.a.O., Bd. 1, 212, hatte die erwähnte «Emmentalertour» über die Pfingstfeiertage (22.–24. 5. 1926) stattgefunden.

33 Zum Schlußabschnitt vgl.: W. Mörikofer a.a.O., 207; Fritz Morel, *Die Konzerte der Allgemeinen Musikgesellschaft in Basel 1926–1951,* Basel 1951, 75 und 219; Hans Oesch und Leo Eder, *Die Konzerte der Gesellschaft für Kammermusik Basel 1926–1951,* Basel 1954, 19, und Tilman Seebaß, *Die Allgemeine Musikgesellschaft Basel 1876–1976,* Basel 1976, 157.

Max Favre

DER SINFONIKER FRITZ BRUN
IM SPIEGEL SEINER BRIEFE AN VOLKMAR ANDREAE

Volkmar Andreae und Fritz Brun haben sich in Köln kennengelernt, wo sie in den Jahren um die Jahrhundertwende das Konservatorium besuchten, im besonderen den Unterricht beim Pianisten, Dirigenten und Komponisten Franz Wüllner (1832–1902), dem damaligen Direktor des Instituts. Dort schlossen die beiden jungen Schweizer Musiker eine Freundschaft, die ihr Leben lang dauerte. Diese gemeinsame Studienzeit hat das Verhältnis Bruns zu Andreae entscheidend geprägt. Mehrmals erwähnt Brun in seinen Briefen, besonders in vorgerücktem Alter, jene Jugendjahre, und zwar nicht nur beiläufig, sondern als eine Erinnerung von bleibender Nachwirkung. Andreae ist ihm nicht nur ein sehr geschätzter Fachgenosse, sondern ebenso sehr ein Freund, mit dem er ganz persönliche Gespräche zu führen liebte: «... Ich möchte so gerne wieder mal mit Dir zusammen sein, unter vier Augen, mit Dir über mancherlei reden, und zwar nicht nur über Musik.
Gönne mir das, bevor ich tot bin. Sonst würdest Du doch denken, Du hättest etwas versäumt.» (Brief vom 1. 4. 1948, *Nr. 208*)
Noch in seinem vermutlich letzten, Pfingsten 1959 an Andreae gerichteten Schreiben *(Nr. 230)* bei Anlaß von dessen Abschiedskonzert in der Zürcher Tonhalle mit Beethovens 9. Sinfonie kehren Bruns Gedanken zu jenen frühen Jahren zurück:
«Mein lieber alter Freund,
   Erinnerst Du Dich an den Tag, an dem wir uns in Köln kennenlernten? ... Erinnerst Du Dich des Tages, als wir beide, in Gesellschaft Deines Bruders von Hospenthal aus, den Pizzo Centrale bestiegen? ... Und erinnerst Du Dich des Tages, als wir uns in Schüpfheim trafen, nach Escholzmatt wanderten, [ich] Dir den Bauernhof meiner Großmutter zeigte, wo ich als kleiner Bub meine Schulferien verbrachte – ‹Unnennbare Tage› --
Verzeih mir, wenn ich in etwas sentimentalem Ton von meiner Jugendzeit Dir erzähle, aber – es ist das Schicksal des Alters, daß ich

mich oft in schlaflosen Nächten im Bett wälze, und Erinnerungen an die Jugendzeit, an die Wolfstraße in Köln, an Franz Wüllner, an dessen Proben und Konzerte im Gürzenich, Erinnerungen an Dich und andere Studiengenossen mir wieder lebendig werden...»
Auf diesem Hintergrund sind die Beziehungen zu sehen, welche die beiden Persönlichkeiten verbanden, die während Jahrzehnten das Musikleben der Städte ihres Wirkens, Zürichs und Berns, nachhaltig geprägt haben.
Offenbar hätte man in Bern gerne Volkmar Andreae, der ja in dieser Stadt aufgewachsen war und hier die Schulen bis zur Matura besucht hatte, als Musikdirektor und Nachfolger seines ehemaligen Lehrers Carl Munzinger (1842–1911) gewonnen. Aber seine Wahl in Zürich hatte die Erfüllung des Wunsches verunmöglicht. Nun erbaten sich jedoch die Berner Wahlinstanzen seinen Rat für die Regelung der Munzinger-Nachfolge *(Nr. 30)*. Daß dann im Jahre 1909 Fritz Brun, der seit sechs Jahren bereits an der Berner Musikschule als Klavierlehrer wirkte, auch als Leiter der Abonnementskonzerte der Bernischen Musikgesellschaft sowie als Dirigent des Cäcilienvereins der Stadt Bern und der Berner Liedertafel gewählt wurde, war offensichtlich nicht zuletzt der Fürsprache Andreaes zu verdanken. Dies ist dem ersten erhaltenen Brief Bruns an Andreae zu entnehmen *(Nr. 136)*:
«Schädelin[1] sagte mir, ich hätte meinen Erfolg in erster Linie *Dir* und Munzinger zu verdanken. Er hätte es mir nicht zu sagen gebraucht, ich hätte es auch sonst gewußt...
Ich möchte Dir keine Dankesepistel schreiben. Ich denke, der beste Dank wird Dir der sein, daß ich nächsten Winter meine Sache gut mache, und dem Musikleben Berns auf die Beine helfe, wie es die schöne und mir liebgewordene Stadt verdient...»
Von hier an zieht sich der Briefwechsel Bruns mit Andreae über ein halbes Jahrhundert hin, manchmal mit Unterbrechungen von Jahren, in denen jedoch bestimmt verschiedentlich persönliche Begegnungen stattfanden (oder auch Briefe verlorengingen), manchmal aber in dichter Folge, besonders wenn es galt, Aufführungen von Werken Bruns in Zürich vorzubereiten.
Wenn aus den Briefen Fritz Bruns nun vor allem das herausgehoben wird, was sich auf sein sinfonisches Schaffen bezieht, so war dafür der Gedanke maßgebend, daß zum einen dieser Teil seines Wirkens am ehesten beanspruchen darf, über den Ort seiner Tätigkeit, über Bern

hinaus, – wo er sich als Dirigent große Verdienste erworben hat, – nicht der Vergessenheit anheim zu fallen, daß zum andern dieser Teil aber auch in besonders enger Beziehung zu Volkmar Andreae steht. Die ruhige Unbeirrbarkeit, mit der Brun bis zur Mitte unseres an Stiltendenzen und -wandlungen so reichen Jahrhunderts an der Tradition und am Geist der großen romantischen Sinfonie festgehalten hat, steht nicht nur im schweizerischen Musikleben recht vereinzelt da. Es war fast unvermeidlich, daß solches Einzelgängertum zunehmend in Gegensatz zu den musikalischen Strömungen der Zeit treten und außerhalb der Interessensphäre des Tages geraten mußte. Brun hat das besonders nach dem Rücktritt von seinen Dirigentenämtern, – als ihm die freie Zeit gestattete, vermehrt seinem Bedürfnis nach schöpferischer Arbeit nachzugehen, – schmerzlich empfunden. Daß solche Gefühle selbst in den Briefen an einen so vertrauten Freund wie Volkmar Andreae nur selten angetönt werden, ist für das Wesen Bruns kennzeichnend. Das geschriebene Wort ist für ihn auch in diesem Fall vorwiegend ein Medium sachlicher Kommunikation. Das bevorzugte Medium für den Ausdruck seiner Gefühle war ihm die Musik, im besonderen die große Sinfonie.

Im Unterschied zu Brun scheint Andreae selten eigene Kompositionen zur Aufführung in Bern vorgeschlagen zu haben. Daß zu den Berner Aufführungen seiner Werke während Bruns Dirigententätigkeit, der Kleinen Suite op. 27 für Orchester (am 19. Februar 1918), der Sinfonie op. 31 in C-Dur (am 10. Februar 1920), beide unter der Leitung des Komponisten, und der Rhapsodie op. 32 für Violine und Orchester (am 23. November 1920) unter Bruns Leitung in den Briefen keine Hinweise zu finden sind, ist gewiß darauf zurückzuführen, daß in dieser Zeit verhältnismäßig häufige Zusammenkünfte, so zum Beispiel bei den Sitzungen des Vorstandes des Schweizerischen Tonkünstlervereins (dem seit Bruns Wahl in den Vorstand 1918 bis zu Andreaes Rücktritt als Präsident 1925 beide angehörten), stattfanden und dabei manches mündlich vereinbart werden konnte. Erst 1931, als Brun Andreaes Musik für Orchester op. 35 im Abonnementskonzert der Bernischen Musikgesellschaft vom 9. und 10. Februar dirigierte, findet sich auf einer Postkarte vom folgenden Tag *(Nr. 166)* eine Bemerkung:

«Mein lieber Freund, Dein Stück ging gestern und vorgestern sehr

gut; es ist nichts (technisch) nicht das geringste Unebene passiert. Ich glaube, Du wärst zufrieden gewesen. Der Beifall war zwar mäßig; ich glaube, die Leute sind ein bißchen erschrocken...»
Erst wieder drei Jahre später, am 23. Juli 1934, wahrscheinlich aufgrund einer Bemerkung Andreaes, wird der befreundete Komponist in einer kurzen Kartennotiz Bruns angesprochen *(Nr. 174):*
«... Das wäre ja großartig, wenn Du ein Stück für uns hättest! Kannst Du es mir nicht schicken? Ich suche schon lange was Geeignetes...»
Andreae, der sich wie gewohnt in Ober-Ägeri in den Sommerferien befand, scheint rasch reagiert und dem Freund nach dessen Sommersitz in der Casa Indipendenza in Morcote die Suite op. 38 für Männerchor geschickt zu haben; denn schon am 29. Juli antwortet Brun *(Nr. 175):*
«Lieber Volkmar, ich finde Deine Chöre ganz **wundervoll** – ein prächtiger ernster Ton schwingt darin; sie sind meisterhaft im Satz und klingen sicher in ihrer klaren Polyphonie ausgezeichnet.
Ich würde es mir zur Ehre anrechnen, sie aufzuführen, und wenn möglich auch die Uraufführung zu haben...»
Tatsächlich ist dann Andreaes Männerchor-Suite von der Berner Liedertafel am Eidgenössischen Sängerfest in Basel aufgeführt worden.
Wesentlich häufiger aber sind in den Briefen Fritz Bruns die Äußerungen über eigene Werke, namentlich über das bei ihm im Vordergrund stehende orchestrale Schaffen, dessen sich Andreae als Interpret mit treuer Beständigkeit angenommen hat.
Im allgemeinen scheint es Brun vorgezogen zu haben, seine neuen Werke zuerst auswärts zur Uraufführung bringen zu lassen, bevor er sie selber oder durch andere Dirigenten dem Berner Publikum vorstellte. Seine 1. Sinfonie allerdings scheint er persönlich zum ersten Erklingen gebracht zu haben. Noch vor seiner Wahl als Dirigent in Bern leitete er sie am 1. Juni 1908 in einem Konzert, das – im Anschluß an das 9. Schweizerische Tonkünstlerfest in Baden – in der Zürcher Tonhalle stattfand.
In den erhaltenen Briefen ist es aber erst die 2. Sinfonie Bruns, die Erwähnung findet. Der Komponist sollte sie nach einem Plan Andreaes in dessen Zürcher Heim an einer «Theesitzung» im kleinen Kreis am Klavier vorführen, gleichsam als Vorbereitung zur Urauf-

führung unter Andreaes Leitung am 14. Februar 1911 in der Zürcher Tonhalle. Seiner Zusage zu diesem privaten Anlaß fügt Brun bei *(Nr. 137):*
«Mir ist ein Stein vom Herzen gefallen, weil Dir die Symphonie einigermaßen gefällt. Ich hatte wirklich ernsthafte Bedenken, wie ich die Partitur abschickte...»
Die 3. Sinfonie ist – nach der ersten – die letzte, die Fritz Brun selber zur Uraufführung gebracht hat, und zwar ausnahmsweise in Bern (am 9. März 1920). Andreae hatte sich bereits im vorangehenden Jahr für die Aufführung des Werkes in Zürich interessiert und Brun offenbar vorgeschlagen, die Leitung der Wiedergabe selber zu übernehmen. Am 28. September 1919 antwortete Brun *(Nr. 144):*
«... Erschrick nicht, das Stück dauert zwischen 45–50 Minuten! Ich bin gerne bereit, die Symphonie zu dirigieren, und hoffe, die von Dir angegebenen Proben leiten zu können.
Der 1. Satz ist für die Streicher schwer. Eine Streicherprobe scheint mir unentbehrlich. Die beiden andern Sätze sind leichter.
Ich bin sehr erfreut, daß Du auch meine Zweite bringst. Du bist wirklich ein braver Eidgenosse, daß Du Dich der Schweizerkunst so warm annimmst...»
Nach der Berner Aufführung sandte Brun das Material des Werkes an Andreae und nannte im Begleitschreiben vom 24. April 1920 *(Nr. 145)* einige Streicher aus Bern und Basel, die zur Verstärkung des Tonhalle-Orchesters für die Aufführung beigezogen werden sollten.[2]
Kaum mehr als eine Erörterung von Aufführungsdaten erfährt man aus einem Brief Bruns vom 12. August 1925 *(Nr. 148)* über seine 4. Sinfonie, deren Uraufführung er Andreae versprochen hatte und die er, «einer lieben Übung gemäß, auch gerne diesmal in Zürich haben möchte». Diese Premiere fand, diesmal wieder unter Andreaes Leitung, am 2. Februar 1926 statt.
Die Arbeit an der 5. Sinfonie hat sich über zwei Jahre hingezogen. Bereits im Sommer 1927 vernimmt Andreae aus Morcote *(Nr. 154):*
«... Wir hatten einen *glühenden* Sommer, daß es sogar mir fast zu ‹mild› wurde. Ich habe brav geschafft: ‹Grenzen der Menschheit› (ein großes a-cappella-Stück); ein großer langsamer Sinfoniesatz ist fertig und ein erster Satz fast fertig, eine fette, wohlgenährte, saftige Chaconne, 8mal 8mal 8mal 8, mit Respekt zu melden; eine amüsante Form, man kann sich damit herrlich unterhalten...»

Erst am 22. Juli 1929 folgt der nächste Bericht zur Sinfonie, nachdem Andreae sie offenbar bereits zur Uraufführung angenommen hat *(Nr. 160)*:

«... Schnell ein paar Worte (trotz der beträchtlichen Tessinerwärme): Ich bin mit der Komposition der neuen Sinfonie fertig und gegenwärtig am Instrumentieren. Wenn ich dahinter bleiben kann, so werde ich, ohne Forcieren, bis Mitte Oktober fertig. Du kannst das Stück also auch im Dezember aufführen, wenn es Dir besser paßt. (Scherchen macht es auch in Winterthur)... Es bleibt dabei, daß *Du* dirigierst, gelt! Ich bin kein Dirigent für *meine* Uraufführungen...»

Andreae leitete dann die Uraufführung nicht im Dezember, aber im Tonhalle-Konzert vom 14. Januar 1930.

Gerne hätte der Komponist das Werk – wie schon seine 2., 3. und 4. Sinfonie, die in der Schweizerischen Nationalausgabe erschienen waren, – im Druck gesehen. Als Präsident der Musikkommission des Schweizerischen Tonkünstlervereins, welche die in der Nationalausgabe zu publizierenden Werke auswählte, wollte er jedoch nicht sich selber vorschlagen und bat Andreae beim Vorstand des Tonkünstlervereins für eine teilweise Subvention zu plädieren, um damit einem Verleger den Anreiz zur Herausgabe des Werkes zu geben *(Nr. 164)*. Die Publikation ist dann doch nicht zustande gekommen, und die fünfte wie auch die folgenden Sinfonien Bruns sind bis heute ungedruckt geblieben.

Noch einmal gelangte Brun Jahre später mit der Bitte an seinen Freund, bei der Universal Edition in Wien ein gutes Wort für die Publikation des 3. Streichquartetts und der Variationen für Klavier und Streichorchester einzulegen *(Nr. 208)*:

«...Ich erwarte kein Honorar, ich möchte endlich nur einmal, daß man sich daran erinnert, daß auch ich etwas leiste...

Den Druck meiner Sinfonie erwarte ich nicht, der kommt zu teuer zu stehen. Aber vorerst mal die beiden oben genannten Werke?

Lieber Volkmar, überlege es Dir. Vor allem schreib mir, ob Du es tun willst oder nicht. Wenn ich keine Antwort von Dir erhielte, würde mich das sehr schmerzen...»

Doch auch dieser Vorstoß sollte zu keinem positiven Ergebnis führen. Unterdessen war jedoch trotzdem das Schaffen Bruns dank dem persönlichen Einsatz von Künstlern, die seinen von Zeitströmungen unabhängigen Wert erkannten, der Öffentlichkeit weiterhin bekannt-

gemacht worden. Hermann Scherchen hatte, wie erwähnt, die 5. Sinfonie in Winterthur aufgeführt, und er übernahm dann auch die Uraufführung der Sechsten (am 29. Oktober 1933). Am 8. September 1933 schrieb Brun über die Vorbereitungen dazu *(Nr. 169):*
«...Ich war zweimal mit Scherchen zusammen, der gegenwärtig in tiefem Groll gegen Deutschland, in Riva San Vitale wohnt. Ich brachte ihm meine fertige neue Partitur. Er sah sie mit einer Gründlichkeit durch (5 Stunden lang), die mich staunen machte, denn ich bin so was nicht gewohnt. Er kam dann andern Tags zu mir, wo die Durchsicht, zusammen mit mir, nochmals begann. Ich darf in aller Bescheidenheit sagen, daß Scherchen für das Werk sehr eingenommen ist. Ich glaube auch selber, daß es was Rechtes ist, und daß sich kein Dirigent damit blamieren wird.
Wenn Du es nun wirklich machen kannst, wird mich das, wie immer außerordentlich freuen, denn ich fühle mich, wenn Du mich aufführst, geborgen...
Die Symphonie ist nicht leicht, aber doch leichter als die fünfte. Sie dauert etwa 40 Minuten...»
Andreae ließ Brun hierauf wissen, daß er die sechste Sinfonie im Frühjahr 1934 in Zürich bringen wollte. Am 7. November 1933 anwortete Brun hocherfreut *(Nr. 170):*
«Lieber Volkmar,
Das ist eine frohe Botschaft von Dir, die mich riesig freut. Ich habe ganzes Vertrauen zu Dir in meiner Sache – ich weiß ja von früher, wie Du meine Musik anpackst.
Nun hat Scherchen meine einzige Bleistift-Partitur derart mit dickem Blaustift überschmiert, daß sie direkt *unbrauchbar* geworden ist. Ich war wütend darüber, ließ aber nichts merken, da ich allen Grund habe, Scherchen für seine geradezu fanatische Hingabe an das Stück – er hat 8 Proben gemacht – dankbar zu sein...»
Im Frühling 1937 kündigt Brun eine neue Sinfonie an. Am 5. April schreibt er nach Zürich *(Nr. 177):*
«...Soll ich die Uraufführung meiner 7. Sinfonie Scherchen offerieren oder willst Du sie? Ich wäre froh, wieder mal in Zürich zu ‹brillieren›. Dauer 40–45 Minuten. Tonart D dur. 1., 2., 4. Satz sind fix und fertig, ich bin noch am 3., einem kürzeren Intermezzo. Schwierig ist nur der 2. Satz (Scherzo)...»
Nach der Uraufführung vom 10. November 1937 durch Hermann

Scherchen in Winterthur brachte Volkmar Andreae das Werk im folgenden Jahr in der Zürcher Tonhalle zur Wiedergabe und am 27. und 28. März 1939 auch noch in Bern.

Auf Ende der Saison 1940/41 trat Fritz Brun von seinen musikalischen Ämtern in Bern zurück und verabschiedete sich mit einem Zyklus der neun Beethoven-Sinfonien und der Aufführung der Missa solemnis, welcher auch Volkmar Andreae beiwohnte. Daß sein ältester Freund in diesem wichtigen Augenblick seiner künstlerischen Laufbahn dabei war, hatte Brun sehr berührt *(Nr. 185)*:

«Daß Du zur Missa kommst, freut mich ganz mächtig – hoffentlich gerät sie mir, daß Du Freude daran hast. – ...

Ich darf schon sagen, daß ich in den letzten zehn Jahren als Dirigent allerlei gelernt habe, und Busoni hatte vielleicht nicht ganz unrecht, als er einst von mir sagte: der Brun ist ein guter Musiker, aber er sollte 100 Jahre alt werden, um sich entwickeln zu können. – – –

Nun, jetzt strecke ich meine Waffen, und ich tue gut daran. Ich will es tun, in *dem* Moment, wo die Leute sagen, es ist schade, daß er geht. Ich freue mich auf meine Freizeit, auf Morcote, auf meine kompositorische Arbeit. Ich muß mich einschränken, aber das ist kein Unglück...»

Ein Jahr später ist die 8. Sinfonie vollendet, und Brun berichtet am 23. Juni 1942 seinem Freund *(Nr. 188)*:

«Ich war heute bei Scherchen in Neuchâtel. Er hat 4 Stunden lang meine neue Sinfonie sich angesehen, und findet, es sei die beste von all den 8 Bandwürmern. Das freut mich sehr, denn ich habe mir mit dem Stück viel Mühe gegeben. ‹Eigentlich› möchte ich sie in Zürich in meinem Konzert ganz gerne dirigieren – vorausgesetzt, daß Du oder ich für den langsamen Satz eine *Streicher*-Extraprobe machen können. Sonst ist das Werk nicht sehr schwer...»

Andreae scheint darauf eine Zusage gegeben zu haben; denn am 10. Juli dankt ihm Brun für seine Mitteilung *(Nr. 189)* und erwähnt, zweimal unterstrichen, die Tonart A-Dur der Sinfonie[3]. Die Einwilligung, sie in seinem Zürcher Gastkonzert selber zu dirigieren, hatte Brun offenbar gegeben, weil die Uraufführung vorher durch Hermann Scherchen in Winterthur geplant war. Diesem Ereignis wohnte der Komponist am 11. November 1942 bei und berichtete nach seiner Rückkehr nach Morcote Andreae über die Aufnahme des Werkes und die Interpretation Scherchens *(Nr. 190)*. Auf Bruns Bedenken wegen

der Länge seines Zürcher Programms reagierte Andreae speditiv; schon am 21. November antwortete der Komponist *(Nr. 191)*:
«Lieber Volkmar,
   Besten Dank für Deinen Bericht. Beiliegend findest Du die Angabe der einzelnen Sätze, zu Handen von Boller, sowie eine kurze Analyse des Stückes, die sich weniger für das Programm eignet, als eventuell für das Heft der Tonhalle, wie ich es bei Euch schon gefunden habe. Wenn man es nicht gebrauchen kann, ist das kein Unglück, denn die Sinfonie ist in erster Linie *nicht* programmatisch. Wohl sind die Leute ja immer neugierig, was sich der Komponist bei der Sache ‹gedacht› hat...»
Daß Brun seine Erläuterungen zur Sinfonie für den Zuhörer entbehrlich hält, da das Werk ja nicht programmatischen Inhalt habe, ist bezeichnend für eine Meinung, die er mit vielen Komponisten teilt, daß nämlich einem fachlich nicht speziell gebildeten Publikum mit Worten kaum etwas für das Hören der Musik Wesentliches und Hilfreiches mitgeteilt werden könne, es sei denn eben, daß auf außermusikalische Bezüge hinzuweisen wäre. Aber auch seinem Freund und Fachkollegen Andreae gegenüber beschränken sich seine Äußerungen zu neuen Werken, wie die Briefe zeigen, meist auf einen knappen Bericht über den Stand der Arbeit, Angaben über Satzzahl, Aufführungsdauer, Tonart und Spielschwierigkeit, gehen aber kaum auf inhaltliche und kompositorische Probleme ein. Merkwürdig ist, wie Brun jedesmal ausdrücklich die Tonart des neuen Werkes erwähnt, im Fall der 8. Sinfonie sogar doppelt unterstreicht, offenbar um damit zu bekräftigen, daß er sich immer noch an die traditionelle (aber natürlich spätromantisch erweiterte) Tonalität halte.
Mit der 9. Sinfonie nun wandte sich Brun erstmals seit seiner frühen sinfonischen Dichtung «Aus dem Buche Hiob» (1903) einer ausdrücklich programmatischen Komposition zu. Zwar erwähnt er das in seiner ersten Anfrage an Andreae *(Nr. 209)* noch nicht. Umgehend muß Andreae sein Interesse an der Uraufführung angemeldet haben, berichtet doch Brun bereits am 4. März 1950, nur drei Tage nach seinem ersten «Signal» an den Zürcher Freund, über den genauen Stand der Arbeit *(Nr. 210)*:
   «...4 Sätze sind fertig; ich bin gerade heute mit der Partitur des 5. Satzes fertig geworden – ein saftiges Stück! Auch die Partitur des 1. Satzes ist fertig, der 2. und 3. fertig komponiert. Den 4. Satz muß

ich noch komponieren. – Ich habe einen Kompositionsauftrag von Radio Bern[4]. Das gibt eine Verzögerung. Wenn ich gesund bleibe, ist im Herbst auch die Sinfonie fertig. Sie eignet sich *nicht* als Schlußstück eines Programms. Dauer 45–50 Minuten...»
Nachdem Brun zu dem von Andreae vorgeschlagenen Datum vom 24. Oktober für die Uraufführung wegen der kurzen für die Kopierarbeiten verbleibenden Zeit Bedenken geäußert hatte *(Nr. 211)*, einigte man sich schließlich auf den 12. Dezember 1950.
Anfang August hatte der Komponist die 9. Sinfonie am Bodensee fertiggestellt *(Nr. 215)* und konnte endlich am 4. Oktober 1950 die Partitur, nachdem er alle Stimmen «Note um Note, auf das genaueste durchgesehen und korrigiert» hatte, seinem Freunde zustellen *(Nr. 217):*
«...Ich hoffe, Du habest Freude an dem Werk, oder seiest zum mindesten nicht enttäuscht. Daß ich im 4. Satz mich – zum ersten Mal in meinem Leben – als Humorist gebärde, nimmst Du mir hoffentlich nicht übel!
Daß Du in dem einzigen Abonnementskonzert, das Du in Zürich dirigierst, Dich eines Werk[s] von mir, das Du noch gar nicht kennst, annimmst, rechne ich Dir hoch an. Ich danke Dir für diese Freundestat. Wie gesagt – – hoffentlich sagt es Dir zu! Schreibe mir bitte bald *offen* Deine Meinung darüber...»
Dem Brief legte Brun ein ausführliches Begleitwort zur Sinfonie bei, dessen Abdruck auf der Rückseite des Konzertprogrammes er wünschte. Da diese «Inhaltsangabe» schwer zugänglich geworden ist, lassen wir sie hier in vollem Wortlaut folgen:
   «*Zur 9. Symphonie*
Die Einleitung der Symphonie weist thematisch auf das Hauptmotiv des 3. Satzes hin. Sie ist die geschäftige und turbulente Vorbereitung der Serenade.
Die Serenade und der ‹Liebesruf› gehören zusammen. –
Einige junge Leute musizieren in nächtlicher Stille, in einem Park, vor der Terrasse eines Hauses, hinter dessen Fensterladen eine Dame Aufzug und Spiel aufmerksam verfolgt. Wie die Musik verklingt, gehen die Laden auf, die Dame verneigt sich, und die Musikanten ziehen ab. – Aber einer bleibt – – – und bald ist die Schöne bei ihm. Die beiden gehen unter dem Dunkel der Bäume auf und ab. Bebenden Herzens lauscht das Mädchen den werbenden Liebesworten des jungen Mannes. –

POSTKARTE CARTE POSTALE CARTOLINA POSTALE

Herrn
Dr Joachim Andreae

Zürich 2

Hans Hüberstr. 4

Morcote, 10. Okt. 50

Lieber Volkmar, Gestern abend, nach meiner Rückkehr, fand ich hier Deine Karte. Ein Abdruck ist jetzt von mir gemacht, seit ich sehe, dass Du mit meinem Stück etwas anzufangen weisst! – Zudem machte Delmer bei dem Radiobox die ouverture sehr gut. –

Gerne akzeptiere ich Deinen Vorschlag, die Partitur von Loïda bis du zu lassen! Vieldank! – Die Stimmen gehen morgen an die Tonhalle. Ich sag dem Orchester, es möge Sorge tragen dazu. Die Kosten mit 860 Fr. bedeuten ein grosses Loch in mein Budget!

Tausend dank mit vielen lieben Grüssen! Dein F. B.

Postkarte von Fritz Brun *(Nr. 218)*

4. Satz: Ein paar befreundete Musiker, Maler und Bildhauer treffen sich abends in einer Gaststätte der Zürcher Altstadt. Die Begrüßung ist freudig, und alle haben sich viel zu erzählen. Solange sich das Gespräch um Familienfragen, um Tagesereignisse und um Politik dreht, bleibt es normal und ruhig. Aber es wird hitzig, sobald Kunstprobleme erörtert werden. Man begehrt auf, und einer haut auf den Tisch. Mit Hilfe einer geordneten Diskussion wäre der Konflikt leicht zu lösen, denn er ist nicht bösartig. Aber wenn alle durcheinander reden, ist das natürlich schwierig.

Da beginnt einer der Freunde, hochverehrt wegen seines milden und versöhnlichen Wesens, mit leiser Stimme zu singen – eine sanfte Melodie aus der Oper ‹Martha›. Sie tönt zwar etwas falsch, hat aber doch die Wirkung, daß im Handumdrehen die allgemeine Fröhlichkeit wieder hergestellt wird. Man läßt den Sänger hochleben und bestellt noch einen Liter und freut sich der neubesiegelten Freundschaft.

Leider schlägt die Polizeistunde. Man muß aufbrechen. Auf der Straße steht man noch frierend herum und verspricht sich ein baldiges Wiedersehen. Mit den letzten Tramzügen stieben alle auseinander, und zu Hause, in der stillen Klause, ‹vertauschen sie mit Bedacht das Hemd des Tags mit dem der Nacht, und jeder sucht auf seiner Lagerstatt die Ruhe, die er nötig hat›.[5]

5. Satz
‹Ich seh die große Herrlichkeit,
Und kann mich satt nicht sehn...
Dann saget unterm Himmelszelt
Mein Herz mir in der Brust:
Es gibt was Besseres in der Welt
Als all ihr Schmerz und Lust.›[6]
                        (M. Claudius)»

Andreae hatte sich offenbar sofort nach Eintreffen der Partitur in das Werk vertieft und Brun wunschgemäß seinen ersten Eindruck, der positiv ausgefallen war, mitgeteilt. Jedenfalls dankt ihm Brun bereits am 10. Oktober für das günstige Urteil, das ihn von einem «Albdruck» befreit habe *(Nr. 218)*. In der zweiten Hälfte November fand dann noch, wahrscheinlich auf Wunsch Andreaes, eine Besprechung zwischen Dirigent und Komponist sowie ein Probenbesuch Bruns statt *(Nr. 219)*.

Zwei Jahre später nahm Andreae das Werk auch auf das Programm seines Gastkonzertes vom 3. und 4. November 1952 in Bern. Brun hatte unterdessen einige Änderungen an der Sinfonie vorgenommen und orientierte Andreae darüber am 23. August 1952 *(Nr. 223):*
«... Meine ‹Umarbeitung› besteht hauptsächlich aus Kürzungen, besonders im 4. und 5. Satz. Du wirst sehen, daß die Kürzung des Schluß-Satzes gut und organisch wirkt. Im 4. Satz habe ich die ganze Szene des ‹Einschlafens› der Freunde gestrichen. Vielleicht gefällt Dir dieser Strich nicht ganz. Aber man kann ja die Sache probieren – und vielleicht später wieder ändern...»
Nur wenig vernehmen wir aus Bruns Briefen über seine letzte, die 10. Sinfonie, die Ende 1953 abgeschlossen war. Auch jetzt lag dem Komponisten daran, das Urteil seines alten Freundes zu vernehmen *(Nr. 226)*. Er sandte ihm die Partitur «zur Ansicht» und erhielt den Rat, sich in Winterthur um eine Aufführung zu bewerben *(Nr. 228),* da Andreae, der ja seit seinem Rücktritt (1949) nur noch als Gastdirigent in der Tonhalle auftrat, offenbar keine Möglichkeit sah, die Uraufführung des neuen Werkes selber zu übernehmen. Es ging schließlich noch mehr als ein Jahr vorbei, bis die Sinfonie zum erstenmal erklang. Es war Luc Balmer[7], der am 7. und 8. November 1955 die Uraufführung in Bern leitete. In Zürich kam das Werk erst 1960 zur Aufführung, – als Andreae als Achtzigjähriger den Taktstock endgültig beiseite gelegt hatte und Fritz Brun kurze Zeit vorher, am 29. November 1959, gestorben war.

ANMERKUNGEN

1 Walter Schädelin, 1873–1953, Forsting., Freund Andreaes, Bruns und Schoecks. Schrieb auch Gedichte. Einen seiner Texte verwendete Andreae in seiner *Sinfonischen Fantasie* f. T-Solo, Chortenor, Org. u. Orch., op. 7.
2 Rudolf Schoch (in: *Hundert Jahre Tonhalle Zürich,* Zürich 1968, 189) gibt als Datum der Zürcher Auff. den 16. 12. 1919 (UA) an. Es muß sich um einen Irrtum handeln, da Brun das Material erst am 23. 4. 1920 an Andreae geschickt hat mit der Bitte, es kopieren zu lassen *(Nr. 185).*
3 Im *Schweizer Musiker-Lexikon,* Nachtrag 1965, ist irrtümlich die Tonart C-Dur angegeben.
4 *Ouvertüre für eine Jubiläumsfeier,* zum 25jährigen Bestehen von Radio Bern.
5 Frei zitiert nach Wilhelm Busch.
6 Aus: Matthias Claudius, *Die Sternseherin Lise.*
7 Luc Balmer, geb. 1898, Schweizer Pianist, Dirigent und Komponist. Nachfolger Bruns als Dirigent der Sinfoniekonzerte der Bern. Musikgesellschaft 1941–1964.

Kurt von Fischer

BRIEFE VON BÉLA BARTÓK

Andreaes Beziehungen zu Béla Bartók gehen auf den Anfang des Jahres 1908 zurück (vgl. den Brief vom 12. Januar 1908). Ob aber der Komponist schon in diesem Jahr, zur Zeit seines ersten Besuches in Zürich, Andreae persönlich getroffen hat, läßt sich nicht mehr nachweisen, liegt aber durchaus im Bereiche des Möglichen. Die erste Aufführung eines Bartókschen Werkes in Zürich, die «Rhapsodie für Klavier und Orchester op. 1», fand unter Andreae (mit dem Komponisten am Klavier) in Zürich am 28. Mai 1910 im Rahmen des Tonkünstlerfestes statt (vgl. den Brief vom 5. April 1910 sowie unten Anmerkung 7). Auch später hat Andreae immer wieder Werke Bartóks in seine Programme aufgenommen: Die «Deux Images op. 10» erklangen am 31. Oktober 1916, die «Suite Nr. 2 op. 4» am 1. März 1927 (vgl. auch den Brief vom 12. Januar 1908), die «Rhapsodie Nr. 1 für Violine und Orchester» am 19. November 1929 mit Joseph Szigeti und am 16. November 1929 mit Johanna Marzy als Solisten, die «Bilder aus Ungarn» (Nrn. 1–3 u. 5 der «Hungarian Sketches») am 16. Oktober 1936 und schließlich die 1937 für Paul Sacher geschriebene «Musik für Saiteninstrumente, Schlagzeug und Celesta» am 22. November 1938.

Alle erhaltenen Briefe Bartóks an Volkmar Andreae wurden schon von Werner Fuchss in der «Neuen Zürcher Zeitung» vom 17. Januar 1971 publiziert: «Bartók und Zürich. Béla Bartóks Briefe an Volkmar Andreae aus den Jahren 1908 bis 1910» (hier auch ein Faksimile des Briefes vom 10. April 1910). Vgl. ferner den Aufsatz von W. Fuchss im Ausstellungskatalog «Bartók und die Schweiz», Fribourg o. J. [1970], 24–52, wo ein Teil des Briefes vom 12. Dezember 1909 als Faksimile abgedruckt ist. Im speziellen Zürcher-Heft zu dieser Ausstellung findet sich zudem ein Faksimile des Briefes vom 12. Januar 1908. Ein Faksimile des vermutlich im Juni 1910 geschriebenen Briefes steht in R. Schoch, «Hundert Jahre Tonhalle Zürich 1868–1968», Zürich 1968, 132/133. Die Briefe Andreaes an Bartók sind offenbar nicht mehr erhalten, jedenfalls finden sie sich nicht im Bartók-Archiv in Budapest. Zu den frühesten Beziehungen Bartóks mit der Schweiz und mit Zürich gehört, wie schon längst bekannt, diejenige mit der Geigerin Stefi Geyer, der er sein erstes «Violinkonzert» (komponiert 1907/08) widmete, welches von ihr jedoch nie aufgeführt wurde. Daraus wurde der Schluß gezogen, Bartók hätte das Konzert von keinem andern Geiger aufführen lassen wollen. Neueste Forschungen haben nun aber ergeben, daß der Komponist keineswegs daran dachte, dieses Werk aus persönlichen Gründen der Öffentlichkeit vorzuenthalten. Schon 1908 plante er eine Aufführung mit Jenö Hubay. Zudem bot er das Konzert dem von 1900 bis 1908 am Genfer Konservatorium wirkenden Geiger Henri Marteau (1874–1934) an. Beide Aufführungen kamen jedoch nicht zustande (vgl. G. Weiß, «Neue Erkenntnisse zum Violinkonzert (op.posth) 1907/08 und zum Streichquartett op. 7 von Béla Bartók», in Mitteilungen des Hauses Marteau in Lichtenberg/Ofr., II [1984], 111 ff.). Die Uraufführung des Werkes fand erst 1958, dreizehn Jahre nach Bartóks Tod, durch Hans Heinz Schneeberger unter Paul Sacher in Basel statt.

(Nr. 51)
  Budapest, Teréz-körút 17. IV. 23, 12. 1. 08
Sehr geehrter Herr Kapellmeister.
  Vor einigen Tagen schickte ich Ihnen die Partitur meiner Suite ein[1]. Hätten Sie die Freundlichkeit dieselbe bei Gelegenheit durchzusehen? Ich würde Ihnen großen Dank schulden, wenn Sie dieselbe in Zürich aufführen würden – natürlich im Falle Sie sie dafür geeignet finden. Dies hoffe ich und verbleibe hochachtungsvoll Ihr ergebener
  Béla Bartók

(Nr. 52)
  Budapest, Teréz-körút 17. 12. Dez. 09
Sehr geehrter Herr Kapellmeister.
  wie ich weiß, sind Sie dieses Jahr im Ausschuß des A.D.M.V.[2]. Somit erlaube ich mir Ihnen ein Streichquartett von Z. Kodály wärmstens anzuempfehlen[3]. Meiner Ansicht nach gehört es hinsichtlich poetischen Inhaltes, Originalität und Können zu dem allerbesten, was in unserer Zeit für Kammermusik geschrieben wurde. Nament-

lich sei auf die tiefe Poesie insbesondere des zweiten, langsamen Satzes hingewiesen, welcher kaum seinesgleichen findet. Das Werk ist ziemlich schwer, doch klingt es sehr gut, und enthält – obwohl im strengsten Kammerstyl gehalten – die merkwürdigsten Effecte, die je für 4 Streichinstrumente geschrieben worden sind.
Indem ich hoffe, daß das nicht leicht zugängliche Werk Ihre Begeisterung erringen wird, verbleibe ich hochachtungsvoll
Ihr ergebener
Béla Bartók
N. b. Das Werk habe ich natürlich vorschriftsmäßig Herrn A. Obrist zugeschickt[4].

(Nr. 53)
Budapest, Teréz-körút 17. IV. 23., 5. IV. 1910[5]
Sehr geehrter Herr.
Es freut uns außerordentlich, daß unsere Werke angenommen sind[6]. Meine Composition heißt: Rhapsodie für Klavier und Orchester op. 1[7]. Die Stimmen werde ich in 1–2 Tagen absenden jedoch nur 6 I. Violinen usw.[8] da zur Begleitung eine kleinere Besetzung nötig ist. Wenn es Gebrauch ist, eine thematische Erläuterung in das Programm zu setzen, könnte ich eine solche verfassen, ich selber wünsche es gerade nicht[9]. Die R[h]apsodie wurde diese Saison hier schon aufgeführt[10]. Ebenso Kodály's Quartett[11]. Diesbezüglich hätten wir eine Proposition. Währe [e]s nämlich möglich, daß die hiesige Quartettvereinigung, welche dieses Werk während viele[r] Proben und unter der persönlichen Leitung des Autors studiert hat und es ganz ausgezeichnet spielt, nach Zürich käme und es dort beim Feste spielte? Diese unsere junge Vereinigung täte das mit der größten Freude, und andererseits hätten die Herren in Zürich viel Mühe erspart[12]. Ich bitte Sie diesbezüglich wenn möglich [um] baldige Antwort, damit wir uns danach richten können[13].
Auch möchte ich Sie bitten mir das Datum der Aufführungen gefälligst mitzuteilen, da wir nämlich hier bei Prüfungen anwesend sein müssen die gegen Ende Mai abgehalten werden, und deren Datum wir mit dem der Zürcher Auffführungen unserer Werke vereinbaren möchten[14].
Diesbezüglich hätte ich noch die Bitte, sollten die Programme noch nicht festgestellt sein, unsere Werke möglichst im I. Orch., resp.

Kammermusikkoncert zu setzen. Kodály's Adresse ist: Budapest, Áldás u. 11.

Am 23. Mai könnte ich ganz gut schon in Zürich zur Probe erscheinen.

Hochachtungsvoll
Ihr ergebener
Béla Bartók

(Nr. 55)

Budapest 1910, 10. Apr. Teréz-körút 17.

Sehr geehrter Herr Kapellmeister.

Entschuldigen Sie, daß ich Sie wieder belästige. Ich bitte Sie noch um eine Karte für den 28. und 29. (wenigstens für diese zwei Tage), da nämlich meine Mutter auch nach Zürich kommt[15]. Ich hoffe daß ich diese 2 Karten für sie noch erhalten kann.

Dann muß ich folgendes über ein Horn solo in der Rhapsodie bemerken (von No. 32): sollte es dem Hornisten zu schwer sein, kann es folgendermaßen erleichtert werden[16]:

5. Takt nach 32:

Dann bitte ich Sie noch um die freundliche Mitteilung der Adresse meines Zürcher Quartiers.

Hochachtungsvoll
Ihr ergebener
Béla Bartók»

(Nr. 56)   Ohne Ort und Datum.

«[Vermutlich Budapest, 2. Hälfte April 1910]

Sehr geehrter Herr Kapellmeister.

Besten Dank für Ihren Brief. Habe wegen Quartettstimmen Kodály sofort verständigt, der dieselben wahrscheinlich schon gestern abgeschickt hat[17]. Eigentlich haben wir diese Proposition nur im Interesse dieser jungen Quartettvereinigung getan, welche so eine glänzende Gelegenheit gehabt hätte sich im Ausland zu zeigen[18]. Ich freue mich sehr meine Rhapsodie mit Ihrer Begleitung spielen zu können[19]. Was die Stimmen anbelangt, könnte man ja in Zürich auf meine Kosten noch je eine Streichquintettstimme copieren lassen, wenn das wirklich notwendig wäre.

Das Anerbieten einer privaten Unterkunft nehmen wir mit großem Dank an, doch ist hier die Frage, ob wir denn auch wirklich nicht stören[20]? Namentlich ich, da ich doch vor dem Concert 1–2 Stunden täglich zu üben brauche. Die Firma Steinweg will mir zu diesem Zwecke ein Instrument zur Verfügung stellen, welches ich in mein Zimmer bringen ließe. Nun bitte ich Sie diesbezüglich um Ihren aufrichtigen Rat.

Am 23. Mai werde ich schon in Zürich sein, also auch der Probe beiwohnen können.

Hochachtungsvoll
Ihr ergebener
Béla Bartók

(Nr. 57) Budapest, Teréz-körút 17
ohne Datum [vermutlich Juni 1910][21]

Sehr geehrter Herr Kapellmeister.

Da ich Sie in den letzten zwei Tagen schon nicht mehr treffen konnte, will ich mich noch schriftlich bei Ihnen um Ihre große Mühe und Sorgfalt bedanken, mit welchen Sie mein Werk einstudiert haben und so zu einer prächtigen Aufführung halfen[22]. Überhaupt und in jeder Hinsicht war die Gastfreundschaft der Zürcher eine so große, daß wir Freunde deren noch lange gedenken werden.

Für meinen «Rumänischen Tanze» [sic] habe ich bis jetzt erst 2½ Kapellmeister gefunden (nämlich der dritte sagte nur halb zu) ob es also zur Instrumentation des Werkes kommt, ist noch nicht bestimmt[23].

Es grüßt Sie vielmals Ihr ergebener

Béla Bartók

ANMERKUNGEN

1 Bei der Suite handelt es sich zweifellos um die *Suite Nr. 2* op. 4 für kleines Orchester. Dieses in den Jahren 1905/07 komponierte Werk ist 1907 im Eigenverlag Bartóks erschienen und war am 22. November 1909, zum erstenmal vollständig, in Budapest aufgeführt worden. Eine Aufführung des zweiten Satzes hatte schon am 2. Januar 1909 in Berlin stattgefunden.

Andreae ist auf Bartóks Angebot offenbar zunächst nicht eingetreten. Die erste Aufführung der Suite mit dem Tonhalle-Orchester erfolgte unter Andreae erst am

Budapest 1910, 10. Apr.
Teréz-körút 17.

Sehr geehrter Herr Capellmeister!

Entschuldigen Sie dass ich Sie wieder belästige. Ich bitte Sie noch um eine Karte für den 28. und 29. (wenigstens für diese zwei Tage), da nämlich meine Mutter auch nach Zürich kommt. Ich hoffe dass ich diese 2 Karte für Sie noch erhalten kann. Dann muss ich folgendes über ein Horn solo in der Rhapsodie bemerken (von N° 32): sollte es dem Hornisten zu schwer sein, kann es

> folgendermassen erleichtert.
> Dann bitte ich Sie noch um
> die freundliche Mitteilung der
> Adresse meines Zürcher Quart[iers]
> Hochachtungsvoll
> Ihr ergebener
> Béla Bartók

Brief von Béla Bartók *(Nr. 55)*

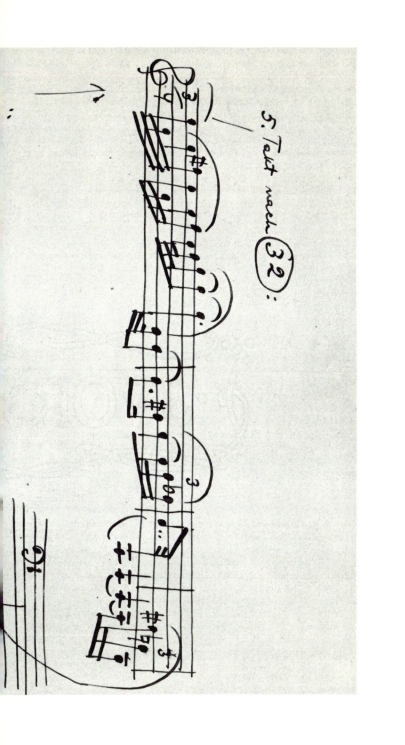

10. November 1925 im Rahmen eines Konzertes der Zürcher *Pro musica* (Ortsgruppe Zürich der *Internationalen Gesellschaft für Neue Musik*). Am 1. März 1927 erklang das Werk nochmals, diesmal im Rahmen des 10. Abonnementskonzertes der Tonhallgesellschaft. (Zur Zürcher Erstaufführung 1925 vgl. den Brief Hermann Suters, der in den *Documenta Bartókiana*, Heft 3, abgedruckt ist; Ernst Islers Kritik findet sich in der NZZ vom 13. November 1925.)
2 A.D.M.V. = *Allgemeiner Deutscher Musikverein*, dessen 46. Tonkünstlerfest vom 27.–31. Mai 1910 in Zürich stattfand.
3 Kodálys *Streichquartett Nr. 1*, op. 2 wurde am 29. Mai im Rahmen des oben in Anm. 2 genannten Festes aufgeführt. Nähere Angaben bei K. v. Fischer, *Zóltan Kodály und die Schweiz*, in NZZ vom 11./12. Dezember 1982, 65.
4 Bei A. Obrist handelt es sich sehr wahrscheinlich um den damals in Deutschland lebenden Musikologen und Komponisten schweizerischer Herkunft Alois Obrist (1867–1910); vgl. E. Refardt, *Historisch. Biographisches Musikerlexikon der Schweiz*, Leipzig–Zürich 1928, 237.
An dieser Stelle möchte ich dem Zürcher Stadtarchiv und insbesondere dessen Leiter, Herrn Prof. Dr. W. G. Zimmermann, für verschiedene Hilfeleistungen bei meinen Detailforschungen danken. Mein Dank geht auch an Herrn J. Keller, Vizedirektor der Betriebsdirektion der Tonhalle, für seine wertvollen Auskünfte betr. Bartók-Aufführungen in Zürich.
5 Das Datum des Briefes wurde von Bartók nachträglich korrigiert. Die ursprüngliche Datierung lautete vermutlich 25. III. 1910.
6 Bartóks Rhapsodie für Klavier und Orchester (s.u.) und Kodálys *Streichquartett Nr. 1*, op. 2 (s. Brief Nr. 52 vom 12. Dez. 1909).
7 Der ursprüngliche Titel des Werkes hieß *Morceau de Concert* (s. Faksimile der ersten Seite des Autographs im Ausstellungskatalog *Bartók und die Schweiz*, 31). Die *Rhapsodie* entstand 1904 als Komposition für Klavier allein. Vermutlich im selben Jahr noch überarbeitete Bartók das Stück für Klavier und Orchester. In dieser Fassung erschien es 1910 im Verlag Roszavölgy in Budapest.
Die Zürcher Erstaufführung unter Andreae mit dem Komponisten am Klavier fand am 28. Mai 1910 im Rahmen des oben in Anmerkung 2 genannten Tonkünstlerfestes statt. Von einer Probe zu diesem Konzert berichtet in eindrucksvoller Weise Arthur Honegger im Vorwort zur Bartók-Biographie von Serge Moreux (Paris 1949, deutsch beim Atlantis Verlag, Zürich 1950).
8 Auf einer Postkarte vom 7. April 1910 schreibt Bartók: «Ich habe mich geirrt, es sind nur 8 I. Violinen und 8 II. etc. notwendig, deshalb sind nur 4-4 Stimmen da, (die ich heute abgeschickt habe).» Vollständiger Text der Postkarte bei W. Fuchss in NZZ vom 17. Januar 1971 (s. oben in den einleitenden Bemerkungen).
9 Bartók hat trotzdem eine knappe Einführung zur *Rhapsodie* verfaßt. Diese ist abgedruckt in SMZ und Sängerblatt 1 (1910), Nr. 17, 184/185 und in AMz 37 (1910), 506. Die betreffenden Unterlagen wurden mir aus der *Dokumentationsbibliothek Walter Labhart* in freundlicher Weise zur Verfügung gestellt.
10 Am 15. November 1909 unter der Leitung von Jenö Hubay mit Bartók am Klavier.
11 Uraufführung: 17. März 1910 in Budapest (vgl. auch oben Anm. 3).
12 Bei dem von Bartók vorgeschlagenen Ensemble handelt es sich um das Waldbauer-Kerpely-Quartett (vgl. W. Fuchss, *Zoltán Kodálys Beziehungen zur Schweiz*, in SMZ 112 [1972], 333).
13 Bartóks Wunsch die Ausführenden betreffend konnte nicht berücksichtigt werden. Das Werk wurde in Zürich vom De Boer-Quartett (Tonhalle-Quartett) aufgeführt.
14 Daten s. oben Anm. 3 u. 7.

15 Es handelt sich um die Konzerte des Tonkünstlerfestes 1910. Am 28. Mai wurden im Rahmen des zweiten Orchesterkonzertes neben der *Rhapsodie* von Bartók die folgenden Werke aufgeführt: Frédéric Delius: *Brigg Fair* für Orchester, Siegmund von Hausegger: *Zwei Gesänge für eine Tenorstimme mit Orchesterbegleitung (Der Nachtschwärmer* und *Sturmabend)*, Ludwig Hess: Drei Stücke aus der Oper *Ariadne*, op. 33, Kurt Weigl: *Sinfonie in E-dur* (Uraufführung). Am 29. Mai fand das Kammermusikkonzert statt, wo neben Kodálys *Streichquartett Nr. 1 op. 2* (s. oben Anmerkung 3) auch Werke von Walter Lampe, Richard Mors, Julius Weismann und Robert Heger zur Aufführung gelangten (Unterlagen hierzu aus der *Dokumentationsbibliothek Walter Labhart*).

16 Diese Version findet sich schon in der Erstausgabe des Werkes von 1910. Die betreffende Hornstelle lautete, wie das Autograph zeigt, ursprünglich:

Daraus geht hervor, daß Andreae das Werk aus einer Kopie der Originalhandschrift dirigiert haben muß.

An dieser Stelle möchte ich dem Bartók-Archiv in Budapest meinen besten Dank für verschiedene die Bartók-Andreae-Korrespondenz betreffende Informationen danken.

17 s. oben Anm. 3.
18 s. Brief Nr. 53 vom 5. April 1910.
19 s. oben Anm. 7.
20 Der genaue Ort der Unterkunft konnte nicht eruiert werden.
21 Dieser Brief ist im Faksimile publiziert in R. Schoch, *Hundert Jahre Tonhalle Zürich, 1868–1968*, Zürich 1968, 132/133.
22 Vgl. u. a. die Kritik von Ernst Isler in der NZZ vom 30. Mai 1910 (s. auch den Aufsatz von W. Fuchss in NZZ vom 17. Januar 1971 und im Ausstellungskatalog *Bartók und die Schweiz*, 33).
23 *Zwei rumänische Volkstänze* für Klavier sind als op. 8a in den Jahren 1909/1910 entstanden. 1911 hat Bartók das erste Stück instrumentiert. Es wurde am 12. Februar desselben Jahres in Budapest unter L. Kun uraufgeführt.

Ernst Lichtenhahn

ANDREAES BEZIEHUNG ZU FRIEDRICH KLOSE

Wer die Beziehung Volkmar Andreaes zu Friedrich Klose nicht nur aus der Warte des Chronisten, sondern zugleich mit dem deutenden Interesse des Musikhistorikers verfolgt, kommt um die schwierige Frage nach den Ursachen für das rasche Vergessen eines einst hochgerühmten Komponisten nicht herum. Die Frage schlüssig zu beantworten, ist nicht möglich. Doch es ist gerade das dem Chronisten vorliegende reichhaltige Material in Briefen, Erinnerungen und Zeitungsberichten aus jenen Tagen, welches zumindest ansatzweise erlaubt, sich einer Antwort zu nähern. Hier sind Aspekte zu entdecken, wie sie sich aus der Vogelschau einer bereits auf die ‹Hauptlinien› gebrachten Epochendarstellung kaum mehr eröffnen.
Andreae selber hat von Klose gesagt, er sei «einer der Größten»[1], Ernst Isler zählte ihn in der Besprechung eines Zürcher Konzertes «zu den bedeutendsten Komponisten der Gegenwart»[2], und über Kloses Vertonung von drei Gedichten Heinrich Leutholds urteilte Friedrich Hegar, sie gehörten «zum Besten, was für vierstimmigen Männerchor ohne Begleitung geschrieben worden ist: warm empfundene, schöne Musik; weit abliegend von allem phrasenhaft Gewöhnlichen»[3]. Klose fühlte sich dem Einfluß Wagners verpflichtet; die Klangphantasie, die er in Chor und Orchester ins Werk setzte, trug ihm das Lob ein, er sei der «Bemeisterer jener reichen Palette, die der Alte von Bayreuth seinem unbekannten, wahrsten und treusten Schüler scheidend vermachte»[4]. Der hier angesprochenen, bloß geistigen Schülerschaft stand Kloses wirkliche bei Anton Bruckner gegenüber. Und Bruckner selber äußerte sich zu Kloses Vater über den Schüler: «er sei der tüchtigste und gewandteste von allen, die er je unterrichtet, könne es im Kontrapunkt mit jedem aufnehmen, habe bei der Lösung schwieriger Aufgaben oft neue und geniale Ideen entwickelt, sodaß der Professor vom Schüler sich habe Vortrag halten lassen.»[5]
Klose, von dem heute bestenfalls noch die Oper *Ilsebill* – er selber nannte das Werk eine «dramatische Symphonie» – wenigstens dem

Titel nach bekannt ist, war weit davon entfernt, ein Lob wie dasjenige Bruckners zu hoch zu bewerten. Er betonte, daß diese Anerkennung keinesfalls «die künstlerische Begabung erweist, vielmehr nur ein Testimonium des Fleißes ist, den ich im Ausrechnen der Sechter'schen Harmonie- und Kontrapunkt-Aufgaben an den Tag legte, ein Geschäft, das jeder andere mit ausdauerndem Sitzleder – er brauchte auch nicht über ein Atom von musikalischem Talent zu verfügen – gerade so gut hätte verrichten können»[6]. Hier kommt ein Wesenszug Kloses zum Ausdruck, der den Freunden immer wieder als Bescheidenheit auffiel und der mit dazu beitrug, daß Klose selbst in der Zeit höchster Anerkennung – etwa von 1900 bis 1920 – eigentlich eher als ‹Geheimtip› galt. Andreae vermerkt hierzu: «Er ist von einer unglaublichen Selbstkritik und gibt ein Werk auch nur dann heraus, wenn es seiner künstlerischen Beurteilung vollständig genügt. Klose ist aber auch einer der wenigen Komponisten, die ihre ‹Ware› niemals empfehlen. Man muß ihn schon selbst holen.»[7] – Es ist eine Folge dieser strengen Selbstkritik, daß Klose nur etwa dreißig Werke geschaffen hat, obwohl er die meiste Zeit seines Lebens der eigenen künstlerischen Arbeit widmen konnte. Auffällig und bezeichnend ist dabei, daß er sich einer bestimmten Werkform meist nur ein einziges Mal zuwandte, also nur eine Messe, eine Oper, ein Streichquartett, ein Oratorium und – sieht man von den nicht vollendeten und unveröffentlichten Jugendwerken ab – auch nur eine sinfonische Dichtung schrieb.

Kloses Anfänge hat Andreae in seiner Konzertankündigung vom Dezember 1908 folgendermaßen beschrieben: «Er ist am 29. November 1862 in Karlsruhe geboren. Sein Vater war Offizier, kam dann, als er seine militärische Karriere verließ, nach Thun und bürgerte sich dort ein. In dem reizenden Viktor Scheffelschen Hause wohnt Klose im Sommer in einer beneidenswerten Weltabgeschiedenheit, die er erst in den letzten Jahren durch eine Tätigkeit am Münchner Konservatorium unterbricht. Seine musikalische Ausbildung schritt langsam vorwärts. In Genf sehen wir ihn Anfang der achtziger Jahre als Schüler von Provesi und Adolf Ruthardt, die sich redlich Mühe geben, den musikalischen Verleider, den Klose sich bei seinem frühern verknöcherten Lehrer Lachner geholt, auszutreiben und den Jüngling auf sein Talent aufmerksam zu machen. Bei Anton Bruckner (1886 bis 1889) findet dann Klose den Meister, dessen er bedarf, der ihn begeistert und fördert. Klose verläßt die ‹Schule› als Siebenundzwanzigjähriger, nachdem er bei Bruckner heimlich schon an seiner Messe gearbeitet; im Jahre 1891 kommt dieses erste größere Werk Kloses in Genf zur Aufführung. Unzufrieden mit seinem Opus, arbeitet Klose die Messe um und hört sie zum erstenmal in der heutigen Fassung in Karlsruhe (1895) unter Mottls Leitung. Felix Mottl, begeistert durch die wunderbare Messe, ist dann der Mann, der für den Namen Klose einsteht und die sämtlichen Werke des Meisters in Karlsruhe zur Wiedergabe bringt.»[8]

Die brieflichen Zeugnisse des persönlichen Kontakts zwischen Klose und Andreae beginnen im Herbst 1902, und bereits drei Jahre nach der Übernahme des Gemischten Chores, am 31. Oktober 1905, bringt Andreae Kloses Messe in Zürich zur Aufführung. Nach seinem eigenen Bericht hatte Klose das Werk unter der «erschütternden Einwirkung» der Nachricht vom Tode Liszts begonnen, dessen Andenken er es dann auch widmete[9].

«Stets der *vollendet* schönen Züricher Aufführung meiner ‹Messe› in Freude und Dankbarkeit gedenkend», grüßt Klose Andreae am 22. Dezember 1905. «Vollendet» ist dreifach unterstrichen, und daß der Dank keine Höflichkeitsfloskel war, geht auch daraus hervor, daß Klose, der die mangelnde Schulung und Disziplin selbst berühmter Orchester oft kritisierte, noch nach zwanzig Jahren in seinen Erinnerungen und Betrachtungen jener Aufführung gedachte: Was gute Probenarbeit zumal mit Bläsern sei, davon habe er sich überzeugen können, als er in Zürich seine Messe hörte und «von der Klangschönheit der Wiedergabe wie von einer Offenbarung gebannt» gewesen sei. «Ich schwelgte förmlich in der edeln Tongebung der Blechbläser. Als ich dem Dirigenten, Volkmar Andreae, hierwegen meine Bewunderung aussprach, lehnte er mein Lob bescheiden ab mit dem Bemerken, es sei dies das Verdienst seines Vorgängers Friedrich Hegar, der die Herren periodisch Ansatz-Übungen habe machen lassen.»[10]

Nachträglich hatte Klose seine Messe um einige Sätze zum abendfüllenden Werk erweitert. Zu diesen Erweiterungen gehört der als Einleitung gedachte Osterhymnus für Chor und Orchester «Vidi aquam egredientem de templo a latere»: ein weihevolles, von Glocken ein- und ausgeläutetes, mit mächtigen Bläserrufen durchsetztes Stück, das in seinem klaren Aufbau und den gut und durchsichtig gesetzten Fugati wohl noch immer hörenswert wäre. Andreae brachte das *Vidi*

aquam im Frühjahr 1908 mit dem Gemischten Chor anläßlich der Tonkünstlerversammlung in Baden zur Aufführung.
Ein weiteres Mal erklang das Werk im Jahreskonzert für die Hilfs- und Pensionskasse des Tonhalleorchesters am 14. und 15. Dezember 1908, und zwar als Schlußstück eines ausschließlich Friedrich Klose gewidmeten Programms. Die Veranstaltung eines reinen Klose-Abends war – wie sich zeigen sollte – ein um so gewagteres Unternehmen, als die Hilfskassenkonzerte sich von vornherein an ein möglichst breites Publikum wandten und zudem, wie Ernst Isler betont, in den Tonhallekonzerten jener Saison, wohl auf Grund eines allgemeinen Besucherrückgangs, sonst «ein auffallendes Nachlassen in der Propaganda neuer Musik» festzustellen war[11]. Als Hauptwerk sah Andreae die Symphonische Dichtung *Das Leben ein Traum* vor, ihr sollte vor dem *Vidi aquam* das Orchesterstück *Elfenreigen* folgen.
Daß das Genie in der Gegenwart keinen Platz mehr habe, dies ist der tiefere Sinn der Symphonischen Dichtung *Das Leben ein Traum,* in deren dritten und letzten Satz ein Melodram eingebaut ist mit einem Text aus Julius Bahnsens *Pessimisten-Brevier,* endend mit den Worten «Leb' wohl, Welt, leb' wohl; scheidend vernichtet, die selbst er erzeugt, der Meister, Ich, ihr alleiniger Herr!» Anders als bei Berlioz, von dessen *Symphonie Fantastique* Kloses Werk deutlich beeinflußt ist, folgt hier kein «Retour à la vie», sondern der Selbstmord des vorgestellten Helden. Der Rezitator, der bereits vor dem Melodram einen unbegleitet gesprochenen Text Kloses hören läßt, wird somit zum Verkünder der «unfrohen» Botschaft, zum «Dysangelisten».
Auf Andreaes nicht erhaltene Anfrage, ob Klose bereit wäre, selber einen Ankündigungstext für das Konzert zu verfassen, antwortete Klose *(Nr. 892):*

München, den 29. Nov. [19]08.
«Lieber Freund,
Über meine eigenen Compositionen mich öffentlich zu äußern, widerstrebt mir so sehr, daß ich die große Bitte an Sie richten möchte, selbst das in einer kleinen Vorbesprechung zusammenzufassen, was Ihnen für Ihre Conzertbesucher zweckdienlich erscheint.
Über «Das Leben ein Traum» ist von Dr. R. Louis eine Brochüre erschienen, die das Werk in trefflicher Weise erläutert[12]. Ich habe bereits den Auftrag gegeben, daß Ihnen das Heftchen umgehend zugeschickt wird.

Über den «Elfenreigen» ist nicht viel zu sagen. Er ist entstanden aus Skizzen zu der Fragment gebliebenen Vertonung der Ariel-Scene aus dem II. Theil «Faust» und hat nach einer Umarbeitung u. Erweiterung nichts mehr gemein mit besagtem Fragment.
Das «Vidi aquam» ist gedacht als Einleitung zur Messe, für den Fall, daß dieselbe *allein* einen Conzertabend nicht ausfüllt. Es enthält darum auch mehrere Motive derselben, so das des «Credo», das des «gloria in excelsis Deo», das des «pleni sunt coeli et terra gloria tua» u. das des zerlegten, absteigenden Dominant-Sept-Acc.[ordes] aus dem «Christe eleison».
Einige wenige in den Partituren der Symphonie u. des «Elfenreigen» vergessene Tempo-Angaben theile ich Ihnen in den allernächsten Tagen mit; ich habe die betreff. Partituren im Augenblick nicht zur Hand.
Mit Dr. Hassler[13] als Dysangelist bin ich sehr einverstanden; er wird die nicht gerade leichte Partie sicherlich mit viel größerem Verständniß sprechen als Possart[14]. –
Heute noch an den Folgen einer schweren Erkrankung, einer bösen Influenza laborierend, hoffe ich bestimmt nach Zürich kommen zu können. Es wäre mir ein schmerzliches Entsagen, wenn ich einer Aufführung meiner Compositionen, die sicherlich wieder eine solche wird, daß sie zu einem Ereigniß herauswächst, fern bleiben müßte.
Es freut mich ungemein, daß Sie an meiner Symphonie Gefallen finden; sie ist ein Werk, das ich mit meinem Herzblut geschrieben habe, wozu ich allerdings zu bemerken habe, daß ich jetzt anders empfinde.
Also, in den nächsten Tagen folgt der Brief wegen der vergessenen Tempo-Angaben u. unterdessen viele herzliche Grüße von

                Ihrem F. Klose»

Auf der Grundlage dieser brieflichen Mitteilungen und der Werkeinführung von Rudolf Louis verfaßte Andreae seine bereits zitierte Konzertankündigung für die «Neue Zürcher Zeitung». Bezeichnend ist, daß er die Leidens- und Todesverherrlichung, der Klose in seiner Symphonischen Dichtung Ausdruck gab, voll akzeptierte als einen «unerbittlichen Pessimismus, den wir überhaupt fast bei jedem Künstler finden in den Jahren allerhöchsten Strebens und Nichterreichens, so bei Beethoven in dem Jahre seines Heiligenstädter-Testa-

München, den 4. April 10.

Lieber Freund,

hier wieder ein Stück der Partitur. — Wegen der Chorstimmen schrieb ich post lastend Mittwoch, auf welchen Tag mir die Ablichtung von der Lichtpaus-Anstalt Peuckert bestimmt versprochen war, einen wütenden Kampf gegen ein dickes Lügengewebe das meinen schönen Pfingsten Hoffnungen wurde eine nun nicht minder bezeichnend entrichtet. Die zweite Firma, bei der jetzt die Stimmen im Druck sind, verspricht die Ablichtung fest zu fertig auf übermorgen (6. IV)

Mit herzlichen Grüßen
Fr. Klose

Brief von Friedrich Klose *(Nr. 902)*

ments, bei Wagner während seines Pariser Aufenthalts, bei Berlioz fast während seiner ganzen Lebenszeit.»[15] Daß Klose in dem Werk einem weit über seine eigene Person hinaus herrschenden Zeitgefühl Ausdruck gab, wird hier offenkundig, daß er es mit äußerst drastischen Mitteln tat, die manchen Hörer verschreckten, ist jedoch nicht zu übersehen. So meldete sich eine Woche nach dem zweiten Konzert in den «Mitteilungen aus dem Publikum» der «Neuen Zürcher Zeitung» «Ein Freund klassischer gesunder Musik» zu Wort, dem das Werk als «Nonplusultra von Weltschmerzmusik» erschien und als der «allerärgste Rekord, den moderne Tonmalerei von abstoßendem Lebensüberdrusse leisten kann», gegen Schluß gesteigert «bis zu schier unerträglicher Höhe und Gewalt» und endigend «mit einem schrecklichen unmusikalischen – Klapf»![16] In der Tat zeigt die von Leitmotiven geprägte, immer wieder sequenzartig zu Höhepunkten getriebene, chromatisch kühne und an raffinierten Mischklängen reiche Musik[17], in die gegen Schluß für fünf Takte noch ein Frauenchor mit dem Ruf «Nirwana!» verwoben ist, in jedem Moment Kloses Bestreben, den Hörer unmittelbar im Innersten zu treffen – letztlich wohl auf Kosten einer ästhetischen Wirkung, wie sie dem Weiterleben des Werkes auch in anderen Zeitstimmungen unerläßlich wäre.

In den Tagen vom 27. bis zum 31. Mai 1910 wurde in Zürich das 46. Tonkünstlerfest des «Allgemeinen Deutschen Musikvereins» abgehalten[18]. Die Reichhaltigkeit des Programms, das große Aufgebot an Mitwirkenden und die vielen Rahmenveranstaltungen bis hin zu Seefahrt, Uferbeleuchtung, Fahrt auf den Uetliberg, Bierabend und Ball zeigen das Ereignis ganz in der Tradition der großen Musikfeste des 19. Jahrhunderts. Andreae, der als «Festdirigent» dem Konzertorchester der Tonhalle als «Festorchester» vorstand, konnte sich für das am Schlußabend stattfindende dritte Orchesterkonzert die Uraufführung eines neuen Werkes von Klose sichern. Am 19. Januar 1910 teilte Klose Andreae mit: «Bin fest an der Arbeit! Die Composition für Chor (getheilt), Orgel, kleines Orchester u. Declamation. Letztere für den Sprecher einfach, da es sich um ein bekanntes, leicht verständliches Gedicht handelt. Probleme gibt's bei der ganzen Geschichte nicht, auch keine Schwierigkeiten irgendwelcher Art.» Genaueres vermeldete er sodann am 13. Februar: «Mein[e] Beisteuer für das Musikfest, wenn Sie sie brauchen können, ist Heine's ‹Wallfahrt nach

Kevlaer› als *Melodram* in das zur Stimmungsmalerei gregorianische Choralmelodien und Klavierlieder für Chor verwoben sind[19]. Ein Sprecher [hierfür] wird sich leicht finden, oder ist vielleicht sogar schon gefunden, nachdem, wie ich höre, noch andere Melodrame zur Aufführung gelangen werden[20]. Mein Opus wird knapp 20 Minuten dauern, ist einfach in der Conception und Besetzung, verwendet im ersten Theil nur Chor, im zweiten Chor und Orgel, im dritten kleines Orchester [...]. Bin begierig, was Sie zu der Weihrauchmusik sagen werden.»

Wie Kloses Hinweis auf die geringen Schwierigkeiten des Werks mochte auch der da und dort geäußerte Wunsch, Heines Gedicht im Programm abzudrucken, in der Erinnerung an das Hilfskassenkonzert von 1908 seinen Grund haben. Andreae scheint jedoch eine Textwiedergabe unnötig gefunden zu haben. Darin bestärkte ihn Klose auf der folgenden Postkarte *(Nr. 907):*

München, den 3. Mai [19]10.
«Mein lieber Freund,
Copie der Orgel- u. Harfenstimme bereits hier in Arbeit! Den interimistischen Clavierauszug, dem Ende dieser Woche der Schluß des lichtgepausten in zwei Exemplaren folgt, werden Sie erhalten haben. – Gegen den Abdruck des Heine'schen Gedichtes, der Kirchenlieder u. der liturgischen Texte auf dem Programm bin *auch ich.* Es genügt zu vermerken: D. W. n. K (Heine) für Declamation etc. etc. ‹(I Im Dom. II)› (I. Die Prozession. – II. Im Dom. – III. Im Kämmerlein.). – Daß Ihnen mein Opus gefällt, freut mich riesig, u. daß die Erstaufführung von *Ihnen* gebracht wird, der mir mit der Wiedergabe meiner Compositionen jedesmal die reinste Freude bereitet hat, betrachte ich als ein besonderes Glück! – Herzlichst
Ihr F. Klose»

Die Probenarbeit mit dem vollständigen Material kann nicht allzu lange gedauert haben, was um so erstaunlicher ist, als auch hier ein gewaltiger Apparat aufzustellen war. Einer Notiz Andreaes auf einer Mitteilung Kloses vom 17. März zufolge war für die insgesamt drei Chöre – auf dem Podium, bei der Orgel und außerhalb des Saales – die stattliche Zahl von über sechshundert Sängern geplant. Andreae standen dafür der Gemischte Chor, der Häusermannsche Privatchor, der Sängerverein Harmonie sowie Knabenstimmen unter der Leitung von Josef Castelberg zur Verfügung. Gerade dieses große Aufgebot scheint dem Werk jedoch eher geschadet zu haben. Ernst Isler berichtet: «Die ganze Orchesterpartie des dritten Teiles hat das Gepräge von Gelegenheitsmusik, zum mindesten von theatralischem Arrangement, die ich dem feinen Musiker in Klose kaum zugetraut hätte. ... Die Wirkung des Melodrams war eine schöne, stand jedoch nicht im Verhältnis zu den aufgewendeten Mitteln, das Werk selbst dürfte im Schaffen des vornehmen Komponisten von untergeordneter Bedeutung bleiben.»[21]

★ ★ ★

Ein Licht auf den gesuchten, sich aber nur in sehr beschränktem Rahmen zur Verfügung stellenden Lehrer Klose werfen die beiden folgenden Briefe, deren erster zudem – neben einer kurzen Mitteilung aus dem Jahre 1920 – das einzige Schreiben Andreaes ist, das sich im Klose-Nachlaß der Basler Universitätsbibliothek findet. Zugleich wird dadurch die Erinnerung an den früh erfolgreichen, später vor allem durch die Gründung der Konzertgesellschaft und des Collegium Musicum um das Zürcher Musikleben hochverdienten Walter Schulthess lebendig.

Zürich 2 den 26. VIII. [19]15.

«Mein lieber Freund!

Am nächsten Samstag oder Sonntag wird Sie der Bruder von Bundesrat Schulthess, Prof. Dr. Schulthess aus Zürich besuchen, um mit Ihnen über den jungen Walter Schulthess zu sprechen. Walter war mein Schüler. Mein Militärdienst hat aber in seinem Studium arge Lücken hinterlassen, und da ich im Winter wieder einrücken muß, so schicke ich ihn nach München zu Ihnen. Die Variationen op. 1 wurden am deutschen Tonkünstlerfest in Essen gemacht, neuere Klavierstücke am schweiz.[erischen] Feste in Thun. Schulthess ist *sehr* begabt. Ihm fehlt aber ein gründlicher *Contrapunktunterricht*. Da sollten Sie fest ansetzen. Am besten mit Privatstunden (Schulthess ist sehr gut situiert.) Er sollte bei Ihnen *privat* 1–2 Stunden wöchentlich nehmen und zwar ausschließlich Contrapunkt und Formenlehre, nebenbei bei einem guten Lehrer Klavier.

Alles andere ist erledigt. Ich glaub[e], daß Sie in *einem* Jahre Walter Schulthess fertig ausbilden könnten, da schon sehr vieles da ist, und er außerordentlich begabt ist. Walter ist nicht leicht zu behandeln, sehr gut erzogen aber man muß ihm imponieren, und da sind Sie der einzige, den ich wüßte. Sagen Sie bitte zu, denn es handelt sich um ein bedeutendes Talent. – Wie gesagt, der Vater wird zu Ihnen reisen, um mit Ihnen über alles Nähere Rücksprache zu nehmen.
Wann werden wir uns wieder einmal begegnen? Es wäre so nett, wieder einmal zusammenzukommen. Wollen Sie nicht einmal in Zürich ein paar Züge überspringen? Das Gastzimmer ist immer bereit. Also kommen Sie doch einmal!
Mit den herzlichsten Grüßen, auch an Ihre Frau
Ihr Volkmar Andreae.»

Handschriftlich notierte Klose auf diesem Schreiben: «Empfehle Courvoisier und Schmid-Lindner»; der entsprechende Brief lautet *(Nr. 912):*
Thun, den 29. VIII. [19]15

«Lieber Freund,

Heute Morgen waren Herr u. Frau Prof. Schulthess bei mir. Nachdem ich ihnen mitgeteilt, daß ich leider von der Gepflogenheit, keine Privatstunden zu geben, nicht abgehen könne, weil ich sonst in erster Linie frühere Anfragen berücksichtigen müßte, schlug ich Courvoisier[22] als Lehrer für den jungen Schulthess vor, wenngleich ich aus den Gesprächen glaubte entnehmen zu sollen, daß Sie gegen diese Wahl Bedenken haben. Ich kann Sie aber versichern, daß Courvoisier *ein ganz vorzüglicher Lehrer ist,* u. daß bei ihm der junge Mann, sofern er den wirklichen Willen hat, gründliche Kontrapunkt-Studien zu machen, das lernen wird, was ihm fehlt. Ich sehe dabei voraus, daß Walter Schulthess die Einsicht von der Notwendigkeit der umfassenden Beherrschung des Kontrapunktes besitzt u. sich dessen bewußt ist, daß diese die Freiheit in der Komposition nicht nur nicht beeinträchtigt, sondern fördert, wie auch, daß Formenlehre keine starre Disciplin ist, sondern den Sinn für das Architektonische in der Kunst zu erweitern sich bestrebt, somit geradezu zur Anregung wird, für neuen Inhalt neue Gestaltung zu finden. Daß Braunfels[23] im Militärdienst ist, ist schade, ich hätte sonst ihn in Vorschlag gebracht. Daß ich den jungen Schulthess, wenn er sich entschließen sollte zu

Courvoisier zu gehen, gerne im Auge behalten würde, habe ich seinen Eltern zugesagt.

Wegen des Klavierunterrichtes rate ich entschieden zu Schmid Lindner[24]. Die Schüler von Schwartz[25] spielen mir zu maniriert. Ich hörte diesen Winter von einem solchen eine Beeth.[oven-]Sonate in einer mich geradezu empörenden Süßlichkeit. Für das Klavier schlage ich den Unterricht an der Akademie vor der Aneiferung wegen durch das Konkurrieren mit anderen Schülern, deren Schmid Lindner einige ganz hervorragende hat, dann auch wegen der Fühlung mit dem Anstaltsorchester und der verschiedenen, wenn auch nicht zahlreichen Vergünstigungen unserer Studierenden.

Daß ich Ihnen gerne den Gefallen erwiesen hätte, Schulthess als Privatschüler anzunehmen, dürfen Sie überzeugt sein, daß es aus obigem Grunde nicht möglich ist, bedaure ich selbst auf's Lebhafteste.

Den freundlichen Hinweis auf das immer bereite Gastzimmer nehmen wir für ein anderes Jahr gerne ad notam. Heuer erwarten wir selbst noch verschiedene Gäste, unter die wir Sie auch einmal zählen zu dürfen hoffen.

Mit den herzlichsten Grüßen von uns Beiden an Sie und Ihre Frau
                              Ihr F. Klose»

Weitere Aufführungen von Werken Kloses unter Andreaes Leitung seien nur noch kurz gestreift. Am 19. Mai 1916 ist in einem Brief Kloses erstmals von dem Oratorium die Rede, das später zu besonderem Ansehen gelangen sollte: «Vor längerer Zeit berichtete mir Schulthess, daß Sie sich für mein neues Chorwerk ‹Der Sonne-Geist› interessieren. Nun hätte ich Ihnen schon längst einen Bescheid zukommen lassen, wenn sich das Opus nicht ganz anders auswüchse, als ich anfangs gedacht hatte. Es weitet sich nämlich allmählich zu einem abendfüllenden Oratorium aus, dessen Fertigstellung mir sicherlich den Sommer über zu tun giebt. Wenn Sie sich dann für die Sache noch interessieren, lege ich sie Ihnen mit Vergnügen vor, denn ich glaube, sie wäre etwas für Zürich, für Ihren großen, famosen Chor und für Sie!» Der Text zu dem Werk, der von Widerstreit und mystischer Verbindung von Erde und Himmel handelt, stammt von Alfred Mombert, die Komposition in ihrer lichten Grundhaltung läßt erkennen, daß Klose gegenüber der Zeit seiner Symphonischen Dichtung jetzt in der Tat «anders empfand». Die Uraufführung des Oratoriums fand dann allerdings nicht in Zürich, sondern am 2. März 1918 unter Hermann Suters Leitung in Basel statt[26], und erst im Spätherbst 1921 war es dann auch in Zürich zu hören. Klose dankte für die Wiedergabe mit der folgenden Karte *(Nr. 927):*

z. Z. Karlsruhe, 26. Dez.[ember] 1921.
«Lieber Freund!
Ich denke, Sie halten beim Empfang dieser Zeilen mich nicht für einen der Verrückten, die auf den ersten Januar an Gott u. die Welt eine mehr oder weniger schwungvolle Variierung des Themas: p. f. senden, wenngleich ich, da sich's nun einmal gerade so trifft, Ihnen u. Ihren Lieben für's neue Jahr in unser Beiden Namen alles Gute wünsche. – Nein, was mich heute veranlaßt, Ihnen zu schreiben, das ist, meiner Freude nochmals Ausdruck zu verleihen über die famose Aufführung meines ‹Sonne-Geist› unter Ihrer prächtigen, das Wesen des Werkes voll zur Geltung bringenden Leitung. Sie haben damit meinem ablaufenden Musikanten-Jahr einen frohen Ausklang bereitet, der noch lange in mir nachhallend ebensowenig vergessen werden wird, wie die wundervolle Wiedergabe, die meine Messe seinerzeit durch Sie erfuhr u. mir als eines meiner schönsten Komponisten-Erlebnisse in ungeschwächt beglückender Erinnerung haftet. – Für all das, nicht zuletzt auch für die warmen Worte, mit welchen Sie nach dem Konzert den Versammelten mein künstlerisches Schaffen begreiflich machten, mein Schaffen, das von jeher stets ein inneres Müssen war u. mich nun auch einmal auf den Weg des Schriftstellers drängt, – für all das möchte ich Ihnen von Herzen danken u. bin mit vielen schönen Grüßen von uns beiden an Sie u. Ihre Lieben allzeit Ihr getreuer

F. Klose»

Klose hatte sich zu dieser Zeit vom Komponieren und vom Unterrichten bereits völlig zurückgezogen und war dabei, seine Erinnerungen und Betrachtungen zu schreiben. Einige Jahre später siedelte er sich im Tessin an, das er durch Andreae kennen und lieben gelernt hatte, zuletzt in Ruvigliana, wo er 1942 kurz nach seinem achtzigsten Geburtstag starb. Noch zwei Zürcher Klose-Aufführungen der dreißiger Jahre bleiben indes zu erwähnen: Andreaes Aufführung der ersten zwei Sätze aus der Symphonischen Dichtung *Das Leben ein Traum* zu Kloses siebzigstem Geburtstag 1932 und die Wiedergabe von *Präludium und Doppelfuge* für Orgel und Blechbläser anläßlich des Bruckner-Festes von 1936. Diese 1907 entstandene Arbeit des ehemaligen Schülers des Gefeierten hier zu berücksichtigen, war um so sinnvoller, als Klose dem Werk ein Thema zugrundegelegt hatte, an das er sich aus einer Orgelimprovisation Bruckners erinnerte. Zur geplanten Zürcher Aufführung schrieb er Andreae am 6. Juni 1936: «Nun hätte ich noch eine Bitte pro domo. Der Bläserchor am Schlusse meiner Orgelfuge ist nicht als Kontrast zum Orgelklang gedacht, vielmehr soll er so wirken, als würden noch mehr Register gezogen. Darum sollten die Bläser nicht die Aufmerksamkeit auf sich lenken, wie es geschieht, wenn man sie vor dem Einsatz ihr Instrument zur Hand nehmen läßt. Es wäre darum gut, wenn sie unsichtbar für's Publikum aufgestellt würden.»

Immer wieder stellt sich so bei Klose die Frage nach der Grenze zwischen künstlerischer Wirkung und bloßem Effekt: das Ein- und Ausläuten im *Vidi aquam,* die Illusion der herannahenden und fortziehenden Prozession in der *Wallfahrt nach Kevlaar* und die hier durch den Bläserchor beabsichtigte Wirkung einer ‹Überorgel› sind nur wenige Beispiele dafür. Daß Klose, der die Komposition in einem Lisztschen Sinne als Vermittlung geistiger Inhalte verstand, tiefe Wirkung erzielen wollte und keineswegs bloß äußern Effekt, muß ihm ebenso zugute gehalten werden wie sein unleugbar großes handwerkliches Können. Dies dürfte Andreae in besonderem Maße erkannt haben. Daß Klose hingegen in einer Zeit, da die Orientierung am einstigen kühnen Neuerer Liszt Neuheit nicht mehr gewährleistete, zu einem Späten und Verspäteten wurde, bleibt seine Tragik.

ANMERKUNGEN

1 Volkmar Andreae, «‹Das Leben ein Traum›, von Friedrich Klose», *Neue Zürcher Zeitung,* 129. Jg, Nr. 344 vom 11. Dezember 1908.
2 *NZZ,* 129. Jg, Nr. 352 vom 19. Dezember 1908.
3 Friedrich Hegar, «Kloses Männerchöre», *Neue Musik-Zeitung* 39 (1918), Klose-Heft, 249.
4 Hans Reinhart, «Die Uraufführung von Friedrich Kloses Chorwerk ‹Ein Festgesang Neros›», *Schweizerische Musikzeitung* 53 (1913), 115.
5 Friedrich Klose, *Meine Lehrjahre bei Bruckner. Erinnerungen und Betrachtungen,* Regensburg 1927, 455 (*Deutsche Musikbücherei* 61).

6 Klose, *Lehrjahre,* a.a.O., 456.
7 Andreae, *NZZ,* a.a.O.
8 Ebd. – Kloses erster Lehrer war der in Karlsruhe tätige Vincenz Lachner, Bruder von Franz und Ignaz.
9 F. Klose, «Mein künstlerischer Werdegang», *Neue Musik-Zeitung* 39 (1918), 236 – wieder abgedruckt in: *Friedrich Klose zum 80. Geburtstag,* Lugano 1942.
10 Klose, *Lehrjahre,* a.a.O., 222 f.
11 Ernst Isler, *Das Zürcherische Konzertleben seit der Eröffnung der neuen Tonhalle 1895. Erster Teil (1895–1914),* Zürich & Leipzig 1935, 39 *(123. Neujahrsblatt der Allgemeinen Musikgesellschaft in Zürich).*
12 Rudolf Louis, *Friedrich Klose und seine symphonische Dichtung «Das Leben ein Traum»,* München & Leipzig 1905.
13 Als Sprecher wirkte ein Dr. Hassler aus Berlin mit.
14 Ernst Possart, der damals wohl gefeiertste Spezialist für das Melodram; bei anderer Gelegenheit sagt Klose von ihm: «er ist zwar ein gräßlicher Komödiant, aber zur Musik sprechen kann er doch wie keiner» (Brief an Andreae vom 15. April 1910).
15 Andreae, *NZZ,* a.a.O.
16 *NZZ,* 129. Jg, Nr. 355 vom 22. Dezember 1908.
17 Im II. Satz heißt es einmal: «Das Glockenspiel darf durchaus nicht hervortreten; es dient lediglich dazu, den Holzbläsern einen sinnlicheren Klangreiz zu verleihen», und ähnlich im Trauermarsch des III. Satzes: «Das Tamtam darf durchaus nicht hervortreten, es dient nur dazu, den Harfen einen glockenähnlichen Klang zu verleihen.»
18 Vgl. die «Fest-Nummer» der *Allgemeinen Musikzeitung* 37 (1910), 486 und zu Kloses Werk 515 f.
19 So ertönt unter anderem mehrmals, von einem außerhalb des Saals einmal näher, einmal ferner aufgestellten Chor die Weise «Maria zu lieben ist allzeit mein Sinn». Nach den letzten Versen des Melodrams («Die Mutter faltet die Hände, ihr war, sie wußte nicht wie, andächtig betet sie leise: Gelobt seist du Marie!») bildet das Lied auch den Schluß des Werks. Dazu vermerkt Klose in der Partitur: «Bei der Intonation des Folgenden ist der äußere Chor ziemlich weit weg vom Konzertraum aufgestellt und entfernt sich während des Singens immer mehr, sodaß das letzte ‹Amen› vollständig verklingt. Der Zuhörer soll glauben, den in der Ferne sich verlierenden Gesang der heimwärtsziehenden Prozession zu vernehmen.»
20 Der Sprecher war Paul Seidler aus Zürich; andere melodramatische Werke standen nicht auf dem Fest-Programm.
21 Ernst Isler, «Das 46. Tonkünstlerfest des allgemeinen deutschen Musikvereins in Zürich», *Schweizerische Musikzeitung* 50 (1910), 251.
22 Walter Courvoisier, geboren 1875, Schweizer Komponist, war seit 1910 Lehrer an der Münchner Akademie und wurde dort 1919 Kloses Nachfolger.
23 Walter Braunfels, 1882–1954, deutscher Komponist und Pianist.
24 August Schmid-Lindner, geboren 1870, Schüler Rheinbergers, galt als einer der ersten Vorkämpfer der Regerschen wie überhaupt der zeitgenössischen Klaviermusik.
25 Heinrich Schwartz, geboren 1861, gleichfalls Schüler Rheinbergers, war seit 1885 Klavierlehrer an der Münchner Akademie und seit 1900 Bayrischer Hofpianist.
26 Suter ist auch der Verfasser einer kurzen Werkeinführung, *Neue Musik-Zeitung* 39 (1918), 250 ff. – wieder abgedruckt in: *Friedrich Klose zum 80. Geburtstag,* Lugano 1942, 51 ff.

Alfred Zimmerlin

ARNOLD SCHÖNBERGS «GURRELIEDER» – EINE IN ZÜRICH GEPLANTE AUFFÜHRUNG

Arnold Schönbergs «Gurreliedern» liegt der um 1868 verfaßte Gedichtzyklus «Gurresange» des Dänen *Jens Peter Jacobsen* (1847 bis 1885) zugrunde, der in die Rahmenhandlung von Jacobsens Novelle «En cactus springer ud» eingebettet ist. 1899 erschien die erste deutsche Übersetzung dieses Werkes von *Robert Franz Arnold* (ein Pseudonym des Wiener Philologen und Schriftstellers Levison, 1872–1938). Gleich nach dem Erscheinen komponierte Schönberg – aus Anlaß eines Kompositionswettbewerbes des «Tonkünstler-Vereins» – eine Auswahl von Gedichten für Gesang und Klavier. Der Plan einer Vertonung des ganzen Gedichtzyklus jedoch ließ den Umfang des Werkes ins Oratorienhafte anwachsen; es entstand ein Werk in drei Teilen mit einem Nachspiel für fünf Soli, Sprecher, drei vierstimmige Männerchöre, einen achtstimmigen gemischten Chor und großes Orchester[1]. In einem Brief vom 24. Januar 1913 an Alban Berg schreibt Schönberg zur Chronologie des Werkes[2]: «Im März 1900 habe ich den I. und II. Teil und vieles aus dem III. Teil komponiert. Darauf lange Pause, ausgefüllt mit Operetteninstrumentation. März (also anfangs) 1901 *Rest vollendet!* Dann Instrumentation im August 1901 begonnen (wieder durch andere Arbeiten verhindert, denn ich bin ja immer am Komponieren verhindert worden). In Berlin Mitte 1902 fortgesetzt. Dann große Unterbrechung wegen Operetteninstrumentationen. 1903 zuletzt daran gearbeitet und fertiggestellt bis zirka Seite 118 [der Partitur, entspricht Seite 105 des von Alban Berg hergestellten Klavierauszuges]. Daraufhin liegen gelassen und ganz aufgegeben! Wieder aufgenommen Juli 1910 (in Wien). Alles instrumentiert bis auf den Schlußchor, den vollendet in Zehlendorf [Berlin] 1911. – Die ganze Komposition war also, ich glaube, im April oder Mai 1901 vollendet. Bloß der Schlußchor stand nur in einer Skizze da, in der allerdings die wichtigsten Stimmen und die ganze Form bereits vollständig vorhanden waren. Instrumentationsanmerkungen waren in der ursprünglichen Komposition nur ganz

wenige notiert. Ich notierte damals derartiges nicht, weil man sich ja den Klang merkt. Aber auch abgesehen davon: man muß es ja sehen, daß der 1910 und 1911 instrumentierte Teil im Instrumentationsstil ganz anders ist als der I. und II. Teil. Ich hatte nicht die Absicht, das zu verbergen. Im Gegenteil, es ist selbstverständlich, daß ich zehn Jahre später anders instrumentierte...»
Die vollendeten «Gurrelieder» wurden am 23. Februar 1913 im Großen Musikvereinssaal in Wien uraufgeführt. Die Leitung der Aufführung hatte Franz Schreker inne, und neben dem verstärkten Wiener Tonkünstlerorchester, dem Philharmonischen Chor und dem Wiener Kaufmännischen Gesangverein wirkten Martha Winternitz-Dorda (Tove, Sopran), Marie Freund (Waldtaube, Alt), Hans Nachod (Waldemar, Tenor), Alfred Boruttau (Klaus Narr, Tenor), Alexander Nosalewicz (Bauer, Baß) und Ferdinand Gregori (Sprecher) mit. Die Aufführung wurde zu einem außerordentlichen Publikumserfolg. David Josef Bach[3] schrieb in der Wiener «Arbeiter-Zeitung» vom 28. Februar 1913: «Die Ergriffenheit der Hörer entlud sich in minuten- und viertelstundenlangem Jubel. Der war echt, mag sich auch mit diesem oder jenem Besucher der falsche Ton des Snobismus eingeschlichen haben. Was tut's? Schönberg hat lange genug nach Anerkennung gedürstet, um mit der Süßigkeit des Erfolges nicht auch ein bißchen unschädliches Gift mitschlürfen zu dürfen.»
Die Erstaufführung der «Gurrelieder» in Zürich war für den 4. und 5. November 1918 geplant. Die NZZ berichtet am 30. September 1918: «Ein musikalisches Ereignis verspricht das dritte Konzert (4. und 5. Nov.) zu werden, das mit den ‹Gurreliedern› des viel angefeindeten Wieners Arnold S c h ö n b e r g bekannt machen soll, unter Leitung des Komponisten und unter Mitwirkung einer Reihe namhafter Solisten sowie des Gemischten Chors und des Männerchors Zürich.» Die Grippeepidemie der Jahre 1918 und 1919 verunmöglichte jedoch diese Aufführung; ein Versammlungsverbot verhinderte die Chorproben. «Die herrschende Grippe-Epidemie hat auch am General-Programm der Abonnementskonzerte eine Umstellung notwendig gemacht. Durch vorläufige Einstellung der Chorproben ist den mitwirkenden Vereinen Gemischter Chor und Männerchor die Vorbereitung von Schönbergs ‹Gurreliedern›, die einen großen Apparat sowohl im Orchester- als im Chor- und Solistenpart erfordern, auf die vorgesehenen Tage vom 4. und 5. November verunmöglicht worden. An die

Stelle dieses abendfüllenden Werkes, dessen Aufführung nunmehr für den 17. und 18. März 1919 in Aussicht genommen ist, tritt das Programm des III. Abonnementskonzertes [...]»[4]. Auch am Verschiebedatum vom 17. und 18. März 1919 kam die Aufführung nicht zustande.
Hier nun Arnold Schönbergs Briefe an Andreae zur geplanten Zürcher Aufführung:
(Nr. 1346)
Arnold Schönberg
Mödling bei Wien
Bernhardg[asse] 6. – Tel. 118.   6. VI. 1918

    Sehr geehrter Herr, durch Dr. Bach[3] erfuhr ich, dass die Aufführung meiner Gurrelieder in Zürich nunmehr beschlossen ist. Von dieser und anderen Seiten hörte ich auch, dass Sie dem Werk (wenn es auch ein Jugendwerk ist, so steht es mir doch nah; näher, als ich ihm) freundliches Interesse entgegenbringen, was mich außerordentlich freut. Ich glaube auch unter diesen Umständen auf Ihr freundliches Entgegenkommen rechnen zu dürfen, wenn ich – sie kennen ja wohl alle «Komponisten-Wünsche» – Ihnen Fragen stelle und Wünsche äußere, denen zu genügen Schwierigkeiten macht. Und da ich von Ihrer künstlerischen Person und bei Ihrem Ruf erwarte, dass ich mit einer guten Aufführung rechnen darf, bin ich überzeugt, Sie auch dort auf meiner Seite, mich unterstützend zu finden, wo Komponisten und Konzertarrangeure sich stets befehden.
Ich möchte vor allem über die Proben sprechen. Davon hat mein Freund Dr. Bach scheinbar nichts gesagt.
Nach meiner <u>Erfahrung</u> ist das Werk von einem sehr guten Orchester nicht unter 12 Proben zu machen. Wenn Sie die Partitur sehen werden, werden Sie mir glauben. Vorher nimmt natürlich jeder an, dass der Komponist selbst ein schlechter Dirigent ist, und jeder gute es in der Hälfte der Proben herausbrächte. Ich habe aber – obwohl ich mich was Routine anbelangt natürlich nicht mit den berühmten Dirigenten zu messen vermöchte – ich habe also, aber dennoch nur allzuoft erlebt, dass diese berühmten Dirigenten, wenn sie bei meinen Werken weniger Proben gemacht haben, eine Aufführung erzielten die <u>nicht besser</u> war als ich sie mit der gleichen Probenzahl gemacht hätte. Und wenn einer eine gute machte, so hatte er soviel oder mehr Proben, als ich. Speziell die Gurrelieder sind schon durch ihre Länge –

3 Stunden Musik! – ein schwieriges Werk. Und man muss nicht glauben, dass die Schwierigkeiten bei einem erstklassigen Orchester wesentlich geringer werden – dort wird eben nur die <u>Aufführung besser!</u> Zum Beispiel waren dem herrlichen, erstklassigen Amsterdamer Konzert-Gebouw-Orchester ganz die selben Sachen schwer, wie dem Leipziger Winderstein-Orchester: schwere Rhythmen, Intonation, Dynamik etc. Das bleibt sich überall gleich. Ich bitte Sie also herzlichst, nehmen Sie das für wahr, wenn ich nochmals sage: ich glaube, es sind mindestens 12 Proben nötig.

Ich bitte Sie nun, mir mitzuteilen, wie man sich bei Ihnen dazu verhält und wäre Ihnen sehr dankbar, wenn Sie mir gleich einen Probenplan senden könnten. Ich halte es für unerlässlich die Streicher, Holz-, Blechbläser, Harfen und Schlagwerk in (5!) selbständigen Gruppen durchzunehmen. Um mit jeder Gruppe <u>einmal</u> durchzukommen braucht man für <u>jede Gruppe</u> drei Proben. Ich glaube nicht, dass es mit weniger geht. Um dann einmal mit dem vollen Orchester durchzukommen, sind weitere 3 Proben nötig. Dann braucht man wenigstens 3–4 Proben, um einige unsäglich schwierige Stücke einzustudieren.

Ich lege diesem Brief einige Bogen bei, die ich seinerzeit dem Dr. Bach mitgegeben hatte und wäre Ihnen sehr dankbar, wenn Sie davon Kenntnis nehmen wollten.

Insbesondere möchte ich Sie auf meinen Vorschlag aufmerksam machen, dass man mit den «Verstärkungs-Musikern» probiert bevor man sie zu dem regulären Orchester dazunimmt. Das kann Proben ersparen. Sogar in Amsterdam waren die verhältnismäßig viel schwächer, als das übrige Orchester.

Ferner wäre ich Ihnen sehr dankbar, wenn Sie veranlassen könnten, dass man mir einen genauen Plan des Saales mit den Maßen des Podiums und den Möglichkeiten zu dessen Vergrößerung zuschickte. Was den Chor anbelangt, so möchte ich Sie auf eine Stelle aufmerksam machen, wo es sehr schwer ist die Intonation rein zu erhalten: Seiten 180–183 des Klavierauszugs[5]. In Wien hat man meinem Rat nicht gefolgt und trotz unsäglicher Mühe keinen guten Erfolg erzielt. In Leipzig habe ich es selbst folgendermaßen gemacht: Alle Stimmen äußerstes ppp und sehr streng rhythmisch; ohne viel Ausdruck. Dagegen immer diese Stimmen, welche die 4 Noten

haben, etwas hervortretend und mit einem ziemlichen Crescendo. So ist es auch instrumentiert und der Chor hat da guten Anhalt.

Ich bitte Sie sehr, ganz über mich zu verfügen; ich werde immer schleunigst antworten, wenn Sie Auskunft wollen. Ich kenne die Schwierigkeiten, auch die des Chors sehr gut, da ich viele Proben selbst dazu gehalten habe.

Ich bitte Sie mir auch mitzuteilen, wieviele Proben Sie vor meinem Eintreffen halten wollen. Jedenfalls möchte ich erwähnen, dass wenn 12 Proben angesetzt sind ich gerne 7–8 selbst halten möchte.

Ich hoffe bald Ihre Antwort zu erhalten, freue mich sehr auf die gemeinsame Arbeit und empfehle mich in vorzüglicher Hochachtung ergebenst

Arnold Schönberg

[Beilage zum Brief vom 6. Juni 1918:][6]

I. Termine

1. Erste Aufführung   wo: wann: ⎫
   Zweite   "   "   "   ⎬ 3×[7]
   Dritte   "   "   "   ⎭

   Erste Generalprobe   wo: wann:
   Zweite   "   "   "
   Dritte   "   "   "

   entweder Anfang Oktober oder frühestens Ende December

II. Besetzung[8]

A) Orchester

18–20 I. Geigen	8 Flöten	4 Piccolo (auch Fl. [)]
18–20 II. "		4 Flöten (auch Pic)
14–16 Bratschen	5 Oboen	(2 davon E.H.)
14–16 Vcll[9]		(2 davon auch Es.)
10–12 Kbs	7 Klar	(2 davon auch Bss)
	5 Fg	2 " Ktr Fg

|74–84| |25| 168

Probenanweisungen Arnold Schönbergs *(Teil der Beilage zu Nr. 1346)*

III. Proben

NB: Das Werk dauert, ohne [...]
3 (drei) Stunden

A) Orchesterproben

3 geteilt { 3 mal Streicher allein mit Harfen u. Celesta
        3 " Holzbläser "
        3 " Blech " mit Schlagwerk

vorher 3–4 Proben mit den
Verstärkungsmusikern
1 Probe mit Schlagwerk
1 " mit Harfen u. Celesta

9 Rollproben
—————————
12 Proben

Probendisposition: I. 3–4 Proben mit Hauptstreichern
                 1. " Harfen u. Celeste
                 1. " Schlagwerk

(1.2.3.) 3 Proben   II. 3 mal Streicher mit Harf u. Cel:
                3 mal Holz } das Ganze
                3 " Blech mit Schlag   zum 1. mal durch

[4.5.6] 3 "   III. 3 Roll-proben   " " 2. " "

      3. "   IV. Studium der Specialstücke (besonders
[7.8.9.]   1. "Wenn des Mondes..." schwierige Stellen
                2. "Ross mein Ross..."
                3. "Sterne leuchten..."
                4. "Zwischenspiel
                5. "Waldtaube
                6. "Herrgott..."
                7. "Erwacht..."
                8. "Unterhaltung — Bauer u. Waldtaube
                9. "Männerchor
               10. "Klaus Narr (Anfang zu)
               11. "Seenge Lichter
               12. "Melodram

[10.]   1 "   V. Sängerproben u. Chor
        1 "   Waldemar   zum 3. Mal durch
[11.]   1 "   Tove, Waldtaube, Klaus Narr
[12.]   1 "   Melodram, Bauer, Chor
       ——
       12 "   Generalprobe.

Chorproben   mit Klavier

Voraussetzung: Tadellose Einstudierung, genaue Rhythmik u. Dynamik

gem. Chor: 4–6 Proben unter meiner Leitung

Männerchor   ca 6 Proben   "   "   "

1 Probe (12. Orchesterprobe) Gesktör mit Orchester (1–1½ Stunden)

―O―

) Längerproben   mit Klavier

  Waldemar   mindestens   3
  Tove   "   1–2
  Waldtaube   "   1–2
  Klaus Narr   "   1–2
  Bauer   "   1
  Sprecher   "   2–3

―O―

Anmerkungen zu den Orchesterproben: Chorproben
Fragen:

1. Wie lange darf 1 Orchesterprobe dauern?   Wie lange 1 Männerchor } Probe?
                                               "   "   1 gem. Chor

2. Was für Pausen ist in der Probe üblich?

3. Ich fordere eine gute Orchesterdisziplin. Ich
verlange von den Musikern nichts Unzulässiges (alles
bei ihnen bekannthalb nicht übliches Gebräuche) muss aber
fordern ihre Aufmerksamkeit u. nit Ruhe, inter-
nusten aber ihre Ernst bitten.

4. Die Orchesterproben sollen womöglich so
gelegt werden, dass ich sie in ca 14 Tagen er-
ledigen kann. Wenn ich an einem Tag mehrere oder viele Solistenproben halten, bekomme ich

4. ganz gut 2 Proben (ca 6 Stunden) halten.

5. Zwischen 12. Probe und Generalprobe erbitte ich einen Abstand von ~~mindestens einem halben~~ 1/2 - 1 Tag, sodaß man womöglich noch Zeit hat mit Sängern ein bis ehen zu praktizieren.

6. Zwischen der 9. u 10 Probe möchte ich auch einen halben, womöglich einen ganzen Tag Pause haben.

6. ~~7.~~ Ich bitte ~~aber~~ mir sobald wie möglich einen genauen Probeplan, sowol für Chor, als auch für Orchester vorzulegen

~~5.~~ Nach der ~~3.~~ 3. Probe eine Pause von 1/2 - 1 Tag wünsche
  " der   6.   "   "   "   "   " - 1 "   "
  "   "   9.   "   "   "   "   " - 1 "   "
  "   "   12.   "   "   "   "   " - 1 "   "

(um zu Chorproben, Retouschen, Sänger proben und Sprechstunde Zeit zu finden; auch um sich essentiell aus zu ruhen)

7.) Wenn ich mit Harfen und Schlagwerk Specialproben halten kann, so ist es möglich, daß sie bei den Gesammtproben frühzeitig entgehen können.

V. Anmerkungen und Fragen zur Orchester besetzung

1. Von den Holz-, Blech-, Schlag- Instrumenten und Harfen, darf kein einziges weggelassen werden.

2. Was die Streicher anbelangt, so bitte ich womöglich die höhere Zahl zu erreichen. Die ist, wie die Besetzung zeigt, durchaus nötig.

~~3.~~ ~~4.~~ 5. Ich bitte aber, sich davon zu überzeugen, daß nur solche Herstellung mit sicheren angezeigt werden, die wirklich ihr Instrument spielen können.

~~3~~ Von den Kontrabäßen bitte womöglich die Hälfte mit C-Saiten (5 saitig) — 4. Bei allen Proben alle Instrumente Dämpfer

10 Hörner   2 davon Es-Tenor Tuben
            2   "   B-Bss   "
7 Trp (F B C)   1 davon Bss Trp Es

| 8 Posaunen | 1 davon Alt |
| 1 " Baß Pos in Es |
| 1 " Ktrbss Pos in C |
| 1 "   "   Ta in C |

25

4 Harfen
1 Celesta

5   6–8 Mann Schlagzeug

135–147 Mann

so notieren¹⁰
1 Alt   Zug Posaune!
4 Ten. Bss   "   "   !
1 Bass   "   "   !
1 Ktrbass   Pos
1 Ktrbass   Ta
―
8

B) Chöre
   1. Männerchöre
   360–400 Mann in 4 Chöre eingeteilt
   2. Frauenstimmen
   240–400 Stimmen

C) Solisten
   Helden Tenor (Waldemar)
   Jugendl. Helden Sopran (Tove)
   Dramat. Mezzo Sopran oder Alt (Waldtaube)
   Bass-Bar (Bauer [)]
   Buffo Tenor (Klaus Narr [)]
   Sprecher

III. <u>Proben</u>   NB: Das Werk dauert, ohne Pausen
         3 (drei) Stunden[11]

A) <u>Orchesterproben</u>[12]

Probendisposition: I. 3–4 Proben mit Verstärkungen
               1   ”   Harfen u. Celesta
               1   ”   Schlagwerk

(1.2.3.) 3 Proben   II. 3 mal Streicher mit Harf
                        u. Cel.   ⎫   das Ganze
                        3 mal Holz ─────────   ⎬   zum <u>1. mal</u>
                        3 mal Blech mit Schlag.   ⎭   durch

4.5.6. 3 ”   III. 3 Voll-Proben   ” 2. ”   ”

7.8.9. 3 ”   IV. Studium der Specialstücke[13]
                        (besonders schwierige Stellen und Stücke)
                         1. «O wenn des Mondes...»
                         2. «Ross mein Ross...»
                         3. «Sterne leuchten...»
                         4. «Zwischenspiel»
                         5. Waldtaube
                         6. «Herrgott...»
                         7. «Erwacht...»
                         8. Ueberleitung – <u>Bauer</u> und Ueberleitung
                         9. Männerchor
                        10. Klaus Narr (Geigenfigur)
                        11. Strenger Richter
                        12. Melodram

                     V. Sängerproben und Chor
10. 1 ”   Waldemar
11. 1 ”   Tove, Waldtaube, Klaus Narr
12. 1 ”   Melodram, Bauer, Chöre   zum 3. Mal
                                                        durch
──────────── ─────────────────────────
     12   ”   Generalprobe

B) <u>Chorproben</u>   <u>mit Klavier</u>
   Voraussetzung: Tadellose Einstudierung, genaueste Rhythmik
   und Dynamik

gem. Chor: 4–6 Proben unter meiner Leitung
Männer Chor: ca. 6 Proben   "   "   "
1 Probe (12. Orchesterprobe) Chöre mit Orchester (1–1½ Stunden)

C) Sängerproben   mit Klavier
   Waldemar   mindestens 3
   Tove   "   1–2   mit Orchester:
   Waldtaube   "   1–2   siehe
   Klaus Narr   "   1–2
   Bauer   "   1
   Sprecher   "   2–3

IV. Anmerkungen ⎫ zu den Orchesterproben: | Chorproben
    Fragen   ⎭

1. <u>Wie lange</u> darf 1 Orchester Probe dauern? | Wie lange 1 ⎫
2. Was für <u>Pause</u> ist in der Probe usuell? | Männerchor ⎬ Probe?
3. Ich fordere eine gute <u>Orchesterdisziplin</u>. | "   "   1 ⎪
   Ich verlange von den Musikern nichts Un- | Gem. Chor ⎭
   gebührliches (bitte dafür um Bekanntgabe
   wohl üblicher Gebräuche) muss aber besonders um Aufmerksamkeit und Ruhe,
   insbesondere aber um Ernst bitten.
4. Die Orchesterproben sollen womöglich so
   gelegt werden, dass ich sie in ca. 14 Tagen
   erledigt haben kann. Wenn ich an einem
   Tag nicht Chor oder viele Solistenproben
   halte, so kann ich ganz gut 2 Proben (ca. 6
   Stunden) halten.
5.[14] Nach der 3. Probe eine Pause von ½–1 Tag wenigstens
   "   "   6.   "   "   "   "   "   –1   "   "
   "   "   9.   "   "   "   "   "   –1   "   "
   "   "   12.   "   "   "   "   "   –1   "   "
   (um zu Chorproben, Retouchen, Sängerproben und Sonstigem
   Zeit zu finden; auch um eventuell auszuruhen)
6. Ich bitte mir sobald wie möglich einen genauen Probenplan,
   sowo[h]l für Chor, als auch für Orchester vorzulegen
7. Wenn ich mit Harfen und Schlagwerk Specialproben halten kann,

so ist es möglich, dass ich sie bei den geteilten Proben z. T. entbehren kann.

V. Anmerkungen und Fragen zur Orchesterbesetzung

1. Von den Holz- Blech-, Schlag-Instrumenten und Harfen darf kein einziges weggelassen werden.
2. Was die Streicher anbelangt, so bitte ich womöglich die höhere Zahl zu erreichen. Sie ist, wie die Erfahrung zeigt, durchaus nötig.
3.[15] Von den Kontrabässen bitte womöglich die Hälfte mit C-Saite[16] (5-saitig)
4. Bei allen Proben alle Instrumente Dämpfer[16]
5. Ich bitte aber, sich davon zu überzeugen, dass nur solche Verstärkungs-Musiker engagiert werden, die wirklich ihr Instrument spielen können.

Wenn es eine Möglichkeit giebt, Proben zu ersparen, so liegt die darin, gute Verstärkungsmusiker zu engagieren. Während ich z. Bsp. in Leipzig durch die schlechten Verstärkungen genötigt war eine Probe einzuschieben. Ich will daher aus meinen Erfahrungen auf diejenigen Punkte[17], auf die beim Engagement der Verst. M. zu achten ist aufmerksam machen.

a) Die Orchester-Agenten schicken oft zu einer Probe einen Musiker, der gar nicht weiß, dass er – und an welchen Tagen – noch 12 Proben mitzumachen hat. Meist hat er dann zu den andern Proben überhaupt nicht Zeit und wurde überhaupt nur hingesetzt um die Zahl der geforderten Verstärkungen – als Statist!!! – vollzumachen. Ich verlange daher:

[18]Es ist mir vor der ersten Orchesterprobe eine Namensliste der fix für alle Proben engagierten Verstärkungsmusiker zu übergeben. In dieser Liste hat zu stehen für welches Instrument [sich] jeder[19] engagiert hat und dass er sich zu allen Proben, sowie für die Generalprobe und Aufführung verpflichtet hat

b) Sehr oft verfügen die Verstärkungs Mus. nicht über die Special-Instrumente wofür sie sich verpflichtet haben oder sie haben nur schlechte. Ich bitte daher diesem Punkt besondere Aufmerksamkeit zu schenken. Insbesondere sind es die

Tenor \
Bass / Tuben, welche möglichst Wagner-Tuben[20]

sein müssen und von <u>Hornisten</u> geblasen werden!!²¹
ferner: die <u>Alt</u>-Posaune (muss ein Solist sein)
" <u>Bass</u>- " in Es " " "
" Kontrabass-" in C
" " Tuba
dann das II. Kontrafagott
und die Bss Trompete in Es (welche von einem Solisten geblasen werden muss [)]
die beiden Es-Clarinetten erfordern ebenfalls (insbesondere die 1.) gute Solisten!!

c) beim Schlagwerk bitte ich den 1. Schlagwerker des Orchesters nach der Schlagwerk-Partitur eine genaue Einteilung der mitwirkenden Musiker vorzunehmen. Bitte dabei nicht zu vergessen an die
<u>eisernen Ketten</u> und
<u>Ratschen</u> [zu denken.]

d) bei den Tenor u. Bass Tuben bitte ich noch zu beachten, dass die Stimmung der Instrumente²² so gewählt werden muss, wie sie in den <u>Stimmen</u> steht. (Also nicht nach der Partitur, wo sie anders notiert sind)

e) ich bitte also darauf zu sehen, dass keine bloßen Statisten bei der Verstärkung sind und dass <u>dieselben</u> Musiker
<u>immer</u> und <u>zu allen</u> Proben kommen.²³

VI.

1) Für die Aufstellung des Orchesters und Chores schlage ich folgende im beiliegenden Plan dargestellte Einrichtung vor.²⁴ Podium
2. Ich bitte zum dirigieren für alle Proben und Aufführungen ein <u>Liegepult</u> (Beschreibung) zur Verfügung zu stellen.

VII.

die Blechproben kann ich nicht in einem zu kleinen Raum halten, weil der Lärm zu groß ist!
Ebenso bitte ich für Vollproben um den großen Saal.

VIII.

Der <u>Termin der Aufführung</u> müsste meinetwegen so gelegt werden,

daß ich nicht genötigt bin, meine Kurse ganz aufzugeben. Und zwar entweder
   I. von Ende Juni bis Anfangs, oder Mitte Juli)
  II. von Anfangs September[25] bis spätestens 5. Oktober
                    oder
 III. zu einer wesentlich späteren Zeit z. B. Mitte December.

X.

1) Sind alle Chöre <u>an einem Ort?</u>
2) oder in <u>welchen Orten?</u>
3) Wie viele Chöre wirken mit?
4) Welches sind die a) besten
                 b) stärksten   (wegen der Zuteilung der Partien)

XI.

Mit den Chordirektoren ist folgendes zu besprechen
A) 1. Besetzung und Verteilung der <u>4 Männerchöre</u>
    2. Einteilung der Stimmen <u>im 2. Männerchor</u>[26]
    3. Einteilung der <u>Halbchor-Stellen</u> im <u>Schluss-Chor</u>[27]
    4. Welche Männerchöre wirken im <u>Schluss-Chor mit</u>

B) <u>Musikalisches</u>
    1. Tempo
    2. Hauptstimmen
    3. Schwierigkeiten: figuren
                                    <u>Intonation</u>
                           ‖ <u>Tonhalten</u>
                                    Rhyt[h]mik
                                    Dynamik
                                    Deutlichkeit

C) Wie viele Proben hält der Chordirektor
    "   "   "   meint er dass ich bekommen kann?
    "   "   "   "   "   "   dann halten soll
   Macht er die Stücke konzertfähig fertig?
   Oder studiert er bloß die Noten ein?

XII.

Die Verstärkungen bei den Streichern, sollen nicht so gesetzt werden, dass sie außerhalb des ständigen Orchesters stehen; sondern sie sind auf die guten Pulte des ständ. Orch. zu verteilen, so dass sie sozusagen in die Mitte genommen werden.

XIII.

Ich bitte um Zusage von 3–4 sehr guten Plätzen (nach meiner Wahl) zu allen öffentlichen Vorführungen für mich und[28] meine Angehörigen etc frei (unentgeltlich)

XIV.

Zu allen von mir geleiteten Proben haben alle von mir zugelassenen Leute Eintritt

XV.

Abmachungen über mein Honorar   5000 Franken
mir wäre lieber: 3000 Franken und
                4000 Kronen[29]

XVI.

Sängerhonorar?

XVII.

Ich muss sobald wie möglich einen Saalplan mit genauen Maßen sowie die genauen Maße des beabsichtig[t]en Podiums bekommen

(Nr. 1347)
Arnold Schönberg   20. IX. 1918
Mödling bei Wien
Bernhardg[asse] 6. – Tel. 118

Sehr geehrter Herr Dr. Andreae, ich danke Ihnen vielmals für Ihren so sehr liebenswürdigen Brief, dass Ihnen mein Werk gefällt, ist mir ausserordentlich wertvoll. Ich freue mich dadurch doppelt auf die Aufführung und auf das Zusammentreffen mit Ihnen. Was Sie mir über Chor und Orchester sagen ist vielversprechend und höchst erfreulich. Die Schweizer Chöre sind ja übrigens bekannt gut. Auch die Probenzahl ist genügend, da ja, wie Sie mir schrieben, das Orchester so ausgezeichnet ist.

Wenn es möglich ist, bei der Orchesterproben-Einteilung einige Wünsche zu berücksichtigen, so wären es diese:
I. Nach je drei Proben hätte ich gerne <u>wenigstens</u> einen halben Tag probfrei.
II. Am Tag wo eine Chorprobe ist, möchte ich nur <u>eine</u> Orchesterprobe machen (wenns ausgeht).[30]
III. Am Tag vor der Generalprobe möchte ich nur <u>eine</u> Probe fix angesetzt haben (dort kann man «eventuell» eine Extraprobe einschieben, vor allem aber mit den Sängern arbeiten) und 2 Tage vor der Generalprobe auch nur <u>eine</u>.
IV. Den Chor möchte ich vor der Generalprobe einmal eventuell bloß für 1–1½ Stunden mit dem Orchester zusammenhaben, das hat sich in Leipzig sehr bewährt.[31]

Für die Aufstellung von Chor und Orchester habe ich eine kleine Skizze ausgearbeitet, die ich mitbringen werde. Wenn es möglich wäre, hätte ich die Aufstellung am liebsten folgendermaßen: Auf der niedersten Stufe des Podiums (also ganz vorn am Publikum) die Soprane und Alte und zwar links und rechts von einer wesentlich höherern Stufe auf der die Solisten sitzen. An diese Stufe schließt sich das übrige Orchester und der Chor in der Weise, dass die nächste Stufe um soviel höher ist, als die der <u>Solisten,</u> dass die dort <u>sitzenden</u> (!) Sänger und Instrumentalisten bequem über die <u>stehenden Solisten</u> hinaussehen. Die Details der Aufstellung kann ich Ihnen dann bei meiner Ankunft geben; das macht weniger Schwierigkeit. Wichtig ist dagegen die Stellung und Höhe des Dirigentenpodiums. Dieses denke ich mir vorgebaut, also aus der geraden Linie des übrigen Podiums ausspringend und zwischen der Höhe der niedrigsten (Sopran und Alt-Stufe) und der der Solisten beiläufig die Mitte haltend. Diese Anordnung hat folgenden Zweck: die Sänger sollen mit mir in fortwährendem Kontakt, also Angesicht gegen Angesicht stehen. Also: über mich hinweg singen können. Bei allen Aufstellungen, wo man die Solisten rechts und (oder) links vom Dirigenten stellt, werden sie immer nur in der einen Hälfte des Saals gehört.

Hoffentlich ist eine derartige Aufstellung möglich. Sie könnte viel zur Deutlichkeit des Klanges beitragen.

Von Ihrer Erkrankung hatte ich schon gehört, wusste aber nicht, dass sie so arg war. Hoffentlich befinden Sie sich nun schon ganz wohl. Ich möchte so bald wie möglich nach Zürich kommen. Ich weiß nur noch nicht, wann ich von hier fortkann. Ich denke aber um den 15. Oktober bin ich spätestens dort.

Ich danke Ihnen nochmals herzlich für all das Liebe, das Sie mir gesagt und mitgeteilt haben und freue mich auf unser Zusammentreffen. Bis dahin bin ich mit herzlichen Grüßen Ihr

Arnold Schönberg

ANMERKUNGEN

1 Vgl. Willi Reich, *Arnold Schönberg oder Der konservative Revolutionär*, Wien – Frankfurt – Zürich 1968, 92 ff. und Eberhard Freitag, *Arnold Schönberg*, Reinbek b. Hamburg 1973, 32 ff.

2 Berg verfaßte in dieser Zeit im Auftrag der Universal Edition einen Führer zu den «Gurreliedern», wo der Brief Schönbergs auch gedruckt ist. Das Original des Briefes ist im Berg-Nachlaß, Österreichische Nationalbibliothek, Wien, vgl. Rosemary Hilmar, *Alban Berg, Leben und Wirken in Wien bis zu seinen ersten Erfolgen als Komponist*, Wiener musikwissenschaftliche Beiträge, Bd. 10, Wien – Köln – Graz 1978, 65 ff. Ein Auszug dieses Briefes ist auch bei W. Reich a.a.O., 92 f. gedruckt.

3 David Josef Bach (1874–1947) war Begründer der Wiener Arbeiter-Symphoniekonzerte und Leiter der Kulturredaktion der Arbeiterzeitung in Wien. Der vordringende Nationalsozialismus zwang ihn, nach London zu emigrieren, wo er als führendes Mitglied der österreichischen Emigrantenkolonie auf dem kulturellen Sektor tätig war. Seit 1893 war Bach mit Arnold Schönberg befreundet, und diese Freundschaft erhielt sich auch in der Zeit der Emigration. Vgl. hierzu: David Josef Bach, *Aus der Jugendzeit*, in: Arnold Schönberg zum 50. Geburtstag, Sonderheft der Musikblätter des Anbruch, Wien 1924; ders., *Du sollst nicht, du mußt*, in Fs. Arnold Schönberg zum 60. Geburtstag, Wien 1934; W. Reich, a.a.O.; Hans Heinz Stuckenschmidt, *Schönberg: Leben, Umwelt, Werk*, Zürich 1974.

4 Zürcher Theater-, Konzert- und Fremdenblatt, Offizielles Organ der Tonhalle, des Verkehrsvereins, des Vereins der Hoteliers von Zürich und des Verbandes der Verkehrsvereine am Zürichsee, 38. Jhg. No. 159, Zürich 1918.

5 Die Seitenzahlen stimmen mit dem heute erhältlichen Klavierauszug überein. Es handelt sich um die Stelle «O, könnten in Frieden wir schlafen!» im zweiten Chor von Waldemars Mannen, 5 Takte nach Ziffer 70. Arnold Schönberg, *Gurre-Lieder*, Klavierauszug von Alban Berg, Wien 1912 (im folgenden zitiert als KlA).

6 Diese Beilage ist ein offenbar sehr hastig mit Tinte geschriebener Entwurf in der Art eines Briefkonzeptes. Schönberg hat ihn ursprünglich David Josef Bach, der zwischen Andreae und Schönberg vermittelte, mitgegeben (vgl. Brief vom 6. Juni 1918). In Andreaes Hände ist er, versehen mit wenigen Ergänzungen oder Anpassungen, jedoch erst als Beilage dieses Briefes gelangt.

Um das Ambiente dieses Entwurfs etwas zu wahren, wurde in dieser Edition der Darstellung des Manuskripts (im folgenden: Ms.) soweit wie möglich entsprochen und die originale Orthographie beibehalten. Streichungen im Ms. sind in den Anmerkungen zu finden und wurden zwischen / / gesetzt.

7 Ms.: Klammer und «3×» mit Bleistift.
8 Zum Vergleich wird hier die im KlA gedruckte Besetzungsliste wiedergegeben:

Soli:

Waldemar (Tenor)　　　　　　　　　　　Bauer (Baß)
Tove (Sopran)　　　　　　　　　　　　　Klaus Narr (Tenor)
Waldtaube (Mezzosopran oder Alt)　　　　Sprecher

Chöre:

Waldemars Mannen (3 vierstimmige Männerchöre)
Achtstimmiger gemischter Chor

Holzbläser:

4 kleine Flöten
4 große Flöten
3 Oboen　　　　　　　⎫
2 Englisch-Hörner　　⎬ eventuell 5 Oboen
　　　　　　　　　　　⎭
3 Klarinetten in A oder B　⎫　　　　　eventuell
2 Es-Klarinetten　　　　　　⎬　　　　　7 Klarinetten
2 Baß-Klarinetten in B　　　⎭　　　　　in A
3 Fagotte
2 Kontra-Fagotte

Blechbläser:

10 Hörner in F (eventuell 4 Wagner-Tuben)
6 Trompeten in F, B, C
1 Baß-Trompete in Es
1 Alt-Posaune
4 Ten. Baß-Posaunen
1 Baß-Posaune in Es
1 Kontrabaß-Posaune
1 Kontrabaß-Tuba

Schlaginstrumente:

6 Pauken　　　　　　　　　Große Trommel
Große Rührtrommel　　　　Holzharmonika (Xylophon)
Becken　　　　　　　　　　Ratschen
Triangel　　　　　　　　　Einige große eiserne Ketten
Glockenspiel　　　　　　　Tamtam
Kleine Trommel

4 Harfen, Celesta

Streicher:

Violine I　　10fach geteilt　⎫
Violine II　 10fach geteilt　⎬ in mehrfacher Besetzung
Bratsche　　 8 fach geteilt　⎪
Violoncell　 8 fach geteilt　⎭
Kontrabaß

9 Die Abkürzungen, die Schönberg benutzt, sind wie folgt aufzulösen (in der Reihenfolge ihres Erscheinens im Text):

V$\underline{cll}$	Violoncelli	Ktr Fg	Kontrafagott
Kbs	Kontrabaß	Trp	Trompete
Fl.	Flöte	Pos	Posaune

Pic	Piccolo	Ktrbss Pos	Kontrabaßposaune
E. H.	Englischhorn	Ktrbss Tª	Kontrabaßtuba
Klar	Klarinette	Harf	Harfe
Bss Klar	Baßklarinette	Cel	Celesta
Fg	Fagott	Schlag.	Schlagzeug

10 Ms.: Kasten, Pfeil und Einschub «so notieren [...]» mit Purpurstift.
11 Ms.: Kasten und «NB: Das Werk [...]» mit Rotstift.
12 Im Ms. folgt zuerst ein weniger ausführlicher Entwurf der Probendisposition, der mit Bleistift gestrichen ist:

    ⎧3 mal Streicher allein mit Harfen und Celesta
/3 geteilte⎨3 " Holzbläser " ─────────────
    ⎩3 " Blech   " mit Schlagwerk
  vorher
  3–4 Proben mit den Verstärkungsmusikern allein
   1 Probe mit Schlagwerk
   1 " mit Harfen und Celesta allein
9 Vollproben
─────────
12 Proben/
13 Folgende Stellen sind gemeint:
 1. Tove: «O, wenn des Mondes Strahlen milde gleiten,...», KlA, 18 ff.
 2. Waldemar: «Roß! Mein Roß! Was schleichst du so träg!...», KlA, 23 ff.
 3. Tove: «Sterne jubeln, das Meer, es leuchtet,...», KlA, 31 ff.
 4. KlA, 72–73.
 5. Waldtaube: «Tauben von Gurre!...», KlA, 73 ff.
 6. Waldemar: «Herrgott, weißt Du, was Du tatest,...», KlA, 88 ff.
 7. Waldemar: «Erwacht, König Waldemars Mannenwert!...», KlA, 95 ff.
 8. Überleitung, KlA, 98 ff.; Bauer: «Deckel des Sarges klappert und klappt,...», KlA, 101 ff.; Überleitung, KlA, 109–111.
 9. Waldemars Mannen: «Gegrüßt, o König,...», KlA, 111 ff.
 10. Klaus Narr: «Ein seltsamer Vogel ist so'n Aal,...», KlA, 150 ff.
 11. Waldemar: «Du strenger Richter droben, du lachst meiner Schmerzen...», KlA, 167 ff.
 12. Melodram, KlA, 183 ff. («Des Sommerwindes wilde Jagd»), Sprecher ab 188 ff.
14 Zwei frühere Abschnitte 5. und 6. sind im Ms. mit Tinte gestrichen. Die Abfolge im Ms. ist:
 «4. Die Orchesterproben sollen womöglich [...]»
/5. Zwischen 12. Probe und Generalprobe erbitte ich einen Abstand von //wenigstens einem halben// ½–1 Tag, sodass man manchmal noch Zeit hat mit den Sängern ein bis[s]chen zu repetieren.
 6. Zwischen der 9. und 10. Probe möchte ich auch einen halben, womöglich einen ganzen Tag Pause haben./
 «6. /7./ /8./ Ich bitte /daher/ mir sobald wie möglich [...]»
 «5. /7./ Nach der 3. Probe eine Pause [...]»
 «7. Wenn ich mit Harfen und Schlagwerk Specialproben [...]»
Was im Haupttext unter 6. erscheint, figuriert also in der früheren Schicht unter 7., später 8. (Korrekturen mit Tinte). Was im Haupttext unter 5. erscheint, figuriert in der früheren Schicht unter 7. (Korrektur mit Rotstift).
15 Abfolge im Ms.:
 «2. Was die Streicher anbelangt. [...]»

⎡ «3–4»
⎢ /4./ «5. Ich bitte aber, sich davon zu überzeugen, daß nur <u>solche Verstärkungs-
⎢ <u>Musiker engagiert werden, die wirklich ihr Instrument spielen können.</u>»
⎣ «3. Von den Kontrabässen [...]»
 «4. Bei allen Proben [...]»
 [Fortsetzung von 5.] «Wenn es eine Möglichkeit giebt, [...]»
 «3.» und «4.» mit Rotstift eingekreist; beim Einschub «3–4» zusätzlich ein ebenfalls eingekreistes «3.» mit Rotstift hinzugefügt. Pfeil mit Tinte.
16 Unterstreichung mit Rotstift.
17 Lesart unsicher, von Schönberg überschrieben.
18 Ms.: /4./ «<u>Es ist mir [...]</u>»
19 Ms.: «[...] für <u>welches Instrument</u> jeder /betreffend/ engagiert hat [...]»
20 Ms.: «[...] <u>Wagner</u>-Tuben /,und/ [...]»
21 Wagnertuben haben ein Trichtermundstück wie das Horn und werden daher von Hornisten geblasen.
22 Ms.: «[...] daß die /Inst/ Stimmung der Instrumente [...]»
23 Ms.: «[...] daß <u>dieselben</u> Musiker <u>immer</u> /kommen/ und <u>zu allen</u> Proben kommen.»
24 Diese Beilage scheint verloren gegangen zu sein.
25 Ms.: «von /Ende/ Anfangs September [...]»
26 KlA, 171–179.
27 KlA, 207–210.
28 Ms.: «[...] für mich und /die/ meine Angehörigen [...]»
29 Ms.: «3000 Franken und
 /[?]ooo Kron/   [Zahl durch Streichung unkenntlich gemacht.]
 4000 Kronen»
30 Lesart unsicher.
31 Ms.: Abschnitt «IV.» ist nachträglich eingeschoben worden.

Willi Schuh

RICHARD STRAUSS AN VOLKMAR ANDREAE

Richard Strauss' Beziehungen zum Zürcher Konzertleben setzen in der von Friedrich Hegar geprägten Epoche ein. Den ersten Aufführungen einzelner sinfonischer Werke in den Jahren 1895 und 1897 folgte im Januar 1898 Strauss' vielbeachtetes Auftreten als Gastdirigent in einem Hilfskassenkonzert der Tonhalle, das mit dem vom Gemischten Chor Zürich einstudierten «Wanderers Sturmlied» begann, «Also sprach Zarathustra» in den Mittelpunkt stellte, in zwei Gruppen Orchester- und Klavierlieder des Komponisten, gesungen von seiner Gattin, der Sopranistin Pauline Strauss-de Ahna, brachte und mit der «Freischütz»-Ouvertüre schloß. Mit Hegar, dem Pianisten Robert Freund, Professor Baumgartner und seiner Frau, einer Jugendfreundin Strauss', wurden damals freundschaftliche Beziehungen teils erneuert, teils angeknüpft. Im März 1903 traf Strauss neuerdings in Zürich ein, wo er im Rahmen einer ausgedehnten Tournee mit dem Berliner Tonkünstler-Orchester zwei Konzerte leitete. Bei dieser Gelegenheit ergaben sich auch Kontakte mit Volkmar Andreae, der sich als Dirigent des Gemischten Chors Zürich für Strauss' Chorballade «Taillefer» interessierte. Die Briefe setzen in diesem Zeitpunkt ein und erreichen im Zeichen der deutschen Gastspiele in der Schweiz (1917/18) einen ersten Höhepunkt.
Es folgen 26(!) Jahre, aus denen kein einziger Brief an Andreae vorhanden ist, obschon Strauss sehr oft in Zürich und Baden erschienen ist: 1926 als Begleiter in einem Liederabend Heinrich Rehkempers, 1926 als Dirigent einer ziemlich verunglückten Aufführung des «Rosenkavalier»-Films im Stadttheater, 1932 bei der Straussfeier des Stadttheaters, wo er mit Stefi Geyer seine Violinsonate spielte, und, gewichtiger, im April 1934 als Gastdirigent eines Tonhalle-Sinfoniekonzerts, dessen Programm «Macbeth», «Also sprach Zarathustra», die Liebesszene aus «Feuersnot» und den vom Häusermann'schen Privatchor unter der Leitung von Hermann Dubs einstudierten 16stimmigen Chor «Der Abend» (op. 34 Nr. 1) umfaßte. – Inzwi-

schen hatte auch die Verbindung mit dem Zürcher Stadttheater begonnen. Im Mai 1932 dirigierte Strauss dort zum ersten Mal seit 1918 wieder eine seiner Opern («Die Frau ohne Schatten»), im Mai 1934 nochmals dasselbe Werk, im Juni 1936 «Josefslegende» und «Arabella» und im Mai 1938 zweimal «Salome». Von 1934 an verbrachte er mehrmals einige Wochen als Kurgast in Baden, von wo aus er stets auch Abstecher nach Zürich unternahm, – zu privaten Besuchen, um eigene oder fremde Opern zu hören und Ausstellungen zu besichtigen. Zweifellos ist Strauss bei solchen Gelegenheiten das eine oder andere Mal auch mit Andreae wieder zusammengetroffen, doch sind keine Briefe oder Postkarten vorhanden, die es bestätigen könnten. Erst im Jahr 1946, als Strauss ganz in der Schweiz lebte – vom Oktober 1945 bis Anfang Mai seines Todesjahres 1949 – setzen die Briefe, diesmal in dichter Folge, wieder ein. Es bleibt abzuwarten, ob Verschollenes eines Tages noch auftauchen wird.

(Nr. 1381)

Charlottenburg, den 8. Mai 1903.

Sehr geehrter Herr Andrä!

Die Erstaufführung des Taillefer[1] könnte ich Ihnen nur versprechen, wenn Wolfrum[2] das Werk nicht schon Anfang August aufführt. Ob's bis dahin fertig ist[3], kann ich heute noch nicht sagen. Näheres in Basel[4].

Taillefer dauert circa 30 Minuten und geht vorzüglich *nach* Berlioz's Requiem!

Solisten nur Sopran, ein hoher Tenor und ein hoher Baß!

Besten Gruß und Dank

Ihr sehr ergebener Richard Strauss

(Nr. 1382)

Sandown, 23. Juni 1903.
Isle of Wight

Geehrter Herr College!

Die Erstaufführung des Taillefer möchte ich Freund Wolfrum für sein Musikfest 24.–26. Oktober zusagen. Wenn Sie das Werk unmittelbar dahinter bringen, werden Sie sicher die 2te Aufführung haben. Ob ich aber selbst kommen kann, ist sehr zweifelhaft. Ich gehe 12. Febr. 1904 nach Amerika, vorher kann ich wenig fort, vielleicht im

direkten Anschluß an Heidelberg (28. Oktober), aber wie gesagt, es ist sehr *unwahrscheinlich,* da ich jetzt am 1. Juni bis 20. September einen meiner Gesundheit sehr nötigen Erholungsurlaub genieße.
Herzlichen Dank und freundlichste Grüße
Ihres aufrichtig ergebenen
Richard Strauss

(Nr. 1383)
(Berlin, 1. Febr. 04.)
Geehrter Herr!
Meine ursprüngliche Absicht, Taillefer nur für Männerchor zu setzen hab ich aufgegeben, da der gemischte Chor schneidiger und heller über dem Orchester schwebt und dem Componisten nicht solche Beschränkungen in der Orchesterbehandlung auferlegt wie der Männerchor.
Ich hoffe, wir haben Ihr Stück[5] auf dem Programm von Frankfurt.
In Eile, morgen gehts nach Amerika![6]
Herzliche Grüße auch an Hegar[7], Freund[8], Steiner[9]
Ihr ergebenster Dr. Richard Strauss

(Nr. 1384)
(Marquartstein), 4. Juli 1905.
Lieber Herr Andreää!
Herzlichen Dank für Ihre freundliche Karte: Ich bin leider zu ruhebedürftig, um in 12 Tagen schon wieder reisen zu können, Vollendung der Salome und Festspiel in Cöln haben mir vorerst den Rest gegeben! Schade; denn Ihr Taillefer hätte mich sehr interessiert![10]
Die wärmsten Grüße
Ihnen und allen Zürcherfreunden!
Ihr Dr. Richard Strauss

(Nr. 1385)
Berlin, 5. Oktober 1905.
Lieber Herr Andreae!
Ich höre zu meinem größten Schmerz, daß Sie immer noch in den Klauen der Gebrüder Hug sind, die Sie jetzt dazu benützen, um gegen Ihren väterlichen Protektor, Meister Hegar und gegen Ihre deutschen Collegen einen besondern Trumpf mit Ihnen auszuspielen![11] Das darf nicht sein! Sie müssen jetzt zu uns kommen und der Genossenschaft

anschließen. Ihr Name ist jetzt wichtig genug, daß Sie sich nicht mehr zum Verlegerknechte erniedrigen dürfen. Ich erwarte Ihre sofortige Anmeldung zur Bundesgenossenschaft! Im festen Vertrauen und herzlichem Gruß
Ihr bis jetzt noch aufrichtig ergebener

                Dr. Richard Strauss

(Nr. 1386)

                Berlin, 15. 12. 05.

Lieber Herr Nichtgenosse!

 Aus Salome[12] ist der Tanz im Concert wohl ausführbar und allenfalls auch Salomes Schlußscene von einer guten hochdramatischen Sängerin gesungen.

Wann treten Sie der Genossenschaft bei? Ich lasse nicht eher los, als bis Sie unsern Feinden endgiltig Valet gesagt haben.

Mit besten Grüßen

                Ihr Dr. Rich. Strauss

(Nr. 1387)

           Westend [Berlin], den 1. März 1914.

Lieber Freund,

 die Partitur der Alpensinfonie[13] wird frühestens in einem Jahre fertig. Die Uraufführung werde ich wohl hier durch die Königl. Kapelle machen müssen. Ob ich Ihnen mit Bestimmtheit die 2. Aufführung versprechen kann, vermag ich nicht zu sagen, da ich nach der Uraufführung bestimmte Lizenzen nicht erteilen kann, ohne die große Zahl der anderen freundlichen Bewerber schwer zu kränken. Bis dahin aber hat es noch Zeit und Sie erfahren sicher alles noch rechtzeitig.

Mit herzlichen Grüßen
Ihr aufrichtig ergebener

                Dr. Richard Strauss

(Nr. 1388)

         E. L[anz.][14] Mannheim, 13. 1. 17.
         Carolastraße 18

Lieber, sehr verehrter College!

 Soeben von Holland kommend[15], finde ich hier Ihre liebe Karte. Sie

haben wohl inzwischen auch meinen vor circa 3 Wochen an Sie geschriebenen Brief erhalten. Ich danke Ihnen im voraus herzlich für alles liebe künstlerische Entgegenkommen, richte mich ganz nach Ihren Programmwünschen, bin mit allem einverstanden, was Sie mit Fürstner vereinbart haben und freue mich vorallem, mit Ihnen wieder zusammen zu sein. Nur Ihre so sehr freundliche Einladung, bei Ihnen zu wohnen, kann ich nicht annehmen, da ich bei Frau Lily Reiff[16] schon angenommen hatte. Herzlichen Dank!
Ich treffe am 19ten in Zürich ein! Auf frohes Wiedersehen!
Mit schönsten Grüßen
Ihr stets aufrichtig ergebener
                                    Dr. Richard Strauss
[Am Rand:] Ich möchte in meinem Conzerte: Don Juan, Zarathustra, Domestica machen.[17] Geht das?

(Nr. 1389)
                          Zürich 2, 26. 1. 17.
                          Mythenstraße 24.
Sehr verehrter Freund und College!

Von Bern zurück möchte ich Ihnen nochmals sagen, wie sehr ich mich unlängst über Ihr Don Quichoteorchester gefreut habe. Das Stück ist, dank der wieder von Ihnen dafür aufgewandten Mühe dem Orchester wieder so in Fleisch und Blut übergegangen, daß es mir eine wahre Herzensfreude war. Mit ihm so recht eingehend auf freie Deklamation hin zu studieren.
Ich freue mich sehr auf die Aufführung und sage Ihnen im voraus dafür schon meinen allerherzlichsten Dank. Für heute möchte ich Ihnen noch sagen, daß ich von hier auf längere Reise nach Skandinavien gehe und dort unerreichbar bin. Ich möchte Sie daher bitten, alle weiteren Verhandlungen über die von Ihnen geplante Züricher Strausswoche in der ersten Oktoberhälfte mit Herrn Fürstner[18] zu führen. Derselbe bleibt wegen seines Pariser Verlages noch eine Zeitlang hier und ist von mir genau informiert und zum formellen Abschluß bevollmächtigt.
Ich danke Ihnen nochmals herzlich für Ihr freundliches Versprechen, sich für den armen Oscar Fried[19], der gegenwärtig ohne Stellung ist, gütigst verwenden zu wollen und wäre Ihnen wie gesagt, verbunden, wenn Sie ihm ein Paar der jetzt verwaisten Concerte[20] durch Ihre

mächtige Fürsprache beim Vorstand der Tonhalle verschaffen wollen. Fried ist ein sehr tüchtiger Dirigent, der Ihrer Empfehlung keine Schande machen und keine hohen Forderungen stellen wird, da es ihm nur darum zu thun ist, in den jetzigen schweren Zeiten ein bescheidenes Unterkommen zu finden. Darf er sich jetzt an Sie direkt wenden?
Zum Schluß wünsche ich Ihnen eine fröhliche Militärzeit und gute Gesundheit und bleibe mit herzlichem Gruß
Ihr stets aufrichtig ergebener
Dr. Richard Strauss

(Nr. 1390)
Garmisch, 19. 7. 17.
Verehrter lieber Freund!
Ich danke Ihnen bestens für Ihre freundlichen Zeilen. Was die deutsche «Propaganda», von der man in der Schweiz so gerne erzählt, betrifft, so habe ich nicht das Gefühl als ob das, was Graf Kessler und Fürstner mit mir zusammen, arrangiert haben, das Maß eines anständigen Gastbesuches überschritten hätte.[21] Das Darmstädter Gastspiel mit Weingartner[22] kommt nicht auf unsere Rechnung. Und daß Graf Kessler, den in erster Linie ideelle und künstlerische Beweggründe leiten, von Euch mit Hugo Heller(!!)[23] in einen Topf geworfen wird, nun das gehört in das schöne Kapitel des Verkanntseins, in das wir arme Deutschen uns für die Dauer dieses Krieges wohl finden müssen.
Nun ist wohl Niemandem auch nur der leiseste Vorwurf des Aufdringlichseins unangenehmer als mir – merkwürdig ist es ja, daß die Schweizer, welche seit 80 Jahren die Fremdenindustrie im größten Style betrieben, die Fremden plötzlich als so lästig empfinden, aber immerhin die Tatsache besteht und es muß mit ihr gerechnet werden – ich möchte Ihnen nun gern jede Verlegenheit ersparen und bescheide mich ohne jede Empfindlichkeit, wenn Sie die Strausswoche zu anderen Zeiten und unter anderen Verhältnissen von Ihnen so freundlich inauguriert waren ganz aufgeben wollen. Ich bin wirklich nicht kleinlich, wenn Sie auf die Strausswoche ganz verzichten wollen, bitte *nur* ein Wort und es ist nicht mehr davon die Rede.
Wollen Sie jedoch aufrecht halten: im April ist es nicht gut möglich, da ich von Ostern ab in Österreich concertiere mindestens bis 14.

oder 20. April. Es bliebe daher nur der Januar: darüber kann ich ja aber heute nicht frei entscheiden, da ich vor Ende Januar, Anfang Februar bereits verpflichtet habe für Gluck-[24] und Mozartaufführungen in der Schweiz.
Sollten Sie also die Strausswochen im Januar etwa vom 14. bis 27. Januar, oder im Februar etwa vom 4. bis 17. Februar abhalten wollen, so müßten Sie sich dazu für mich erst das Einverständnis von Fürstner holen. Ohne dasselbe könnte ich vorläufig für Januar, Februar keine Zusage geben.
Sollte Januar, Februar die Strausswoche nicht möglich machen, so müßte ich die österreichische Tourneé rückgängig machen oder auf April zu verlegen suchen.
Ich bitte deshalb, die Aussprache mit Fürstner möglichst zu beschläunigen und mir das Resultat zu telegrafieren. Es blieben die drei Möglichkeiten: die Strausswochen
a.) findet überhaupt nicht statt
b.) findet Mitte Januar oder Anfang Februar statt
c.) findet (wenn es gar nicht anders geht)
vom 1. April an statt, oder
vom 8ten ab.
Bis 30. März bin ich in Berlin und kann Ostersonntag reisen.
Schade, daß Sie mir die Mitteilung, die mir indirekt schon einige Zeit bekannt ist, so spät zukommen lassen, es hätte mir viel Schreibereien erspart, hätte ich Ihre Absage früher in Händen gehabt. Jetzt eine ganz bereits arrangierte Tourneé in Wien, Graz, Budapest etc. wieder umstellen ist keine leichte Arbeit. Ich bitte deshalb noch, als, möglichst raschen definitiven Entschluß und wenn möglich, die Strausswoche im Januar oder Februar vor oder nach den Gluckaufführungen, wenn Graf Kessler damit einverstanden ist.
Mit besten Wünschen für guten Sommer und herzlichen Grüßen
Ihr aufrichtig ergebener
                                                Dr. Richard Strauss

(Nr. 1391)

Berlin, den 4. Dezember 1917.

Lieber Freund,
 Ich danke Ihnen herzlichst für Ihren lieben Brief und bin mit jedem Programm, das Sie wünschen, einverstanden. Wenn Ihnen Programm am liebsten ist, wollen wir es ruhig bei «Alpen-Sinfonie» und «Domestica» lassen.²⁵
Ich freue mich sehr auf das schöne Zürich. Hoffentlich ist bis dahin Frieden und können wieder einige gemütliche Stunden zusammen verbringen.
Mit herzlichen Grüßen für Sie und Ihre verehrte Gattin
Ihr stets aufrichtig ergebener

Dr. Richard Strauss

(Nr. 1392)

[undatiert, vermutlich um den Jahreswechsel 1945/46]
Lieber Freund!
 Herzlichen Dank für Ihre freundlichen Glückwünsche, die meine Frau und ich mit schönsten Grüßen für Sie und die liebe Gattin herzlich erwidern. Hoffentlich sehen wir uns bald nach Ihrer Rückkehr: meine Frau ist gerade wieder ganz auf dem Damm.
Ihr aufrichtig ergebener

Dr. Richard Strauss

(Nr. 1393)

Baden, 15. II. 46.

Lieber Freund!
 Wann sind Ihre Proben?²⁷ Könnte ich Montag ½11 eine Vorprobe hören?
Darf ich um 5 Billets zum Conzert bitten?
Schönstens grüßend Ihr

Dr. Richard Strauss

(Nr. 1394)

Ouchy-Lausanne, 26. 5. 46.
Beau-Rivage Palace

Lieber Freund!

Ich lese mit Vergnügen, daß Sie demnächst ein ganzes Programm mit zwei (mehr oder minder «untragbaren») teutonischen Componisten riskieren. Darf ich fragen, welche ungefährlichen Stücke Sie ausgewählt haben?[28] Sie haben wohl inzwischen gehört, daß ich mir eine Blinddarmoperation geleistet und angeblich «wie ein Jüngling» überstanden habe. Meine arme Frau lag 12 Tage zu Bett an einem schmerzhaften Ekcem des Ohres, kann aber auch wieder ausgehen. Hier ists sehr schön, aber doch ein wenig langweilig, fehlen Freunde und Bekannte – der einzige Musikgenoß war ein Conzert des vortrefflichen englischen Orchesters[29] mit einem sehr gut dirigierten Don Juan. Schade daß Zürich doch etwas weit ist, sondern [sic] käme ich gern wieder einmal das Orchester meines größeren «Collächen» anzuhören!
Führt Sie Ihr Weg nicht einmal nach Welschland?
Mit schönsten Grüßen von Haus zu Haus
Ihr altergebener

Dr. Richard Strauss

(Nr. 1395)

Ouchy, 16. 7. 46.

Lieber Freund!

Vielen Dank für liebenswürdige Einladung! Freue mich sehr, von Ihnen Heldenleben[30] zu hören. Wann ist die Generalprobe? Wenn Sie meine Genußsucht auf die Spitze treiben wollen, so lassen Sie mich bitte dazu mit Ihrem Auto abholen! Wir sind, wenn nichts mehr dazwischen kommt, vom 1. August ab in Bürgenstock (Grand Hotel). Es wäre sehr hübsch, wenn Sie uns dort besuchen würden! Von Ihrem schönen Ägerisee ist es ja nicht weit dahin!
Mit herzlichen Grüßen auch an die liebe Gattin

Ihr Dr. Richard Strauss

Wir kehren am 1. Oktober reumütig wieder nach Baden zurück. Hier ists zu heiß und langweilig!

(Nr. 1397)

Ouchy Lausanne, 23. 7. 46.

Lieber Freund!

Meine unverschämte Bitte um Ihr Auto erübrigt sich: wir gehen nicht nach Bürgenstock, sondern bleiben in Ouchy's milden Gefilden, wenngleich es hier langweilig ist wie im Paradies vor dem Sündenfall! Wann ist Ihre Generalprobe?[32] Wenn am Conzerttag, käme ich schon am 13ten Nachmittags. Sonst erst am 14ten!
Auf frohes Wiedersehen in Es dur mit 8 Hörnern!
Mit herzlichen Grüßen stets Ihr

Dr. Richard Strauss

(Nr. 1399)

(Lausanne, 7. 8. 46.)

Lieber Freund!

Hätten Sie die Güte, mir für's Conzert 6 Plätze (2 × 3), für mich einen Eckplatz im Mittelgang zur bequemeren Bewältigung des unvermeidlichen Hervorrufs zu reservieren? Das letzte Mal mußten mindestens 10 Personen meinetwegen aufstehen, bis ich mich «freudestrahlend» durchgezwängt habe.
Freue mich auf Ihr besonders schönes stilvolles Programm: D dur, G dur, Es dur![33]
Mit herzlichen Grüßen

Ihr Dr. Richard Strauss

(Nr. 1400)

Baden, 11. 11. 46.

Lieber Freund!

Vielen Dank für [die] liebenswürdige Einladung. Leider kann ich diesmal nicht kommen. Ich war ein paar Tage unwohl, bin zudem mitten in der Kur und darf momentan keine Sprünge machen. Wenn Sie mal Zeit haben, wird es uns freuen, wenn Sie uns mal besuchen wollten: zum Lunch, zum Tee – wann es Ihnen und der lieben Gattin paßt.
Mit schönsten Grüßen von Haus zu Haus
    stets Ihr
    altmodischer
    Dr. Richard Strauss

Postkarte von Richard Strauss *(Nr. 1386)*

Briefkarte von Richard Strauss *(Nr. 1400)*

(Nr. 1401)

Baden, 14. 1. 47.³⁴

Lieber Freund!
Ich habe Sie seit Ihrem prachtvollen Heldenleben nicht mehr gesehn! Wollen Sie nicht mit Ihrer lieben Frau und Frau Reiff am nächsten Sonntag 1 Uhr bei uns zu Mittag essen? Wenn Ihnen der Tag nicht paßt, verabreden Sie bitte mit Frau Lilly einen andern! Wir sind immer zu Haus! Mit besten Neujahrswünschen und schönsten Grüßen von Haus zu Haus
    stets Ihr
    Dr. Richard Strauss

(Nr. 1403)

Pontresina, 30. 6. 47.
Hotel Saratz

Lieber Freund!
Ihre freundliche Karte mahnt mich wieder an den von mir seit 60 Jahren bekämpften Unfug der Verleger, auch sinfonisches Notenmaterial nur auszuleihen, selbst wenn Ankauf verlangt wird. Abgesehen davon, daß wiederholte Aufführungen eher stattfinden würden, wenn die Noten zum festen Bestand der Conzertvereinsbibliothek gehören würden, ist es eine Schweinerei, wenn fortwährend beschmiertes Material mit fremden Einzeichnungen und blauen «Wegweisern» von unfähigen Dirigenten herumgeliehen werden, währnd doch jeder bessere Dirigent ein neues Material seiner Bibliothek einverleiben und daraus dirigieren möchte. Ihr Novello-fall eines unvollständigen Materials ist besonders eclatant und es wäre ein ausgezeichneter Präzedenzfall zu schaffen, wenn Sie das gesamte ablehnen, ein ganz neues sauberes Material verlangen und den Ankauf zu angemessenem *Preise* (!) fordern würden. Ich habe besondere Wünsche für diesen Wunsch, die ich Ihnen mündlich besser erklären könnte.
Vielleicht tun Sie mir den Gefallen, Novello³⁵ die Pistole auf die Brust zu setzen. Wie oft habe ich schon im lieben Leipzig umsonst geschossen!
    Mit schönsten Grüßen
    stets Ihr
    Dr. Richard Strauss

ANMERKUNGEN

1 «Taillefer», Ballade von Ludwig Uhland für gemischten Chor, Soli und Orchesterbegleitung op. 52, wurde am 2. Mai 1903 vollendet und unter der Leitung von Strauss am 26. Oktober 1903 am Heidelberger Musikfest uraufgeführt.
2 Philipp Wolfrum (1864–1919), Universitätsmusikdirektor in Heidelberg, Gründer des Bachvereins.
3 Gemeint ist nicht das Werk, sondern die Aufführung.
4 Musikfest des «Allgemeinen Deutschen Musikvereins» in Basel (12.–15. Juni 1903). Strauss mußte seine Teilnahme kurzfristig (am 8. Juni) absagen.
5 Sinfonische Fantasie (W. Schädelin) für Tenor Solo, Chortenor, Orgel und Orchester, op. 7.
6 Strauss trat mit seiner Frau, der Sopranistin Pauline Strauss-de Ahna, am 23. Februar 1904 eine ausgedehnte Nordamerika-Tournee an, in deren Verlauf er in zahlreichen Städten dirigierte und auch Liederabende mit seiner Gattin gab. In New York brachte er außerdem die «Symphonia Domestica», op. 53 zur Uraufführung (21. März 1904).
7 Friedrich Hegar (1841–1927), Komponist und Dirigent der Tonhallekonzerte und des Gemischten Chors Zürich. Er gründete auch die Musikschule in Zürich.
8 Robert Freund (1852–1936), Konzertpianist und Klavierlehrer an der Musikschule Zürich.
9 Adolf Steiner (1843–1930), Musikschriftsteller und Musikreferent der «Neuen Zürcher Zeitung».
10 Andreae brachte «Taillefer» im Sommer 1905 am 21. Eidgenössischen Sängerfest in Zürich mit dem Gemischten Chor Zürich, dem Sängerverein «Harmonie», dem Häusermann'schen Privatchor, dem Männerchor Zürich, dem Verein für klassische Kirchenmusik, dem Gemischten Chor Neumünster, dem Damenchor der «Harmonie», dem Frauenchor des Zürcher Lehrervereins und dem Töchterchor Wiedikon zur Aufführung. Das Orchester war aus dem Tonhalleorchester, den Regimentskapellen von Konstanz und Weingarten und der Stadtmusik Zürich gebildet.
11 Trotz Strauss' wiederholtem Drängen war Andreae der 1898 von Strauss mitbegründeten «Genossenschaft Deutscher Tonsetzer» – sie war 1903 rechtsfähig geworden – nicht beigetreten, vermutlich wegen seiner engen Verbindung mit dem Musikhaus Hug (Leipzig/Zürich).
12 «Salome», Oper in einem Aufzug nach Oscar Wildes gleichnamiger Dichtung, op. 54, war am 9. Dezember 1905 an der Dresdner Hofoper unter der Leitung von Ernst v. Schuch uraufgeführt worden. Strauss selbst hat den Tanz sehr oft in Sinfoniekonzerten aufgeführt.
13 «Eine Alpensinfonie», op. 65, zu der Skizzen bis ins Jahr 1911 zurückgehen, wurde am 8. Februar 1915 vollendet. Die Uraufführung fand am 28. Oktober 1915 mit der Dresdner Hofkapelle in der Berliner Philharmonie unter der Leitung des Komponisten statt. Zwei Tage danach folgte die Erstaufführung in Dresden.
14 Strauss wohnte in Mannheim bei Dr. E. Lanz, auf dessen Briefpapier der Brief geschrieben ist.
15 In Amsterdam und Den Haag hatte Strauss den «Rosenkavalier» dirigiert.
16 Lily Reiff-Sertorius, eine Jugendbekannte von Strauss und seiner Schwester Johanna, in erster Ehe verheiratet mit Eugen Baumberger, Professor für organische Chemie an der Universität Zürich, in zweiter mit dem Kaufmann Hermann Reiff. Sie führte an der Mythenstraße (heute Genferstraße) in Zürich ein gastliches Haus, in welchem musiziert wurde und wo viele prominente Persönlichkeiten als Logier-

gäste verkehrten. Thomas Mann nannte das gastliche Haus «Genie-Hospiz». In seinem Roman «Doktor Faustus» hat er das Ehepaar Reiff porträtiert. Strauss war während Jahrzehnten bei seinen Zürcher Aufenthalten Logiergast bei Reiffs. An Lilys Schreibtisch schrieb er 1918 die beiden Brentanolieder «An die Nacht» und «Amor» (op. 68, Nr. 1 und 5). Lily Reiffs Jugenderinnerungen an Richard Strauss, die nach dem Tode des Komponisten teilweise in Zürcher Tageszeitungen und in dem Privatdruck «Aus meinem Leben» (Rom 1976) erschienen sind, liegen jetzt, herausgegeben von Dagmar Wünsche, in: *Richard Strauss-Blätter, Neue Folge,* Heft 11, Wien Juni 1984 (Verlag Hans Schneider, Tutzing) vollständig vor.

17 In dem Tonhallekonzert vom 30. Januar 1917 dirigierte Strauss «Don Quixote», «Burleske» und «Also sprach Zarathustra». (Am 28. Januar hatte er in Zürich auch eine Aufführung von «Ariadne auf Naxos» geleitet.)

18 Adolph Fürstner (Berlin/Paris), Strauss' Hauptverleger.

19 Oscar Fried (1872–1941), Dirigent und Komponist, der sich namentlich als Mahler- und Strauss-Interpret auszeichnete.

20 Volkmar Andreae leistete während des Ersten Weltkriegs öfters über längere Zeitabschnitte Militärdienst (im Range eines Obersten).

21 Die Gastspiele, an deren Organisation der Diplomat und Kunstmäzen Harry Graf Kessler (1868–1937) wesentlichen Anteil hatte, fanden im Januar 1917 mit dem Ensemble des Mannheimer Hoftheaters und der Meininger Hofkapelle statt. Strauss dirigierte in Zürich, Basel und Bern «Elektra» und «Ariadne auf Naxos», mit der Hofkapelle Mannheim ein Konzert in Bern («Till Eulenspiegel», «Burleske» und «Ein Heldenleben»), in der Tonhalle Zürich «Don Quixote», «Burleske» und «Also sprach Zarathustra» (vgl. Anm. 4 zum Brief vom 13. 1. 1917). – Im Mai 1917 folgten Mozart-Gastspiele («Don Juan» und «Zauberflöte») mit prominenten Berliner und Dresdner Gästen. Im folgenden Jahr (1918) leitete Strauss im Februar neuerdings Festaufführungen («Rosenkavalier», «Salome» und «Fliegender Holländer»), ferner ein Tonhallekonzert mit «Symphonia Domestica» und «Alpensinfonie» (12. Februar) und begleitete Franz Steiner in einem Zürcher Liederabend.

22 Felix v. Weingartner (1863–1942), Dirigent und Komponist, damals Generalmusikdirektor in Darmstadt.

23 Hugo Heller (?).

24 Gluck-Aufführungen und Strauss-Woche fanden nicht statt.

25 An dem Programm («Eine Alpensinfonie» und «Symphonia Domestica») wurde festgehalten. Die von Strauss dirigierte Zürcher Aufführung fand am 12. Februar 1918 statt.

26 Notenzitat: Das Daphne-Motiv, mit dem die bukolische Tragödie «Daphne» (op. 82) beginnt, war Strauss besonders lieb. Er hat es Briefen, Postkarten und Autogrammen oft beigefügt.

27 Probe zum Konzert für Oboe und kleines Orchester, begonnen in Garmisch, vollendet in Baden am 25. Oktober 1945. Die Uraufführung unter Andreaes Leitung, mit Marcel Saillet als Solist, fand am 26. Februar 1946 in der Zürcher Tonhalle statt. Das Konzert (8. Abonnementskonzert) schloß mit der Zürcher Erstaufführung der Potpourri-Ouvertüre zu der Oper «Die schweigsame Frau», op. 80.

28 Die zwei Stücke: siehe Anm. 33.

29 Strauss hörte in Lausanne ein Konzert des «National Orchestra of Britain» unter der Leitung von Sydney Beer.

30 Die Aufführung von «Ein Heldenleben» fand am 14. August 1946 statt.

31 «Mißmut»-Motiv aus dem «Widersacher»-Teil von «Ein Heldenleben».
32 Probe zu «Ein Heldenleben».
33 D-Dur: Ouvertüre zum «Fliegenden Holländer».
   G-Dur: Klavierkonzert Nr. 4 von Beethoven (mit Arthur Schnabel).
   Es-Dur: «Ein Heldenleben».
34 Auf der Rückseite der Briefkarte eine Photographie, die Strauss mit dem an einer Büste des Komponisten arbeitenden polnischen Bildhauers Mathis Piotrowski zeigt. Die Büste entstand im Auftrag von Dr. Franz Hild in Baden.
35 Novello & Co.: Londoner Musikverlag, der die der Universal-Edition (Wien) gehörenden Werke Richard Strauss' (hauptsächlich sinfonische) erworben hatte.

Joseph Willimann

FERRUCCIO BUSONI UND VOLKMAR ANDREAE

«Ich sagte, daß Zürich ein Exil für ihn bedeutete. Doch war er viel zu sehr Weltmann und Geistesritter, um sich nicht mit Grazie in die Lage zu fügen. Erkannte er doch, wie sehr Volkmar Andreae und die Zürcher Musikfreunde sich bemühten, ihn vergessen zu lassen, daß er als Gefangener in einem Käfig saß, dessen Stäbe wohl den Glanz des Goldes vortäuschten, aber nur aus schlichtem Messing bestanden.»
Was mit solchen Worten der Zürcher Pianist und Busoni-Verehrer Hans Jelmoli über Ferruccio Busoni schrieb[1], findet seine ausführliche Bestätigung im Briefwechsel zwischen Busoni und Andreae. Vor dem Ersten Weltkrieg war Zürich für den Pianisten Busoni eine von vielen Stationen auf ausgedehnten Konzertreisen. Zum ersten Mal spielte er hier unter Friedrich Hegar am 20. Februar 1900 Liszts A-Dur-Konzert, und nach der Pause Chopins Etüden op. 25. Dies war im neunten Abonnementskonzert der Saison 1899/1900. Am 1. März folgte ein reiner Klavierabend mit Werken von Bach, Beethoven, Brahms und Liszt. Im letzten Jahrzehnt des ausgehenden Jahrhunderts hatte Busoni seinen internationalen Ruf als Klaviervirtuose gefestigt und war als weltberühmter Pianist nach Zürich gekommen.
Acht Jahre später stand das Tonhalle-Orchester bereits unter der Leitung Volkmar Andreaes, der seit 1906 die Sinfoniekonzerte der Zürcher Tonhalle-Gesellschaft dirigierte.
Von den 85 Schriftstücken Busonis, welche im Nachlaß Volkmar Andreaes aufbewahrt werden, stehen die ersten fünf im Zusammenhang mit der Organisation von zwei weiteren Busoni-Auftritten in Zürich. Im Extrakonzert vom 11. Februar 1908 wurde unter anderem Busonis Klavierkonzert op. 39 (KiV 247)[2] aufgeführt, im Abonnementskonzert vom 6./7. Januar 1913 die Berceuse élégiaque op. 42 (KiV 252a) (die vollständigen Programme finden sich in den Briefregesten).
Es war anläßlich dieser zwei Konzerte, daß sich Andreae und Busoni persönlich kennen und schätzen lernten. Der dreizehn Jahre jüngere

Zürcher Dirigent war ob der imponierenden Persönlichkeit Busonis und ob der vielerorts belegten Einmaligkeit seines pianistischen Könnens fasziniert. Busoni seinerseits war Andreae besonders dankbar für die Aufführung der Berceuse élégiaque, eines Werkes, in dem es dem Komponisten Busoni – wie er selbst bezeugte – zum ersten Mal gelungen sei, «einen eigenen Klang zu treffen».[3] Eine Notiz Busonis, welche er am 11. Juli 1912 aus Berlin nach Zürich sandte, endet denn auch mit den Worten: «Für die Berceuse dankt Ihnen besonders – Ihr herzlich ergebener F. Busoni.»

Als Italien 1915, im zweiten Kriegsjahr, Österreich-Ungarn den Krieg erklärte und so zum Gegner des mit der Donaumonarchie verbündeten Deutschland wurde, weilte die Familie Busoni in den Vereinigten Staaten von Amerika, wo Busoni konzertierte. Doch er wollte trotz des Krieges nach Europa zurückreisen. Es war allerdings für den gebürtigen Italiener jetzt unmöglich, in sein Heim nach Berlin zurückzukehren, wo er seit 1894 lebte. Busoni hoffte auf wohlwollende Aufnahme in Italien. Im September schiffte er sich in Amerika ein und erreichte Genua, von wo er nach Mailand weiterreiste. Als man ihm aber lediglich einen untergeordneten Posten als Klavierlehrer in Rom anbot, entschloß er sich, in die Schweiz zu fahren. Hier hatte er Kontakte zur Westschweiz, wo Emile Blanchet lebte, Busonis ehemaliger Schüler bei den Meisterkursen in Weimar. In Basel war Busoni überdies – besonders seit seinen Meisterkursen im Herbst 1910 am dortigen Konservatorium – mit Hans Huber befreundet.

Von den Städten Genf, Basel und Zürich, welche in die engere Wahl fielen, entschieden sich Busonis für Zürich. Fünf Jahre wohnten sie hier. Am 9. September 1920 verließ Busoni Zürich endgültig, um nach Berlin zurückzukehren.

Während der Zürcher Zeit vertiefte sich die Freundschaft zwischen Andreae und Busoni. Die ersten Briefe waren ja noch weitgehend Notizen organisatorischen Charakters. Allmählich aber wird die Korrespondenz ausführlicher und zeugt von herzlicher Teilnahme. Die Antwortbriefe Andreaes, von denen in der Deutschen Staatsbibliothek Berlin (DDR) 23 aufbewahrt werden[4], spiegeln ebenfalls den Wandel des gegenseitigen Verhältnisses: Die gemeinsam organisierenden und sich respektierenden Künstler werden immer mehr zu Freunden, welche in wesentlichen künstlerischen Fragen übereinstimmen.

Die organisatorischen Belange des Briefwechsels betreffen vor allem Busonis musikalische Tätigkeit an der Zürcher Tonhalle: seine vier Klavierabende im Frühjahr 1916 und im gleichen Zeitraum die Stellvertretung Andreaes als Dirigent in den Abonnementskonzerten III. bis VI. der Saison 1915/16. Am 27. Oktober 1915 schrieb Andreae von seiner damaligen Wohnung an der Bellariastraße 22 an Busoni, welcher an der Scheuchzerstraße 36 eine Wohnung bezogen hatte: «Ich bitte Sie für alle Fälle einstweilen zu reservieren: 21./22. Februar, 6./7. März, 20./21. März, 3./4. April. Es ist möglich, daß ich Mitte Februar einrücken muß und dann würde ich Sie für die Konzerte, die ich nicht selbst leiten kann, in Vorschlag bringen.» (Die definitiven Daten, an denen Busoni dirigierte, waren dann: 21./22. 2., 13./14. 3., 27./28. 3., 17./18. 4. 1916.)

Keinen Niederschlag in den Briefen fanden aber die drei Klavierabende Busonis im Herbst und Winter desselben Jahres. Es ist anzunehmen, daß sich Andreae und Busoni bis Ende Jahr regelmäßig trafen, so daß sich der Briefkontakt erübrigte. Da die besagten drei Klavierabende am Ende des Jahres 1916 – im Gegensatz zu den berühmt gewordenen vier Abenden des Frühjahrs – in der eingangs zitierten Schrift von Hans Jelmoli[5] unerwähnt blieben und ebenfalls im jüngst (anläßlich der Zürcher Busoni-Wochen 1985) erschienenen Artikel von Mario Gerteis[6] fehlten, sei hier ausdrücklich auf die Veröffentlichung der Programme durch Edgar Refardt hingewiesen[7]. Am ersten Abend (7. 11. 1916) spielte Busoni Werke von Bach, Beethoven, Carl Maria von Weber und Schubert-Bearbeitungen von Liszt, am zweiten (21.11.) Werke von Franck, Chopin und Brahms und am dritten (5. 12.) ein reines Liszt-Programm. (Busonis weitere Aktivitäten während der fünf Zürcher Jahre werden in den eben zitierten Schriften ausführlich dargestellt.)

Eine betont herzliche und freundschaftliche Atmosphäre verbreiten die Briefe seit dem Jahresende 1918. Am 21. Dezember gibt Busoni die Widmung seiner Sarabande für Orchester (KiV 282) an Volkmar Andreae bekannt. Ihr folgt im Januar 1919 auch die Widmung des Cortège (KiV 282). Andreaes Dankbrief vom 24. Dezember 1918 zeigt, wie sehr ihn die Widmung der Werke bewegt: «Tausend Dank für die Widmung. Sie hätten mir kein schöneres Weihnachtsgeschenk bescheren können. Die Widmung freut mich ganz besonders, da sie uns beide immer näher bringt und dadurch ein sehnlichster Wunsch

Sehr geehrter Herr Andrae.

Ich bin über Ihre Absichten ebenso froh als dankbar und werde sowohl das Datum als das Programm fest notiren. Ich glaube auch, daß ich für den 9. Febr werde eintreffen können.

Seien Sie indessen freundlichst begrüsst und bedankt von Ihrem

hochachtungsvoll ergebenen
Ferruccio Busoni

am 6. April
1907. —
— Berlin.

Brief von Ferruccio Busoni *(Nr. 322)*

seiner Erfüllung entgegengeht: Sie immer mehr zu besitzen. Ich liebe Sie immer mehr, und wenn auch die Beethovenfrage unsere Gemüter hin und wieder in Wallung bringt, so ändert das nicht im geringsten an der Tatsache, daß wir uns eigentlich sehr nahe stehen als Künstler und Menschen.» Die «Beethovenfrage» scheint sich in einer hitzigen Diskussion entzündet zu haben, von der Jelmoli berichtet: «...jene streitbaren Abende, wo die ‹médisance›, diese ätzende Waffe jedes kämpfenden und ringenden Musikers, ihre Orgien feierte, dürfen ebensowenig übergangen werden wie die Erwähnung jenes berühmten Streites um Beethoven im Bahnhofrestaurant Enge, wo die zündenden Geister des Alkohols die Attacke eines Großen gegen einen Größten bis zur Weißglut erhitzten.»[8] Busonis Vorbehalte gegenüber einer uneingeschränkten Wertschätzung Beethovens waren aber keineswegs bloß die Frucht eines durch Wein entzündeten Übermuts. Die mehrfachen schriftlichen Äußerungen über Beethoven zeigen, daß Busoni gegen die «militante Priesterschaft», die sich für Beethoven gebildet habe, etwa die Bedeutung Mozarts herausheben wollte.[9] Mozart galt ihm als Meister, während «Beethoven kein ‹Meister› im Sinne Mozarts oder des späteren Wagner [war], eben weil seine Kunst die Andeutung einer größeren, noch nicht vollkommen gewordenen, ist.»[10]

Immerhin muß sich Busoni sehr genau bewußt gewesen sein, daß er in Bezug auf Beethoven allzu emotional urteilte; am 28. Dezember 1920 schrieb er aus Berlin an Andreae: «Ich beneide Sie um die Einstudierung von Beethovens Messe; ich selbst spielte nur das Es-Dur-Konzert im Staatstheater (mit Muck) und lehnte mehrere Aufforderungen namhaftester Zeitungen ab, über Beethoven zu schreiben; da ich die Krisis noch nicht ausgekämpft habe, die mich seit ein paar Jahren peinlich erregt. Jedes meiner Worte hätte müssen zu Mißdeutungen führen, die mich allein gekennzeichnet hätten. Habe ich doch schon in Zürich einiges Ärgernis mit meinen unvermittelten Äußerungen geweckt!» Trotz solcher angeblich unvermittelter Äußerungen blieben die schon im *Entwurf* gemachten Vorbehalte gegen Beethoven und Wagner auch die Grundlage für Busonis Auffassung von der «Jungen Klassizität», die er als Richtschnur für die zeitgenössischen Komponisten postulierte. Busonis noch in Zürich verfaßter offener Brief an Paul Bekker (vgl. Anm. 31) «Junge Klassizität» läßt als Vorbild für die geforderte «Heiterkeit (Serenitas)» wiederum

Mozart erscheinen (auch wenn dieser hier nicht ausdrücklich genannt wird), nicht aber «die Mundwinkel Beethovens, und auch nicht das ‹befreiende Lachen› Zarathustras, sondern das Lächeln des Weisen, der Gottheit...»[11] Um so mehr muß es Busoni gefreut haben, als ihm der Zürcher Freund am 12. Januar 1922 nach Berlin schrieb: «Ich nahm auch Abschied von Tristan und Isolde, meine Frau hörte das Werk zum ersten und letzten Male. Ich sage Ihnen dies nicht nur, weil ich weiß, daß dieses Urteil Ihnen Freude macht. Es ist mir aber ein Bedürfnis, Ihnen im ganzen Falle Wagner vollkommen recht zu geben und ich ‹fürchte› beinahe, daß sich auch mein Urteil über Beethoven recht bald dem Ihrigen bedenklich nähern wird. Ich kann die Fünfte bald nicht mehr dirigieren – und sonderbar: ich finde dazu Parallelen in der Malerei und Plastik. Die Michelangelokapelle in Florenz begeisterte mich vor kurzem nicht mehr, besonders die Figur der Nacht wirkte auf mich abstoßend, während dem ich in der Chiesa San Marco bei Fra Angelico Tränen vergoß; in München mied ich in der Pinakothek den Rubenssaal und flüchtete mich zu Perugino und in den spanischen Saal. El Greco – Berlioz! Rubens – Wagner! Angelico – Mozart! Michelangelo – Beethoven! Tintoretto – Meyerbeer! Giotto – Bach! usw. Daumier – Busoni! Oder sind Sie damit nicht einverstanden? Ich setze Daumier über alles!»

Nicht nur anhand der «Beethovenfrage» ließe sich die Annäherung der beiden Künstler belegen. Sie wurde hier aber ausgewählt um zu zeigen, wie sich die beiden unter Führung Busonis vor allem als Komponisten mit den historischen Vorbildern zeitgenössischen Komponierens auseinandersetzten. Die Gedanken gruppieren sich insgesamt um Busonis Begriff der «Jungen Klassizität» und belegen die Wichtigkeit des Briefwechsels für die *Komponisten* Busoni und Andreae.

Aus dem umfangreichen Briefwechsel konnten hier nur fünf Briefe Busonis gedruckt werden. Sie wurden ausgewählt, um verschiedene Aspekte der gegenseitigen Freundschaft zu illustrieren und um besonders auch die vielfältige Tätigkeit Andreaes als Komponist, Dirigent und verantwortlicher Programmgestalter der Tonhalle-Gesellschaft Zürich aus Busonis Sicht zu beleuchten. Der Brief vom 18. April 1918 zeigt Busonis Reaktion auf die Generalprobe des *Ratcliff*, Andreaes erster Oper und seines op. 25. Im Brief vom 9. Juni 1919 bekundet Busoni lebhaftes Interesse an Andreaes Sinfonie in C-Dur op. 31, deren Uraufführung in Zürich bevorstand. Auch für Busoni selbst ist dieser Brief sprechend: Die beabsichtigte dritte Umarbeitung seiner Oper *Die Brautwahl* (KiV 258) und eine in Erwägung gezogene konzertante Aufführung von Teilen der Oper *Doktor Faust* (KiV 303) belegen seinen kompositorischen Eifer. Der dritte hier gedruckte Brief vom 20. Juni 1919 kommt nocheinmal auf den *Ratcliff* zurück. Am 6. Oktober 1919 schreibt Busoni aus London. Dorthin führte ihn die erste Auslandreise nach dem Krieg, zu der er am 18. September aus Zürich aufgebrochen war. Der Kommentar zu Andreaes Tonhalle-Programm ist im großen und ganzen recht schmeichelhaft («Im Ganzen machen Sie bessere Musik, als wie in London der Fall ist.»), wenn auch kritische Bemerkungen nicht fehlen. Der Brief vom 31. Januar 1920 läßt schließlich ahnen, wie schonungslos Busoni auch gegenüber Andreae Werke kritisieren konnte, für die sich jener stark gemacht hatte. Doch sollten solche Unstimmigkeiten ihre persönliche Freundschaft und die Wertschätzung, die Busoni für den Dirigenten Andreae hegte, nicht trüben.

Der Busoni-Forschung waren die Briefe an Volkmar Andreae bereits bekannt. Schon Jelmoli zitierte sie[12], ebenso Edward Dent[13]. Hans Heinz Stuckenschmidt ließ den Brief vom 15. Juni 1921 *(Nr. 401)* in Faksimile drucken[14]. Im neuesten Busoni-Buch von Antony Beaumont[15], der bisher umfassendsten Studie zu Busonis kompositorischem Werk, werden ebenfalls zwei der Briefe zitiert.

Eine systematische Aufarbeitung stand aber bis jetzt noch aus. So erscheinen die hier veröffentlichten Briefe zum ersten Mal im Druck. Eine eingehendere Auseinandersetzung mit dem Material ist geplant.

(Nr. 335)

Zürich, 18. A[pril][16] 1916

Lieber und geehrter Freund,

ich habe Ihnen anläßlich der Generalprobe von Ratcliff[17] Nichts gesagt, in dem Bewußtsein, daß ich, erfahrungsgemäß, erst aus der Entfernung den richtigeren Eindruck und dessen Formulierung gewinne.

Es würde indifferent aussehen, wenn ich mich nicht darüber ausspräche; und also erlaube ich mir, dieses jetzt zu unternehmen.

Vorerst fiel es mir wohltätig in die Ohren und in die Sinne, daß die

Lieber u. geehrter Freund,

ich habe Ihnen anläßlich der Generalprobe von Raedcliff nichts gesagt, in dem Bewusstsein, daß ich, erfahrungsgemäß, erst aus der Entfernung den richtigeren Eindruck u. dessen Formulierung gewinne.

Es würde indifferent aussehen, wenn ich mich nicht darüber aussprüche, und also erlaube ich mir, dieses jetzt zu unternehmen.

Vorerst fiel es mir wohlthätig in die Ohren u. in die Sinne, daß die Worte in Ihrer Oper die eines Dichters sind; im Gegensatz zu sämmtlichen "Textbüchern", die ich letzthin durchblätterte.

Namentlich das zweite Bild ist dichterisch hochstehend u. durchaus eindrucksvoll.

An Ihrer Musik muss ich die Behandlung des Orchesters bewundern, die von erworbener Meisterschaft, nach angeborener Begabung, zeugt.

An "Einfällen" ist das Meiste hierher verlegt: aber dennoch kommt das rein-Thematische nicht zu kurz, wie z. B. in dem glücklichen Ansatz zum schottischen Nationalklang, im 1. Akt.

Worin Sie mich nicht überzeugen, ist die Deklamation hierin stehe ich (so anmaassend es klingt) auch mit Wagner in Widerspruch. Es ist nicht richtig, dass die langen Sylben hoch, die Kurzen tief klingen; auch spricht man die langen Sylben durchaus nicht immer länger aus.

Auf der Bühne ist das Metrische gegen das Subjektive der Diktion zurückdrehend.

"Wär's Einer nur gewesen —
bei Gott!
ich wäre still vorbeigeschritten."

Bei diesen Worten betonen Sie "nur" und "vorbei" ganz besonders, an Höhe u. Dauer. Ich empfinde diesen Satz eher so: ⟨=⟩

Ich sage dies alles, weil ich das Problem als interessant empfinde, und gerne darüber diskutiere.

Als Resumé meiner Eindrücke muss ich aber die aufrichtige Hochachtung vor einem ernsten u. durchgeführten Kunstwerke, als Ihres Eines unbeschreibbar ist, bestätigen und Ihnen für den erinnerungswerthen Vormittag tief-herzlich danken.

Ihr freundschaftlich ergebener

Zürich 18. A. 1916.   F. Busoni

Brief von Ferruccio Busoni *(Nr. 335)*

Worte in Ihrer Oper die eines *Dichters* sind; im Gegensatz zu sämtlichen «Textbüchern», die ich letzthin durchblätterte.[18]
Namentlich das zweite Bild ist dichterisch hochstehend und durchaus eindrucksvoll.
An Ihrer Musik muß ich die Behandlung des Orchesters bewundern, die von erworbener Meisterschaft, nach angeborener Begabung, zeugt.
An «Einfällen» ist das Meiste hierher verlegt: aber dennoch kommt das rein-Thematische nicht zu kurz, wie z. B. in dem glücklichen Ansatz zum schottischen Nationalklang, im 1. Akte.
Worin Sie mich nicht überzeugen, ist die Deklamation; hierin stehe ich (so anmaaßend es klingt) auch mit Wagner in Widerspruch. Es ist nicht richtig, daß die langen Sylben *hoch,* die kurzen *tief* klingen; auch spricht man die langen Sylben durchaus nicht immer länger aus. Auf der Bühne ist das Metrische gegen das Subjektive der Diktion zurücktretend.
«Wär's *Einer* nur gewesen –
bei Gott!
ich wäre still vorbeigeritten.»[19]
Bei diesen Worten betonen Sie «nur» und «vor*bei*» ganz besonders, an Höhe und Dauer.[20] Ich empfände diesen Satz eher so: < >
Ich sage dies alles, weil ich das Problem als interessant empfinde, und gerne darüber diskutiere.
Als Resumé meiner Eindrücke muß ich aber die aufrichtige Hochachtung vor einem ernsten und durchgeführten Kunstwerke, als Ihres Eines unbestreitbar ist, mit Freude bestätigen und Ihnen für den erinnerungswerthen Vormittag tief-herzlich danken.

Ihr freundschaftlich ergebener
F. Busoni

(Nr. 366)
(Ich schickte Ihnen einen Bücher Katalog mit Goethe Ausgaben)[21]

[Zürich,] am 9. Juni 1919

Lieber und geehrter Doktor,

wenn Sie mir in der Tat die schöne Ehrung zu Teil werden lassen wollen, daß ein Bühnenwerk Ihres ergebenen Freundes auf dem Musikfest prangen soll, so würde ich wünschen, daß *«Die Brautwahl»* zur Darstellung käme; ein Werk, das mir am Herzen liegt, und das noch nicht zur Geltung gelangen konnte.[22]

Ich beabsichtige zu dieser Gelegenheit (und überhaupt)[23] eine Umarbeitung vorzunehmen, (die zweite), – so daß die Darbietung einer «*Uraufführung*» gliche. – Dazu aber müßte ich rechtzeitig darüber Bestimmteres wissen. Mit meinen neuen Erfahrungen und der größeren Reife könnte ich jetzt durch wenige gute Striche (im zeichnerischen Sinne) die in der Anlage über Durchschnittsmaß ragende Oper lebensfähig machen. –
Wärmsten Dank für Ihr Kommen am letzten Freitag und die anregende Vorführung am Clavier Ihrer *Symphonie*.[24] Es ist in ihr ein «Wurf», um den man Sie beneiden könnte, wenn man sich nicht daran herzlich freute! Es war richtig, daß Sie das Ganze erst in einem Atem niederschrieben: nun läßt sich das Wenige, was zur größeren Abrundung und Verfeinerung allenfalls unternommen werden könnte, leicht überschauen und einfügen. Und das Orchester wird vieles in die gewollten «Valeurs» bringen, hervorheben und zurückdrängen, weitergestalten helfen. – Wir hören die Symphonie im Herbste? –[25] Nun muß ich, unter Anderem, ernstlich meine *englische Reise*[26] festsetzen; nach dieser können erst die übrigen Konzertpläne sich richten. Ich bedaure schon jetzt, daß ich Manches dadurch in Zürich (als Zuhörer) versäumen werde; (das Band zwischen der Stadt und mir ist nun einmal geknüpft), hoffentlich aber erlebe ich vor der Reise Ihre Symphonie.[27]
Über *Faust* vermag ich erst sicher zu sprechen, wenn ich die fertige Partitur des aufzuführenden Teiles fertiggestellt und präsentierbar habe.[28] Genießen Sie (und die Ihren) die Ferien und bringen Sie Schönes wieder mit.

Ihr freundschaftlich ergebener F. Busoni

(Nr. 367)

[Zürich,] 20. Juni 1919

Lieber geehrter Doktor,

ich empfange soeben Ihre Doppelkarte,[29] die ich mit Freuden begrüßte und mit ganzem Interesse las. – Das Mißverständnis mit der Bühnenaufführung ging nicht von mir aus; sondern von «Freunden», die die Sache so aufgefaßt hatten und mich in meiner (ersten, richtigen) Auffassung überstimmten. (Ich schäme mich.)[30] (A propos Musikfeste: sahen Sie den Bericht von Paul Bekker in der F.Z. über den A.D.M.V.?)[31] – Also muß «Die Brautwahl» auf ihr Recht noch warten. Ich habe die Geduld erlernt. – Die Antwort aus England ist noch nicht erfolgt, von der meine nächsten Beschlüsse abhängen. Fällt sie so aus, wie ich vermute, so würde ich am 20.–21. Oktober leider *ab*wesend sein müssen, und also Ihre Symphonie versäumen.[32] Dieses würde ich aufrichtig bedauern und ich könnte nur hoffen, daß ich einem früheren Durchspielen beiwohnen dürfte, oder Gelegenheit habe das Werk auf dem *Musikfest*[33] zu hören. Die Partitur wird sicherlich orchestral-glänzend und so, daß man aufmerken wird; diese Eindrücke ließ mich bereits Ihr ‹*Ratcliff*›[34] erleben, – das Notturno & Scherzo.[35] Die Oper (Ratcliff) nahm ich zweimal zu Hause durch: sie enthält viel Treffliches, Gelungenes, Getroffenes und Anregendes. Wäre der textliche Inhalt zusammengedrängt worden (anstatt, wie er ist, ausgebreitet), so wäre die Oper von schlagender Wirkung. Heine nennt das Stück «*einen* Akt», und dieser Begriff scheint mir für die Richtung, die es als Oper verfolgen soll, von erster Bedeutung.★[36]

Ich bin glücklich (und Gerda[37] ist es mit mir) daß Sie sich bei uns wohl fühlten. Ihre herzliche Einladung nach Zuoz[38] merken wir uns vor; und ich werde gerne derselben folgen, sobald ich ein rundes Stück meiner Partitur[39] mitnehmen kann. Dann wird (wie schon gesagt) die Möglichkeit und die Form einer etwaigen Konzert Aufführung von einem Teile des «Doktor Faust» sich besprechen lassen.[40] Aber – (und dieses wurde auch bereits erwähnt) – ich würde ganz anders arbeiten und mich einrichten, wenn ich die Wahrscheinlichkeit einer solchen Aufführung im Verlaufe der Konzertsaison haben könnte: Sie verstehen es.

– Die Ehre, die Sie mir zudenken, im Programm eines Schweizer Musikfestes zu figurieren, macht mich froh und stolz. – Bis dahin ist's noch ein Jahr: wer weiß, was dieses inzwischen zeitigt![41]

– Wir hatten hier eine ideal-schöne Pfingstwoche, die ich schlendernd genoß. Noch bin ich in einer «Ferienstimmung» befangen und tue im Ganzen nicht viel, gegen sonst.

– Ich grüße Sie und Ihre Frau auf das Freundschaftlichste und als Ihr ganz herzlich ergebener

Ferruccio Busoni

★ Es ist, übrigens, eine seltene Freude, einem Operntext in so gutem Deutsch, dichterisch schön, zu begegnen. Zeigten doch andere Komponisten solchen Geschmack!

[Auf dem Briefumschlag:]
Der Brief war schon zu und adressiert, als mir der Besuch von Professor Hubay (B. Pesth)[42] gemeldet wurde. Er ist soeben wieder fort: ich signalisiere Ihnen seine Anwesenheit in der Schwciz.

(Nr. 377)

West Wing, [London,] 6. Oktober 1919
Outer Circle,
Regent's Park. N.W.
Telephone, Mayfair 1108.
Cable, Meryeldene London.

Lieber, geehrter,

Ich verlange und erhoffe keine Antwort auf meine schriftlichen Plaudereien und erbitte nur die Erlaubnis, hie und da solche an Sie richten zu dürfen. – Einen Anlaß zu der heutigen bietet meine Kenntnisnahme Ihrer Tonhalle Programme, die ich mit jenem Interesse durchlas, das mein Verhältnis zu Zürich bedingt. Im Ganzen machen Sie bessere Musik, als wie in London der Fall ist. – Ich sehe, Ihre populären Konzerte, als internationale Darbietung geplant, haben sich in das Gegenteil verwandelt: das weiße Kreuz leuchtet auf rotem Feld![43] – Es leuchtet bereits am 3. und 4. November, wenn ich Ihre Symphonie mit herzlichem Bedauern vermissen muß.[44] – Mit Überraschung sehe ich «von Sauer»'s Namen am 15. Dezember; zu dieser Zeit könnte und sollte ich zurück sein, um Brun's Werk anzuhören.[45] – Sie versprachen mehr «Berlioz»; gerne hätte ich an diesem 19. Januar selbst gespielt: wäre das nicht noch zu ändern?[46] Am 2. Februar prangt der Stammbaum der Familie Bach[47] – (Vor Tagen erstand ich hier eine Musikgeschichte des Engländers Hawkins, in 5 Bänden, aus dem 18. Jahrhundert.[48] Ich war betroffen zu lesen, wie wenig man damals von J. S. Bach wußte: er ist kurz besprochen und hauptsächlich als Organist genannt.) Dann tummelt sich die letzte Vergangenheit: Tschaikowsky[49], Mahler[50], Hausegger[51], der frühe R. Strauss[52], die umständliche Tannhäuser-Eröffnung[53] – von der III. Leonore noch immer überboten.[54]
Was aber ist Schoeck's «Ratcliff»? – Ein Druckfehler.[55] – Klose als Elfe – das muß ein Anblick sein![56] –

Heute Abends denke ich besonders an Sie.[57] Es tut's auch im Allgemeinen, oft, und herzlich, und dankbar

                                                Ihr F. Busoni

(Nr. 385)

Grand & Palace Hôtel   Lugano, 31. Januar 1920
Bucher Durrer, Propr.
Lugano

Motto: «Wir instrumentieren lange nicht mehr mit 42-ctm Kaliber» *(Volkmar Andreae)*[58]

  Mein lieber und verehrter Doktor, ich bin durch Zug Unterbrechung auf meiner Reise nach Mailand aufgehalten worden, und indem ich auf den nächsten «Anschluß» warte, denke ich zurück und auch an Sie.
Schade ist es, daß wir uns letzthin allzuflüchtig sahen: ich hatte das Gefühl von Mißverständnis und einer kleinen Entfernung.[59] Doch das mag an meiner reizbaren Subtilität liegen...
Jedenfalls wollte ich Sie von meiner Seite versichern, daß nichts davon vorhanden ist. –
Sie wissen: bei aller Achtung für so Manches an ihr Schätzenswerte, kann ich mit der «Kunst von vorgestern» nichts beginnen.
Und, lügen ebensowenig.
Nun traf diese meine Haltung – (auf meinem Gesicht zu lesen) – mit Ihrem durchaus zu respektierenden Hingeben am Dirigentenpulte zusammen. Selten habe ich Sie so dirigieren sehen: vielleicht noch nie. Da war Können, und Wärme, und Magnetismus, und eine wunderschön enträußernde Kollegialität am Werke, und das Ergebnis war hinreißend. Ich habe Sie geliebt, um dieses alles wegen, denn Ihr Charakter strahlte.[60] – Ich brauche mein «Aber»[61] nicht auszuführen: Sie sind dazu intelligent genug, und kennen mich ein wenig. – Sollten wir deswegen anders zu einander uns verhalten? – Nichts dergleichen. –
Nehmen wir es als eine Feuer und Wasserprobe, und die Zauberflöte siege und eine!
Ihr herzlich und dankbar ergebener

                                                   F. Busoni

ANMERKUNGEN

1 Hans Jelmoli, *Ferruccio Busonis Zürcherjahre*, Zürich 1929 – 117. Neujahrsblatt der AMG, 15 f.
2 Jürgen Kindermann, *Thematisch-chronologisches Verzeichnis der musikalischen Werke von F. Busoni*, Regensburg 1980 – Studien zur Musikgeschichte des 19. Jhs. 19 (zitiert KiV).
3 Ferruccio Busoni, *Von der Einheit der Musik*. Von Dritteltönen und Junger Klassizität. Von Bühnen und Bauten und anschließenden Bezirken. Verstreute Aufzeichnungen, Berlin 1922 – Max Hesses Handbücher 76, 178.
4 im Busoni-Nachlaß, noch ohne Signatur.
5 a.a.O.
6 Mario Gerteis, *Busoni in Zürich*, in: Tages Anzeiger, Zürich 23. 2. 1985, 49f.
7 Edgar Refardt, *Briefe Busonis an Hans Huber*, Zürich 1939 – 127. Neujahrsblatt der AMG, 47.
8 a.a.O., 19.
9 «Was gab uns Beethoven?» a.a.O., 290 ff.
10 Ferruccio Busoni, *Entwurf einer neuen Ästhetik der Tonkunst*, Leipzig 1916 (Frankfurt 1974, 16, Anm.)
11 *Von der Einheit der Musik*, 278.
12 a.a.O.
13 Edward J. Dent, *Ferruccio Busoni. A Biography*, London 1933 (Reprint 1974).
14 Hans Heinz Stuckenschmidt, *Ferruccio Busoni. Zeittafel eines Europäers*, Zürich 1967.
15 Antony Beaumont, *Busoni the Composer*, London – Boston 1985.
16 Im Original steht das Datum am Schluß des Briefes: Zürich 18. A. 1916. Zur Datierung siehe Anmerkung 17.
17 Andreaes erste Oper *Ratcliff, op. 25*, nach der gleichnamigen Tragödie von Heinrich Heine, war anläßlich des 49. Tonkünstlerfestes des Allgemeinen Deutschen Musikvereins am 25. Mai 1914 in Duisburg uraufgeführt worden. Die Zürcher Premiere fand am 30. März 1916 statt. Weitere Aufführungen in Zürich folgten am 5. und 11. April.
Erneut wird der *Ratcliff* dann beim Schweizer Musikfest in Leipzig am 15. September 1918 zur Aufführung kommen. Offenbar zu dieser Gelegenheit wurde ein Klavierauszug (der zuvor schon ab Andreaes Autograph bei von Beck und Wedekind in Düsseldorf [o. J.] photographisch vervielfältigt worden war) beim Berliner Verleger Adolph Fürstner in gedruckter Form herausgebracht [o. J.]. Beim selben Verlag wurde auch die Orchesterpartitur gedruckt (1918) und das Exemplar *Nr. 1* am 25. Juli 1918 dem Komponisten überreicht. (Alle erwähnten Ausgaben finden sich – zusammen mit ausführlichen Skizzen zum *Ratcliff* – in Andreaes Nachlaß im Privatbesitz der Familie Andreae in Zürich.)
Busoni hatte ursprünglich geplant, am 2. April 1916 der Erstaufführung von Hans Hubers Oper *Die schöne Belinda* in Bern beizuwohnen. Doch die Feier seines 50. Geburtstages am 1. April und die Generalprobe von Andreaes *Ratcliff* hielten Busoni in Zürich zurück, wo er in einem Brief vom 8. April 1916 (dieses Datum macht die Datierung unseres Briefes auf *April* 1916 zur Gewißheit) an Hans Huber berichtete: «Dazwischen geriet überdies die Generalprobe von Andreaes Ratcliff (ein Buch, das häufiger als sonst in der Oper den Dichter verrät), der ich nicht umhin konnte beizuwohnen.» (Edgar Refardt, a.a.O., 14f.)
18 Busoni hatte im gleichen Brief an Hans Huber (vgl. Anm. 17) weiter geschrieben: «An dem Ratcliff konnte ich wieder einmal bestätigen, daß die Voraussetzungen des

Dramas nicht dieselben sind, als die der Oper, und daß man die gleichen Voraussetzungen an Oper und Drama stellt, indem man durch den beiden gemeinsam zufallenden Begriff ‹Theater› irregeführt wird. Darum schien mir die Wahl Ihres Stoffes [‹Die schöne Belinda›] die richtigere, wenngleich die Dichtung nicht stark genug sich erwies, als ich sie las.» (ebd.)
Der zitierte Brief an Hans Huber zeigt, daß Busoni trotz der dichterischen Qualität der *Ratcliff*-Tragödie an deren Eignung zum Opernlibretto zweifelte.

19 Die Verse 528 bis 531 (im dritten Bild) lauten bei Heine:
Ratcliff: «O, spart den Dank. Es war nur eine Grille,
Daß ich Euch half. *Drei* lagen über Euch.
Das war zu viel. Wärs *Einer* nur gewesen,
Bei Gott! ich wäre still vorbeigeritten.»
(Heinrich Heine, *Sämtliche Schriften,* hrsg. v. Klaus Briegleb, Frankfurt/M. 1981, Bd. 1, 363).

20 Die von Busoni kritisierte Stelle findet sich im dritten Bild (Ratcliff und Douglas am Schwarzenstein) und betrifft die acht Takte vor Ziffer 170 in Andreaes Partitur:

(Aus dem Klavierauszug von Andreaes Oper *Ratcliff* op. 25, S. 129. Der Klavierauszug wurde gedruckt bei A. Fürstner, Berlin [o.J.; vermutlich 1918])

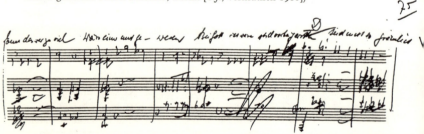

(Aus Andreaes Skizzen zur Oper *Ratcliff* op. 25, S. 75)

Die Skizze zur betreffenden Stelle (siehe oben) zeigt, wie Andreae hier tatsächlich auf das Wort «vorbeigeritten» bereits verschiedene Möglichkeiten erwogen hatte, ohne allerdings von der einmal gewählten rhythmischen Deklamation abzulassen.

Diese Versuche müssen aber noch ohne Busonis Einfluß unternommen worden sein, da für die Zürcher Generalprobe von 1916 der Klavierauszug in Andreaes Reinschrift mit Sicherheit fertiggestellt war: In ihm hatte sich Andreae bereits für die im ersten Beispiel gegebene Variante (es^2 auf «vorbei-») entschieden, die auch in allen folgenden gedruckten Ausgaben beibehalten wurde.

21 Busonis bibliophile Sammellust führte zu seiner beachtlichen Berliner Bibliothek, welche er 1920 bei der Rückkehr aus Zürich nach Berlin unberührt wieder fand. Von Goethe besaß er mehrere Gesamtausgaben: Leipzig bey Georg Joach. Göschen 1788–1790 (7 Bde.); Cotta'sche Buchhandlung, Wien 1816–1822 (26 Bde.); Cotta'sche Buchhandlung, Stuttgart und Tübingen 1828/33 und 1835 (55 Bde.) etc. (*Bibliothek F. Busoni*, Auktionskatalog 96, Max Perl, Berlin 1925). Vgl. dazu auch Antony Beaumont, *F. Busoni: Composer and Bibliophile*, in: Librarium, Zs. d. schw. Bibliophilen Gesellschaft, 26 [1983], 119ff.

22 Die Arbeit an Busonis Oper *Die Brautwahl* (KiV 258) hatte sich von 1906 bis 1911 hingezogen. *Die Brautwahl, Musikalisch-fantastische Komödie in drei Akten und einem Nachspiel nach Ernst Theodor Amadeus Hoffmanns gleichnamiger Erzählung*, wurde dann am 13. April 1912 in Hamburg unter Gustav Brecher uraufgeführt. Nur bei Freunden und Kennern Busonis hatte sie den erhofften Erfolg. Rudolf Cahn-Speyer schrieb: «Wer Gelegenheit hatte, der Uraufführung von Busonis ‹Brautwahl› in Hamburg beizuwohnen, dem bot sich außer der Vorstellung selbst noch ein anderes interessantes Schauspiel dar: das Publikum. Es zeigte alle Symbole vollkommener Ratlosigkeit, und in der Tat hatte ihm Busoni die größte Verlegenheit bereitet, die ein Künstler einem Publikum bereiten kann: er hatte ihm ein Werk vorgeführt, das sich in keine der bestehenden bekannten Kategorien einordnen läßt. [...] die Oper Busonis besitzt eine Originalität besonders weitgehender Art, sozusagen eine Originalität in Reinkultur, und ist darum besonders geeignet, als Ausgangspunkt für eine Erörterung der Art und Weise zu dienen, in der das moderne Publikum einem neuartigen Werke gegenübertritt.» (Die Musik, 11 [1911/1912], 246). Auch Ferdinand Pfohl, der das Werk außerordentlich lobte, meinte einschränkend: «[...] so mußte das Werk Busonis eine tiefe und nachhaltige Resonanz im deutschen Musikleben sich erwecken, wenn diese ‹Brautwahl› nicht eigentlich eine Oper *gegen* das Publikum, gegen die Instinkte der Masse wäre; wenn nicht Hemmungen, Dunkelheiten (in des Wortes ureigenster Bedeutung!), mancherlei Dehnungen und szenische Parallelismen die theatralische Wirksamkeit der Handlung minderten. Den literarisch vorgebildeten und für feinere Dinge empfänglichen Zuschauerkreis, den dieses Werk voraussetzt, wo wird ihn Busoni finden?» (Die Musik, 11 [1912], 313)

Für die Mannheimer Erstaufführung, die ein Jahr später unter Arthur Bodanzky stattfand, kürzte Busoni das Werk. K. Eschmann, der die Komposition als «kühle Verstandesmusik» ablehnte, berichtet: «In der Neubearbeitung, die in der Hauptsache eine knappere Fassung bedeutet, ging nun das Werk hier über die Bühne. Der Erfolg blieb so ziemlich der gleiche wie in Hamburg: des anwesenden Komponisten Freunde, Verehrer und Landsleute applaudierten ostentativ und reizten andere Zuhörer zum Zischen. Der größte Teil des Publikums aber verhielt sich kühl.» (Die Musik, 12 [1913], 373)

Es erstaunt nicht, daß sich Busoni von einer Aufführung wohl anläßlich der Internationalen Festwochen in Zürich schließlich doch noch Erfolg versprach (vgl. dazu auch den Brief *Nr. 367*). Noch am 16. August 1919 wird Busoni an seine Frau Gerda schreiben: «‹Die Brautwahl› hat mich 2 Tage beschäftigt. Es ist so viel drinnen. Ist viel zu ehrlich. – Wird noch zur Oberfläche steigen: wenn mir gewisse

Umgestaltung gelingt...» (Busoni, *Briefe an seine Frau*, hrsg. v. Friedrich Schnapp, Zürich 1935, 332)

23 Die Klammerbemerkung ist nachträglich eingeschoben.
24 In den Zusammenkünften bei Busoni war es Brauch, am Klavier neue Kompositionen vorzustellen. Andreae spielte bei einer solchen Gelegenheit seine *Sinfonie op. 31*. Busoni, der die Sinfonie schätzte, äußerte später grundsätzliche Bedenken gegen das Partiturspiel am Klavier: «Ich bedaure herzlich, nicht beim Vorspielen Schoeck's und Brun's anwesend gewesen zu sein. Im ganzen aber liebe ich nicht das Partiturspielen neuer Werke auf dem Klavier. Es gibt *weniger* und zugleich *mehr*, als es *wirklich* ist. Es ist eine Täuschung, und man ist als Zuhörer persönlich befangen und unfrei. Ich empfinde das derart, daß ich selber, meine Sachen anderen vorzutragen, nicht über mich gewinne. – Jedoch das ist nicht maßgebend. Ich gäbe viel darum, Liszt gehört zu haben, als er seinen Intimen das *Gretchen* aus der Faust Symphonie vortrug. – Ich habe auch den Nachmittag mit Ihrer neuen Symphonie in künstlerisch-bester Erinnerung. – Ich gedenke mit Freude der Wiedergabe von *Heldenleben* unter R. Strauss' Händen in Berlin; R. Freund [1852–1936; ungarischer Pianist und Freund Busonis] und ich als die einzigen Lauscher. Aber ich lehne die sogenannte ‹Improvisation› ab, die sich meist bei solchen Anlässen einschleicht und vorlaut wird. –» (Busoni an Andreae, Brief *Nr. 379* vom 21. Oktober 1919.)
25 Die Uraufführung der *Sinfonie op. 31* fand am 3. 11. 1919 statt (III. Abonnementskonzert der Tonhalle-Gesellschaft Zürich). Das Werk wurde in Zürich kritisch aufgenommen. Ernst Isler beschloß seine Besprechung im Feuilleton der NZZ mit den Worten: «Warum dieses Erzwingen der Sinfonie, wo doch Brahms so unnennbare Scheu vor Beethoven als Sinfoniker empfand und Reger an diese Form sich nicht heranwagte, diese beiden stärksten und reinsten Musiker der neueren Zeit? Nur weil die absolute Musik endlich wieder Alleinherrscherin wird, und man sich dieser durch die Bezeichnung Sinfonie versichert zu haben glaubt? Mahler hat eine schwere Verantwortung auf sich genommen, als er für seine Sinfonien den Charakter der absoluten Musik beanspruchte. Die es ihm hierin nachmachen und über Charakteristik hinaus nicht wirklich absolut zu nehmende Musik zu bieten wissen, werden es selbst zu büßen haben.» (7. 11. 1919, Erstes Morgenblatt; vgl. dazu auch *Nr. 382*)
26 Von September bis Jahresende weilte Busoni in London. Die erfolgreichen Auftritte und einiges mehr finden sich beschrieben bei Edward Dent, a.a.O. 241 ff.
27 Busoni selbst mußte der Aufführung fernbleiben, da er am 18.9. nach England abreiste (vgl. *Nr. 374*). Er hörte die Symphonie erst ein Jahr später am 27. 4. 1920 in Zürich (vgl. *Nr. 388*) und muß daran gefallen gefunden haben, da er sie später gar nach Berlin holen wollte (vgl. *Nr. 396 u. 397*).
28 Busoni hat seit April 1919 (vgl. *Nr. 361*) mehrmals eine konzertante Aufführung von Faust-Teilen erwogen. Da die Komposition aber weniger zügig voranging, wurde der Plan immer wieder aufgeschoben (vgl. *Nr. 364, 365, 369, 372, 373, 374*). Doch am 18. 7. 1922 wurde die erste Hälfte der Faust-Partitur vollendet, und Busoni erwog wieder eine konzertante Aufführung anläßlich der Internationalen Festspiele in Zürich im Juni 1923 (vgl. *Nr. 406*).
Doch im Dezember 1922 verzichtete er endgültig auf eine konzertante Aufführung: «Nach umständlicherer Überlegung kann ich mich nicht entschließen das Faustfragment in Zürich und in Konzert-Form zu präsentieren. – Es liegt auf einer solchen Ur-Darbietung ein definitiver und weiter wirkender Stempel. – ‹Faust› in Konzertform würde, wenn es einleuchtete, das Theater leugnen lassen; wenn es *nicht* überzeugte, auf die spätere Darstellung einen Schatten werfen. – Und ich bin

nicht akkreditiert genug, mich auf Hazard-Spiele einzulassen.» (Busoni an Andreae, Nr. *408* vom 22. 12. 1922)
29 Andreaes vorausgehende Sendung war bis jetzt nicht auffindbar. Er pflegte seine Korrespondenz mit Busoni auf Karten des Formates A 6 abzuwickeln. Bei längeren Mitteilungen brauchte er mehrere Karten. Deshalb spricht hier Busoni von einer «Doppelkarte».
30 Betrifft die Aufführung von Busonis Oper *Die Brautwahl* (vgl. Nr. *366* und Anm. 22). Vermutlich dachte Andreae an die Aufführung lediglich der *Brautwahl-Suite für Orchester, op. 45* (KiV 261), aus dem Jahr 1912, während Busoni von einer szenischen Darstellung der integralen Oper ausgegangen war.
31 Der Musikkritiker Paul Bekker (1882–1937) schrieb von 1911 bis 1925 in der Frankfurter Zeitung (= F. Z.), wo er auch von den Musikfesten des Allgemeinen Deutschen Musikvereins (= A.D.M.V.) berichtete.
32 In der Tat versäumte Busoni sowohl die Hauptprobe wie die Uraufführung (vgl. Anm. 27).
33 Als eine Art «Austauschkonzerte» wurden an deutschen Musikfesten speziell den schweizerischen Komponisten gewidmete Konzerte angesetzt. So gelangten an der Schweizerischen Musikwoche in Leipzig 1918 unter anderem Andreaes Oper *Ratcliff* op. 25, die *Kleine Suite* op. 27 und das *Streichtrio in d-Moll* op. 29 zur Aufführung. Anläßlich eines Konzerts mit Schweizerischer Musik in Bochum 1921 wurden dann Werke von Hans Huber (1852–1921), Friedrich Hegar (1841–1927), Walter Schulthess (1894–1971), Othmar Schoeck (1886–1957) und Hermann Suter (1870–1926) aufgeführt (vgl. Antoine-Elisée Cherbuliez, *Die Schweiz in der Deutschen Musikgeschichte,* Frauenfeld/Leipzig 1932, 365).
Es ist unklar, von welchem Musikfest Busoni an dieser Stelle spricht. Jedenfalls hörte er Andreaes Sinfonie im April des folgenden Jahres zum ersten Mal (vgl. Anm. 27) in Zürich.
Das *Zürcher Theater-, Konzert- und Fremdenblatt* berichtete am 27. April 1920, am Tag der zweiten Aufführung in Zürich: «Sie ist nach ihrer hiesigen Uraufführung im Abonnementskonzert vom 3. und 4. November letzten Jahres mit bedeutendem Erfolg in Bern gespielt worden. Arthur Nikisch wird das Werk in der nächsten Saison sowohl in Berlin als in Leipzig zu Gehör bringen. Außerdem steht die Sinfonie neben der kleinen Suite auf den Programmen einer Serie von Orchesterkonzerten, die Volkmar Andreae noch im Laufe dieses Frühjahrs in Turin dirigieren wird.» (39 [1920] No. 213, 1)
34 Vgl. Brief vom 18. April 1916, Nr. *335*.
35 Andreaes *Notturno und Scherzo für Orchester, op. 30,* hörte Busoni in Zürich, wo es am 16./17. 12. 1918 uraufgeführt wurde.
36 Die nachträglich eingesetzte Sternchen-Anmerkung befindet sich im Original auf der dritten Briefseite unten.
37 Busonis Frau seit 1890, die Schwedin Gerda Busoni geborene Sjöstrand (1862–1956), pflegte ebenfalls freundschaftlichen Kontakt mit der Familie Andreae.
38 In Zuoz pflegte Andreae die Sommermonate zu verbringen, «im Wechsel von Componieren, Lesen, Spazieren und Tennisspielen» (Andreae in einem Brief an Busoni vom 8. Juli 1919).
39 Die Rede ist von der Partitur der Oper *Doktor Faust* (vgl. Anm. 28).
40 Vgl. Anm. 28.
41 Anläßlich der 21. Tagung des Schweizerischen Tonkünstlervereins in Zürich (29.–31. Mai 1920), wurde schließlich keine Komposition Busonis aufgeführt. Zur Aufführung kamen jedoch unter anderem von den Busoni-Schülern Reinhold

Laquai das *Quintett in F-Dur* für zwei Violinen, Viola, Violoncello und Klavier und Philipp Jarnach die *Sinfonia brevis in einem Satz op. 14* (vgl. *Offizielles Programm und Textbuch verbunden mit Festschrift der ‹Schweizer Musikzeitung und Sängerblatt› zur 21. Tagung des Schweizer Tonkünstler-Vereins in Zürich,* hrsg. v. Ernst Isler, Zürich 1920).

42 Der ungarische Violinvirtuose Jenö Hubay (1858–1937) aus Budapest war von 1873 bis 1876 Schüler Joseph Joachims in Berlin. Eine von Hubays bekanntesten Schülerinnen war Stefi Geyer (vgl. RieL «Hubay»).

43 Die fünf «populären Sinfonie-Konzerte» der Zürcher Tonhalle in der Saison 1919/ 20 sollten «in ihrer Gesamtheit einen Zyklus schweizerischer Musik der Gegenwart bieten» (*Zürcher Theater-, Konzert- und Fremdenblatt,* 39 [1920], No. 200 [9. März], 1). Unter Andreaes Leitung waren folgende Werke programmiert: I. (9. März): Hegar, *Festouverture für Orchester op. 25;* Andreae, *Rhapsodie für Violine und Orchester op. 32* (UA); Karl Heinrich David, *Drei Gedichte von Salomon Gessner für eine Singstimme mit Orchesterbegleitung* (UA unter Ltg. des Komponisten); Suter, *Sinfonie in d-Moll op. 17* (unter Ltg. des Komponisten). II. (23. März): Schoeck, *Serenade für kleines Orchester op. 1;* Gustave Doret, *Fünf Gesänge mit Orchesterbegleitung* (UA unter Ltg. des Komponisten); Doret, *«Le cimetière» (à Morcote) für Orchester* (unter Ltg. des Komponisten); Huber, *Sinfonie (Böcklin-) in e-Moll op. 115.* III. (6. April): Huber, *Sinfonische Einleitung zur Oper «Der Simplicius»;* Hegar, *Konzert für Violoncello mit Orchester op. 44;* Friedrich Klose, *«Das Leben ein Traum», sinfonische Dichtung für Orchester.* IV. (20. April): Andreae, *Kleine Suite für Orchester op. 27;* Emile Blanchet, *Konzertstück für Klavier und Orchester op. 14;* Joseph Lauber, *Humoreske für Orchester op. 36;* Fritz Brun, *Sinfonie Nr. 2 in B-Dur.* V. (27. April): Werner Wehrli, *«Chilbizite» für Orchester* (unter Ltg. des Komponisten); Ernest Ansermet, *Zwei Gesänge mit Orchesterbegleitung;* Ernest Schelling, *Suite fantastique pour piano et orchestre;* Hegar, *Ballade für Violine und Orchester* (UA); Andreae, *Sinfonie in C-Dur op. 31.*

44 Vgl. Anm. 25 und 27. Auch im dritten Abonnementskonzert vom 3./4. November 1919 wurden ausschließlich Werke von Schweizer Komponisten gespielt: Schoeck, *Serenade für kleines Orchester op. 1;* Emile Jaques-Dalcroze, *Violinkonzert Nr. 1 in c-Moll op. 50;* Schulthess, *Concertino in A-Dur für Violine und Orchester* (UA unter Ltg. des Komponisten); Andreae, *Sinfonie in C-Dur op. 31* (UA).

45 Die Bemerkung betrifft das sechste Abonnementskonzert vom 15./16. Dezember 1919, in dem Busoni gern selbst als Solist aufgetreten wäre. Zur Aufführung kamen: Brun, *Sinfonie Nr. 3 in d-Moll* (UA unter Ltg. des Komponisten); Schumann, *Klavierkonzert in a-Moll op. 54;* 3 Solostücke für Klavier: Schubert, *Impromptu op. 142, Nr. 2, As-Dur;* Chopin, *Nocturne op. 9, Nr. 2;* Liszt, *Mephisto-Walzer Nr. 1;* Liszt, *«Mazeppa», sinfonische Dichtung für großes Orchester.* Solist war Emil von Sauer.

46 Die Ouverture zu *King Lear* (VII. Abonnementskonzert 19./20. Januar 1920) blieb das einzige Werk von Berlioz in dieser Saison. Busoni unterstützte auch später Andreaes Bemühen für Berlioz-Aufführungen (vgl. Nr. *404).* Im Konzert vom 19./ 20. Januar 1920 wäre Busoni selbst gern als Solist aufgetreten statt des Klarinettisten Edmond Allegra (Solo-Klarinettist im Tonhalle-Orchester). Doch das Programm blieb wie geplant: Berlioz, *Ouverture zu King Lear;* Mozart, *Klarinettenkonzert in A-Dur KV 622* (Kadenzen von F. Busoni); Walter Braunfels, *Phantastische Erscheinungen eines Themas von H. Berlioz für Orchester* (UA).

In der Zwischenzeit hatte Busoni noch mehrmals versucht, seinen Auftritt auf den 19./20. 1. vorzuverschieben (vgl. *Nr. 380, 381 383).* Recht bissig bemerkte er am 5. 11. 1919: «So sei denn das Konzert des lieben Mozart getutet, anstatt geklimpert! Geklimpert oder geblasen, es liegt – wie einmal Hanslick von den drei Sätzen des Rubinstein'schen Es-Dur [Konzerts] schrieb – in Ihrem Programm, ‹wie ein Schaf

zwischen zwei Kannibalen». Gott behüte mich davor, Braunfels als Kannibalen hinzustellen; aber ein ‹äußerst schwieriges› Stück von 5/4 Stunden Dauer, geschrieben im Jahre 1918, – es ist sicherlich nicht das Schaf!» *(Nr. 381)*
Nachdem ihm aber Andreae schriftlich die Unmöglichkeit einer Verschiebung erläutert hatte (Brief vom 27. 12. 1919), gab sich Busoni zufrieden: «...ich verstehe nun Ihre Gründe und weiß Ihnen Dank dafür, daß Sie sie mir mitteilten.» *(Nr. 384)*

47 Das VIII. Abonnementskonzert vom 2./3. Februar 1920 wies folgendes Programm auf: Ph. E. Bach, *Sinfonie in D-Dur;* Joh. Chr. Bach, *Zwei weltliche Arien, «Wenn nach der Stürme Toben», «Meiner allerliebsten Schönen»;* J. S. Bach, *3. Brandenburgisches Konzert in G-Dur für Streichorchester;* W. Fr. Bach, *Präludium und Fuge in d-Moll für zwei Flöten und Streichorchester;* Joh. Chr. Fr. Bach, *«Die Amerikanerin», Zyklus für eine Singstimme für Streichorchester und Cembalo;* J. S. Bach, *Suite in D-Dur für zwei Oboen, drei Trompeten, Pauken und Streichorchester.*

48 Es handelt sich um die Musikgeschichte von John Hawkins: *General History of the Science and Practice of Music,* London 1776 (5 Bd.). Hawkins' Werk ist in der Bedeutung vergleichbar mit der berühmten Musikgeschichte des Engländers Charles Burney *(A General History of Music),* deren erster Band gleichzeitig mit Hawkins' vollständigem Werk erschien (vgl. RieL «Hawkins»).

48 Es handelt sich um die Musikgeschichte von John Hawkins: *General History of the Science and Practice of Music,* London 1776 (5 Bd.). Hawkins' Werk ist in der Bedeutung vergleichbar mit der berühmten Musikgeschichte des Engländers Charles Burney *(A General History of Music),* deren erster Band gleichzeitig mit Hawkins' vollständigem Werk erschien (vgl. RieL «Hawkins»).

49 Von Tschaikowsky wurde am 1./2. März 1920 die *Sechste Sinfonie in h-Moll (Pathétique)* aufgeführt.

50 Mahlers *Das Lied von der Erde* stand am 15./16. März 1920 auf dem Programm.

51 Siegmund von Hauseggers *Aufklänge, Sinfonische Variationen über ein Kinderlied* wurden am 16./17. Februar unter Leitung des Komponisten gespielt.

52 Von Richard Strauss standen in den Abonnementskonzerten dieser Saison drei Werke auf dem Programm: *Don Quixote op. 35* (17./18. 11. 1919), *Don Juan op. 20* (16./17. 2. 1920), *Till Eulenspiegel op. 28* (12./13. 4. 1920). Zudem dirigierte Nikisch am Schluß des Extrakonzerts vom 21. 2. 1920 Strauss' *Tod und Verklärung op. 24.*

53 Richard Wagners *Tannhäuser-Ouverture* wurde von Andreae am 1./2. 3. 1920 dirigiert.

54 Im Brief vom 14. 10. 1919 präzisierte Busoni dahingehend, daß Beethovens *3. Leonorenouverture* die «jüngste Vergangenheit» noch immer übertreffe.

55 Es scheint, daß ursprünglich Schoecks Ratcliff-Ouverture (nach Heine, komp. 1907, ohne Opuszahl) auf dem Programm figurierte. Statt dessen wurde dann aber zweimal Schoecks *Serenade op. 1* gespielt (am 3./4. 11. 1919, im gleichen Programm wie die UA von Andreaes *Sinfonie op. 31,* und am 3. 3. 1920).
Die Doppeldeutigkeit, mit der Busoni bei dieser Briefstelle spielt, indem er die ganze Ratcliff-Ouverture Schoecks als «Druckfehler» apostrophiert, weist auf die kritische Haltung, mit der Busoni dem Komponisten Schoeck zu begegnen pflegte. Während es bereits in Zürich zu Verstimmungen zwischen den beiden gekommen war (vgl. *Nr. 362*), schreibt Busoni drei Jahre später aus Berlin über Schoeck: «Gewisse Ingredienzen fehlen *(oder fehlten)* ihm, die nicht beim Apotheker zu beschaffen sind. Die aber im eigenen Laboratorium hergestellt werden sollten.» *(Nr. 404)*

56 Friedrich Kloses Sinfonische Dichtung *Das Leben ein Traum* stand im III. Populären Konzert, am 6. 4. 1920, auf dem Programm. In diesem Werk hat ein «Dysangelist»,

ein Bote mit schlechter Botschaft, aufzutreten. Es ist unklar, worauf hier Busoni anspielt. Eine weitere Tondichtung Kloses heißt *König Elf* (1884). Sie wurde aber in dieser Saison nicht aufgeführt. Ein *Elfenreigen* des gleichen Komponisten war bereits am 10. 11. 1914 in der Tonhalle aufgeführt worden.

57 Am gleichen Tag (6. 10. 1919), an dem Busoni den Brief verfaßte, eröffnete Andreae die Zürcher Saison mit dem ersten Abonnementskonzert. Er dirigierte: Beethoven, 4. *Sinfonie op. 60;* Brahms, *Violinkonzert in D-Dur op. 77* (Solist Adolf Busch); Beethoven, *Egmont-Ouverture*.

58 Mit diesem Andreae-Zitat – (vermutlich aus einem Gespräch zwischen Andreae und Busoni oder aus einem bisher nicht aufgefundenen Brief Andreaes) – beschwört Busoni Übereinstimmung zwischen den Briefpartnern über die Notwendigkeit einer sparsamen Instrumentation.

59 Nach der Uraufführung von Walter Braunfels' *Phantastischen Erscheinungen eines Themas von H. Berlioz,* die Andreae am 19./20. 1. 1920 geleitet hatte, dürfte es zu Diskussionen über die Qualität des Werkes gekommen sein. Schon vor der Aufführung schien Busoni dem Komponisten gegenüber sehr kritisch eingestellt gewesen zu sein. Auch wenn er Braunfels nicht gerade als «Kannibalen» hinstellen wollte, hielt er sein Werk doch auch nicht für ein harmloses «Schaf», womit er ein bekanntes Hanslick-Diktum variierte (vgl. Anm. 46). Höchst wahrscheinlich hat nun Busoni nach dem Konzert, an dem er gern selbst aufgetreten wäre, vgl. Nr. 377) deutliche Kritik am Werk geäußert und es als «Kunst von vorgestern» bezeichnet. Dies dürfte zur «kleinen Entfernung» zwischen Andreae und Busoni geführt haben. Das folgende Lob des Dirigenten Andreae soll Busonis Kritik ins rechte Licht rücken. Diese betraf lediglich die Komposition, nicht aber die Interpretation durch Andreae.

60 Andreae stand am Anfang einer internationalen Karriere als Dirigent. Es scheint, daß er sich die gerühmten Qualitäten im Laufe der Jahre angeeignet hat und wohl auch nicht immer in gleichem Maß zur Verfügung haben sollte. In einem Brief vom Prager IGNM-Fest 1925 urteilte Hermann Scherchen über den Dirigenten Andreae hart und kritisch (Scherchen, ... *alles hörbar machen. Briefe eines Dirigenten, 1920 bis 1939,* Berlin 1976, 110).

61 Dennoch blieb die Komposition von Braunfels in Busonis Urteil «Kunst von vorgestern».

Marianne Savoff-Andreae
Margaret Engeler

DIE BEZIEHUNGEN VOLKMAR ANDREAES ZU FRITZ BUSCH UND ZU ADOLF BUSCH

Zu den besten Freunden Andreaes zählten die Brüder Fritz und Adolf Busch. Sie waren zwei sehr verschiedene Charaktere mit verschiedenen Tätigkeitsfeldern, und so war auch ihre Beziehung zu Freund Andreae verschieden. Fritz, der hervorragende Dirigent der Dresdener Oper, kam seltener nach Zürich und musizierte dann natürlich nicht mit Andreae, sondern an seiner Stelle. Seine Familie wohnte weit weg und war fast nie dabei. So kam es nicht zu einer ständigen, vertrauten Beziehung. Trotzdem sind seine Briefe voll Liebe und treuester Freundschaft, dazu noch durchzogen von seinem herrlichen Humor. Was besonders wichtig war für Andreae, war Buschs großartige Mithilfe bei der Uraufführung der Oper ‹Casanova› und seine Bemühungen um dieses Werk. Die Zeit, die Andreae 1924 deswegen bei Busch in Dresden verbrachte, führte zu einem fruchtbaren, innigen Verhältnis zwischen den beiden.

Anders war es mit dem Geiger Adolf Busch. Er war jedes Jahr in Zürich als Solist, im Duo mit Serkin, im Trio und im Quartett auch mit seinem Bruder Hermann. Jedes gemeinsame Musizieren mit diesem großen, wahren Künstler und Menschen war ein bedeutendes Erlebnis für Andreae und vertiefte ihre Freundschaft. Meistens war die ganze Familie dabei. Wenn die Zeit es erlaubte, machte man gemeinsame Ausflüge, oder man kam für ein Familienfest zusammen. Zur Familie gehörte auch Rudi Serkin.

Von dieser Freundschaft ahnt man etwas in den Briefen. Aus Freundschaft hat Adolf oft selber geschrieben, obwohl dies eigentlich das Amt seiner Frau Frieda war.

M. S.-A.

BRIEFE VON FRITZ UND GRETE BUSCH

(Nr. 300)
Sächsische Staatstheater
Der Generalmusikdirektor   Dresden-A.1, am 5. September 1923

Lieber Freund!
Ihre Zusendung habe ich richtig erhalten.[1] Als Vertreter des «Casanova» ist Tino Pattiera[2] in Aussicht genommen, der aber bisher noch nicht eingetroffen ist. Es geht die dunkle Sage, daß er nach Mailand gefahren ist, um Toscanini vorzusingen. Nun gibt es drei Möglichkeiten:
a) er gefällt, dann kommt er überhaupt nicht zurück,
b) er gefällt, wird aber, da er ein Tenor ist, nach drei Wochen von Toscanini herausgeworfen und kommt mit Verlust eines Auges in Dresden an,
c) er gefällt nicht – dann bleibt er auf absehbare Zeit bei uns.
Sobald sich eine dieser günstigen[3] Möglichkeiten entschieden hat, werde ich energisch das Studium mit ihm in Angriff nehmen. Ich schlage für die Premierenbesetzung 12 erste, 10 zweite Geigen, 6–8 Bratschen, 6 Celli und 6 Kontrabässe vor, später können wir etwas verdünnen, wenn Sie wollen, es kann aber auch bei obiger Besetzung bleiben.
Wegen des Programms für mein Züricher Konzert[4] erwarte ich bald Ihren Bescheid und bin für heute mit
schönsten Grüßen
                                                                    Ihr Fritz Busch

(Nr. 301)
Sächsische Staatstheater
Der Generalmusikdirektor   Dresden-A1, am 25. September 1923

Lieber Freund!
Also Programm: «Egmont»-Ouvertüre, Mozart-Variationen[5], 4. Sinfonie von Schumann. Eigenes Material für den ganzen Abend bringe ich mit; sollten Sie die Mozart-Variationen nicht besitzen, so müßten Sie sich mit Simrock wegen der Kostenpflicht des Materials in Verbindung setzen. Ich treffe mit meiner Frau am 27. Oktober (Samstag) abends in Zürich ein. Wir werden wahrscheinlich in Bokken bei Schwarzenbachs[6] wohnen.
An Ihrer Oper wird fleißig geschrieben; sobald die Partie fertig ist, beginnt Pattiera, der inzwischen eingetroffen und voller Arbeitsfreude ist, mit dem Studium der Hauptpartie. Führt Sie Ihr Weg in diesem Winter garnicht nach Deutschland? Ich würde vorschlagen, daß Sie doch die eine oder andere Vorstellung hier hörten, um sich von dem Stand unseres Solopersonals einen Begriff zu machen und gemeinsam mit mir die Besetzung der Oper dann vorzunehmen. Im übrigen wollen wir das Werk gründlich bei meiner Anwesenheit durchsprechen.
Herzlichen Gruß für heute
                                                            Ihr Fritz Busch

(Nr. 314)
                                    Dresden-A, Wienerstr. 59I, 5. IX. 24.
Lieber Herr Andräe,
                                    (sicher falsch geschrieben)
zwar weiss ich eigentlich nicht, warum ich Ihnen schreibe, denn, mit Goethe: „*eigentlich* hab ich Dir nichts zu sagen" – und sehr viel Arbeit ist auch – dennoch! Ich habe so das Gefühl, als möchte ich Ihnen und Ihrer lieben, mir am letzten Casanovaabend liebgewordenen Frau in der Erinnerung an den gemeinsamen, netten Saison*schluss*[7] auch zum Saison*beginn* einmal die Hand geben. – Schade war es dass ich Niemand von Ihnen in Zürich traf! Es war mir dort ein wenig kühl (dies im Vertrauen) – Niemand von denen dort, die ich beim ersten Dortsein mehr oder weniger mit Sympathie erfasste. Dafür war aber Toscanini[8] ein so unerhörtes, so riesenhaftes Erlebnis für mich, dass

ich's garnicht sagen kann – das erleuchtete und erwärmte Alles. – Und dann am Gotthard (den Sie langweilig finden!) war es so schön, dass ich mich der Schweiz wieder ganz, mit der alten, vom Vater ererbten Liebe verschrieben habe. Das Schönste war trotzdem meine Kindheitserinnerung: Curaglia (ob Disentis). Da möchte man Hütten bauen! –

Bayreuth[9] war für Fritz schön und interessant, die Probenzeit strapaziös, die vielen, vielen Menschen teils ulkig, teils greulich. (*Gefährlich* für den erhitzten, angestrengten Dirigenten der, pardon: Suff, der unvermeidliche – bei einem Partner wie Hugo Rüdel[10] – hierin so genial-unermüdlich wie im Chorstudium!) – Ich war dummerweise in B. erst recht krank, dann so mitgenommen, dass ich alles nur durch einen gewissen Schleier sah. – Rührend war der alte, nette Robert Heuser und am Rührendsten, ganz Feuer und Flamme und Stolz, als F. ihm «seinen» Casanova-Akt vorspielte. Sie hätten ihn sehen sollen! Er wird zur Strauss-Première[11] hier sein und hofft auch «sein» Stück zu hören. ... – Wann kommen *Sie* einmal wieder? auch zum Strauss?? Kommt er nun nach Z., oder haben Sie einmal Lust auf F? (der freilich schwört, vor Frühjahr kaum einmal aus D. fortzukönnen, was ich aber nicht mitschwöre. Ich wollte so gern mal im Winter, im Schlitten in die Berge!) – Das ist ⟨aber⟩[12] nur des Briefes tiefes Ende, aber nicht sein Zweck, in Wahrheit nicht – ich wollte nur gern einmal an unsere Existenz erinnern und hoffe, von Ihnen beiden Gutes zu hören! Viel Herzliches von Fritz und Ihrer   Grete Busch

(Nr. 302)

Dresden, 24. November 1924.

Lieber Freund,

Deine Casanova-Correcturabzüge bezw. Auszüge sind von mir Dr. Knöll[13] übergeben worden. Nächste Aufführung am 3. Dezember unter seiner Leitung. Er probiert vorher mit Solisten und Kapelle alle Änderungen.

Grete, immer noch recht schlapp, und ich reisen am 28. Nov. abends nach dem Sinf.Konzert ab und gedenken wahrscheinlich Samstag, den 29. abds. (10 Uhr?) in Zürich zu sein. Von dort wollen wir Sonntag mittag weiter; ob ins Engadin, oder Hospenthal, oder Como, oder Genua (Riviera) hängt von den Wetterberichten ab, die wir noch erwarten. Sonntag den 7. kommen wir zurück; sag Trede-

Denzler¹⁵ bitte, daß sie eine anständige Oper in guter Besetzung ansetzen möchten.
Zu meinem Programm: Sinf. Prolog¹⁶ gibt höchstens einen «inneren» Erfolg, ist aber egal, da es ein hochbedeutendes Werk ist. Ich mache es mit großem Sprung, authentisch von Reger, da dauert es trotzdem *ca* 40 Minuten. Paßt Oberon-Ouverture vorher? Wäre gut, damit der Abend nicht gar zu grau wird. Brahms zum Schluß: D dur machst Du wohl, außerdem hat sie Toscanini gemacht.¹⁷ F dur – da gehn die Leute leise weinend nach Hause. Wie wär es, falls c moll zu knallig mit Haydn-Variationen? Etwa: Prolog, – Pause, – Haydn-Var. – Oberon-Ouverture? Ist gerade richtig lang. Oder: Reger: Romantische Suite, falls länger nicht gewesen? Herrliches Stück und dankbar. Schreib oder telegraphiere Deine Wahl. Adresse: Staatsoper bis diesen Freitag Abend. Samstag mittag Stuttgart bei Spemann, Bopserwaldstr. 42 oder mündlich Sonntag früh? Hotel Victoria Zürich. Ist für eine Nacht das Gescheiteste.
Herzlichst von Haus zu Haus

Dein Fritz Busch
[zum zweiten Absatz mit * an den Rand geschrieben]
Gehe bitte *nicht* auf den Bahnhof; wir legen uns gleich schlafen und ich rufe Sonntag früh an; dagegen wäre es mir lieb, wenn Du im «Victoria» 2 nebeneinanderliegende, einfache Zimmer mit je 1 Bett bestellen würdest für Samstag abend. Vielen Dank!

(Nr. 305)

[Dresden,] Wienerstraße 59.
16. Mai 1926.

Lieber Freund,   ich freue mich sehr, mit Euch in Zürich zusammen zu kommen. Leider ist meine Zeit äußerst knapp, da wir hier bis 18. Juli spielen (!) und die deutsche Uraufführung der «Turandot» Anfang Juli herausbringen müssen.¹⁸ Bitte sei daher so lieb und veranlasse, daß Weil[l] und Hindemith von mir an *einem* Abend, und zwar am 23. Juni (Mittwoch), erledigt werden können und daß ich, Deine freundschaftliche Vorarbeit dazu dankbar acceptierend, am 21. 22. und 23. früh probieren kann.¹⁹ Ich *kann* erst am 20. (Sonntag, der wohl sowieso probefrei ist) eintreffen und muß nach dem Konzert baldmöglichst (Flugzeug?) zurück. Bitte gib mir Nachricht, ob Du so disponieren kannst; Du tätest mir einen großen Gefallen.

Bin sehr überlastet, da alle Premieren u. Neueinstudierungen in meiner Hand liegen.
Heute also Dir und Deiner lieben Frau herzlichste Grüße
Deines
Fritz Busch.

(Nr. 306)
Sächsische Staatstheater   Dresden-A. 1, am 18. August 1928
Der Generalmusikdirektor   Opernhaus · Fernruf 24966

Lieber Freund!
Wie geht es Euch? Ich bin immer noch nicht ganz wiederhergestellt, doch wird es mir allmählich zu langweilig, davon zu reden. Hoffentlich sehen wir uns bald einmal, wo wir dann gründlich plauschen könnten. Für heute eine Bitte: Du hast soviel Erfahrung mit Konzertwerken. Ich beabsichtige, in diesem Jahre unter anderem, die Missa solemnis aufzuführen, möchte aber keine Opernsolisten, sondern das Beste an Konzertsängern haben, was es zurzeit gibt. Kannst Du mir nicht erstklassige Solisten empfehlen? Wie ist die Peltenburg? Kommt die Durigo noch *stimmlich* infrage? Wer ist der beste Konzerttenor? Vor 15 Jahren würde ich mein Quartett mit der Förstel, Durigo, Senius und Messchaert zusammengestellt haben[20]. Also bitte möglichst gleiches Niveau! Kommst Du dieses Jahr garnicht nach Deutschland?
Für heute herzliche Grüsse von uns allen an Euch alle
Dein getreuer
Fritz Busch.

(Nr. 309)
Sächsische Staatstheater   Dresden-A. 1, am 9. August 1930
Der Generalmusikdirektor   Opernhaus · Fernruf 24966
                                         z. Zt. Bärenfels bei Kipsdorf
                                         Sächs. Erzgebirge.

Lieber Freund,
durch Deinen Verleger erhielt ich Dein neuestes Opus «Musik für Orchester»[21], das ich mit Interesse und Vergnügen gelesen habe. Ich würde es aufführen, wenn nicht die Programme – mit Ausnahme von

Richard Strauss und Strawinski – toten Komponisten gewidmet wären, weil die lebenden kein Mensch hören will. Obwohl ich überzeugt bin, dass Dein Werk eine rühmliche Ausnahme machen würde, wenn die Leute es gehört hätten, so kann ich es aus dem oben angeführten Grund in diesem Jahr nicht annehmen, weil sich das Publikum erst einmal von dem Schrecken, den ich ihm durch die Aufführung zahlreicher zeitgenössischer Werke in den letzten Jahren eingejagt habe, erholen muss. Ich weiss im übrigen, dass Du als alter Praktikant genau verstehst, wie ich die Dinge im Ernst meine! – Bleibt noch die Frage meiner Leitung eines Beethoven-Konzertes bei Euch. Ich sagte, nachdem meine Dispositionen in ihren Grundzügen feststanden, telegrafisch der Tonhalle in Zürich den 10. März 1931 zu und bitte Dich nur noch, dafür zu sorgen, dass ich

a) das höchste Honorar,
b) die meisten Proben,
c) die schönsten Sinfonien zu dirigieren
bekomme.

In dieser Erwartung sehe ich Deinen Nachrichten mit Spannung entgegen und grüsse Dich und die Deinen herzlichst als Dein Dir immer treu ergebener Freund

Fritz Busch.

(Nr. 311)
Buenos Aires, U.T. 33 · Avenida 1911
Bolivar 160 Dir. Tel. «Cityhotel»
3. Juli 1933

Lieber Volkmar,

Grete schreibt mir von Deiner Einladung, bei Euch am 19. Dezember 1933 zu dirigieren. Du hast mit damit eine grosse Freude gemacht, fuer die ich Dir herzlichst danke. Honorar einverstanden. Programmvorschlaege ohne Solist: 1.) Wagner: Ouverture und Bacchanale Tannhaeuser – ich habe das besonders gern, 2.) Beethoven: Zweite Sinfonie, 3.) Reger: Boecklin-Suite. Du kannst auch 2. und 3. vertauschen, so dass die Beethoven Sinfonie zum Schluss kommt. Falls Solist, waere mir nur Rudi Serkin recht. Dann den Wagner weg, Beethoven Sinfonie, Klavier Konzert Mozart oder sonst etwas «Leichteres» und Reger. Das entscheide Du[22]. Erste Probe 16. 12., zweite Probe 18. 12., dritte Probe 19. 12.

Da ich hoffe, Grete und die Maedels Mitte August hier zu haben, schreibe eventuell per Adresse Busch, bei Napravnik, Werderstrasse 9, Dresden. Wird nachgeschickt. Oder direkt, was besser und teuerer ist, per avion Cityhotel Buenos-Aires.

Die Reise war herrlich und Ihr koennt Euch auf naechstes Jahr freuen! Das Teatro Colón ist das schoenste und modernste, das ich kenne. Orchester (120 Mann, 16 erste Geigen etc.) ersten Ranges, ebenso die Choere. Sonst schwierige Verhaeltnisse, auch politisch fuer mich. Ich moechte jetzt vier Monate lang Bismarcks diplomatischen Verstand haben, fuerchte aber bei meinem Ungeschick stattdessen allerlei Unheil.

Sobald ich die bis jetzt undurchsichtige Situation etwas beurteilen kann, versuche ich alles, dass man Dich fuer ein Gastspiel imm naechsten Jahr, in Verbindung mit Eurer Reise einlaedt.

Das Schoenste ist, dass man sich innerlich frei fuehlen kann. Euch alles Liebe und Gute

Dein alter Fritz Busch.

ANMERKUNGEN

1 Andreae sandte Fritz Busch aktweise die Musik zu der Oper «Die Abenteuer des Casanova» op. 34.
2 Tino Pattiera (1890–1966), Tenor an der Dresdener Staatsoper sollte an der UA von Andreaes «Casanova» am 17. Juni 1924 die Titelrolle singen. Waldemar Staegemann (siehe Briefe Nr. *1373–1374*) sang dann aber diese Partie an der UA: «so chevaleresk und elegant, wie man es sich nur wünschen konnte» (in: Die Musik XVI/12 September 1924, S. 924).
3 «günstigen», handschriftlich eingefügt.
4 Betr. Extrakonzert der Tonhalle-Gesellschaft vom 30. Oktober 1923. (vgl. *Nr. 301*)
5 Variationen und Fuge über ein Thema von Mozart, op. 132 (1914) von Max Reger.
6 Familie Schwarzenbach-Wille, Musikmäzene in Horgen ZH.
7 Die Saison dauerte ausnahmsweise bis 20. Juli 1924.
8 Toscanini dirigierte im Juni 1924 in der Tonhalle Zürich mehrere Konzerte.
9 1924 fanden erstmals nach dem 1. Weltkrieg wieder Bayreuther Festspiele statt. Fritz Busch dirigierte die Meistersinger; dies blieb seine einzige Bayreuther Verpflichtung. «Der Wiederbeginn der Festspiele nach dem 1. Weltkrieg im Jahre 1924 setzte insofern Zeichen, als mit Fritz Busch zum ersten Male ein Dirigent verpflichtet wurde, der allein durch die allgemeine Anerkennung, die er genoss, und seine Wagner-Aufführungen ausserhalb Bayreuth legitimiert war, nicht aber durch besondere Beziehungen zu den Festspielen, zu Wahnfried oder zu Geist und Buchstabe des Bayreuther Stils» (in: Egon Voss, *Die Dirigenten der Bayreuther Festspiele*, Regensburg 1976).

10 Hugo Rüdel (1868–1934), Chordirigent in Berlin und Leiter der Chöre bei den Bayreuther Festspielen 1906–34.
11 Am 5. November 1924 fand unter der Leitung Buschs an der Dresdener Oper die UA von ‹Intermezzo› von Richard Strauss statt. Im Juni 1925 nahm die Dresdener Oper mit dieser Aufführung an den Zürcher Festspielen teil.
12 «aber» durchgestrichen; der ganze Satz (auch die Grüsse) an den Rand geschrieben.
13 Heinz Knöll, Studienleiter an der Dresdener Staatsoper.
14 «Wahrscheinlich» nachträglich eingefügt.
15 Paul Trede, damals Direktor des Zürcher Stadttheaters; Robert Denzler, erster Kapellmeister daselbst.
16 gemeint ist ‹Sinfonischer Prolog› op. 108 von Max Reger.
17 gemeint ist die 2. Sinfonie D-Dur op. 73 von Brahms. Toscanini dirigierte sie in der Tonhalle am 17. Juni 1924.
18 Puccinis Oper ‹Turandot› in der deutschen UA am 18. Juli 1926 in Dresden.
19 Aufführung von K. Weills Konzert für Violine und Blasorchester op. 12 am 23. Oktober 1926.
20 vgl. Register.
21 betr. Andreaes ‹Musik für Orchester› op. 35.
22 Programm vom 19. Dezember 1933: Extrakonzert mit Fritz Busch und Rudolf Serkin, (Beethoven, 2. Sinfonie D-Dur op. 36; Beethoven, Klavierkonzert Nr. 4 D-Dur op. 58; Reger, Vier Tondichtungen nach A. Böcklin op. 128.)

BRIEFE VON
ADOLF UND FRIEDA BUSCH

Der folgende Brief, einer der ersten, ist noch sehr formell gehalten. Der dringende Wunsch, am Gedächtniskonzert für Reger mitwirken zu können, entspricht dem Umstand, daß Reger sozusagen der «musikalische Vater» der Brüder Busch gewesen war. Adolf hat sich zeitlebens für Regers Violinkonzert (op. 101) eingesetzt und später sogar, um eine gewisse Klarheit und Durchsichtigkeit zu erreichen, die Orchesterbegleitung uminstrumentiert und dabei viele Nebenstimmen gestrichen. (Aussage von Prof. Dr. Markus Fierz, Physiker ETH. Frau Menga Fierz spielte in Buschs Kammerorchester.) Die gleiche Liebe zu Reger fanden die Buschs auch bei Andreae.
Die Gedächtnisfeier für Reger fand dann wirklich am 16./17. Oktober statt. Adolf Busch spielte das Violinkonzert und die Chaconne in g-Moll für Solovioline.

(Nr. 262)
«Waldsanatorium Arosa[1] 29. Mai 1916
Sehr verehrte Frau Andreä,[2]
   vielen Dank für Ihre freundliche Karte. Mittlerweile ist bis auf das Programm die Angelegenheit[3] zu ihrem Abschluß gekommen. Wegen des Programms aber schreibe ich Ihnen grade und komme mit einer Bitte: ich möchte das Konzert von Reger spielen[4] und da ich in der Zeitung lese, daß Ihr Herr Gemahl einen Abend zum Gedächtnis Regers plant bitte ich ihn, womöglich den Abend auf den 16./17. Oktober, für den ich engagiert bin, zu legen, damit es dazu kommt. Ich würde sehr glücklich darüber sein: Regers Konzert hat mir immer sehr am Herzen gelegen – ich habe das Glück gehabt es öfter unter seiner Leitung zu spielen und habe auch seiner Zeit schon Herrn Dr. Andreä davon gesprochen es einmal mit mir zu machen als er mir von einem Wiederengagement[5] sprach. Auch würde ich ihm sehr dankbar

sein, wenn er es einrichten könnte. Für Ihre freundlichen Bemühungen – am Telephon! – vielen Dank.
Viele Grüße auch von meiner Frau
                        Ihr ergebener Adolf Busch»

Im folgenden Brief handelt es sich um eine interessante finanzielle Abmachung mit dem Musikhaus Hüni. Außerdem erkennt man, wie wichtig es Adolf Busch war, mit Brun, Suter und Andreae zu musizieren.

(Nr. 263)   Arosa, Hotel Seehof, 20. Juli 1917
«Lieber Herr Doktor,
    seit Montag bin ich mit Frau[6] und Tochter (4 Wochen alt!)[7] in Arosa. Heute habe ich versucht, Sie telephonisch in Zürich zu erreichen, dort habe ich Ihre Adresse erfahren. Warum erholen Sie sich nicht in Arosa?? Schade. – Ich habe eine große Bitte. Von Hüni-Zürich habe ich ein Angebot nach Wien bekommen, wegen dessen ich Sie um einen möglichst «ausführlichen» Rat bitten möchte. Hüni bietet mir für 10 Jahre 100 Konzerte in der Schweiz an für ein Mindesthonorar von 600 Frc. und außerdem 50% des Reingewinns. Ich könnte demnach mit einer sicheren Einnahme von 6000 Frc. (ohne den evtl. Reingewinnanteil) für die Schweiz rechnen. Das wäre mir sehr lieb, weil ich mich stark damit beschäftige, mit meiner Familie (jedenfalls für Kriegsdauer) in der Schweiz (wahrscheinlich) Arosa niederzulassen. Meine Wiener Wohnung würde ich trotzdem beibehalten müssen. Dies alles nebenbei. Andernteils wäre es mir sehr angenehm, wenn ich außer den Konzerten mit Orchester bei *Ihnen*, Brun und Suter, und in den Städten St. Gallen, Winterthur, Neuchatel, auch noch in anderen Städten der Schweiz zu Konzerten käme – sicher wird es auch ohne Agent dazu kommen, aber ich finde immer, daß es ganz angenehm ist, wenn alles in einer Hand ruht und ich hätte eben durch Hüni eine *Sicherheit* was mir in *dieser* Zeit besonders angenehm wäre. Ich möchte nun nicht abschließen mit H. ohne Ihre Ansicht zu kennen, vor allem zu wissen, ob es *irgend einen* Einfluß auf die Engagements der Tonhallengesellschaft, der Basler und Berner Musikvereine haben könnte, wenn ich H. meine Alleinvertretung für die Schweiz übergäbe. (Ich denke selbstverständlich nicht daran, es auf eine solange Zeit zu den gleichen Bedingungen zu tun – dachte an

höchstens 5 Jahre). Die Konzerte mit Ihnen Brun und Suter sind mir, weil sie für mich eine reine Freude sind (die Pauken beim Konzert von Beethoven stehen wirklich in D. und A. und nicht in dis-as oder des-ais, wie so oft, z. B.!) die wichtigsten – auf *keinen* Fall dürften diese durch eventuelle eigene Veranstaltungen Hünis in den gleichen Städten beeinträchtigt werden. Dürften *überhaupt* «eigene» Konzerte Hünis in Zürich, Bern und Basel sein? Wenn ja, so wohl am ehesten, *nachdem* ich in der Tonhalle etc. gespielt hätte!? Wenn Sie mir, lieber Herr Andreä, also auf alle diese Fragen eine möglichst baldige ausführliche Antwort geben könnten, wäre ich Ihnen herzlich dankbar dafür. Seien Sie nicht ärgerlich, daß ich Ihnen in Ihrer Sommerfrische damit komme. Für mich drängt die ganze Sache noch insofern, daß ich evtl. noch im August und September das eine oder andere Konzert in der Schweiz durch Hüni haben könnte, was mir wegen Mangel an *schweizer* Geld sehr angenehm wäre. –

Also vielen herzlichen Dank voraus. Ich bin auch jeden Morgen *sicher* telephonisch Arosa Seehof zu erreichen. Vielleicht ist's bequemer für Sie. –

Würde es Sie interessieren, eine Ouvertüre für großes Orchester[8] von mir zu sehen, sie ist in einigen Tagen fertig und ich wüßte gerne, was *Sie* darüber denken. Ich weiß zwar nicht, wie Ihre Verdauung (siehe Ratcliff-Widmung in meinem Klavierauszug!) darauf reagieren wird!!
Herzlichst grüßt Sie und Ihre Familie

Ihr A. Busch»

Der folgende Brief handelt von einem Ski-Unfall von Adolf Busch in Arosa. Rudolf Serkin (geb. 1903) wurde als 17jähriger, als er im Begriff war, aus seiner Heimat Böhmen in den Westen zu fahren, von einem Bekannten aufgefordert, in einem Sonatenabend von Adolf Busch den Pianisten zu vertreten. Er spielte so ausgezeichnet und im Sinne von Adolf Busch, daß dieser ihn bei sich behielt. Von da an wohnte er in der Familie und wurde 1931 Adolf Buschs Schwiegersohn.

(Nr. 278) Arosa Waldsanatorium 4. 1. 30
«Lieber Volkmar,
   Dein lieber Brief traf uns gerade in trauriger Verfassung. Denke Dir Adolf hat sich vorgestern beim Skifahren das linke Bein doppelt

gebrochen! Wadenbruch und spiralförmiger Schienbeinbruch! Es ist kompliziert aber doch günstig. Der Ärmste hat furchtbare Schmerzen ausgestanden. Er lag oben auf dem Tschuggen eine halbe Stunde im Schnee, Serkin zog sich bis aufs Hemd aus und legte alles unter Adolf. So hat er sich wenigstens nicht erkältet. Pellegrini[9] lief herunter um Hilfe zu holen. – Eine scheußliche Sache. Gott sei Dank ist Adolf ganz zufrieden und geduldig. Die beiden ersten Tage hatte er wahnsinnige Schmerzen. Heute ists besser. Vorläufig ist er nur geschient bis das Bein abgeschwollen ist, dann wirds gegipst und vielleicht darf er im Krankenwagen herunter. Das wäre uns allen das liebste. Er möchte gern zu Hause sein. Nun muß ich Dir sagen, daß Adolf leider leider am 10. nicht bei Dir spielen kann. Wäre es Dir möglich mit einem anderen Künstler zu tauschen? Das wäre wunderschön! Adolfs Stück[10] machst Du doch nicht ohne ihn! Adolf täte es furchtbar leid, wenn er nicht mit Dir musizieren könnte. Ich weiß nur nicht, ob überhaupt ein anderes Datum in Frage kommt für Dich. Frei wären: 3./4. März, 18./19. Mai. – Von allem abgesehen haben wir ein Pech, schauderhaft. Gott sei Dank macht Wolf[11] sich keine Sorgen. – Sei so lieb und schick die Partitur nach hier. Adolf möchte gern Correktur lesen. Grade hat er wieder starke Schmerzen.
Leb wohl und grüße alle auch von Adolf und Rudi.

Deine traurige Frieda»

(Nr. 282)   Chicago, 11. Dezember 1931
(Postkarte)

«Liebste Freunde,

vom X. Stock herunter senden wir Euch viele liebe Weihnachtsgrüße. Ihr werdet wohl gehört haben welchen Triumpfzug Adölfchen hier in Amerika[12] macht. Wir haben Euch unendlich viel zu erzählen. Wir sind *glücklich* hier aber freuen uns unbeschreiblich auf zu Hause. Ihr müßt uns besuchen. Wir sollen am 31. ankommen. Am 23. fahren wir mit Toscanini[13] ab! Adolf hat schon 2 Konzerte mit ihm gehabt, jetzt noch 3 mit ihm.
Alles Liebe Euch allen

Eure Frieda»

(Nr. 292) Riehen, den 20. September 1933
(Postkarte)
«Lieber Volkmar!
1. haben wir auch im Falken bestellt, 2. kommen Buschs Samstag Nachmittags gegen 3 Uhr an. 3. freut Adolf sich, 30. September 10 ½ Uhr Regerprobe zu machen.[14] 4. können wir leider nicht nach Ägeri, da Adolf und Rudi bei Freunden Samstag-Abend mit Frieda Dierolf Bacharien, Bratschenlieder Brahms u.s.w. musizieren (zum Besten von Frieda Dierolf, die sich hochanständig benommen hat. Sie weigerte sich zu unterschreiben, daß sie mit den Maßnahmen der Nazis einverstanden sei, wodurch sie Konzerte bekommen hätte. Sie schickte das Formular zerrissen zurück und schrieb deutlich ihre Meinung. Nun kann sie auch nicht mehr nach Deutschland und hat gar nichts. Ist es undenkbar, daß Du sie noch unterbringen kannst. Wir haben hin und her überlegt wie wir ihr helfen können und haben diese Lösung mit dem Privatkonzert gefunden.) 5. schicken wir das Regermaterial nach Zürich, weil Adolf viele Einzeichnungen gemacht hat. Wir senden es sofort heute noch an die Tonhalle, damit Du nicht die Schlepperei hast. Ich sende auch die Partitur mit der Widmung von Reger mit.
Alles Liebe an alle

Eure Frieda»

Die nächsten Briefe befassen sich mit dem Zürcher Bürgerrecht, das Adolf Busch nie bekommen hat; er wurde dagegen 1935 Bürger von Riehen (BS).

(Nr. 293) 11. 11. 33
«Liebster Volkmar,
Du hast mich neulich gefragt, ob Adolf die Zürcher Bürgerschaft wohl annehmen würde, wenn sie ihm einmal verliehen würde. Ich habe ihn nun hintenherum gefragt und er ist ganz rot geworden vor Erstaunen und Glück. Er ist ja innerlich jetzt so verwundet, durch alles was ihm und vielen die er liebt geschehen ist und überhaupt was in Deutschland geschieht, daß alles was ihm jetzt an liebevollem Gefühl zu teil wird, ihn direkt umwirft. Eure Treue und wahre Freundschaft hilft uns über so vieles hinweg, sie ist unser kostbarstes Schweizer Gut! Hoffentlich sehen wir uns bald einmal! Adolf ist bis 2.

Dezember fort. Rudi kommt am 26. zurück! Sage Ruth[15] vielen Dank für ihren lieben Brief. Sie soll mir, oder Marianne[16] den Namen und die Adresse der russischen Studentin schreiben. Die russische Dozentin ist jetzt da. Irenchen[17] war 3 Wochen an Angina krank. Jetzt ist sie Gott sei Dank wieder auf.
Alles Liebe Euch Allen 5en. Ihr Glücklichen seid immer zusammen, und wir die Hälfte unseres Lebens getrennt. In Liebe grüßt Euch
Eure treue Frieda»

(Nr. 294) 21. 1. 34
«Liebster Volkmar,
Dein lieber lieber Brief hat mich gleichzeitig sehr glücklich und traurig gestimmt. Glücklich in dem Gedanken an Deine Freundschaft und traurig daß unsere Freundschaft für Dich, Dir nicht über die kleinen Nichtigkeiten des Lebens hinweghelfen kann. Ich käme gar zu gern eben herüber um ein paar Worte mit Dir zu reden. Schriftlich geht das immer schlechter. Aber ich will nichts aufschieben, und darum schreibe ich Dir. Zuerst hab vielen Dank für alle Deine viele Mühe, die Du gehabt hast. Alle Deine Liebe ist ja viel mehr wert als jede Ehrenbürgerschaft glaube mir. Es wäre ja wunderschön gewesen Bürger von Zürich zu sein, weil wir uns, vor allem durch Dich und Reiffs[18] der Stadt so innig verbunden fühlen, aber wenn es nicht geht so ist es auch gut und wir danken Dir nur tausendmal für alle Mühe, die Du Dir unsretwegen gabst. Schrecklich, daß Du überall hingelaufen bist, und wenn wir nicht wüßten, wie nah Du unserem Herzen stehst, und wir Dir hoffentlich auch, so würde es noch viel schwerer für uns zu ertragen sein! Habe vor allem tausend tausend Dank. [...] Ich habe so lachen müssen über Deine Verzweiflung, daß Adolf «erst» an die 70 Mal gespielt hat in Zürich. Welche Stadt hat wie Zürich die dauerndste Treue gegen Adolf bewiesen? An der Spitze Du. O Volkmar, wenn Du wüßtest, was uns Deine Treue über so viele und scheußliche Widerwärtigkeiten auch im künstlerischen Leben hinweggeholfen hat, und alle Scheußlichkeiten des künstlerischen Lebens hat vergessen machen. Das sage ich im Voraus, ohne Dich wird kein Jubiläum gefeiert und ohne Dich betritt Adolf das Podium nicht. Adolf ist zwar nicht da, aber ich weiß daß es so ist. Es gibt einige wenige Städte in der Welt, wo Adolf mit reinster künstlerischer Freude musiziert. Dazu gehört Zürich aber nur mit Dir lieber Freund. [...]

Was das Konzert mit Fritz[19] betrifft so gibt es immer Menschen die zwischen Freunden Unfrieden stiften möchten. Im Übrigen gilt für die Leute heute noch das was Goethe sagte «da streiten sich die Leute herum wer größer ist Schiller oder ich, anstatt daß sie sich freuen, daß es 2 solche Kerle gibt!» Fritz wird es schrecklich sein, daß Du unter Deiner Noblesse zu leiden hast. Wer anders als Du hat ihm das Konzert verschafft! Ach guter lieber Volkmar die ganze Sache wäre leicht, wenn Du sie so nähmest. Kannst Du es nicht? Im Übrigen ist es nie schlimm, wenn der Mensch Widerstände hat. Daran erprobt er seine besten Kräfte, und deren hast Du im Überfluß.
Ich umarme Dich und Elisabeth[20] in Dankbarkeit Liebe und Freundschaft und hoffe Euch bald zu sehen.

Eure treue Frieda»

Der folgende Brief handelt von den Emotionen von Adolf Busch, als seine deutsche Heimat ihm den Paß nicht verlängern wollte, und von den Mühseligkeiten auf den Ämtern zur Erlangung des Schweizer Bürgerrechts in Riehen.
Andreae hatte am 30. 12. 34 Adolf Busch geschrieben: «Ihr habt eine tüchtige Dosis Optimismus und Freudigkeit nötig, mehr als je; möge das kommende Jahr Euch diese bringen.» (Brief im Besitz von Frau Hedwig Busch)

(Nr. 295)   2. 1. 35
«Geliebter Volkmar,
    Du weißt welch schlechter Briefeschreiber, das heißt unlustigermein Adolf ist. Du sollst aber nicht auf einen Widerhall Deines lieben lieben Briefes warten müssen und so will ich Dir sagen wie unendlich wohl uns Dein Brief getan hat. So viel Haß und Scheußlichkeiten man im Jahr 34 hat fühlen müssen, so viel Liebe ist uns zu teil geworden. Diese Liebe hat uns für alles entschädigen müssen: für Heimatlosigkeit, Rechtlosigkeit, Scham für seine Heimat und dessen Bewohner. Diese Liebe und nicht zum kleinsten Teil die Eure, die Deine hat uns allen Kummer verwinden lassen. Und da die Liebe immer stärker ist als der Haß so haben wir selbst in dem schwersten aller Jahre auch mehr die Liebe empfunden, mit der man (und wieder an erster Stelle Ihr) uns umgeben hat. Ja es ist schwerer als alles seine Heimat zu verlieren (Vaterland haben *wir* nie anerkannt, denn das ist Krupp,

Schneider, Creusot, Armstrong u.s.w.) sie irgendwo in der Ferne verschwinden zu sehen und keinerlei Beziehungen mehr zu fühlen zu Familie, ehemaligen Freunden und Bekannten, ja auf einmal das Volk in seiner Gesamtheit als völlig fremd, ebenso wie Zulukaffern oder Indianer zu empfinden. Obwohl es für Adolf eine Ehre bedeutet daß ihm der Paß[21] verweigert wird, war es uns sehr schwer. Es war wie ein Peitschenhieb, gegen den man wehrlos ist. Adolf nicht mehr wert ein Deutscher zu sein? Hat es je einen Besseren gegeben und schweigt ein 60 Millionenvolk dazu? Läßt zu, daß Adolf mit dem scheußlichen Schmutz beworfen wird und sogar in ständiger Lebensgefahr schwebt. (Vor ein paar Wochen wurden wir von der Liga für Menschenrechte gewarnt.) All dies Schwere geht vorüber. Bei unserem Gesuch Schweizer werden zu dürfen hatten wir kein ruhiges Gewissen. Wir lieben die Schweiz wir haben sie uns vor 8 Jahren als Heimat ausgesucht, wir haben unsere liebsten Freunde hier, aber wir waren doch Deutsche und wären es geblieben. Nun kam der Augenblick wo wir das Gesuch stellen mußten um nicht staaten- und rechtlos zu werden. Das Gesuch kam uns wie ein Unwahrhaftigkeit vor gegen die von uns so geliebte Schweiz. Es war ja ein Zwang unter dem wir handelten und kein freier Wille. Wir haben wochenlang überlegt und haben das Gesuch dann gestellt. Wenn wir auch noch keine guten Schweizer sind, so denken wir doch es zu werden und ebenso gute Schweizer zu sein, als wir Deutsche waren und noch sind. Ach es ist schwer darüber zu schreiben. – Auch bei den Vorbereitungen für die Aufnahme ging nicht alles leicht. Es blieb uns gar nichts erspart. Wir mußten zum Beispiel aufs Polizei Departement zu einem Detektiv, der das unter sich hat und wurden dort in Anwesenheit von 4–6 anderen Detektiven, die mit unserer Sache nichts zu tun hatten, über unsere Einkommens und Vermögensverhältnisse ausgefragt. Adolf war in Schweiß gebadet. Es war scheußlich. «was, mehr als 10 000 Franken haben Sie nicht auf ihr Haus gezahlt, das ist ihr ganzes Vermögen?» Und so fort. Wir kamen uns als wir herauskamen wie 2 Hochstapler vor und Adolf, der sich Gott sei Dank (wenigstens bis vor einem Jahr nie Sorgen machte) sah einen Riesenberg voll materieller Not u.s.w. vor sich. Er hat tagelang gelitten, aber wir haben es ihm fortgelacht. Jetzt ist er ganz vergnügt und hat alles vergessen. Jetzt hat er nur noch Sorge ob man ihm das Bürgerrecht bewilligt trotz seiner Schulden u.s.w. Wir hoffen nun sehr, daß alles sehr schnell geht, denn Mitte März läuft unser Paß ab und da ist Adolf noch mitten in seinen Konzerten. Augenblicklich ist das Gesuch in Bern, so viel wir wissen. Hälst Du es für möglich, daß man Adolf aus politischen Gründen oder aus materiellen das Bürgerrecht verweigert? Das würde jedenfalls seinen seelischen Zusammenbruch bedeuten und dann würden wir schnell entschlossen (wenigstens von meiner Seite aus) auf eine der Südseeinseln gehen. Vielleicht sind wir in einem Monat schon aus aller Angst heraus!!

Wir haben *wunderschöne* Weihnachten gefeiert. Und auch das neue Jahr friedlich angetreten. Wir haben alle das Gefühl, 1935 würde ein besseres Jahr werden! Ob mit oder ohne Berechtigung wird sich zeigen. So viel ist sicher, daß das menschliche Herz nur ein gewisses Maß an Pessimismus verträgt und dann der Optimismus sich wieder einstellt. Darauf wollen wir im Geiste anstoßen. Kommen nach Ägeri[22] wäre sehr verlockend, aber leider geht es nicht. Adolf hat zwar bis zum 20. Ferien (zum ersten Mal seit 22 Jahren) außer seinem Basler Konzert und einem in Mulhouse, aber er hat viel vorzubereiten. – Er freut sich überaus auf «sein» Violinkonzert[23] und hofft, daß es bis zum Sommer fertig ist, damit er es studieren kann. Kommt Ihr am 11. herüber? – Wäre es Dir recht, *wenn* Genf oder Bern für einen Meisterkurs anfragt, daß Adolf annimmt? Wir kämen dann leichter über den Sommer. Der Verkauf unserer Häuser war nämlich leider nichts.[24]

Lebt tausendmal wohl, Ihr lieben lieben Freunde. Wie nah ist doch Zürich und wie selten sehen wir uns!

Von Allen nur Liebes, besonders von Eurer

Frieda»

Ob. Aegeri 30. 12. 34
Drittlibach.

«Mein lieber Adolf!

Morgen geht das alte Jahr zur Neige. Da habe ich plötzlich das Bedürfnis einen Moment mit Dir und den Deinen zu plaudern. Es ist sicher besser, man läßt dabei alle Politik beiseite, denn so verrückt hat es noch nie in Europa ausgeschaut, wie heute. Nur eines, ich habe von Ruth von Deinen Paßschwierigkeiten gehört und daß Ihr Schweizer werdet. Stimmt's? Wenn ja, dann freuen wir uns ja mächtig auf die neuen Mitbürger.

Es ist furchtbar nett, daß Hans wieder einmal mit Dir spielen darf. Ihm wird es mächtig gut tun. Er hat es wieder einmal nötig, aufgerüttelt zu werden und da ist Dein Konzert mit ihm gerade das richtige. Über meine Kinder brauche ich Dir kaum zu berichten. Vielleicht weißt Du über sie mehr als wir. Hans skiert im Bündnerland (Davos – Arlberg), Ruth medizienert in Niederbipp, Marianne ist in unserer Nähe, aber meist unsichtbar.
Elisabeth und ich bleiben bis zum 13. Januar in Aegeri, wenn wir nicht des Krankheitszustandes meiner Mutter wegen vorzeitig nach Zürich zurückmüssen. Am schönsten wär's ja schon, wenn Ihr alle eine Zeitlang hier wäret. Ich genieße die Ruhe mächtig und arbeite an meinem Winterprogramm und am 2. Satz des Violinkonzertes. Ich arbeite langsam, man wird im Alter so anspruchsvoll, und habe meine ersten Pläne für diesen Satz verlassen, um ein Fugato im Orchester zu bringen, das von der Sologeige umspielt wird (Allegretto); dann kommt anschließend ein langsamer Teil, der von einem virtuosen Finale abgelöst wird. So sieht die Sache heute aus, morgen vielleicht wieder ganz anders. Im ersten Satz wird auch manches noch besser werden müssen. Immerhin hat er jetzt schon als ganzes eine anständige Haltung.
Ich wußte nicht, daß Ihr alle in Winterthur sein werdet, sonst hätte ich mich noch freigemacht und hätte Euch überrascht. Fritz habe ich noch nicht gesehen, nur seinen Sohn Hans, rasch bei Reiffs und in einem Restaurant (mit seinem winzigen Köter) ein zweites Mal.
Wie geht es bei Euch? Ich erfahre öfters auf Umwegen einiges – Moll und Dur. Ich habe aber ordentlich Längizyti nach Euch und hoffe Euch alle doch recht bald wieder zu sehen. Jedenfalls wünschen wir beide Euch einen guten Übergang ins neue Jahr. Möge dieses zu den erfreulicheren gehören und Euch gut gesinnt sein. Ihr habt eine tüchtige Dosis Optimismus und Freudigkeit nötig, mehr als je; möge das kommende Jahr Euch diese bringen.
Elisabeth und ich grüßen beide Euch alle aufs innigste
Euer Volkmar»

Nunmehr erscheint zum ersten Mal der Briefkopf mit dem Dr. h.c.; Fritz und Adolf Busch haben beide am selben Tag in der Musikfakultät Edinburgh den Dr. h.c. erhalten, gewissermaßen als Entschädigung für die erlittenen Beleidigungen in Deutschland.

(Nr. 271)
«Dr. h. c. ADOLF BUSCH 21. Dezember 1935
in Eile!
Lieber Volkmar,
Du wolltest mir die abgeänderte Stelle im langsamen Satz[25] schikken, hast es nicht getan. Ich habe mir gestern und heute die ganze Violinstimme abgeschrieben bin fertig, habe nochmals einige unwichtige (vom Standpunkt des Komponisten aus) Stricharten geändert und betreffende Anmerkungen in den Klavierauszug gegeben. Im letzten Satz beim Amoll auch kleine geigerische Abänderungen (Du hattest sie mir überlassen) ein für alle mal fixiert. Sicher wirst Du mit diesen Kleinigkeiten einverstanden sein. Einiges wurde auch nach *Deiner* ersten Fassung zurückgeändert. Verzeih die Wirtschaft! Was ich nicht weiß, ist die Stelle im langsamen Satz. Ich schicke einen Vorschlag den ich mit Blei in die Violinstimme eingetragen hab. Wenn Du einverstanden bist – es ist keine große Änderung wie Du siehst, aber ich glaube um etwas ähnliches dreht es sich – sage ja, *sonst* schicke bitte «*sofortigst*» (um mit Reger zu sprechen) Deine Änderung. Ich muß jetzt wissen, was ich zu spielen, also zu studieren habe. Im Übrigen freut mich das Stück als Musiker immer mehr und ich freu mich nun auf die Beschäftigung mit dem Stück als *Geiger*. Damit fange ich morgen an. Ich hoffe Du wirst zufrieden sein, wenn wir es nächstens durchsprechen.
Lebt alle wohl, schöne Festtage wünsche ich Euch allen.
Dich umarmt in alter Freundschaft
Dein A.»

Zum ersten Mal kam Adolf Busch aus finanziellen Gründen nicht aus Amerika zurück in die Schweiz. Seit 15 Jahren hatte er jedes Jahr in Zürich gespielt.
Serkin hingegen konnte in den USA viele Konzerte geben.

(Nr. 297) 9. April 40
«Liebe Elisabeth, lieber Volkmar,
wie lange haben wir Euch schon schreiben wollen und immer haben wir es verschoben. Wir hätten so gerne etwas Frohes geschrieben, nämlich daß wir doch diesen Sommer in die Schweiz kommen würden, aber nun hat das Schicksal entschieden, nämlich daß wir

diesen Sommer hierbleiben und Adolf und Rudi im Oktober hier wieder ihre Konzerte aufnehmen. Es wird nun der nächste Winter der erste seit 1915 sein, wo Adolf nicht in Zürich spielt. Wie ihm zu Mut ist brauche ich Euch nicht zu schreiben! Wir leiden alle einschließlich Serkins an wahnsinnigstem Heimweh und möchten am liebsten Morgen in die Schweiz fahren. Aber Adolf kann nicht für die wenigen Konzerte in der Schweiz nach Europa fahren. Die Überfahrtskosten sind höher als was er verdienen kann. Und das spielt jetzt eine schwerwiegende Rolle. *Wir können hier gerade durchhalten.* Gott sei Dank geht es Serkins gut, Rudi hat eine wunderbare Stellung am Curtis Institut und hat von allen Solisten die meisten Konzerte gehabt. Leider mußte er 14 davon absagen, da er eine schwere Fingerinfektion hatte. Jetzt fängt er gerade wieder an zu spielen. – Wir fühlen alles mit Euch und mehr als je seitdem gestern Dänemark und Norwegen gefallen sind. Könnten wir Euch und alle lieben Freunde nur mal einen Augenblick sehen und sprechen. Wieviel hätten wir uns zu sagen! Gott schenke Europa und der Welt baldigen Frieden nach Beseitigung aller Gangster und ihrer Anhänger! Und möge der Himmel unsre liebe Schweiz schützen.

Wir umarmen Euch und Eure lieben Kinder als Eure sehnsüchtigen
Frieda und Adolf»

(Nr. 272) Gloucester Mass. 23. Aug. 1941

«Mein lieber Volkmar, seit langem drückt es mich, daß ich Dir nie schrieb und täglich dachte und denke ich an Dich und an Euch alle, Dein lieber guter Brief machte die Briefschuld noch drückender und jeder Tag der seitdem vergangen ist, macht das «Antworten» schwerer. Man hat *soviel* auf dem Herzen, besonders für die Freunde in der Schweiz, daß man nicht den Mut findet anzufangen. Auch muß so Vieles ungesagt oder ungeschrieben bleiben daß es einem fast sinnlos vorkommt *überhaupt* zu schreiben. Ich muß aber fürchten, daß meine *besten* Freunde sogar denken müssen, ich hätte sie vergessen. Wenn Du Dich schon über mich geärgert hast und an mich gedacht hast als an Einen der im Fett sitzt, sich's wohl sein läßt und seine Freunde in der Heimat vergißt – – – so kann ich Dir nicht böse deswegen sein. Es *ist* aber nicht so. Was mich angeht, so wäre ich auch lieber bei Euch, *jetzt* und *erst recht,* wenn es – was Gott verhüten möge – der geliebten

Schweiz einmal schlechter gehen sollte. Die Nachrichten die wir «von zu Hause» haben sind glücklicherweise beruhigend. Und Dein Brief machte uns geradezu glücklich, wenn wir uns schon sagten, daß *Du* vielleicht doch die Dinge etwas rosiger ansiehst als Andere. Nun hab tausend Dank für Deinen lieben Brief und verzeihe mir daß ich nicht früher schrieb. Mit den tausend Entschuldigungsgründen will ich Dich nicht langweilen. Einen Grund, den *Du* verstehen wirst, will ich anführen. Wie ich wieder gesund wurde habe ich wieder angefangen zu arbeiten. Erst habe ich componiert und dann geübt – auch «zum Vergnügen» viel Musik gemacht. Mit der vom Arzt vorgeschriebenen Ruhe, mit etwas spazieren gehen oder – hier am Meer – mit dem ins Wasser gehen (schwimmen soll ich noch nicht) ist der Tag vorbei ohne daß man sich's versieht. Ich habe viel mehr geübt als je, weil ich mich freute mal in Ruhe, ohne direkte Sicht auf ein Konzert oder Konzerte, *studieren* zu können. Etwas, was ich mir seit vielen Jahren gewünscht hatte. Ich glaube, Du wirst die Früchte meiner Tätigkeit *genießen,* wenn wir uns wieder sehen und *endlich* einmal wieder mit einander musizieren. Von dem was Du geleistet hast, seitdem wir weg sind, hörten wir durch unsere Schweizer Zeitung, die in New York erscheint und die wir regelmäßig bekommen. Herzlichsten Glückwunsch zu Deinem Erfolg mit dem Theaterstück.[26] Ich kann mir denken, daß Du Deine Sache gut gemacht hast. Hoffentlich bekomme ich es mal als Kantate zu hören. Daß Du das Consi drangegeben hast ist sehr vernünftig. Nun höre aber auf mit drangeben. Ich möchte noch viel mit Dir musizieren (und – von *meiner* Seite aus – *besser* als ich es bisher getan habe). Die Nachrichten von Deinen Krankheiten (pfui Teufel gleich 2!) erfuhren wir aber nur durch Deinen Brief. Wir waren sehr erschrocken, aber da Du schon wieder gesund warst – ein richtiges Stehaufchen, wie Du nun einmal geschaffen bist, so haben wir uns beruhigt. Hoffentlich hat sich Deine liebe Frau auch wieder gut «derfangen» – meine hat sich die ganze Sorgenzeit soweit gut, ja großartig gehalten und überstanden, es war aber doch ein großer Schrecken der ihr noch etwas in den Glieder steckt. Auch gab es viel Arbeit – und Hetze sogar. Verdient habe ich natürlich nichts, es gab etwas Grammophon Royalities[27] und später konnte ich mit Stunden geben anfangen. Mit letzterem habe ich die letzten Wochen ziemlich viel zu tun. Leider gibt es immer wieder Stunden zu geben, die *nicht* gezahlt werden weil es arme Teufel sind. Und arme

Teufel gibt es viele, nicht nur solche die bei mir Stunde haben wollen. – In einigen Tagen fange ich mit Proben an mit einem Kammerorchester (25 Leutchen) wie ich es in der Schweiz hatte. Das *Können* der Einzelnen ist hier hervorragend. Aber die ganze Einstellung zur Musik ist sehr verschieden von dem, was wir gewohnt sind und was wir lieben. Die Virtuosen haben das Land in *diesem* Sinne verdorben. Jeder junge Mensch versucht womöglich noch schneller oder noch lauter zu spielen wie der berühmte X,Y,Z und dadurch mehr Recht auf mehr Geld verdienen und auf größere Carrière zu haben wie sein College. Daß man sein Instrument beherrscht um gute und schöne Musik zu machen ist Etwas, was von den meisten noch begriffen werden muß. Es fängt aber an und einige wirkliche Musiker haben schon Einfluß. In einigen Tagen kommt Fritz mit Grete aus Argentinien. Er wird eine Art Glyndebourne Opera[28] in New York dirigieren und später haben wir auch 3 Konzerte zusammen mit dem Philmonic Orch. und er noch einige andere. Ihm geht es gut gesundheitlich, aber er ist in andauernder Sorge um Eta[29] mit ihrem Mann und dem Kind, die immer noch nicht aus Frankreich herauskönnen. Auch mit Gisela[30] in Dänemark ist es nicht sehr schön. Sie hat noch ein Kind bekommen. Für ihren Mann, der dänischer Officier ist, sieht die Zukunft sehr unsicher aus und die Gegenwart scheint schlimm genug. Von Annele Andreasson[31] hörten wir durch einen Brief von Mengeli[32] (ich habe auch einen Geburtstagsbrief von ihr) daß Ruth[33] geheiratet hat. Das war eine *schöne* Nachricht – wir erfuhren es vor 5 Tagen und sind sehr glücklich darüber. Mehr Nachrichten in *diesem* Sinne kann man ja nicht in eurer Familie erwarten. Nun seid Ihr beiden, Du und Elisabeth «allein zu Haus». Aber Ihr habt ja auch – Gott sei Dank – Eure Kinder nahe beinander. Als geographische Entfernung ist ja Lübeck[34] – Zürich auch nicht weit. Hier in diesem Lande bekommt man einen anderen Begriff für Entfernungen. – Wir haben hier am Meer eine herrliche Zeit – 2 Monate – mit den Kindern und Kindeskindern nun geht es nächste Woche zurück nach New York, 49 East 96 Apartement 14 und die Arbeit fängt erst recht an. Ich bin Gott sei Dank – wieder voll arbeitsfähig. Habe übrigens tüchtig abgenommen (absichtlich) und fühle mich mit augenblicklich 83 Kilo wohler als mit 95! Wir – das Quartett – haben vor 2 Monaten das B dur Quartett op. 130 Beethoven für Columbia recorded – es ist gut geworden. Es war eine schwere Arbeit wie Du Dir denken kannst. – Nun *muß* ich aufhören lieber Freund, so gerne ich nun weiter mich mit Dir unterhalten würde. Über Politik schreibe ich auch nichts, wir fühlen ja dasselbe. Ich wünschte ich könnte mit meinen Freunden in der Schweiz einmal für einige Tage tauschen, damit Ihr etwas von der Zuversicht für den guten Ausgang des Krieges mitbekommen könntet. Daß die Russen nun doch noch gegen die Deutschen gehen ist ja eher ein Gotteswunder. Was diese Atempause für England und der Zeitgewinn für die hiesige Aufrüstung bedeutet kannst Du Dir denken.

Leb wohl mein lieber guter Volkmar, ich umarme Dich in alter Freundschaft, Dich und Deine Lieben. Alles Gute und Liebe von uns allen für Euch alle. Grüße alle Freunde in Zürich besonders Lily Reiff, der ich auch längst einmal schreiben will. Sie soll nicht böse sein! Dein alter (jetzt 50jähriger)

Adolf»

ANMERKUNGEN

1 Waldsanatorium Arosa.
   Adolf Busch war zur Erholung wegen einer «verschleppten Lungenentzündung» im Waldsanatorium und befreundete sich dort für sein ganzes Leben mit dem Leiter des Sanatoriums (Dr. Römisch).
2 Frau Andreä.
   Volkmar Andreae war wahrscheinlich im Aktivdienst.
3 «Angelegenheit»: Konzerttermin für die Saison 1916/17 (Programm).
4 Violinkonzert in A-Dur op. 101 (1908).
5 Wiederengagement: Das erste Auftreten von Adolf Busch in Zürich hatte am 20. Oktober 1914 unter der Leitung von Hermann Suter stattgefunden.
6 Frau Frieda Busch-Grüter. Sie hat später die meisten Briefe geschrieben.
7 Tochter Irene. Später die Frau von Rudolf Serkin.
8 op. 28.
9 Alfred Heinrich Pellegrini, Maler.
10 Konzert für großes Orchester op. 43 b (UA).
11 Wolf (?) Dr. med.
12 Hier ist Adolf Busch noch glücklich auf seiner Amerika-Tournée. Er wußte nicht, daß dies sein Exil (ab 1935) werden sollte.
13 Toscanini war ein hochverehrter Freund von Busch's und Andreae.
14 Vermutlich Violinkonzert op. 101.
15 Ruth, Tochter von Andreae (Dr. med.).
16 Marianne, Tochter von Andreae (Dr. med.).
17 Irenchen, Tochter von Adolf Busch, seit 31. Mai 1935 Serkins Gemahlin.

18 Reiffs: Hermann und Lily Reiff. Musikmäzene. Bei ihnen fand der berühmte ‹jour fixe› statt (Mittwoch-Nachmittags-Tee für Musiker, Schriftsteller, Freunde. Kommt vor im ‹Doktor Faustus› von Thomas Mann).
   Lily Reiff war Schülerin von Liszt gewesen.
19 Bruder Fritz Busch.
20 Elisabeth: Frau von Andreae.
21 deutscher Paß.
22 In Oberägeri war das Wochenendhäuschen der Familie Andreae.
23 Das Violinkonzert op. 40 von Andreae. Er hat es für Adolf Busch geschrieben.
24 Die Häuser von Busch und Serkin in Riehen.
25 Adolf Busch arbeitet am Violinkonzert (op. 40) von Andreae.
26 Theaterstück: «La gloire qui chante» und «La cité sur la montagne» (op. 41a).
27 Grammophon Royalities = Einnahmen aus Platten.
28 Glyndbourne Opera: In Glyndbourne, Sussex, gab es auf dem Landsitz des Mäzens John Christie Festspiele mit Mozart-Opern, die Fritz Busch als hervorragender Mozart-Dirigent jahrelang leitete. Die Frau von Christie, eine berühmte Sängerin (Audrey Mildmai) hatte dabei die Star-Rollen.
29 Eta: Tochter von Fritz Busch.
30 Gisela: Tochter von Fritz Busch.
31 Annele: Frau von Gösta Andreasson, dem 2. Geiger im Busch-Quartett.
32 Mengeli: Frau Menga Fierz-Biber (Prof. Markus Fierz), Geigerin im Kammerorchester von Adolf Busch.
33 Ruth: Tochter von Andreae, verheiratet mit Heinrich Schkölziger.
34 Lübeck: hier wohnte Marianne Savoff-Andreae mit Familie.

Kurt von Fischer

BRIEFE VON ZOLTÁN KODÁLY

Der erste persönliche Kontakt Andreae – Kodály fand anläßlich der Zürcher Aufführung von Kodálys erstem *Streichquartett op. 2* im Rahmen des 46. Tonkünstlerfestes des *Allgemeinen Deutschen Musikvereins* statt (vgl. hierzu Bartóks Brief an Andreae vom 12. Dezember 1909). Sehr wahrscheinlich haben sich die beiden Musiker auch im Februar 1925 in Budapest getroffen, als Andreae dort ein Programm mit Werken schweizerischer Komponisten dirigierte: Andreaes *Symphonie in C-Dur* und dessen *Rhapsodie für Violine und Orchester* sowie Hermann Suters *Violinkonzert*.
Das bedeutendste Ereignis im Zusammenhang dieser zur Freundschaft gewordenen Beziehung zwischen Kodály und Andreae war zweifellos die Schweizerische Erstaufführung von Kodálys *Psalmus Hungaricus* im Juni 1926 (vgl. Kodálys Brief an Andreae vom 3. November 1927). In den Tonhallekonzerten führte Andreae im Laufe der Jahre zudem folgende Orchesterwerke Kodálys auf: *Háry János-Suite* (10. Februar 1931), *Tänze aus Galanta* (6. April 1937) und *Concerto per orchestra* (16. November 1948).
Alle drei Briefe Kodálys an Andreae wurden schon von Werner Fuchss, *Zoltán Kodálys Beziehungen zu Zürich. Briefe an Volkmar Andreae – denkwürdige Aufführungen,* in SMZ 112 (1972), 333–339 veröffentlicht. Dort ist zudem der Brief vom 3. November 1927 als Teilfaksimile wiedergegeben (vgl. auch R. Schoch, *Hundert Jahre Tonhalle, 1868–1968,* Zürich 1968, 129).
Briefe Andreaes an Kodály konnten in Budapest bisher nicht gefunden werden.

* * *

(Nr. 938)
Internationale Stiftung   Salzburg, 10/VIII, 1924
MOZARTEUM
Sehr geehrter Herr Andreae!
Ich wollte Ihnen meine Grüße und das folgende durch unseren Freund de Boer mündlich zukommen zu lassen.[1] Da er aber abreiste bevor ich mit Ihm noch einmal sprechen konnte, erlaube ich mir Ihnen zu schreiben.
Ich möchte Ihnen den Cellisten Paul Hermann empfehlen[2]. Es wäre mir persönlich sehr angenehm, könnten Sie ihn einmal als Solisten mit Orchester auftreten lassen. Über seine Qualitäten wird Ihnen das Zürcher Quartett berichten[3]. Gäbe ihm das Orchesterengagement Gelegenheit nach Zürich zu kommen, würde sich leichter die Möglichkeit bieten, daß er in einem Kammer-Konzert meine Solo-Sonate spielt, das sein Können erst recht zeigen würde[4].
Er wird hier in Salzburg im Herbst einen Sonatenabend haben, dessen Datum heute noch mobil ist, es ist ihm freigelassen, den ersten Samstag von Nov. oder Dezember zu wählen. Es wäre sehr praktisch, wenn das mit Zürich in Verbindung gebracht werden könnte. – Er spielt das ganze übliche Cellorepertoire, ist auch bereit auf Wunsch etwas bestimmtes einzustudieren. Ihrer Antwort entgegensehend grüße ich Sie in alter Sympathie und Hochachtung
Z. Kodály
Budapest II, Aldás utca 11.

(Nr. 939)
Budapest, 3 november 1927
Lieber Freund!
Ich kann bei Ihrem schönen Fest, zu meinem Leid, nicht persönlich zugegen sein[5], dafür soll dies Papier wenigstens etwas von dem vermitteln was ich – viva voce – vielleicht nicht einmal soweit Ihnen sagen könnte.
20 Jahre sind es daß ich zum ersten Male an dem Zürichsee stand[6]. Schon früher durch Wagner und Keller miterlebt – lebte in mir das große blaue Auge immer leuchtender weiter.
So oft ich wiederkehrte, sammelten sich frohe und freundliche Eindrücke, wuchs der Wunsch des Wiedersehens.
Dann kam das Tonkünstlerfest 1910, Sie erinnern sich[7]! Doch es sollte

noch immer mehr kommen. Zürich erwiderte meine Sympathie: anfangs verschlossen, wie die Schweizer, gab es sich immer wärmer. Allem setzten Sie die Krone auf, mit der denkwürdigen, hingebungsvollen und bisher unerreichten Psalmaufführung[8].

Fühlte ich mich auch vorher nicht mehr fremd in der Schweiz, so haben Sie mir dadurch eine Art Bürgerrecht verliehen indem Sie mir möglich machten eine Bürgerpflicht auszuüben, nämlich den andern etwas zu geben.

Ich bin des Dankes und der Freude voll darüber, nur durch Zweifel getrübt, ob ich denn wirklich genug geben kann um nicht Schuldner zu bleiben.

Ich setze die Ehre daß Sie das Werk nun auch zu Ihrem Jubiläumskonzert gewählt [haben] über alles, und wünsche mir nur Zeit und Kraft dies beweisen zu können.

Ungern spreche ich über Pläne, die der Verwirklichung so ferne stehen, aber diesmal muß ich [eine] Ausnahme machen: das nächste Chorwerk, welches mir zu vollenden gegeben wird, möchte [ich] zu allererst unter Ihrer Leitung vom Gemischten Chor Zürich hören[9].

Machen Sie sich auf lange Frist gefaßt, ich arbeite langsam und vielleicht wird es erst zu Ihrem 50sten Jubiläum – das Sie in ungebrochener Kraft erleben sollen!

Kraft, Ausdauer und bisherige Frische auch weiterhin, bis dahin und darüber

Ihr ergebener

                                                Z. Kodály

[Nachschrift von Kodálys Gattin Emma]:

Was kann ich hinzufügen? Ihnen die Hand drücken, das möchte ich so gern, und daß Sie herausfühlen sollten was ich von langher von Ihnen denke, Ihnen danke, und für heute und immer für Sie ersehne.

In alter Verehrung

                                                Emma Kodály

(Nr. 940)

                                       Budapest 19. August [1928]

Lieber Freund,

    ich würde gern wieder einmal Zürich und seine lieben Bewohner sehen. Wenn es möglich wäre, folgende Gelegenheit zu benützen, könnte es noch im September geschehen[10].

Budapest, 3 November
1927

Lieber Freund!

Ich kann bei Ihrem schönen Fest, zu meinem Leid, nicht persönlich zugegen sein, dafür soll dies Papier wenigstens etwas von dem vermitteln, was ich – viva voce – vielleicht nicht einmal soweit Ihnen sagen könnte.

20 Jahre sind es, dass ich zum ersten male an dem Zürichsee stand; schon früher durch Wagner u. Keller miterlebt – lebte in mir das grosse blaue Auge immer leuchtender weiter.

So oft ich wiederkehrte, sammelten sich frohe und freundliche Eindrücke, wuchs der Wunsch des Wiedersehens.

Dann kam das Tonkünstlerfest 1910, Sie erinnern sich! Doch es sollte noch immer mehr kommen. Zürich erwiderte meine Sympathie: anfangs verschlossen, wie die Schweizer, gab es sich mir immer wärmer.

Allem setzten Sie die Krone auf, mit der denkwürdigen, hingebungsvollen u. bisher unerreichten Psalmaufführung.

Fühlte ich mich auch vorher nicht mehr fremd in der Schweiz, so haben sie mir dadurch eine art Bürgerrecht verliehen indem sie mir möglich machten eine Bürgerpflicht auszuüben, nämlich den andern etwas geben.

Ich bin des Dankes u. der Freude voll darüber, nur durch Zweifel getrübt, ob ich denn wirklich genug geben kann um nicht Schuldner zu bleiben.

Ich setze die Ehre das Sie das Werk nun auch zu Ihrem Jubiläumskonzert wählen über alles, und wünsche mir nur Zeit und Kraft dies beweisen zu können.

Ungern spreche ich über Pläne, die der Verwirklichung so ferne stehen, aber diesmal muss ich Ausnahme machen:

Das nächste Chorwerk, welches mir zu vollenden gegeben wird, möchte zu allererst unter Ihrer Leitung vom Gemischten Chor Zürich hören.

Machen Sie sich auf lange Frist gefasst, ich arbeite langsam und vielleicht wird es erst zu Ihrem 50sten Jubiläum – das Sie in ungebrochener Kraft erleben sollen!

Kraft, Ausdauer u. bisherige Frische auch weiterhin, bis dahin und darüber

Ihr ergebenster

Z. Kodály

Was kann ich hinzufügen? Ihnen die Hand drücken, das möchte ich so gern, und dass Sie heraus‑ fühlen sollten was ich von langher zu Ihnen denke, Ihnen danke.

und für heute und immer
für Sie versehen.
In alter Verehrung

Emma Kodály

Brief von Zoltán und Emma Kodály *(Nr. 939)*

Ich reise jetzt nach London, wo ich im Queens Hall die Háry-Suite[11], dann in Gloucester Three Choir Festival den Psalm[12] dirigiere. Auf der Rückreise, ungefähr nach dem 10–12ten September, könnte ich wohl den Umweg über Zürich nehmen, wenn
1) Sie schon um diese Zeit Konzerte haben
2) auf diesen die Háry-Suite aufzuführen geneigt sind[13]
3) mich zu dessen Leitung einladen[14].
Die 2te Hälfte September fällt schon in die Schulzeit, und ich könnte nur auf Grund einer «Konzerttätigkeit» Anspruch auf weiteren Urlaub erheben.
Daher dieses Aufdringliche, was ja immer mein Grundzug war.
Ich erbitte Ihre freundliche Antwort nach London: The Gore Hotel 189 Queens Gate Kensington S.W.7. (eventuelle Telegr.Adresse Gorotel London).
Wenn es nicht geht, geht es eben nicht.
Im letzten Moment auf diesen Einfall kommend, wollte ich ihn nicht vorbeigehen lassen, und wäre es nur um Ihnen unsere besten Grüße (auch von Seiten meiner Frau, die mitreist) wieder einmal zuzurufen.
Ihr ergebener

Z. Kodály

ANMERKUNGEN

1 Willem de Boer (1883–1962), Konzertmeister des Tonhalle-Orchesters von 1908–1953 und erster Geiger des Tonhalle-Quartetts bis 1947. – Für die Vermittlung von Andreaes Tonhalle-Dirigaten (s. einleitende Bemerkungen) danke ich Herrn Jürg Keller von der Betriebsdirektion der Tonhalle.
2 Paul Hermann (1902–1944) war ein bedeutender ungarischer Cellist (und auch Komponist), der von 1925 bis 1933 Schüler von Hugo Becker in Berlin und später Mitglied des bekannten ungarischen Gertler-Quartetts war; (der Geiger André Gertler ist Schüler Kodálys gewesen).
Der obige Brief ist einen Tag nach Abschluß des Zweiten Kammermusikfestes der *Internationalen Gesellschaft für Neue Musik (IGNM)*, das vom 5. bis 9. August 1924 in Salzburg stattfand, geschrieben. An diesem Fest waren sowohl Kodály als Komponist als auch Hermann als Solist beteiligt. Vgl. hierzu das Programm des Festes bei A. Häfeli, *Die Internationale Gesellschaft für Neue Musik (IGNM). Ihre Geschichte von 1922 bis zur Gegenwart*, Zürich 1982, 482. Für weitere Hinweise betr. Paul Hermann danke ich den Herren F. Bonis (Budapest), W. Rehm (Salzburg) und S. Veress (Bern). Vgl. auch F. Bonis (Hrsg.), *So sahen wir Kodály*, Budapest[2] 1982, 45.
3 Mit dem *Zürcher Quartett* ist das Tonhalle-Quartett gemeint.
4 Paul Hermann ist, jedenfalls im Rahmen der Tonhalle-Konzerte, nie in Zürich aufgetreten.

5 Das genannte Fest war Andreaes 25jähriges Dirigentenjubiläum (1927), bei welcher Gelegenheit Kodálys *Psalmus Hungaricus,* ein Jahr nach dessen schweizerisch-zürcherischer Erstaufführung nochmals unter Andreaes Leitung erklang (s. unten Anm. 8).
6 Kodály hat schon 1907, auf der Durchreise nach Paris, Zürich zum erstenmal besucht (vgl. W. Fuchss in SMZ, 112 [1972], 333).
7 46. Tonkünstlerfest des *Allgemeinen Deutschen Musikvereins,* das vom 27. bis 31. Mai 1910 in Zürich stattfand und an welchem Kodálys *1. Streichquartett op. 2* zur Schweizerischen Erstaufführung kam. Vgl. hierzu auch die Briefe Bartóks an Andreae vom 12. Dez. 1909 und 5. April 1910, ferner K. v. Fischer, *Zoltán Kodály und die Schweiz,* in NZZ vom 11./12. Dez. 1982, Nr. 289, 65.
8 Die Aufführung des *Psalmus Hungaricus* fand am 18. Juni 1926 im Rahmen des Musikfestes der Internationalen Gesellschaft für Neue Musik (IGNM) statt. Es war dies die Wiederholung eines tags zuvor stattgehabten Konzertes des Gemischten Chors Zürich. Zum IGNM-Fest vgl. die oben in Anm. 2 genannte Arbeit von A. Häfeli, 484 sowie ders., *Die internationalen Musikfeste in Zürich,* 60. Neujahrsblatt der AMG Zürich 1977, 5 ff. Vgl. ferner die in den einleitenden Bemerkungen und in Anm. 7 genannten Aufsätze von W. Fuchss und K. v. Fischer.
9 Die späteren größeren Chorwerke Kodálys (insbesondere das *Te Deum* von 1936 und die *Missa brevis* von 1944/45) wurden von Andreae meines Wissens nie aufgeführt. Daraus läßt sich wohl schließen, daß Kodály, trotz dem großen Erfolg der Psalmus-Aufführung in Zürich, Andreae kein weiteres Chorwerk mehr zur Aufführung angeboten hat.
10 Dieser Besuch in Zürich kam offenbar nicht zustande. Jedenfalls fand das von Kodály im folgenden Brieftext vorgeschlagene Konzert, wohl nicht zuletzt wegen des allzu knappen Termins, nicht statt.
11 *Háry János-Suite,* komponiert 1927 nach dem gleichnamigen Singspiel (1925/26).
12 *Psalmus Hungaricus.*
13 s. oben Anm. 11. Die Suite wurde am 10. Februar 1931 von Andreae in der Tonhalle aufgeführt.
14 s. oben Anm. 10.

Andres Briner

VOLKMAR ANDREAE UND PAUL HINDEMITH

Die Schreiben von Paul und Gertrud Hindemith an Volkmar Andreae stammen alle aus dem Jahr 1932, als Andreae in zwei Phasen Hindemiths Oratorium «Das Unaufhörliche» mit dem Text von Gottfried Benn in Zürich aufführte; es sang der Gemischte Chor, und die Tonhalle-Gesellschaft stellte ihr eigenes Orchester, das unter der Leitung von Andreae stehende Tonhalle-Orchester. Nach der Berliner Uraufführung unter Leitung von Otto Klemperer am 21. November 1931 haben laut Angaben des Hindemith-Instituts in Frankfurt a.M. nur zwei Städte, Dortmund und Mainz, das Oratorium vor Zürich übernommen, eine Londoner Aufführung unter der Leitung von Henry Wood kann allerdings nicht lange auf sich warten gelassen haben. Das neue Werk des 1895 geborenen, in den zwanziger Jahren schnell zu einem Hauptexponenten der neuen Komposition gereiften Hindemith schien das richtige Stück, um im Juni 1932 die Deutsche Tonkünstlerversammlung in Zürich zu eröffnen. Anderseits lagen die geistigen und politischen Bedrohungen des Nationalsozialismus sowohl von Hindemith (der ihnen direkter ausgesetzt war) wie der Schweiz damals nur noch fingerbreit entfernt. Schon im folgenden Jahr wäre eine Deutsche Tonkünstlerversammlung in Zürich kaum mehr durchführbar gewesen.
Von den Versammlungsterminen her schien schon früh das Datum des 10. Juni für die eigentliche Erstaufführung festzuliegen. Andreae, dem mit dieser Wiedergabe eine richtige Pioniertat glückte, mußte von vornherein wissen, daß im Juni vor allem die von auswärts, vorwiegend aus der Schweiz und aus Deutschland, angereisten Künstler, die offiziellen Vertreter und die Presse das neue Werk hören würden, nicht sein eigentliches Zürcher Publikum. So sah er zwei Wiedergaben im Rahmen der regulären Konzerte des Gemischten Chores am 3. und 4. Oktober vor – diese Wiederaufnahmen sind also nicht etwa Folgen des großen Erfolges im Juni. Wie Rudolf Schochs Festschrift zum hundertjährigen Bestehen der Tonhalle-Gesellschaft

Zürich zeigt, war Andreae an sich Hindemith gegenüber eher reserviert. Die Aufführung muß trotzdem eine sehr gute gewesen sein; Hindemith selber nennt sie in seinem letzten Brief an Andreae von Muzot aus eine «herrliche Aufführung».

Das erste Schreiben Hindemiths kam aus Kiel, wie die meisten ist es nicht datiert. Da sich der Komponist am 19. und 20. Januar in Kiel aufhielt (am Abend des 18. ist er angereist), ist dieser Brief wohl an einem von diesen Tagen geschrieben worden. Am 20. Januar machte Hindemith einen Abstecher nach Plön, für dessen Internatsschule er den «Plöner Musiktag» schreiben wollte – er scheint später in der Andreae-Korrespondenz auf. Das zweite Schreiben ist ein Brief aus der Berliner Wohnung Paul Hindemiths, während er als Professor an der Hochschule für Musik unterrichtete. Autoreisen gehörten damals zu den Vergnügungen von Paul und Gertrud Hindemith, meistens chauffierte sie. Die Einladung an Gottfried Benn, der ja als Mediziner in Berlin seine Arztpraxis hatte, ist wohl zustande gekommen, Benn mußte sich aber entschuldigen (vgl. seine Mitteilung an Andreae vom 7. Juni 1932, *Nr. 77*). In 1978 im Limes-Verlag veröffentlichten Briefwechsel Benns mit Paul Hindemith, in den auch Korrespondenzen mit dem Verleger Willy Strecker aufgenommen sind, erscheint der Plan der Zürcher Aufführung erstmals in einem Brief von Strekker an Hindemith vom 31. Dezember 1931: «Man plant das ‹Unaufhörliche› für das nächste Tonkünstlerfest in Zürich. Wir wollen sehen, daß es Reinhart macht, der ohnedies weitere Aufführungen auf der Pfanne hat.» Am 27. Januar 1932 heißt es dann in einem Brief des Verlegers an den Komponisten: «Für Zürich ist das ‹Unaufhörliche› für den 10. Juni festgelegt. Hoffentlich wird Volkmar Andreae eine gute Aufführung zustande bringen.» In der Zwischenzeit also hatte es sich entschieden, daß Andreae die Zürcher (und Schweizer) Erstaufführung dirigieren werde.

Mit «Reinhart» ist in Streckers Brief kein Dirigent gemeint, sondern der Winterthurer Mäzen Werner Reinhart, der, wie Peter Sulzers Veröffentlichung «Zehn Komponisten um Werner Reinhart» (Zweiter Band des 310. Neujahrsblattes der Stadtbibliothek Winterthur, 1980) zeigt, mit Hindemith schon mehrfach Kontakte gehabt hatte. Peter Sulzer ist es denn auch, der im Zusammenhang mit der Zürcher Aufführung einiges Nähere berichtet und auch das Urteil von Ernst Isler in der «Neuen Zürcher Zeitung» als eine «in seltenem Maße denkwürdige Aufführung» festhält. Außer dem englischen Komponisten William Walton, der zu einem Freund Hindemiths wurde, wohnten Arthur Honegger und Othmar Schoeck, die beide am Tonkünstlerfest teilnahmen, der Erstaufführung bei. An diesem Fest sind für Hindemith dauerhafte Freundschaften entstanden, und aus den Schreiben an Andreae wird deutlich, wie sehr er in dieser Zeit wachsender ideologischer und lebenspraktischer Bedrohung in Deutschland künstlerische Kontakte im Ausland, vor allem im deutschsprachigen Ausland, schätzte. Hindemith und Honegger blieben bis zum Tod Honeggers befreundet; Honeggers Hinschied ist mit diesem gleichen Oratorium verknüpft. Denn als Hindemith am 1. Dezember 1955 in einem Konzert der Wiener Singakademie sein Oratorium «Das Unaufhörliche» in Erstaufführung geben konnte, fügte er im Gedenken an das Ableben seines Freundes Arthur Honegger zwei Sätze aus dessen «Symphonie liturgique» zum Programm – eine als Programmgedanken sehr «sprechende» Ehrung Honeggers, die von der Öffentlichkeit auch als solche empfangen wurde. Die Freundschaft Hindemiths mit Schoeck ist weniger auffällig, aber sie geht auf den gleichen Anlaß zurück. Noch 1956 besuchten, wie Werner Vogel berichtet, Paul und Gertrud Hindemith Othmar Schoeck in Zürich, der freudig berichtet, daß sie sich trotz verschiedener Stilrichtungen menschlich recht gut vertragen.

In den Briefen Paul Hindemiths an Andreae fällt die Änderung des Tons nach dem Datum der Zürcher Erstaufführung auf. Während vorher jedes Wort sachlich ernst zu verstehen ist, mischt sich nachher jene ironische Lebhaftigkeit Hindemiths ein, die einen vertraulichen Umgang anzeigt. Nach dem Kalender Hindemiths war das «Privatquartier» in Zürich, von dem der Brief vom 29. April spricht, kein anderes als Andreaes eigenes Wohnhaus. Man kann sich vorstellen, daß es die Ehepaare Andreae und Hindemith wirklich gemütlich gehabt haben zusammen; es werden einige der Flaschen «Neuchateler» aufgetan worden sein, von dem der Brief mit der witzigen Anrede «Liebe und sehr verehrte verflossene Gastgeber» spricht. Der Brief ist nach dem 21. Juni (Plön) abgeschickt.

Wohl hatte Andreae dem Komponisten die günstige Besprechung Ernst Islers (vielleicht aber auch Kritiken aus andern Zeitungen) geschickt, sonst würde Hindemith nicht von einem «Käsblatt» schreiben. Anderseits hat Ernst Isler sicher nie von schaffenden oder aufführenden Musikern, die er zu beurteilen hatte, gehört, daß er für ein «Käsblatt» schreibe – das gehört zur doppelten Moral gegenüber Musikkritiken (und Musikkritikern), wie sie auch damals verbreitet war. Der gleiche Brief Hindemiths bezieht sich im Satz mit «Holstein» auf die Erstaufführung des «Plöner Musiktags» in der Holsteinischen Schule. Anhand von Gerd Sannemüllers interessanter Schrift über Entstehung und Auffführung des Plöner Musiktags (Karl-Wachholz-Verlag, Neumünster 1976) kann man sich eine Vorstellung machen von den handgreiflichen und zugleich hinterlistigen Anfeindungen, denen nun Hindemiths Musik, und vor allem seine Befassung mit der Jugend, in Deutschland ausgesetzt war. Angesichts der nationalsozialistischen Störtrupps, die die Plöner Aufführung unterbrachen, und ähnlicher Vorkommnisse in Berlin, kann man den grimmigen Humor in Hindemiths Feststellung erkennen, daß er und Gertrud «etwas traurig» in Berlin ankamen «und hier die herrlichen Zustände» wieder vorfanden. Ohne Zweifel hatten Paul und Gertrud mündlich Andreae und seiner Frau von den politischen und kulturpolitischen Änderungen in Deutschland berichtet.

Man kann den Wunsch der Hindemiths begreifen, die sich anschließenden Sommerferien eher in der Schweiz als in Deutschland zu verbringen. Werner Reinhart, der alte Winterthurer Freund, hatte sie zu einem Besuch auf seiner Besitzung Muzot im Wallis eingeladen – sie sollten sich dort einer Reihe von Künstlern anschließen, die diese Gastfreundschaft bereits empfangen hatten oder es noch tun sollten. Anfang August fuhren so Paul und Gertrud Hindemith wieder in die Schweiz, um vom 1. bis 16. September (letzter Brief) ihre Schweizer Reise mit einem Aufenthalt in Muzot abzuschließen. Aber zuerst wollten sie, ohne Voranmeldung, wie es Paul Hindemith liebte, die Andreaes besuchen. Daß das Ehepaar Hindemith Andreae in seinem Ferienhaus in Ägeri zu überraschen hoffte, daß es ihn dann nach Zweisimmen einzuladen wünschte, daß es schließlich von Muzot aus noch an Andreae schrieb, unterstreicht die persönliche Freundschaft, zu der es anläßlich der Zürcher Festlichkeiten gekommen ist.

(Nr. 783)
Kiel, Hansa-Hotel [19. oder 20. Januar 1932]
　Lieber Herr Dr. Andreae, daß Sie im Sommer mein Oratorium in Zürich aufführen werden, freut mich ungemein. Ich hoffe, Sie haben nicht allzu große Mühe damit, wünsche Ihnen und dem Chor vielmehr, daß nach Überwindung der anfänglichen Schwierigkeiten Sie auch so viel Gefallen an dem Stück finden wie die bisher an Aufführungen Beteiligten. Haben Sie schon die Solisten? Als Sopranistin möchte ich Ihnen Frau Wirz-Wyss empfehlen. Sie wohnt ja praktischer Weise in Zürich und singt außerem meine Sachen sehr schön. Mit herzlichem Gruß und Dank im Voraus für die Mühe, die Sie mit mir haben werden.
Ihr

　　　　　　　　　　　　　　　　　　　Paul Hindemith

(Nr. 781)
Berlin-Charlottenburg 9
Sachsenplatz 1　　　　　　　　　　　　　　　　29. April [1932]
Lieber Herr Doktor,
　Vielen Dank für Ihren freundlichen Brief. Mein Mann freut sich sehr, daß Sie das Oratorium machen und will natürlich kommen. Er spielt beim Bachfest in Heidelberg anfang Juni und wir wollen dann mit dem Auto zu ihnen kommen. Würden Sie uns schreiben lassen, wann die letzte Probe vor der von Ihnen angegebenen Gesamtprobe vom 8. ist? Vielleicht können wir etwas früher kommen. Wenn Sie wirklich ein Privatquartier wissen, das in der Art wie Sie es schildern bewohnbar ist, wären wir Ihnen natürlich sehr dankbar. Sonst lassen wir uns ein friedliches Hotel nachweisen.
Noch eine Bitte: mein Mann versucht Gottfried Benn zu überreden, mit nach Zürich zu kommen. Darf ich Ihnen seine Adresse angeben, vielleicht kann man ihn noch offiziell einladen, es wäre sehr schön, wenn er bei der Aufführung dabei sein könnte.
Mit vielen Grüßen von meinem Mann, der hofft, daß er Ihnen nicht zuviel Arbeit macht!
Dr. Gottfried Benn　　　　　　　　　　　Ihre Gertrud Hindemith
Belle Alliance Straße 12
Berlin N.W. 61

(Nr. 782)
Berlin-Charlottenburg 9
Sachsenplatz 1   25. Mai [1932]
    Lieber Herr Dr. Andreae, vielen Dank für Ihren Brief. Ich denke, daß wir am 8. abends zu der Probe bestimmt da sind. Wir müssen dann leider gleich am 11. wieder zurück fahren, mein Mann kann nicht so lange Urlaub von der Hochschule nehmen. Er freut sich aber sehr, Sie bald zu sehn und schickt Ihnen viele Grüße
Ihre Gertrud Hindemith

(Nr. 784)
Berlin-Charlottenburg 9
Sachsenplatz 1   [Juni 1932]
    Liebe und sehr verehrte verflossene Gastgeber, wir sind sehr undankbar, nicht wahr? Das lästige Ohrenklingen, an dem Sie in den letzten Tagen gelitten haben, kam von uns und damit glauben wir uns für unser langanhaltendes Stillschweigen ein wenig entschuldigt. Es hat uns *sooo* gut bei Ihnen gefallen, Sie waren sehr lieb und freundlich zu uns. Dürfen wir einmal wiederkommen? Ich kann mir ersparen, zu schildern, wie ermunternd und erfrischend es für uns war, in Ihrer heiteren Gegend einige Tage in Ruhe und Frieden (abgesehen vom Musikfest) sein zu können: jeder sich in Zürich sattgegessen habende Musikberichterstatterich troff davon in seinem Käsblatt. Statt dessen bitte ich Sie, unseren Dank über sich ergehen zu lassen für Aufenthalt, Verpflegung, gute Behandlung. Hat es Sie sehr angestrengt? Ich hatte eine große Dankrede an den Vater des Hauses vorbereitet, sie sollte durch Rundfunk verbreitet werden. Das Manuskript habe ich leider verloren und der Rundfunk hat sich geweigert, «mit dergleichen Erzeugnissen» seine Hörer zu langweilen. Mir sind nur noch die Schlußsätze in Erinnerung: «... und glaube ich somit dem leitenden Herrn Dirigenten meine höchste Hochachtung aussprechen zu müssen. Monatelang abgerungener eiserner Schweiß versetzte sowohl ihn als auch seinen Ia-Chor in die angenehme Lage, ein so schwieriges Werk starten zu können. Müssen wir auch schwerste Bedenken gegen die Wahl eines so ausgesprochen zwiespältigen Werkes eines nebbich noch immer umstrittenen Komponisten äußern, bitte ich Sie doch, sich von den Sitzen und ihr Glas (schenken Sie mir noch von dem schönen Neuchateler ein!) zu erheben: er lebe hoch, hoch, hoch.»

Wir hatten eine schöne Heimfahrt quer durch Hessen und Thüringen, kamen etwas traurig hier an und erleben nun hier die herrlichen Zustände. Ich war mittlerweile in Holstein und habe eine ganze Schule einige Tage lang musikalisch fürchterlich anstrengend beschäftigt. Sie werden sich indessen am Ägerisee erholen von all den Strapazen des Festes und wir wünschen Ihnen zu dieser angenehmen Beschäftigung schönstes Wetter, beste Laune und gottgefällige Faulheit. Leben Sie wohl und seien Sie von Herzen
gegrüßt von uns beiden.
Ihr dankbarer Paul Hindemith

(Nr. 785)
Auf der Rückseite einer Geschäftsempfehlung aus Oberägeri:
(ohne Anrede, in Pauls Schrift) 3. August [1932]
Auch wir empfehlen uns. Am 3. August abends 7.35 Uhr haben wir hier nach Ihnen Umschau gehalten, aber – oh Schmach und Schande! – niemand vorgefunden. Wir sind auf dem Wege nach Wengen oder sonst wohin in's Oberland. Vielleicht können wir Sie auf unserer Rückfahrt im September in Zürich sehen – wie schaaade. Tausend herzliche und etwas angetrauerte Grüße
Ihre Hindemith's

(Nr. 786)
Postkarte vom 14. August aus Zweisimmen,
Geliebte Freunde, waren Sie mal in der letzten Zeit in Aegeri? Wir ja. Am 3. d.[es] M.[onats] sind wir in Zürich kühn bei Ihnen vorbei gefahren, da wir der Überzeugung waren, daß sich alle feinen Leute um diese Zeit außerhalb der Stadt befinden, und haben beschlossen, Sie in Aegeri heimzusuchen. Venimus, vidimus, kein Mensch vorhanden. So benützten wir Ihren Hof als Drehscheibe für unser Auto und fuhren nach Zug. Mittlerweile haben wir uns hier in Zweisimmen, in einem schönen Bauernhäuschen festgesetzt. Haben Sie nicht Lust, uns einen Gegenbesuch zu machen? Wir bleiben bis zum 1. [September] hier und fahren dann ins Wallis. Wie wäre es, wenn Sie Samstag und Sonntag hier erschienen? Zur Einquartierung haben wir leider nicht Platz und Wäsche genug, aber sonst ist alles da, nur keine Musik in irgendeiner Form. Von Zürich nach hier ist's ja nicht so weit und wir würden uns freuen, wenn Sie zu uns ausfliegen würden.

Also wann?
Herzlichste Grüße an Sie alle.
                                                            Ihre Hindemiths
Zweisimmen postlagernd.
Schönsten Dank für Ihre Nachricht, ich las auch in der Zeitung davon.

(Nr. 787)
[gedruckter Briefkopf:] Muzot ob Siders (Wallis)
Lieber Herr Dr. Andreae, sehen Sie, jetzt sind wir hier gelandet. Die Schweiz ist halt doch wunderschön. Ich hoffe sehr, daß wir auf unserer Rückfahrt auf ein halbes oder ganzes Stündchen bei Ihnen ins Haus gucken können. Ginge das am 16. oder 17. des Monats? Ich habe noch eine Bitte an Sie. Am 3. und 4. Oktober kann ich leider nicht in Zürich sein. Bei uns fängt um diese Zeit gerade die Schule wieder an und ich kann weder so lange hier bleiben noch schon wieder herunterfahren. Ich hätte aber sehr gern, daß der Dr. Benn einmal Ihre herrliche Aufführung hörte. Sie sagten mir damals, daß möglicherweise es sich einrichten ließe, ihn im Radio sprechen zu lassen. Ginge das jetzt noch zu machen? Würden Sie so lieb sein, den Radiomann einmal zu stoßen, oder, falls Ihnen das unangenehm sein sollte, mir seine Adresse zu schreiben, damit ich ihm einen Briefstoß versetzen kann. – Das ist für heute alles. Mehr kann ich bei schöner Gegend, Sonnenwetter und Ferienstimmung meinem Federhalter nicht entlokken. Einstweilen herzlichste Grüße ans ganze Haus von uns beiden
                                                            Ihr Paul Hindemith

POSTKARTE   CARTE POSTALE   CARTOLINA POSTALE

BODENSEE

Herrn
Dr. Volkmar Andreae
Hans Huberstrasse 5
Zürich

Postkarte von Paul Hindemith *(Nr. 786)*

Ernst Lichtenhahn

AUS VOLKMAR ANDREAES BRIEFWECHSEL MIT WILLY BURKHARD

Willy Burkhards besondere Bedeutung unter den Schweizer Komponisten des zwanzigsten Jahrhunderts spiegelt sich in der außergewöhnlichen Anteilnahme, mit welcher sein Hauptwerk, das Oratorium *Das Gesicht Jesajas,* bei der ersten Zürcher Aufführung im November 1937 aufgenommen wurde. Ein Jubel, wie er hier dem Komponisten und seinem Werk entgegengebracht worden sei, habe man «in der Tonhalle seit vielen, vielen Jahren nicht mehr erlebt», heißt es in einem Brief Andreaes an Burkhard wenige Tage nach dem Konzert.
Die Zürcher Aufführung des *Jesaja* bildet denn auch eines der Zentren, um die der Briefwechsel der beiden Musiker kreist. Ein anderes ist Burkhards zu Beginn des Jahres 1942 reifender Entschluß, nach Jahren der Krankheit und der Kuraufenthalte im Gebirge wieder eine Lehrtätigkeit aufzunehmen und sich in Zürich niederzulassen. Rat und Hilfe Andreaes spielten dabei keine geringe Rolle. Freilich ist der *Jesaja* bei weitem nicht das einzige Werk Burkhards, das Andreae zur Aufführung brachte, und so ist in den Briefen auch von zahlreichen weiteren Plänen und Kompositionen die Rede. Insgesamt sind 37 Schriftstücke erhalten, neun Briefe von Andreae[1] und von Burkhard 24 Briefe, zwei Postkarten, das Notenfaksimile einer «Sonatine» für Klavier zu Weihnachten 1940[2] und ein musikalischer Dank für die Glückwünsche zum fünfzigsten Geburtstag vom April 1950. Dieser ist zugleich das letzte Dokument des Briefwechsels; das erste ist ein Brief Andreaes vom 26. Juni 1930.
Daß Werke Willy Burkhards erst verhältnismäßig spät in Konzerten Volkmar Andreaes erschienen, weist gewiß nicht auf einen Mangel an Interesse hin; der Grund ist vielmehr darin zu sehen, daß zumal in Burkhards frühem Schaffen die Orchesterkompositionen keine zentrale Rolle spielen – das frühe Violinkonzert op. 7 und die Sinfonie op. 21 stammen zwar aus den zwanziger Jahren, sind aber bis heute unveröffentlicht geblieben. Überhaupt hat ja Burkhard die «Bezie-

hung zum Wort, zur vokalen Musik verschiedenster Art» als den
«Grundzug» seiner kompositorischen Arbeit bezeichnet[3]. So betont
Andreae, daß ihm die Kantate *Till Ulenspiegel* für Tenor- und Baß-
Solo, Männerchor und Orchester (op. 24, 1929) außerordentlich
gefallen habe und er sie sofort aufführen würde, wenn ihm ein
Männerchor zur Verfügung stünde: «Es ist ein originelles Werk voll
köstlicher Stellen. Ich kann sie zu diesem Opus nur beglückwünschen
und halte es für absolut ausführbar und wirkungsvoll.»[4] Vielleicht ist
der Brief die Antwort auf eine nicht erhaltene Anfrage Burkhards, ob
Andreae das Werk überhaupt für aufführbar halte. Trotz Andreaes
Bejahung dieser Frage wären Burkhards Bedenken jedenfalls nicht
unbegründet gewesen: kein Dirigent hat sich damals an das Werk
gewagt, das an «Ausführende und Hörer ... äußerst hohe Anforde-
rungen» stellt[5].

Damit ist eine weitere Eigentümlichkeit von Burkhards Musik angesprochen, nämlich der beträchtliche Schwierigkeitsgrad seines Chor-
satzes. Nicht daß es sich dabei um einen unsanglichen, gegen die
Stimme komponierten Satz handelte. Zwar hob Burkhard selber für
seine frühen Werke hervor, daß in ihnen «oft ein rücksichtsloses
Nebeneinander der Linienzüge zu beobachten» sei[6], und diese Unab-
hängigkeit der Stimmen mochte auch die schwere Ausführbarkeit der
frühen Kantate mit begründen. Je mehr sich bei Burkhard aber «das
Bedürfnis nach harmonischer Bindung» geltend machte und je stär-
ker «neben die Schwarzweißwirkung ... auch die Farbe» trat[7], um so
zwingender und sangbarer wurde der Chorsatz bei aller polyphonen
Führung. Die Schwierigkeit lag nun vielmehr darin, diese vom
Komponisten in genauem Durchhören gesetzten Farben in entsprechend differenzierter Weise wiederzugeben. In Briefen und Berichten
kommt dies mehrfach zur Sprache.

Die neue Farbigkeit des Satzes ist für Burkhard selber ein Merkmal,
das sich seit den Werken der mittleren dreißiger Jahre und besonders
seit dem *Jesaja* abzeichnete. Damit ist zugleich die Schaffensperiode
nach der schweren tuberkulösen Erkrankung von 1933 angesprochen.
In die darauffolgende Zeit der Kur in Davos fällt denn auch die erste
Zürcher Aufführung des *Jesaja* durch den Gemischten Chor unter
Andreaes Leitung. Am 31. März 1937 teilte Andreae Burkhard mit,
das Konzert sei auf Dienstag, den 30. November desselben Jahres
festgesetzt: «Ich freue mich ungemein, das mir durchs Studium

besonders lieb gewordene Stück aufzuführen. Ich habe von Ende August bis November Zeit es sorgfältig einzustudieren, so daß ich auf eine gute Wiedergabe hoffen darf.» Daß die Erarbeitung des *Jesaja* in der Tat eine lange und intensive Probenzeit erforderte, war für Burkhard nach den Erfahrungen bei der Basler Uraufführung durch Kammerchor und Kammerorchester unter Paul Sachers Leitung am 18. Februar 1936 und die nachfolgende Berner Aufführung durch Fritz Brun keine Überraschung. In einem undatierten Brief vom Spätsommer 1937 *(Nr. 239)* schreibt er an Andreae: «Nun wird der Chor schon eine erste flüchtige Bekanntschaft mit dem ‹Jesaja› gemacht haben. Mich nimmts sehr wunder, wie er sich bis etwa in einem Monat hinein gefunden haben wird! Brun und Sacher haben gefunden, daß das Stück immer schwerer wird im Laufe der Arbeit, besonders die Intonation bereitete allerhand Schwierigkeiten. Es ist ja vielleicht besser so, wenn die Hauptschwierigkeiten erst kommen, wenn das Werk schon ziemlich ‹sitzt›.» Am 19. November kann Andreae sodann mitteilen: «Das Werk ist beim Chor aufführungsreif und wir hoffen auf eine gute Aufführung. Jedenfalls hat der Chor sich große Mühe gegeben. Das Werk ist an und für sich nicht sehr schwer, und doch hat es Tücken, will man es sehr sorgfältig ausführen. Wir sind mit großer Begeisterung an der Arbeit und ich bin ganz überzeugt, daß die Aufführung ein großer Erfolg sein wird. Ich liebe das Werk außerordentlich und auch im Chor ist große Freude und Liebe vorhanden, so daß ich bestes vom Konzert erwarte.» Doch noch in Karl Heinrich Davids Aufführungsbericht ist von den besonderen Schwierigkeiten des *Jesaja* die Rede: «Alle Problematik ist noch nicht überwunden, dem Chor wird in kühnen, polytonalen Akkordmischungen, in zerstreutem, chromatisch-reibungsvollem Satz allerhand – wohl etwas zuviel – zugemutet, es gilt manches Gestrüpp zu durchdringen. Aber Volkmar Andreaes Energie versagt nie bei solchen Aufgaben, ja sie entzündet sich erst recht daran, mit ihm alle Mitwirkenden: so wurde der Apparat in Eins zusammengeschmolzen. ... Der ganze Abend war eine Hoffnung auf unsere neue Musik und eine erfreuliche Bestätigung, daß Zürich doch nicht ganz vergißt, was es zeitgenössischem Schaffen schuldig ist.»[8]
Burkhards Oratorium besteht aus fünfundzwanzig meist knappen Sätzen, die zu sieben Gruppen gefügt sind. Die Idee des Komponisten war es, aus dem Prophetentext gedanklich zusammengehörige Ab-

schnitte zu bilden⁹, die vom «Gesicht» des Jesaja über die Wehrufe und die Bitte um Frieden bis zur Verheißung des Messias und schließlich eines neuen Himmels und einer neuen Erde den Bogen spannen. Schon nach der Basler Uraufführung hatte sich Karl Heinrich David die Frage gestellt, «ob durch Aneinanderreihung von Kleinformen eine Großform entstehen kann». Burkhards Stil sei aber eben das «Holzschnittartige»; die «Abkehr von der breiten Flächenwirkung» geschehe durchaus bewußt, und so stelle das ganze Werk sich dar als «eine in herben, aber noch leuchtenden Farben gehaltene Suite kürzer gefaßter Stücke»¹⁰. Vielleicht war es Andreaes Wunsch vor dem Hintergrund solcher Fragen, daß die sieben Abteilungen als größere Einheiten deutlicher, nämlich durch Zwischentitel, gekennzeichnet sein möchten. Zudem wollte Andreae offenbar von Burkhard wissen, wo in dem – insgesamt freilich nur etwa siebzig Minuten dauernden – Werk eine größere Pause gesetzt werden könnte. Auf diese nicht erhaltene Anfrage antwortete Burkhard in seinem bereits zitierten Brief vom Spätsommer 1937 *(Nr. 239):* «Ihre Anregung betr. Titel für die einzelnen Abschnitte habe ich mir lange durch den Kopf gehen lassen. Es will mir jedoch nichts Gutes einfallen. Natürlich wird textlich in jedem Teil eine bestimmte Idee durchgeführt; aber die richtigen Stichworte dafür zu finden, scheint mir sehr schwierig zu sein. ... Die Siebenteiligkeit darf musikalisch deutlich in Erscheinung treten. Also: Jeder Teil wird als Ganzes durchgespielt; *zwischen* den Teilen macht man jedoch eine deutliche Cäsur (wären in Bern zwei Aufführungen gewesen, hätte ich Brun bei der zweiten Auffür[ung] auch darum gebeten.). Durch diese Gliederung wird meiner Ansicht nach nicht nur der architektonische, sondern auch der textliche Aufbau von selbst (also auch ohne Überschriften) klarer zutage treten. Oder was meinen Sie dazu?
Für die große Pause kämen nur entweder Schluß von IV. oder Schluß von V. in Frage. Für in der Tonhalle wird wohl die zweite Möglichkeit vorzuziehen sein (in einer Kirchenaufführung, wo man sitzen bleibt¹¹, würde ich hingegen nach IV, beim ‹Tiefpunkt› des Werkes, eine Pause machen).»
Der große Eindruck, den die Zürcher *Jesaja*-Aufführung hinterließ, dürfte wesentlich dadurch bedingt gewesen sein, daß hier in einer Zeit wachsender Ungewißheit und Kriegsgefahr ein Komponist die sowohl von spätromantischer Emphase wie von unterkühlter «neuer

Sachlichkeit» und – trotz aller Fugenkunst – weithin auch von neobarockem Gestus entfernte, unmittelbare und ergreifende Sprache gefunden hatte, um die Aktualität der prophetischen Klagen und Hoffnungen gleichermaßen erlebbar zu machen. Die innere Haltung der entstehungsgeschichtlich benachbarten *Fantasie für Streichorchester* op. 40 hat Ernst Klug einmal mit Worten bezeichnet, die auch für den *Jesaja* zutreffen: «Vermögen wir tief genug in dieses Werk einzudringen, dann können wir feststellen, daß sich hier der schöpferische Geist eine Form von absolut eindeutiger Notwendigkeit geschaffen hat.»[12] Doch nicht zuletzt mochte die Aufführung für Zuhörer und Ausführende, besonders aber für Andreae selber dadurch zum besonderen Ereignis geworden sein, daß Burkhard, dem eine Lungenoperation bevorstand und der lange Zeit nicht wußte, ob er nach Zürich würde reisen können, selber anwesend war.

Nach Davos zurückgekehrt, faßte Burkhard seine Eindrücke von der Aufführung und den Dank an Andreae in folgenden Brief *(Nr. 242):*

«Lieber Herr Dr. Andreae

Nun bin ich wieder ganz eingelebt hier oben. Die Reise und die Aufregung haben mir nicht im geringsten geschadet; ich war selbst verwundert darüber.

Ihnen möchte ich nochmals herzlich danken. Es war wirklich eine prachtvolle Aufführung. Zuerst hatte ich fast ein wenig Angst vor dem Saal; ich dachte eben nicht daran, daß die Zürcher gewohnt sind, dort auch die Bachschen Passionen zu hören. Ich merkte aber dann sogleich, daß meine Befürchtungen grundlos waren. Was Ihre Interpretation am meisten kennzeichnet, ist die machtvolle *Architektonik* der vier Grundpfeiler des Werkes: Einleitung, Weh-Chor, Jauchzet-Chor, Schluß-Chor. (Ich könnte natürlich die Aufzählung leicht erweitern, ich erinnere nur an «Aus tiefer Not».)[13] Dann haben Sie neben dem ⟨Orchester⟩ Chor auch dem Orchester besondere Aufmerksamkeit gewidmet. Ich hörte tatsächlich eine ganze Anzahl Einzelheiten zum ersten Mal. Eine besondere Aufmerksamkeit widmeten Sie dem leider so oft vernachläßigten «schweren Geschütz»: Blech[14] und Schlagzeug; gerade dadurch, daß Sie im allgemeinen weise zurückdämmten, konnten Sie dann umso besser die strahlenden Höhepunkte herausholen.

Lieber, verehrter Herr Dr. Andreae

Hier sind nun die Ulenspiegel-Variationen. Das Stimmenmaterial (handgeschrieben) behalte ich, sodass sich hier keine Schwierigkeiten bieten.

Mein Brief hat sich mit Ihrer Karte gekreuzt. Also: In Bezug auf Luzern ist es nun einfacher, dafür in Bezug auf Wien komplizierter geworden. U.-E. weiss von mir die Daten; es ist aber vielleicht doch gut, wenn man ausserdem von Z. aus <u>offiziell</u> mit dem Verlag in Verbindung tritt. Es scheint dort so eine richtige Wiener-Schlamperei zu herrschen. Da aus der Athener-Aufführung anscheinend nichts wird und die Noten in Winterthur sind, wird es für Z. keine Schwierigkeiten geben.

Nochmals alles Gute und herzliche Grüsse

Ihr Willy Burkhard

3.1.40.

Brief von Willy Burkhard *(Nr. 250)*

Ein kleiner «Stachel» verschwand bei mir erst während der Aufführung. Sie wissen ja, daß ich seinerzeit betr. Solisten den einzigen Wunsch aussprach, daß Loeffel berücksichtigt werden möchte. Sie haben mir meine damalige Frage nie beantwortet und ich selbst schwieg dann auch etwas resigniert: Nun muß ich aber offen bekennen, daß ich *sachlich* gegen Ihre Wahl von Schey nichts einwenden kann; er hat *großartig* gesungen![15]
Alles in Allem war die Aufführung von einer unbedingten Geschlossenheit und Einheitlichkeit, und ich weiß aus eigener Erfahrung, daß ein so starker Erfolg nur möglich ist bei einer *hervorragenden* Aufführung. Ich möchte Ihnen deshalb nochmals meinen herzlichsten Dank aussprechen für den Einsatz Ihrer ganzen Persönlichkeit und für Ihre riesige Arbeit. Ich habe wieder einmal mehr das Gefühl bekommen, daß die verschiedenen Generationen voneinander nicht so weit entfernt sind, wie gewisse Leute glauben machen möchten!
Schade, daß ich nicht in Zürich warten konnte, um noch die Serenade zu hören![16] Ich hoffe nun nur, daß die Operation, die ich beinahe sehnlich erwarte, radikal nützt, damit ich wieder in etwas direktere Verbindung mit dem Musikleben kommen kann.
Mit meinen herzlichsten Grüßen
                                                    Ihr Willy Burkhard»
Davos-Platz 5. XII [19]37
Haus Waldfriede

Als Burkhard seine Krankheit so weit überwunden hatte, daß er sich mit dem Gedanken tragen konnte, wiederum eine Stelle als Theorielehrer, wie er sie früher in Bern innegehabt hatte, zu übernehmen, trat er mit verschiedenen Freunden deswegen in Verbindung. Der Plan, nach Bern zurückzukehren, schien längst festzustehen[17], als Burkhard Zürich als Möglichkeit nochmals ernstlich in Erwägung zog *(Nr. 257)*:

                    Davos-Platz, 12. 1. [19]42
                    Haus Waldfriede
«Lieber, verehrter Herr Dr. Andreae.
  Diesmal möchte ich Sie in einer für mich äußerst wichtigen Sache um Rat fragen. Ich war kürzlich bei Dr. Haeberlin[18], um mich nochmals genauestens auf meinen Gesundheitszustand hin prüfen zu lassen. Das Ergebnis war äußerst günstig. Die Operation, die nun

schon vier Jahre zurückliegt, hat dauernd die Krankheit zum Stillstand gebracht. Dr. Haeberlin hat keine Bedenken gegen eine Übersiedelung ins Unterland. Da ich seit vier Jahren auch bazillenfrei bin, könne ich es ⟨auch⟩ ohne weiteres verantworten, meine Unterrichtstätigkeit wieder aufzunehmen.
Wir haben uns nun fest entschlossen, Davos im Frühling endgültig zu verlassen. Bereits hat meine Frau alle Vorbereitungen getroffen, um am kommenden Freitag nach Bern auf die Wohnungssuche zu gehen. Durch verschiedene Umstände, äußere und innere, wurden wir nun in letzter Stunde dazu gedrängt, uns ernstlich zu überlegen, ob für mich wirklich nur Bern und sonst keine andere Stadt in Frage komme. Alphonse Brun[19] hat mir allerdings immer erklärt, daß mir das Berner Konservatorium jederzeit wieder offenstünde. Trotzdem müßte ich dort nach so vielen Jahren der Abwesenheit irgendwie ⟨von vorn⟩ anfangen; dessen bin ich mir bewußt. Gerade aus diesem Grund habe ich in letzter Zeit oft gesagt, ich könnte eigentlich ebenso gut irgend in einer andern Stadt von vorn anfangen. Eigentümlicherweise ließ ich es bei dieser Feststellung bewenden, und erst jetzt, in elfter Stunde, sage ich mir plötzlich, diese Frage sei wirklich ernstester Überlegung wert und eine Entscheidung darüber für meine Zukunft von größter Wichtigkeit.
Ich will Ihnen nicht alle meine Gedankengänge unterbreiten, sondern nur das Endergebnis. Das lautet: Bern oder Zürich. Ich habe nun fast ein Dezennium abseits vom musikalischen Leben verbracht. Wahrscheinlich hatte ich dies nötig; jedenfalls möchte ich diese Zeitspanne nicht gegen 10 Jahre «Betrieb» eintauschen. Hingegen habe ich jetzt wieder einen richtigen Hunger nach direkter Anregung, und deshalb wäre vielleicht Zürich der günstigste Ort für mein ferneres Wirken. Dieser ⟨Hunger⟩ wird natürlich kein Dauerzustand sein; aber ich weiß, daß man auch in der größten Stadt sich recht gut in sein Schneckenhaus zurückziehen kann. Bern mit Zürich verglichen ist schon vielmehr Provinz, trotzdem ich sehr an Bern hange.
Wenn ich mir aber klar überlege, was ich jetzt nötig habe, so darf ich keinesfalls die Frage umgehen, ob nicht die Möglichkeit bestünde, nach Zürich zu ziehen.
Nun glaube ich, daß mir in dieser Frage niemand in Zürich besser raten kann als Sie. Was mich vor allem interessiert, wäre dies: bestünde irgendeine Aussicht, am Konservatorium eine Stellung als

Lehrer für theoretische Fächer und Komposition zu erhalten? Ich glaube, daß ich eine gute pädagogische Ader besitze; auch habe ich von Bern her recht viel Erfahrung im Unterrichten. Über meine zukünftige Tätigkeit denke ich folgendermaßen: An einem Konservatorium käme nur eine verhältnismäßig kleine Anzahl von Stunden in Frage. Dies wäre der Grundstock meiner Tätigkeit, die dann hauptsächlich durch Privatunterricht erweitert werden könnte. Irgendwelche Dirigiertätigkeit kommt für mich nicht mehr in Frage. Da ich weiß, daß die Konservatorien im allgemeinen nicht gut zahlen können, sieht also meine materielle Zukunft von vornherein nicht sehr rosig aus. Dazu muß ich immer noch berücksichtigen, daß ich trotz meines erfreulich gleichmäßigen Gesundheitszustandes nicht mehr so robust bin, um z. B. dauernde Überarbeitung oder ein gehetztes Leben zu ertragen. Immerhin hoffe ich, mit meiner Familie in den nächsten Jahren einigermaßen durchkommen zu können[20].
Ich wäre Ihnen sehr dankbar, wenn Sie mir vorderhand Ihre persönliche Meinung sagen würden und, falls sich meine Zürcher-Pläne als einigermaßen aussichtsreich erwiesen, mir raten würden, welche Schritte ich unternehmen soll. Ich wende mich an Sie, weil Sie wie keiner «mitten drin» sind und trotzdem auch am meisten «über» dem Zürcher Musikleben stehen. Ich bin ja nicht gerade ein «Herkules» am Scheideweg, aber ⟨tro⟩ einer, der trotz teilweiser Invalidität noch etwas zu leisten hofft. Sie können selbst ermessen, wie dankbar ich Ihnen für Ihren Rat sein werde.
Mit herzlichen Grüßen, auch an die Ihrigen, bin ich

Ihr Willy Burkhard»

Andreaes Antwort lautet:

Z. Zt. Ober-Ägeri den 16. Januar 1942
«Mein lieber und verehrter Herr Burkhard!
Ihr Brief gibt mir viel zu denken. Soll ich Ihnen raten nach Zürich zu kommen, oder eher Bern empfehlen? Ich bin in Bern geboren, war dort bis zur Maturität. Noch jetzt sehne ich mich, wie auch mein Bruder, der in Zürich wohnt, mächtig nach Bern. Ich bin schrecklich mit Bern verwachsen, bin nicht unglücklich in Zürich, gar nicht, aber in Bern sind die Leute eben anders, gerade so, wie ich sie gerne habe. Obschon ich in Zürich sogar Zünfter bin, schon 40 Jahre hier in

angesehener Stellung lebe, – in Bern allein bin ich restlos zu Hause und freue mich über jeden Tag, den ich dort zubringe.
Klima: Ähnliches. Kein Grund, die eine Stadt der anderen vorzuziehen.
In Zürich ist *bedeutend* mehr künstlerische Anregung als in Bern. Das ist auch der Grund, warum ich in Zürich blieb, als man mich als Nachfolger Munzingers[21] wollte. Zürich ist die Musikstadt, in der ich als Musiker am liebsten wirken möchte, wenn ich nicht schon da wäre. Es ist eine künstlerisch ungemein anregende Stadt.
Was nun eine Stellung für Sie in Zürich betrifft, so glaube ich, sollten Sie darüber mit Direktor Vogler[22] sprechen. Ich bin nicht mehr am Konservatorium. Er ist allein dort treu. Es ist gar nicht ausgeschlossen, daß die Lage für Sie gar nicht so ungünstig wäre. Ich sehe dort Möglichkeiten, aber Sie müssen mit Vogler sprechen.
Wenn Sie nach Zürich kommen, dann wohnen Sie *nicht* am See, sondern in der Höhe des Zürichbergs oder in Zollikon. Letzteres ist wegen der Steuern zudem noch vorteilhaft. Die Steuern sind in Zürich kleiner als in Bern, das Leben im großen ganzen gleich teuer (im Gegensatz zur billigen Westschweiz).
So viel für heute. Ich brauche Ihnen nicht zu sagen, welch enorme Freude ich hätte, wenn Sie nach Zürich kämen.
Aber Sie sind Berner und die Berner «hanged grusig a Bärn».
Seien Sie herzlich gegrüßt von Ihrem
            Volkmar Andreae»

Gewiß trug dieser freundschaftlich herzliche, bis hinein ins Praktische so verständnisvolle Brief mit dazu bei, daß Burkhard sich für Zürich entschied und am dortigen Konservatorium eine Anstellung als Lehrer für theoretische Fächer und Komposition erhielt. Als er am 18. Juni 1955 starb, blieb nicht nur ein reiches kompositorisches Werk zurück, sondern auch eine bedeutende Schar dankbarer Schüler, unter ihnen Klaus Huber, Rudolf Kelterborn und Armin Schibler.

ANMERKUNGEN

1 Frau Marie Luise Burkhard gilt der herzliche Dank dafür, daß sie diese Briefe zur Einsichtnahme bereitstellte.
2 Veröffentlicht als *Weihnachtssonatine* op. 71 Nr. 1.

3 «Willy Burkhard» (Selbstdarstellung), *Schweizer Komponisten. Berichte und Bekenntnis*, Bonn 1955, 25 (*Musik der Zeit* 10) – vgl. Kurt von Fischer, *Willy Burkhard und die von ihm vertonten Texte,* Jahresgabe 1982 der Willy Burkhard-Gesellschaft, 37 ff.
4 Brief Andreaes vom 26. Juni 1930; Burkhard hatte das Werk offenbar zur Erlangung des Schubert-Preises eingereicht, dessen Jury Andreae präsidierte.
5 Ernst Mohr, *Willy Burkhard. Leben und Werk,* Zürich 1957, 30.
6 Selbstdarstellung, a.a.O.
7 Selbstdarstellung, a.a.O.
8 *Schweizerische Musikzeitung* 77 (1937), 665 f.
9 Vgl. Willy Burkhard, Einführungstext zur Basler Aufführung von 1944, *Alte und neue Musik. 25 Jahre Basler Kammerorchester,* Zürich 1952, 152 f.
10 Karl Heinrich David, «Willy Burkhard's Oratorium», *Schweizerische Musikzeitung* 76 (1936), 137.
11 Quer am Rand geschrieben die Ergänzung: «und der Unterbruch weniger einschneidend ist». Inhalt von Teil IV ist die Strafe Gottes, von Teil V die Verheißung des Messias.
12 Ernst Klug, «‹Fantasie› von Willy Burkhard», *Schweizerische Musikzeitung* 76 (1936), 140.
13 Angesprochen sind die Nummern 1, 5, 17 und 25. Die Teile II bis VI schließen mit einstimmig in Oktaven gesungenen Chorälen auf eigene Melodien; «Aus tiefer Not», gleichfalls auf eine eigene Melodie, steht als polyphoner Cantus firmus-Satz im Innern von Teil IV.
14 Dazu quer am Rande geschrieben: «die rhythmischen Sachen im Blech!»
15 Am 15. Januar 1937 hatte Burkhard Andreae geschrieben: «Ich bin sehr gespannt, zu vernehmen auf welche Solisten Ihre Wahl fallen wird. Wahrscheinlich wird das Terzett, das durch zufällige Umstände in Basel und Bern gleich war, in Zürich anders aussehen. Mir persönlich läge am meisten an einer Wiederberücksichtigung von Felix Loeffel, weil ich die Partie wirklich für ihn geschrieben habe.» Neben Hermann Schey sangen in Zürich, wie schon in Basel und Bern, Amalie Merz-Tunner und Ernest Bauer die Sopran- und die Tenorpartie.
16 Andreae brachte die 1935 entstandene *Kleine Serenade für Streichorchester* op. 42 eine Woche nach dem *Jesaja,* am 7. Dezember 1937, zur Aufführung.
17 «Es wird wohl in erster Linie Bern in Frage kommen», schrieb Burkhard schon am 8. Januar 1941 an Paul Sacher, vgl. Walter Tappolet (Hrsg.), *Briefe von Willy Burkhard,* Jahresgabe 1976 der Willy Burkhard-Gesellschaft, 22.
18 Dr. Haeberlin, Chefarzt des Kurhauses Davos-Clavadel, betreute Burkhard während dessen Aufenthaltes in Graubünden.
19 Alphonse Brun, 1888–1963, Violinist und Direktor des Berner Konservatoriums.
20 Dazu quer am Rande geschrieben: «Auf jeden Fall bleibt die Situation in materieller Hinsicht überall ähnlich.»
21 Der Berner Musikdirektor Karl Munzinger (1842–1911) war Andreaes Theorie- und Kompositionslehrer gewesen. Munzingers Nachfolge übernahm, nicht zuletzt durch Andreaes Vermittlung, im Jahre 1909 Fritz Brun (vgl. im vorliegenden Band den Beitrag von Max Favre).
22 Carl Vogler (1874–1951) war von 1919 bis 1945 Direktor des Konservatoriums Zürich.

GESAMTVERZEICHNIS DER BRIEFE VON MUSIKERN AN VOLKMAR ANDREAE

BEMERKUNGEN ZU DEN REGESTEN

Das hier vorliegende Verzeichnis der Briefsammlung von Volkmar Andreae bildet eine vollständige, nach Briefstellern und Daten geordnete Aufstellung des den Herausgebern zur Verfügung gestandenen Materials. Mit dieser Aufstellung soll dem interessierten Leser ein Eindruck über die Vielfalt und den Umfang der Sammlung vermittelt werden. Dem Forscher hoffen wir durch kurze Hinweise auf den Inhalt sowie ein Namen- und Werkregister die Vorarbeit zur weiteren wissenschaftlichen Erschließung des Materials etwas erleichtert zu haben. Der zur Verfügung stehende Raum hat uns allerdings Beschränkungen auferlegt. Auch lag es nicht in der Absicht des Unternehmens, durch Recherchen, die sehr viel Zeit in Anspruch genommen hätten, systematisch alle noch vorhandenen Gegenbriefe Andreaes aufzufinden. So weit sie sich beschaffen ließen, wurden sie verzeichnet (Korrespondenz mit Willy Burkhard, Ferruccio Busoni, Hans Huber und Hermann Suter).

Die Gratulationsbriefe zu Volkmar Andreaes 80. Geburtstag, die in einem vom Schweizerischen Tonkünstlerverein überreichten Album enthalten sind, wurden in die Regesten eingeordnet. Dem Titelblatt «Der Schweizerische Tonkünstlerverein zum 80. Geburtstag von Volkmar Andreae» folgt ein handschriftliches Blatt mit den Worten «avec les messages reconnaissants des membres du comité de l'A.M.S. à leur cher Président d'honneur: Samuel Baud-Bovy, Paul Müller, Conrad Beck, A.F. Marescotti, Adolf Streuli, Constantin Regamey, Richard Sturzenegger, Paul Baumgartner, Jean Henneberger.»

Dokumente ohne inhaltliche Beziehung zu Volkmar Andreae und zum Zürcher Musikleben, die in der Briefsammlung enthalten sind, werden im Anhang zu den Regesten aufgeführt (Briefe von Anton Bruckner, König Ludwig II. von Bayern an Richard Wagner u. a.). Hier wurde auch – im Gegensatz zu den Briefen an Andreae – darauf verzichtet, Publikationen nachzuweisen.

Bei der Kompilation der Regesten haben uns einige der Sachbearbeiter freundlicherweise mit ihren Kenntnissen geholfen. Stud. phil. Mark Richli möchten wir für mannigfache Nachforschungen und Korrekturarbeiten herzlich danken. Ganz besonders wertvoll war auch die Mithilfe von Dr. Christoph Schnell, durch dessen bibliographisches Computerprogramm ‹Alpha› die einheitliche Erstellung von Regesten und Registern wesentlich erleichtert wurde.

Für die genaue Datierung der Briefe haben wir folgende Richtlinien gewählt:

a) Falls das Dokument vom Verfasser datiert ist, notieren wir folgendermaßen: 15. November 1905.

b) Falls das Datum nur auf dem Poststempel zu lesen ist (bei Postkarten oder Ansichtskarten), schreiben wir: (15. November 1905)

c) Falls ein Teil des geschriebenen oder gedruckten Datums fehlt, werden fehlende Teile mit Fragezeichen angedeutet: ?. Dezember 1905 oder ? 1905.

d) Falls bei fehlender Datierung ein Briefdatum aus dem Kontext geschätzt werden kann, setzen wir das geschätzte Datum in eckige Klammern: [vor 1905], [ca. 1905], [nach 1905]. Diese Reihenfolge wird in der Anordnung der Regesten eingehalten.

e) Falls kein Datum vorhanden oder zu erschließen ist, notieren wir: o. D.

f) Die gleichen Richtlinien wie für das Datum gelten auch für die Ortsbestimmung. Locarno, (Locarno), [Locarno], o. O.

Weitere Zeichenerklärungen:

E. Br. m./o. U. = eigenhändiger Brief mit/ohne Unterschrift

E. Pk. m./o. U. = eigenhändige Postkarte mit/ohne Unterschrift

E. Ak. m./o. U. = eigenhändige Ansichtskarte mit/ohne Unterschrift

E. Bk. m./o. U. = eigenhändige Briefkarte mit/ohne Unterschrift

E. Vk. m./o. U. = eigenhändige Visitenkarte mit/ohne Unterschrift

M. Vk. m./o. U. = maschinengeschriebene Visitenkarte mit/ohne Unterschrift

Gedr. Br. m./o. U. = gedruckter Brief mit/ohne Unterschrift

Orthographie und Interpunktion in den Zitaten folgen dem Original. Einfache Unterstreichungen im Original sind durch kursiven, mehrfache durch fetten Satz gekennzeichnet. Ergänzungen zum Briefinhalt stehen im Zitat in eckigen, sonst in runden Klammern. Die Publikationsnachweise zu den Briefen an Andreae beziehen sich, soweit sie den vorliegenden Band betreffen, auf vollständige Wiedergaben und ausführliche Zitate. Für das Personen- und Werkregister gilt in der Regel die Zitierungsart des Werkes im Brief, wenn nötig ergänzt durch Opuszahl, Nummer in jeweiligen Werkverzeichnissen oder Jahr der Entstehung. Das Register bezieht sich ausschließlich auf das Briefverzeichnis, nicht aber auf die im vorliegenden Band enthaltenen Aufsätze. Die angegebenen Zahlen sind die Dokumentennummern.

Margaret Engeler

1
Abendroth, Hermann, 1883–1956, deutscher Dirigent. E. Br. m. U. Wolkenstein, 25. Juli 1909, 1 S. 4°. Ist einverstanden mit Karl Erb für die «Missa». Fragt nach den Selden'schen Variationen (Symphonische Variationen über ein Thema von Schumann, von Gisela Selden).

2
– M. Br. m. U. Köln, 17. April 1918, 1 S. 4°. Bittet Andreae, seinen Austritt aus dem Verband Deutscher Orchester- und Chorleiter rückgängig zu machen.

3
– M. Br. m. U. Köln, 26. Oktober 1925, 2 S. 4°. «Wie schade, daß die Queling nicht unterzubringen ist.» «Kennst Du einen Schweizer Komponisten Paul Moser?» (ev. der Berner Kirchenmusiker Paul Moser, 1898–1984). Ist Gastdirigent in Köln. Räumt Andreaes Bedenken aus, daß dieser beim Kölner Orchester (anläßl. Gastdirigat im Mai) einen deutschfeindlichen Eindruck hinterlassen habe (Beil. Kopie eines entspr. Briefes des Orchestervorstandes).

4
– M. Br. m. U. Köln, 30. Dezember 1929, 2 S. 4°. Fragt nach dem Alter von Prof. Studer (Arved?). Hofft, (Bram) Eldering, (Violinist in Gürzenich) noch zwei bis drei Jahre an die Anstalt fesseln zu können.

5
– M. Br. m. U. Köln, 9. Juli 1930, 2 S. 4°. Ist mit dem Mietpreis von 200 Mark für das Alceste-Material (Gluck) einverstanden. «Die Sopranistin Adelheid Armhold ist absolut erstrangig.»

6
– M. Br. m. U. Köln, 11. Juli 1930, 1 S. 4°. Bittet um Auskunft über die «Bilder einer

Ausstellung» von Mussorgski für Orchester und die von Andreae benützte Bearbeitung.

7
– M. Br. m. U. Köln, 13. Juli 1930, 1 S. 4°. Ist mit VI. und VIII. (Beethoven) einverstanden. Wünscht doppelte Holzbläser und «6 Hörnchen» für die Pastorale.

8
– E. Ak. m. U. (Brissago), 23. Juli 1930, 1 S. 16°. Freut sich über die VI. und VIII. (Beethoven); «also Ravel» (zu Mussorgski, vgl. Nr. 6).

9
– M. Br. m. U. Köln, 26. Dezember 1930, 2 S. 4°. Schlägt verschiedene Striche in ‹Alceste› (Gluck) vor, «dies liebliche und in seiner schlichten Ehrlichkeit so ungemein sympathische Werk». Bemerkungen zu Sinfonien Beethovens betr. Abendroths erstes Auftreten in Zürich.

10
– M. Br. m. U. Köln, 5. Februar 1931, 1 S. 4°. Akzeptiert mit Freude die I. und III. Sinfonie Beethovens. «Die Eroika möchte ich gerne verdoppeln [...] Für die I. Sinfonie pflege ich in Köln das Streichquartett zu verringern. Bei Eurem akustisch herrlichen Saal könnte man dies vielleicht erst recht versuchen.»

11
– M. Br. m. U. Köln, 22. Februar 1931, 1 S. 4°. «Eroica mit doppeltem Holz und 4 Hörnern, bitte!». Betr. 1. Sinfonie: «Ich meine immer, 15 Primen und 7 Bässe seien zu viel für die notwendige Leichtigkeit des Finales.» Wird mit Erdmann über die Brun-Sinfonie (Nr. 5) sprechen. Über die Schwierigkeiten, neue Musik aufzuführen.

12
– E. Pk. m. U. Köln, 18. März 1931, 2 S. 16°. Verzichtet auf doppelte Holzbläser.

13
– E. Ak. m. U. (Morges), 6. April 1931, 2 S. 16°. Freut sich über die Einladung.

14
– E. Br. m. U. Köln, 22. April 1931, 2 S. 4°. Dankt für das Vergnügen, mit dem Orchester arbeiten zu dürfen.

15
– M. Br. m. U. Egern, 26. August 1931, 1 S. 4°. Freut sich, die Fünfte von Bruckner zu dirigieren. Braucht wenigstens drei Proben, vor allem für den letzten Satz.

16
– E. Ak. m. U. Egern, 31. August 1931, 2 S. 16°. «[...] fändest Du nicht besser: 1) Bach, 2) Haydn, 3) Bruckner?» (betr. 5. Sinfoniekonzert vom 3. 5. 1932: Bach, Brandenburgisches Konzert Nr. 3; Haydn, Sinfonie Hob. I 94; Bruckner, Sinfonie Nr. 5).

17
– M. Br. m. U. Köln, 17. September 1931, 1 S. 4°. Andreae trifft Abendroth in Wiesbaden. Das Orchester in Köln soll wegen Sparmaßnahmen um 30 Mitglieder verringert werden.

18
– M. Br. m. U. Köln, 6. Oktober 1931, 1 S. 4°. Über den «Ernst der Zeit»: 50–60% Rückgang der Anmeldungen an der Musikschule. «Hoffentlich hast Du in Wiesbaden Freude am Orchester und an der Würdigung der Schweizer Musik!»

19
– M. Br. m. U. Köln, 20. April 1932, 1 S. 4°. Orientiert Andreae über Verhandlungen mit der Radio-Genossenschaft Zürich betr. Konzertübertragung.

20
– M. Br. m. U. «In der Bahn», 23. April 1932, 1 S. 4°. Seine Frau nimmt an einer Zeppelinfahrt teil. Das Zürcher Orchester soll «in alter Weise für mich Platz nehmen [...]: Rechts die Zweiten und in der Mitte die Bratschen.»

21
– M. Pk. m. U. (m. e. Zusatz). Köln, 27. April 1932, 1 S. 16°. Fragt, ob schriftliche Honorarbestätigung nötig ist.

22
– E. Vk. o. U. Köln, 10. Mai 1932, 1 S. 16°. Glückwünsche für Ferien am Ägerisee.

23
– M. Br. m. U. Köln, 14. Juli 1932, 2 S. 4°. Hat auf Drängen (Peter) Raabes an (Hermann) Bodmer geschrieben. Möchte für die Uraufführung eines Chorwerkes (?) von (Egon) Wellesz die Sängerin (Amalie) Merz-Tunner verpflichten, die am gleichen Datum in Zürich singen sollte (betr. Abonnementskonzert vom 14./15. 11. 1932: Bruckner, Sinfonie Nr. 2; Heinz Schubert, Hymnus op. 1; Beethoven, Leonorenouverture III).

24
– E. Ak. m. U. Egern, 5. August 1932, 1 S. 16°. Wird andere Sängerin suchen (vgl. Nr. 23).

25
– Gedr. Bk. m. U. (Faksimile der Handschrift), Köln, 7. Januar 1933, 1 S. 16°. Dankt für die Glückwünsche zum 50. Geburtstag.

26
– M. Br. m. U. Köln, 24. März 1933, 2 S. 4°. Schreibt über Aufführung von Bachs Matthäus-Passion. «Aus tiefster Not schrei ich zu Dir! Es handelt sich um folgendes: unser langjähriger Christus, Hermann Schey, ist Jude. Sein Auftreten in diesem Augenblick eine Unmöglichkeit». Möchte mit Andreae tauschen: «Du gibst mir Nissen [...] und ich schicke Dir Hermann Schey». Andreaes Musik für Orchester (op. 35; Aufführung in Köln am 2. April) «ist nicht ganz leicht, [...] macht aber *große* Freude!»

27
– M. Br. m. U. Köln, 31. März 1933, 1 S. 4°. Dankt für die Bereitwilligkeit zu tauschen (vgl. Nr. 26).

28
– Telegramm, Leipzig, 5. Juli 1939. «Herzliches Glückauf zum Sechzigsten».

29
Ackermann, Otto, 1909–1960, Schweizer Dirigent. E. Ak. m. U. Bern, 11. Juli 1951, 1 S. 16°. Gratuliert Andreae, daß er die 5. Sinfonie von Mahler in Zürich nie aufgeführt habe.

30
Adrian, Paul, ?, Präs. der Berner Liedertafel (1907–1912). E. Br. m. U. Bern, 3. Februar 1909, 3 S. 4°. Bedauert, daß Andreae nicht die Nachfolge Munzingers (als Musikdirektor in Bern) annimmt. Bittet um Andreaes Rat in dieser Angelegenheit.

Erwähnt die möglichen Kandidaten, u. a. Otto Barblan, Fritz Brun, Walter Courvoisier, Othmar Schoeck, Joseph Lauber.

31
Aeschbacher, Walter, 1901–1969, Schweizer Dirigent/Komponist. E. Br. m. U. Bern, 11. November 1948, 4 S. 4°. Bittet Andreae um ein Empfehlungsschreiben an die Tonhalle (betr. Andreaes Nachfolge). «Das für mich Unangenehmste ist die ‹Konfrontation› mit dem mit mir befreundeten Erich Schmid.»

32
d'Albert, Eugen, 1864–1932, deutscher Komponist/Pianist. E. Bk. m. U., o. O., 22. Februar 1917, 2 S. 16°. An Frau Andreae gerichtete Nachricht von der Geburt der Tochter Felicitas.

33
– E. Pk. m. U. Brioni, (9. Januar 1925), 2 S. 16°. Würde sich freuen, wenn Andreae seine «soeben [...] erschienene kleine Kinder-Suite für Orchester ‹Aschenputtel› (op. 33)» aufführen würde.

34
Andreae, Jean, ?, Commerzienrat in Frankfurt a. M. Gedr. Bk. o. U. 6. November [ca. 1920], 1 S. 16°. Einladung zum Andreae'schen Familientag in Frankfurt a. M.

35
Andreae, Volkmar, 1879–1962, Schweizer Dirigent/Komponist. E. Ak. m. U. Morges, 23. Mai 1911, 2 S. 16°. Karte an Andreaes Mutter (Elisabeth) mit Fotos: «Bekannte aus der Klasse B unserer Centralschule.»

36
Ansermet, Ernest, 1883–1969, Schweizer Dirigent. E. Br. m. U. Genève, 4. Februar 1944, 1 S. 4°. «[...] je tiens à vous remercier encore bien vivement de la peine que vous avez prise avec le choeur» (betr. VI. Abonnementskonzert, 1. 2. 1944, mit Damen des Gem. Chores, Walter Frey, Klavier, Dir. Ernest Ansermet. Programm: Mozart, KV 504; Debussy, 3 Nuages; Martin, Ballade f. Klav. m Orch., UA; Strawinsky, ‹Petruschka›).

37
– E. Bk. m. U. Genève, 18. März 1948, 2 S. 16°. «[...] je tiens à vous dire combien j'ai apprécié votre orchestre».

38
– E. Br. m. U. (Genève), (5. Juli 1959), 1 S. 4°. Gratulation zum 80. Geburtstag: «l'hommage de ma profonde estime, de ma sincère admiration». (Brief enthalten im Album des Tonkünstlervereins zu Andreaes 80. Geburtstag).

39
Attenhofer, Carl, 1837–1914, Schweizer Dirigent/Komponist. E. Br. m. U. Zürich, 9. Januar 1904, 1 S. 8°. «Mein Lieber! Ich lege hier ein kleines Liedchen im Volkston bei.» (Abschiedskonzert vom Männerchor Zürich nach 38 Jahren als Dirigent.)

40
– E. Bk. m. U. Zürich, 26. Januar 1904, 2 S. 16°. Schlägt das «Preislied» (aus Wagners Meistersingern) für ein Konzertprogramm vor.

41
– E. Br. m. U. Zürich, 31. Januar 1904, 3 S. 16°. Übersendet die «Trompeterlieder»

(von Ed. Kremser: zwei Lieder aus dem ‹Trompeter von Säckingen›), die Andreae dirigieren wird (betr. Männerchorkonzert vom 14. 2. 1904).

42
Backhaus, Wilhelm, 1884–1969, deutscher Pianist. E. Br. m. U. Zürich, 25. Februar 1935, 2 S. 8°. «Zu meinem größten Bedauern hörte ich heute vormittag, daß Sie krankheitshalber die beiden Konzerte nicht dirigieren. [...] Ich hatte mich so sehr gefreut, auch einmal ein Beethovensches Konzert mit Ihnen zu musizieren».

43
– M. Pk. m. U. Lugano, 19. September 1943, 1 S. 16°. «[...] erlaube ich mir die Anfrage, ob ich meine Partitur und Material zum B Dur Konzert [Beethoven op. 19] mitbringen soll.»

44
– E. Br. m. U. Lugano, 11. Oktober 1943, 1 S. 4°. «Das ist in wenigen Tagen sehr viel, was wir Ihnen verdanken, erst die herrliche Kameradschaft beim B dur Konzert [Beethoven op. 19] und nun die großartige Stärkung ganz andrer Art» (Kartoffeln aus Ägeri).

45
– E. Br. m. U. Sils-Maria, 9. August 1945, 1 S. 8°. «Selbstverständlich bin ich mit Ihren Anordnungen vollständig einverstanden, also Donnerstag 10 Uhr Es dur Konzert und Freitag 10 Uhr C moll Konzert» (Beethoven op. 73 u. op. 37).

46
– E. Ak. m. U. Tokyo, 19. Mai 1954, 1 S. 16°. Grüße auf Foto der «Szene am Schluß des Konzerts» (japanisches Mädchen überreicht Backhaus Blumen).

47
– E. Ak. m. U. (Luxor) o. D. 1 S. 16°. Grüße der «dankbaren Backhausischen».

48
Balmer, Luc, geb. 1898, Schweizer Dirigent/Komponist. E. Br. m. U. Bern, 8. Dezember 1943, 4 S. 4°. «Begeisterung» über und Fragen zu Andreaes Interpretation der 9. Sinfonie Beethovens.

49
– E. Br. m. U. Bern, 26. Dezember 1943, 1 S. 8°. «Das Schicksal der gütigen und edlen Frau Busoni geht mir recht nahe; ich habe mit [Walther] Geiser gesprochen; wir würden gerne etwas finanzielles beitragen».

50
– E. Br. m. U. Bern, 22. März 1944, 2 S. 4°. Engagement Andreaes für ein Abonnementskonzert in Bern und Balmers in Zürich mit Bruckners 9. Sinfonie. «Wenn man die IX an Tagen ansetzen könnte an welchen die 4 Hörner der Tonhalle frei wären, so wäre dies sehr günstig!»

51
Bartók, Béla, 1881–1945, ungarischer Komponist/Pianist. E. Br. m. U. Budapest, 12. Januar 1908, 1 S. 8°. «Ich würde Ihnen großen Dank schulden, wenn Sie dieselbe [die Suite] in Zürich aufführen würden». (1. Orchestersuite für großes Orchester, komponiert 1905). (Wiedergegeben oben S. 141).

52
– E. Br. m. U. Budapest, 12. Dezember 1909, 3 S. 8°. Empfehlung des 1. Streichquartetts von Zoltán Kodály (op. 2). (Wiedergegeben oben S. 141).

53
– E. Br. m. U. Budapest, 5. April 1910, 4 S. 8°. Freut sich, daß seine Rhapsodie für Klavier und Orchester op. 1 und Kodálys (1.) Streichquartett ins Programm (der Tonkünstlerversammlung) aufgenommen wurden. (Brief publiziert in: Werner Fuchss, Béla Bartók und die Schweiz, Publikation der Nationalen Schweiz. Unesco-Kommission, S. 22/23. Hier wiedergegeben S. 142).

54
– E. Pk. m. U. Budapest, 7. April 1910, 1 S. 16°. Betr. Stimmenmaterial der Rhapsodie.

55
– E. Br. m. U. Budapest, 10. April 1910, 3 S. 8°. Betr. Bartóks Rhapsodie op. 1 mit Angabe einer erleichterten Horn-Variante. (Brief publiziert in: Werner Fuchss, Béla Bartók und die Schweiz, S. 26. Hier wiedergegeben S. 143 und 145).

56
– E. Br. m. U. [Budapest, April? 1910], 3 S. 8°. Betr. Aufführung der Rhapsodie. Wird am 23. Mai in Zürich sein. (Wiedergegeben oben S. 143).

57
– E. Br. m. U. Budapest, o. D. [Mai/Juni 1910] 2 S. 8°. Betr. Aufführung der Rhapsodie op. 1. Erwähnung einer möglichen Instrumentation der Rumänischen Tänze. (Wiedergegeben oben S. 144).

58
Baud-Bovy, Samuel, 1906, Schweizer Dirigent. E. Br. m. U. Zürich, 6. Dezember 1945, 1 S. 4°. Dankt für «l'occasion de diriger votre bel orchestre». (5. Volkskonzert am 4. 12. 1945).

59
Beck, Conrad, 1901, Schweizer Komponist. E. Br. m. U. Paris, 11. November 1926, 1 S. 4°. Fragt nach der Partitur seiner Sinfonietta.

60
– E. Br. m. U. Dättlikon, 21. Oktober 1929, 1 S. 4°. «Die Fehler im Concertino sind doch nicht so schlimm (wenigstens die Druckfehler) so daß ich erlaubt habe Ihnen rasch einen kleinen Corrigenda-Bogen zu schreiben.» (beiliegend).

61
– E. Br. m. U. Basel, 24. Mai 1959, 1 S. 4°. Gratulation zum 80. Geburtstag: Die Glückwünsche «gelten dem verehrten Lehrer, dem großzügigen Förderer meiner Arbeit». (Brief enthalten im Album des Tonkünstlervereins zu Andreaes 80. Geburtstag).

62
Becker, Hugo, 1863–1941, deutscher Violoncellist. E. Pk. m. U. Berlin, 11. März 1909, 1 S. 16°. Ist mit dem Programm einverstanden (Dvořák, Cellokonzert h-moll op. 104, vgl. Nr. 65).

63
– E. Br. m. U. Den Haag, 17. März 1909, 4 S. 8°. Kann nicht wie vorgesehen im Oktober kommen.

64
– E. Pk. m. U. Tremezzo Lago di Como, 2. Mai 1909, 2 S. 16°. Freut sich über Verschiebungsmöglichkeit.

65
– E. Ak. m. U. Berlin, 28. September 1909, 1 S. 16º. Fragt nach den Noten von Dvořák (Cellokonzert).

66
– E. Pk. m. U. Berlin, 5. Dezember 1909, 1 S. 16º. Kann bei der Familie Rudolph-Schwarzenbach wohnen. Hat die Noten von Dvořák und Tschaikowsky geschickt. Bittet, das Konzert «liebevoll» vorzubereiten.

67
– E. Br. m. U. Freiburg i. Br. [Dezember 1909], 2 S. 8º. Muß auf das Musizieren in Zürich verzichten, da seine Frau im Spital liegt.

68
– E. Br. m. U. Freiburg i. Br. 23. Dezember 1909, 3 S. 8º. Dankt für Andreaes Verständnis. Hofft auf nächste Saison.

69
– E. Br. m. U. Berlin, 30. Juni 1910, 2 S. 4º. (wohl an die Tonhallegesellschaft gerichtet). Passender Termin wäre der 20. Dezember. (Notiz von Andreae: «frs. 800,– Honorar»).

70
– E. Pk. m. U. Göhren auf Rügen, 23. Juli 1910, 2 S. 16º. Mit Dvořák und Tschaikowsky einverstanden. «Die Familie Rudolf-Schwarzenbach war so überaus liebenswürdig.»

71
– E. Br. m. U. Bozen, 25. August 1910, 4 S. 8º. Bedauert, eine Einladung nach Zürich nach ärztlicher Untersuchung nicht annehmen zu können. Empfiehlt die «phänomenale 17jährige Cellistin Beatrice Harrison».

72
– E. Pk. m. U. Berlin, (8. November 1910), 2 S. 16º. Bedauert nochmals, nicht spielen zu können; Andreae werde aber in «Miss Harrison [...] einen vollwertigen Ersatz erhalten».

73
– E. Pk. m. U. Oberbozen, Südtirol, 22. Juni 1912, 2 S. 16º. Freut sich über neuerliches Engagement, spielt aber «prinzipiell in einem *Orchester*-Concert keine Stücke *ohne* Begleitung».

74
– E. Ak. m. U. Oberbozen, 27. Juni 1912, 1 S. 16º. Sagt für 7./8. Oktober zu. Mit Dvořák und Boccherini (Adagio und Allegro aus der VI. Sonate A-Dur) einverstanden.

75
– E. Br. m. U. Berlin, 10. Mai 1924, 2 S. 4º. «[...] habe ich oft & gern unsres gemeinschaftlichen Wirkens & Ihrer als Componist & Dirigent in Verehrung gedacht.» Macht auf die Violoncellistin Jehanne Rauch-Godot aufmerksam.

76
Bender, Paul, ?, Mitglied des Männerchors Zürich. E. Br. m. U. Zollikon, 9. Februar 1921, 3 S. 8º. «Aufrichtigen, herzlichen, festen Dank für alle die genußreichen Stunden, die Sie mir und uns Allen bereitet haben!».

77
Benn, Gottfried, 1886–1956, deutscher Dichter/Arzt. E. Bk. m. U. Berlin, 7. Juni 1932, 2 S. 8°. Muß verzichten, «die Aufführung des ‹Unaufhörlichen› unter Ihrer Leitung in Zürich» anzuhören. «Hindemith wird mir erzählen.» (betr. Hindemiths Oratorium ‹Das Unaufhörliche›, 1931; vgl. Nr. 781).

78
Berg, Helene, 1885–1976, Gemahlin von Alban Berg. E. Br. m. U. Zürich, 11. März 1948, 1 S. 4°. «Lassen Sie sich für Ihre so überaus liebenswürdige Einladung, zu den Wozzeck-Bruchstücken, von ganzem Herzen danken».

79
Bischoff, Hermann, 1868–1936, deutscher Komponist. M. Br. m. U. Berlin, 9. September 1932, 2 S. 4°. Überreichung einer «Erinnerungsgabe» (als Dank für die Durchführung des Tonkünstlerfestes des Allg. Deutschen Musikvereins).

80
Blanchet, Emile-Robert, 1877–1943, Schweizer Pianist/Komponist. E. Br. m. U. Lausanne, [1927], 2 S. 4°. Freut sich, in Zürich spielen zu können. Wird bald eine Neukomposition (64 Préludes) «à votre examen» schicken. Paderewski hat Einleitung geschrieben.

81
Bloch, Ernest, 1880–1959, Schweizer Komponist. E. Br. m. U. Roveredo, 2. Juni 1932, 3 S. 4°. Freut sich auf ein Wiedersehen nach 15 Jahren Amerikaaufenthalt und bittet um Karten zu den Hindemith- und Schoeck-Konzerten vom 10. und 11. (Juni).

82
– E. Ak. m. U. Roveredo, 6. Juni [irrtümlich «V»] 1932, 1 S. 16°. Dankt herzlich [für die Karten].

83
– E. Br. m. U. Roveredo, 17. Juni 1932, 2 S. 4°. Gratuliert Andreae und Zürich; «on sent qu'il y a une *grande* tradition, et un amour *vrai* de la musique [...] ils peuvent être *fiers* et *heureux* d'avoir une tête et un chef comme vous».

84
Blum, Robert, geb. 1900, Schweizer Komponist/Dirigent. E. Br. m. U. Rüschlikon, 4. Februar 1947, 1 S. 4°. Dankt Andreae für die Aufführung seiner Ouverture. Sucht nun einen Verlag (betr. Ouverture zu einer heroischen Tragödie, UA 28. 1. 1947).

85
– E. Br. m. U. (Noten), (Zürich), (5. Juli 1959), 1 S. 4°. Gratulation zum 80. Geburtstag in Liedform: «Schaust zurück auf achtzig Jahre, Hast erkannt das Schöne, Wahre; Höchstes Wirken bleibt bestehen, Ob die Jahre kommen, gehen.» (Brief enthalten im Album des Tonkünstlervereins zu Andreaes 80. Geburtstag).

86
Boito, Arrigo, 1842–1918, italienischer Opernkomponist/Dichter. E. Br. m. U. Mailand, 20. Mai 1911, 3 S. 8°. Gratuliert für die «magnifiques exécutions du Gemischter Chor» in der Matthäus-Passion (bei der italienischen Erstaufführung in Mailand).

87
Brailowsky, Alexander, 1896–1976, französischer Pianist. E. Vk. o. U. Paris, 19. Januar 1922, 2 S. 16°. Verdankt Einladung.

88
– E. Br. m. U. Paris, 22. März 1924, 2 S. 4°. Möchte unter Andreaes Leitung im Januar 1925 «avant de quitter l'Europe» spielen.

89
– E. Ak. m. U. Suhr, 17. Oktober 1934, 1 S. 16°. Grüße von Brailowsky mit Frau und Paul Beckert.

90
Braunfels, Helene, geb. Spohr, ?, Mutter von Walter Braunfels. E. Br. m. U. Zürich, 1. Juni 1910, 2 S. 8°. Dankt, daß ihr Sohn durch Andreae «in seiner Laufbahn merklich gefördert wird».

91
Braunfels, Walter, 1882–1954, deutscher Komponist/Pianist. E. Br. m. U. München, 21. Januar 1909, 4 S. 8°. «[...] ich habe die Absicht, für das Tonkünstlerfest eine Sache für Tenor Solo Chor und großes Orchester ‹Offenbarung Johannes, Kapitel VI› [op. 17] einzureichen».

92
– E. Pk. m. U. München, 29. Januar 1910, 1 S. 16°. Beschreibt das Stück als «Schluß eines ersten Konzertteils».

93
– E. Br. m. U. München, 5. Februar 1910, 4 S. 4°. Wünscht, daß sein Stück «auf ein chaotisches in jeder Weise aufgelöstes Stück folgt u. so erst sein richtiges Gesicht erhält».

94
– E. Pk. m. U. München, 10. Februar 1910, 1 S. 16°. Wird mit (Ludwig) Hess (deutscher Sänger) reden. Fragt, wieviele Stimmen für die Aufführung nötig sind.

95
– E. Pk. m. U. (München, 14. März 1910), 1 S. 16°. Meldet Verzögerung beim Senden der Stimmen.

96
– E. Br. m. U. Florenz, 16. März [1910], 2 S. 4°. Schickt Chorstimmen und Auszug. «Hess' Stimme [Ludwig Hess, deutscher Sänger] wird [...] trotz seiner Gestaltungskraft nicht ausreichen. Es müßte ein Kerl wie [Karel] Burrian [tschechischer Sänger] heran».

97
– E. Br. m. U. München, 9. April 1910, 4 S. 8°. Titel ist: «Offenbarung Johannis, Kapitel VI (op. 17). Ist zwar ungenau, scheint mir aber gut.»

98
– E. Pk. m. U. München, 17. April 1910, 1 S. 16°. Von Hess noch keine Antwort.

99
– E. Pk. m. U. München, 20. April 1910, 1 S. 16°. Hess hat zugesagt.

100
– E. Br. m. U. München, 26. April 1910, 2 S. 8°. Stimmt Andreaes Interpretationsvorschlägen zu.

101
– E. Br. m. U. München, 4. Mai [1910], 2 S. 8°. Hess ist nach Holland abgereist; Ersatzmann soll sich bereit halten.

102
– E. Br. m. U. München, 7. Mai 1910, 4 S. 8°. «Ich freue mich wahnsinnig auf Zürich.» Erklärung zum Weggang von Hess: Man habe ihm öffentlich vorgeworfen, eine Dame seines Chors verführt zu haben.

103
– E. Br. m. U. München, 13. Mai 1910, 2 S. 8°. Hess könnte «durch die jüngsten Ereignisse recht zerstreut sein. Er muß aber jedes Sechszehntel auf's genaueste bringen.»

104
– E. Br. m. U. Frankfurt, 14. Mai 1910, 2 S. 8°. Betr. Tod seines Bruders.

105
– E. Br. m. U. München, 5. Juni 1910, 4 S. 8°. Dankt für die Aufführung: «wir gehen scheint mir, einer künstlerisch gehalteneren ernsthafteren Zeit entgegen».

106
– E. Pk. m. U. (München), 14. Juni 1910, 1 S. 16°. Möchte das Stimmenmaterial wieder haben (von ‹Offenbarung Johannis› op. 17).

107
– E. Br. m. U. München, 18. Juni [1910], 3 S. 8°. Genaue Interpretationsangaben für die «Variationen» (Sinfonische Variationen über ein altfranzösisches Kinderlied op. 15).

108
– E. Pk. m. U. (München), 27. Juni (1910), 1 S. 16°. Betr. Material von op. 17: «bitte lassen Sie's endlich schicken, sonst mögen sämtliche Apokalyptischen Viecher über Sie kommen».

109
– E. Pk. m. U. (München, 30. Juni 1910), 1 S. 16°. Hat Material (von op. 17) erhalten.

110
– E. Pk. m. U. München, (10. Oktober 1910), 1 S. 16°. Fragt nach Aufführungsdatum der Variationen. «Eine Serenade in 4 Sätzen kommt im Januar heraus. Nächsten Winter wird vielleicht eine [...] Chorkantate fertig».

111
– E. Pk. m. U. München, 14. Oktober 1910, 2 S. 16°. In Berlin werden die Variationen gleichzeitig mit Zürich aufgeführt. Hat Hausegger seine Anwesenheit zugesagt, kommt also nicht nach Zürich. Verschiedene Korrekturangaben.

112
– E. Br. m. U. München, 28. Dezember 1910, 2 S. 8°. Möchte wissen, «wie's den Variationen in Zürich ergangen ist [...]. Das Stück ist ja für mich sehr passé».

113
– E. Pk. m. U. Forte dei Marmi, (4. Juli 1913), 1 S. 16°. Kommt nach Zürich.

114
– E. Br. m. U. Frankfurt, 2. August [1913], 2 S. 4°. Verlangt 500 Fr. Honorar, 600 Fr. wenn er das Material mitbringen soll.

115
– E. Pk. m. U. Stuttgart, (25. Oktober 1913), 1 S. 16°. Möchte «etwas Definitives» über das Klavierkonzert (op. 21) hören. Uraufführung des ‹Ulenspiegel› in Stuttgart.

116
– E. Pk. m. U. Holzen, 25. Juni [1919], 1 S. 16°. Fragt, ob Brun die Aufführung der ‹Berlioz-Variationen› verschieben könnte (op. 25, 1917).

117
– E. Br. m. U. Holzen, 7. Juli 1919, 2 S. 4°. Spielt in Bern Mozart Klavierkonzert A-Dur (KV 414 oder KV 488). Fragt, ob Andreae vergessen habe, daß er ihn auch für Zürich als Pianisten engagieren wollte.

118
– E. Pk. m. U. Holzen, 27. Juli 1919, 1 S. 16°. Bern wechselt Datum für Konzert, also keine Kollision mit Zürich.

119
– E. Pk. mit U. (Ebenhausen), 28. Juli (1919), 1 S. 16°. Zieht den 20. Januar vor.

120
E. Pk. m. U. (Ebenhausen), 19. Oktober 1919, 1 S. 16°. Andreae soll die Stimmen (der Variationen) im Dezember vorübergehend an Brun schicken.

121
– E. Br. m. U. Holzen, 10. November 1919, 6 S. 4°. Hausegger kann die Uraufführung der Berlioz-Variationen in Berlin nicht machen. Die Uraufführung fällt nun in die Schweiz, evtl. Zürich, da Brun nur vier Proben machen könnte.

122
– E. Br. m. U. Holzen, 19. November 1919, 1 S. 4°. Schickt «Fehlerverzeichnis».

123
– E. Pk m. U. Holzen, 26. Dezember 1919, 1 S. 16°. Ist zufrieden, daß die Musiker Freude an dem Stück haben.

124
– E. Br. m. U. Holzen, 24. Februar 1920, 2 S. 4°. Dankt für die Aufführung: «man spürt Dir das Verhältnis zu dem Rhythmus des Stücks eben in ganz unübertrefflicher Weise an».

125
– E. Pk. m. U. Ebenhausen, 6. Mai (1920), 2 S. 16°. Verschiebt Schweizerreise.

126
– E. Br. m. U. Holzen, 12. Juli 1920, 2 S. 4°. «Ich habe noch immer mit Korrekturarbeiten für die ‹Vögel› zu tun [Oper op. 30]».

127
– M. Br. m. U. Köln, 24. Januar 1927, 1 S. 4°. Tempoangaben für Präludium (Präludium und Fuge op. 26, 1926).

128
– E. Pk. m. U. Überlingen, 10. Januar 1939, 1 S. 16°. «Lieber Freund, bleibt es bei der Aufführung der ‹Chinesen› am 17ten?» (3 chinesische Gesänge op. 19, 1914).

129
– E. Ak. m. U. Florenz, (11. Februar 1939), 1 S. 16°. «Deiner schönen Interpretation der ‹Chinesen› gedenke ich noch dankbarst.»

130
– M. Br. m. U. Köln, 3. Dezember 1947, 1 S. 8°. Mersmann ist Direktor in Köln. Fragt, ob die Serenade (Es-dur op. 20, 1909) im Januar aufgeführt werde.

131
– E. Br. m. U. Köln, 27. August 1948, 2 S. 4°. Ist erfreut, «daß Du die ‹Kleopatra› machen willst» (‹Der Tod der Kleopatra› für Sopran und Orchester op. 59, 1946).

132
– E. Br. m. U. Köln, 16. Dezember 1948, 1 S. 16°. Hat gehört, daß Andreae am 1. Februar die ‹Brambilla-Ouverture› (zur Oper ‹Prinzessin Brambilla› op. 22) geben wolle.

133
– M. Pk. m. U. Köln, 8. Februar 1949, 1 S. 16°. Hans Reinhart schreibt «von der ganz ausgezeichneten Aufführung» der Ouverture und der ‹Kleopatra› (im 12. Volkskonzert vom 1. 2. 1949).

134
Brenner, Rudolf, geb. 1912, Schweizer Violinist. E. Br. m. U. Bern, 5. Oktober 1943, 2 S. 4°. Dankt für die Aufführung des Suter-Konzertes (Konzert für Violine und Orchester von Hermann Suter, A-dur, op. 23), «weil ich mich unter Ihrer Leitung in so verständnisvoller, sicherer Hut fühlte».

135
Brucknerbund Linz, M. Br. m. U. («Kauer»?), Linz, 26. Oktober 1959, 1 S. 8°. Kurze Mitteilung: «am 31. Oktober vollendet der Prälat von St. Florian sein 70. Lebensjahr».

136
Brun, Fritz, 1878–1959, Schweizer Komponist/Dirigent. E. Br. m. U. Bern, 18. Februar 1909, 2 S. 4°. Teilt Andreae seine Wahl als Nachfolger Munzingers mit und dankt für Andreaes offenbar entscheidende Unterstützung. Äußert seine Vorstellungen über die Reorganisation der Bernischen Musikgesellschaft.

137
– E. Br. m. U. Bern, 6. Januar 1911, 1 S. 4°. Betr. Andreaes Plan, in seinem Hause eine «Theesitzung» zu veranstalten. Brun soll seine neue (2.) Sinfonie am Klavier vorführen und Walter Schädelin aus seinen Gedichten lesen.

138
– E. Br. m. U. Bern, 21. Januar 1911, 1 S. 4°. Kündigt Probenbesuch am 3., 10., 13. und 14. 2. in Zürich an. Erwähnt einen Fall de Boer/Röntgen (Willem de Boer, der Zürcher Konzertmeister und Engelbert Röntgen, Cellist) zu dem er keinen Rat weiß und den er mit Friedrich Hegar besprechen will.

139
– E. Ak. m. U. (Montepulciano), (2. Mai 1911), 1 S. 16°. Kartengruß von Italienreise gemeinsam mit Hermann Hesse und Othmar Schoeck.

140
– E. Ak. m. U. (Hilterfingen), (10. August 1911), 2 S. 16°. Teilt freie Daten für Aufenthalt in Zürich Ende August mit.

141
– E. Br. m. U. Bern, 19. Februar 1915, 4 S. 4°. Betr. Einstudierung von Bachs Messe in h-moll durch den Gemischten Chor Zürich. Bemerkungen zu Schoecks schwieriger finanzieller Situation und seinen großen musikalischen Qualitäten.

142
– E. Br. m. U. Bern, 8. November 1917, 4 S. 8°. Brun verteidigt das Engagement des Berner Stadtorchesters durch deutsche Organisatoren für Gastspiele in Theatern verschiedener Städte der deutschen Schweiz. Das Engagement hatte zu scharfen Reaktionen aus der welschen Schweiz geführt, vor allem aus der Feder von Gustave Doret.

143
– E. Br. m. U. Bern, 10. Dezember 1917, 2 S. 4°. Bittet Andreae, ihm wegen einer Unannehmlichkeit mit einem Posaunisten nicht böse zu sein.

144
– E. Br. m. U. Bern, 28. September 1919, 2 S. 4°. Erklärt sich bereit, seine neue (3.) Sinfonie in Zürich zu dirigieren. Dankt für die Aufführung seiner 2. Sinfonie und für Andreaes Einsatz für Schweizer Kunst überhaupt.

145
– E. Br. m. U. Bern, 24. April 1920, 2 S. 4°. Empfiehlt, für die Aufführung der 3. Sinfonie in Zürich die Bogenstriche von Alphonse Brun kopieren zu lassen. Empfiehlt A. Brun und (Lorenz) Lehr als Solisten für das Doppelkonzert von Brahms. In Bern werden es W. de Boer und F. Reitz sein.

146
– E. Br. m. U. Bern, 6. Juli 1921, 2 S. 8°. Dankt für die Anteilnahme beim Tode eines Angehörigen (vermutlich Mutter).

147
– E. Pk. m. U. (Bern), (2. Juni 1922), 1 S. 16°. Anzeige der Geburt eines Sohnes Hans. (Unterschrift der Tochter von F. Brun, Elisabeth, aber Schriftzüge des Vaters).

148
– E. Br. m. U. Morcote, 12. August 1925, 2 S. 4°. Bittet Andreae, die Uraufführung seiner (4.) Sinfonie in Zürich so zu legen, daß H. Suter das Werk in Basel am 27. 2. 1926 in Zweitaufführung bringen kann. H. Scherchen und O. Schoeck möchten es auch aufführen.

149
– E. Pk. m. U. (Bern), (20. Mai 1926), 2 S. 16°. Kommt zum Essen nach Affoltern.

150
– E. Pk. m. U. Bern, 28. September 1926, 2 S. 16°. Sagt Teilnahme an einer Männerchorfeier in Zürich zu und empfiehlt sich als Lieferanten von Wein aus dem Tessin.

151
– E. Pk. m. U. (Bern), (30. März 1927), 2 S. 16°. Berichtet von Aufführungen der Missa solemnis von Beethoven in Bern, bei denen wegen Zudrang und Tätlichkeiten an der Abendkasse die Polizei gerufen werden mußte.

152
– E. Pk. m. U. (Bern), (8. April 1927), 1 S. 16°. Will die Missa unter Andreae in Zürich hören kommen.

153
– E. Br. m. U. Bern, 11. April 1927, 2 S. 4°. Berichtet über eine Expertise beim Berner Männerchor und bezeichnet die Transkription von Andreaes ‹Vater Unser› durch (Otto) Kreis als gräßlich.

154
– E. Br. m. U. Morcote, 20. August 1927, 2 S. 4°. Will sich zur Dirigentenstelle in Luzern nur äußern, wenn eine offizielle Anfrage erfolgt. Hat an ‹Grenzen der Menschheit› gearbeitet, sowie einen langsamen Sinfoniesatz ganz und einen ersten Satz fast beendet (5. Sinfonie).

155
– E. Pk. m. U. (Bern), (21. September 1927), 2 S. 16°. Empfiehlt die Altistin Zina Simon-Kocher für Lausanne. Ist erstaunt, daß Arbenz in Biel zugesagt habe, da er in Luzern doch gute Chancen gehabt hätte. (Wilhelm Arbenz war Schüler von Andreae).

156
– E. Br. m. U. [Bern], 23. Mai 1928, 2 S. 4°. Soll im Dezember in Zürich den ersten Teil eines Konzertes mit Casals als Solisten im Dvořák-Konzert (h-moll op. 104) dirigieren. Den zweiten Teil wird Casals leiten, aber Brun möchte nicht eine «Schattenfigur» sein. Neue Programmvorschläge.

157
– E. Pk. m. U. (Morcote), (16. August 1928), 2 S. 16°. Dankt für Geburtstagswünsche und lädt Andreae nach Morcote ein.

158
– E. Pk. m. U. (Bern), (13. Februar 1929), 1 S. 16°. Erkundigt sich nach Verlag und Bearbeitung eines e-moll-Konzertes von Vivaldi wegen Aufführung in Bern.

159
– E. Pk. m. U. (Bern), (7. Juni 1929), 1 S. 16°. Möchte in Zürich zwei Aufführungen «der Passion» (Matthäus-Passion) anhören und allerlei mit Andreae besprechen.

160
– E. Br. m. U. Morcote, 22. Juli 1929, 2 S. 4°. Ist mit der Komposition der neuen (5.) Sinfonie fertig und am Instrumentieren, so daß Andreae sie im Dezember in Zürich uraufführen kann. Hätte in Bern beinahe demissioniert, weil ein Beethoven-Zyklus unter Weingartner geplant ist.

161
– E. Pk. m. U. (Morcote), (2. August 1929), 2 S. 16°. Bittet Andreae um ein anderes Datum für die (5.) Sinfonie, da er am 9. 12. mit Wüllner den ‹Manfred› (Schumann) aufführt.

162
– E. Pk. m. U. (Morcote), (5. August 1929), 2 S. 16°. Nimmt Partitur (der 5. Sinfonie) nach San Bernardino mit. Erwähnt beleidigende Briefe wegen der «Vinjardinier Geschichte» (Weingartners Berner Konzerte).

163
– E. Pk. m. U. (Morcote), (14. Juli 1930), 1 S. 16°. Sagt für Anfang Mai 1931 in Zürich zu (Aufführung von Beethovens 9. Sinfonie) und verzichtet dafür auf das Tonkünstlerfest in Solothurn.

164
– E. Br. m. U. Bern, 22. Oktober 1930, 2 S. 4°. Bittet Andreae beim Vorstand des Schweiz. Tonkünstlervereins für eine teilweise Subvention der Druckkosten seiner 5. Sinfonie. (Das Werk blieb ungedruckt.)

165
– E. Pk. m. U. (Bern), (15. Januar 1931), 1 S. 16°. Bittet Andreae, ihm eine Partitur des ‹Benvenuto Cellini› von Berlioz aufzutreiben, da am 10. 2. Karl Erb eine Arie daraus singen soll. (Das Material ließ sich nicht beschaffen.)

166
– E. Pk. m. U. (Bern), (11. Februar 1931), 2 S. 16°. «Mein lieber Freund, Dein Stück [op. 35, Musik für Orchester] ging gestern und vorgestern sehr gut; es ist nichts (technisch) nicht das geringste Unebene passiert. Ich glaube, Du wärst zufrieden gewesen. Der Beifall war zwar mäßig; ich glaube, die Leute sind ein bißchen erschrokken». Über Erbs Erfolg mit Strauss'schen Orchesterliedern.

167
– E. Br. m. U. Bern, 15. April 1931, 2 S. 4°. Erkundigt sich nach angeblichen Intrigen im Tonkünstlerverein gegen seine eigene Person.

168
– E. Br. m. U. [Bern], [1933], 1 S. 16°. Erkundigt sich nach Partitur und Stimmen zu Verdis ‹Macbeth›, «die die Onegin hier am 23./24. Okt. braucht».

169
– E. Br. m. U. Bern, 8. September 1933, 2 S. 4°. Hat mit Scherchen seine neue [6.] Sinfonie gründlich durchgesehen. Dieser ist «sehr eingenommen» für das Werk. Freut sich, daß Andreae es aufführen will. «Weingartner würde ich das Stück verbieten.» (Wiedergegeben oben S. 133).

170
– E. Br. m. U. Bern, 7. November 1933, 2 S. 4°. Ist hocherfreut, daß Andreae in Zürich wieder eine seiner Sinfonien (6. Sinfonie) aufführen will. «Nun hat Scherchen meine einzige Bleistift-Partitur derart mit dickem Blaustift überschmiert, daß sie direkt *unbrauchbar* geworden ist.» (Wiedergegeben oben S. 133).

171
– E. Br. m. U. Bern, 24. November 1933, 2 S. 4°. Ist erfreut, daß Andreae als der «prominenteste Schüler der alten Musikschule» am Jubiläumsfest des Berner Konservatoriums teilnimmt.

172
– E. Pk. m. U. (Bern), (15. Januar 1934), 1 S. 16°. Diskussion eines Termins für den Probenbesuch in Zürich. «Das Stück [6. Sinfonie] ist sicher viel leichter wie die fünfte».

173
– E. Br. m. U. Bern, 22. Februar 1934, 1 S. 4°. Kündigt den Versand der Partitur (6. Sinfonie) an. Empfiehlt Andreae, (Franz) Voelker (deutscher Sänger) «gehörig» herzunehmen. «Er geht mit den Noten so unrhythmisch um, wie ein besoffenes Wäschpi in einer Schnapsflasche.»

174
– E. Ak. m. U. (Morcote), (23. Juli 1934), 1 S. 16°. «Das wäre ja großartig, wenn Du ein Stück für uns hättest!» (evtl. Suite op. 38 gemeint).

175
– E. Br. m. U. Morcote, 29. Juli 1934, 2 S. 4°. «Ich finde Deine Chöre [Suite op. 38 für Männerchor] ganz **wundervoll** – ein prächtiger ernster Ton schwingt darin; sie sind meisterhaft im Satz und klingen sicher in ihrer klaren Polyphonie ganz ausgezeichnet.» Möchte sie zur Uraufführung bringen.

176
– E. Ak. m. U. (Bern), (2. September 1934), 1 S. 16°. Frau Hanni Brun (Gemahlin von Fritz Brun) und F. Brun danken für das «Güggeli» zum Hochzeitstag.

177
– E. Br. m. U. Bern, 5. April 1937, 3 S. 4°. Hat bei Lavater gegen einen Artikel protestiert, der von Jaecker vermutlich gegen Andreae gerichtet war (vgl. Nr. 179).

178
– E. Br. m. U. Morcote, 6. Juni 1937, 2 S. 4°. Arbeitet am Intermezzo seiner (7.) Sinfonie. Möchte am 3. oder 4. Juli bei sich in Morcote mit einigen Künstlerfreunden ein Fest mit Musik (Schubert, Schoeck) zum 60. Geburtstag von Hermann Hesse organisieren.

179
– E. Br. m. U. Bern, 1. Juni 1937, 1 S. 4°. Betr. Bruns Reaktion auf Angriffe Herrn Jaeckers gegen Andreae. (Beil. Kopie von Bruns Brief an Herrn Jaecker).

180
– E. Br. m. U. Bern, 20. April 1938, 2 S. 4°. Wünscht Auskunft über den Titel eines Werkes von Elgar und den Namen eines englischen Bratschisten sowie Angaben guter neuer Orchesterwerke, die Brun in der nächsten Saison aufführen könnte.

181
– E. Pk. m. U. (Bern), (11. August 1938), 1 S. 16°. Fragt Andreae, ob er am 18. Schoeck von Brunnen nach Bern im Auto mitnehmen könnte.

182
– E. Br. m. U. Bern, 30. März 1939, 2 S. 4°. Hat die Kopie der Demission von (Carl) Vogler (als Präsident des Tonkünstlervereins) erhalten. «Ich begreife Vogler vollständig [...] Vogler ist eine so gerade Natur».

183
– E. Pk. m. U. (Morcote), (17. Juli 1939), 1 S. 16°. Geburtstagsgruß von Fritz und Hanni Brun.

184
– E. Br. m. U. Bern, 15. Februar 1941, 2 S. 4°. Möchte gerne wieder einmal in Zürich dirigieren, besonders gerne die 4. Sinfonie von Brahms. Wird in der nächsten Saison als Gast zwei Konzerte in Bern leiten, möglicherweise auch eines in Basel.

185
– E. Br. m. U. Bern, 30. Mai 1941, 2 S. 4°. Berichtet über den phantastischen Erfolg seiner Aufführung aller Beethoven-Sinfonien. Busonis Ausspruch: «Der Brun ist ein guter Musiker, aber er sollte 100 Jahre alt werden, um sich entwickeln zu können.» Empfiehlt Walter Kägi (Violinist/Bratschist). (Wiedergegeben oben S. 134).

186
– E. Br. m. U. Bern, 18. Juni [1941], 2 S. 4°. Empört sich über Kritik von (R.-Aloys) Mooser in ‹La Suisse› über ein Konzert von E. Ansermet in Zürich. Sie enthalte eine

«pöbelhafte Insinuation» gegen einen nicht namentlich genannten Zürcher Orchesterdirigenten.

187
– E. Br. m. U. Morcote, 20. März 1942, 4 S. 4°. Freut sich, daß er in Zürich ein Abonnementskonzert dirigieren darf. Möchte gerne Bruckners 3. Sinfonie aufführen. Bemerkungen über seine Nachfolger und über die Sopranistin Elsa Scherz-Meister.

188
– E. Br. m. U. Bern, 23. Juni 1942, 2 S. 4°. «Ich war heute bei Scherchen in Neuchâtel. Er hat 4 Stunden lang meine neue [8.] Sinfonie sich angesehen, und findet, es sei die beste von all den 8 Bandwürmern.» Brun möchte sie in Zürich dirigieren.

189
– E. Pk. m. U. (Figino), (10. Juli 1942), 1 S. 16°. Über die Organisation der Kopierarbeit (Sinfonie Nr. 8). «Die Tonart ist A dur».

190
– E. Br. m. U. Morcote, 17. November 1942, 2 S. 4°. «Scherchen dirigierte mit ganzer Hingabe und sehr intelligent, nur hat er mir durch zu schnelle Temponahme den 1. Satz etwas erwürgt.» (Sinfonie Nr. 8). Hat Bedenken betr. Programmlänge in Zürich, da das Werk eine Stunde dauert.

191
– E. Br. m. U. Morcote, 21. November 1942, 2 S. 4°. Sendet Satzangaben und kurze Analyse zur 8. Sinfonie (Beilage nicht vorhanden) für die Zürcher Aufführung.

192
– E. Br. m. U. Morcote, 22. Dezember 1942, 2 S. 4°. Erkundigt sich, ob die Stimmen für die 8. Sinfonie aus Winterthur eingetroffen seien. Freut sich auf die Proben, das Konzert und das Wiedersehen in Zürich.

193
– E. Pk. m. U. (Morcote), (28. Juni 1943), 2 S. 16°. Freut sich auf den Besuch von Andreae.

194
– E. Br. m. U. Morcote, 4. November 1943, 2 S. 4°. Wird am 14. 12. seine 8. Sinfonie in Bern dirigieren; im Januar (1944) wird das Berner Streichquartett sein neues (3.) Streichquartett uraufführen. «Es ist ein ausgewachsener fetter Brocken, ich habe den ganzen Sommer, und Herbst daran geschuftet [...]. Jetzt muß ich hinter einen Auftrag von Paul Sacher für sein Kammerorchester [Variationensatz für Streichorchester und Klavier über ein eigenes Thema, 1944].»

195
– E. Br. m. U. Morcote, 2. Januar 1944, 1 S. 4°. Hofft, daß Andreae bei der Uraufführung des (3.) Streichquartetts im Atelier der Kunstmalerin Susanne Schwob in Bern am 16. 1. dabei sein kann. (Beil. Einladung).

196
– E. Br. m. U. Morcote, 22. Januar 1944, 2 S. 4°. Muß aus finanziellen Gründen auf die Reise nach Zürich zur Aufführung seiner 2. Sinfonie verzichten. «Ich weiß es von früher her, wie schön Du meine Zweite machst; es ist doch ein Stück unserer gemeinsamen Jugend drin.»

197
– E. Br. m. U. Morcote, 28. Januar 1944, 2 S. 4º. Hat einen begeisterten Bericht über Andreaes Aufführung (Sinfonie Nr. 2) erhalten. Über die Schwierigkeiten mit deutschen Dirigenten. «Für Ansermet bin ich ja auch Luft.» Arbeitet am Variationensatz für Paul Sacher.

198
– E. Pk. m. U. (Morcote), (17. Februar 1944), 2 S. 16º. Weist auf eine Aufführung seines 3. Quartetts in der Tonhalle Zürich im März hin.

199
– E. Br. m. U. Bern, 13. Dezember [1944], 1 S. 4º. Betr. erbosten Kommentar zum beigelegten Ausschnitt aus dem Berner ‹Bund›, der das Engagement fremder Dirigenten fordert.

200
– E. Br. m. U. Morcote, 26. April 1945, 2 S. 4º. «Kannst Du auf das Programm des nächsten Winters meinen ‹Symphonischen Prolog› [1944] setzen?».

201
– E. Br. m. U. Basel, 22. Mai 1945, 2 S. 4º. Berichtet über Operation und langsame Genesung. «Es beeindruckt mich, daß heute vor 19 Jahren Hermann Suter in der gleichen Klinik gestorben ist – – Frau Suter war gestern bei mir, und heute wohnt mein Sohn Hans bei ihr».

202
– E. Br. m. U. Morcote, 12. März 1946, 2 S. 4º. Betr. Andreaes Vorschlag, Bruns Klavierkonzert aufzuführen. Die Uraufführung ist aber Radio Zürich bereits vergeben. «Die zwei ersten Sätze sind fertig in Partitur; ich schufte momentan am Finale.»

203
– E. Br. m. U. Morcote, 3. Juli 1946, 2 S. 4º. Dankt für die Anteilnahme beim Tode seines Bruders.

204
– E. Br. m. U. Luzern, 28. August 1946, 2 S. 4º. Ist verstimmt, daß Paul Baumgartner lieber ein klassisches Stück als das Klavierkonzert von Brun spielen will. Wenn Andreae das Konzert trotzdem aufführen will, gibt es «genug gute Pianisten: [Franz Josef] Hirt, W. Frey, Backhaus, Edw. Fischer, Rosmarie Stucki, Adr. Aeschbacher».

205
– E. Pk. m. U. Morcote, 19. November 1947, 2 S. 16º. Orientiert über die Herstellung von zusätzlichen Streicherstimmen und über die Zustellung der Partitur zu seinem Klavierkonzert.

206
– E. Pk. m. U. (Morcote), (21. November 1947), 1 S. 16º. Zum Klavierkonzert: «Eine oder zwei Proben für Orchester allein wären angebracht. Auch eine mit dem Solisten *vor* der letzten Probe. Es sind im Finale für die 1. Geigen einige saftig schwere Stellen.»

207
– E. Pk. m. U. (Morcote), (24. November 1947), 1 S. 16º. Hat Radio Zürich noch einmal geschrieben, daß die (Klavierkonzert-)Partitur endlich an Andreae gesandt werde.

208
– E. Br. m. U. Morcote, 1. April 1948, 3 S. 4°. Hat sich vergeblich bemüht, sein (3.) Streichquartett und die Variationen bei einem Verlag unterzubringen. Möchte Andreae wieder einmal persönlich treffen.

209
– E. Br. m. U. Morcote, 1. März 1950, 2 S. 4°. «Besteht eine Möglichkeit, daß Du meine 9. Sinfonie im nächsten Winter uraufführen kannst? Wenn nicht, würde ich sie Scherchen für Winterthur offerieren.»

210
– E. Pk. m. U. Morcote, 4. März 1950, 1 S. 16°. Freut sich sehr, daß Andreae seine (9.) Sinfonie, die noch in Arbeit befindlich ist, voraussichtlich aufführen wird.

211
– E. Pk. m. U. (Morcote), (10. März 1950), 1 S. 16°. «Der 24. Okt. ist schon verdammt früh! Nicht wegen des Fertigwerdens meinerseits, aber wegen des *Kopierens* [...]! Bis zum 1. Juli muß ich bei Radio Bern meine von ihm bestellte Ouverture [Ouverture für eine Jubiläumsfeier] abliefern, und für die Sinfonie [Nr. 9] fehlt noch ein Satz!»

212
– E. Br. m. U. Morcote, 5. April 1950, 2 S. 4°. Bedauert, daß seine 7. Sinfonie in Wien auch diesmal (wie schon 1939) nicht aufgeführt werden kann. Orientiert über den Stand der Arbeiten an der 9. Sinfonie.

213
– E. Br. m. U. Morcote, 8. Mai 1950, 2 S. 4°. Betr. das Zürcher Tonkünstlerfest zum 50jährigen Bestehen des Schweiz. Tonkünstlervereins. «Aber seit der Schulmeister Hindemith die Jungen lehrt, wie man leicht und flüssig, motorisiert, komponiert, läuft dieses Motörchen munter».

214
– E. Pk. m. U. (Morcote), 30. Mai 1950, 1 S. 16°. Wird nur zwei Tage (3. und 4. 6.) dem Tonkünstlerfest beiwohnen.

215
– E. Br. m. U. Morcote, 29. August 1950, 2 S. 4°. Kündet an, daß die 9. Sinfonie am Bodensee «fix und fertig geworden» sei. «Ich habe, da das Stück programmatisch ist, ein Begleitwort verfaßt. Ich schicke es Dir gelegentlich.»

216
– E. Pk. m. U. (Morcote), (3. Oktober 1950), 1 S. 16°. Teilt den bevorstehenden Versand von Partituren und Stimmen zur 9. Sinfonie mit.

217
– E. Pk. m. U. Morcote, 4. Oktober 1950, 4 S. 4°. Schickt seine 9. Sinfonie, hofft, daß sie Andreae gefällt und dankt für die geplante Aufführung. (Beil. Einführung «Zur 9. Symphonie»). (Wiedergegeben oben S. 136).

218
– E. Pk. m. U. Morcote, 10. Oktober 1950, 1 S. 16°. «Ein Albdruck ist jetzt von mir gewichen, seit ich weiß, daß Du mit meinem Stück etwas anzufangen weißt!» (betr. Sinfonie Nr. 9). (Faksimile S. 137).

219
– E. Pk. m. U. Morcote, 10. November 1950, 2 S. 16°. «Ich weiß wohl, daß der

Schlußsatz schwer ist, und daß die Streicher, besonders die 1. Geigen die Stimme vor den Proben sich ansehen müssen! Aber ich traue dem Tonhalleorchester und Dir einiges zu» (betr. Sinfonie Nr. 9).

220
– E. Br. m. U. Morcote, 16. November 1950, 1 S. 4°. Will mit Andreae ein Datum vereinbaren zum Besprechen der (9.) Sinfonie. Fragt, ob er Freitagabend in die Probe kommen könne.

221
– E. Br. m. U. [Morcote], 6. Januar 1952, 1 S. 4°. Sendet expreß Partitur und Stimmen eines Werkes (Sinfonie Nr. 9), das Andreae in Wien aufführen wird. Brun will sich die Übertragung im Studio Lugano anhören.

222
– E. Br. m. U. Morcote, 8. März 1952, 2 S. 4°. Wird bei seiner Nichte in Luzern die Sinfonie (am Radio) anhören. Hat von Wien noch keine Leihgebühr erhalten. Vielleicht könnte Andreae einmal «stupfen».

223
– E. Br. m. U. Morcote, 23. August 1952, 3 S. 4°. Freut sich auf die Aufführung seiner 9. Sinfonie durch Andreae in Bern (3./4. November 1952).

224
– E. Pk. m. U. (Morcote), (8. September 1952), 1 S. 16°. «Ich bin an der Reinschrift einer Cellosonate, schufte von Morgen bis abends!»

225
– E. Ak. m. U. (Morcote), (24. August 1953), 1 S. 16°. Dankt für den «lieben Brief» (wohl zum 75. Geburtstag von Brun am 18. 8. 1953).

226
– E. Pk. m. U. Morcote, 5. Januar 1954, 1 S. 16°. Fragt an, ob er Andreae seine neue (10.) Sinfonie zur Ansicht schicken könne.

227
– E. Pk. m. U. (Morcote), (16. Januar 1954), 1 S. 16°. «Ich habe die Partitur [der 10. Sinfonie] meiner Tochter [Elisabeth] geschickt, zum Aufbewahren, da Hanni [Gemahlin] u. ich morgen nach Teneriffa verreisen.»

228
– E. Pk. m. U. Morcote, 17. Mai (1954), 2 S. 16°. Möchte im Laufe des Sommers mit Andreae zusammenkommen, um mit ihm die neue (10.) Sinfonie zu besprechen.

229
– E. Br. m. U. Morcote, 13. Juli 1954, 2 S. 4°. Berichtet über seinen Besuch in Basel vom 11. bis 13. 6. 1954 (Schweiz. Tonkünstlerfest), wo Brun der Komponistenpreis überreicht wurde. Gratuliert Andreae nachträglich zum 75. Geburtstag.

230
– E. Br. m. U. Morcote, (Pfingsten) Mai 1959, 2 S. 4°. Glückwünsche zum 80. Geburtstag: «Erinnerst Du dich an den Tag, an dem wir uns in Köln kennen lernten?» (Brief enthalten im Album des Tonkünstlervereins zu Andreaes 80. Geburtstag. Wiedergegeben oben S. 127).

231
Brunner, Adolf, 1901, Schweizer Komponist. E. Br. m. U. (Thalwil), (5. Juli 1959), 1 S. 4°. Glückwünsche zum 80. Geburtstag: «Wahrscheinlich erinnern Sie sich gar nicht mehr an meine Feuertaufe im Februar 1925. Für mich waren es bedeutungsvolle Tage.» (Brief enthalten im Album des Tonkünstlervereins zu Andreaes 80. Geburtstag).

232
Bungert, August, 1846-1915, deutscher Komponist. E. Br. m. U. Cormigliano, 2. Mai 1908, 1 S. 16°. Freut sich auf die Erstaufführung seines Chorwerkes (Mysterium ‹Warum? Woher? Wohin?› 1908).

233
Burghauser, Hugo, ?, Vorstand der Wiener Philharmoniker. M. Br. m. U. Wien, 4. November 1936, 1 S. 4°. Dankt für Bild und «Ihre Eindrücke in so liebenswürdigen Worten».

234
Burkhard, Willy, 1900-1955, Schweizer Komponist. E. Br. m. U. Bern, 25. Juni 1931, 1 S. 4°. Übersendung einer neuen kleinen Kantate (‹Vorfrühling› op. 27, 1930), die Andreae vielleicht innerhalb eines Orchesterkonzertes mit einem Halbchor aufführen könnte; Aufführungsschwierigkeiten geringer als bei ‹Till›. (‹Till Ulenspiegel› op. 24, 1929).

235
– E. Br. m. U. Zollikofen, 14. Juni 1934, 2 S. 4°. Fragt nach Aufführungsmöglichkeiten für Te Deum (op. 33, 1931), einen der Rilkezyklen (op. 20/1 und 2, 1927), ‹Vorfrühling› (op. 27, 1930) oder die ‹Orchestervariationen› (Ulenspiegel-Variationen op. 37, 1932) in Zürcher Konzerten unter Andreaes Leitung.

236
– E. Br. m. U. Montana, 15. Januar 1937, 2 S. 4°. Fragt nach, ob die «Serenade» (‹Kleine Serenade› op. 42 für Streicher, 1935) vom Programm abgesetzt oder nur verschoben sei. Freut sich über Andreaes Plan, das Oratorium (‹Das Gesicht Jesajas› op. 41, 1933-35) aufzuführen und bittet, Felix Loeffel als Solisten zu berücksichtigen. Hat ‹Das ewige Brausen› (op. 46 für Bass und Orchester, nach Hamsun, 1936) als Auftragswerk für Paul Sacher komponiert.

237
– E. Br. m. U. Ascona, 5. April 1937, 2 S. 4°. Wird an der Aufführung (des Oratoriums, geplant für 30. 11. 37) aus gesundheitlichen Gründen nicht dabei sein können; zieht demnächst nach Davos. Möchte Andreae ‹Das ewige Brausen› schicken, da andere Anfragen aus Zürich zu gewärtigen sind, Andreae aber ein Vorrecht haben soll.

238
– E. Br. m. U. Davos-Clavadel, 29. Juni 1937, 3 S. 4°. Wird sich in Davos-Clavadel einer Lungenoperation unterziehen müssen, hofft aber doch, an der Aufführung des ‹Jesaja› teilnehmen zu können.

239
– E. Br. m. U. Davos, o. D. [Herbst 1937], 4 S. 4°. Wird doch zur Aufführung kommen. Möchte keine Titel für die einzelnen Abschnitte des Werks geben, bietet aber Vorbesprechung an und empfiehlt große Pause nach dem 5. Teil. (Wiedergegeben oben S. 269).

240
– E. Br. m. U. Davos-Platz, 16. November 1937, 2 S. 4°. Ungewißheit über Operation und Reise zum Zürcher Konzert.

241
– E. Br. m. U. Davos-Platz, 28. November 1937, 2 S. 4°. Wird zum Zürcher Konzert kommen, Operation voraussichtlich Anfang 1938.

242
– E. Br. m. U. Davos-Platz, 5. Dezember 1937, 3 S. 4°. Dankt für die «prachtvolle Aufführung»; «machtvolle Architektonik der vier Grundpfeiler» (Nr. 1, 5, 17 und 25) habe Andreaes Interpretation gekennzeichnet. Hermann Schey habe großartig gesungen. Bedauert, daß er nicht noch zur ‹Serenade› bleiben konnte. (Wiedergegeben oben S. 270).

243
– E. Br. m. U. [Davos-Platz], 6. Dezember 1937, 2 S. 4°. Dankt nochmals für die Aufführung: Werk und Interpretation sind gleich stark beteiligt an der Wirkung. Antwortet auf Andreaes Frage nach neuen Kompositionen: ‹Das ewige Brausen› (vgl. Nr. 236) und ‹Konzert für Streichorchester› (op. 50) als Auftragswerke für Paul Sacher; geplant ist auch «ein größeres Orchesterwerk».

244
– E. Ak. m. U. Clavadel, 29. Dezember 1937, 1 S. 16°. Erste Operation hat stattgefunden.

245
– E. Br. m. U. Davos-Platz, 29. August 1939, 3 S. 4°. Uraufführung des ‹Hymnus› (op. 57 für Orchester, 1939) war für den 4. September in Venedig im Rahmen der Biennale geplant, ist aber ungewiß; soll am 1. Oktober anläßlich der «Bernertage» (der Landesausstellung in Zürich) aufgeführt werden. Zu Aufbau und Besetzung des ‹Hymnus›. Würde sich über Aufführung durch Andreae freuen.

246
– E. Br. m. U. Davos-Platz, 21. September 1939, 2 S. 4°. Freut sich, daß das «Streicherkonzert» (op. 50) im Winter in einem Tonhallekonzert aufgeführt werden soll. Die «Bernertage» (Arbenz, Dirigent) der Landesausstellung werden nicht stattfinden, so daß der ‹Hymnus› (op. 57) zur Verfügung steht.

247
– E. Pk. m. U. Davos, (20. Dezember 1939), 2 S. 16°. Hat die ‹Ulenspiegel-Variationen› nicht vergessen. Fragt, bis wann Andreae die Stimmen des ‹Hymnus› spätestens haben muß; Ansermet (Genf) und Scherchen (Athen) planen Aufführungen für Januar (1940).

248
– E. Br. m. U. Davos, 22. Dezember 1939, 1 S. 4°. Betr. Koordination ‹Hymnus›-Material mit Genf (Ansermet).

249
– E. Br. m. U. Davos-Platz, 30. Dezember 1939, 2 S. 4°. Ansermet hat ‹Hymnus›-Aufführung auf 26./28. Februar (1940) verschoben, Andreae muß das Studium also nicht unterbrechen. Vertrag mit Universal-Edition muß noch unterschrieben werden.

250
– E. Br. m. U. Davos, 3. Januar 1940, 1 S. 4°. Schickt die ‹Ulenspiegel-Variationen›. Mit ‹Hymnus›-Material «wird es für 7. keine Schwierigkeiten geben». (Faksimile S. 271).

251
– E. Br. m. U. Davos, 31. Januar 1940, 1 S. 4°. Bittet um Mitteilung, wann die letzten Proben zum ‹Hymnus› stattfinden.

252
– E. Br. m. U. Davos, 11. Februar 1940, 1 S. 4°. Schickt das Stimmenmaterial zu den ‹Ulenspiegel-Variationen›, die nun so, statt wie ursprünglich gedacht, einfach «Variationen für Orchester» heißen sollen. Bratschen müssen verstärkt werden gegenüber Geigen. Dankt für «die sehr schöne ‹Hymnus›-Aufführung».

253
– Gedr. Notenfaksimile o. O. (Weihnachten). Dezember 1940, 4 S. 4°. «Weihnachten 1940 / Sonatine für Klavier. I. Allegro non troppo / II. Lento / III. Allegro».

254
– E. Br. m. U. Davos-Platz, 18. November 1941, 3 S. 4°. Betr. Hymnus-Material. Hofft, daß Andreae sich erholt habe. Hat den Sommer hindurch an seinem neuen Oratorium ‹Das Jahr› (op. 62) gearbeitet und die Komposition Mitte Oktober beendet.

255
– E. Br. m. U. Davos, 25. November 1941, 2 S. 4°. Freut sich über Andreaes Plan, das neue Oratorium (‹Das Jahr›) aufzuführen. «Die Chorarbeit wird ungefähr gleichviel Zeit beanspruchen wie der ‹Jesaja›.»

256
– E. Br. m. U. Davos, 7. Dezember 1941, 2 S. 4°. Freut sich, daß Andreae ‹Das Jahr› an seinem Jubiläum (Aufführung 24. November 1942: 40jähriges Jubiläum als Dirigent des Gemischten Chores) aufführen wird. Solisten in Basel sind: Helene Fahrni, Elisabeth Gehri, Felix Loeffel. Grüße an Walter Gieseking, der bei der Uraufführung des Hymnus (op. 57) in Winterthur Solist war.

257
– E. Br. m. U. Davos-Platz, 12. Januar 1942, 4 S. 4°. Bittet um Rat «in einer für mich äußerst wichtigen Sache»: will Davos im Frühling verlassen und Unterrichtstätigkeit wieder aufnehmen; das Berner Konservatorium steht ihm offen, er hat aber nach fast zehn Jahren «abseits vom musikalischen Leben» «Hunger nach direkter Anregung», deshalb ist vielleicht «Zürich der günstigste Ort». (Wiedergegeben oben S. 272. Andreaes Antwort vom 16. 1. 1942 im Besitz der Familie Burkhard, wiedergegeben oben S. 274.)

258
– E. Br. m. U. Davos-Platz, 10. Februar 1942, 2 S. 4°. Wird Lehrer für theoretische Fächer am Konservatorium Zürich.

259
– E. Br. m. U. Davos-Platz, 21. Dezember 1942, 2 S. 4°. Hatte Kosten für ergänzende Stimmen zur Sinfonie (op. 21).

260
– E. Br. m. U. Pratteln, 15. Oktober 1944, 1 S. 4°. Wäre gerne am Dienstag (17. oder 24. 10.) ins Konzert gekommen, um Andreaes Stück (Musik für Orchester) zu hören, ist aber für vierzehn Tage auf dem Schönenberg (als Gast Paul Sachers).

261
– Gedr. Notenfaksimile m. e. U. Zürich, ?. April 1950, 1 S. 16°. Dank-Komposition für die Wünsche zum 50. Geburtstag.

262
Busch, Adolf, 1891–1952, deutscher Violinist, E. Br. m. U. Arosa, 29. Mai 1916, 4 S. 8°. An Frau Andreae gerichtet. Möchte das «Konzert von Reger» spielen (A-Dur, op. 101). (Wiedergegeben oben S. 232).

263
– E. Br. m. U. Arosa, 20. Juli 1917, 4 S. 4°. «Hüni [Musikhaus, Zürich] bietet mir für 10 Jahre 100 Konzerte in der Schweiz an für ein Mindesthonorar von 600 Frc. und außerdem 50% des Reingewinns.» Bietet ‹Ouverture für großes Orchester› (op. 28) an. (Wiedergegeben oben S. 233).

264
– E. Br. m. U. Arosa, 28. Mai 1918, 4 S. gr. 8°. Betr. Buschs Berliner Berufung. «Für Marteau ist leider zur Zeit gar nichts zu tun».

265
– E. Br. m. U. London, [1920/22], 6 S. 8°, «Du hast mit einer bewunderungswürdigen Konzentration dirigiert.» «Das Quartett geht ausgezeichnet mit Hermann» (betr. Busch-Quartett mit Adolf Busch, Andreas Gösta Andreasson, Karl Doktor und Hermann Busch).

266
– E. Br. m. U. Saanenmöser, 12. Januar 1922, 4 S. 8°. Empfiehlt Fräulein Michaelis als Geigerin. «Auf unser Konzert mit Busoni [Violinkonzert op. 35] und Spohr [Violinkonzert Nr. 9] freue ich mich sehr.» Schreibt Trommelstimme mit Einzeichnungen für Spohrkonzert.

267
– E. Br. m. U. Berlin-Lichterfelde, 2. August 1922, 2 S. 4°. «Laß Dir bitte von Hug die Stimmen zu Deinem E moll Quartett für uns schenken»; Busch plant Aufführung.

268
– E. Pk. m. U. o. O. ?. November 1924, 1 S. 16°. Foto der Familie und Grüße (Hanspeter, Eta, Gisela).

269
– E. Pk. m. U. (Spruga), (16. Mai) [1929], 2 S. 16°. Grüße, auch von Rudolf Serkin.

270
– E. Ak. m. U. Basel, (23. Dezember 1932), 2 S. 16°. Genießt die Weihnachtsferien, «nachdem der Ärger über meine oder Rudis [Serkin] Mißerfolge bei Kritikern und Musikhistorikern verflogen ist.»

271
– E. Br. m. U. [Riehen], 21. Dezember 1935, 4 S. 8°. Betr. verschiedene Änderungen in Andreaes Violinkonzert (op. 40). (Wiedergegeben oben S. 242).

272
– E. Br. m. U. Gloucester USA, 23. August 1941, 8 S. 4°. Gratuliert zum «Erfolg mit dem Theaterstück»; andere Einstellung der amerikanischen Musiker erschwert die Arbeit. (Wiedergegeben oben S. 243).

273
Busch, Frieda, 1891–1945, Gemahlin von Adolf Busch. E. Br. m. U. Berlin-Lichterfelde, 29. August 1919, 2 S. 4°. Fragt, «ob die Tonhallengesellschaft Adolf schon 1000 Fr. im voraus zahlen kann».

274
– E. Br. m. U. Darmstadt, 7. Januar 1926, 4 S. 4°. Bis Weihnachten mußten 20 000 Fr. an eine neue Geige bezahlt werden. Geplantes Konzert muß krankheitshalber verschoben werden.

275
– E. Bk. m. U. Basel, 11. Juni 1928, 2 S. 16°. Adolf Busch spielt in Berlin. Besuch von Andreae muß verschoben werden.

276
– E. Bk. m. U. Rittergut Holzdorf bei Weimar, 28. August 1929, 2 S. 16°. Freundschaftliche Grüße und Wünsche.

277
– M. Bk. m. U. Basel, 27. Dezember 1929, 2 S. 16°. Adolf Busch spielt im Basler Münster drei Solosonaten von J. S. Bach. «Die Partitur von Adolf's Orchesterstück [Konzert für großes Orchester, UA 21. 10. 1930] wird wohl jetzt in Deinen Händen sein».

278
– E. Bk. m. U. Arosa, 4. Januar 1930, 2 S. 16°. Adolf Busch hat sich das linke Bein gebrochen, kann also sein «Stück» (Andreaes Violinkonzert op. 40) nicht spielen. Bittet um Verschiebung. (Wiedergegeben oben S. 234.)

279
– E. Ak. m. U. (Basel), (1. November 1930), 1 S. 16°. Notenmaterial von Adolf Buschs Konzert (Konzert für großes Orchester) soll nach Leipzig an Breitkopf gesandt werden, «weil Toscanini es vor Ende Dezember haben will!»

280
– M. Br. m. U. Basel, 11. März 1931, 2 S. 8°. Betr. Daten für Konzert mit Rudolf Serkin.

281
– M. Pk. m. U. Basel, 14. März 1931, 1 S. 16°. Dankt für die Verlegung des Konzertes mit Rudolf Serkin auf 19./29. Oktober.

282
– E. Ak. m. U. (Chicago), (11. Dezember 1931), 1 S. 16°. «Am 23. fahren wir mit Toscanini ab! Adolf hat schon 2 Konzerte mit ihm gehabt, jetzt noch 3 mit ihm.» (Wiedergegeben oben S. 235).

283
– M. Br. m. U. Basel, 20. Februar 1932, 1 S. 4°. «Adolf muß leider 2 mal nach Amerika, Ende April geht er mit dem Quartett.» Bittet um Verschiebung der Aufführung des Doppelkonzertes von Brahms (op. 102).

284
– E. Ak. m. U. (Basel), (23. Februar 1932), 1 S. 16°. Bestätigt die neuen Konzertdaten: 20./21. Februar (1933) sowie 21. März (1933) für das Doppelkonzert.

285
– M. Br. m. U. Basel, 29. Februar 1932, 2 S. 8°. Betr. Honorar für Zürcher Konzert von Adolf und Hermann Busch (Brahms, Doppelkonzert op. 102).

286
– E. Bk. m. U. [Basel], 19. Dezember 1932, 2 S. 16°. Schickt Platzkarten für Parsifal und Meistersinger. Bestätigung der definitiven Daten.

287
– Gedr. Bk. o. U. Basel, 10. Januar 1933, 1 S. 16°. Einladung zur Hauseinweihung am 10. Januar 1933. (A. Busch und R. Serkin wurden von Hans Conrad Bodmer für einen Beethoven-Abend im Haus «Zur Arch» engagiert.)

288
– E. Ak. m. U. Riehen, 3. Februar 1933, 1 S. 16°. «[....] am Mittwoch wird Adolfs letztes großes Opus Introductione und Chaconne [op. 47] in Winterthur uraufgeführt. Toscanini macht ‹Dein› Capriccio [op. 46] im März in New York!»

289
– M. Br. m. U. Riehen, 4. April 1933, 1 S. 4°. Beilage: Erklärung an deutsche Vereine. Bricht Konzertreihe in Deutschland ab wegen Rassenverfolgung. Schickt zur Orientierung entsprechende Beilage.

290
– M. Br. m. U. Riehen, 2. Mai 1933, 2 S. 8°. Adolf Busch eröffnet die Saison in Zürich. Fragt, «ob Rudi [Serkin] im nächsten Winter auch bei Dir spielen soll».

291
– E. Pk. m. U. (Riehen), (14. September 1933), 2 S. 16°. Betr. gemeinsames Konzert von Hans (Andreae) und Rudolf Serkin in Basel.

292
– M. Pk. m. U. Riehen, 20. September 1933, 2 S. 16°. Empfiehlt Frieda Dierolf (Sängerin), die sich gegen die «Maßnahmen der Nazis» gewandt hat. Schickt Regermaterial (Violinkonzert) nach Zürich, «weil Adolf viele Einzeichnungen gemacht hat». Schickt Partitur mit der Widmung von Reger. (Wiedergegeben oben S. 236).

293
E. Bk. m. U. [Riehen], 11. November 1933, 2 S. 16°. «Du hast mich neulich gefragt, ob Adolf die Zürcher Bürgerschaft wohl annehmen würde». (Wiedergegeben oben S. 236).

294
– E. Br. m. U. [Riehen], 21. Januar 1934, 6 S. 4°. Betr. Einbürgerung von Adolf Busch in Basel oder Zürich. «Welche Stadt hat wie Zürich die dauerndste Treue gegen Adolf bewiesen? an der Spitze Du.» Verdächtigt Schoeck, nach Andreaes «Thron» zu streben. (Wiedergegeben oben S. 237).

295
– E. Br. m. U. [Riehen], 2. Januar 1935, 8 S. 4°. «Wenn wir auch noch keine guten Schweizer sind, so denken wir doch es zu werden und ebenso gute Schweizer zu sein als wir Deutsche waren». Adolfs Violinkonzert soll im Sommer fertig werden. (Wiedergegeben oben S. 238).

296
– E. Br. m. U. Karlsbad, 6. August 1936, 4 S. 8°. «Er [Adolf] hat sich am 25. Mai hingesetzt und ist am 15. Juli aufgestanden und war fertig aus dem Kopf ins Reine mit einer großen Sinfonie mit Schlußchor» (Sinfonische Phantasie für Orchester und Chor op. 17).

297
– E. Br. m. U. [New York?], 9. April 1940, 2 S. kl. 4°. «Rudi hat eine wunderbare Stellung am Curtis Institut und hat von allen Solisten die meisten Konzerte gehabt.» (Wiedergegeben oben S. 242).

298
– M. Br. m. U. New York, 19. Dezember 1941, 2 S. 8°. Weihnachtsbrief. Schilderung des Lebens in Amerika.

299
Busch, Fritz, 1890–1951, deutscher Dirigent. E. Br. m. U. Dresden, 26. August 1923, 2 S. 4°. Betr. Partitur, Auszug und Textbuch des II. Aktes von Andreaes ‹Casanova› (op. 34). Programmvorschläge: Beethoven (Egmont oder Leonore II), Reger (Mozart-variationen), Brahms (Sinfonie Nr. 1/2 oder 4). Lehnt Issai Dobrowen (als Solist?) ab.

300
– M. Br. m. U. Dresden, 5. September 1923, 2 S. 4°. Tino Pattiera wird in ‹Casanova› die Titelrolle singen. «Ich schlage für die Premierenbesetzung 12 erste, 10 zweite Geigen, 6–8 Bratschen, 6 Celli und 6 Kontrabässe vor, später können wir etwas verdünnen». (Wiedergegeben oben S. 224).

301
– M. Br. m. U. Dresden, 25. September 1923, 1 S. 4°. «Also Programm: ‹Egmont›-Ouvertüre, Mozart-Variationen, 4. Sinfonie von Schumann. [...] An Ihrer Oper [Casanova, op. 34] wird fleißig geschrieben». (Wiedergegeben oben S. 225).

302
– E. Br. m. U. Dresden, 24. November 1924, 2 S. 4°. Casanova-Auszüge an Dr. Knöll gegeben. «Zu meinem Programm: Sinf. Prolog gibt höchstens einen ‹inneren› Erfolg, ist aber egal, da es ein hochbedeutendes Werk ist.» (betr. Reger, Sinfonischer Prolog zu einer Tragödie, op. 108). Schlägt trotzdem vor, das Werk an erste Stelle zu setzen. (Wiedergegeben oben S. 226).

303
– E. Pk. m. U. (Hospental), (22. Juni 1925), 2 S. 16°. Wird nach Besuch bei Schoeck in Brunnen nach Zürich kommen.

304
– E. Ak. m. U. (St. Moritz), (4. Dezember 1925), 1 S. 16°. Grüße.

305
– E. Br. m. U. [Dresden], 16. Mai 1926, 2 S. 4°. «Bitte sei daher so lieb und veranlasse, daß Weil und Hindemith von mir an *einem* Abend [...] erledigt werden können und daß ich, Deine freundschaftliche Vorarbeit dazu dankbar akzeptierend, am 21., 22. und 23. früh probieren kann.» (betr. Konzert der IGNM vom 22. 10. 1926: u. a. Hindemith: Konzert für Orchester, op. 38. Konzert der IGNM vom 23. 10. 1926: u. a. Kurt Weill: Konzert für Violine und Blasorchester, op. 12). (Wiedergegeben oben S. 227).

306
– M. Br. m. U. Dresden, 18. August 1928, 1 S. 4°. Fragt nach Solisten für Missa Solemnis. «Vor 15 Jahren würde ich mein Quartett mit der Förstel, Durigo, Senius und Messchaert zusammengestellt haben.» (Wiedergegeben oben S. 228).

307
– M. Br. m. U. Baden-Baden, 30. April 1930, 2 S. 4°. Betr. Konzert in Zürich im Rahmen eines Beethoven-Zyklus.

308
– M. Br. m. U. Dresden, 12. Juni 1930, 1 S. 4°. Wird demnächst Bescheid geben wegen geplantem Tonhallekonzert vom 10. März (1931).

309
– M. Br. m. U. Dresden, 9. August 1930, 1 S. 4°. Würde gerne Andreaes «Musik für Orchester» (op. 35) aufführen, wenn nicht die Programme «toten Komponisten gewidmet wären, weil die Lebenden kein Mensch hören will.» Zum geplanten Beethovenkonzert in Zürich: Fritz Busch bittet «daß ich a) das höchste Honorar, b) die meisten Proben, c) die schönsten Sinfonien zu dirigieren bekomme». (Wiedergegeben oben S. 228).

310
– E. Br. m. U. (Rom), (24. Januar 1931), 1 S. 16°. «Also einverstanden: 8. (F dur) und 5. (c moll) Sinfonie [Beethoven].»

311
– M. Br. m. U. Buenos Aires, 3. Juli 1933, 1 S. 4°. Programmvorschlag: Wagner: Ouverture und Bacchanale Tannhäuser; Beethoven, Zweite Sinfonie; Reger, Böcklin-Suite. «Falls Solist, wäre mir nur Rudi Serkin recht. Dann den Wagner weg, Beethoven Sinfonie, Klavier Konzert Mozart oder sonst etwas ‹Leichteres› und Reger.» (Programm vom 19. 12. 1933: Beethoven, Sinfonie Nr. 2; Beethoven, Klavierkonzert Nr. 4; Reger, 4 Tondichtungen op. 128). (Wiedergegeben oben S. 229).

312
– E. Pk. m. U. Dresden, o. D. 1 S. 16°. Grüße.

313
– E. Br. o. U. Dresden, o. D. 1 S. 4°. Glückwünsche zum «großen Erfolg».

314
Busch, Grete, ?, Gemahlin von Fritz Busch seit 1911. E. Br. m. U. Dresden, 5. September 1924, 2 S. 4°. Bedauert, Andreaes nicht in Zürich getroffen zu haben, aber erfreut sich an einem Toscanini-Konzert. Über Fritz Buschs Arbeit in Bayreuth. Beil. Photographie der Kinder von Fritz und Grete Busch vom «Sommer 1924». (Wiedergegeben oben S. 225).

315
– E. Br. m. U. Dresden, 25. September 1924, 2 S. 4°. Betr. Honorar für Konzert von Fritz Busch und geplanten Besuch von Andreae in Dresden.

316
– E. Bk. m. U. [Dresden], 9. Oktober 1925, 2 S. 16°. Bedauert, die 25. ‹Casanova›-Aufführung nicht abwarten zu können. Fragt nach «neuen Zürcher Chancen» für Fritz Busch.

317
– E. Ak. m. U. (Dresden), (31. Dezember 1926), 1 S. 16°. Neujahrswünsche.

318
– E. Br. m. U. Vulpers-Tarasp, 15. Juli 1927, 4 S. 8°. An Elisabeth Andreae gerichtet. Wünscht Andreae gute Besserung. Berichtet über Ferienpläne.

319
– E. Ak. m. U., o. O., o. D. [auf der Schiffahrt nach Südamerika 1933], 1 S. 16°. «Wir nähern uns Rio, nach fantastisch schöner Fahrt.»

320
– E. Br. m. U. New York, 4. Oktober 1951, 1 S. 8°. Persönlicher Gruß auf Rückseite der Todesanzeige von Fritz Busch, gestorben am 14. September 1951.

321
Busch, Hedwig, geb. 1917, Gemahlin von Adolf Busch. Gedr. Br. o. U. Brattleboro, USA, 10. Juni 1952, 1 S. 4°. Todesanzeige von Adolf Busch.

322
Busoni, Ferruccio, 1866–1924, italienischer Komponist/Pianist. E. Br. m. U. Berlin, 6. April 1907, 1 S. 4°. Zusage zum (Extra)konzert (vom 11. 2. 1908 in der Tonhalle Zürich: Busoni, Concerto op. 39 KiV 247; Chopin, Préludes op. 28; Liszt, Totentanz für Klavier und Orchester; Solist: Busoni). (Faksimile S. 203).

323
– E. Br. m. U. [Berlin], 5. Februar 1908, 1 S. 4°. Busonis Ankunft in Zürich am Montag den 10. 2. Er verspricht sich vom Konzert «ein kleines Fest» (Programm vgl. Nr. 322).

324
– E. Br. m. U. [Berlin], 11. Juli 1912, 1 S. 8°. Programmvorschläge für das Konzert (vom 6./7. 1. 1913, VI. Abonnementskonzert. Definitives Programm: Ernst Boehe, Tragische Ouvertüre; Beethoven, Klavierkonzert c-moll; Busoni, Berceuse élégiaque; Liszt, Figaro-Fantasie für Klavier Solo; Strauss, ‹Till Eulenspiegel›; Solist: Busoni).

325
– E. Br. m. U. [Berlin], 16. Juli 1912, 1 S. 8°. Busoni schlägt die von ihm «aufgefundene Figaro-Fantasie von Liszt» vor.

326
– E. Br. m. U. [Berlin], 13. September 1912, 1 S. 4°. Die Figaro-Fantasie sei ohne Orchester. Fragt, ob zu Beethovens Konzert dessen eigene Kadenz gespielt werden solle (op. 37, c-moll).

327
– E. Br. m. U. Zürich, 29. Oktober 1915, 2 S. 4°. Dankt für eine auf den 19. 11. angesetzte Probe «meines Kasperls» (Rondo arlecchinesco op. 46 KiV 266) mit dem Tonhalle-Orchester. Busoni lehnt ein Programm, in dem anschließend die Indianische Fantasie (für Klavier und Orchester op. 44 KiV 264) gespielt würde, ab.

328
– E. Br. m. U. Zürich, 6. November 1915, 1 S. 4°. Fragt nach dem genauen Datum des ihm zugedachten Abonnementskonzerts. (Es fand am 17./18. 1. 1916 statt. Programm: Beethoven, 5. Klavierkonzert; Busoni, ‹Indianische Fantasie› op. 44; Liszt, Totentanz-Paraphrase; Solist: Busoni).

329
– E. Br. m. U. Zürich, 8. November 1915, 1 S. 4°. Versucht, die Zürcher Klavierabende mit einem Angebot aus Rom (15. 2. bis 7. 3. 1916) zu vereinbaren. (Definitive Daten in Zürich: 1. Bach, am 23. 3. 1916; 2. Beethoven, am 6. 4. 1916; 3. Chopin, am 13. 4. 1916; 4. Liszt, am 27. 4. 1916).

330
– E. Br. m. U. Zürich, 28. November 1915, 2 S. 4°. Wünscht eine regelmäßige Folge der Klavierabende, damit sie «ihren Zusammenhang» erweisen könnten. Betrachtet den Honorarvorschlag von 3000 Fr. für den ganzen Zyklus als Mindestgarantie,

besonders weil er Angebote aus Rom abgeschlagen, und sich als Stellvertreter Andreaes in Zürich gebunden hat.

331
– E. Br. m. U. Zürich, 30. November 1915, 1 S. 4°. Daten von Busonis Basler Klavierkonzert sind: 12., 19. und 26. 1. und 2. 2. 1916.

332
– E. Br. m. U. Zürich, 2. Januar 1916, 1 S. 4°. Probedaten (für das Konzert vom 17./18. 1. 1916). Mit den Orchesterproben (als Andreaes Stellvertreter) will Busoni nach der Aufführung der Alpensinfonie (R. Strauss, 7./8. 2. 1916) beginnen.

333
– Quittungsformular von fremder Hand m. U. Zürich, 28. März 1916, 1 S. 8°. Quittung von 400 Fr. «für das V. Abonnementskonzert vom 27. & 28. März 1916».

334
– E. Br. m. U. Zürich, 13. April 1916, 1 S. 4°. Dankbrief für ein Geburtstagsgeschenk und für die Tätigkeit in Zürich (als Pianist und Dirigent).

335
– E. Br. m. U. Zürich, 18. April 1916, 3 S. 4°. Über Andreaes Oper ‹Ratcliff› (op. 25, Premiere in Zürich, 30. 3. 1916) (Wiedergegeben oben S. 206 und 207).

336
– Quittungsformular von fremder Hand m. U. Zürich, 18. April 1916, 1 S. 8°. Quittung von 400 Fr. «für Leitung des sechsten Abonnementskonzertes vom 17. & 18. April 1916».

337
– Quittungsformular von fremder Hand m. U. Zürich, 15. Mai 1916, 1 S. 8°. Quittung von 400 Fr. «als Honorar für das Abonnementskonzert vom 13. & 14. Mai 1916».

338
– E. Br. m. U. Zürich, 22. Mai 1917, 1 S. 4°. Einladung zur Wiederholung von Busonis «kleinen Opern» (‹Turandot› KiV 273 und ‹Arlecchino› KiV 270 am 31. 5. 1917 im Zürcher Stadttheater), zu der Andreae offenbar vom Militärdienst keinen Urlaub bekommen konnte. (Premiere und Uraufführung in Zürich am 11. 5.; Wiederholungen am 13. 5., 15. 5. und 31. 5. 1917).

339
– E. Br. m. U. [Zürich], 30. Juli 1917, 1 S. 4°. Erkundigt sich nach dem Echo auf die Programmvorschläge (für das Konzert vom 14./15. 1. 1918, VII. Abonnementskonzert 1917/18). Glückwunsch zur Vollendung von Andreaes «Suite» (Kleine Suite op. 27). Empfiehlt den Komponisten Désiré Paque (1867–1939), «ein tüchtiger u. nicht gewöhnlicher Komponist».

340
– E. Br. m. U. [Zürich], 7. Oktober 1917, 1 S. 4°. Erwägt Mozarts c-moll-Konzert (KV 491 für die Aufführung vom 14./15. 1. 1918). «Und überhaupt ist Mozart noch terra incognita; denn was kennt man und spielt man von seinen 650 Werken?, – während man z. B. von einem Dr. Johannes [Brahms] kein Nötchen sich entgehen läßt, sei es für Klarinette oder – Kontrafagott!»

341
– E. Br. m. U. [Zürich], 9. Oktober 1917, 1 S. 4°. Zieht Mozart d-moll-Klavierkonzert

(KV 466) vor, (das auch definitv programmiert wurde. Programm am 14./15. 1. 1918 außerdem: Mahler, Sinfonie Nr. 4 Es-Dur; Berlioz, Ouverture ‹Carnaval romain› op. 4).

342
– E. Br. m. U. o. O. 10. Dezember 1917, 1 S. 4°. Bittet um Entschuldigung für das Fernbleiben vom Konzert (am 10./11. 12. 1917), in dem Hans Hubers (7.) Sinfonie (‹schweizerische› in d-moll) aufgeführt wird.

343
– E. Br. m. U. o. O. 3. April 1918, 1 S. 4°. Bittet um eine Probe seines Klarinettenkonzertes (Concertino für Klarinette und kleines Orchester op. 48 KiV 276), welches dem im Tonhalle Orchester als Soloklarinettisten angestellten (Edmondo) Allegra gewidmet ist.

344
– E. Br. m. U. o. O. 6. April 1918, 1 S. 4°. Bittet um einen andern Probetermin für das Concertino (KiV 276), da er am 7. 5. noch nicht aus Bern zurück sei, wo er am 6. 5. einen Klavierabend zu geben habe. (Die Uraufführung des Concertinos fand am 9./10. 12. 1918 statt. Solist war Edmondo Allegra.)

345
– E. Br. m. U. Zürich, 14. Dezember 1918, 2 S. 4°. Bittet um die vollständige Auszahlung eines von der Tonhalle-Gesellschaft gewährten Vorschusses von 4500 Fr. Der Betrag sei bei der Deutschen Bank reichlich gedeckt.

346
– E. Br. m. U. Zürich, 21. Dezember 1918, 1 S. 4°. Kündigt die Widmung der Sarabande für Orchester (KiV 282) an Volkmar Andreae an und bittet um eine Probe des Stückes.

347
– E. Br. m. U. Zürich, 26. Dezember 1918, 2 S. 4°. Dankt für Andreaes Angebot, die Sarabande in Zürich uraufzuführen. Den Antrag der Tonhalle-Gesellschaft auf Auszahlung von lediglich 3000 Fr. lehnt Busoni ab und stellt auch die bereits ausgezahlten 1000 Fr. wieder zur Verfügung.

348
– E. Br. m. U. Zürich, 1. Januar 1919, 3 S. 4°. Neujahrswünsche und Bemerkungen zur Orchesterbesetzung der Sarabande, die zur Probe am 14. 1. bereit sein soll. «Der Sarabande möchte ich ein Geschwister zugesellen, einen noch niemals aufgeführten ‹Gesang vom Reigen der Geister› [KiV 269]».

349
– E. Br. m. U. Zürich, 12. Januar 1919, 1 S. 4°. Wird sich am Dienstag (14. 1.) mit den Noten zur Sarabande in der Probe einfinden.

350
– E. Br. m. U. Zürich, 16. Januar 1919, 2 S. 4°. ‹Nachsatz› zur Sarabande soll ein Cortège für volles Orchester sein (KiV 282), «und es gehörte ebenfalls zu den Fauststudien».

351
– E. Br. m. U. Zürich, 19. Januar 1919, 2 S. 4°. Vorschläge zur Programmkonzeption (des XII. Abonnementskonzerts vom 31. 3./1. 4. 1919, das Busoni als Busoni-Abend

sehen möchte. Endgültiges Programm: Mozart, Konzertsuite aus der Musik zu ‹Idomeneo› bearbeitet von Busoni; Busoni, Violinkonzert op. 35a KiV 243; Busoni, Sarabande und Cortège KiV 282, Uraufführung; Bizet, Arlésienne-Suite).

352
– E. Br. m. U. [Zürich], 25. Januar 1919, 2 S. 4°. Probe des Cortège am 6. 3. Programmvorschläge (für das XI. Abonnementskonzert vom 17./18. 3. Ursprünglich war hier die Uraufführung von Sarabande und Cortège geplant. Das Konzert wurde schließlich vom Pianisten P. O. Möckel als Solist bestritten. Dafür spielte Busoni in den fünf «Populären Konzerten» dieser Saison am 25. 2., 11. 3., 25. 3., 8. 4. u. 29. 4., welche die «Entwicklung des Klavierkonzerts» zum Thema hatten).

353
– E. Bk. o. U. Zürich, Januar 1919, 1 S. 16°. «Die Verlobung ihrer Tochter / Sarabande / mit / Mr. Cortège / beehren sich anzuzeigen / Ferruccio Busoni & Muse / Januar 1919 / Zürich Empoli» (gedruckt bei Stuckenschmidt 1967, S. 44).

354
– E. Br. m. U. Zürich, 1. Februar 1919, 1 S. 4°. Berichtet über die Bearbeitung der Mozartschen Idomeneomusik; zur Partitur des Cortège, die ebenfalls Andreae gewidmet sein soll.

355
– E. Br. m. U. [Zürich], 6. März 1919, 1 S. 4°. Die Unzuverlässigkeit des Kopisten verhindert die rechtzeitige Fertigstellung des Stimmenmaterials zum Cortège. Sagt die Probe am 7. 3. ab.

356
– E. Br. m. U. [Zürich], 6. März 1919, 1 S. 4°. Organisatorisches zur Probe vom 7. 3. an der das restliche Stimmenmaterial fertiggestellt werden soll. Die Leseprobe von Sarabande und Cortège (KiV 282) wird am Dienstag (11. 3.) stattfinden.

357
– E. Br. m. U. [Zürich], 6. März 1919, 2 S. 4°. Über Bachs ‹Actus tragicus› (BWV 106): «[...] es ist viel vom Tode die Rede (was mich als eine altdeutsche widerliche fixe Idee berührt) [...]. Es kommt hinzu, daß ich mich immer mehr vom sogenannten ‹Tiefsinn› abgewandt fühle: ich empfinde daran mehr Störendes, als wirklich Bedeutsames.»

358
– E. Br. m. U. Zürich, 14. März 1919, 2 S. 4°. Kommentar zur Cortège-Probe desselben Tages mit genauen Aufführungshinweisen und Vorschlägen zu Änderungen an der Partitur.

359
– E. Br. m. U. [Zürich], 20. März 1919, 1 S. 4°. Weitere Änderungen an der Cortège-Partitur: die 2. Oboenstimme im ersten Bläsersatz soll von der 3. Flöte gespielt werden. «So wie die Stelle in der Partitur steht, ist sie mir zu materiell.»

360
– E. Br. m. U. [Zürich], 11. April 1919, 1 S. 4°. Hinweis auf die Ähnlichkeit zweier Andante-Themen aus dem 1. und 2. Klavierkonzert von Brahms (mit Noten). «[...] ist es Zufall, oder Auto-Reminiszenz?»

361
– E. Br. m. U. [Zürich], 12. April 1919, 2 S. 4°. Betr. konzertante Aufführung einiger Szenen aus ‹Doktor Faust› (KiV 303) im Herbst. Busonis unklare Zukunft: «Viele

Dinge sind in der Schwebe, deren Lösung ich zum Theil vom Friedens-Abschlusse erhoffe.» Plant Englandreise im Herbst. «Diese Zeit um meinen 53. Geburtstag gehört zu der schönsten meiner reifen Jahre. Seien Sie immer wieder dafür bedankt.»

362
– E. Br. m. U. [Zürich], 17. April 1919, 1 S. 4°. Bittet um Entschuldigung für das Fernbleiben der Aufführung von Bachs h-moll-Messe. – «Es that mir heute so leid um die kleine Verstimmung zwischen Schoeck und mir! – Hoffentlich hatte er noch einen ganz ungetrübten Abend.»

363
– E. Br. m. U. [Zürich], 2. Mai 1919, 1 S. 4°. Dankt für Andreaes Unterstützung. Busoni lobt Andreaes Streichtrio (op. 29), die «Fülle und Schönheit des Klanges, (bei Wahrung der Durchsichtigkeit), und die angenehme, spontane Musik».

364
– E. Br. m. U. Zürich, 22. Mai 1919, 2 S. 4°. Programmvorschlag für das (XII.) Abonnementskonzert (1919/1920, 12./13. 4. 1920), welches die Tonhalle-Gesellschaft Busoni zur Mitwirkung vorgeschlagen hatte: Konzertstück (op. 31a KiV 236), ‹Indianische Fantasie› (op. 44 KiV 264; letztere wurde programmiert). Eine konzertante Aufführung des ersten Teils von ‹Dr. Faust› wird erneut angeregt.

365
– E. Br. m. U. [Zürich], 27. Mai 1919, 2 S. 4°. Konzertante ‹Faust›-Aufführung müßte zuerst noch besprochen werden. Überlegungen zum Programm des Abonnementskonzertes vom (12./13. 4. 1920), in dem Busoni als Solist auftreten soll. Busoni freut sich auf den Abschluß von Andreaes Sinfonie (in C-Dur, op. 31).

366
– E. Br. m. U. [Zürich], 9. Juni 1919, 3 S. 4°. Freut sich über Andreaes Vorschlag, eines von Busonis Bühnenwerken auf dem Musikfest aufzuführen und würde in diesem Falle «wünschen, daß ‹die Brautwahl› zur Darstellung käme». Lobt Andreaes Sinfonie (op. 31). (Wiedergegeben oben S. 210).

367
– E. Br. m. U. [Zürich], 20. Juni 1919, 4 S. 4°. Betr. u. a. Andreaes ‹Ratcliff› (op. 25). (Wiedergegeben oben S. 211).

368
– M. Br. m. U. [Zürich], 30. Juni 1919, 1 S. 4°. Entscheidet sich für Mozarts Es-Dur-Klavierkonzert (KV 482; Programm vom 12./13. 4. 1920: Haydn, Sinfonie in G-Dur [Militärsinfonie]; Mozart, Klavierkonzert Es-Dur; Busoni, ‹Indianische Fantasie› op. 44; Strauss, ‹Till Eulenspiegel›; Solist: Busoni.) Über Mozarts Konzerte: «Da muß man, wohl oder übel, den Rückzug schlagen vor solcher Pracht der Begabung!»

369
– E. Br. m. U. Zürich, 21. Juli 1919, 2 S. 4°. Beglückwünscht Andreae zur Vollendung der Sinfonie (C-dur, op. 31). Hofft auf eine konzertante ‹Faust›-Aufführung (1. Teil). Wünscht von Andreae eine sichere Zusage und einen festen Termin, um die Reisen (England, Paris und Italien) festlegen zu können. «Doch würde ich den ‹Faust›-Plan immer als den Mittelpunkt meiner diesjährigen Handlungen betrachten».

370
– Telegramm, [Zürich], 1. August 1919, Danktelegramm (für die Ernennung zum Dr. h. c. der Universität Zürich).

371
– M. Br. m. U. [Zürich], 8. August 1919, 1 S. 4°. Offener Brief in der NZZ: Dankt für die Ernennung zum Dr. h. c. und für die Wirkungsmöglichkeiten in Zürich: «Ihrem Lande und Ihrer Stadt verdanke ich aber, daß ich inmitten trüber und gewaltsamer Zeiten die Ruhe finden und genießen durfte, mich wieder innerlich zu betätigen.»

372
– E. Br. m. U. [Zürich], 10. August 1919, 3 S. 4°. Über die ‹Faust›-Partitur, die noch nicht abgeschlossen ist, aber konzertant aufgeführt werden soll. Daraus die vier Nummern: 1. und 2. Vorspiel, Zwischenspiel und eine Studie zum letzten Bild.

373
– E. Br. m. U. [Zürich], 31. August 1919, 2 S. 4°. Absage eines Besuches bei Andreaes in Zuoz mit der ‹Faust›-Partitur im Gepäck (die noch nicht fertig ist). Busoni kündigt seine Abreise nach England auf Mitte September an.

374
– E. Br. m. U. Zürich, 9. September 1919, 2 S. 4°. Absage der geplanten ‹Faust›-Aufführung vom 27. 1. 1920, da die Partitur bis dann nicht beendet sein wird. Zur Zeit der Uraufführung von Andreaes Sinfonie (C-Dur, op. 31 am 3./4. 11. 1919) weilt Busoni bereits in England.

375
– E. Br. m. U. [Zürich], 17. September 1919, 1 S. 4°. Abschiedsbrief am Tag vor der Englandreise, mit Adressangabe in London.

376
– E. Br. m. U. London, 26. September 1919, 4 S. 16°. Stimmungsbericht aus London und Paris (wo Busoni durchreiste). Über Paris: «Der Mast kann jeden Augenblick brechen, um ihn herum wird getanzt. Dagegen erscheint der sogenannte General Strike in Z. wie eine heitere Friedensfeier.»

377
– E. Br. m. U. London, 5. Oktober 1919, 4 S. 8°. Kommentar zu Andreaes Generalprogramm der Saison 1919/20. (Wiedergegeben oben S. 213).

378
– E. Br. m. U. London, 14. Oktober 1919, 2 S. 8°. Kommentare zum Generalprogramm 1919/20. «Ich meinte: diese jüngste Vergangenheit (Tschaikowsky, Mahler, etc.) wird von der III. Leonoren Ouv. immer noch geschlagen, übertrumpft, in Schatten gestellt.» Rügt die Vernachlässigung des «berühmten» Schweizer Musikers Joachim Raff.

379
– E. Br. m. U. London, 21. Oktober 1919, 8 S. 8°. Ausführlicher Stimmungsbericht über Busonis Londoner Erfolg. Grundsätzliche Bemerkungen zum Partiturspiel auf dem Klavier, wogegen Busoni Vorbehalte hegt. «Jedoch das ist nicht maasgebend. Ich gäbe viel darum, Liszt gehört zu haben, als er seinen Intimen das *Gretchen* aus der Faust Symphonie vortrug.»

380
– E. Br. m. U. London, 29. Oktober 1919, 1 S. 8°. Wünscht lieber am 19./20. 1. 1920 (VII. Abonnementskonzert) in Zürich aufzutreten (als am 12./13. 4. Der zweite Termin blieb aber fest).

381
– E. Br. m. U. London, 5. November 1919, 2 S. 4°. Kritischer, «feuilletonistischer» Brief zum VII. Abonnementskonzert. Erwartet gespannt die Reaktionen auf die Uraufführung von Andreaes Sinfonie (C-Dur, op. 31) am 3. 11. 1919.

382
– E. Br. m. U. London, 19. November 1919, 3 S. 8°. Bemerkungen zur scharfen Kritik, die Andreaes Sinfonie (C-Dur, op. 31) in Zürich erntete. Der Widerspruch sei «ein treffliches Zeichen für des Werkes Wert und dessen Eigenart.» Kommentar zur politischen Karriere von Künstlern (Toscanini, Cortot, Kestenberg, Paderewsky, d'Annunzio) und zu Paul Bekkers Schrift ‹Neue Musik›. Zum «Romanischen» und «Germanischen» oder «Objektiven» und «Subjektiven»: «Der gerade Weg ist der schwierigste einzuhalten, die Einfachheit, die letzte Errungenschaft.»

383
– E. Br. m. U. Zürich, 25. Dezember 1919, 2 S. 4°. Wünscht noch einmal am 19./20. 1. 1920 als Solist in einem Klavierkonzert Mozarts auftreten zu können statt erst am 12./13. 4. 1920. (Spielte am 12./13. 4. 1920 Mozart, Es-Dur, KV 482).

384
– E. Br. m. U. Zürich, 28. Dezember 1919, 1 S. 4°. Bestätigt den Konzerttermin vom 12./13. 4. 1920.

385
– E. Br. m. U. Lugano, 31. Januar 1920, 3 S. 8°. Brief geschrieben auf der Reise nach Mailand. Kritik an der «Kunst von vorgestern». (Notiz Andreaes: *Braunfels*-variationen sind gemeint.») (Wiedergegeben oben S. 214).

386
– E. Br. m. U. Paris, 9. März 1920, 4 S. 4°. Stimmungsbericht aus Paris: «Meine sechs angekündigten Abende sind im Voraus ausverkauft.» Paris als blühende Stadt: «Der Höhepunkt ist überschritten. Nach Griechenland, Spanien, Rom, wird auch Paris zerfallen. Aber noch lebt es, und wir leben zugleich».

387
– E. Br. m. U. Paris, 26. März 1920, 1 S. 4°. Komponiert die Carmen-Sonatine (KiV 284). Eine Aufführung (des Concertinos für Klarinette und Orchester op. 48 KiV 276) mit Allegra als Solist und dem Orchestre du Conservatoire war erfolgreich.

388
– E. Br. m. U. [Zürich], [vor 20. April 1920], 1 S. 4°. (Der Busoni-Schüler E.) Blanchet möchte nicht, daß Busoni bei Blanchets Auftreten (Konzertstück op. 14 für Klavier und Orchester) zugegen sei (Tonhalle Zürich 20. 4. 1920). «Wundern Sie sich darum nicht, wenn ich nicht zugegen bin. Ihre kleine Suite hätte ich zu gern gehört! – Dafür erhalte ich mich frisch zur Symphonie.» (27. 4. 1920).

389
– E. Br. m. U. [Zürich], 18. Mai 1920, 2 S. 4°. Freude über Andreaes Erfolg in Turin. «Nur ein Italiener erfährt, was Italien wirklich ist, u. zwar recht nachdrücklich, an der eigenen Haut.» Busoni empfiehlt die Pianistin Marcelle Herrenschmidt nach Zürich.

390
– E. Br. m. U. [Zürich], 27. Mai 1920, 1 S. 4°. Bittet um Antwort auf die Empfehlung (Marcelle) Herrenschmidts und des Komponisten B(ernard) van Dieren.

391
– E. Br. m. U. London, 23. Juni 1920, 2 S. 8°. Kommentar zum 7. Bd. der Bach-Busoni-Ausgabe (KiV Anhang I, II b), der Andreae von Busoni geschenkt bekommen hatte; «er enthält die Nachlese meiner gesamten Bach-Arbeit. Die *Lösung der Kanons* ist darin die spitzfindigste davon.» Erfolge in London: Busoni als Komponist, Pianist und Dirigent (Brautwahl-Suite, Indianische Fantasie; Liszt, Faust-Sinfonie). Im Publikum saß auch (George) Bernhard Shaw. Busoni lobt das London Symphony Orchestra. Kündigt Abschied von Zürich an.

392
– E. Br. m. U. London, 4. Juli 1920, 1 S. 4°. Kondolenzbrief zum Tod von Frl. Mathilde Schwarzenbach.

393
– E. Br. m. U. [Zürich], 5. August 1920, 1 S. 4°. Regt ein Engagement des italienischen Marionetten-Theaters in Zürich an. Empfehlung Gottfried Galstons als Nachfolger des Pianisten Lochbrunner am Konservatorium Zürich.

394
– E. Br. m. U. [Zürich], 8. August 1920, 2 S. 4°. Bleibt noch bis Ende Monat in Zürich und geht dann nach Berlin «u. ich plane eine regelmäßige alljährliche Thätigkeit in London, Paris u. Rom, wozu mir sechs freie Monate zur Verfügung stehen».

395
– E. Br. m. U. Zürich, 28. August 1920, 1 S. 4°. Letzter Brief aus Zürich. Betr. Einladung bei Andreaes: «[...] darf ich Ihnen bekennen, daß ich ‹aus dem Spiele› d. i.: daß ich *nicht fähig* sein würde, am Clavier zu sitzen. – Endlich: vergessen Sie nicht den schäumenden 19-Elfer!».

396
– E. Br. m. U. Berlin, 3. Oktober 1920, 2 S. 4°. Stimmungsbericht aus Berlin. «Mit Zürich hänge ich noch an einer geistigen Nabelschnur zusammen.» Busoni schrieb einen Tanzwalzer (KiV 288) und beendete eine Klavier-Toccata (KiV 287). «(Heiterkeit – Schönheit – Erfindung sind wieder gebotene Ziele. – Schwere, Häßlichkeit, und verlegene Schleicherei aus unserem Schaffen zu streichen.) [...] Wollen Sie nicht ihre Symphonie hier einführen?».

397
– E. Br. m. U. [Berlin], 29. November 1920, 2 S. 4°. Betr. Tätigkeit in Berlin. «Immer noch stehe ich in Erwartung Ihrer Symphonie, die ich in der Folge zu verwenden Gelegenheit suchen möchte u. auch finden dürfte.» Empfiehlt die 5. Sinfonie von Sibelius. Erkundigt sich nach dem Stand von Andreaes ‹Casanova› (‹Die Abenteuer des Casanova› op. 34).

398
– E. Br. m. U. Berlin, 28. Dezember 1920, 3 S. 4°. Betr. seine Unfähigkeit, sich schriftlich über Beethoven zu äußern. Fortgang der Komposition am ‹Dr. Faust›. Bemerkungen über Schreker, den Busoni nicht schätzt. Unverständnis für die jungen Komponisten und ihre «ungekonnte Musik». Heftige Kritik an Rezničeks ‹Ritter Blaubart›. Über Walter Scotts ‹On demonology and Witchcraft›, Busonis Lektüre.

399
– E. Br. m. U. Berlin, 14. Mai 1921, 6 S. 4°. Betr. Episode auf dem Brenner-Paß auf der Rückreise aus Rom: Kontrapunktstunde für den Komponisten Heimann nach der Methode Bernhard Ziehns. Aufführung der Turandot (KiV 273) und des Arlecchino

[KiV 270] in Berlin. Lob einer Così fan tutte-Aufführung. Kann sich, «aus der Entfernung, kein deutliches Bild» zu den Vorgängen in der Zürcher Oper, der «ersten schweizer Bühne», um den Direktor (Alfred) Reucker machen.

400
– E. Br. m. U. [Berlin], 21. Mai [1921], 1 S. 4°. Kommentar zur zweiten Sendung des vorherigen Briefes.

401
– E. Br. m. U. [Berlin], 15. Juni 1921, 4 S. 8°. Über Italien, wo sich Busonis Situation «gehoben» habe. Busoni las Monteverdis Madrigale (hrsg. von H. Leichtentritt bei Peters), die «neben Bach und Mozart als Gipfel» dastünden. (Luc) Balmer zeigte «ein zu beachtendes Quartett» vor. (Vollständig im Faksimile wiedergegeben in Stuckenschmidt 1967, S. 47 ff.).

402
– E. Br. m. U. Berlin, 16. Januar 1922, 4 S. 4°. Kritik an den Gedichten des Marchese Silvio Casanova (vgl. Dent, 1933, Bild mit Busoni auf Plate XIX). Reaktion auf den Tod Hans Hubers (24. 12. 1921). Freude über Mozart-Aufführungen in Berlin: «Der Mozart Kultus nimmt allmählig hier zu, und Wagners Reich wird langsam geschmälert. [...] Auch mit dem ‹Expressionistischen› Stümper u. Schwindel Zeug wird langsam abgeräumt.» Über die Freundschaft mit Philipp Jarnach und das Verhältnis von Leben und Kunst bei Mozart und Beethoven. «**Ganz** unvorbereitet trifft mich die Vermählungsnachricht die Sie mir von Benni übermittelten.»

403
– E. Br. m. U. [Berlin], 26. Mai 1922, 4 S. 4°. Betr. einen Bericht des Berliner Tagblattes über die Internationalen Festspiele in Zürich. Freude über Donaueschingen, wo Laquai aufgeführt wurde. «Nun habe ich meine Familie vollzählig in B. zusammen», da Benni mit seiner Frau, Busonis Schweizer Schwiegertochter, dort (in Berlin) eingetroffen ist.

404
– E. Br. m. U. [Berlin], 28. Mai 1922, 1 S. 4°. Betr. Berlioz' ‹Romeo und Julia›: «Ich hielte es für *verdienstvollst,* das Stück dem Publiko an die Ohren zu schleudern!» Erwägt Andreaes Vorschlag, als Solist in Zürich aufzutreten. Kritik an Schoeck: «Schoeck hat mich völlig aufgegeben. Ich ihn noch nicht ganz.»

405
– E. Br. m. U. [Berlin], 15. Juni 1922, 2 S. 4°. Bittet um 1000 Fr. (damals 50000 Mark), evtl. als Kredit, zur Unterstützung der Experimente Jörg Magers, «ein elektrisches Instrument zu bauen, das Töne in beliebiger Schwingungszahl hervorbringen kann. (angeregt durch mein Büchel: – Sie wissen schon)».

406
– E. Br. m. U. Berlin, 19. Juli 1922, 2 S. 4°. Vollendung der ersten Hälfte des ‹Doktor Faust› am 18. 7. 1922. Busoni regt eine konzertante Aufführung des Werks in den nächsten Zürcher ‹Festspielen› an. Aufzählung der Besetzung.

407
– E. Br. m. U. [Berlin], 25. September 1922, 1 S. 4°. Empfehlung des Pianisten Theophil Demetriescu. «Er spielt nächstens einen ‹Busoni›-Abend, den ich gerne nach Zürich verpflanzte.»

408
– E. Br. m. U. [Berlin], 22. Dezember 1922, 2 S. 4°. Weihnachtswünsche. «Ich habe in

dem letzten halben Jahre zu meiner Betroffenheit erfahren was es bedeutet, sie [die Gesundheit] zu entbehren.» Definitiver Verzicht auf die konzertante ‹Faust›-Aufführung.

409
– E. Br. m. U. [Berlin], 25. April 1923, 4 S. 4°. Sorge um Andreaes Erkrankung. Freunde über die IGNM. Busoni empfiehlt besonders seinen Schweizer Schüler Luc Balmer. Hat an Andreae «nur freundliche Erinnerungen, für die ich dankbar empfinde. – Wir haben uns gut verstanden, glaub' ich, und lebten schließlich eine fünfjährige geistige Ehe mit einander, die sich nicht aus den Biographien streichen läßt!–».

410
Busoni, Gerda, 1862–1956, Gemahlin von Ferruccio Busoni. E. Br. m. U. Berlin, 11. Februar 1927, 2 S. 4°. Betr. Busoni-Stiftung: «Wie Sie aus dem Cirkular [...] sehen, sind wir im Begriff ein Comité zu bilden, das es sich zur Aufgabe macht Ferruccios Andenken zu pflegen. – Ich würde mich sehr freuen, wenn Sie mir gestatten wollten Ihren werten Namen zu den schon vorhandenen hinzuzufügen.»

411
– E. Br. m. U. Berlin, 10. Dezember 1927, 2 S. 4°. An Hermann Reiff gerichtet: Betr. Busoni-Stiftung. Erwähnt «den beiliegenden Entwurf für einen Prospect der Stiftung» (nicht vorhanden).

412
– E. Br. m. U. Berlin, 14. Dezember 1927, 3 S. 4°. Dankt Hermann Reiff für die von ihm «aufgesetzte Stiftungsurkunde» (Busoni-Stiftung). Wünscht halbjährliche Zusendung der Zinsen (des Kapitals der Busoni-Stiftung).

413
– E. Br. m. U. Berlin, 4. Juni 1928, 1 S. 4°. Dankt Hermann Reiff «für Ihre große Mühe» (betr. Busoni-Stiftung).

414
– E. Br. m. U. Berlin, 28. Dezember 1929, 3 S. 8°. Berichtet Hermann Reiff von einer Spende in die Busoni-Stiftung von Miss Cohen.

415
– E. Br. m. U. Berlin, 4. Januar 1939, 3 S. 8°. Wünscht, daß Egon Petri «unter Ihrer Leitung Ferruccios ‹Concerto› mit Männerchor spielt».

416
– E. Br. m. U. Stockholm, 25. September 1947, 2 S. 4°. «Wäre es möglich die Liste zu erhalten von den Konzerten des Cyklus ‹Entwicklung des Klavierkonzertes›, den Ferruccio mit Ihnen in Zürich veranstaltete?»

417
Caplet, André, 1878–1925, französischer Komponist. Gedr. Vk. o. U. o. O. o. D., 1 S. 32°.

418
Caplet, Geneviève, ?, Gemahlin von André Caplet. E. Br. m. U. Criquebeuf-en-Caux. 18. Juni 1926, 1 S. 8°. Bedankt sich für die Aufführung eines Werkes von André Caplet. (Konzert der IGNM: u. a. Caplet: ‹Le Miroir de Jésus›, Mystère du Rosaire).

419
Caporali, Rodolfo, 1906, italienischer Pianist. E. Br. m. U. Rom, 15. April 1949, 1

S. 4°. «[..] rentré à Rome je désire Vous dire encore une fois le beau souvenir que je garde de mon concert à la Tonhalle» (betr. Abonnementskonzert vom 29. 3. 1949: Wagner, Ouverture zum ‹Holländer›; Beethoven, Klavierkonzert Nr. 1 op. 15; Berlioz, Symphonie fantastique op. 14).

420
Casadesus, Robert, 1899–1972, französischer Pianist. E. Br. m. U. Paris, 4. Oktober 1925, 1 S. 8°. Freut sich auf Zürcher Besuch; steigt im Hotel Baur au Lac ab und wird Rudolf Wittelsbach empfangen.

421
– E. Br. m. U. St. Sorlin-en-Valloire, 26. August 1926, 1 S. 4°. Programm: «des pièces de Ravel»: Forlane, Jeux d'eau, Alborada del gracioso.

422
– E. Br. m. U. Cavaillon, 22. September 1926, 1 S. 4°. Betr. «les trois jeunes gens dont vous m'avez parlé». Notiz von Andreae: «Wittelsbach R.».

423
– E. Ak. m. U. o. O., 28. Februar 1927, 1 S. 16°. Meldet Ankunft in Zürich. «Heureux de vous revoir.»

424
– E. Ak. m. U. (Fontainebleau), (25. Juni 1927), 1 S. 16°. Betr. Konzert: «du 23e Concert en la major de Mozart».

425
– E. Br. m. U. (Fontainebleau), 31. August 1927, 1 S. 8°. Betr. Programm: Sechs Sonaten von Scarlatti: «Les 6 durent 17 minutes et le concerto de Mozart [A-dur?] 20 m.»

426
– E. Bk. m. U. (Paris), 24. Oktober 1928, 1 S. 8°. Betr. Ankunft in Zürich, wohnt bei Andreae.

427
– E. Bk. m. U. (Paris), 5. März 1934, 1 S. 8°. Freut sich «de faire de la musique avec vous».

428
– E. Bk. m. U. o. O. 18. Oktober 1935, 1 S. 16°. Kann nicht nach Zürich kommen.

429
– E. Ak. m. U. San Francisco, 15. Februar 1938, 1 S. 16°. Grüße.

430
– E. Br. m. U. Fontainebleau, 24. August 1938, 1 S. 8°. Empfiehlt «deux de mes meilleurs élèves américains [...] Mr Livingstone Gerhardt et Melle Clotfelter».

431
– E. Br. m. U. [Oberägeri], 27. August 1949, 1 S. 8°. Bleibt noch in Oberägeri «en cure».

432
– E. Br. m. U. [Oberägeri], 29. September 1949, 1 S. 8°. Wohnt im Ferienhaus von Andreae in Oberägeri.

433
– E. Br. m. U. [Bern], 5. Oktober 1949, 1 S. 8°. Grüße.

434
– Pk. von fremder Hand m. U. (Liestal), 19. (August 1954), 1 S. 16°. Betr. Einladung Andreaes.

435
– Vk. von fremder Hand m. U. Paris, o. D. 1 S. 32°. Neujahrsgrüße.

436
Casals, Pablo, 1876–1973, spanischer Cellist. E. Pk. m. U. Vendrell, 31. Juli (1908), 1 S. 16°. Freut sich, unter Andreae zu spielen.

437
– E. Pk. m. U. Vendrell, 9. September 1908, 1 S. 16°. Bestätigt Daten von Proben und Konzert. Gibt Hinweise auf das zu spielende cis-moll-Konzert von Moór.

438
– E. Br. m. U. Paris, 15. April 1912, 1 S. 8°. «Je pourrais accepter le 6/7 Janvier 1913 Honoraire: 2000 mk.» Notiz von Andreae: Honorar: 1800 Fr.

439
– E. Br. m. U. Paris, 9. Mai 1912, 2 S. 8°. Freut sich, in Zürich zu spielen. Ist aus persönlichen Gründen mit der Reduktion eines Honorars anstatt 2000 Mark nur 2000 Franken einverstanden. Hd.schr. Notiz von Andreae: Empfiehlt Engagement Casals: «Casals ist der größte der heute lebenden Künstler.»

440
– E. Pk. m. U. Paris, 26. Mai 1912, 1 S. 16°. Bittet um definitive Bestätigung der Konzertdaten 6./7. Januar.

441
– E. Br. m. U. Paris, 29. Mai 1912, 1 S. 8°. «Sie vous ne pouvez pas me donner les 6 et 7 janvier, je crois que nous serons forcés d'abandonner».

442
– E. Br. m. U. Barcelona, 13. April 1928, 1 S. 4°. Freut sich, in Zürich wieder spielen zu können. (Beil. Abschrift eines Briefes an Konzertagentur Kantorowitz).

443
– E. Pk. m. U. (Barcelona), 15. Februar 1935, 1 S. 16°. Bedauert, daß Andreae nicht (zur Aufführung eines seiner Werke) nach Barcelona kommen konnte.

444
– E. Br. m. U. Barcelona, 7. November 1935, 1 S. 4°. Dankt für einen Besuch Andreaes in Barcelona und gratuliert zum großen Erfolg seines Konzertes.

445
– E. Br. m. U. Barcelona, 9. Dezember 1935, 2 S. 4°. Dankt nochmals für Besuch und Konzerte in Barcelona: «Votre presence dans nos concerts a été quelque chose qui restera dans le coeur de tout le monde musical de notre ville». Bedankt sich für Einladung nach Zürich, möchte aber nicht in einer Zeit dirigieren, während der er als Violoncellist auf Tournee ist.

446
– E. Br. m. U. Zürich, 5. Mai 1942, 1 S. 8°. Empfiehlt die Altistin Inès Loewen.

447
– E. Br. m. U. Zürich, 3. September 1945, 1 S. 8°. Drückt seine Freude aus über zwei stattgefundene und ein bevorstehendes Konzert. Empfiehlt nochmals Inès Loewen.

448
– E. Bk. m. U. Prades, 26. März 1946, 2 S. 16°. Gratuliert zum 40. «anniversaire de la direction de votre orchestre».

449
– E. Br. m. U. Prades, 1. Oktober 1948, 2 S. gr. 8°. Schreibt über seinen politisch motivierten Entschluß, nicht mehr zu spielen: «Tant que les mêmes circonstances subsistent je ne puis changer mon attitude».

450
– E. Br. m. U. (Prades), 11. Januar 1949, 1 S. 4°. Bedankt sich für den Aufschub eines Termins «jusqu'à la dernière limite».

451
Casella, Alfredo, 1883–1947, italienischer Komponist. M. Br. m. U. [Zürich,] 2. April 1911, 1 S. 4°. Empfiehlt Luigi Silva als Cellisten. «Avez vous reçu les partitions de poche des deux suites nouvelles tirées de mon opera La donna serpente?»

452
– M. Br. m. U. Zürich, [1911], 1 S. 4°. «Mais une chose surtout m'importe, et c'est de vous redire une dernière fois ma gratitude pour la magnifique – fraternelle – préparation de l'orchestre pour mon oeuvre.»

453
– M. Br. m. U. Nantucket Island, 21. September [1928], 1 S. 4°. «[...] j'ai terminé il y a deux jours le *concerto pour violon* que je destine à Szigeti et dont ce grand violoniste aura l'exclusivité pour 28/29. Lundi je pars à Los Angeles pour diriger 4 concerts à Hollywood (25,000 auditeurs!)».

454
Chaix, Charles, 1885–?, Schweizer Komponist. E. Br. m. U. Genève, (5.) Juli 1959, 1 S. 4°. Glückwünsche zum 80. Geburtstag. (Brief enthalten im Album des Tonkünstlervereins zu Andreaes 80. Geburtstag).

455
Chevillard, Camille, 1859–1923, französischer Dirigent und Komponist. E. Br. m. U. Paris, 14. Januar 1908, 2 S. 8°. Betr. Augenkrankheit. «En conséquence, je vous demanderai de vouloir bien adresser dorénavant la correspondance relative au concert projeté, à Mr. Léon Bourgeois, secrétaire du comité de l'association des concerts-Lamoureux».

456
Comtesse, Robert, 1847–1922, Schweiz. Bundespräsident. Gedr. Bk. o. U. mit handschr. Eintragungen [Bern], (1912) 1 S. 16°. «Der Bundespräsident beehrt sich, Herrn Kapellmeister Andreae zu der anläßlich des Besuches Seiner Majestät des Deutschen Kaisers am 4. September 1912 abends auf dem Zürichsee veranstalteten Fahrt hiermit einzuladen.»

457
Corti, Mario, 1882–1957, italienischer Violinist. E. Br. m. U. Rom, 21. Februar 1923, 2 S. 4°. Betr. «l'esecuzione della Passione di S. Mattheo».

458
– M. Br. m. U. «Corti» von fremder Hand. Rom, 21. März 1950, 1 S. 4°. «Noi terremo presente il Suo nome come quello di uno dei più graditi nostri collaborationi». Betr. Zahlungsanweisung. Notiz von Andreae: «Geld bleibt in Rom».

459
– M. Br. m. U. «Corti» von fremder Hand, Rom, 20. Juni 1950, 1 S. 4°. Bestätigung, daß die vereinbarte Summe auf der Banca Italiana liege.

460
Cortot, Alfred, 1877–1962, französischer Pianist. E. Br. m. U. Paris, 29. April 1940, 2 S. 4°. Antwort auf eine Anfrage Andreaes (evtl. betr. Urlaubsgesuch für André Jamet) an die «Assoc. pour le Développement des Oeuvres d'entr'aide dans l'armée». (Beil. der von Cortot übersandte abschlägige Bescheid des frz. «Ministère de l'Education Nationale»).

461
Courvoisier, Walter, 1875–1931, Schweizer Komponist. E. Pk. m. U. Basel, 9. Juli 1904, 1 S. 16°. Fragt nach Chormaterial.

462
Dalmorès, Charles, 1871–1939, französischer Sänger. E. Br. m. U. Berlin, 24. Juni 1907, 2 S. 8°. «Malheureusement, je ne serai pas libre le 4 Février 1908».

463
– E. Br. m. U. Bayreuth, 9. Juni 1908, 2 S. 8°. «Je ne pourrai à mon grand regret chanter à votre concert du 19 octobre».

464
Delius, Frederick, 1863–1934, englischer Komponist. E. Br. m. U. Grez, 4. April 1910, 1 S. 8°. «[...] ich freue mich sehr daß ‹Brigg Fair› unter Ihrer Leitung zur Aufführung kommt» (‹Brigg-Fair›, An English Rhapsody).

465
– Pk. von fremder Hand m. U. Grez, 9. April 1910, 1 S. 16°. Empfiehlt «Tubular Bells» für die Aufführung von ‹Brigg Fair›, «da die Stahlplatten für gerade diese Wirkung unbrauchbar sind».

466
– Pk. von fremder Hand m. e. U. Grez, 7. Mai 1910, 1 S. 16°. «Meine Adresse in Zürich ist bei Frau [Elise-Helene] Haeberlin Stockerstr. 49».

467
– E. Br. m. U. Grez, 9. Juni 1910, 2 S. 4°. Dankt «für die unvergleichlich schöne Aufführung meiner ‹Brigg Fair›».

468
Delius, Jelke, ?, Gemahlin von Frederick Delius, E. Pk. m. U. Grez, 21. Mai 1910, 1 S. 16°. Informiert über verspätete Ankunft.

469
Denjis, Thomas, 1877–1935, holländischer Sänger. E. Ak. m. U., Amsterdam, 26. März 1927, 1 S. 16°. «Einen schönen Gruß von der Missa [.] ¾ des Milaner Quartetts Thom Denjis Lotte Leonhard Louis van Tulder.»

470
– E. Ak. m. U. Den Haag, (13.) September (1931), 1 S. 16°. Schickt Bild von Andreae und Grüße.

471
Dent, Edward Joseph, 1876–1957, englischer Musikforscher. E. Br. m. U. Mailand, 15. Januar 1926, 1 S. 4°. Die IGNM übernimmt die Aufführungskosten des Bläserquintetts von Schönberg. Teilt die Bedingungen mit.

472
– E. Br. m. U. Nizza, 18. Mai 1926, 2 S. 8°. Sammelte nur 60 Pfund für Frau Busoni. Ein Freund Busonis, der Manager der Wigmon-Hall, rät, «den Fond noch einige Zeit offen zu halten».

473
– M. Br. m. U. London, 25. Januar 1927, 1 S. 4°. Oper von Othmar Schoeck («Penthesilea» op. 39) würde gern in das Programm des internationalen Musikfestes aufgenommen, aber «aus technischen Gründen mußte die Aufführung einer Oper schon vorher in Verbindung mit der Frankfurter Intendanz besprochen werden».

474
– M. Br. m. U. Berlin, 3. September 1927, 2 S. 4°. Labroca besprach sich mit Casella, betr. Musikfest in Siena. Trifft leider Jarnach bei Frau Busoni nicht. Butting ist auch mit einer Tagung im März einverstanden.

475
– M. Br. m. U. Nizza, 15. Dezember 1927, 4 S. 4°. Casella bekommt Unterstützung der Behörden von Siena und Rom. Programmvorschläge von Casella. «Ein sehr schönes Programm, und eine gute Konkurrenz gegen Salzburg und Max Reinhardt! [...] Henry Wood spielte die Tanzwalzer [Busoni] am 8 Dezember in London; eine etwas steife Aufführung. Wood hat eine aufrichtige Liebe zu Busonis Musik, aber es fehlt ihm immer ein wenig an Flottheit und Elastizität.»

476
– E. Br. m. U. London, 28. Juli 1928, 1 S. 4°. «Edwin Evans und ich möchten bei der Conferenz in Siena gerne den Vorschlag machen, Manuel de Falla zum Mitglied unseres Ehren-Komites zu ernennen.»

477
– M. Br. m. U. Cambridge, 2. Dezember 1928, 2 S. 4°. An Hermann Reiff gerichtet. Fragt, «ob es möglich wäre, Herrn von Webern aus dem Busoni-Fond irgendwelche Hilfe zu geben [...]. Jedenfalls glaube ich, daß Webern sich wirklich in einer sehr schwierigen Lage befindet [...] aber ich glaube nicht daß man sich in England viel für Webern interessieren wird». (Beil. Kopie eines Briefes der IGNM, Sektion Österreich: betr. «unser Vorstandsmitglied, Herr Anton von Webern».)

478
– E. Br. m. U. Cambridge, 12. Oktober 1932, 2 S. 8°. Empfiehlt Homi Bhaba (Math.-Student ETH) für eine Einladung.

479
Dobrowen, Issai, 1894–1953, russischer Dirigent/Pianist. Pk. von fremder Hand m. e. U. Gaienhofen, 9. Juli (1923), 1 S. 16°. Hofft das «hochinteressante Werk ‹Casanova› in Dresden» aufzuführen (Andreae, op. 34).

480
– Br. von fremder Hand m. e. U. Berlin, 22. September 1924, 2 S. 4°. Gratuliert zum Erfolg des ‹Casanova› (op. 34) in Deutschland. Möchte in Zürich dirigieren.

481
– Br. von fremder Hand m. e. U. Dresden, 10. April 1925, 1 S. 4°. Möchte an der Volksoper den ‹Casanova› bringen. «In Dresden hat das Werk immer noch starken Erfolg, obgleich die Aufführung, verständlicher Weise, nicht mehr das Niveau der ersten Vorstellungen hat.» Freut sich, daß das Werk auf dem Programm der Festspiele steht. «Ist es wahr, daß es möglicherweise durchs ‹Intermezzo› [Strauss, op. 72] ersetzt werden wird?»

482
Draeseke, Felix, 1835–1913, deutscher Dirigent, E. Ak. m. U. (Dresden), (12. Oktober 1910), 2 S. 16°. Freut sich, daß «die Serenade und gar zweimal die tragica» von Andreae aufgeführt wird, «wie mir mein Freund [Arnold] Niggli schreibt».

483
– E. Ak. m. U. Dresden, 24. Februar 1911, 1 S. 16°. Grüße an Andreae und dessen Mutter.

484
Dubs, Hermann, 1895–1969, Schweizer Dirigent. E. Pk. m. U. (Charlottenburg), (6. Mai 1922), 1 S. 16°. Grüße.

485
Dupré, Marcel, 1886–1971, französischer Organist. E. Br. m. U. Mendon, 20. Januar 1948, 3 S. 8°. «Vous m' avez donné, pour improviser la plus belle et intéressante combinaison possible, de votre sujet de fugue allant en contrepoint renversable sur celui de Bach».

486
Durigo, Ilona, 1881–1943, ungarische Sängerin. E. Pk. m. U. Leipzig, 20. September 1918, 2 S. 16°. Grüße vom Schweizer Musikfest, auch von H. Suter, F. Brun, A. Brun, O. Schoeck u. a.

487
– E. Ak. m. U. Budapest, 27. Dezember 1940, 1 S. 16°. Grüße.

488
– E. Br. m. U. Budapest, 21. April 1941, 2 S. 4°. «Mit was für schmerzlich-sehnsüchtigem Gefühl ich am Charfreitag an Euch gedacht habe, könnt Ihr Euch wohl vorstellen!–». Möchte Jurymitglied am Sängerwettbewerb in Genf sein.

489
– E. Br. m. U. Budapest, 20. Mai 1941, 2 S. 4°. Ist beglückt, daß «der offizielle Engagementbrief für das Charfreitagkonzert 1942» ankam. «Nun wünsch' ich mir nur, daß das Schicksal es mir gönnen möge, in 1942 noch einmal – u. wohl zum letztenmal die Matthäus Passion unter Deiner Leitung lieber Volkmar singen zu dürfen!»

490
– E. Bk. m. U. Budapest, 20. Mai 1942, 2 S. 16°. Ist «untröstlich über das plötzliche und auch so tragische Dahingehen meiner allerliebsten Herzensfreundin!» [?] «Hoffentlich kam Familie Savoff glücklich an».

491
– E. Ak. m. U. o. O., 5. Juli 1942, 1 S. 16°. Freut sich auf die Konzerte im Engadin. Glückwünsche zum Geburtstag.

492
– E. Bk. m. U. Budapest, 5. Juli 1943, 2 S. 16°. Geburtstagswünsche. Hofft «auf ein Zusammenmusicieren in der nächsten Saison zuversichtlich».

493
– E. Pk. m. U. Budapest, 27. Dezember 1943, 1 S. 16°. Neujahrsgrüße.

494
Effenberger, Rudolf, ?, E. Br. m. U. Wien, 1958 (April) Ostersonntag, 3 S. 8°. Gedicht: «Nach der Neunten». Schreibt betr. Mittwochkonzert 1958. Ostergrüße.

495
– M. Br. m. U. Wien, [?. Juli] 1959, 2 S. 4°. Gedicht zum «angeblich letzten Konzert im Wiener Musikverein 1959». Wünsche zum 80. Geburtstag.

496
Erb, Karl, 1877–1958, deutscher Sänger. E. Br. m. U. München, 12. Mai 1922, 1 S. 8°. Hofft, außer in der Aufführung der Matthäus-Passion (am 30. 3. 1923) sonst noch in Zürich auftreten zu können.

497
– E. Br. m. U. München, 1. Mai 1925, 1 S. 4°. Kann die Matthäus-Passion aus «finanziellen Gründen» nicht in Zürich singen (Karfreitagskonzert 1926). Singt in St. Gallen «am 5. u. 6. Dezember» ‹Le Laudi di San Francesco d'Assisi› von Hermann Suter und bietet sich auch für die Zürcher Aufführung am 7. und 8. Dezember als Sänger an.

498
– E. Br. m. U. München, 21. September 1929, 2 S. 4°. Erlitt am 4. Juli einen Beinbruch. «Seit diesem Tage liege ich!». Kann das Engagement für das Konzert am 28./29. Oktober 1929 (9. Sinfonie von Beethoven) möglicherweise nicht einhalten.

499
– E. Br. m. U. Amsterdam, 24. März 1934, 3 S. 8°. «Sofern Sie es nicht wissen sollten, möchte ich Ihnen ‹im Vertrauen› sagen, daß ich noch existiere u. manchmal als Sänger ‹noch› einen guten Tag habe. Spaß bei Seite! In Deutschland wackeln sämtliche Generalmusikdirektorensessel.» Erwähnt Ria Ginster, Thomas Denjis, Willem Mengelberg und Hermann Abendroth. Fragt an, ob er 1935 in der Johannes-Passion singen könne (am 23. Juli sang er in der Matthäus-Passion).

500
– E. Pk. m. U. (Ravensburg), 27. März 1938, 1 S. 16°. Betr. Probe (für Konzert vom 15. April, Matthäus-Passion): «Am Dienstag reise ich nach einem Evangelisten in Hamburg nachts 12 Uhr ab […]. Nach dieser Leistung ist eine Probe nicht ratsam.»

501
– E. Br. m. U. Ravensburg, 9. Juli 1939, 1 S. 4°. Gratuliert Andreae zum 60. Geburtstag.

502
Erdmann, Eduard, 1896–1958, deutscher Pianist/Komponist. Br. von fremder Hand m. e. U. Köln, 3. Mai 1931, 1 S. 4°. Glückwünsche zum Jubiläum (25 Jahre Chef des Tonhalle-Orchesters).

503
Fassbender, Zdenka, 1879–1954, tschechische Sängerin. E. Bk. m. U. München, 23. Juni 1908, 2 S. 16°. «Das Duett ‹Götterdämmerung› sehr gut.» Schlägt vor: ‹Liebestod›, Schluß der ‹Götterdämmerung›, Arie des Adriano in ‹Rienzi›, etwas aus ‹Parsifal›.

504
– E. Pk. m. U. (München), (27. Juli 1908), 1 S. 16°. «Arie Adriano [aus Rienzi von Wagner] u Duett Götterdämmerung, einverstanden. Ich will Direktor Mottl fragen, ob ich das Notenmaterial haben kann für Rienzi.»

505
– E. Pk. m. U. (München), (9. Februar 1909), 1 S. 16°. An Carl Ulrich gerichtet. «Stimmen für Adriano [Arie in ‹Rienzi›] bringe ich mit.»

506
– E. Pk. m. U. (München), (10. Februar 1909), 1 S. 16°. An Carl Ulrich gerichtet. Ist mit Duett ‹Götterdämmerung› oder Schlußszene der Brünnhilde einverstanden.

507
– E. Br. m. U. o. O. o. D. 2 S. 8°. Will bei der Probe zur ‹Elektra› nicht mit voller Stimme singen, nur markieren.

508
Feuermann, Eva, ?. E. Ak. m. U. (Grindelwald), (8. Juli 1938), 1 S. 16°. Grüße von Eva und Monica Feuermann.

509
– E. Ak. m. U. o. O. [Neujahr 1942], 1 S. 16°. Grüße u. a. von Eva, Emanuel und Monica Feuermann.

510
Fischer, Edwin, 1886–1960, Schweizer Pianist. E. Ak. m. U. Pallanza, 3. Juli (1926), 1 S. 16°. Grußkarte, teilweise von Silvio Casanova. «Hier ist herrlich zu sein, zu musizieren, verstanden zu werden».

511
– E. Br. m. U. Berlin, 23. Dezember 1934, 1 S. 4°. Möchte lieber Bach Tripelkonzert a-moll spielen als «Bach d moll 1 Clavier».

512
– E. Bk. m. U. [Zürich], 19. Januar 1937, 1 S. 16°. «Ich vermutete, da Sie das Concert in dem ich spielte nicht dirigierten, Sie seien auf einer Gastspielreise.» (betr. Abonnementskonzert vom 18./19. 1. 1937: Strauss: ‹Till Eulenspiegel›; Beethoven, Klavierkonzert Nr. 5 op. 73; Brahms, Sinfonie Nr. 1 op. 68.)

513
– E. Pk. m. U. o. O. (18. Juli 1939), 1 S. 16°. Gratuliert zum 60. Geburtstag.

514
– E. Bk. m. U. o. O. Sommer [1940], 2 S. 16°. Schlägt vor: Beethoven, Klavierkonzert G-Dur oder C-Dur und Brahms Klavierkonzert (Nr. 1 oder Nr. 2).

515
– E. Pk. m. U. (Lausanne), (10. Oktober 1940), 1 S. 16°. «Ich freue mich auf unser Musizieren».

516
– E. Br. m. U. Hertenstein, 4. Oktober 1943, 1 S. 4°. «[...] haben Sie eine Stunde Zeit für mich, besuche ich gerne eine Probe, oder esse in der Stadt mit Ihnen».

517
– E. Br. m. U. Hertenstein, 30. September 1944, 1 S. 8°. Könnte Andreae «das d'Albert Concert mal vorspielen».

518
– E. Bk. m. U. Zürich, 20. November 1954, 2 S. 16°. Reist nach Wien, um mit Andreae zu musizieren.

519
Flesch, Berta, ?, Gemahlin von Carl Flesch. Gedr. Bk. m. e. Notiz m. U. Luzern, 28. November 1944, 1 S. 16°. Danksagung anläßlich des Todes von Carl Flesch. «Wer hätte dies gedacht, als wir vor kurzer Zeit noch einen so wunderschönen Abend verlebten! Bitte behalten Sie meinen Mann in treuem Angedenken.»

520
Flesch, Carl, 1873–1944, ungarischer Violinist. E. Pk. m. U. Amsterdam, 12. März 1908, 1 S. 16°. «Ysaye spielt heute + morgen hier folgendes Progr.: I Corelli Concert für 2 Geigen + Cello m. Quartettbegl. II Bach Concert f. 2 Viol. III Moòr Conc!!! So ein salade russe!»

521
– E. Br. m. U. Amsterdam, 5. April 1908, 3 S. 8°. Freut sich auf ein Konzertengagement für März. «De Boer trifft in Zürich reglementmäßig 21 April ein.» Sprach mit Willem Mengelberg über Andreae.

522
– E. Br. m. U. Berlin, 17. April 1908, 3 S. 8°. «Das Vergnügen mit Ihnen im nächsten Jahre wieder zu musicieren ist zu groß, als daß ich auch ein reduciertes Honorar nicht acceptieren sollte. Also, va pour 1000 frs. [...] Übrigens kann de Boer das Concert ja auch vorher mal mit dem Orchester spielen.»

523
– E. Pk. m. U. (Amsterdam), (13. Juni 1908), 1 S. 16°. Kann am 4./5. Januar nicht spielen. «Vielleicht, daß Hr. [Julius] Röntgen bereit wäre [zu tauschen]?»

524
– Gedr. Vk. o. U. Berlin (ca. September 1908), 1 S. 32°. «Neue Adresse: Berlin W. Kaiserallée 200.» (ab 1. September 1908).

525
– E. Br. m. U. Berlin, 25. April 1909, 3 S. 8°. Möchte in Zürich ein Rezital geben.

526
– M. Br. m. U. Berlin, 28. November 1910, 1 S. 4°. Freut sich auf das Konzert am 5. Dezember. (Mozart, Sinfonie D-Dur KV 385; Joachim, Violinkonzert Nr. 11; Solostücke: Aria von [Antonio] Tenaglia und Allegro von [Pietro] Nardini; Paganini-Flesch, Oktaven-Etude; Brahms, Variationen für Orchester op. 56a).

527
– E. Br. m. U. Rindbach b/Ebensee, 11. Juli 1912, 2 S. 8°. Schlägt vor: «Mozart D dur oder A Dur Glazunow Violinconcert Mit Mozart ginge auch als Nr. II Suk Fantasie»; sonst Brahms, Ungarische Tänze; Dvořák, slavische Tänze, Romantische Stücke.

528
– E. Br. m. U. Berlin, 14. November 1920, 2 S. 4°. Freut sich auf ein Zürcher Konzert im Februar: «zählen doch die Züricher Concerte unter Ihrer Leitung zu den schönsten Erinnerungen meiner Laufbahn».

529
– M. Br. m. U. Berlin, 21. November 1920, 1 S. 4°. Spielt in Mozart-Konzert 1. Satz eine Kadenz von Joachim, im 2. Satz keine Kadenz: «Sie ist zwar von Mozart vorgesehen, aber nach meiner Erfahrung reißt sie den Hörer derartig aus der himmlischen Stimmung des Satzes, daß man unbedingt in diesem Falle dem zeitgenössischen, die Kadenz als einen Fremdkörper-empfindenden Gefühl Rechnung tragen muß.»

530
– M. Br. m. U. Baden, 9. September 1943, 1 S. 4°. Möchte Andreae nach fünfzehn Jahren wieder sehen.

531
– M. Br. m. U. Baden, 18. September 1943, 1 S. 4°. Bedauert, daß er nicht nach Zürich kommen kann.

532
Fournier, Pierre, geb. 1906, französischer Cellist. E. Br. m. U. Paris, 29. August 1946, 2 S. 8°. Dankt für gemeinsame Stunden in Zürich.

533
Franke, Friedrich Wilhelm, 1861–1932, deutscher Organist. E. Bk. m. U. Köln, 27. März 1901, 2 S. 16°. «Also gehts an eine wirkliche große Oper; Glück auf! Hoffentlich bekomme ich etwas davon zu hören, wenn Sie hier in Köln sind.» (betr. Oper ‹Oenone›).

534
– E. Pk. m. U. Köln, 18. Februar 1902, 1 S. 16°. Empfiehlt Andreae Bruchs ‹Glocke› (op. 45) «eingehend auf die Chor-Technik hin zu studieren».

535
– E. Pk. m. U. Köln, 18. Januar 1904, 1 S. 16°. Betr. Orgelstimme zur Missa (Missa solemnis von Beethoven).

536
– E. Pk. m. U. Köln, 25. März 1904, 1 S. 16°. Betr. Bereinigung des Aufführungsmaterials (für Messias von Händel in der Einrichtung von Franke).

537
– E. Pk. m. U. (Köln), 22. April 1904, 1 S. 16°. Betr. Partitur (zu Messias-Aufführung).

538
– E. Pk. m. U. Köln-Lindenthal, 17. November 1904, 1 S. 16°. Betr. Klavierauszug (zu Messias-Aufführung).

539
– E. Pk. m. U. (Köln), 1. Dezember 1904, 1 S. 16°. Empfiehlt (Franz Joseph) Breitenbach als Organisten (für Messias-Aufführung) falls er selbst nicht kommen kann. Zur Einrichtung des Werkes: «Nach No. 36 kommt ein kleines Arioso für Tenor ‹Ihr Schall gehet aus›; falls ich dies Stückchen nicht mehr auffinde, kann es wegbleiben u. es folgt dann sogleich die C-Dur Baß-Arie; ohne Wiederholung des ersten Theiles

leitet sie in die Einlage Recitativ pag. 131, welches Sie dem Bassisten ausschreiben müssen; daran schließt ‹Hallelujah› ohne Einleitung.»

540
– E. Pk. m. U. Köln-Lindenthal, 20. Februar 1905, 1 S. 16°. Verzeichnis der übersandten Orchesterstimmen (zu Messias, u. a. 4 Hörner, 3 Trompeten, 2 Posaunen und Harfe).

541
– E. Br. m. U. Köln-Lindenthal, 2. März 1905, 1 S. 4°. Betr. Messias-Aufführung: «Für Chor und Orchester ist der Leitsatz: höchste Charakteristik und höchste Schönheit, in Ausdruck und Klang [...]. Die zusammengehörigen Szenen müssen in sich geschlossen bleiben; keine unnötigen Pausen, zwischen den einzelnen Nummern [...]. Alle Cadenzen im Orchester stets im Charakter der Situation; nimmer schablonenhaft!»

542
– E. Br. m. U. Köln-Lindenthal, (6. März) 1905, 1 S. 4°. Betr. Messias-Aufführung: «8 Oboen sind für die Chöre notwendig; für die Arien die Hälfte davon. 6 Fagotte sind aber ausreichend; für die Arien zwei.» Dankt für die «Vermittlung von Reger [...]. Der künstlerische Kern seiner Persönlichkeit hat mir imponirt; aber der Mensch!!! Wie schade! Man könnte traurig werden!– –».

543
– E. Pk. m. U. Köln-Lindenthal, 7. März 1905, 1 S. 16°. Betr. Messias-Aufführung: «Die Oboen (8) und Fagotte (6) müssen sich vor allen Übertreibungen hüten; sie geben das eigentliche Colorit und müssen immer weich klingen.»

544
– E. Pk. m. U. Köln-Lindenthal, 25. März 1905, 1 S. 16°. Läßt Textbuch (zu Messias) schicken.

545
– E. Br. m. U. Köln-Lindenthal, 24. April 1905, 1 S. 8°. Dankt für Aufführung, die er leider nicht hören konnte. «Wenn ich Ihnen einmal z. B. irgendeine Bach'sche Cantate zurechtmachen u. die Arbeit abnehmen kann, dann bitte, verfügen Sie über mich».

546
– E. Br. m. U. Köln-Lindenthal, 13. März 1924, 3 S. 8°. Erinnerung an die Notzeiten des ersten Weltkrieges.

547
Freund, Robert, 1852–1936, ungarischer Pianist. E. Pk. m. U. (Zürich), 8. Juli (1903), 1 S. 16°. Grüße.

548
– E. Pk. m. U. (Zürich), 28. März (1904), 1 S. 16°. Programmvorschlag für ein Konzert mit dem Sänger (Karl) Scheidemantel.

549
– E. Pk. m. U. (Laufenburg), 13. Juli (1909), 2 S. 16°. Betr. Konzert von Georg Schumann. Würde sich freuen, wenn G. Schumann im nächsten Winter in Zürich spielen wollte.

550
– E. Br. m. U. [Zürich], 27. Juli 1909, 2 S. 4°. Betr. Daten für Konzert von Georg Schumann. (Diese Mitteilung steht auf der Rückseite eines Briefes von G. Schumann an Andreae vom 6. Juli 1909, in dem sich G. Schumann bereit erklärt, 1910 «in Ihren

Kammermusiken von meinen neuen Arbeiten selbst etwas auszuführen.» Darunter Notiz Andreaes z. H. von Robert Freund.)

551
– E. Br. m. U. Budapest, 18. Mai [1914], 3 S. 8°. Gratuliert Andreae zum Dr. h.c. Hofft ‹Ratcliff› bald zu hören.

552
– E. Pk. m. U. Budapest, 21. Dezember [1914], 2 S. 16°. «Neulich las ich, daß Sie Ihren Ratcliff beendigten.»

553
– E. Br. m. U. Budapest, 8. April [nach 1919], 2 S. 4°. Betr. Schwierigkeiten, in Budapest moderne Werke aufzuführen. Bedauert, Andreaes Sinfonie in Wien nicht gehört zu haben (Sinfonie C-Dur op. 31).

554
– E. Br. m. U. [Budapest], 7. April [1922], 2 S. 8°. «Schönsten Dank u. Bewunderung Ihres Bülow'schen Gedächtnisses.» (Andreae hatte Freund offenbar zu seinem 70. Geburtstag gratuliert.)

555
– E. Br. m. U. Budapest, 26. Februar [nach 1924], 2 S. 8°. Betr. Andreaes ‹Casanova› (1924). «Der musikalische Lustspielton ist auf's Glücklichste getroffen u. ein Einfall drängt den anderen.»

556
– E. Br. m. U. Budapest, 30. Oktober o. J., 3 S. 8°. Rosenthal spielte das e-moll-Konzert von Chopin. Hätte gerne Busonis ‹Berceuse› (élégiaque op. 42) und Mahlers ‹Lied von der Erde› in Andreaes Interpretation gehört.

557
– E. Vk. m. U. o. O. o. D. 2 S. 16°. Empfiehlt Maria Thomán als Geigerin.

558
Friedberg, Carl, 1872–1955, deutscher Pianist. E. Br. m. U. Köln, 23. Juni 1908, 2 S. 8°. Dankt für Engagement. «Am liebsten wäre mir das *Es dur* Concert [von Beethoven]. Das G dur kann *nur D'Albert* spielen.»

559
– E. Br. m. U. München, 21. Mai 1920, 2 S. 4°. Möchte in Zürich spielen. Ist durch die Übernahme des «Schnabeltrio's» belastet.

560
Friedländer, Max, 1852–1934, deutscher Musikforscher. M. Br. m. U. Berlin, 22. August 1912, 3 S. 8°. Organisiert wie Andreae Programme mit Volksliedern und Vorträgen, erbittet Andreae um Begleitung am Klavier.

561
– M. Br. m. U. Berlin, 13. Mai 1913, 4 S. 8°. Am Frankfurter Männergesangswettstreit hat Hegar «einen ausgezeichneten Eindruck gemacht». Findet von den beiden Wettbewerbskompositionen ‹Wanderlied› und ‹Der fliegende Holländer›, die unter dem Kennwort ‹Gottfried Keller›, eingereicht wurden, vor allem letzteres sehr gut. Vermutet Andreae als Komponisten.

562
– M. Br. m. U. Berlin, 4. August 1913, 4 S. 4°. Andreae soll Lieder für gemischten Chor setzen. «Ich kenne Sie gut genug, um zu wissen, daß Sie bei Ihren Harmonisationen vor allem auf *Volkstümlichkeit* Rücksicht nehmen».

563
– E. Br. m. U. San Martino di Castrozza, 19. August 1913, 2 S. 8°. Betr. Lieder, die Andreae für gemischten Chor setzen soll.

564
– E. Br. m. U. San Marino di Castrozza, 30. August 1913, 3 S. 8°. Betr. Lieder, die Andreae für gemischten Chor setzen soll.

565
– M. Br. m. U. Berlin, 27. Oktober 1913, 2 S. 8°. «Wie völlig haben Sie doch das Wesen der Aufgabe erfaßt und echte Kunst mit Volkstümlichkeit verbunden. Daß Sie sich in fast allen Fällen auf Strophenlieder beschränkt haben, rechne ich Ihnen ganz besonders hoch an. [...] neben Ihnen sind durch Hegar, Huber und Suter vorzügliche Harmonisationen eingeschickt worden.»

566
– M. Br. m. U. Berlin, 10. Januar 1927, 2 S. 8°. Bittet Einsicht nehmen zu dürfen in Jubiläumsschriften «Ihrer alten Konzertgesellschaften oder Gesangvereine». (Hs. Notiz von Andreae: Weitergabe der Bitte an Victor Wirz.)

567
Fuchs, Marta, 1898–1974, deutsche Sängerin. E. Br. m. U. [Dresden], 19. Mai 1932, 2 S. 4°. Freut sich, die Messe von Reutter zu singen (op. 22). «Die ‹Westermann-Arie› liegt mir auch sehr gut» (betr. Komposition von Gerhard von Westermann).

568
– E. Br. m. U. [Dresden], 4. Juni 1932, 1 S. 4°. Betr. Probe für «Reutter-Messe» (op. 22).

569
Furtwängler, Wilhelm, 1886–1954, deutscher Dirigent. E. Br. m. U. Leipzig, 3. Januar 1924, 2 S. 4°. Bittet um Vermittlung bei der Fremdenpolizei hinsichtlich Schweizer Gastspiel des (Leipziger) Gewandhaus-Orchesters.

570
– E. Br. m. U. Leipzig, 18. April 1924, 1 S. 4°. Freut sich, mit dem Berliner Philharm. Orchester in die Schweiz zu kommen.

571
– E. Br. m. U. Zürich, 20. Mai 1936, 4 S. 4°. Widersetzt sich in leidenschaftlichem Ton der Beanspruchung der Musik durch die Politik.

572
– E. Br. m. U. [Clarens], 27. März 1945, 2 S. 4°. Berichtet über wiederholte Abweisung seiner Eingabe (Aufenthaltsbewilligung).

573
– E. Br. m. U. [Clarens], 6. April 1945, 1 S. 4°. Betr. Schwierigkeiten, die Familie wieder zusammenzuführen.

574
– E. Br. m. U. Clarens, 15. Dezember 1945, 1 S. 4°. «Würde es Sie interessieren, eine Sinfonie ‹eigener Arbeit› von mir kennen zu lernen» (Sinfonie Nr. 1, h-moll).

575
– M. Br. m. U. Clarens, 13. Juni 1946, 1 S. 4°. Betr. Angelegenheit der Rehabilitierung und ev. Engagement in Zürich.

576
– M. Br. m. U. Clarens, 18. Juni 1946, 1 S. 4°. Rehabilitierung ist in den nächsten Tagen zu erwarten.

577
– M. Br. m. U. Clarens, 19. Juni 1946, 1 S. 4°. Betr. Verzögerung der Rehabilitierung.

578
– M. Br. m. U. Kastanienbaum, 30. August 1948, 1 S. 4°. Schickt Andreae Kopien von Briefen betr. Pressekampagne der Sozialdemokratischen Partei der Stadt Zürich gegen Furtwänglers Auftreten. (Beil. 1. Schreiben Furtwänglers an den Zürcher Stadtpräsidenten Lüchinger vom 22. Juni 1948. 2. Schreiben der Sozialdemokratischen Partei der Stadt Zürich an Furtwängler vom 24. August 1948. 3. Antwort Furtwänglers auf dieses Schreiben vom 30. August 1948).

579
– M. Br. m. U. Clarens, 14. September 1948, 1 S. 4°. Möchte mit Andreae die «Angelegenheit mit der soz.demokr. Partei» persönlich besprechen.

580
Gabrilowitsch, Ossip Salomonowitsch, 1878–1936, russischer Pianist/Dirigent. M. Br. m. U. Detroit, 8. April 1924, 1 S. 4°. Andreaes ‹Kleine Suite› (op. 27) wurde in Detroit aufgeführt.

581
Galliera, Alceo, geb. 1910, italienischer Dirigent. E. Bk. m. U. Mailand, 22. November 1945, 1 S. 16°. Dankbrief.

582
– E. Vk. m. U. Mailand, 2. Dezember 1947, 1 S. 16°. Dankt dafür, daß er mit dem Tonhalleorchester arbeiten durfte.

583
– E. Vk. m. U. Mailand, 22. Dezember 1948, 1 S. 16°. Neujahrswünsche.

584
Geiser, Walther, geb. 1897, Schweizer Komponist. E. Br. m. U. o. O. (5. Juli 1959), 1 S. 4°. Glückwünsche zum 80. Geburtstag. Dankt, daß Andreae sich «unermüdlich für das Schaffen der jungen Generation eingesetzt» habe. (Brief enthalten im Album des Tonkünstlervereins zu Andreaes 80. Geburtstag).

585
Gerber, René, geb. 1908, Schweizer Komponist. E. Br. m. U. o. O. (5. Juli 1959), 1 S. 4°. Glückwünsche zum 80. Geburtstag. (Brief enthalten im Album des Tonkünstlervereins zu Andreaes 80. Geburtstag).

586
Geyer, Stefi, 1888–1956, ungarische Violinistin. E. Ak. m. U. (Pontresina), (31. Juli 1941), 1 S. 16°. Grüße von den Engadiner Konzertwochen mit zahlreichen Unterschriften.

587
Grainger, Percy, 1882–1961, amerikanischer Komponist. E. Ak. m. U. (London), (11. März 1912), 1 S. 16°. Meldet Ankunft.

588
– E. Br. m. U. St. Gallen, 20. März 1912, 1 S. 4°. Dankt für das schöne Konzert, schickt Kritiken.

589
– E. Br. m. U. Zürich, 29. Dezember 1948, 1 S. 4°. «... das Musizieren mit Ihnen war herrlich...»

590
Grümmer, Paul, 1879–1965, deutscher Cellist. E. Br. m. U. Zürich, 29. Dezember 1948, 1 S. 4°. «Das verflossene Jahr brachte mir in diesem schönen Land meine künstlerische Freiheit».

591
Gui, Vittorio, 1885–1975, italienischer Dirigent. M. Br. m. U. Florenz, 25. August 1931, 1 S. 4°. Programmvorschlag: Haydn, Sinfonie D-Dur (Hob. 1/104) oder B-Dur (Hob. 1/102); Giuseppe Martucci, Notturno oder Novelletta; Busoni, Tanzwalzer; Domenico Alaleona, Intermezzo aus der Oper ‹Mirra›; Rossini, Ouverture zur Oper ‹La Cenerentola›.

592
– M. Br. m. U. Florenz, 6. Oktober 1931, 2 S. 4°. Angaben für die Vorbereitung des Konzertes.

593
– M. Br. m. U. Florenz, 13. März 1932, 2 S. 4°. Dankesbrief, will «proposer Votre nom pour un concert». Schickt Angaben über eigene Komposition.

594
Haas, Joseph, 1879–1960, deutscher Komponist. E. Br. m. U. München, 6. August 1925, 1 S. 4°. Empfiehlt seine «neue Variationensuite op. 64» über ein altes Rokokothema (für kleines Orchester).

595
– E. Pk. m. U. München, 9. Juni 1926, 1 S. 16°. Empfiehlt nochmals seine Variationensuite über ein altes Rokokothema (op. 64).

596
Halir, Carl, 1859–1909, böhmischer Violinist. E. Br. m. U. Berlin, [1906], 1 S. 8°. Spielt das Löffler'sche Stück (Carnaval des Morts).

597
– E. Br. m. U. Berlin, 10. April 1906, 2 S. 8°. Betr. Programm für Konzert vom 17./18. Dezember. Es «würde ja vielleicht ein Beethovenabend am Platze sein». «Als 2. Nummer würde ich Ihnen eine sehr interessante Novität vorschlagen: a) Eclogue b) Carneval du mort (Variat. über ‹Dies irae›) von Ch. Löffler.»

598
Hanze, Josef, ?, Vorstandsmitglied der Wiener Philharmoniker. E. Br. m. U. Wien, 15. Juni 1948, 2 S. 4°. Dankt für die Betreuung der Wiener Philharmoniker in Zürich.

599
Haskil, Clara, 1895–1960, rumänische Pianistin. E. Br. m. U. Winterthur, 11. Oktober

1945, 2 S. 8°. Hat sich gefreut, in Zürich zu spielen. «Mais j'ai le sentiment de n'avoir pas tout joué aussi bien qu'on l'eût souhaité...»

600
Hausegger, Hella (Helene), gest. 1956, Gemahlin von Siegmund von Hausegger. M. Br. m. U. München, 8. September 1946, 1 S. 4°. Siegmund von Hausegger läßt herzlich für Andreaes Brief danken, kann aber nicht mehr schreiben.

601
– M. Br. m. U. München, 13. Januar 1947, 2 S. 8°. «Das ist für Siegi so über alle Beschreibung schwer, daß er nicht mehr musizieren kann.» Freut sich auf das von Andreae angekündigte Paket.

602
– M. Br. m. U. München, 25. Februar 1947, 1 S. 8°. Dankt für das Paket.

603
– M. Br. m. U. München, 21. Juni 1947, 2 S. 4°. Neuerlicher Dank für Liebesgaben.

604
– M. Br. m. U. München, 4. Oktober 1947, 1 S. 8°. Siegmund von Hausegger würde sich über Nachrichten von Andreaes musikalischer Tätigkeit freuen.

605
– M. Br. m. U. München, 14. November 1947, 2 S. 4°. Dankt für ausführlichen Brief, besonders Andreaes Ansichten über die Bruckner-Sinfonien, die Siegmund von Hausegger teilt.

606
– M. Br. m. U. München, 7. März 1948, 2 S. 8°. Dankt für Liebesgabenpaket. Siegmund von Hausegger mußte ins Krankenhaus gebracht werden.

607
– M. Br. m. U. München, 12. Juni 1948, 2 S. 4°. «Siegi läßt Ihnen mit vielen herzlichen Grüßen sagen, daß er jetzt seine alten Tagebücher läse und immer wieder auf Begegnungen mit Ihnen stoße, die ihm Ihr Zusammensein lebendig machten.»

608
– Gedr. Br. o. U. München, 10. Oktober 1948. 1 S. 8°. Todesanzeige von Siegmund von Hausegger.

609
– E. Br. m. U. München, 29. Oktober 1948, 2 S. 8°. Dankt für Andreaes Anteilnahme beim Tode Siegmund von Hauseggers.

610
– E. Br. m. U. München, 30. Juli 1949. 1 S. 4°. Erinnert sich an das «schöne Züricher Brucknerfest».

611
– E. Br. m. U. München, 20. September 1949. 2 S. 4°. Dankt für Brief und Paket und berichtet über das Münchner Musikleben.

612
– E. Br. m. U. München, 16. Dezember 1949, 2 S. 8°. Dankt für Paket. «Ich hoffe nach Neujahr endlich Siegi's literarischen Nachlaß ordnen zu können.»

613
– E. Br. m. U. München, 19. September 1953. 2 S. 8°. Bedauert, Andreaes Münchner Aufführung der 3. Brucknersinfonie nicht gehört zu haben.

614
Hausegger, Siegmund von, 1872–1948, österreichischer Dirigent/Komponist. Br. von fremder Hd. m. e. U. Riva, 24. März 1904, 4 S. 16°. Terminabsprachen für Proben zu einem Frankfurter Museumskonzert, in dem Hausegger ein Werk Andreae dirigiert (‹Das Göttliche›, op. 2).

615
– Pk. von fremder Hd. m. e. U. (Frankfurt a.M.), 27. April 1904, 1 S. 16°. Bittet um Übersendung der «Tenorpartie» von Andreaes Werk (‹Das Göttliche›, op. 2) an Ludwig Hess.

616
– E. Pk. m. U. Frankfurt a.M., 2. Mai 1904, 1 S. 16°. Bittet um zusätzliches Stimmenmaterial.

617
– E. Pk. m. U. Frankfurt a.M., 12. Mai 1904, 1 S. 16°. Teilt Probendaten mit (für die Aufführung von Andreaes Werk ‹Das Göttliche›, op. 2).

618
– E. Pk. m. U. Frankfurt a.M., 21. Mai 1904, 1 S. 16°. Teilt Daten der «Klavierprobe» mit (für die Aufführung von Andreaes Werk ‹Das Göttliche›, op. 2).

619
– Br. von fremder Hd. m. U. Frankfurt a.M., 26. Mai 1904, 2 S. 8°. Dankt für «Rosengruß». Hofft trotz Krankheit bei Probe dabei zu sein.

620
– Br. von fremder Hd. m. e. U. Obergrainau, 14. Juni 1904, 4 S. 8°. Dankt für Brief: «Ich glaube, daß wir in der Haltung zu Leben und Kunst einander verwandt sind.» Möchte in der nächsten Saison Andreaes (Sinfonische) Fantasie (op. 7) mit Giessen als Solist aufführen.

621
– E. Pk. m. U. Obergrainau, 5. Juli 1904, 1 S. 16°. Dankt für Antwort und freut sich auf Wiederbegegnung.

622
– Pk. von fremder Hd. m. e. U. (Frankfurt a.M.), (18. Januar 1905), 1 S. 16°. «Werden Sie Ihr Werk selbst dirigieren?» (Sinfonische Fantasie op. 7).

623
– E. Pk. m. U. Frankfurt a.M., 31. Januar 1905, 1 S. 16°. Aufführung der «Phantasie» wird am 17. März stattfinden.

624
– E. Pk. m. U. (Frankfurt a.M.), (7. März 1905), 1 S. 16°. Bittet um umgehende Nennung eines Sängers, der das Solo in Andreaes Fantasie übernehmen könnte.

625
– E. Pk. m. U. (Frankfurt a.M.), 20. März 1905, 1 S. 16°. Bericht über erfolgreiche Aufführung (Andreaes Sinfonische Fantasie op. 7).

626
– E. Pk. m. U. Frankfurt a.M., 6. April 1905, 1 S. 16°. Meldet Ankunft in Zürich.

627
– E. Pk. m. U. Frankfurt a.M., 7. April 1905, 1 S. 16°. Adreßangaben.

628
– E. Ak. m. U. (Eisenach), (19. April 1905), 1 S. 16°. Grüße.

629
– E. Ak. m. U. (Hallstatt), (28. Juni 1905), 1 S. 16°. Grüße.

630
– E. Ak. m. U. (Garmisch), (21. Juli 1905), 1 S. 16°. «Wie denken Sie über einen kleinen Abstecher nach Grainau?».

631
– E. Pk. m. U. Obergrainau, 30. Juli 1905, 1 S. 16°. Freut sich auf Andreaes Besuch.

632
– E. Br. m. U. Obergrainau, 13. August 1905, 4 S. 8°. Bedauert, daß Andreae krankheitshalber absagen muß.

633
– Pk. von fremder Hd. m. e. U. (Frankfurt a.M.), (12. Februar 1906), 1 S. 16°. Angaben zu Werken, die Andreae aufführen wird («Mondlicht» und «Urwald» von Hausegger, Konzert 4. 12. 1906, 5. Abonnementskonzert). Empfiehlt Peter Hegar als Solisten.

634
– E. Pk. m. U. Frankfurt a.M., 20. Februar 1906. 1 S. 16°. Hat «Stimmen und Partituren der Lieder» abgeschickt («Mondlicht» und «Urwald»).

635
– Pk. von fremder Hd. m. e. U. (Frankfurt a.M.), (12. März 1906), 1 S. 16°. Meldet Ankunft in der Schweiz.

636
– Br. von fremder Hd. m. e. U. Frankfurt a.M., 31. März 1906, 4 S. 8°. Bittet Andreae, Blumen zu Hegars «Abschied» (von der Leitung des Tonhalleorchesters) zu senden.

637
– E. Ak. m. U. (Frankfurt a.M.), (5. April 1906), 1 S. 16°. Grüße.

638
– E. Pk. m. U. (Frankfurt a.M.), 6. April 1907, 1 S. 16°. Hofft, Andreae und Hegar zu treffen.

639
– E. Pk. m. U. (Frankfurt a.M.), 11. April 1907, 1 S. 16°. Wird nach Zürich kommen.

640
– E. Pk. m. U. Obergrainau, 10. Juni 1906, 1 S. 16°. Freut sich auf Andreaes Besuch.

641
– E. Br. m. U. Obergrainau, 30. Juni 1906, 4 S. 8°. Bedauert, daß Andreae krankheitshalber nicht kommen konnte; Eindrücke von einer Italienreise.

642
– E. Ak. m. U. (Hohenschwangau), (3. September 1906), 1 S. 16°. Grüße.

643
– E. Ak. m. U. (Obergrainau), 14. Oktober 1906. 1 S. 16°. Gratulation (zur Übernahme der Leitung der Tonhallekonzerte).

644
– E. Br. m. U. Obergrainau, 17. Oktober 1906, 2 S. 8°. Betr. Konzerte unter Hauseggers Leitung in Zürich und Basel.

645
– E. Br. m. U. München, 26. Oktober 1906, 3 S. 8°. Betr. geplante Aufführung von «Gesängen» Hauseggers (vermutlich ‹Hymnen an die Nacht›; Orchestergesänge).

646
– E. Pk. m. U. (Obergrainau), 18. November 1906. 1 S. 16°. Betr. Aufführungsmaterial.

647
– E. Ak. m. U. (Obergrainau), (6. Januar 1907), 1 S. 16°. Neujahrswünsche.

648
– Pk. von fremder Hd. m. e. U. Obergrainau, 12. Januar 1907, 1 S. 16°. Betr. Aufführungsmaterial.

649
– Br. von fremder Hd. m. e. U. München, 27. April 1907, 4 S. 8°. Ist durch Abfassung seines Buches über den Schwiegervater (Alexander Ritter) und kompositorische Arbeiten leider verhindert, Andreaes Einladung zur Verlobungsfeier Folge zu leisten.

650
– E. Br. m. U. Obergrainau, 13. Juni 1907, 3 S. 8°. Freut sich in Zürich zu dirigieren.

651
– E. Br. m. U. Obergrainau, 18. August 1907, 3 S. 8°. Wird nach Zürich kommen.

652
– E. Ak. m. U. (München), 31. Dezember 1907, 2 S. 16°. Neujahrswünsche.

653
– E. Br. m. U. München, 17. April 1908, 1 S. 8°. Dankt für die Zürcher Tage und bittet um eine Notiz (wohl zu Hd. der Münchner Presse).

654
– E. Ak. m. U. (St. Gertraud), 29. Juni 1908, 1 S. 16°. Grüße.

655
– E. Br. m. U. Obergrainau, 9. Juli 1908, 4 S. 8°. Betr. Werk- und Aufführungspläne.

656
– E. Br. m. U. Obergrainau, 24. September 1908. 3 S. 8°. Betr. Chöre von Andreae und sein eigenes Werk ‹Weihe der Nacht› (für gem. Chor und Orchester).

657
– E. Pk. m. U. (München), 26. April 1909, 1 S. 16°. «Hess singt Deine Lieder. Bitte theile mir umgehend mit, ob du nach Stuttgart kommst und Deine Lieder selbst begleiten willst.»

658
– E. Pk. m. U. [Obergrainau], 10. Juli 1909, 1 S. 16°. Teilt mit, daß er bis 22. Juli abwesend ist.

659
– E. Br. m. U. Obergrainau, 5. August 1909, 4 S. 8°. Betr. Ernennung eines neuen Direktors am Berliner Institut für Musik.

660
– E. Ak. m. U. (Obergrainau), (26. August 1909), 1 S. 16°. «Ich freue mich sehr, daß Ihr es im Lötschenthal so gut getroffen habt.»

661
– Br. von fremder Hd. m. e. U. Obergrainau, 19. September 1909, 4 S. 8°. Dankt für Andreaes Vorhaben, am Tonkünstlerfest Lieder Hauseggers singen zu lassen. Möchte aber besonders gerne seine «beiden neuen gemischten Chöre» aufführen lassen.

662
– Br. von fremder Hd. m. e. U. Frankfurt, [1910], 5 S. 8°. Betr. Stimmenmaterial für Aufführung eines Chor- und Orchesterwerkes in Zürich und Basel (vermutlich ‹Natursinfonie› mit Chorfinale, 1911).

663
– E. Br. m. U. München, 26. März 1910, 4 S. 8°. Betr. Aufführung seiner Lieder.

664
– E. Pk. m. U. München, 22. April 1910, 1 S. 16°. Betr. Solisten.

665
– E. Br. m. U. München, 17. Mai 1910, 2 S. 8°. Betr. Probenarbeit in Zürich.

666
– E. Pk. mit U. (Obergrainau), 20. Juni 1910, 1 S. 16°. Zeitangaben zum Programm (betr. vermutlich ‹Natursinfonie›).

667
– E. Pk. m. U. Obergrainau, 14. August 1910, 1 S. 16°. «27./28. Februar passen ausgezeichnet».

668
– E. Pk. m. U. Obergrainau, 24. September 1910, 1 S. 16°. Betr. Stimmenmaterial und Aufführungsdauer.

669
– Br. von fremder Hd. m. e. U. Hamburg, 11. November 1910, 3 S. 8°. Geplante Aufführung muß «auf Anfang nächster Saison» verschoben werden, da Instrumentierung, Reinschrift etc. noch nicht abgeschlossen sind.

670
– E. Pk. m. U. (Hamburg), 17. November 1910, 1 S. 16°. Kommt nach Zürich.

671
– E. Pk. m. U. Hamburg, 12. Oktober 1911, 2 S. 16°. Betr. Stimmenmaterial für Aufführung in Zürich und Basel («Natursinfonie»).

672
– E. Pk. m. U. (Hamburg), 12. November 1911, 2 S. 16°. Schickt ein Verzeichnis von Fehlern, die in der Partitur stehen geblieben sind. Erforderlich sind 400 Sänger.

673
– E. Br. m. U. Hamburg, 6. Dezember 1911, 4 S. 8°. Festtagswünsche. «In dem Gedanken an Zürich fühle ich mich erfrischt und neugestärkt.»

674
– E. Br. m. U. Obergrainau, 23. Dezember 1911, 4 S. 8°. «Ich wollte mit der Überlassung der Uraufführung [‹Natursinfonie›] der Tonhalle meine Erkenntlichkeit für die wiederholten Aufführungen meiner Werke untermauern.»

675
– Gedr. Br. o. U. Hamburg, 16. Januar 1913, 1 S. 4°. Todesanzeige von Hertha von Hausegger, geb. Ritter.

676
– E. Br. m. U. Obergrainau, 1. Juli 1913, 4 S. 8°. Fragt nach der Möglichkeit einer Wiederholung seiner ‹Natursinfonie›.

677
– E. Br. m. U. Obergrainau, 12. September 1913, 6 S. 8°. Aufführungspläne. Dirigiert in Stuttgart seine ‹Natursinfonie›.

678
– M. Br. m. U. Obergrainau, 15. September 1915, 3 S. 8°. Bedauert das durch den Krieg erschwerte Reisen. Empfiehlt Bekannte, die in Zürich Konzerte besuchen möchten.

679
– E. Ak. m. U. Hamburg, 26. November 1916, 1 S. 16°. Bedauert, Andreae in Stuttgart nicht getroffen zu haben.

680
– M. Br. m. U. Hamburg, 5. Dezember 1916, 3 S. 8°. Wird sich wieder verheiraten. Beilage: Vermählungsanzeige; seine Braut ist Hella Bronsart von Schellendorff.

681
– M. Br. m. U. Hamburg, 22. April 1917, 3 S. 8°. «Neulich dirigierte ich in Köln mit sehr großem Erfolg eine wirklich ausgezeichnete Aufführung der Natursymphonie. Sollte es Dir möglich sein, auf dieses Werk, nach Friedensschluß zurückzukommen, so würdest Du mir dadurch eine Riesenfreude bereiten. Da ich jetzt mehr Distanz zu ihm habe, dirigiere ich es viel besser als damals bei der Uraufführung.»

682
– M. Pk. m. U. Krakow, 9. Juni 1917, 2 S. 16°. Bedauert, nicht in die Schweiz kommen zu können.

683
– M. Pk. m. U. (Obergrainau), 20. August 1918. 1 S. 16°. «Kommst Du zum Schweizer Tonkünstlerfest nach Leipzig?».

684
– M. Br. m. U. Obergrainau, 14. Oktober 1918, 2 S. 4°. Bedauert, daß Andreae krankheitshalber nicht nach Leipzig fahren konnte. «Dir wird es leid gethan haben, die Aufführung des Ratcliff nicht selbst geleitet zu haben». Hausegger arbeitet an ‹Symphonischer Variation› über das Lied ‹Schlaf Kindchen schlaf› (‹Aufklänge›).

685
– M. Br. m. U. Hamburg, 9. Juni 1919, 2 S. 4°. Hat begeisterten Bericht bekommen

«von einem neuen Werk von Dir, Nocturno und Scherzo» (op. 30). Möchte deutsche Erstaufführung dieses Werks übernehmen und plant überdies Aufführung von Andreaes (Kleiner) Suite (op. 27). Freut sich, daß Andreae die «Aufklänge, symphonische Variationen über ein Kinderlied» aufführen will.

686
– M. Br. m. U. Krakow, 14. Juli 1919, 1 S. 4°. Freut sich auf die Zürcher Aufführung der ‹Aufklänge›.

687
– M. Br. m. U. Krakow, 9. Oktober 1919, 2 S. 8°. Bittet Andreae, die ‹Aufklänge› in die Mitte des Programms zu setzen.

688
– M. Br. m. U. Hamburg, 15. Dezember 1919, 2 S. 4°. «Auf meinem heutigen Programm stehen Dein Notturno und Scherzo, zwei außerordentlich frisch und wirkungsvoll empfundene Stücke, die gestern bei der Hauptprobe starken Erfolg hatten.»

689
– E. Br. m. U. Arendsee, 31. Januar 1920, 2 S. 4°. Betr. Probedaten für Aufführungen in Zürich und Basel.

690
– M. Br. m. U. München, 4. Oktober 1920, 2 S. 4°. Empfiehlt den Sänger Felix von Kraus. Berichtet über seine neue Arbeit in München (Direktor der Akademie der Tonkunst und Leiter des Konzertvereins).

691
– M. Br. m. U. Obergrainau, 14. August 1922, 2 S. 4°. Verwendet sich für eine junge Pianistin Sophie Valentin, die in Österreich in den gegenwärtigen Verhältnissen ihre Studien nicht beenden kann.

692
– E. Pk. m. U. Obergrainau, 25. August 1922, 2 S. 16°. Dankt für Glückwünsche (zum 50. Geburtstag).

693
– M. Br. m. U. München, 14. Dezember 1922, 1 S. 4°. Berichtet von Münchner Aufführung von Andreaes ‹Kleiner Suite›. (Beil.: Konzertprogramm vom 6. Dezember 1922).

694
– E. Ak. m. U. (Obergrainau), 5. Oktober 1925, 1 S. 16°. «Mit Freude habe ich von dem glänzenden Erfolg Deiner Oper gelesen» (‹Casanova›).

695
– M. Br. m. U. Obergrainau, 19. Mai 1926, 2 S. 4°. Empfiehlt den Pianisten Dr. Hobohm.

696
– M. Br. m. U. München, 19. Dezember 1926, 1 S. 16°. Dirigiert in Basel und möchte Andreae sehen.

697
– M. Pk. m. U. München, 25. Dezember 1926, 1 S. 16°. Freut sich, daß Andreae zum Konzert nach Basel kommt.

698
– M. Pk. m. U. München, 31. Dezember 1926, 1 S. 16°. Meldet Ankunft.

699
– E. Pk. m. U. Bad Ragaz, 22. Juni 1930, 1 S. 16°. Möchte Andreae besuchen.

700
– M. Br. m. U. München, 28. April 1932, 2 S. 4°. Schlägt als Vorsitzender des Allgemeinen Deutschen Musikvereins den deutschen Komponisten Joseph Haas für eine Ehrenpromotion an der Universität Zürich vor.

701
– M. Br. m. U. München, 4. Juni 1932, 1 S. 4°. Grüße anläßlich von Andreaes «30jährigem Dirigentenjubiläum».

702
– M. Br. m. U. Obergrainau, 15. August 1932, 2 S. 4°. Dankt nachträglich dafür, daß sich Andreae der Durchführung des Tonkünstlerfestes des Allgemeinen Deutschen Musikvereins angenommen hat.

703
– M. Br. m. U. Obergrainau, 5. September 1932. 2 S. 4°. «Das ist furchtbar schade, daß die Natursymphonie auf meinen Münchener Konzerttag fällt.» Hätte die Zürcher Aufführung gerne selbst dirigiert.

704
– E. Pk. m. U. München, 19. September 1932, 1 S. 16°. Betr. vermutlich Gastdirigat Andreaes in München.

705
– M. Br. m. U. München, 21. Dezember 1932, 1 S. 4°. Meldet seine Ankunft zu Proben in Zürich.

706
– M. Pk. m. U. München, 25. Dezember 1932, 1 S. 16°. Betr. Material zu ‹Natursinfonie›. (Beil. ev. zu diesem Brief: zwei Takte aus dem Chorfinale).

707
– M. Pk. m. U. München, 10. Januar 1933, 1 S. 16°. Betr. Orchestermaterial.

708
– M. Br. m. U. München, 31. Januar 1933, 2 S. 4°. «Die schönen Züricher Tage klingen in mir noch nach und ich erinnere mich mit ebensolcher Freude wie Dankbarkeit der hingebenden Leistung sowohl Deines ebenso hervorragenden wie netten Orchesters wie des prachtvollen Chores.»

709
– M. Bk. m. U. München, 1. Februar 1933, 2 S. 16°. Möchte durch Andreae Frau Hegar zum Geburtstag Blumen senden.

710
– M. Br. m. U. München, 28. September 1933, 3 S. 8°. Verwendet sich für einen jüdischen Geigenlehrer der Münchner Akademie.

711
– M. Br. m. U. München, 15. Mai 1936, 3 S. 4°. Betr. Konzert anläßlich des Zürcher Brucknerfestes, in dem Hausegger die 5. und 6. Sinfonie dirigiert. «Ich werde die

beiden Symphonien getreu nach dem Originaltext aufführen mit einigen notwendigen Ergänzungen der Vortragszeichen. Nur der Schlußchoral der 5. kann in der Originalfassung nicht bleiben.»

712
– M. Br. m. U. München, 29. Mai 1936, 1 S. 4°. Betr. Stimmenmaterial für Brucknerkonzert (Sinfonien Nr. 5 und 6).

713
– M. Bk. m. U. München, 3. Juni 1936, 1 S. 8°. Betr. Stimmen zum Brucknerkonzert. Rückseite des Briefes: Anweisung an den Kopisten von der Hand Andreaes.

714
– M. Pk. m. U. München, 10. Juni 1936, 1 S. 16°. Bittet um «gewöhnliche Aufstellung» des Orchesters für seine Zürcher Proben: «zweite Geigen rechts etc.»

715
– M. Br. m. U. München, 6. September 1936, 4 S. 4°. Dankt für «herrliche Leistung Deines prachtvollen Orchesters» (anläßlich des Brucknerfestes). Da sich kein Solist für Andreaes Violinkonzert finden läßt, denkt Hausegger daran, dessen ‹Li-Tai-Pe-Gesänge› op. 37 in München aufzuführen.

716
– M. Br. m. U. München, 26. Dezember 1936, 2 S. 4°. Bedauert, daß Andreae sein Werk (Li-Tai-Pe-Gesänge op. 37) zurückzieht, da die Veranstaltung als Konzert mit «deutscher Kunst» angezeigt wurde.

717
– E. Ak. m. U. München, 11. Mai 1938, 1 S. 16°. Dankt für Andreaes Grüße aus Hamburg.

718
– E. Ak. m. U. Schladming, 10. Juli 1938, 1 S. 16°. Grüße.

719
– M. Br. m. U. München, 12. August 1939, 1 S. 4°. Gratuliert Andreae nachträglich zum 60. Geburtstag.

720
– M. Br. m. U. München, 17. November 1942, 1 S. 4°. Nachrichten über das Ergehen seiner Familie.

721
– M. Pk. m. U. München, 19. Mai 1946, 1 S. 16°. Gibt Lebenszeichen nach dem deutschen «Zusammenbruch».

722
Havemann, Gustav, 1882–1960, deutscher Violinist. E. Br. m. U. Hamburg, [Herbst 1910], 1 S. 4°. Siedelt nach Leipzig über.

723
Hegar, Friedrich, 1841–1927, Schweizer Musiker. E. Pk. m. U. Zürich, 15. Dezember (1900), 1 S. 16°. «Wollen Sie die Freundlichkeit haben, mir die Partituren der beiden von Ihnen vorgeschlagenen Werke einzusenden, damit ich sie bei den Mitgliedern des Vorstandes in Circulation setzen kann.»

724
– E. Br. m. U. Zürich, 20. Mai 1902, 2 S. 8°. Möchte das Vorspiel zu ‹Oenone› (o. op., 1906) im nächsten Winter aufführen. Fragt nach der Nützlichkeit eines Empfehlungsschreibens für Hermann von Glenck (Schweizer Komponist).

725
– E. Br. m. U. Zürich, 17. Juli 1902, 3 S. 8°. Meint, Andreae hätte keine großen Aussichten, die Dirigentenstelle beim Gemischten Chor zu bekommen. Konkurrent ist Julius Lange. (Wiedergegeben oben S. 53).

726
– E. Br. m. U. Zürich, 25. September 1902, 3 S. 8°. Betr. gute Aussichten für die Dirigentenstelle des Gemischten Chors Zürich, ev. für den Männerchor Zürich und den Stadtsängerverein Winterthur. (Wiedergegeben oben S. 54).

727
– E. Br. m. U. Zürich, 4. Dezember 1902, 4 S. 8°. Sendet Andreae «das gewünschte Verzeichnis der Kompositionen, die in diesem Winter in den Konzerten aufgeführt werden» und läßt Andreae «ein Billet für die Abonnementskonzerte» geben. Gibt Probezeiten «zum Weihnachtsmysterium» bekannt, erwähnt die Matthäus-Passion und die Dichtung «‹Vineta› von Hans Reinhart».

728
– E. Br. m. U. Zürich, 7. Januar 1903, 1 S. 8°. Korrekturangaben zu einem Gedicht.

729
– E. Br. m. U. Zürich, 24. Januar 1903, 2 S. 8°. «Da Richard Strauss am 20. u. 21. März 2 Konzerte hier giebt und ohne Zweifel auch eigene Werke aufführen wird, so halte ich es nicht für eine absolute Nothwendigkeit, die populären Konzerte mit dem Zarathustra abzuschließen».

730
– E. Pk. m. U. Zürich, 11. März 1903, 1 S. 16°. Skizze aus dem dritten Satz der c-moll-Sinfonie. «Nottebohm, zweite Beethoveniana Seite 528».

731
– E. Br. m. U. Zürich, 18. März 1903, 3 S. 8°. Betr. Zuzüger (verschiedene Namen). «Sehr gut ist auch der junge Brun; er ist zwar noch ein Knabe, liest aber famos u. ist taktfest.»

732
– E. Pk. m. U. Zürich, 18. März 1903, 1 S. 16°. Teilt Zeiten und Orte der Proben mit für die «Damen, die im 5. populären Symphoniekonzert die Fragmente aus Tannhäuser und Lohengrin mitsingen».

733
– E. Pk. m. U. Zürich, 21. März 1903, 1 S. 16°. Bittet Andreae, «morgen schon ¼ nach 12 Uhr zu kommen; Strauss muß um ½ 3 Uhr verreisen, weßhalb wir uns schon früher zu Tisch setzen müssen».

734
– E. Br. m. U. Zürich, 11. August 1903, 4 S. 8°. Ein Schreiber der Tonhalle arbeitet an der Reinschrift von Hegars ‹Ahasvers Erwachen› (op. 34) und ist daher für Andreae nicht frei. Betrifft Aufführung eines Orchesterstückes (Sinfonische Fantasie op. 7).

735
– E. Pk. m. U. Zürich, 21. August 1903, 1 S. 16°. «Scheidemantel kommt nicht, sondern Giessen und zwar am 15. Dec. Sind Sie damit einverstanden, daß ich Ihre symphonische Fantasie für jenes Konzert auf's Programm setze u. daß ich Giessen bitte das Tenorsolo zu singen?»

736
– E. Br. m. U. Baden, 27. September 1903, 1 S. 8°. Betr. Entschädigung für 15 Programmerläuterungen.

737
– E. Br. m. U. Zürich, 26. Dezember 1903, 2 S. 8°. «Der Arzt hat mir gerathen, die nächsten 2 Konzerte nicht zu dirigieren. Ich [...] möchte Sie nun bitten, für mich eintreten zu wollen.» (Wiedergegeben oben S. 56).

738
– E. Ak. m. U. Frankfurt, 29. Mai 1904, 1 S. 16°. Ansichtskarte zur in Frankfurt stattfindenden 40. Jahresversammlung des Allg. Deutschen Musikvereins und des Tonkünstlerfestes.

739
– E. Br. m. U. Zürich, 19. Dezember 1904, 2 S. 8°. Findet die Interpretation einer Stelle aus der 9. Sinfonie von Beethoven «wie sie Wüllner u. Strauss genommen haben doch nicht schön; dieses Abschnappen am Schluß der Phrase kanns mir nicht». (Wiedergegeben oben S. 57 und 59).

740
– E. Br. m. U. Zürich, 11. März 1905, 2 S. 8°. Betr. Streichquartett (op. 9): «Es ist wahrhaftig ganz unheimlich mit Ihnen, was Sie anfassen, darin sind Sie auch gleich ein Meister.» (Wiedergegeben oben S. 59).

741
– E. Ak. m. U. (Paris), (25. Mai 1905), 1 S. 16°. Grüße.

742
– E. Br. m. U. Schuls-Tarasp, 2. August 1905, 3 S. 8°. Betr. Hegars Lieder ‹Jung Volk› (op. 5 Nr. 3) und Programmvorschläge, u. a. Andreaes Sinfonische Fantasie (op. 7) (Wiedergegeben oben S. 60).

743
– Notiz Hegars auf dem Umschlag eines Briefes von Emanuel Moór vom 5. Februar 1905 (vgl. Nr. 1102). «Lieber Herr Andreae! Ich habe Moor geschrieben, daß Sie das nächste Konzert dirigieren; er möchte sich an Sie wenden. Da nichts Neues gemacht wird, so können Sie ihm vielleicht eine halbe Stunde einräumen. Sonst soll er am 5. Januar kommen.»

744
– E. Ak. m. U. (Baden-Baden), (17. Mai 1906), 1 S. 16°. «Dr. Haym kann sich nicht an einen Fagottisten Glaff erinnern.»

745
– E. Br. m. U. Zürich, 11. Oktober 1906, 2 S. 8°. Hat erfahren, daß Carl Friedberg erkrankt sei, so daß er ersetzt werden müßte, «wenn die Sache wirklich so ist». Gratuliert Andreae zu seiner Braut. (Wiedergegeben oben S. 60).

746
– E. Ak. m. U. (Nürnberg), (12. November 1906), 1 S. 16°. Gruß.

747
– E. Ak. m. U. (Zürich), 3. Januar 1908, 1 S. 16°. «Johannes kommt heute Abend, so daß er das Konzert schon morgen probieren kann.»

748
– E. Br. m. U. Zürich, 28. Februar 1908, 2 S. 8°. Berät Andreae betr. Programmverhandlungen.

749
– E. Br. m. U. Zürich, 29. Januar 1909, 3 S. 8°. Betr. Besetzung der Musikdirektorstelle in Bern. Erwähnt Fritz Brun. Ermuntert Andreae, trotz gelegentlicher Opposition in Zürich zu bleiben: «Also fröhlich weiter kämpfen». (Wiedergegeben oben S. 60).

750
– E. Br. m. U. Thunersee, 25. Mai 1910, 1 S. 8°. Betr. Tonkünstlerfest des Allg. Deutschen Musikvereins in Zürich. «Ich bedaure tief, nicht dabei sein zu können».

751
– E. Br. m. U. Gunten, 8. Juni 1910, 3 S. 8°. Betr. Probe von Bachs Matthäus-Passion und die Aufführung von Regers (100.) Psalm (op. 106).

752
– E. Br. m. U. Zürich, 7. Februar 1911, 1 S. 8°. Programmvorschläge für das 5. populäre Konzert (30. 4. 1912: Beethoven Sinfonie Nr. 9).

753
– E. Br. m. U. Zürich, 7. Mai 1915, 11 S. 8°. Betr. Semesterwechsel und Anstellungen am Konservatorium Zürich. Ruhegehalt für Lothar Kempter (deutscher Kapellmeister) wird 800 Fr. betragen. Robert Denzler bewirbt sich als Nachfolger Kempters am Theater. (Wiedergegeben oben S. 61).

754
– E. Br. m. U. Vulpera, 6. August 1915, 4 S. 8°. Betr. politischen Artikel von Eduard Combe (Schweizer Musikschriftsteller), der sich für eine Annäherung an Frankreich aussprach, wogegen Hegar Bedenken hat.

755
– E. Br. m. U. Zürich, 12. April 1916, 5 S. 8°. Fragt Andreae um seine Meinung zur Nachfolge Lothar Kempters. (Wiedergegeben oben S. 61).

756
– E. Br. m. U. Zürich, 2. Juni 1916, 2 S. 8°. «Das Konzert ist sehr gut verlaufen. Vogler hatte die Chöre gewissenhaft einstudiert, war aber in der Probe am Samstag sehr aufgeregt, vergaß hie und da die Zeichen zum Einsetzen zu geben und ein Mal gab er es im Douglas [Hegar, Das Herz von Douglas op. 36] einen Takt zu früh, so daß während etwa 20 Takten ein heilloses Krüsi-Müsi herrschte [...] kurz, ich befürchtete Schlimmes für den Sonntag. Das trat aber nicht ein, sondern das Meiste ging sehr gut.» War durch ein vorhergehendes Mozartkonzert in Basel für «das Regerkonzert [...] nicht sehr günstig vorbereitet. Hier überall wundervolle Proportionen, nirgends zu viel oder zu wenig; dort meistentheils zu viel und zu vielerlei».

757
– E. Br. m. U. Zürich, 31. Juli 1917, 3 S. 8°. Fragt nach der Oper («Ratcliff»). Sein Sohn

Johannes «würde sich sehr freuen, wenn er es [ein Cellokonzert] im Winter 1918 auf 19 in einem Abonnementskonzert spielen dürfte».

758
– E. Br. m. U. Zürich, 15. November 1917, 2 S. 8°. «Ihre reizende Suite hat mir sehr gefallen» (Kleine Suite op. 27). (Wiedergegeben oben S. 62).

759
– E. Bk. m. U. Zürich, 25. August 1918, 2 S. 16°. Wünscht gute Genesung. Carl Vogler wird Andreae im Konservatorium vertreten.

760
– E. Br. m. U. Zürich, 28. Dezember 1918, 2 S. 8°. «Wir haben die Weihnachtsfeiertage sehr still verbracht; die Zustände in Deutschland drücken schwer auf unsere Seelen. [...] Mein Cellokonzert wird bei Simrock herauskommen.»

761
– E. Br. m. U. Zürich, 7. April 1919, 1 S. 8°. Dankt für Aufführung von ‹Ahasvers Erwachen› (op. 34).

762
– E. Bk. o. U. Zürich, [1920], 1 S. 16°. «Dr. Friedrich Hegar dankt herzlich für Ihre Theilnahme».

763
– E. Br. m. U. Zürich, 27. April 1920, 3 S. 8°. Bemerkungen zu Andreaes Sinfonie (op. 31). Schlägt den Titel ‹Tondichtung› oder ‹Phantasie› anstatt ‹Symphonie› vor. (Wiedergegeben oben S. 62).

764
– E. Br. m. U. Zürich, 30. Mai 1920, 2 S. 8°. An den Vorstand des Schweiz. Tonkünstlervereins gerichtet. Dankt für den Blumengruß beim Tode des älteren Sohnes.

765
– E. Br. m. U. Zürich, 19. Oktober 1920, 1 S. 8°. Dankt «für die sinnige Überraschung».

766
– E. Br. m. U. Zürich, 9. November 1920, 2 S. 8°. Empfiehlt (Adelheid) La Roche als Sopranistin.

767
– E. Br. m. U. Zürich, 1. August 1921, 6 S. 8°. Hofft, daß er, wie 1888 beim Zwist zwischen Brahms und (Josef Viktor) Widmann, in der Angelegenheit zwischen Andreae und Isler, der seine Ansicht über ein Konzert Andreaes «in etwas unfreundlicher Weise» ausgedrückt hatte, als Friedensstifter überflüssig sein wird. (Wiedergegeben oben S. 65, Andreaes Antwort vom 6. 8. 1921 s. S. 66).

768
– E. Br. m. U. Zürich, 15. Oktober 1921, 2 S. 8°. Dankt für die Glückwünsche zum 80. Geburtstag.

769
– E. Br. m. U. Zürich, 27. April 1924, 2 S. 8°. Der Tenor Hans Bernhard hat ihm seine «neueste Komposition als Huldigung für Dr. Ad. Steiner vorgetragen».

770
– E. Ak. m. U. Zürich, 4. August 1924, 1 S. 16°. Grüße.

771
– E. Br. m. U. Zürich, 18. Juni 1925, 1 S. 8°. Dankt für die «Überreichung der Festschrift zur Feier des 25-jährigen Jubiläums des Schweizerischen Tonkünstlervereins, sowie für die mich hochehrende und erfreuende von 91 Mitgliedern des Vereins unterzeichnete Adresse».

772
– Nicht eigenhändig, ohne Titel u. U. Zürich, o. D. 4 S. 4°. Tabellenähnliche Zusammenstellung von Korrekturen betr. den vermutlichen Druck einer mindestens 262 Seiten zählenden Partitur (3 Sätze).

773
– E. Vk. o. U. o. O. o. D. 1 S. 32°. Dankt für die Glückwünsche zum Geburtstag.

774
Hegar, Lina, ?, Gemahlin von Friedrich Hegar. E. Br. m. U. Gunten, 3. Juni 1910, 3 S. 8°. An Frau Andreae gerichtet. Betr. u. a. das (Tonkünstler-)Fest in Zürich.

775
– Gedr. Br. o. U. Zürich, 2. Juni 1927, 1 S. 4°. Todesanzeige von Friedrich Hegar.

776
Hess, Willy, 1859–1939, deutscher Violinist. Br. von fremder Hand m. e. U. (Charlottenburg), 15. März 1925, 3 S. 4°. Betr. Andreaes Empfehlung des Geigenschülers (Paul) Neumann.

777
– E. Br. m. U. Charlottenburg, 3. Mai 1925, 2 S. 4°. Kann den Schüler Neumann nicht in seine Klasse aufnehmen.

778
Hilber, Johann Baptist, 1891–1973, Schweizer Komponist. E. Br. m. U. Luzern, 12. Juni 1941, 2 S. 4°. Bittet um Überlassung von Andreaes Vertonung des Liedes «Haarus» für das Bundesfeierspiel für Schwyz (f. Sprechchor, Trommel und Blechbläser).

779
– E. Br. m. U. Luzern, 31. August 1944, 1 S. 4°. Dankesbrief: «Ich könnte aus den lieben Worten, die Sie mir schreiben, ohne weiteres einen charmanten ‹Krebskanon› machen, d. h. alles auf Sie ‹zurücksingen› und in einer warmen, herzlichen Fermate befestigen, so sehr ist unsere Brucknerbegegnung konsonant und harmonisch.»

780
– E. Bk. m. U. Luzern, 11. November 1949, 2 S. 16°. Gratuliert zur Festgabe beim Rücktritt als Chef des Tonhalleorchesters (Schrift hrsg. vom Vorstand der Tonhalle-Gesellschaft, Zürich 1949).

781
Hindemith, Gertrud, 1900–1967, Gemahlin von Paul Hindemith. M. Br. m. U. Berlin, 29. April [1932], 1 S. 4°. «Mein Mann freut sich sehr, daß Sie das Oratorium [‹Das Unaufhörliche› für Soli, Chor u. Orch., 1931, Text von Gottfried Benn] machen und will natürlich kommen.» Bittet um offizielle Einladung für Gottfried Benn (vgl. Nr. 77; wiedergegeben oben S. 261).

782
– M. Pk. m. U. Berlin, 25. Mai (1932), 1 S. 16°. Paul und Gertrud Hindemith werden am 8. (Juni) zur Probe in Zürich sein. (Wiedergegeben oben S. 262).

783
Hindemith, Paul, 1895–1963, deutscher Komponist. E. Br. m. U. Kiel, o. D. [Januar 1932], 1 S. 4°. Freut sich, daß Andreae im Sommer in Zürich sein Oratorium aufführen wird (‹Das Unaufhörliche› [vgl. Nr. 781] im Rahmen der Tonkünstlerversammlung des Allg. Deutschen Musikvereins am 10. Juni 1932). Empfiehlt (Clara) Wirz-Wyss als Sopranistin. «Dank im Voraus für die Mühe, die Sie mit mir haben werden.» (Wiedergegeben oben S. 261).

784
– E. Br. m. U. Berlin, [Juni 1932], 3 S. 8°. Dankt für Gastfreundschaft und Aufführung. Grüße von der Rückfahrt «quer durch Hessen und Thüringen, kamen hier etwas traurig an und erleben nun hier die herrlichen Zustände». (Wiedergegeben oben S. 262).

785
– E. Br. m. U. Oberägeri, 3. August [1932], 1 S. 4°. Bedauert, Andreae nicht getroffen zu haben. (Wiedergegeben oben S. 263).

786
– E. Pk. m. U. Zweisimmen (14. August 1932), 2 S. 16°. Würde sich über einen Besuch Andreaes in Zweisimmen freuen. (Wiedergegeben oben S. 263 und 265).

787
– E. Br. m. U. Muzot ob Siders, [September 1932], 1 S. 4°. «Die Schweiz ist halt doch wunderschön.» Möchte, daß Dr. (Gottfried) Benn «Ihre herrliche Aufführung hörte» und daß er im Radio sprechen könnte. (Wiedergegeben oben S. 264).

788
Hoesslin, Erna von, ?, Sängerin, Gemahlin von Franz von Hoesslin, E. Br. m. U. Dessau, 27. April 1924, 2 S. 4°. Wünscht Engagement in Zürich.

789
Hoesslin, Franz von, 1885–1946, deutscher Dirigent. E. Ak. m. U. (Siena), (6. Juni 1930), 1 S. 16°. Freut sich aufs Zusammensein.

790
Honegger, Arthur, 1892–1955, Schweizer Komponist. E. Br. m. U. o. O. [Ende 1923?], 1 S. 4°. Dankt für die «Horace Aufführung» (‹Horace victorieux› 1920/21, Saison 1923/24) und spricht «beste Neujahrswünsche» aus.

791
– E. Ak. m. U. (Bordeaux), [1927], 1 S. 16°. Grüße, auch von Andrée Honegger.

792
– M. Br. m. U. Paris, 10. November 1929, 1 S. 4°. Betr. Tantiemen: «pour pouvoir réclamer à la Société des Auteurs les sommes auxquelles j'ai droit».

793
Hoorenmann, Johann, ?, deutscher Cembalist/Sänger. E. Bk. m. U. Zürich, 8. Mai 1933, 2 S. 8°. Betr. Matthäus-Passion-Aufführung [Karfreitag 14. April].

794
Horszowski, Mieczyslaw, 1892, polnischer Pianist. E. Br. m. U. Mailand, 1. Mai 1935, 1 S. 8°. Kondolenzschreiben (?).

795
– E. Br. m. U. Golfe-Inan. A. M., 2. Juli 1939, 2 S. 4°. Gratulation zum 50. Geburtstag.

796
Huber, Hans, 1852–1921, Schweizer Komponist. E. Bk. m. U. o. O. [1904], 2 S. 16°. Meldet Andreae den Tod seiner Mutter. Er muß das vorgesehene «Walliserprojekt» begraben, hofft aber doch auf ein baldiges Wiedersehen (vgl. Nr. 1424).

797
– E. Bk. m. U. Vitznau, 14. Juli [1904], 2 S. 16°. Ist u. a. mit «Erbschaftsgeschichten» beschäftigt und kann über seine Zeit nicht frei verfügen, er wird Andreae auf dem Laufenden halten. (Betr. den Tod seiner Mutter.)

798
– E. Bk. m. U. Basel, 17. Februar [1906], 2 S. 16°. Erinnert Andreae an die Einladung zum Mittagessen am «Zarathustrasonntage». (Aufführung von Richard Strauss, ‹Zarathustra› op. 30 am 25. 2. 1906 in Basel) (Wiedergegeben oben S. 104).

799
– E. Ak. m. U. (Locarno), (22. April 1906), 2 S. 16°. Hätte Andreae «gerne den neuen *Schluß des ersten Satzes* zum Geiger gezeigt» (betr. 5. Sinfonie, die sog. ‹Romantische› oder ‹Der Geiger von Gmünd›).

800
– E. Pk. m. U. (Basel), (1. Mai 1910), 2 S. 16°. Bittet Andreae um Zusendung von Bläserstimmen zu einem seiner Klavierkonzerte (c-moll), die er an einigen Stellen korrigieren möchte.

801
– E. Bk. m. U. [Basel], [1910], 1 S. 16°. Ein «gegenwärtig sehr belasteter Schulmeister Huber» wird zur Aufführung eines seiner Werke von Heidelberg nach Zürich fahren (Klavierkonzert).

802
– E. Bk. m. U. [Basel], [1910], 2 S. 16°. Bittet Andreae, die Leitung seines Klavierkonzertes an seiner Stelle zu übernehmen, er sei überlastet und habe keinen Vertreter für die Lektionen. Huber wäre stolz darauf, wenn Andreae das Werk dirigieren würde.

803
– E. Pk. m. U. (Basel), (6. November 1910), 1 S. 16°. Klagt über Leberstörungen. Er richtet Andreae Grüße von Philipp Wolfrum und Max Reger aus.

804
– E. Bk. m. U. [Basel], [1914], 2 S. 16°. Betr. u. a. vorgesehene Aufführungen einer Sinfonie Hubers in Zürich und Bern.

805
– E. Bk. m. U. Basel, 25. September 1915, 2 S. 16°. Erwähnt u. a. Ernst Levy, Marguerite Alioth, ferner «Brun in Bern» und «Lauber in Genf» sowie die Konzertmeister Hans Kötscher und Fritz Hirt.

806
– E. Bk. m. U. Basel, [27. Oktober 1915], 2 S. 16°. Macht Andreae auf die in New York erschienene Harmonielehre von Percy Goetschius aufmerksam. «Gestern hat also [Hermann] Suter bei überfülltem Saale seinen Jungferngesang ausgeübt.» (Gemeint ist Suters erstes Auftreten als Konzertsänger in Basel am 26. 10. 1915).

807
– E. Ak. m. U. (Solothurn), (29. November 1915), 1 S. 16°. Schreibt, es gehe ihm gesundheitlich besser. Er erwähnt eine «Zieglerangelegenheit», eine «langweilige Geschichte».

808
– 2 e. Ak. m. U. (Ambulant), (24. Oktober 1917), 2 S. 16°. Dankt für Andreaes Brief. Befindet sich zur Erholung in Locarno und bezweifelt, daß er «zu den Zürcher Konzerten erscheinen darf».

809
– Telegramm, (Locarno), (10. Dezember 1917), 1 S. 8°. Dank an Andreae und dessen Orchester für die Auffführung eines Werkes von Huber (VI. Abonnementskonzert, 10. 12. 1917: u. a. Sinfonie d-moll Nr. 7, Zürcherische Erstaufführung unter Andreae).

810
– E. Bk. m. U. Locarno, [1918/19], 2 S. 16°. Klagt über weniger gute Tage. Er habe durch Frau Suter über Edmund Röthlisberger gehört.

811
– 2 e. Bk. m. U. [Basel], [1918], 4 S. 16°. Kann nicht zu einer Vorprobe nach Zürich kommen. «An musikalische Traditionen glaube ich nicht recht», z. B. hätten ihm die Brahm'sche D-dur Sinfonie und das ‹Triumphlied› unter Friedrich Hegars Leitung viel besser gefallen als seinerzeit unter dem Komponisten in Basel. Hat von Hans Pfitzner eine Einladung nach Straßburg zur «Uraufführung in Deutschland von der C dur Symphonie von [Paul] Dukas» erhalten, der er evtl. Folge leisten wird.

812
– E. Pk. m. U. Vitznau, 29. September (1918), 1 S. 16°. An Hug & Cie. gerichtet. Das Material zur «Akademischen Symphonie» wird erst etwa an Neujahr bereit sein. «Sollte Herr Dr. Andreae die Stimmen aber rascher wünschen, so werde ich Alles versuchen, um dieselben zur gewünschten Zeit bereitzustellen.»

813
– E. Pk. m. U. (Luzern-Flüelen), (2. September 1918), 1 S. 16°. «Sollte das Wetter anständig werden, so würde ich Sie morgen (Dienstag)Nachmittag schnell auf eine Stunde besuchen!» (Andreae hielt sich in Brunnen auf).

814
– E. Pk. m. U. (Muralto), 4. Oktober 1918, 2 S. 16°. Verspricht Andreae die Zusendung von (Noten)material bis Neujahr und macht einige persönliche Mitteilungen.

815
– E. Br. m. U. Locarno, 25. November 1918, 2 S. 8°. Empfiehlt den jungen Dr. Erich Schild, der sich für eine freigewordene Organistenstelle in Zürich interessiert.

816
– E. Bk. m. U. Locarno, [ca. 1919/20], 2 S. 16°. Besitzt nichts Neues zum Burgdorfer Tonkünstlerfest und bittet Andreae, seinen Namen diesmal nicht auf das Programm zu setzen. Über (den Tod von Edmund) Röthlisberger hatte er «Nachrichten von einem hier lebenden Freunde».

817
– E. Bk. m. U. [Locarno], [1919], 1 S. 16°. Hat einen Sänger namens (Julius) Schuller aus Frankfurt a. M. kennengelernt; dieser möchte Andreae vorsingen.

818
– E. Bk. m. U. Locarno, o. D. 2 S. 16°. Betr. Festsetzung eines Konzertdatums mit einem Stück Hubers sowie einer Komposition von Busoni und erwähnt den Frankfurter (Sänger) Schuller (vgl. Nr. 817).

819
– E. Bk. m. U. Basel, o. D. 2 S. 16°. Will den ersten Satz seiner (4.) Sinfonie, die Andreae aufführen möchte, umarbeiten. «Es steckt zu viel *Kontrapunkt* drin + zu wenig *Klang*. Aus diesem Grunde müssen Sie jetzt darauf verzichten + in einem anderen Jahre daran denken.»

820
– E. Bk. m. U. Basel, 2. Januar 1919, 1 S. 16°. Sendet Andreae mit Neujahrsgrüßen Notenmaterial und erteilt ihm «vollständige Freiheit im Behandeln des Stückes» (4. Sinfonie). (Antwort Andreaes vom 14. 1. 1919 in der Universitätsbibliothek Basel, wiedergegeben oben S. 109).

821
– E. Bk. m. U. Locarno, [Januar 1919], 2 S. 16°. Betr. Zusendung des Aufführungsmaterials (für Hubers 4. Sinfonie). Mit seinen Orchesterstücken betrete Andreae «eigentlich eine *neue* Bahn + was Schumann für das Klavierstück war, können Sie jetzt für das Orchesterstück werden!»

822
– E. Br. m. U. Locarno, 16. Januar 1919, 4 S. 8°. Beschreibt «die Lebensgeschichte der Streichsymphonie» (des Werkes also, das am 3./4. 2. 1919 in der endgültigen Fassung von Andreae in Zürich zur Uraufführung gebracht wurde). (Wiedergegeben oben S. 110).

823
– E. Bk. m. U. Basel, [1919], 1 S. 16°. Fragt wegen der Programmfolge der Konzerte (vom 3./4. Februar 1919) in Zürich, in denen Hubers (4.) Sinfonie zur (Ur-)Aufführung gelangt.

824
– E. Br. m. U. (Zürich), [1919], 2 S. 8°. Dankt Andreae für die Aufführung einer seiner Sinfonien und lobt dessen Interpretation des Werkes. «Liszt sagte mir beim hiesigen deutschen Tonkünstlerfest nach der Tellsymphonie: ‹Sie müssen das Blech sorgfältiger behandeln›.» (Faksimile S. 107).

825
– E. Br. m. U. Basel, 5. November [1919], 2 S. 8°. Betr. Organisation der Busoni-Konzerte. Huber erwähnt einen in Basel stattfindenden Vortrag von Willy Rehberg.

826
– E. Bk. m. U. Locarno, o. D. 2 S. 16°. An Willy Rehberg gerichtet. Dankt ihm für den Vortrag und bittet ihn, «was die finanzielle Angelegenheit betrifft», sich an Andreae zu wenden, da er selbst «aus dem Comitee ausgetreten» sei.

827
– E. Pk. m. U. Vitznau, 11. Juli 1919, 1 S. 16°. «Ich gratuliere herzlich zur Symphonie + zum 40jährigen! Vivat sequens!»

828
– E. Bk. m. U. Locarno, [1919/1920], 2 S. 16°. Betr. die Cellosuite von Huber.

Empfiehlt das Buch von Arnold von Salis über ‹Die Kunst der Griechen› (Leipzig 1919).

829
– E. Br. m. U. Minusio, [1919/20], 1 S. 8º. Sendet seine «Cellosuite» (d-moll) zur «Durchsicht» und klagt über körperliche Beschwerden.

830
– E. Bk. m. U. Locarno-Minusio, 27. Oktober [1919/20], Betr. u. a. Hubers Quintett (für Klavier und 4 Bläser op. 136) und dessen «Orchester + Solo Cellosuite». Äußerungen über labilen Gesundheitszustand.

831
– E. Vk. m. U. [Basel], [1919/20], 1 S. 32º. Kurze Mitteilung betr. Hubers «Cellostimmen» (Suite für Cello d-moll).

832
– E. Bk. m. U. o. O., [1920/21], 2 S. 16º. Bittet Andreae, man möge von der geplanten Aufführung seiner «Cellosuite» am kommenden Tonkünstlerfest absehen.

833
– E. Bk. m. U. a. O. [1920/21], o. O. 1 S. 16º. Teilt Andreae seinen Entschluß mit, die ‹Cellosuite› «von der Aufführung am Tonkünstlerfeste zurückzuziehen». (Wiedergegeben oben S. 106).

834
– E. Bk. m. U. o. O. [1920], 2 S. 16º. Macht u. a. Vorschläge zur musikalischen Gestaltung eines Festes und erwähnt «das Unglück unseres Freundes Hegar» (Tod von Friedrich Hegars Sohn; vgl. Nr. 762 und 764).

835
– E. Ak. m. U. (Schönenwerd), (1. Juni 1920), 1 S. 16º. Grüßt Andreae von seinem Geburtshaus aus und möchte «für Alles danken, was dieses ausgezeichnet arrangierte Fest uns gegeben hat».

836
– E. Ak. m. U. (Minusio), 7. Oktober (1920), 1 S. 16º. Kann sich aus gesundheitlichen Gründen nicht zum Besuch der «Doret'schen Oper» anmelden.

837
– E. Bk. m. U. Minusio, 27. Oktober [1920], 2 S. 16º. Widmet Andreae eine seiner Sinfonien (vermutlich die dritte); er klagt über gesundheitliche Störungen.

838
– E. Bk. m. U. Minusio, 27. April [1921], 2 S. 16º. Teilt Andreae mit, er könne am (Tonkünstler-)Fest in Lugano nicht teilnehmen und lädt ihn ein zu einem Besuch in Vitznau.

839
– E. Bk. m. U. Vitznau, 23. Mai [?], 1 S. 16º. Hofft auf ein baldiges Wiedersehen mit Andreae.

840
– E. Bk. m. U. Vitznau, 30. August [?], 1 S. 16º. Wird Andreae am Sonntag «am Vormittage» besuchen.

841
– E. Bk. m. U. Locarno, o. D. 1 S. 16°. Erkundigt sich nach dem Ergehen von Frau Andreae und spricht über Ferienpläne für den nächsten Sommer und Winter.

842
– E. Bk. m. U. Basel, o. D. 2 S. 16°. Abmachungen mit Andreae wegen eines bevorstehenden Konzertes in Basel; in diesem Zusammenhang wird (der Pianist Rudolph) Ganz genannt.

843
– E. Bk. m. U. o. O., o. D. 1 S. 16°. Enthält eine Äußerung über den Huber-Schüler René Matthes und private Mitteilungen.

844
– E. Br. m. U. Vitznau, o. D. 2 S. 8°. Betr. Stellvertretungen für Huber bei den Diplomprüfungen in Basel. Sendet Andreae zwei Festspiele zu, obwohl er sich «in denselben nichts passendes zu einem Militärmarsch denken kann».

845
– E. Bk. m. U. Locarno, o. D. 2 S. 16°. Ist auf ärztlichen Rat in den Tessin geschickt worden, leidet aber unter der auferlegten Untätigkeit.

846
– E. Bk. m. U. o. O. (Aufdruck: Mulhouse 140 Faubourg d'Altkirch), o. D. 2 S. 16°. Verspricht Andreae die Mitwirkung als Dirigent in einem bevorstehenden Konzert. Er arbeite zur Zeit «im stillen Chalet der Frau Schwartz».

847
– E. Vk. o. U. Basel, o. D. 2 S. 32°. Gratuliert Andreae zum «zweiten Zürcher-Erfolg» und erwidert dessen Neujahrswünsche.

848
– E. Bk. m. U. Basel, o. D. 1 S. 16°. Betr. Abmachung einer Probe für ein Werk Hubers, das in Zürich gespielt werden soll. Erwähnt (den Pianisten Rudolph) Ganz.

849
– E. Bk. m. U. Basel, o. D. 2 S. 16°. Erörtert Besetzungsfragen in einem seiner Werke und macht Andreae entsprechende Vorschläge. Er erwähnt ferner die Neujahrsferien in Engelberg.

850
– E. Vk. o. U. Basel, o. D. 2 S. 32°. «Hans Huber gratulirt aufs allerherzlichste zu diesem zweiten Thema, welches dafür sorgen wird, daß die Durchführungen in diesem ersten Winter aufs glänzendste gelingen werden.» (Zur Übernahme der Tonhalleleitung 1906?).

851
– E. Br. m. U. (Zürich), o. D. 2 S. 8°. Schildert Andreae einen Anfall von Magenkrämpfen, die ihn gezwungen haben, am Vorabend ein Konzert in Zürich vorzeitig zu verlassen. (Beil. Trauerrede auf den Tod Hans Hubers von Volkmar Andreae, «Als Sprecher des Schw. Tonkünstlervereins» gehalten).

852
Hubermann, Bronislaw, 1882–1947, polnischer Violinist. E. Br. m. U. Bonn, 30. März [1906], 3 S. 8°. Bestätigt Engagement für den 20. November 1906. Honorar 1500 Fr. Programmvorschlag: Beethoven Violinkonzert D-dur. Möchte, falls überdies eine

Nummer mit Klavier gewünscht wird, eigenen Pianisten mitbringen, dessen Honorar ist 80 Fr.

853
Jahn, Karl, 1850?–1912, Schweizer Violinist. E. Br. m. U. Bern, 8. Februar 1908, 1 S. 8°. «Wie mir Herr Munzinger mitgetheilt hat, wünschen Sie an der Ende April stattfindenden Jubiläumsfeier der Musikschule [50jähriges Bestehen der Berner Musikschule] Ihre schöne Violinsonate op. 4 mit mir zu spielen.» (Kammermusikkonzert vom 25. April 1908).

854
Jans, Hans-Jörg, geb. 1936, Schweizer Musikwissenschaftler/Dirigent. E. Br. m. U. Basel, 30. Mai 1967, 2 S. 4°. Dankt Andreae dafür, daß dieser ihm eine Briefsammlung überlassen hat, um Kopien einzelner Briefe daraus machen zu können. Weist darauf hin, daß drei Briefe fehlen.

855
Janssen, Herbert, 1892–1965, deutscher Sänger. M. Br. m. U. Köln, 24. Mai 1932, 1 S. 4°. Kommt nicht zum Tonkünstlerfest nach Zürich.

856
Jaques-Dalcroze, Emile, 1865–1950, Schweizer Komponist. E. Bk. m. U. Genf, 14. April [ca. 1940], 2 S. 16°. Fragt nach einem Exemplar seines Violinkonzertes (C-Dur, 1902).

857
– E. Ak. m. U., o. O. o. D. 1 S. 16°. Foto und Grüße.

858
Jarnach, Amalie, ?, Gemahlin von Philipp Jarnach. E. Br. m. U. Berlin, 5. März 1926, 2 S. 4°. Betr. Busoni-Sammlung. Signalisiert großes «Mißtrauen in Bezug auf das Gelingen [...] in Anbetracht der wirtschaftlich allgemein prekären Lage».

859
Jarnach, Philipp, 1892–1982, deutscher Komponist. E. Br. m. U. Berlin, 21. März 1926, 2 S. 4°. Bericht über Bemühungen für Busoni-Spenden.

860
– M. Br. m. U. Köln, 24. Mai 1932, 1 S. 4°. Entschuldigt sich für sein Fernbleiben vom Schweiz. Tonkünstlerfest in Zürich.

861
– M. Br. m. U. Godesberg, 20. August 1946, 1 S. 4°. Frägt nach der Adresse von Robert Oboussier und Nachrichten von Gerda Busoni.

862
Jochum, Eugen, 1902, deutscher Dirigent. E. Br. m. U. Hamburg, 13. Mai 1938, 2 S. 4°. Im Anschluß an «Ihre prachtvolle Aufführung» der 1. u. 6. Sinfonie beim Brucknerfest: «Ich freue mich herzlich, daß wir uns auch künstlerisch so gut verstehen.»

863
Kaelin, Pierre, 1913, Schweizer Komponist. E. Br. m. U. Châtel-St-Denis, 2. September 1943, 1 S. 4°. Betr. Korrekturen und Änderungen für die Aufführung von Andreaes Suite op. 38 in Zürich. Beilage: Vorschläge für die Änderung der Prosodie.

864
Kaminski, Heinrich, 1886–1946, deutscher Komponist. E. Br. m. U. Ried-Benediktbeuern, 3. Oktober 1920, 1 S. 4°. Frägt an, ob Andreae geneigt wäre, einer Aufführung seines 69. Psalms (für 8stimmigen gem. Chor und Orchester) «näher zu treten».

865
– E. Bk. m. U. Ried-Benediktbeuern, [Pfingsten], [Mai] 1921, 1 S. 16°. «der 69. Psalm kommt am 18. Juni beim diesj. Tonk.fest in Nürnberg zur Aufführung.»

866
– E. Br. m. U. Ried-Benediktbeuern, 13. Juli 1921, 2 S. 4°. Möchte gerne ‹Introitus und Hymnus› (1919) oder (69.) Psalm in Zürich aufführen, «vor *allem* aber liegt mir daran, daß *Sie* eins der Werke herausbringen, denn davon verspreche ich mir an Vollendung der Ausführung alles–».

867
– E. Br. m. U. Ried-Benediktbeuern, 22. August 1925, 1 S. 4°. Besetzungsangaben für das ‹Magnifikat› für Sopran, Viola, Chor und Orchester.

868
– E. Br. m. U. Ried, 21. Dezember 1925, 1 S. 4°. Schickt die Partitur zum Magnifikat an Walther Reinhart.

869
– E. Br. m. U. Ried, 27. September 1942, 1 S. 4°. Freut sich, das ‹Magnifikat› in Zürich zu dirigieren.

870
Kasìcs, Tibor, 1903–1986, Musiker, Sohn von Ilona Durigo. Gedr. Todesanzeige. Budapest und Basel, 28. Dezember 1943, 1 S. 4°. Todesanzeige von Ilona Durigo.

871
Keldorfer, Viktor, 1873–1959, österreichischer Komponist. M. Br. m. U. Wien, 30. Januar 1932, 2 S. 4°. Erbittet Erlaubnis, einen in Andreaes Besitz befindlichen Brief Ludwigs II. an Richard Wagner zu veröffentlichen (vgl. Nr. 1599).

872
– M. Br. m. U. Wien, 1. Februar 1933, 2 S. 4°. Betr. weitere Auskünfte über den Brief Ludwigs II. an Richard Wagner.

873
– E. Br. m. U. Wien, 15. Februar 1933, 2 S. 4°. Dankt für Auskünfte betr. Wagner-König Ludwig II-Brief.

874
Kellner, Pater Altmann, 1902, österreichischer Organist. E. Br. m. U., Mariastein, 17. März 1941, 2 S. 4°. Richtet Grüße von Max Auer aus und berichtet von dessen Weiterarbeit an einer Neuauflage seiner Brucknermonographie. «Es mußten gewisse Vorschriften beachtet werden, doch ist die Substanz unberührt geblieben».

875
Klatte, Wilhelm, 1870–?, deutscher Dirigent/Musiktheoretiker. M. Br. m. U., Berlin, 11. Juni 1910, 2 S. 4°. Dankt als Vorstandsmitglied des Allg. Deutschen Musikvereins für «das schöne Züricher Tonkünstlerfest [...], eine Veranstaltung, wie sie in ähnlich gleichmäßiger künstlerischer Vornehmheit der Verein noch selten erlebt hat.» (Unterschrift auch von Friedrich Rösch).

876
Klecki, Paul, 1900–1973, polnischer Dirigent/Komponist. E. Br. m. U. Clarens, 11. März 1945, 2 S. 8°. Beglückwünscht Andreae zu seinem Orchester. Schildert seine positiven Eindrücke von der Arbeit «mit Ihrem herrlichen Orchester».

877
Kleffel, Arno, 1840–1913, deutscher Komponist. E. Pk. m. U. Engelberg, 19. August 1902, 1 S. 16°. «Was macht Ihre Oper? Ist sie bald vollendet?» (‹Oenone›).

878
Klemperer, Otto, 1885–1973, deutscher Dirigent. M. Br. m. U. Paris, 26. August 1946, 1 S. 4°. Bedankt sich bei Andreae für eine gute Orchesterleistung (Strauss, ‹Ein Heldenleben› op. 40).

879
– M. Br. m. U. Interlaken, o. D. 2 S. 8°. Betr. Details einer Aufführung von Bruckners 5. Sinfonie (Konzert vom 7. August).

880
Klose, Friedrich, 1862–1942, Schweizer Komponist. E. Br. m. U. Thun, 23. Oktober 1902, 1 S. 8°. Schickt eine Richard Strauss-Partitur zurück.

881
– E. Br. m. U. Thun, 17. August 1903, 2 S. 8°. Einladung zu einem Nachtessen mit Herrn Bandi.

882
– E. Pk. m. U. Thun, 19. September 1903, 1 S. 16°. Würde sich freuen, wenn Andreae zur Aufführung seiner Oper (‹Ilsebill›, o. op., 1902) nach Karlsruhe fahren könnte.

883
– E. Br. m. U. Bern, 21. Januar 1905, 1 S. 4°. Es würde Klose «riesig interessieren», das Tonhalle-Orchester kennen zu lernen. Schickt zwei Männerchöre.

884
– E. Pk. m. U. Thun, 10. Juli 1905, 1 S. 16°. Will zum Vormittagskonzert vom nächsten Sonntag (16. Juli) nach Zürich kommen.

885
– E. Br. m. U. Thun, 5. Oktober 1905, 2 S. 8°. Schickt das Stimmenmaterial seiner Messe (d-moll op. 6, 1889) und freut sich auf die Aufführung vom 31. Oktober.

886
– E. Bk. m. U. Karlsruhe, 22. Dezember 1905, 2 S. 16°. Hat Rudolf Louis (deutscher Musiktheoretiker) veranlaßt, Andreae die Partitur seiner sinfonischen Dichtung ‹Proteus› (Tondichtung, 1903) zu schicken. Erinnert sich dankbar der «vollendet schönen» Zürcher Aufführung der Messe.

887
– E. Bk. m. U. München, 2. März 1908, 2 S. 16°. Empfiehlt Dr. Wolfgang Bülau aus Hamburg, Schüler Henri Marteaus, der sich um die Konzertmeisterstelle in Zürich bewirbt. Hat in Basel erfahren, daß Andreae sein Chorwerk ‹Vidi aquam› (op. 10, 1892) aufführen wolle.

888
– E. Pk. m. U. München, 6. März 1908, 1 S. 16°. Möchte ‹Vidi aquam› nicht selber dirigieren.

889
– E. Br. m. U. Karlsruhe, 16. April 1908, 3 S. 8°. Möchte ‹Vidi aquam› am 26. April in Zürich mit Andreae besprechen und schickt Tempoangaben zu diesem Werk.

890
– E. Bk. m. U. Thun, 10. September 1908, 2 S. 16°. Betr. einen von Andreae geplanten Klose-Abend mit der sinfonischen Dichtung ‹Das Leben ein Traum› (für Orchester, Frauenchor und Sprecher, o. op., 1896), dem ‹Elfenreigen› (für Orchester, o. op., 1892) und ‹Vidi aquam›.

891
– E. Br. m. U. München, 24. Oktober 1908, 4 S. 8°. Über die Besetzung des «Dysangelisten» (Sprechrolle in ‹Das Leben ein Taum›).

892
– E. Br. m. U. München, 29. November 1908, 4 S. 8°. Bemerkungen zu den für den Klose-Abend vorgesehenen Werken (vgl. Nr. 890). Ist einverstanden mit Dr. Hassler als «Dysangelist». (Wiedergegeben oben S. 153).

893
– E. Br. m. U. Karlsruhe, 4. Dezember 1908, 4 S. 8°. Lehnt eine von Dr. Hassler vorgeschlagene Kürzung ab. Schickt Korrekturen zur Partitur von ‹Elfenreigen› und ‹Das Leben ein Traum›.

894
– E. Pk. m. U. Karlsruhe, 8. Dezember 1908, 1 S. 16°. Wird Freitag (11. Dez.) zur Probe in der Tonhalle sein.

895
– E. Vk. o. U. o. O. u. J., [1905–1908], 2 S. 32°. Bittet Andreae, seinem jungen Freund Peter Katz aus Mannheim, der in Zürich philosophische und musikalische Studien betreiben will, mit Rat beizustehen.

896
– E. Pk. m. U. München, 19. Januar 1910, 1 S. 16°. Arbeitet an einer «Composition für Chor (getheilt), Orgel, kleines Orchester und Deklamation» über ein «bekanntes, leicht verständliches Gedicht» (von H. Heine: Die Wallfahrt nach Kevlaar, o. op.).

897
– E. Br. m. U. München, 13. Februar 1910, 3 S. 8°. Möglicher Beitrag zum Musikfest wäre «Heine's ‹Wallfahrt nach Kevlaer› als *Melodram* in das zur Stimmungsmalerei gregorianische Choralmelodien und Klavierlieder für Chor verwoben sind [...]. Bin begierig, was Sie zu der Weihrauchmusik sagen werden.»

898
– Br. von fremder Hand m. e. U. München, 17. März 1910, 2 S. 4°. Über Größe und Aufstellung der drei Chöre für die ‹Wallfahrt› (auf S. 2 hdschr. Notiz Andreaes zur Stärke der Chöre: «insgesamt 620 Sänger»).

899
– E. Pk. m. U. München, 22. März 1910, 1 S. 16°. Ankündigung des Aufführungsmaterials zur ‹Wallfahrt›.

900
– E. Br. m. U. München, 24. März 1910, 1 S. 8°. Schickt die ersten acht Seiten der Partitur und kündet Stimmenmaterial an.

901
– E. Br. m. U. München, 31. März 1910, 1 S. 4°. Betr. Stimmenmaterial zur ‹Wallfahrt›.

902
– E. Br. m. U. München, 4. April 1910, 1 S. 8°. Schickt wieder ein Stück der Partitur, kündet Chorstimmen an. (Faksimile S. 155).

903
– Br. von fremder Hand (Hs. wie Nr. 898) m. e. U. München, 11. April 1910, 2 S. 4°. Betr. Stimmenmaterial zur ‹Wallfahrt›. Klavierauszug ist in Arbeit.

904
– Br. von fremder Hand (Hs. wie Nr. 898) m. e. U. München, 15. April 1910, 1 S. 4°. Possart wäre der beste Sprecher gewesen; «er ist zwar ein gräßlicher Komödiant, aber zur Musik sprechen kann er doch wie keiner.»

905
– E. Pk. m. U. München, 28. April 1910, 1 S. 16°. Ist einverstanden mit Seidler als Sprecher. Weiteres Material ist unterwegs, auch der Rest der Partitur.

906
– E. Pk. m. U. München, 2. Mai 1910, 1 S. 16°. Kündet Teile des Klavierauszuges an.

907
– E. Pk. m. U. München, 3. Mai 1910, 1 S. 16°. Ist gegen Textabdruck im Programm. «Es genügt zu vermerken: D. W. n. K. (Heine) für Declamation etc. etc. (I. Die Prozession. – II. Im Dom. – III. Im Kämmerlein.)». (Beiliegend Notiz von fremder Hand: «Dirigent: wohl am besten Andreae, Kl. dirigiert so so.») (Wiedergegeben oben S. 157).

908
– E. Pk. m. U. München, 12. Mai 1910, 1 S. 16°. Teilt Karlsruher Adresse mit.

909
– E. Pk. m. U. München, 17. Mai 1910, 1 S. 16°. Hofft zur Probe vom 22. Mai in Zürich zu sein.

910
– E. Pk. m. U. München, 26. Januar 1913, 2 S. 16°. Ankündigung eines neuen Werkes: ‹Ein Festgesang Neros› (nach Victor Hugo, o. op.) für Tenorsolo, vierstimmigen Chor, großes Orchester und Orgel. Chorsatz harmonisch leicht, Dauer 32 Minuten.

911
– E. Pk. m. U. München, 20. Februar 1913, 1 S. 16°. Hinweis auf die Uraufführung des ‹Festgesangs› am 23. Februar in München. «Der Klang dieser Partitur dürfte Ihnen Spaß machen».

912
– E. Br. m. U. Thun, 29. August 1915, 2 S. 4°. Bedauert, dem jungen Walter Schulthess (bisher Schüler Andreaes) keinen Kontrapunktunterricht erteilen zu können, da er grundsätzlich keine Privatschüler annimmt. Empfiehlt Walter Courvoisier und als Klavierlehrer Schmid-Lindner (deutscher Pianist). (Die Anfrage Andreaes vom 26. 8. 1915 im Klose-Nachlaß, UB Basel. Beide Briefe wiedergegeben S. 158/159).

913
– E. Br. m. U. München, 19. Mai 1916, 3 S. 8°. Hat von Schulthess gehört, daß Andreae sich für sein «neues Chorwerk ‹Der Sonne-Geist›» (1917, nach A. Mombert, o. op.)

interessiert. Das Werk wird ihm noch den Sommer über zu tun geben, aber er glaubt, es «wäre etwas für Zürich, für Ihren großen, famosen Chor und für Sie!» Vor Mitte Oktober möchte er zu einer ‹Ratcliff›-Aufführung nach Zürich kommen.

914
- E. Br. m. U. Thun, 8. Oktober 1918, 4 S. 8°. Will in München Erkundigungen einziehen über (Hans) Oser (später Musikdirektor in Rapperswil), der an der Akademie der Tonkunst eine Zwischenprüfung nicht bestanden habe.

915
- E. Br. m. U. München, 28. November 1918, 2 S. 4°. Oser sollte in der Tat die erste Kontrapunktklasse wiederholen, er dürfte «ein Zurückgreifen ebensowenig zu bedauern haben, als ich, der ich seinerzeit bei Bruckner sogar noch einmal von vorne anfing». Die Violinsonate von Walter Schulthess sei an der Akademie mit Erfolg aufgeführt worden, von einer Verkennung seiner Begabung könne nicht die Rede sein.

916
- E. Br. m. U. Thun, 10. Januar 1920, 1 S. 4°. Ist bereit, seinen Namen unter den Protest des Tonkünstlervereins an die national- und ständerätliche Finanzkommission, die Subventionsfrage betreffend, zu setzen.

917
- E. Br. m. U. Basel, 15. Januar 1920, 1 S. 4°. Hat Anfrage wegen Sinfonie-Partitur (‹Das Leben ein Traum›, sinfonische Dichtung 1896, vgl. Nr. 890) erhalten.

918
- E. Pk. m. U. Thun, 28. März 1920, 2 S. 16°. Die Partitur zu ‹Das Leben ein Traum› wurde Andreae zugeschickt. (Andreae erwartet Kloses Besuch: Br. vom 29. 3. 1920 im Klose-Nachlaß, UB Basel).

919
- E. Pk. m. U. Thun, 23. April 1920, 1 S. 16°. Freut sich über Aufnahme des Schlußteils des ‹Sonne-Geist› (vgl. Nr. 913) ins Programm des Tonkünstlerfestes. Schlägt Vaterhaus für die Partie des Rhapsoden und des alten Hirten vor.

920
- E. Br. m. U. Thun, 1. April 1921, 2 S. 4°. Besetzungsvorschläge für die für nächsten Winter geplante Aufführung des ‹Sonne-Geist›.

921
- Br. von der Hand von Kloses Frau Tilde, m. e. U., Thun, 14. April 1921, 2 S. 4°. Betr. Wahl der Solisten für ‹Sonne-Geist›; erwogen werden u. a. Ilona Durigo und Karl Erb.

922
- E. Br. m. U. Thun, 3. Juli 1921, 2 S. 4°. Betr. erneut Besetzungsfragen.

923
- E. Pk. m. U. Basel, 15. September 1921, 2 S. 16°. Fragt, ob, resp. wie Andreae die Soli nun besetzt habe.

924
- E. Pk. m. U. Basel, 28. September 1921, 2 S. 16°. Stellt seine Baßflöte für die ‹Sonne-Geist›-Aufführung zur Verfügung.

925
- E. Br. m. U. Basel, 5. Oktober 1921, 2 S. 4°. Die Pause ist im ‹Sonne-Geist› nach dem

zweiten Teil anzusetzen, die Teile drei bis sechs dürfen nicht auseinandergerissen werden.

926
– E. Br. m. U. Basel, 16. Oktober 1921, 1 S. 4°. Zeitangaben zu den einzelnen Teilen des Werks. Das Heckelphon kann durch ein Bassetthorn ersetzt werden.

927
– E. Bk. m. U. Karlsruhe, 26. Dezember 1921, 2 S. 16°. Dankt für «die famose Aufführung meines ‹Sonne-Geist› unter Ihrer prächtigen, das Wesen des Werkes voll zur Geltung bringenden Leitung». (Wiedergegeben oben S. 161).

928
– E. Br. m. U. Ruvigliana, o. J. [Herbst 1932], 2 S. 4°. Dankt Andreae, «mit der Aufführung der 2 ersten Sätze meiner Symphonie [‹Das Leben ein Traum›, vgl. Nr. 890] des ‹dies fatalis› zu gedenken, an dem ich in mein achtes Lebens-Dezennium trete».

929
– E. Bk. m. U. Ruvigliana, 29. Dezember 1932, 2 S. 16°. Dankt für die Glückwünsche (zum siebzigsten Geburtstag) und für die Aufführung der Sinfonie-Sätze.

930
– E. Br. m. U. Basel, 6. Juni 1936, 4 S. 8°. Betr. Aufführung von Kloses ‹Präludium und Doppelfuge› für Orgel und Blechbläser (o. op., 1907) anläßlich des Zürcher Fests der Internationalen Bruckner-Gesellschaft.

931
– E. Br. m. U. Ruvigliana, 21. Oktober 1936, 1 S. 4°. Dankt für die prachtvolle Aufführung der «Dante-Symphonie» (Liszt) vom 20. Oktober.

932
– Gedr. Bk. m. e. Gruß, Ruvigliana, Dezember 1942, 1 S. 16°. Dankt für die Wünsche zum 80. Geburtstag.

933
Knappertsbusch, Hans, 1888–1965, deutscher Dirigent. M. Br. m. U. München, 27. Dezember 1948, 2 S. 4°. Betr. Nachfolge Andreaes: «Für Volkmar Andreae gibt es überhaupt so ad hoc keinen Nachfolger, künstlerisch und leitungstechnisch nicht; wie wäre folgender Vorschlag?: wenn Sie jetzt aus gesetzlichen Gründen offiziell zurücktreten werden, so ladet Sie die Tonhallegesellschaft ebenso offiziell zu mindestens zwei Dritteln Ihrer bisherigen Abende zu Gast, und was übrig bleibt, geben Sie mir.»

934
– M. Br. m. U. München, 13. Juli 1950, 1 S. 4°. Bittet um eine Kopie des im Besitz von Andreae befindlichen Briefes, in dem König Ludwig II. von Bayern Richard Wagner das ‹Du› anbietet (vgl. Nr. 1599).

935
– M. Br. m. U. München, 15. Oktober 1952, 1 S. 4°. Dankt für Faksimile des Briefes Ludwigs II. an Richard Wagner.

936
– M. Br. m. U. (München), 8. Dezember 1954, 1 S. 4°. Betr. Brief Ludwigs II. an Wagner. Bemerkungen zur Quellenlage, Hinweis auf Gottfried von Böhm, ‹Ludwig II, König von Bayern›, Verlag H. R. Engelmann, Berlin 1924 und NZZ Nr. 1237 vom 12. 9. 1923.

937
– E. Vk. m. U. o. O., o. D. 1 S. 64°. Grüße.

938
Kodály, Zóltan, 1882–1967, ungarischer Komponist. E. Br. m. U. Budapest, 10. August 1924, 2 S. 8°. Betr. Cello-Sonate (op. 8, 1915). Empfiehlt den Cellisten Paul Hermann. (Wiedergegeben oben S. 249).

939
– E. Br. m. U. Budapest, 3. November 1927, 3 S. 8°. Dankt für die Aufführung des Psalmus hungaricus (Psalm IV op. 13, 1913). (Hinzugefügter Dank und Gruß von Emma Kodály.) (Brief publiziert in: Werner Fuchss, SMZ 1972. Wiedergegeben oben S. 249 und 251).

940
– E. Br. m. U. Budapest, 19. August [1928], 2 S. 4°. Würde sich über Aufführung der «Háry [János]-Suite» (1927) freuen; würde gerne selber dirigieren. (Wiedergegeben oben S. 250).

941
Koenen, Tilly, 1873–1941, niederländische Sängerin. E. Ak. m. U. (Den) Haag, o. D. 1 S. 16°. Empfiehlt eine Schülerin Theodora Versteegh.

942
Kornauth, Egon, 1891–1959, österreichischer Komponist. E. Br. m. U. Wien, 15. April 1950, 2 S. 8°. Fragt nach der Partitur seiner 2. Sinfonie op. 35.

943
Kraus, Felix von, 1870–1937, österreichischer Sänger. E. Br. m. U. Zell, Tirol, 23. September 1906, 2 S. 4°. Betr. Unstimmigkeiten wegen Honorar.

944
– E. Br. m. U. Leipzig, 23. November 1907, 1 S. 8°. Singt am Karfreitag in Zürich in der Matthäus-Passion.

945
– E. Br. m. U. Bayreuth, 13. Juli 1909, 2 S. 8°. Rückfrage wegen Programm und Termin geplanter Konzerte.

946
– E. Br. m. U. Bayreuth, 27. Juli 1909, 2 S. 8°. Programmvorschläge.

947
– M. Br. m. U. München, 27. April 1914, 1 S. 4°. Betr. eine Inszenierung von Andreaes Oper ‹Ratcliff› in Duisburg. Glückwunsch zu «Ihrer neuen Würde, die Sie in so jungen Jahren erreichen konnten» (Ernennung zum Universitäts-Musikdirektor).

948
– E. Bk. m. U. München, 25. Juni 1930, 2 S. 8°. Empfiehlt seinen Schüler Egyd Hilg.

949
Kraus-Osborne, Adrienne von, 1873–1951, Sängerin. Gemahlin von Felix von Kraus. E. Br. m. U. Zell, Tirol, [vor Oktober 1909], 4 S. 8°. Programmvorschläge.

950
– E. Pk. m. U. (München), (19. Oktober 1909), 1 S. 16°. Ankunftsbestätigung.

951
– E. Br. m. U. [München], [ca. 1909], 2 S. 8°. Übersendet Texte zu einem Zürcher Konzert.

952
– E. Br. m. U. Zell, Tirol, [ca. 1909], 1 S. 4°. Engagementbestätigung.

953
Kreisler, Fritz, 1875–1962, österreichischer Violinist. E. Pk. m. U. (Berlin), 9. Juni 1912, 1 S. 16°. Freut sich, das Geigenkonzert von Viotti Nr. 22 in a-moll zu spielen.

954
Křenek, Ernst, geb. 1900, österreichischer Komponist. E. Br. m. U. Chandolin, 4. August 1924, 1 S. 4°. Nahm mit de Boer sein Quartett durch (entweder op. 6, op. 8, op. 20 oder op. 24). Lob der Schweiz als Ferienland.

955
– E. Br. m. U. Zürich, 19. Oktober 1924, 2 S. 4°. Dankt für die Aufführung des Concerto grosso (1921 oder 1924). Ob Fritz Busch die Absicht habe, «das von Ihnen erstaufgeführte Concerto grosso in Dresden zu bringen.»

956
– E. Br. m. U. Wien, 29. März 1925, 2 S. 4°. Bericht aus Wien: «Leider haben mich jetzt Geschäfte in diesen trostlosen Erdenwinkel gerufen, wo ich vor Verdruß und Langeweile vergehe [...]. Es ist doch die hoffnungsloseste Rasse der Erde».

957
– E. Br. m. U. Ascona, 27. Juni 1925, 6 S. 4°. Betr. Annahme einer Stellung am Preußischen Staatstheater in Kassel, dessen Direktion Paul Bekker übernommen hat. Bittet Andreae, ihm «den Rückweg in die Schweiz» offen zu halten.

958
– E. Br. m. U. Kassel, 25. November 1927, 1 S. 4°. Möchte Andreae treffen.

959
E. Br. m. U. St. Moritz, 12. Dezember 1927, 1 S. 4°. Fahrt nach Wien, «da man mich an der Staatsoper braucht».

960
– M. Br. m. U. St. Moritz, 10. Dezember 1928, 1 S. 4°. Freut sich auf ein Wiedersehen.

961
– E. Ak. m. U. Tunis, 18. September 1929, 1 S. 16°. Grüße.

962
– M. Br. m. U. Wien, 7. Mai 1931, 1 S. 4°. Beendete die Konzert-Arie ‹Die Nachtigall›. Empfiehlt Fräulein Siegrist. «Ich bin sonst mit einem Orchesterstück mittlerer Länge beschäftigt» (Thema und 13 Variationen op. 69).

963
– E. Br. m. U. Wien, 26. Dezember 1931, 1 S. 4°. Betr. Verschiebung einer Aufführung der Variationen und der ‹Nachtigall› (Konzertarie op. 68) auf den 9. Februar 1932, die dem Komponisten vielleicht die persönliche Anwesenheit ermöglicht.

964
– E. Pk. m. U. Wien, 1. Februar 1932, 1 S. 16°. Kommt zur Probe und Aufführung nach Zürich (Variationen und ‹Nachtigall›).

965
– E. Br. m. U. Wien, 23. Mai 1932, 1 S. 4°. Kann bei der Aufführung seiner Kompositionen (Variationen und ‹Nachtigall›) nicht anwesend sein. Dankt, «daß Sie für mein Stück nochmals so viele und gründliche Proben angesetzt haben, obwohl es doch schon gespielt ist».

966
Kulenkampff, Georg 1898–1948, deutscher Violinist. E. Bk. m. U. o. O. [1944], 1 S. 32°. Feiertagswünsche.

967
– E. Br. m. U. Davos, 3. Oktober 1944, 4 S. 4°. Dankt Andreae für die Möglichkeit, in Zürich zu spielen. «Nun rückt die große Freude heran mit Ihnen in Zürich musizieren zu dürfen und ich hoffe inständig, daß mir von Bern ein positiver Entscheid zugebilligt werden möge.» (betr. Abonnementskonzert vom 21. 11. 1944: Reichel, Sinfonie 1942/44, UA; Dvořák, Violinkonzert op. 53; Brahms, Variationen op. 56a u. a.).

968
Kulenkampff, Hanna Barbara, ?, Gemahlin von Georg Kulenkampff. Gedr. Br. o. U. (Schaffhausen), nach 5. Oktober 1948, 1 S. 8°. Gedruckte Danksagung.

969
Kussewitzky, Sergej, 1874–1951, russischer Dirigent. M. Br. m. U. Paris, 28. Juni 1926, 1 S. 4°. Beglückwünscht Andreae zur Aufführung. Bedankt sich für Gastfreundschaft und drückt Bewunderung für Andreaes Kunst des Dirigierens aus. (betr. Konzert der IGNM vom 18./23. 6. 1926: Kodály, Psalmus hungaricus op. 13; Honegger, ‹König David›; Leon Levi: Sinfonie Nr. 5 für Violine, Trompete und großes Orchester u. a.).

970
– Gedr. Vk. o. U. Paris, o. D. 1 S. 64°. Visitenkarte.

971
Landowska, Wanda, 1879–1959, polnische Cembalistin. M. Br. m. U. Saint-Leu-la-Forêt, 17. April 1929, 1 S. 4°. Möchte in Zürich das ‹Concert Champêtre› von F. Poulenc (1928) spielen.

972
– M. Br. m. U. Saint-Leu-la-Forêt, 1. Mai 1930, 1 S. 4°. Erinnert Andreae erneut an ihren Wunsch, in Zürich das ‹Concert Champêtre› (1928) von Poulenc zu spielen.

973
Lang, Hermann, 1883–1966, Schweizer Dirigent. E. Pk. m. U. Lausanne, 28. Juli 1946, 1 S. 16°. Gratuliert zur Aufführung von Bruckners Sinfonie Nr. 7 in Linz.

974
Lang, Walter, 1896–1966, Schweizer Komponist. E. Br. m. U. o. O. (5. Juli 1959), 1 S. 4°. Glückwünsche zum 80. Geburtstag: ... «Jenseits aller Musik aber war ich stets beeindruckt von der Kraft Ihres Geistes und der Sicherheit, mit der Sie sich Ihr Leben schufen, nicht als verträumte Musiker-, sondern als weltmännische Führernatur». (Brief enthalten im Album des Tonkünstlervereins zu Andreaes 80. Geburtstag.)

975
Lauber, Emile, 1866–1935, Schweizer Komponist. E. Br. m. U. St-Aubin, 31. Dezember 1932, 4 S. 4°. Ausführliche persönliche Neujahrswünsche.

976
Leuzinger, Rudolf, ?, Schweizer Fagottist. E. Br. m. U. o. O. 3. Juli 1944, 3 S. 8°. Geburtstagswünsche.

977
Liebermann, Rolf, geb. 1910, Schweizer Komponist/Dirigent. E. Br. m. U. Hamburg, Juni 1959, 1 S. 4°. Glückwünsche zum 80. Geburtstag. (Brief enthalten im Album des Tonkünstlervereins zu Andreaes 80. Geburtstag).

978
Lion, Ferdinand, 1883–1969, deutscher Schriftsteller. E. Pk. m. U. (Arosa), (31. Juli 1946), 1 S. 16°. Bittet um ‹Casanova›-Textbüchlein für einen Freund. (Andreae, ‹Abenteuer des Casanova› op. 34, Libretto von F. Lion).

979
Lipatti, Dinu, 1917–1950, rumänischer Pianist. E. Bk. m. U. Genf, 20. Februar 1945, 2 S. 16°. Empfiehlt den italienischen Violinisten Corrado Romano.

980
– E. Vk. o. U. Genf, (1946) [Dezember]. 2 S. 16°. Empfiehlt den jungen italienischen Cellisten (Antonio) Janigro. Neujahrswünsche.

981
– E. Br. m. U. La Chaux-de-Fonds, 14. März 1947, 1 S. 4°. Bittet Andreae um eine Unterredung.

982
Lohse, Otto, 1858–1925, deutscher Dirigent, M. Br. m. U. Leipzig, 7. September 1918, 2 S. 4°. Bedauert, daß Andreae nicht der Erstaufführung des ‹Ratcliff› beiwohnen kann. Kürzungen werden akzeptiert.

983
– E. Br. m. U. Leipzig, 11. Oktober 1918, 2 S. 4°. Berichtet von Erfolg der Aufführung von Andreaes ‹Ratcliff›. War auch «direkt entzückt» von der Kleinen Suite op. 27.

984
– M. Br. m. U. Leipzig, 22. Januar 1923, 1 S. 4°. Möchte seiner Bühne (Städtische Theater in Leipzig) die Uraufführung der neuen Oper (‹Abenteuer des Casanova› op. 34 von Andreae) sichern.

985
Löwe, Ferdinand, 1865–1925, österreichischer Dirigent. E. Br. m. U. Wien, 5. November 1921, 3 S. 8°. Betr. (Wiener) Erstaufführung von Andreaes Sinfonie in C-dur op. 31 durch den Wiener Konzertverein. Der Dirigent teilt das Programm mit und lädt Andreae zur Aufführung ein.

986
– E. Br. m. U. Wien, 26. November 1921, 3 S. 8°. Lädt Andreae ein, im Konzert des Wiener Konzertvereins zu dirigieren und teilt mögliche Daten mit. (Sinfonie C-dur op. 31 von Andreae).

987
Mahler, Gustav, 1860–1911, österreichischer Komponist/Dirigent. E. Bk. m. U. [Wien], [1904], 1 S. 8°. Briefkarte mit Prägedruck: «Der Director des K.K. Hof-Operntheaters». Dankt «für die Sorgfalt die Sie meinem Geisteskinde angedeihen ließen» (1904, 3. Sinfonie). (Wiedergegeben oben S. 100 und 101).

988
– E. Bk. m. U. o. O. o. D. 1 S. 16º. Briefkarte mit durchgestrichenem Prägedruck «Der Director des K.K. Hof-Operntheaters». Empfehlung des Sängers Messchaert für die Rückert-Lieder. (Wiedergegeben oben S. 100).

989
Mainardi, Enrico, 1897–1976, italienischer Violoncellist. E. Br. m. U. Rom, 23. August 1943, 2 S. 4º. Dankt für die Bekanntschaft, durch die die Tage in Zürich «zu den gehaltvolleres und unvergeßlicher meines Leben geworden sind».

990
Marbach, Otto, ?, E. Br. m. U. Zürich, 16. März 1920, 1 S. 4º. Bedauert, Andreae nicht treffen zu können.

991
Maréchal, Maurice, 1892–1964, französischer Violoncellist. E. Pk. m. U. (La Chaux-de-Fonds), 11. November 1930, 2 S. 16º. Dankt «pour Haydn!, pour Honegger! et pour moi–!....»

992
– E. Br. m. U. Paris, 20. Mai 1931, 3 S. 8º. Spielt in Zürich wieder «le concerto de notre ami Honegger» (Cellokonzert 1929).

993
– E. Ak. m. U. Le Havre, 30. Juni 1931, 1 S. 16º. Gruß anläßlich der «1ere audition du Concerto [für Cello u. Orch.] de Honegger dans la ville natale du Maître,!, *et sous sa direction!*» Grüße auch von Arthur und Andrée («Vaura») Honegger.

994
– E. Br. m. U. Paris, 26. August 1932, 1 S. 4º. Programm: Lalo und Honegger (Cellokonzerte).

995
– E. Br. m. U. Paris, 25. Oktober 1932, 2 S. 8º. «Le souvenir des mes deux concerts avec vous restera *parmi les meilleurs de ma vie*».

996
Marek, Czeslaw, 1891–1985, Schweiz. Pianist und Komponist polnischer Herkunft. E. Br. m. U. Zürich, Mai 1959, 1 S. 4º. Glückwünsche zum 80. Geburtstag: Erinnert Andreae an die «glänzenden Aufführungen meiner Orchestersuite [1926] und meiner Sinfonie [1928]» unter Andreaes Leitung. Notenbeispiel aus der Sinfonie. (Brief enthalten im Album des Tonkünstlervereins zu Andreaes 80. Geburtstag).

997
Marescotti, André François, geb. 1902, Schweizer Komponist. E. Br. m. U. o.O. [Juni 1959], 1 S. 4º. Glückwünsche und Dank für Förderung anläßlich von Andreaes 80. Geburtstag. (Brief enthalten im Album des Tonkünstlervereins zu Andreaes 80. Geburtstag).

998
Marteau, Henri, 1874–1934, französischer Violinist. E. Br. m. U. Bex, 13. August 1902, 3 S. 8º. Möchte mit Andreae in Genf und Bern die Violinsonate (op. 4) spielen.

999
– E. Br. m. U. Genf, [ca. 1902], 2 S. 8º. Möchte Andreae in Bern treffen.

1000
– E. Pk. m. U. (Genf), (24. September 1902), 1 S. 16°. Wird bei der Familie Andreae zu abend essen.

1001
– E. Pk. m. U. [Genf], (6. März 1903), 1 S. 16°. Dankt für die Gastfreundschaft.

1002
– E. Pk. m. U. (Grange-Canale, Genf), (27. Juni 1904), 1 S. 16°. Fragt Andreae nach Ratschlägen für sein Cellokonzert: «ne trouvez-vous pas que la coda de la dernière partie est trop longue??».

1003
– E. Bk. m. U. [Genf], [1904], 4 S. 8°. Dankt Andreae für dessen Kritik an einer seiner Kompositionen (Cellokonzert). Erwartet Antwort von (Ludwig) Thuille.

1004
– E. Br. m. U. [Genf], 5. September [vor 1905], 1 S. 8°. «Envoyez-moi prochainement votre sonate» (Violinsonate op. 4).

1005
– E. Br. m. U. Bologna, [vor 1905], 1 S. 8°. Ist einverstanden mit Programm.

1006
– E. Br. m. U. [Genf], [vor 1905], 1 S. 8°. Möchte mit Andreae dessen Violinsonate (op. 4) in Basel spielen.

1007
– E. Br. m. U. [Genf], [vor 1905], 1 S. 8°. Hat sich gefreut, mit Andreae dessen Violinsonate (op. 4) zu spielen.

1008
– E. Br. m. U. Cassel, [vor 1905], 1 S. 4°. Spielt in Winterthur, möchte Andreae in Zürich sehen.

1009
– E. Br. m. U. [Genf], [vor 1905], 2 S. 8°. «Reger passera a Zürich [...] mettez le dans une voiture et expédiez-le moi...»

1010
– E. Vk. o. U. o. O. [vor 1905], 1 S. 16°. Gibt Datenänderung bekannt.

1011
– M. Vk. o. U. o. O. [vor 1905], 1 S. 16°. Geburtsanzeige des Sohnes Jean Sébastien.

1012
– E. Pk. m. U. (Bex), (31. Mai 1905), 1 S. 16°. Erwartet Andreae bei Adolphe Rehberg (Bruder von Willy Rehberg).

1013
– E. Pk. m. U. (Lausanne), (2. Juni 1905), 1 S. 16°. Erwartet Andreae in Genf.

1014
– E. Pk. m. U. (Genf), (9. Juli 1905), 1 S. 16°. Ist wegen Krankheit seines Sohnes unabkömmlich.

1015
– E. Ak. m. U. (Paris), (11. Mai 1906), 1 S. 16°. Grüße.

1016
– E. Br. m. U. Genf, 29. Juni 1906, 2 S. 8°. Wird Genf am 30. Juni 1907 verlassen, ist aber verpflichtet, bis 1. September 1908 keine andere Anstellung in der Schweiz anzunehmen.

1017
– E. Br. m. U. [Genf], [Juni 1906], 2 S. 4°. Betr. ev. Anstellung am Konservatorium Zürich, möglicherweise auch für Gérard Hekking (frz. Violoncellist) und Navone.

1018
– E. Ak. m. U. (Genf), (30. Dezember 1906), 1 S. 16°. Grüße.

1019
– E. Br. m. U. [Genf], [ca. 1906], 3 S. 8°. Betr. Anstellung in Zürich: «J'ai trouvé un violoncelliste **admirable,** grand artiste, bon musicien, charmant garçon, 26 ans: Gérard Hekking».

1020
– E. Br. m. U. Amsterdam, [ca. 1906], 1 S. 4°. Geht erst nach der Amerikareise wieder auf die Zürcher Angelegenheit ein.

1021
– E. Br. m. U. [Genf], [ca. 1906], 2 S. 8°. Betr. Zürcher Anstellungspläne für Meisterklasse und Quartett.

1022
– Notiz [Genf], [ca. 1906], 4 S. 8°. Betr. Umfang und Bezahlung der evtl. Verpflichtung an Tonhalle und Konservatorium; dasselbe für Gérard Hekking.

1023
– E. Br. m. U. [Genf], [1907], 3 S. 8°. Verspürt bei den Zürchern starke Abneigung gegen alles Französische: «je renonce absolument à l'idée de me fixer à Zürich».

1024
– E. Br. m. U. Wien, [1907], 2 S. 4°. Vermutlich an F. Hegar gerichtet. Betr. Konzertmeisterstelle in Zürich. Empfiehlt seinen Schützling, den knapp 17jährigen Florizel (von) Reuter (amerikanischer Violinist).

1025
– E. Br. m. U. Le Thillot, 26. August 1907, 4 S. 8°. Vermutet «feindliche Stimmung» gegen ihn unter den Zürcher Musikern. Freut sich aufs gemeinsame Musizieren. Muntert Andreae zum Komponieren auf. Uraufführung des Reger-Violinkonzertes ist für Basel geplant (A-dur op. 101; Uraufführung in Basel am 29. 2. 1908). Ist sehr betroffen über den Tod von R. Mühlfeld (deutscher Klarinettist an der Meininger Hofkapelle).

1026
– E. Br. m. U. [Genf] 2. März 1908, 1 S. 4°. Gründet in Berlin ein Quartett mit Hugo Becker (Cello), und Florizel (von) Reuter (2. Geige).

1027
M. Br. m. U. Genf, 7. März 1908, 2 S. 4°. Ist erstaunt, daß Carl Flesch, der «viel weniger bekannt ist» ein Honorar von 1500 Fr., er selbst nur 1000 Fr. erhält. Hat Andreaes Sonate op. 4 wieder gehört: «Enthusiasmus und Jugend geben dem Ganzen etwas ungeheuer Anziehendes».

1028
– E. Pk. m. U. Berlin, (28. September 1908), 1 S. 16°. Meldet Ankunft.

1029
– E. Vk. o. U. [Genf], [ca. 1908], 1 S. 16°. Grüße.

1030
– E. Br. m. U. New York, [ca. 1908], 2 S. 8°. Betr. Schwierigkeiten mit Genf.

1031
– E. Br. m. U. Breslau, [ca. 1908], 2 S. 8°. Betr. ‹Erard› (-Flügel), den auch Liszt besser fand als den ‹Blüthner›. Erwartet Andreae zum Mittagessen mit Février (frz. Komponist) und Reger.

1032
– M. Br. m. U. Berlin, 11. Februar 1909, 2 S. 8°. Empfiehlt Fr. (Maggy) Breittmayer für das Stipendium des Schweiz. Tonkünstlervereins. Bittet um Besetzungsangaben für Andreaes Fantasie (op. 7), die er in Berlin aufführen möchte.

1033
– E. Br. m. U. Anvers, 1. März 1909, 1 S. 4°. «Programm für Berlin: Huber, Dalcroze und Hegar, sehr fein.»

1034
– M. Br. m. U. Berlin, 24. Juni 1909, 1 S. 8°. Will in Dortmund am 7., 8. und 9. Mai 1910 ein Musikfest für Reger organisieren.

1035
– E. Br. m. U. [Berlin], [nach Juli 1909], 3 S. 8°. Programmvorschlag: Reger, Violinkonzert; Bach, E-dur-Partita, Nr. 3.

1036
– E. Br. m. U. Berlin, August [1909], 1 S. 4°. Betr. Konzertprogramm (V. Abonnementskonzert: Jaques-Dalcroze, Violinkonzert C-dur, 1902; H. Berlioz, ‹Harold in Italien›; Bach, Solopartita E-dur. Programm wurde beibehalten, obwohl Marteau es «etwas viel» fand.)

1037
– E. Pk. m. U. (Breslau), (4. Dezember 1909), 1 S. 16°. Dirigiert in Berlin. Freut sich auf ein Wiedersehen.

1038
– E. Br. m. U. Berlin, [ca. 1909], 1 S. 8°. Verlangt ein Honorar von 1000 Mark für Doppelkonzert.

1039
– E. Br. m. U. Königsberg, [vor 1910], 3 S. 4°. Ist bereit, in Zürich das Reger-Violinkonzert zu spielen. Übergibt Andreae gerne die Leitung für ein Konzert mit Schweizer Musik: Sinfonie von H. Huber; Violinkonzert von Joseph Lauber; Doppelfuge für Orgel von F. Klose; Fantasie op. 7 von Andreae (betr. wahrscheinlich das Festkonzert zu Ehren des Schweiz. Tonkünstlervereins am 1. 7. 1908).

1040
– E. Br. m. U. Berlin, [ca. 1910], 3 S. 4°. Empfiehlt Hugo Becker als Cellisten. Programmangaben.

1041
– E. Br. m. U. Falkenstein im Taunus, [ca. 1910], 2 S. 8°. Möchte mit «Quartettgenossen» in Zürich spielen. (Hugo Becker u. a.) Programmvorschläge.

1042
– E. Br. m. U. Lichtenberg, 18. April 1927, 4 S. 4°. Möchte in Zürich die C-dur-Solosonate von Bach spielen. Empfiehlt sein Chorwerk, Vertonung von ‹Gesang der Geister über den Wassern› von J. W. v. Goethe.

1043
– E. Br. m. U. Lichtenberg, 26. Juni 1930, 3 S. 8°. Möchte in Zürich einen Zyklus der Klavier-Violinsonaten und Solosonaten von J. S. Bach spielen, ausgeführt mit Cembalo und Viola da Gamba. (Möglicherweise hierzu gehörende Ansichtskarte der Villa Marteau in Lichtenberg).

1044
– E. Br. m. U. o. O. [ca. 1930], 3 S. 8°. Programmvorschläge (Reger: Violinkonzert; Bach: Partita E-dur, Nr. 3).

1045
– E. Vk. m. U. o. O. o. D. 1 S. 16°. Gibt Adresse bekannt.

1046
Martin, Frank, 1890–1974, Schweizer Komponist. E. Br. m. U. Genf, 3. September 1920, 2 S. 4°. Betr. Probe zur von Andreae geplanten Aufführung von ‹Esquisse pour petit orchestre› (1919).

1047
– E. Br. m. U. Genf, 19. März 1928, 2 S. 4°. Empfiehlt die Kompositionen von R. Blum und O. Uhlmann «qui méritent au moins discussion». Betr. Weltmusikfest der Internat. Gesellschaft für Neue Musik (IGNM) in Zürich 1929. Ist auf jeden Fall einverstanden mit Sonate für Baßklarinette und Klavier (op. 35) von O. Schoeck.

1048
– E. Br. m. U. Zürich, 17. März 1945, 1 S. 4°. Betr. Radioaufnahme «de mon Oratorio pour la paix» (‹In Terra Pax›, 1944).

1049
– E. Br. m. U. (Genève), (5. Juli 1959), 1 S. 4°. Glückwünsche zum 80. Geburtstag: «on n'arrive pas à s'imaginer que vous abordez les 80, vous, l'homme que l'on a toujours connu jeune, énergique, vous le chef né, chef d'orchestre, chef militaire, chef aussi quand vous présidiez, aux destinées des Musiciens suisses». (Brief enthalten im Album des Tonkünstlervereins zu Andreaes 80. Geburtstag).

1050
– E. Bk. m. U. Genf, o. D. 2 S. 16°. (Anfang fehlt) Kritik an einem Werk Fritz Bruns.

1051
Martzy, Johanna, geb. 1924, ungarische Violinistin. E. Bk. m. U. Ayer, 22. Dezember 1948, 2 S. 16°. Weihnachtswünsche.

1052
– E. Bk. m. U. Ayer, 23. Dezember 1949, 2 S. 16°. Weihnachtsgrüße.

1053
Maurice, Pierre, 1868–1936, Schweizer Komponist. E. Br. m. U. Allaman, Vaud, 26.

Juli 1909, 3 S. 8°. Möchte seine «Misé brun» in Zürich aufführen (Drame lyrique, 1902/04).

1054
– E. Pk. m. U. Allaman, 13. November 1928, 1 S. 16°. Dankt für Wünsche (zum 60. Geburtstag).

1055
Meierhofer, Maiti, ?, M. Br. m. U. o. O. u. D. [April 1939], 1 S. 4°. «Zeichnungen von F. Busoni aus seinem 12. Jahr Herrn Dr. V. Andreae mit herzlichen Glückwünschen zu seinem 60. Geburtstage». (Beil. 2 Blätter mit Bleistiftzeichnungen).

1056
Mendelssohn, Arnold, 1855–1933, deutscher Komponist. E. Br. m. U. Darmstadt, 28. März 1910, 2 S. 8°. Fragt an, ob am Tonkünstlerfest des Allgemeinen Deutschen Musikvereins nicht andere Teile seiner Oper ‹Pandora› (op. 37) gebracht werden könnten als die Ouverture.

1057
– E. Br. m. U. Darmstadt, 30. März 1910, 1 S. 8°. Vorschläge für in Zürich aufzuführende Nummern aus der Oper ‹Pandora› (op. 37; vgl. Nr. 1321).

1058
– E. Pk. m. U. Darmstadt, 6. April 1910, 1 S. 16°. Dirigiert die Ouverture zur Oper ‹Pandora› (op. 37), falls er sich für die Hauptprobe frei machen kann. Sonst soll Andreae dirigieren.

1059
– E. Br. m. U. (Darmstadt), (20. Mai 1910), 1 S. 16°. Betr. Korrekturen (zu ‹Pandora›-Ouverture). «Also ich klopfe Takt.»

1060
Mengelberg, Willem, 1871–1951, niederländischer Dirigent. Telegramm, Sarnen, 6. Juli 1939, 1 S. 4°. Gratulation zum Geburtstag.

1061
Menuhin, Moshe, geb. 1893, Vater von Yehudi Menuhin. M. Br. m. U. Ville d'Avray, 12. Juli 1931, 1 S. 4°. (An den Konzertagenten Kantorowitz gerichtet.) Yehudi möchte nicht wieder das Mendelssohn-Konzert spielen, da man ihm sonst ein zu schmales Repertoire vorwerfen könnte. Vorgeschlagen wird folgendes Programm: «The Mozart seventh concerto in d dur [KV 271 a]. The Beethoven concerto [op. 61]. The Brahms concerto [op. 77].»

1062
Menuhin, Yehudi, geb. 1916, amerikanischer Geiger. E. Pk. m. U. Ville d'Avray, 19. Juni (1931), 1 S. 16°. «I am looking forward to play with you the Mozart, Mendelssohn and Beethoven concertos» (betr. evtl. Konzert vom 25. 10. 1932).

1063
– E. Ak. m. U. (Ville d'Avray), 17. Juni 1934, 1 S. 16°. «Sie können sich schwer vorstellen mit welcher Freude ich denke an unseres Konzert in Zürich! Mozart, Lalo, Brahms!» (betr. Konzert vom 9. 10. 1934).

1064
Messchaert, Johann Martinus, 1857–1922, niederländischer Sänger. E. Br. m. U. Frankfurt a. M. 29. April 1906, 1 S. 8°. Betr. Honorar für Aufführungen im Dezember.

1065
– E. Br. m. U. Frankfurt a.M. 10. Mai 1906, 2 S. 8°. Honorar 1200 Mark für Konzert am 9./11. Dezember, ‹La Damnation de Faust›, Berlioz); für drei Konzerte aber 1400 Fr.

1066
– E. Pk. m. U. Frankfurt a.M. 30. Mai 1906, 1 S. 16°. Betr. Engagement am 8., 9. und 10. Dezember.

1067
– E. Pk. m. U. Frankfurt a.M. (4. Juni 1906), 1 S. 16°. Hat 8.–11. Dezember reserviert für ‹Damnation› (Berlioz) und ‹Ernste Gesänge› (Brahms, op. 121).

1068
– E. Pk. m. U. Frankfurt a.M. (14. Juni 1906), 1 S. 16°. Betr. Konzert im Oktober mit «Händel Arie [Messias] und Löwe Balladen». Andreaes hdschr. Notiz: «1200.– Fr.»

1069
– E. Pk. m. U. (Frankfurt a.M.), (11. Oktober 1906), 1 S. 16°. Glückwünsche (wohl zu Andreaes Übernahme des Tonhalleorchesters).

1070
– E. Pk. m. U. Frankfurt a.M. (13. November 1906), 1 S. 16°. Sendet «das Basler Textbuch der Damnation [Berlioz], worin der Mephistotext genau [ist] wie ich ihn singe.»

1071
– E. Pk. m. U. Oberstdorf im Allgäu, (19. Juni 1908), 1 S. 16°. Kommt 11./12. Dezember nach Zürich, Honorar 1200 Fr.

1072
– E. Pk. m. U. Wien, 26. Mai 1909, 1 S. 16°. Meldet Ankunft in Zürich. «Mit einem Musikdirector wie Sie finde ich Klavierprobe nicht nötig».

1073
– E. Br. m. U. München, 28. Juni 1910, 1 S. 8°. An Carl Ulrich gerichtet (Mitglied des Tonhalle-Vorstandes). Betr. Konzert am 26./27. September. Honorar 1000 Mark.

1074
– E. Pk. m. U. (München), (15. Juli 1910), 1 S. 16°. An Carl Ulrich gerichtet. Konzert für 26./27. September definitiv.

1075
– E. Pk. m. U. (München), (16. Juli 1910), 1 S. 16°. Programm für 26./27. September: Haydn: Rezitativ und Arie aus den ‹Jahreszeiten›; Oscar Posa, vier Lieder; Brahms, fünf Lieder.

1076
– E. Pk. m. U. (München), (21. Juli 1910), 1 S. 16°. «Programm famos!»

1077
– E. Br. m. U. München, 24. August 1910, 2 S. 8°. Betr. Material zur ‹Kreuzstab-Kantate› (J. S. Bach, BWV 56).

1078
– E. Pk. m. U. (München), (14. September 1910), 1 S. 16°. Betr. übersandte Noten.

1079
– E. Pk. m. U. (München), (19. September 1910), 1 S. 16°. Schlägt Kürzungen bei «B-dur Arie» vor. «Der Chor kann wohl sitzen bleiben ohne intonationsgefahr?» (betr. Bach, Kreuzstab-Kantate, BWV 56).

1080
– E. Br. m. U. Berlin, [1912], 3 S. 8°. Honorar 1200 Fr. «Sollen wir nicht lieber statt eine Judas Maccabäus Arie [Händel] die herrliche C Dur Arie aus *Messias* nehmen?»

1081
– E. Br. m. U. Frankfurt a.M. [1912], 2 S. 8°. Bittet um erstklassigen Begleiter falls Andreae nicht selbst begleitet.

1082
– E. Br. m. U. Berlin, 9. Juni 1912, 2 S. 8°. Sänge gerne (in Zürich), kann aber nicht, denn die «Daten sind [...] besetzt und das Honorar ist zu gering!»

1083
– E. Pk. m. U. Berlin, 29. September 1913, 1 S. 16°. An Tonhalle adressiert. Programm: Rezitativ und Arie aus den ‹Jahreszeiten› von Haydn, Vier Schubert-Lieder.

1084
– E. Pk. m. U. Berlin, 3. Oktober 1915, 1 S. 16°. Mögliche Absage wegen Erkältung.

1085
– E. Br. m. U. Zürich, 14. Oktober 1919, 1 S. 4°. Bittet Andreae um Unterstützung für die Aufenthaltsbewilligung in Zürich.

1086
– E. Br. m. U. Zürich, 24. Oktober 1919, 2 S. 4°. Manfred-Ouverture (Schumann) und 2. Brahms-Sinfonie gefielen sehr, «großartige Steigerung im letzten Satz».

1087
– E. Br. m. U. Zürich, 29. Oktober 1919, 1 S. 4°. Möchte bald Andreae besuchen.

1088
– E. Pk. m. U. (Zürich), (5. November 1919), 1 S. 16°. «Großartig! Tausend Dank!»

1089
– E. Br. m. U. Zürich, 22. Dezember 1919, 1 S. 4°. Betr. Stelle am Konservatorium Zürich.

1090
– E. Br. m. U. Zürich, 8. Januar 1920, 2 S. 4°. «Meine Stellung am Konservatorium habe ich mir folgendermaßen gedacht: [...] 4 Schüler(-innen) = 6 Stunden in der Woche.» Stimm- und Registerbildung muß individuell unterrichtet werden. «Weiter denke ich mir 18 oder 20 Wochen im Jahre Feriën, dann wären somit 34 oder 32 Wochen Unterricht also nehmen wir einmal 34 Wochen × 6 Stunden = 204 Stunden ad 30 frcs = 6120 fr. Also rund: 6000 frcs jährlich.»

1091
– E. Br. m. U. Zürich, 4. März 1920, 2 S. 8°. Betr. Anstellung am Konservatorium Zürich; erwähnt Julius Röntgen, dessen Sohn eine Stellung in der Schweiz sucht.

1092
– E. Pk. m. U. Zürich, 17. April 1920, 1 S. 16°. Dankt für Einladung.

1093
– E. Pk. m. U. Zürich, (22. April 1920), 1 S. 16°. «Sehr gerne am 29^en.» Grüße.

1094
– E. Br. m. U. Zürich, 10. September 1920, 1 S. 4°. Entschuldigt sich für das Ausbleiben am Konservatorium wegen Krankheit; «und das schmerzt mich destomehr da gerade die Conservatoriumsschüler nicht einmal eine Minute Führung entbehren können!»

1095
– E. Pk. m. U. Zürich, 18. Oktober 1920, 2 S. 16°. Geht nach Lugano und hofft, «in ein paar Wochen meine Arbeit wieder aufnehmen» zu können.

1096
– E. Pk. m. U. Zürich, (18. November 1920), 2 S. 16°. Meldet seine Rückkehr nach Zürich.

1097
– E. Br. m. U. Zürich, 8. Dezember 1920, 1 S. 8°. Dankt für die Karten, auch im Namen seiner Frau (betr. evtl. Beethoven-Gedenkkonzert: Missa solemnis).

1098
Familie Messchaert, Telegramm, Küsnacht, 10. September 1922, 1 S. 8°. Todesanzeige. «Vater entschlafen Messchaert». (Beil. Andreaes Trauerrede auf den Tod Messchaerts).

1099
Millet, Louis, 1867–1941, katalanischer Komponist. E. Br. m. U. Barcelona, 12. April 1910, 2 S. 4°. «Barcelone artiste a resté bien enchantée de votre art si noble».

1100
– E. Br. m. U. (Barcelona), 1. Juni 1910, 1 S. 16°. Fotoaustausch.

1101
– E. Ak. m. U. Barcelona, 30. September 1911, 1 S. 16°. Betr. Engagement Andreaes in Barcelona.

1102
Moór, Emanuel, 1863–1931, ungarischer Komponist. 2 E. Bk. m. U. in Umschlag, Adresse: «Herrn Professor Dr. Franz Hegar *Zürich*»; Ouchy-Lausanne, 5. Februar 1905, 3 S. 16°. An Friedrich Hegar gerichtet. Sendet ein Exemplar des soeben im Druck erschienenen Violoncellokonzerts. Wird auch das Violinkonzert schicken, sobald er es vom Verleger erhält. «Es ist so überaus schwierig Orchestersachen mit einem guten Orchester durchzuprobieren, deshalb erlaube ich mir die Frage zu stellen, ob Sie mir nicht den großen Gefallen erweisen würden, ein Stück für Orchester welches ich soeben beendete (Improvisationen für Orchester über ein eigenes Thema) einmal durchzuspielen.» (vgl. Nr. 743).

1103
– E. Pk. m. U. (Lausanne), (11. Februar 1908), 2 S. 16°. Ysaye wird sein Violinkonzert in Zürich spielen; Cortot, Casals, Thibaud spielen sein Tripelkonzert für Violine, Cello und Klavier.

1104
– E. Pk. m. U. (Lausanne), (16. Februar 1908), 1 S. 16°. Fragt, ob und wann Ysaye spielt.

1105
Morena, Berta, 1878–1952, deutsche Sängerin. Br. v. fremder Hd. m. e. U. München, 5. September 1901, 1 S. 8°. Engagementbestätigung.

1106
Morini, Erica, geb. 1904, österreichische Violinistin. E. Ak. m. U. Wien, (18. April 1935), 1 S. 16°. Ostergrüße.

1107
Muck, Karl, 1859–1940, deutscher Dirigent. E. Br. m. U. Dobelbad, bei Graz, 26. Juli 1907, 2 S. 8°. «Können und wollen Sie Ihren 1. Hornisten Karl Schmid so zeitig seines dortigen Contraktes entheben, daß er am 1. October ds. Js. im Bostoner Symphonie-Orchester eintreten kann?»

1108
Münch, Charles, 1891–1968, französischer Dirigent. Gedr. Vk. o. U. (Paris), o. J. [1937–1948]. «Chef d'orchestre de la Société des Concerts du Conservatoire».

1109
Müller, Paul, geb. 1898, Schweizer Komponist. E. Br. m. U. o. O. (5. Juli 1959), 1 S. 4°. Glückwünsche zum 80. Geburtstag. «Doch nicht nur dem verantwortungsvollen Mittler großer Kunstwerke danke ich, sondern auch dem immer anregenden und hilfsbereiten Lehrer.» (Brief enthalten im Album des Tonkünstlervereins zu Andreaes 80. Geburtstag).

1110
Munzinger, Carl, 1842–1911, Schweizer Komponist/Dirigent. E. Bk. m. U. Bern, 10. März 1903, 1 S. 16°. Fragt um Auskunft über Fritz Brun wegen einer ev. Nachfolge (Hans) Seebergs in Bern.

1111
– E. Br. m. U. Bern, 3. März 1904, 2 S. 8°. «Ich hege nicht besonderes Zutrauen für die Begeisterung & Teilnahme unsres Publikums, das uns oft im Stiche läßt...» (betr. Programm mit u. a. Andreaes Sinfonischer Fantasie op. 7).

1112
– E. Br. m. U. Bern, 6. März 1904, 2 S. 8°. Gibt Ratschläge für Ferien an der dalmatischen Küste.

1113
– E. Pk. m. U. Bern, 23. März 1904, 1 S. 16°. «Wenn Du nach Bern kommst müssen wir wegen deiner Phantasie sprechen».

1114
– E. Bk. m. U. Bern, 20. Oktober 1906, 1 S. 16°. Betr. Andreaes Absicht «ein großes hymnisches Werk» zu schreiben («Charons Nachen»).

1115
Nedbal, Oskar, 1874–1930, tschechischer Komponist/Dirigent. E. Br. m. U. Zürich, 16. März 1920, 1 S. 4°. Kann wegen Krankheit nicht kommen.

1116
Neitzel, Otto, 1852–1920, deutscher Komponist/Musikschriftsteller. E. Pk. m. U. (Köln), (7. Dezember 1917), 1 S. 16°. Fragt nach Andreaes Streichtrio (op. 29).

1117
Ney, Elly, 1882–1968, deutsche Pianistin. E. Ak. m. U. Bonn, 31. Dezember 1917, 1

S. 16°. «In Erinnerung unseres Brahmsmusicierens [...] sende ich Ihnen zum neuen Jahre alle guten Wünsche».

1118
Nikisch, Arthur, 1855–1922, deutscher Dirigent. Telegramm, Leipzig, 17. November 1918, 1 S. 8°. Glückwünsche zu «auszerordentlichem erfolg ratcliff herrliches werk».

1119
– E. Br. m. U. Leipzig, 19. Juli 1919, 3 S. 8°. Frau Professor Marie Hedmondt, Gesangslehrerin am Konservatorium Leipzig, möchte in die Schweiz übersiedeln.

1120
– E. Bk. m. U. Leipzig, 6. Februar 1920, 1 S. 16°. Grüße. (Beil. vermutlich hierzu: «Arthur Abendblatt», eine Zeitung mit spaßhaften Artikeln über Nikisch.).

1121
– E. Pk. m. U. Berlin, 26. Februar 1920, 2 S. 16°. Händel-Notenmaterial muß an das Gewandhaus Leipzig geschickt werden.

1122
– E. Bk. m. U. Leipzig, 25. April 1921, 2 S. 16°. Im Programm bleibt Mahlers Sinfonie Nr. 4 und anstatt des Händelkonzerts «*Ihre* köstliche ‹kleine Suite› [...] Ich liebe das Stück».

1123
Familie Nikisch, – Gedr. Br. o. U. Leipzig und Dresden, 2. Februar 1922, 1 S. 8°. Danksagung anläßlich des Todes von Arthur Nikisch.

1124
Noordewier Reddingius, Aaltje, 1868–1949, niederländische Sopranistin. E. Br. m. U. Hilversum, 3. April 1909, 1 S. 8°. «[...] für Charfreitag bin ich *nie* frei, dies Jahr singe ich in Frankfurt unter Mengelberg».

1125
– E. Pk. m. U. Maastricht, 19. Januar 1911, 1 S. 16°. An Prof. Dr. H. Wirz (Vorstandsmitglied des Gemischten Chors Zürich) gerichtet: Ist am 20., 21. und 22. April für die Mailänder Aufführung nicht frei.

1126
– E. Pk. m. U. Katwijk, 26. Juli 1911, 1 S. 16°. Dankt für die Fotografie von Andreae. Freut sich auf das Konzert in Zürich.

1127
– E. Br. m. U. Hilversum, 17. September 1946, 1 S. 8°. Empfiehlt Frau Dora van Doorn Lindeman als Sängerin.

1128
– Gedr. Ak. m. U. Hilversum, 1. September 1948, 1 S. 16°. Dankt für Glückwünsche zum 80. Geburtstag.

1129
Oboussier, Robert, 1900–1957, Schweizer Komponist. E. Br. m. U. [Zürich], 15. Februar 1943, 2 S. 4°. Dankt für die Aufführung seiner Sinfonie (Sinfonie Nr. 1?). «Gerade in der Plastik des Disponierens u. in einzelnen Nuancen brachten Sie da noch von sich aus ein Erhebliches hinzu, das mich außerordentlich beglückte. [...] Jetzt klingt wirklich alles so, wie ich es mir innerlich vorgestellt hatte.»

1130
Ochs, Siegfried, 1858–1929, deutscher Dirigent. E. Br. m. U. Berlin, 7. Mai 1901, 2 S. 8°. Betr. den Plan, die Tonkünstlerversammlung des Allgemeinen Deutschen Musikvereins 1902 in Zürich durchzuführen.

1131
– E. Ak. m. U. Berlin, (11. Dezember 1907), 1 S. 16°. Grüße vom 25jährigen Jubiläum des Philharmonischen Chores, Berlin.

1132
– E. Br. m. U. Zürich, 26. Mai 1910, 2 S. 8°. Bedankt sich für Einladung, kann aber nicht annehmen, da er seine Frau am Bahnhof abholen muß.

1133
– E. Bk. m. U. Zürich, 31. Mai 1910, 2 S. 16°. Dankt «für die Genüsse künstlerischer und geselliger Art [...], die uns durch Ihre Vermittlung geboten worden sind».

1134
– E. Br. m. U. [Berlin-]Charlottenburg, 16. Oktober 1920, 1 S. 4°. Meldet Ankunft von (Bernhard) Henking in Berlin. «Ich habe mich gefreut, ihm bei der Aufnahme in die Hochschule ein bißchen helfen zu können».

1135
– E. Br. m. U. Berlin-Charlottenburg, 28. Mai 1921, 1 S. 4°. «Ihre verschiedene Schützlinge machen sich sehr gut.» (betr. Erhart Ermatinger und Bernhard Henking).

1136
– E. Br. m. U. Berlin-Charlottenburg, 5. Juli 1921, 1 S. 4°. Berichtet von großem Erfolg einer Kantate des gemeinsamen Schülers Bernhard Henking.

1137
– E. Br. m. U. [Berlin-]Charlottenburg, 14. März 1922, 1 S. 4°. «Herr Dubs soll, wie jeder von Ihnen Empfohlenen, der besten Aufnahme sicher sein.» (Hermann Dubs übernahm nach Studien bei Siegfried Ochs 1923 den Häusermannschen Privatchor.)

1138
– E. Br. m. U. [Berlin-]Charlottenburg, 30. Mai 1922, 1 S. 4°. Stellt richtig, daß eine Anfrage, ob er in Zürich dirigieren könne, nicht von ihm ausgehe.

1139
– E. Br. m. U. Berlin, 21. Dezember 1922, 1 S. 4°. Gedanken zur Wiedergabe von Chorwerken von Schütz: «für die Aufführungspraxis dieser Musik stehen alle Türen offen».

1140
Onegin, Sigrid, 1891–1943, deutsche Sängerin. E. Ak. m. U. [USA], 11. Januar 1933, 1 S. 16°. Grüße von der S.S. Europa «unmittelbar vor der amerikanischen Küste».

1141
– E. Br. m. U. o. O. o. D. 3 S. 8°. Ist von ‹Messias›-Aufführung unter Andreaes Leitung begeistert. «Ich muß Ihnen aber sagen, daß Ihre ganzen Chöre – kurz *alles* was Sie taten mir einen größeren Eindruck machte, als meine 6 Toscanini Konzerte nebst 14!! Proben die ich gerade hinter mir habe» (für Missa solemnis in New York). «Sie sind ein ganz wunderbarer Musiker und dabei ein so lieber, gütiger Mensch».

1142
– E. Ak. m. U. (Bayreuth), 5. Juli 1933, 1 S. 16°. Kartengrüße: Winifred Wagner, Frida Leider, Richard Stein, Maria und Rudolf Bockelmann, Cläre und Fritz Wolff.

1143
– E. Br. m. U. Bayreuth, 17. Juli 1933, 4 S. 8°. Hat vorläufig kein Glück mit dem Verkauf von Andreaes Karten für Bayreuther Aufführungen.

1144
– M. Br. m. U. Bayreuth, 16. August 1933, 2 S. 8°. Betr. Absage für Salzburger Festspiele, was «auf persönlichen Wunsch des Reichskanzlers» geschah. Über Toscanini: «Hier spricht man von ihm nur mit höchstem Respekt. Tragisch ist nur, daß er angefangen hat, abzusagen und daß so viele andere folgen mußten» (Unterschrift von S. Onegins Gattin Dr. Fritz Pentzoldt).

1145
– M. Br. m. U. Bayreuth, 28. August 1933, 2 S. 4°. Verkaufte Andreaes Karten für 90 Mark. (Unterschrift von Sigrid Onegins Gatten Dr. Fritz Pentzoldt.)

1146
Panizza, Ettore, 1875–1967, italienischer Dirigent. E. Br. m. U. Mailand, 17. Juni 1925, 4 S. 8°. Dankt für Text und Klavierpartitur von Andreaes Oper («Abenteuer des Casanova»).

1147
Panzéra, Charles, 1896–1976, französischer Sänger. M. Br. m. e. U. Paris, 12. Oktober 1933, 2 S. 4°. (An Dr. med. H. v. Waldkirch gerichtet.) Möchte aus ‹La Damnation de Faust› von Berlioz in Zürich singen. «Cette musique magnifique est d'un style nettement différent de celui – magnifique aussi – d'Arthur Honegger».

1148
– M. Br. m. e. U. Paris, 10. Dezember 1933, 1 S. 4°. Betr. Pelléas et Mélisande (Claude Debussy 1907): «je vous envoie [...] notre sélection de Pelléas».

1149
– E. Br. m. U. Sèvres, 18. Juni [1934], 1 S. 8°. Betr. Aufführung der Matthäus-Passion (23. Juni 1935).

1150
– M. Br. m. e. U. Paris, 28. Juni 1934, 1 S. 4°. Betr. Stimmumfang für die Aufführung von ‹Roméo et Juliette› von H. Berlioz. Ist erfreut, daß auch «notre Ami commun le Dr. Brun a l'intention de monter à Bern le même ouvrage et voulait me demander le soliste.» Hat aber Bedenken wegen tiefem F.

1151
– M. Br. m. e. U. Paris, 2. Juli 1934, 1 S. 8°. Betr. Aufführung von ‹Roméo et Juliette› in Bern und Bach-Passionen.

1152
– E. Br. m. U. Ferce par Noyen, 9. August 1947, 3 S. 4°. Refusiert in ‹Roméo et Juliette› zu singen, weil «tout celà est exactement contraire à la couleur de ma voix».

1153
Patzack, Julius, 1898–1974, österreichischer Sänger. Telegramm, Tegernsee, 5. Juli 1939, 1 S. 4°. Glückwünsche.

1154
Pauer, Max, 1866–1945, deutscher Pianist. E. Pk. m. U. Stuttgart, 9. Mai 1907, 1 S. 16°. «Mit Vergnügen nehme ich für 7./8. Oktober an.» Ist mit Programm und Bedingungen einverstanden (Programm: Mendelssohn, Sinfonie A-Dur und Klavierkonzert g-moll; C. M. von Weber, Klavierkonzert und ‹Euryanthe›-Ouverture).

1155
– E. Br. m. U. Jugenheim, 23. Juli 1910, 2 S. 8°. Vorschlag für Konzert: Klavierkonzerte: «Brahms, B dur – Liszt A oder Es dur – Beethoven G oder Es – Schumann [a-moll op. 54]. Am liebsten Brahms. – Wie wär's als no. 2 mit Saint-Saëns: Afrika [f. Klav. u. Orch. op. 89]?»

1156
– E. Pk. m. U. Klöntal, 24. August 1910, 2 S. 16°. Fragt, «*welcher* Art meine Soli sein sollen, innerlich oder mehr äußerlich; (letzteres liebe ich nicht)».

1157
– E. Br. m. U. Klöntal, 30. August 1910, 1 S. 4°. «Sind Sie als Soli einverstanden mit: a) Beethoven: Andante [F-Dur, op. 78] b) Schumann: Toccata, op. 7?»

1158
– E. Pk. m. U. Stuttgart, 20. September 1910, 1 S. 16°. «Wäre Ihnen als Soli a) Beethoven: Rondo g dur [op. 51] recht?».

1159
– M. Br. m. U. Stuttgart, 3. Oktober 1910, 1 S. 8°. Würde für das Brahms-Konzert gern einen Cellisten mitbringen – «Sollte es absolut unmöglich sein, so erkläre ich mich mit Liszt Es dur oder Beethoven Es dur oder Schumann A moll einverstanden».

1160
– E. Pk. m. U. Stuttgart, 10. Oktober 1910, 1 S. 16°. Schlägt vor: Brahms, Rhapsodie g-moll op. 79 oder Intermezzo A-Dur op. 118 und Schumann Toccata C-Dur op. 7. «Flügel: *Blüthner*».

1161
Pembaur, Josef, 1875–1950, österreichischer Pianist. E. Br. m. U. Basel, 15. Februar 1920, 4 S. 8°. Freut sich «auf unser nächstwinterliches Zusammenwirken».

1162
– E. Br. m. U. Leipzig, 18. Mai 1920, 2 S. 4°. Fragt nach Aufführungsdatum. Spielt «zur 50. Geburtstagsfeier des allge. deutschen Musikvereins» in Weimar am 12. Juni «zur Erinnerung an den Gründer Fr. Liszt dessen Totentanz».

1163
– E. Pk. m. U. (München, 7. April 1922), 2 S. 16°. Empfiehlt Galliera als Komponisten und Organisten.

1164
– E. Ak. m. U. München, 29. Mai 1927, 2 S. 16°. Möchte mit Andreae Beethoven Es-Dur- oder Brahms B-Dur-Konzert spielen.

1165
– E. Ak. m. U. (Riffelalp, 20. Juli 1930), 1 S. 16°. Möchte mit Andreae Beethoven Es-Dur-Konzert spielen.

1166
– E. Vk. m. U. München, 9. September 1927, 1 S. 16°. Empfiehlt Udo Dammert als Pianisten.

1167
Petschnikow, Alexander, 1873–1949, russischer Violinist. E. Pk. m. U. München, 1. September 1920, 2 S. 16°. Hat sich gefreut, Andreaes Rhapsodie für Violine (op. 32) kennenzulernen und möchte sie in sein Repertoire aufnehmen. Fragt, ob es richtig sei, «daß im Klavierauszug Takt 17 nach Nr. 10 (Seite 5) im Baß im 1. Viertel ‹ges› ist, während in der Violine im 2. Viertel g ist».

1168
– E. Bk. m. U. München, 14. Januar 1922, 2 S. 16°. Betr. Engagement in Zürich, möchte «die schöne Rhapsodie [op. 32] unter Ihrer Leitung» spielen.

1169
Pfeiffer, Hubert, ?, deutscher Komponist. M. Br. m. e. U. Wuppertal, 8. März 1931, 1 S. 4°. Betr. Aufführung seiner E-Dur-Messe. Erwähnt Heinrich Kaminski und Franz von Hoesslin.

1170
Pfistermeister, Hermann von, ?, k. b. Major a. D. E. Br. m. U. München, 20. April 1923, 1 S. 4°. Betr. Verifizierung des Briefes von König Ludwig II. von Bayern (vgl. Nr. 1599).

1171
Pfitzner, Hans, 1869–1949, deutscher Komponist. M. Br. m. U. München, 31. Januar 1924, 2 S. 8°. Über «Ausfall des Baseler Pfitzner-Liederabends am 28. Januar 1924». Notiz von Andreae: «Telegramm an Pfitzner 2. 2. 24: Artikel ausgezeichnet aber nur wirkungsvoll wenn Ihre Unterschrift».

1172
– M. Br. m. U. Schondorf am Ammersee, 2. Februar 1924, 1 S. 8°. Orientiert über gemeinsame Veröffentlichung eines Artikels. (Beilage fehlt).

1173
Pierné, Gabriel, 1863–1937, französischer Komponist. – E. Br. m. U. Paris, 18. Juni 1921, 2 S. 8°. Betr. Programm für Zürcher Konzert unter Piernés Leitung und «modifications au sujet desquelles mon cher ami Debussy et moi nous étions d'accord...» (Beil. Blatt mit Instrumentations- und Artikulationsänderungen zu ‹Ibéria›).

1174
– E. Br. m. U. Mens, [1922], 2 S. 8°. Empfiehlt den Pianisten Jean Duhern (?).

1175
Plamondon, Rodolphe, ?, französischer Sänger. E. Br. m. U. Noisy sur Oise, 5. August 1908, 3 S. 8°. Programmvorschläge für ein Konzert mit französischer Musik (Saison 1908/9).

1176
Planté, Francis, 1839–1934, französischer Pianist. E. Pk. m. U. (Neuchâtel, 2. Juni 1902), 1 S. 16°. «... compliment sur votre délicieuse sonate» (für Klavier).

1177
– E. Br. m. U. Mont-de-Marsan, 7. Dezember 1925, 3 S. 8°. Empfiehlt die Pianistin Ilda Balestra.

1178
Poulenc, Francis, 1899–1963, französischer Komponist. E. Br. m. U. Paris, [1929], 2 S. 4°. Wendet sich an Andreae «sur le conseil de mon ami Arthur Honegger. [...] j'ai ecrit récemment un Concerto pour piano et 18 instruments ‹Aubade›» (1929). Möchte es in Zürich spielen.

1179
Pregi, Marcella, 1866–1954, italienische Sängerin. E. Br. m. U. Paris, 16. November 1903, 2 S. 8°. «Beiliegend die Texte der Lieder...» (In Tonhalleprogramm bis 1905 nie erwähnt).

1180
– E. Br. m. U. Zürich, 15. Januar 1951, 2 S. 8°. Gratuliert zu einem Artikel in der NZZ: «... zähle ich doch die verschiedenen Zürcher-Concerte der Damnation unter Ihrer Leitung, zu den schönsten Erlebnissen meiner Künstlerlaufbahn».

1181
Prokofjew, Sergej, 1891–1953, russischer Komponist. M. Br. m. U. Ettal 18. September 1923, 1 S. 8°. Brief an «Messieurs Hug & Co. [...]. Il y a quelque temps que vous m'avez demandé des renseignements sur mes compositions pour orchestre qu'on aurait pu jouer à Zurich. Je vous ai signalé alors ma Symphonie Classique que devait être publiée pour cette saison.»

1182
Pugno, Raoul, 1852–1914, französischer Pianist. E. Br. m. U. Gargenville, 13. August 1907, 3 S. 8°. Betr. Konzert in Zürich: «Je me réjouis de jouer avec vous l'admirable concerto in Es dur dont je vous donne [...] les soustitres détaillés.»

1183
– E. Br. m. U. Gargenville, 20. September [1907], 3 S. 8°. Mozarts Rondo D-Dur «n'offre qu'un intérêt très – médiocre». Schlägt als zweite Nummer die ‹Variations symphoniques› von César Franck oder ‹Africa› von Saint-Saëns (op. 89) vor.

1184
– E. Br. m. U. Gargenville 3. Oktober 1907, 2 S. 8°. Erklärt sich doch bereit, das Mozart-Rondo in D-Dur zu spielen. [Programm war dann aber: Mozart, ‹Don Juan›-Ouverture, Klavierkonzert Es-dur, zwei Tänze aus ‹Idomeneo›, Klavierkonzert A-Dur, Sinfonie c-moll).

1185
– E. Br. m. U. London, 11. Oktober 1907, 2 S. 8°. Betr. Mozart-Programm: «Je commencerai donc par l'Es dur et en second – je jouerai celui en La majeur». Schreibt Inzipit der Konzerte.

1186
Quervain, Fritz de, geb. 1906, Schweizer Musikwissenschaftler. M. Br. m. U. Thun, 21. September 1935, 1 S. 4°. Betr. Matthäus-Passion: «sehr eingeleuchtet hat mir das Sitzend-singen der Choräle. Damit trat der Gedanke der Gemeinde sehr stark und glücklich hervor».

1187
Raabe, Peter, 1872–1945, deutscher Dirigent/Musikforscher. M. Br. m. e. U. Aachen, 16. Juli 1932, 1 S. 4°. Wegen «des sehr eigentümlichen Briefes von Schnabel» (vgl. Brief von Artur Schnabel, Nr. 1339. Beil.: Abschrift dieses Briefes von Andreaes Hand).

1188
– E. Br. m. U. Aachen, 17. Juni 1932, 2 S. 4°. «Ihre Art des Musizierens ist wirklich wohltuend. Klarheit und Gründlichkeit ohne Pedanterie, Schwung und Lebendigkeit der Gestalt ohne Theatralik».

1189
– E. Br. m. U. Bad Reichenhall, 28. Juni 1936, 1 S. 8°. «Ihr ausgezeichnetes Orchester hat mir großen Eindruck gemacht. Man kann mit ihm so aus der Fülle musizieren. Und das tut gut; besonders bei Bruckner!»

1190
Reger, Max, 1873–1916, deutscher Komponist. E. Pk. m. U. Zürich, 5. Oktober 1904, 1 S. 16°. Bittet Andreae, er möge etwas aus den 8 Gesängen für Männerchor op. 83 (ohne Nr. 2 und 10) zur Aufführung bringen. (Wiedergegeben oben S. 73).

1191
– E. Pk. m. U. München, 10. Oktober 1904, 1 S. 16°. Stellt die Noten der Chöre (10 Gesänge op. 83) auf Anfang November in Aussicht und bittet Andreae, er soll versuchen, daß man nicht das Streichquartett, op. 54.2, sondern das viel bessere op. 74 spielen solle, das aber noch falsche Tempoangaben enthält (Konzert am 2. 12. 1905). (Wiedergegeben oben S. 74).

1192
– E. Pk. m. U. München, 6. November 1904, 1 S. 16°. Stellt die Noten der Männerchöre (op. 83) in Aussicht. Andreae muß am 1. Dezember bei den Regers zu mittag essen.

1193
– E. Pk. m. U. München, 14. November 1904, 1 S. 16°. Schreibt, er könne das Konzert mit K. (W. Kohlbecker, Violine) nicht mehr absagen. Er stellt nochmals op. 83 in Aussicht.

1194
– E. Pk. m. U. (Essen), (8. Januar 1905), 1 S. 16°. Bedauert, daß Andreae nicht in Zürich beim Konzert vom 12. Januar ist. (Robert) Freund und (Ernst) Isler sollen aber bestimmt anwesend sein. (Wiedergegeben oben S. 74).

1195
– E. Pk. m. U. (München), (17. Januar 1905), 1 S. 16°. Dankt für Gastfreundschaft während seines Aufenthaltes in Zürich. Grüßt Hegar, Isler, Niggli, Freund und Hess. Isler soll seine Konzertkritik senden. (Wiedergegeben oben S. 75).

1196
– E. Pk. m. U. München, 21. Januar 1905, 1 S. 16°. Kündigt seine Ankunft in Zürich an.

1197
– E. Pk. m. U. (München), (29. Januar 1905), 1 S. 16°. Dankt für die Freundlichkeit bei seinem Besuch in Zürich. Er grüßt Isler, Freund und Hegar. Verlangt alle Programme, wenn eigene Werke aufgeführt werden.

1198
– E. Br. m. U. München, 11. Februar 1905, 4 S. 8°. Betr. Aufführung von op. 72 durch R. Freund. Bittet op. 83 noch in dieser Saison aufzuführen, verspricht ein Manuskript in ¾ Jahren, winkt für die Uraufführung von op. 90 in Zürich ab. (Wiedergegeben oben S. 75).

1199
– Pk. von fremder Hand m. U. (Regensburg), (18. Februar 1905), 1 S. 16°. Handschrift von Ludwig Hess. Musikalisches Thema (Liedanfang).

1200
– E. Pk. m. U. (München), (20. März 1905), 1 S. 16°. Gratuliert Andreae zum neuen Streichquartett; bittet Isler um die Kritiken über die Aufführung (von op. 74) durch das Ackroyd-Quartett.

1201
– E. Br. m. U. Kolberg, [August 1905], 4 S. 8°. Ist erfreut, daß op. 83, 86 und 81 kommen, ist betrübt über die Verschiebung von op. 90, möchte op. 90 in der Saison 1905/06 in Zürich aufführen, kündigt das Erscheinen von op. 76.2, op. 89 und 88 und den 4händigen Klavierauszug von op. 90 an. (Wiedergegeben oben S. 77).

1202
– E. Pk. m. U. (Kolberg), (10. September 1905), 1 S. 16°. Wiederholt das Problem der Sinfonietta op. 90.

1203
– E. Pk. m. U. (München), (19. September 1905), 1 S. 16°. Bittet Andreae, für op. 76.2 Propaganda zu machen (12 kleine Stücke nach eigenen Liedern).

1204
– E. Pk. m. U. München, 22. Oktober 1905, 1 S. 16°. Bedauert, daß die Aufführung der Sinfonietta (op. 90) verschoben werden mußte. Kündigt einen Aufenthalt in Basel im Januar an.

1205
– E. Pk. m. U. (Jena), (9. Januar 1906), 1 S. 16°. Grüße, gemeinsam mit Henri Marteau und Max Kuhn.

1206
– E. Pk. m. U. (München), (31. Januar 1906), 1 S. 16°. Schreibt, er sei aus dem Allgemeinen Deutschen Musikverein ausgetreten wegen Schillings. (Wahrscheinlich hatte Schillings ein Werk Regers, evtl. op. 100, abgelehnt).

1207
– E. Br. m. U. München, 16. Juni 1906, 4 S. 8°. Versucht, Andreae op. 95 schmackhaft zu machen. Programmvorschläge für einen Kammermusikabend mit op. 84, 93 und 96.

1208
– E. Pk. m. U. München, 30. Juni 1906, 1 S. 16°. Will op. 95 unbedingt im nächsten Winter in Zürich aufgeführt wissen. (Faksimile S. 79).

1209
– E. Pk. m. U. (München), (22. Juli 1906), 1 S. 16°. Dankt Andreae, daß er op. 95 und Sinfonietta (op. 90) im nächsten Winter macht. Empfiehlt «Regerabend» mit op. 93.

1210
– E. Pk. m. U. München, (23. September) 1906, 1 S. 16°. Betr. Material für op. 95 und geplanten «Regerabend».

1211
– E. Pk. m. U. München (3. Oktober 1906), 1 S. 16°. Kündigt den 4händigen Auszug von op. 82.2, op. 96, op. 93, op. 97, op. 98 an.

1212
– E. Pk. m. U. München, (9. Oktober 1906), 1 S. 16°. Ist «hocherfreut», daß Sinfonietta (op. 90) und Serenade op. 95 in Zürich gemacht werden;· 11. und 12. März 1907 als Konzertdaten. Reger arbeitet an einem «Werk für Chor mit Orchester u. Orgel. (op 100) Ein Hymnus vom Tode u. ewigen Leben nach Worten aus der H. Schrift!» (wohl op. 106).

1213
– E. Pk. m. U. (München), (16. Oktober) 1906, 1 S. 16°. Gratuliert Andreae zur Verlobung. (Wiedergegeben oben S. 80).

1214
– E. Pk. m. U. München, (31. Dezember 1906), 1 S. 16°. Bittet um Auskunft über geplanten Reger-Abend. Neujahrsgrüße. (Wiedergegeben oben S. 80).

1215
– E. Pk. m. U. (Stuttgart), (2. Februar 1907), 1 S. 16°. Dankt, daß Andreae op. 90 am 11. und 12. März und op. 95 im November macht, kann aber im März nicht nach Zürich kommen.

1216
– E. Pk. m. U. Leipzig, (24. Februar 1908), 1 S. 16°. Kommt am 16./17. November nach Zürich.

1217
– E. Br. m. U. Leipzig, 5. Juni 1908, 4 S. 8°. Ist enttäuscht, daß Andreae den Konzerttermin verschieben will. (Wiedergegeben oben S. 81).

1218
– E. Br. m. U. Leipzig, 13. Juni 1908, 4 S. 8°. Dirigiert am 16./17. November in Zürich op. 100. Am 13. November «Regerabend mit Trio [op. 102], Beethovenvariationen [op. 86] u. der *Passacaglia* op. 96 für 2 Klaviere!» Honorar 800 Fr.

1219
– E. Pk. m. U. (Leipzig), (29. Juni 1908), 1 S. 16°. Ist «mit allem einverstanden! Ich spiele 1. Klavier in op 86 u. 96.» (Programm: Reger und Freund als Solisten; Reger, Klaviertrio op. 102, e-moll, Variationen über ein Thema von Beethoven für 2 Klaviere op. 86, Passacaglia für 2 Klaviere op. 96).

1220
– E. Pk. m. U. (Jena), (31. Juli 1908), 1 S. 16°. Teilt mit, daß er «von der philosophischen Fakultät der Universität Jena zum ‹Doctor philosophiae *honoris causa*› ernannt wurde».

1221
– E. Pk. m. U. Leipzig, (2. November 1908), 1 S. 16°. Kommt am 12. November in Zürich an und wird im Hotel Viktoria absteigen. Gibt an, wann zu proben und wie die Flügel aufzustellen seien. (Wiedergegeben oben S. 82).

1222
– 4 Telegramme, Zürich 17. November 1908, je 1 S. 4°. Sendet unter dem Pseudonym «Pfarrer Pf.» Grüße und Mitteilungen. (Wiedergegeben oben S. 69).

1223
– E. Br. m. U. Leipzig, 5. Februar 1909, 4 S. 8°. Empfiehlt Erich Wolff, Sohn von Hermann Wolff. Hat gehört, daß Marteau die nächste Saison mit Regers Violinkonzert

(op. 101) eröffnen wird. Darüber hinaus soll auch op. 108 gespielt werden. Unterschrift: «Dein alter ‹Rex mager›».

1224
– E. Pk. m. U. Leipzig, (10. Februar 1909), 1 S. 16°. Schreibt, die Uraufführung des Symphonischen Prologs (op. 108) sei schon längst vergeben. Er stellt Andreae die Widmung eines Orchesterwerkes in Aussicht. «Und ich hoffe zuversichtlich, dazu in den *nächsten* Jahren zu kommen!» Reger schreibt «jetzt an einer Klarinettensonate!» (op. 107); «Viel herzlichste Grüße immer dein alter Rex mager.»

1225
– E. Br. m. U. Kolberg, 24. August 1909, 3 S. 8°. Bittet, op. 108 nächsten Winter zu machen, würde auch ohne Honorar dirigieren. Kündigt op. 108 und op. 112 an und möchte beim Konzertmeister für op. 109 Propaganda machen. (Wiedergegeben oben S. 83).

1226
– E. Pk. m. U. Heidelberg, 25. Oktober 1909, 1 S. 16°. Ist «mit **Freuden** *damit einverstanden, wenn mein* ‹100. Psalm› [op. 106] bei der Tonkünstlerversammlung gemacht wird!» Kann bei der Aufführung des Violinkonzertes (op. 101) nicht dabei sein.

1227
– E. Br. m. U. Leipzig, 19. Dezember 1909, 4 S. 8°. Ist empört, daß die Tonhallegesellschaft Marteau abgelehnt hat. Er droht, sämtliche Werke mit Aufführungsverbot zu belegen. Zieht die Aufführung von op. 106 und die Uraufführung von op. 113 zurück. (Wiedergegeben oben S. 84).

1228
– E. Br. m. U. Leipzig, 24. Dezember 1909, 3 S. 8°. Ist von Andreaes Antwort befriedigt. (Zu den Hintergründen vgl. Briefe H. Marteaus von 1906/07). Sieht nun doch das neue Kammermusikwerk (Quartett op. 113) und den 100. Psalm op. 106 fürs Tonkünstlerfest vor. Schmuller hat op. 101 in Berlin gespielt. (Wiedergegeben oben S. 85).

1229
– E. Pk. m. U. (Leipzig), (10. Februar 1910), 1 S. 16°. Ist «*sicher,* daß Peters Euch in *jeder* Beziehung **so** entgegenkommen wird, daß also die Aufführung meines Psalms [op. 106] zur Tonkünstlerversammlung im Mai **gesichert** ist. Selbstredend gibt's dann mein neues Klavierquartett in **Ur**aufführung mit ‹mich› am Klavier! [...] Isler muß die Orgel spielen im Psalm!»

1230
– E. Br. m. U. Leipzig, 11. Februar 1910, 4 S. 8°. Peters wird für den Psalm (op. 106) das Orchestermaterial gratis zur Verfügung stellen. Den Chor soll Andreae möglichst groß machen, damit es am Schluß klingt, «als wollte die Welt zusammenkrachen.» Interpretationsangaben. (Wiedergegeben oben S. 87).

1231
– E. Br. m. U. Leipzig 16. April 1910, 3 S. 8°. Gibt genaue Angaben zum Quartett op. 113 fürs Programm und stellt die Noten auf den 10. Mai 1910 in Aussicht; will drei Proben. (Reger beantwortet damit Andreae Fragen vom 2. April. Am 23. April bestätigte dann Reger Andreae das Datum für Übersendung der Stimmen [Briefdurchschläge im Andreae-Nachlaß]).

1232
– Telegramm, Dortmund, 6. Mai 1910, 1 S. 4°. «spiele ibach[-Flügel] beim tonkuenstlerfest = reger».

1233
– E. Pk. m. U. Leipzig, (12. Mai 1910), 1 S. 16°. Sendet Streicherstimmen für Klavierquartett (op. 113). (Hatte sich gekreuzt mit Andreaes dringender Bitte um Quartettstimmen [Briefdurchschlag vom 12. Mai im Andreae-Nachlaß]).

1234
– E. Br. m. U. Leipzig, 17. Mai 1910, 3 S. 8°. «Große Trommel und Becken im Psalm *müssen* unter allen Umständen von *2* Spielern – **nicht** von einem – bedient werden [...] Becken im Psalm *muß freischwebend* sein». Korrekturangaben. (Faksimile S. 89).

1235
– E. Pk. m. U. (Zürich), (31. Mai 1910), 1 S. 16°. Dankt für Gastfreundschaft. (Wiedergegeben oben S. 88).

1236
– E. Pk. m. U. Leipzig, (6. Juni 1910), 1 S. 16°. Empfiehlt (Alexander) Schmuller als Violinisten.

1237
– E. Pk. m. U. Leipzig, (13. Oktober 1910), 1 S. 16°. Kann nicht nach Zürich kommen; empfiehlt R. Freund, der «viel besser spielt als ich», fürs Klavierquartett (op. 113). Ist «heute von der *medicinischen* Fakultät der Universität *Berlin* zum *Ehrendoktor* der *Medizin* promoviert worden; also wenn du mal einen tüchtigen Hausarzt gebrauchst, dann weißt du, wohin du dich zu wenden hast.»

1238
– E. Br. m. U. Leipzig, 23. Dezember 1910, 3 S. 8°. Kann am 17. Januar unmöglich das Violinkonzert (op. 101) dirigieren. Dankt für die Aufführung des Psalms (op. 106). Arbeitet jetzt am «Streichsextett op 118». (Wiedergegeben oben S. 92).

1239
– E. Pk. m. U. (St. Gallen), (3. November 1911), 2 S. 16°. «M. L! die 2 Flügel müssen in Probe u. Concert *nicht* vis a vis, sondern direkt *nebeneinander* stehen!» (mit Skizze).

1240
– E. Pk. m. U. (Winterthur), (6. November 1911), 2 S. 16°. Andreae soll Hug telefonieren, damit zwei «Ibachconcertflügel» zur Probe «absolut sicher» in der Tonhalle stehen.

1241
– E. Br. m. U. Meiningen, 13. Juni 1912, 4 S. 8°. Teilt das Erscheinen von «Prolog» op. 108, «Die Nonnen» op. 112, «Concert für Orchester im alten Styl» op. 123, «Eine romantische Suite für Orchester» op. 125 und «Römischer Triumphgesang» op. 126 mit.

1242
– E. Br. m. U. (Berchtesgaden), (12. September 1912), 2 S. 4°. Glückwünsche zur Taufe seines Patenkindes (Andreaes Tochter Marianne). Dankt, daß Andreae das Konzert op. 123 und «Requiem» (op. 83 Nr. 10) macht. Ist auf Andreaes Oper («Ratcliff») gespannt. (Wiedergegeben oben S. 92).

1243
– E. Pk. m. U. (Eisenach), (29. September 1912), 1 S. 16°. Kündigt in «größter Eile» ein Geschenk für sein Patenkind an.

1244
– E. Br. m. U. [Meiningen], [April bis August 1913] 2 S. 4°. Hinweis auf Romantische Suite op. 125, Böcklinsuite op. 128 und Ballettsuite op. 130 mit Verlagsangaben. (Wiedergegeben oben S. 94).

1245
– E. Br. m. U. Meiningen, 12. Mai 1913, 2 S. 8°. Wird Andreae zusenden: «Römischer Triumphgesang» op. 126 und kündigt für den Herbst an: Introduktion, Passacaglia und Fuge für Orgel op. 127, Böcklinsuite op. 128 und Ballettsuite op. 130.

1246
– E. Pk. m. U. Martinsbrunn, Meran, (31. März 1914) 2 S. 16°. Kündigt Mozartvariationen (op. 132) an. (Wiedergegeben oben S. 95).

1247
– E. Br. m. U. Martinsbrunn, Meran, 26. April 1914, 2 S. 8°. An die Tonhalle-Gesellschaft gerichtet: wird am 1. und 2. Februar 1915 in Zürich spielen.

1248
– E. Br. m. U. Schneewinkel bei Berchtesgaden, 10. Mai 1914, 2 S. 8°. An die Tonhallegesellschaft gerichtet. Programmvorschlag für Konzert vom 1./2. Februar: Ballettsuite op. 130, ‹An die Hoffnung› op. 124, Mozartvariationen (op. 132), Böcklinsuite op. 128. Bittet «dringenst» A. Erler-Schnaudt als Solistin zu engagieren.

1249
– E. Br. m. U. Schneewinkel bei Berchtesgaden, 13. Mai 1914, 3 S. 8°. Ist mit (dem veränderten) Programm einverstanden: «[...] 3) Soloviolinsonate, gespielt von de Boer» (statt op. 124, vgl. Nr. 1248). «Du selbst sollst eine **große** Geschichte dediciert erhalten; damit bist du wohl zufrieden.» (Wiedergegeben oben S. 95).

1250
– E. Pk. m. U. (Berchtesgaden) 16. Mai 1914, 2 S. 16°. Wird am 1. Februar 1915 um 9 Uhr in der Tonhalle sein. Frau Reger kommt kaum mit. (Wegen des Krieges kam es nie zu diesem Konzert. Keine Korrespondenz darüber.) (Wiedergegeben oben S. 96).

1251
Reger, Elsa von Bercken, geb. von Bagenski, 1870–1951, Gemahlin von Max Reger. E. Ak. m. U. Weimar, (2. April 1924), 1 S. 16°. Adoptivtochter Christa wird nach Zürich kommen und «Regers Pathchen ein Andenken an ihn bringen».

1252
– E. Br. m. U. Weimar, 17. Februar 1925, 2 S. 8°. Dankt für finanzielle Unterstützung einer Mitarbeiterin des Regerarchivs. Berichtet von sich und den Adoptivtöchtern Christa und Lotti. «Wir Vier waren sehr, sehr glücklich, u. auch Ch. u. L. haben das Beste, das Gott ihnen schenkte, in Reger verloren.»

1253
– M. Br. m. U. Bonn, 15. Oktober 1947, 1 S. 4°. Teilt mit, daß Andreae «zum ‹Ehrenmitglied› des ‹Max Reger-Instituts. Elsa-Reger-Stiftung›» ernannt worden ist. (Urkunde vom 19. 3. 1948 beiliegend.)

1254
– M. Pk. m. U. Bonn, (23. März 1948), 2 S. 16°. Grüße vom Regerfest mit zahlreichen Unterschriften.

1255
– E. Br. m. U. o. O., 4. Mai 1948, 3 S. 8°. Empfiehlt Walter Rehberg, der Regers Klavierkonzert (op. 114) «unbeschreiblich schön» gespielt habe, «so prachtvoll, wie es eben nur ein Mann spielt, mit der ‹verhaltenen Kraft› wie Max Reger sagte».

1256
– M. Br. m. U. Bonn, 22. Dezember 1948, 2 S. 4°. Empfiehlt die Sängerin Hanna Ulrike Vassal.

1257
Reger-Institut, M. Br. m. U. des Leiters des Reger-Instituts (Erich H.) Müller von Asow. Berlin, 25. Oktober 1947, 1 S. 4°. Glückwunsch zur Ehrenmitgliedschaft der Elsa-Reger-Stiftung und Bitte um Photographie.

1258
– M. Br. m. U. des Sekretärs des Reger-Instituts Martins(?). Bonn, 1. November 1947, 1 S. 8°. Begleitschreiben zu (beiliegendem) Auszug aus der Stiftungsurkunde der Elsa-Reger-Stiftung.

1259
Reichel, Bernard, geb. 1901, Schweizer Komponist. E. Br. m. U. Genf, 5. September 1944, 2 S. 4°. Schickt das Notenmaterial seiner Sinfonie an Andreae. Partitur befindet sich bei Armin Schibler (vgl. Nr. 1301).

1260
– E. Br. m. U. Genf, 12. Oktober 1944, 1 S. 4°. Freut sich auf ein Wiedersehen in Zürich.

1261
– E. Br. m. U. Genf, 1. November 1944, 1 S. 4°. Anweisungen für Tempi der Sinfonie: «je suis toujours plus certain qu'il faut prendre un tempo assez modéré, bien posé» (im 1. Satz).

1262
– E. Br. m. U. Genf, 24. November 1944, 2 S. 4°. «En faisant jouer ma Symphonie l'autre jour au concert de la Tonhalle, vous m'avez fait un cadeau inappréciable!».

1263
– E. Br. m. U. Genf, 3. Dezember 1944, 1 S. 4°. An das Tonhalle-Orchester gerichtet. Dank für Aufführung der Sinfonie.

1264
– E. Br. m. U. Genf, 17. Februar 1947, 2 S. 4°. Dankt für «votre interprétation parfaite de ma pièce symphonique» (‹Pièce symphonique› 1946 im Abonnementskonzert vom 11. 2. 1947).

1265
– E. Br. m. U. o. O. (5. Juli 1959), 1 S. 4°. Glückwünsche zum 80. Geburtstag. (Brief enthalten im Album des Tonkünstlervereins zu Andreaes 80. Geburtstag).

1266
Reiff, Lily, geb. 1866, deutsche Pianistin. E. Br. m. U. Zürich, 11. Mai 1926, 2 S. 4°. Schickt die Liste der Gönner der Busoni-Stiftung.

1267
Reiner, Fritz, 1888–1963, amerikanischer Dirigent. M. Br. m. U. Dresden, 3. Februar 1919, 1 S. 4°. «Nun habe ich Ihre prächtige ‹Kleine Suite› [op. 27] aufgeführt und es gereicht mir zum großen Vergnügen, Ihnen über die ausgezeichnete Aufnahme des Werkes berichten zu können.»

1268
Reinhard, Werner, ?, E. Ak. m. U. (Dugort-Island), 26. Juli 1927, 1 S. 16°. Grüße, auch von Arthur Honegger und (Andrée) Vaurabourg (seit 1927 mit Honegger verheiratet) unterschrieben.

1269
Reitz, Fritz, 1885–1969, Schweizer Violoncellist. E. Br. m. U. Zürich, 19. November 1949, 2 S. 4°. Bedauert, daß die Aufführung des Requiems «durch unser Versagen am Dienstag getrübt» wurde. «Die Stelle sollte dort nur von einem gespielt werden, dann trägt er auch allein die Verantwortung.»

1270
Risler, Eduard, 1873–1929, franz. Pianist. E. Br. m. U. Paris, 5. Juni 1908, 1 S. 16°. Gibt mögliche Daten an. «Muß aber auf mein Honorar von 1000 francs bestehen».

1271
– E. Pk. m. U. Paris, 15. Juni 1908, 1 S. 16°. «Ich bin also für den 18./19. Januar einverstanden mit dem Honorar von tausend francs». Möchte von D'Indy ‹Symphonie sur un thème montagnard français› op. 25 spielen, «welche eine bedeutende Klavier-Partie enthält – und einige französische Solostücke. – Wollen Sie Sonate von P. Dukas *(herrlich, großartig)* dauert aber 40 Minuten».

1272
– E. Pk. m. U. (Paris), (4. Juli 1908), 1 S. 16°. Betr. Terminschwierigkeiten.

1273
– E. Br. m. U. o. O., [vor 18. Januar 1908], 2 S. 16°. Muß nach dem Konzert sofort nach Mainz abfahren, bittet das Programm so einzurichten, daß er den Zug um 21 h 15 erreicht (Konzert wurde offenbar auf November 1909 verschoben).

1274
– E. Br. m. U. Paris, 15. April 1909, 1 S. 8°. Freut sich auf Konzert in Zürich am 8./9. November (Variations symphoniques von C. Franck). «La symph. avec piano de V. d'Indy ne vous convient-elle pas? superbe.» (‹Symphonie sur un chant montagnard français› op. 25).

1275
– E. Pk. m. U. Cauterets (Pyrénées), (22. Juli 1909), 1 S. 16°. Betr. Programm: «9. Nov. Conzert – Symph. d'Indy, Var. Symph. Franck» (für Klavier und Orchester).

1276
– E. Br. m. U. Vichy, 27. Oktober 1909, 1 S. 8°. Probe am 8. November.

1277
Rooy, Anton van, 1879–1965, niederländischer Sänger. E. Br. m. U. London, 9. Juni 1904, 1 S. 8°. Kann Einladung für 29. November nicht annehmen.

1278
Rosbaud, Hans, 1895–1962, österreichischer Dirigent. E. Bk. m. U. Stockholm, 16. Dezember 1950, 1 S. 16°. Weihnachtsgrüße, auch von Frau Busoni.

1279
– E. Br. m. U. Zürich, 16. Februar 1957, 1 S. 4°. Gratulation. «Ihre Künstlerpersönlichkeit hat nicht nur das Musikleben Zürichs geprägt, sondern darüber hinaus internationale Bedeutung erlangt.»

1280
Rosé, Arnold, 1863–1946, österreichischer Violinist. E. Br. m. U. Wien, 23. März 1909, 1 S. 4°. Wird gerne das Beethoven-Violinkonzert und die F-Dur-Romanze (Beethoven) in Zürich spielen. «Honorar: 800 francs.»

1281
Roussel, Albert, 1869–1937, französischer Komponist. E. Br. m. U. Paris, [1920], 1 S. 4°. «Je suis très-heureux d'apprendre que ma partition des ‹Evocations› vous a intéressé» (op. 15 für Soli, Chor und Orchester).

1282
– E. Br. m. U. Paris, 10. Juni 1920, 2 S. 4°. «[...] que vous aviez l'intention de donner, l'an prochain, à Zurich, mon tryptique symphonique ‹Evocations›.»

1283
Sacher, Paul, geb. 1906, Schweizer Dirigent. E. Br. m. U. Pratteln, 29. November 1942, 2 S. 4°, Glückwünsche zum 40jährigen Jubiläum in der Leitung des gemischten Chores. Gratuliert zur Aufführung des Oratoriums ‹Das Jahr› von Willy Burkhard (op. 62).

1284
– E. Br. m. U. Pratteln, 5. Juli 1959, 1 S. 4°. Glückwünsche zum 80. Geburtstag. «Ihr künstlerisches Schaffen während 60 Jahren ist uns Jüngeren ein großartiges Beispiel und eine Quelle der Kraft.» (Brief enthalten im Album des Tonkünstlervereins zu Andreaes 80. Geburtstag).

1285
Salbach, Fritz, ?, E. Pk. m. U. Mainz, 26. September 1906, 1 S. 16°. Betr. Material für ‹Saul› (G. F. Händel).

1286
Sauer, Emil von, 1862–1942, österreichischer Pianist. E. Ak. m. U. Dresden, 1. September 1919, 1 S. 16°. Betr. Konzert in Zürich.

1287
Schaeuble, Hans, geb. 1906, Schweizer Komponist. E. Br. m. U. Zürich, Ende Mai 1959. 1 S. 4°. Glückwünsche zum 80. Geburtstag. (Brief enthalten im Album des Tonkünstlervereins zu Andreaes 80. Geburtstag).

1288
Schärf, Adolf, 1890–1965, Österreichischer Bundespräsident. M. Br. m. U. (Wien), 28. Juni 1957, 1 S. 4°. «Der Bundespräsident hat Ihnen [...] das Große silberne Ehrenzeichen für Verdienste um die Republik Oesterreich verliehen» (Als Beilage entsprechende Urkunde).

1289
Scheidemantel, Karl, 1859–1923, deutscher Sänger. E. Br. m. U. Dresden, 9. März 1905, 1 S. 8°. Kann eine Einladung zum Eidg. Sängerfest leider nicht annehmen.

1290
– E. Pk. m. U. (Dresden), (12. Juli 1907), 1 S. 16°. Betr. Programm: «Also No. 2

Monolog Sachs: Wahn! Wagner [Meistersinger, 3. Aufzug, Schluß der 1. Szene] No. 4
a) Hymnus, b) Morgenlied R. Strauss [op. 33, Nr. 3 u. 4].»

1291
– E. Pk. m. U. (Dresden), 30. Oktober 1907, 1 S. 16°. Wohnt «wie immer, bei [Fritz] Boller, Victoria».

1292
– M. Br. m. U. Weimar, 25. September 1919, 3 S. 4°. Empfiehlt, Volkmar Muthesius als Musikschüler ins Konservatorium Zürich aufzunehmen.

1293
Scheinpflug, Paul, 1875–1937, deutscher Digirent/Komponist. E. Ak. m. U. Bremen, 31. März 1908, 2 S. 16°. Grüße nach Bremer Aufführung von Andreaes «Lebenslied ‹Schwermut – Entrückung – Vision›».

1294
Schelling, Ernest, 1876–1939, amerikanischer Pianist. E. Br. m. U. Paris, [1920], 4 S. 8°. Möchte in Zürich eigene Kompositionen spielen (Sinfonie, Suite).

1295
– E. Br. m. U. Paris, 5. Juni [1920], 4 S. 8°. «Dr. Hans Huber sagte mir, daß er Ihnen ein Wort von mir zukommen lassen wollte». Möchte in einem Konzert spielen und ein eigenes Werk aufführen lassen.

1296
Scherchen, Hermann, 1891–1966, deutscher Dirigent. M. Br. m. U. Königsberg, 14. Juli 1930, 1 S. 4°. Betr. Aufführung eines Werkes von Andreae in Königsberg (op. 7).

1297
– M. Ak. m. U. (Straßburg), 28. April 1934, 2 S. 16°. Möchte kein «ausschließlich modernes Programm machen», weil «kein Abonnementspublikum der Welt bereit ist, einen ganzen Abend neue Musik hören zu wollen.» Programmvorschläge: Bartók, Prokofieff, Reger, Busoni, Kodály, Mozart, Haydn, Beethoven. Handschriftlich auf Vorderseite: «Hätten Sie nicht Lust zur Kunst der Fuge?».

1298
– M. Br. m. U. Venedig, 7. August 1934, 1 S. 4°. Bittet um Verschiebung eines Zürcher Konzertes wegen Einladung für «eine große italienische Stagione».

1299
– E. Br. m. U. Triest, 26. Januar 1935, 3 S. 8°. Betr. Probenplan für Zürcher Konzert (Bach, Kunst der Fuge) am 12. März. Berichtet von seinen Opernaufführungen in Triest.

1300
– E. Ak. m. U. Neuchâtel, 13. Juni 1941, 1 S. 16°. «*Meine* Arbeit an dem Werkchen umfaßt ausschließlich die Instrumentation, die ich auf Grund meiner Kenntnis *chinesischer* Klangvorstellungen durchgeführt habe» (betr. Andreaes ‹Li-Tai-Pe-Gesänge› op. 37).

1301
Schibler, Armin, geb. 1920, Schweizer Komponist. E. Br. m. U. Thalwil, 20. Mai 1944, 2 S. 4°. Bernard Reichels Sinfonie und Hindemiths ‹Mathis›-Sinfonie sind «das Einzige, was mich an Musik für großes Orchester aus der heutigen Zeit fast restlos befriedigt». Dankt für Einladung: «Ich kann sehr oft nicht verstehen, warum viele der

schöpferischen Menschen von heute sich abschließen, als gälte es, die Geheimnisse ihrer Werkstatt zu verbergen [...] Ihre Bedenken zum ‹Jahr› [W. Burkhard, op. 62] konnte ich nicht ganz verstehen».

1302
– E. Br. m. U. Zürich, Mai 1959, 3 S. 4°. Dankt Andreae aus Anlaß des 80. Geburtstags: «Für Ihr Wirken und Schaffen im Allgemeinen, für Ihr Eintreten für mich in meinen ersten Schaffensjahren im Besonderen». (Brief enthalten im Album des Tonkünstlervereins zu Andreaes 80. Geburtstag).

1303
Schillings, Max von, 1868–1933, deutscher Komponist. E. Bk. m. U. München, 18. Februar 1901, 1 S. 16°. Lädt Andreae ein, um «ein neues Clavierquintett von [Ludwig] Thuille aus der Taufe [zu] heben» (op. 20).

1304
– E. Br. m. U. München, 24. April 1902, 2 S. 8°. «Der geschäftführende Ausschuß des A. D. Musikvereins hat sich leider nicht dazu entschlossen Ihr Oenone-Vorspiel auf das Programm der Crefelder Tonkünstlerversammlung zu setzen. [...] Zu dem schönen Erfolge, den Sie mit ‹Charon› errungen haben, gratuliere ich Ihnen».

1305
– E. Pk. m. U. (München), 2. Januar 1903, 1 S. 16°. Betr. «Symph. Phantasie» (op. 7 von Andreae): «vielleicht läßt sie sich noch dem Baseler Programm hinzufügen».

1306
– E. Br. m. U. München, 20. Oktober 1903, 1 S. 8°. Betr. Sinfonische Fantasie op. 7 von Andreae: «Lassen Sie mich Ihnen die aufrichtigsten Glückwünsche zu diesem bedeutenden Werk aussprechen, das ich *mit allem Nachdruck* [...] für die Aufführung in Frankfurt empfehlen werde».

1307
– E. Pk. m. U. (München), 24. Januar 1904, 1 S. 16°. «Wie lange spielt Ihre Symphon. Phantasie?» (op. 7).

1308
– E. Pk. m. U. München, 19. März 1904, 1 S. 16°. «Ihre Sinfon. Dichtung steht nun auf dem Programm des I. Concerts des Frkftr. Tonkünstlerfestes am 28. Mai» (betr. Sinfonische Fantasie op. 7).

1309
– E. Br. m. U. München, 20. Februar 1905, 3 S. 8°. Betr. Tonkünstlerversammlung: «Es konnte für Ihr Quartett [op. 9?] leider kein Raum geschaffen werden.» Für das Programm werden E. Jaques-Dalcroze, M. Reger, H. Pfitzner, F. Draeseke erwähnt.

1310
– E. Br. m. U. Gürzenich, 9. August 1907, 1 S. 8°. «Herr Robert Heger, Straßburg hat einige Zeit bei mir gearbeitet und eine Symph. Dichtung Hero u. Leander geschrieben, die er Ihnen an's Herz legen möchte.»

1311
– E. Pk. m. U. Gürzenich, 26. Juli 1909, 1 S. 16°. Betr. Aufführung der «Glockenlieder» (op. 22): «[Ludwig] Hess singt sie absolut vollkommen.»

1312
– E. Br. m. U. Stuttgart, 26. Dezember 1909, 4 S. 4°. Betr. das «traurige Ergebnis» der

Einsendungen (von Kompositionen zur Tonkünstlerversammlung). Befürwortet Aufführung von Regers 100. Psalm. Hält es für aussichtslos, daß Strauss selber ‹Taillefer› dirigiert. «Haben denn Sie kein Chorwerk?? Auf alle Fälle müssen Sie auch als Komponist vertreten sein». Schlägt als Solisten für sein eigenes Violinkonzert (den Genfer Felix) Berber vor.

1313
– E. Pk. m. U. (München), 27. Dezember 1909, 1 S. 16°. Betr. Programm: «Ich vergaß gestern, daß W. Braunfels ein Chorwerk nach Fragmenten der Apokalypse angemeldet hat» (Offenbarung Johannis op. 17).

1314
– E. Br. m. U. Stuttgart, 6. Januar 1910, 1 S. 8°. «Oh, heiliger Lothar, [ev. Friedrich Wilhelm Lothar] Ich opferte mein letztes Haar, wolltest du sistieren dies fabelhafte Componieren!».

1315
– E. Pk. m. U. Stuttgart, 30. Januar 1910, 1 S. 16°. Fragt, «welche Chorwerke Sie nun beim Tonkünstlerfest definitiv zur Aufführung bringen wollen».

1316
– E. Br. m. U. Stuttgart, 10. März 1910, 2 S. 4°. Fragt, ob es möglich wäre, in einem der Konzerte «ein Steinweg-Instrument zu verwenden».

1317
– E. Br. m. U. Stuttgart, 12. März 1910, 4 S. 4°. Freut sich über Erfolg des ‹Oedipus›-Prologs (Sinfon. Prolog op. 11). Betr. Tonkünstlerversammlung: Orchestermaterial soll von den Komponisten gratis zur Verfügung gestellt werden. «Sehr schade, daß Dalcroze voraussichtlich nicht in Aktion treten wird; ist da gar nichts zu machen?»

1318
– E. Br. m. U. Stuttgart, 16. März 1910, 5 S. 4°. Ausführliche Programmvorschläge.

1319
– E. Br. m. U. Stuttgart, 18. März 1910, 2 S. 4°. «Also: sehr einverstanden mit Ihrem jetzigen definitiven Programmvorschlag», auch mit dem Verzicht auf ein Werk Courvoisiers. Unterstützt Andreaes «Jaques Dalcroze-Plan» (?).

1320
– E. Br. m. U. Stuttgart, 26. März 1910, 2 S. 4°. Verschiedene Mitteilungen und Adressen: erwähnt u. a. Robert Heyer. Befürwortet die Bitte von Dalcroze, dessen Frau als Sängerin zu engagieren.

1321
– E. Br. m. U. o. O., [März/April 1910], 1 S. 8°. (auf dem zweiten Blatt eines Briefes von Arnold Mendelssohn an Schillings mit der Frage, ob in Zürich ein Männerchor für weitere Teile aus der ‹Pandora› vorhanden wäre). Bittet um Andreaes Ansicht. (Aufgeführt wurde an der Tonkünstlerversammlung am 27. Mai 1910 nur die Ouverture zu ‹Pandora›; vgl. Nr. 1056 u. 1057).

1322
– E. Br. m. U. Stuttgart, 17. April 1910, 6 S. 4°. Betr. finanzielles Abkommen und Freiquartiere (für die Tonkünstlerversammlung des ADM 1910 in Zürich). Erwähnt Wilhelm Klatte (seit 1909 Vorstandsmitglied des ADM) und Hern Rassow (Vorstandsmitglied des ADM).

1323
– E. Br. m. U. (Stuttgart), 27. April 1910, 2 S. 8°. Kommt nach Zürich.

1324
– E. Br. m. U. Stuttgart, 29. April 1910, 1 S. 4°. Betr. Ibach- oder Steinweg-Flügel für die Konzerte (der Tonkünstlerversammlung).

1325
– E. Pk. m. U. Freudenstadt, 7. Mai (1910), 2 S. 16°. Bittet aus gesundheitlichen Gründen um Zimmer in Zürcher Gasthaus statt Privatquartier.

1326
– E. Br. m. U. Freudenstadt, 22. Mai 1910, 1 S. 8°. Ist krank und wird am Fest nicht teilnehmen können.

1327
– E. Br. m. U. Freudenstadt, 14. Juni 1910, 3 S. 4°. Dankt für Andreaes große Arbeit. «Aus so vielen Zuschriften erfuhr ich, wie genußreich in jeder Hinsicht das Fest verlaufen ist und wie starke Eindrücke es hinterlassen hat.»

1328
– E. Pk. m. U. Stuttgart, 26. November 1911, 2 S. 16°. Betr. Andreaes «Ansicht über Hauseggers neues Werk» («Natursinfonie»).

1329
– E. Br. m. U. Engelberg, 3. Januar 1912, 4 S. 8°. Betr. Erholungsurlaub in Engelberg. Fragt nach dem «**Tenorist Ulmer** vom Zürcher Theater».

1330
– E. Br. m. U. Gürzenich, 25. Juli 1917, 4 S. 8°. Teilt Andreae den Grund für dessen Nichtwiederwahl in den Ausschuß für Prüfung der Partituren des Allg. Deutschen Musikvereins mit. (Kriegsbedingte Schwierigkeiten mit Zensur und Post.)

1331
Schmid, Erich, geb. 1907, Schweizer Dirigent. E. Br. m. U. Glarus, 15. Februar 1949, 2 S. 4°. Dankt für die Unterstützung zur Wahl als Nachfolger und Dirigent des Tonhalleorchesters.

1332
Schmitt, Florent, 1870–1958, französischer Komponist. E. Br. m. U. Lyon, 17. Dezember [nach 1921], 4 S. 8°. Dankt für die Aufführung seines XLVII. Psalms (op. 38). Betr. Dirigentenwechsel zwischen Lyon und Zürich.

1333
Schnabel, Artur, 1882–1951, österreichischer Pianist. E. Bk. m. U. Charlottenburg, 12. Februar 1907, 2 S. 16°. Freut sich, unter Andreae zu spielen und schlägt als Solonummer Schuberts «Moments Musicaux [op. 94 No. 2 u. 3. As-Dur und f-Moll]» vor.

1334
– E. Pk. m. U. Charlottenburg, 17. Februar 1907, 1 S. 16°. Kommt nach Zürich. «Im allgemeinen bin ich ja dafür, daß aus dem Rahmen von Orchesterconcerten die Solostücke gänzlich verbannt werden. Eine Zugabe gebe ich principiell nie».

1335
– E. Pk. m. U. Charlottenburg, 31. März 1907, 2 S. 16°. Programmänderung: «lieber das Impromptu in B, op. 142 No. 3» (Schubert).

1336
– E. Pk. m. U. Charlottenburg, 11. Januar 1911, 2 S. 16°. Vorschlag für Brahms-«Solonummer» in Sinfoniekonzert: «Capriccio g moll op. 116 III. Intermezzo E dur op. 116 IV. Capriccio h moll op. 76 II. Rhapsodie Es dur op. 119 IV. (etwa 20 Min.)».

1337
– E. Pk. m. U. (Charlottenburg), 10. Februar 1911, 1 S. 16°. Meldet Ankunft.

1338
– E. Br. m. U. Charlottenburg, 27. April 1932, 2 S. 4°. Betr. Unterricht: «es soll mir ein Vergnügen sein, mit dem jungen [Adrian] Aeschbacher [...] zu arbeiten». Ist aber nicht bereit, dies für ermäßigtes Honorar zu tun. (vgl. Nr. 1187; Peter Raabe hatte offenbar versucht zu vermitteln.)

1339
– E. Pk. m. U. [Berlin], o. D. 1 S. 16°. Verschiedene Unterschriften, u. a. Adrian Aeschbacher, Rolf Lang, Hermann Bodmer, Karl Ulrich Schnabel, Bruno Walter.

1340
Schnapp, Friedrich, 1900–1983, deutscher Literatur- und Musikwissenschaftler. M. Br. m. U. Berlin, 29. April 1928, 4 S. 4°. Brief an Gerda Busoni gerichtet, betr. Busoni-Stiftung: «Wenn es Prof. Dent auch (wie ich) für selbstverständlich hält, daß die Entscheidung über alle Fragen, die Stiftung betreffend, einzig in den Händen von Herrn Reiff liegt, so war er doch der Meinung, Sie dürften die folgenden Anregungen Herrn Reiff getrost zur Gegenäußerung unterbreiten».

1341
Schneevoigt, Georg, 1872–1947, finnischer Dirigent. M. Br. m. U. Stockholm, 24. März 1921, 1 S. 4°. Er und seine Frau möchten für ein «Finnisches oder Schwedisches Konzert» gerne nach Zürich eingeladen werden.

1342
Schneiderhan, Wolfgang, geb. 1915, österreichischer Violinist. E. Ak. m. U. St. Gallen, 27. Oktober 1944, 1 S. 16°. Freut sich auf ein Wiedersehen.

1343
Schoeck, Othmar, 1886–1957, Schweizer Komponist. E. Ak. m. U. Dresden, 19. Januar 1927, 1 S. 16°. Grüße, von Hilde u. Othmar Schoeck. «Ich freu mich Dir bald mündlich schönes & interessantes über unsere Dresdener Tage erzählen zu können.» (Uraufführung von Schoecks Oper ‹Penthesilea› am 8. 1. 1927).

1344
– E. Br. m. U. Brunnen, (15.) August 1934, 2 S. 16°. «Ich bin an einer Oper & hoffe, daß es was rechtes wird.» (betr. Oper ‹Massimilla Doni› op. 50).

1345
– E. Br. m. U. [Brunnen], (13. August 1938), 2 S. 16°. Betr. gemeinsame Fahrt.

1346
Schönberg, Arnold, 1874–1951, österreichischer Komponist. E. Br. m. U. Mödling bei Wien, 6. Juni 1918, 4 S. 4°. Betr. Gurrelieder. Freut sich, «daß Sie dem Werk (wenn es auch ein Jugendwerk ist, so steht es mir doch nah; näher, als ich ihm) freundliches Interesse entgegenbringen». Genaue Anweisungen für Probenarbeit (7 Seiten Beilage). (Wiedergegeben oben S. 166, z. T. Faksimile S. 169).

1347
– E. Br. m. U. Mödling bei Wien, 20. September 1918, 2 S. 4°. Betr. Aufführung der Gurrelieder. Genaue Angaben zur Probenarbeit. (Wiedergegeben oben S. 179).

1348
Schörg, Franz, 1871–1923, deutscher Violinist. E. Br. m. U. Brüssel, 21. Januar 1902, 1 S. 8°. Betr. Programm in Bern am 21. März 1902.

1349
Schulthess, Walter, 1894–1971, Schweizer Komponist. M. Br. m. U. Zürich, 4. Juli 1959, 1 S. 4°. Glückwünsche zum 80. Geburtstag. (Brief enthalten im Album des Tonkünstlervereins zu Andreaes 80. Geburtstag).

1350
Schumann, Georg, 1866–1952, deutscher Komponist. E. Br. m. U. Groß-Lichterfelde-Ost, 3. September 1908, 1 S. 8°. Möchte Andreae sein Oratorium ‹Ruth› (op. 50) persönlich vorstellen, vielleicht anläßlich eines Kammermusik-Abends, an dem er sein Klavierquartett op. 29 spielen könnte.

1351
– E. Br. m. U. Groß-Lichterfelde-Ost, 8. Mai 1909, 1 S. 8°. Empfiehlt sein Chorwerk ‹Ruth› und bietet sich für einen Kammermusik-Abend an (vgl. Nr. 550).

1352
– E. Br. m. U. Groß-Lichterfelde-Ost, 21. August 1909, 1 S. 4°. Ist am 20. Januar (1910) mit seinem Trio in Italien, bittet um Verschiebung des Konzertes auf 17. Februar.

1353
– E. Br. m. U. Lichterfelde, 18. August 1919, 1 S. 8°. Möchte gerne seine neuen Arbeiten in der Schweiz bekannt machen und ein Konzert von Bach oder Mozart spielen.

1354
Schuricht, Carl, 1880–1967, deutscher Dirigent. E. Br. m. U. Zürich, 31. August 1944, 2 S. 4°. Gratuliert Andreae zu den Luzerner Konzerten.

1355
– E. Br. m. U. Bern, 14. November 1944, 3 S. 8°. Gratuliert Andreae «zu dem großen Erfolg» in Bern.

1356
– E. Br. m. U. Zürich, 10. April 1944, 2 S. 4°. Hätte Andreae gerne «meine junge Frau (ich habe mich vor 3 Wochen mit einer Schweizerin verheiratet) vorgestellt», hat aber «Verpflichtungen im Reich zu übernehmen [...] Ihre geniale Persönlichkeit, lieber College und Freund, begeistert mich und tut mir unendlich wohl.»

1357
Schweizer, Theodor, geb. 1916, Schweizer Komponist. E. Br. m. U. o. O. (5. Juli 1959), 1 S. 4°. Glückwünsche anläßlich von Andreaes 80. Geburtstag. (Brief enthalten im Album des Tonkünstlervereins zu Andreaes 80. Geburtstag).

1358
Schwickerath, Eberhard, 1856–1940, deutscher Dirigent. E. Pk. m. U. Aachen, 27. Juni (1904), 1 S. 16°. Fragt um Rat wegen Schweizer Ferienorten. Möchte Andreaes Sinfonische Fantasie (op. 7) aufführen.

1359
Serkin, Rudolf, geb. 1903, amerikanischer Pianist. E. Ak. m. U. (Basel), (30. Dezember 1931), 1 S. 16°. «Lieber Volkmar, ich fahre jetzt nach Cherbourg Busch's abholen.» Wünscht ein «frohes und glückliches neues Jahr».

1360
– M. Pk. m. U. der Sekretärin, Basel, 24. März 1932, 1 S. 8°. L. Schmid'schreibt «im Auftrag von Herrn Serkin» wegen Programmgestaltung vom 13./14. März 1933.

1361
– E. Ak. m. U. (New York), (26. Februar 1936), 1 S. 16°. Grüße. «Die Konzerte mit Toscanini waren herrlich für mich, er war zufrieden, und die Amerikaner äußerst herzlich.»

1362
– E. Bk. m. U. o. O. 24. Juli 1947, 1 S. 32°. Geburtsanzeige von Sohn Peter Adolf.

1363
– E. Br. m. U. London, o. D. 1 S. 8°. Bedauert, «daß Du nicht am 4. Nov. dirigieren wirst». Grüße von Irene, Adolf und Frieda (Busch).

1364
– E. Bk. m. U. Guilford o. D. 1 S. 8°. «Adolf bittet mich Dir und Elisabeth zu sagen daß Frieda am Donnerstag den 22. August gestorben ist.»

1365
– E. Br. m. U. o. O. o. D. 1 S. 8°. «Dein lieber guter Brief hat mir, uns allen, wohlgetan und ich danke Dir herzlich, auch in Irenes und Hedwigs Namen. Ich fühle mich Dir und Elisabeth in herzlicher Freundschaft verbunden, und so soll es immer bleiben».

1366
– E. Br. m. U. Amerika, o. D. 2 S. 4°. Empfiehlt Samuel Barber: «Er ist einer der angesehensten jungen Komponisten hier in Amerika».

1367
Sinigaglia, Leone, 1868–1944, italienischer Komponist. E. Br. m. U. Turin, 5. Juli 1908, 2 S. 8°. Toscanini empfiehlt die Koloratursängerin Luisa Tetrazzini und möchte Andreaes Symphonische Phantasie kennen lernen. Sinigaglia empfiehlt für sein Violinkonzert op. 20 Bram Eldering. Empfiehlt mehrere italienische Werke.

1368
– E. Pk. m. U. Berlin, 10. Februar 1909, 1 S. 16°. «Wie schön, daß Sie auch das Violin Concert für nächste Saison zu bringen beabsichtigen». Empfiehlt «den trefflichen Cölner Violinisten Conc. M. Bram Eldering».

1369
– E. Ak. m. U. Turin, 10. April 1909, 1 S. 16°. Freut sich, daß seine Werke unter Andreae aufgeführt wurden (betr. ‹Rapsodia piemontese› op. 26) und daß Andreae «nächste Saison das *Violin Concert* bringen» möchte. Empfiehlt Henri Petri als Violinisten.

1370
– E. Ak. m. U. Turin, 3. Februar 1920, 1 S. 16°. Betr. Engagements für Frl. Sabina Meyer aus Berlin.

1371
– E. Br. m. U. Ceresole Reale, 17. August 1922, 1 S. 8°. Betr. Konzert der Berliner Philharmoniker in Turin unter der Leitung von Andreae.

1372
– E. Ak. m. U. Turin, 9. Mai 1923, 1 S. 16°. Gruß und «Dank für die herrliche Erinnerung!»

1373
Staegemann, Waldemar, 1879–1958, deutscher Sänger. E. Ak. m. U. Vulpera, (31. Juli 1924), 1 S. 16°. Meldet Ankunft in Zürich.

1374
– E. Br. m. U. [Berlin], 21. August 1924, 4 S. 8°. «Die ‹Feuersnot› [R. Strauss, op. 50] beschäftigt mich.» Sang in ‹Casanova›.

1375
Staempfli, Edward, geb. 1908, Schweizer Komponist. E. Br. m. U. Berlin, Juni 1959, 1 S. 4°. Dankt anläßlich von Andreaes 80. Geburtstag für dessen «exemplarische Aufführung meines 1. Violinkonzertes am Tonkünstlerfest 1939» Mit Notenbeispiel. (Brief enthalten im Album des Tonkünstlervereins zu Andreaes 80. Geburtstag).

1376
Stein, Fritz, 1879–1961, deutscher Dirigent/Musikforscher. M. Br. m. U. Kiel, 14. September 1932, 2 S. 4°. Berichtet über Reduzierung des Orchesters und Aufführungsschwierigkeiten im Gewerkschaftshaus und Stadttheater. «Durch diesen Raumwechsel [vom Gewerkschaftshaus ins Stadttheater] entstehen dem Verein aber nun so erhebliche Mehrkosten [...], daß er auf die Abhaltung seines üblichen Sonderkonzerts mit einem auswärtigen Gastdirigenten in diesem Jahr verzichten muß.» Empfiehlt seine Bearbeitung des Psalmes 112 von Händel.

1377
Steinbach, Fritz, 1855–1916, deutscher Dirigent. M. Br. m. U. Köln, 28. Oktober 1904, 1 S. 4°. Sinfonische Dichtung von Andreae wird in Gürzenich aufgeführt. (Betr. Sinfonische Fantasie op. 7).

1378
– E. Pk. m. U. London, 14. Dezember 1904, 2 S. 16°. An Herrn Heuser gerichtet. Freut sich, daß Andreae die Sinfon. Fantasie selbst dirigieren will. Lobt «das hiesige Orchester [...]. Ich komme eben vom Lunch mit Elgar.»

1379
– M. Br. u. M. Köln, 23. Dezember 1904, 1 S. 4°. Betr. Aufführung der Sinfonischen Fantasie von Andreae unter dessen Leitung.

1380
Straram, Walther, 1876–1933, französischer Dirigent. E. Br. m. U. Paris, 2. Dezember 1930, 2 S. 4°. Empfiehlt das Trio Pasquier.

1381
Strauss, Richard, 1864–1949, deutscher Komponist. E. Br. m. U. Berlin, 8. Mai 1903, 1 S. 8°. Die von Andreae gewünschte Erstaufführung von ‹Taillefer› kann Strauss aus Termingründen nicht versprechen. Gibt Besetzung des Werkes an, das, etwa 30 Minuten dauernd, sich gut nach Berlioz' Requiem aufführen lasse. (Wiedergegeben oben S. 186).

1382
– E. Br. m. U. Sandown, Isle of Wight, 23. Juni 1903, 1 S. 8°. Kann Andreae die gewünschte Uraufführung von ‹Taillefer› nicht versprechen. (Wiedergegeben oben S. 186).

1383
– E. Pk. m. U. (Berlin), 1. Februar 1904, 1 S. 16°. Teilt mit, er habe die ursprüngliche Absicht, ‹Taillefer› nur für Männerchor zu setzen, fallen gelassen, weil der gemischte Chor «schneidiger u. heller über dem Orchester» schwebe. (Wiedergegeben oben S. 187).

1384
– E. Ak. m. U. Marquartstein, 4. Juli 1905, 1 S. 16°. Ist ruhebedürftig. Die Vollendung von ‹Salome› habe ihm «den Rest gegeben». (Die Partitur von ‹Salome› wurde, ohne den Tanz, am 20. Juni abgeschlossen). Bedauert, die Aufführung von ‹Taillefer› (am Eidg. Musikfest in Zürich) nicht hören zu können. (Wiedergegeben oben S. 187).

1385
– E. Pk. m. U. Berlin, 5. Oktober 1905, 1 S. 16°. Bedauert, daß Andreae der «Genossenschaft» (Deutscher Tonsetzer) noch nicht beigetreten sei. Drängt auf Beitritt. (Wiedergegeben oben S. 187).

1386
– E. Pk. m. U. Berlin, 15. Dezember 1905, 1 S. 16°. Salomes Tanz und die Schlußszene der Oper könnten auch konzertant aufgeführt werden. Dringende Bitte, Andreae möge der «Genossenschaft» (Deutscher Tonsetzer) beitreten. (Wiedergegeben oben S. 188 und 195).

1387
– M. Br. m. U. Westend, 1. März 1914, 2 S. 8°. Die Partitur der ‹Alpensinfonie› werde erst in einem Jahr fertig; kann die Zweitaufführung nicht versprechen. (Wiedergegeben oben S. 188).

1388
– E. Br. m. U. Mannheim, 13. Januar 1917, 1 S. 8°. Dankt für Entgegenkommen betr. Programmwahl für sein Zürcher Konzert am 30. Januar 1917 (‹Don Quixote›, ‹Burleske›, ‹Also sprach Zarathustra›). (Wiedergegeben oben S. 188).

1389
– E. Br. m. U. Zürich, 26. Januar 1917, 1 S. 8°. Freude und Dank für die ‹Don Quixote›-Proben zur Aufführung vom 30. Januar 1917. Andreae soll über eine Strauss-Woche in Zürich mit seinem Verleger (Otto) Fürstner verhandeln. Empfiehlt Oscar Fried (deutscher Dirigent) für die Leitung eines Tonhallekonzertes. (Wiedergegeben oben S. 189).

1390
– E. Br. m. U. Garmisch, 19. Juli 1917, 5 S. 8°. Verteidigt die als deutsche Propaganda Mißbehagen auslösenden Gastspiele deutscher Ensembles in der Schweiz. Bemerkungen zur geplanten Strausswoche (Februar 1918. Sie umfaßte ‹Domestica› und ‹Alpensinfonie›, Opernaufführungen und einen Liederabend). (Wiedergegeben oben S. 190).

1391
– M. Br. m. U. Berlin, 4. Dezember 1917, 2 S. 8°. Erklärt sein Einverständnis mit Andreaes Programmvorschlag für das Zürcher Konzert vom 12. Februar: ‹Domestica› und ‹Alpensinfonie›. (Wiedergegeben oben S. 192).

1392
– E. Vk. m. U. o. O. [1945/1946], 2 S. 32°. Dank für Glückwünsche. Notenzitat aus ‹Daphne›. (Wiedergegeben oben S. 192).

1393
– E. Br. m. U. Baden, 15. Februar 1946, 1 S. 16°. Erkundigt sich, wann Proben

stattfinden (zum Oboenkonzert). Bittet um fünf Plätze für das Konzert. (Wiedergegeben oben S. 192).

1394
– E. Br. m. U. Ouchy-Lausanne, 26. Mai 1946, 2 S. 8°. Teilt Blinddarmoperation in Lausanne (9. April 1946) mit. Ironische Bemerkungen über die Aufnahme von Werken deutscher Komponisten in die Tonhalleprogramme. Langeweile in Ouchy. ‹Don Juan› wird von englischem Orchester gespielt. (Konzert des National Symphony Orchestra of Great Britain unter der Leitung von Sidney Beer). (Wiedergegeben oben S. 193).

1395
– E. Br. m. U. Ouchy-Lausanne, 16. Juli 1946, 1 S. 8°. Fragt nach Datum der Generalprobe für ‹Ein Heldenleben› (op. 40). Freut sich auf die Aufführung (14. August 1946). Kündigt Übersiedlung auf den Bürgenstock an. (Wiedergegeben oben S. 193).

1396
– E. Bk. m. U. Ouchy-Lausanne, 18. Juli 1946, 1 S. 16°. Dankt für Einladung zur ‹Heldenleben›-Aufführung. Hat Absicht, auf den Bürgenstock zu gehen, aufgegeben. Reumütige Rückkehr nach Baden. (Vom 26. August bis Ende September hielten sich Strauss und seine Gattin im Park-Hotel in Vitznau auf.)

1397
– E. Br. m. U. Ouchy-Lausanne, 23. Juli 1946, 1 S. 8°. Teilt Verbleiben in Ouchy mit. Freut sich auf Wiedersehen «in Es-Dur [‹Heldenleben›]». (Wiedergegeben oben S. 194).

1398
– E. Ak. m. U. Ouchy-Lausanne, 4. August 1946, 1 S. 16°. «Ich bin am 13ten. August Nachmittags in Zürich, Baur au lac u. freue mich schon auf die Abendprobe!» (zum ‹Heldenleben›).

1399
– E. Pk. m. U. (Lausanne), (7. August 1946), 1 S. 16°. Bittet um 2 × 3 Plätze für das Konzert mit ‹Ein Heldenleben›. Erfreut über Programmaufstellung. (Das Programm enthielt die Ouverture zu Wagners ‹Fliegendem Holländer›, das von Artur Schnabel gespielte Klavierkonzert Nr. 4 von Beethoven und ‹Ein Heldenleben› von Richard Strauss.) (Wiedergegeben oben S. 194).

1400
– E. Bk. m. U. Baden, 11. November 1946, 1 S. 16°. Kann einer Einladung Andreaes nicht Folge leisten, weil er ein paar Tage unwohl war und mitten in der Kur sei. Andreae möge mit seiner Gattin zu einem Lunch oder Tee kommen. «Ihr altmodischer Dr. Richard Strauss.» (Wiedergegeben oben S. 194 und 195).

1401
– E. Ak. m. U. Baden, 14. Januar 1947, 1 S. 16°. Bittet Andreae mit seiner Frau und Frau Lily Reiff zu einem Mittagessen. Neujahrswünsche. (Wiedergegeben oben S. 196).

1402
– E. Br. m. U. Sanrocco Lugano, (Ostermontag) April 1947, 1 S. 8°. Empfiehlt Andreae den Pianisten Kurt Leimer, der in Lugano Bernhard Paumgartner vorgespielt hat.

1403
– E. Br. m. U. Pontresina, 30. Juni 1947, 2 S. 8°. Kämpft seit 60 Jahren gegen den Unfug der Verleger, auch sinfonisches Notenmaterial nur auszuleihen, wenn der Ankauf verlangt werde. Da Andreae unvollständiges Material bekommen habe, solle er bei

Novello (Verleger von Strauss) einen angemessenen Preis verlangen. (Wiedergegeben oben S. 196).

1404
– E. Br. m. U. Pontresina, 28. Juli 1947, 2 S. 8°. Empfiehlt seinen Schützling, den Pianisten Kurt Leimer.

1405
– E. Vk. m. U. Berlin, o. D. 1 S. 32°. Herzlicher Glückwunsch. (Adresse: Joachimstalerstraße 17, wo Strauss seit dem 1. Oktober 1909 wohnte).

1406
– E. Pk. m. U. [Berlin], o. D. 1 S. 16°. Etwa zwanzig Unterschriften, von denen einige unlesbar sind. Lesbar sind: Rolf Langnese, Max Hirzel, Artur Schnabel, Bruno Walter, A. Einstein, u. a.

1407
Strawinsky, Igor, 1882–1971, russischer Komponist. M. Br. m. U. Nizza, 16. April 1930, 1 S. 4°. Festlegung des Konzertes auf den 14. Oktober 1930. (Programm: Strawinsky: ‹Sacre du Printemps›, Capriccio, 1929 u. a.).

1408
– E. Bk. m. U. Nizza, 31. Dezember 1930, 1 S. 16°. Neujahrswünsche.

1409
– E. Pk. m. U. Voreffe, 28. Dezember 1931, 1 S. 16°. Neujahrswünsche.

1410
– E. Br. m. U. Voreffe, 9. Juni 1932, 1 S. 8°. Dankt Andreae für die Wünsche «de mon anniversaire, qui n'aura lieu que le 18 juin [...] Avez vous joué ma Symph. de Psaumes?» (1930).

1411
Studer, Arved, ?, Schweizer Dirigent. E. Br. m. U. Salzburg, 20. August 1931, 6 S. 8°. Freundschaftliche Beziehungen zu Bruno Walter und Clemens Krauss.

1412
Studer, Oscar, 1877–1940, Schweizer Violinist, E. Br. m. U. Winterthur, 6. September 1931, 1 S. 8°. Schickt einen Brief von Arved (Studer) zurück.

1413
Suter, Hedwig, ?, Gemahlin von Hermann Suter, Gedr. Br. m. U. Binningen, 22. Juni 1926, 1 S. 4°. Todesanzeige von Hermann Suter.

1414
Suter, Hermann, 1870–1926, Schweizer Komponist. E. Pk. m. U. (Brunnen), (27. August 1902), 1 S. 16°. Bittet Andreae um Zusendung von Partitur und Stimmen zu Andreaes ‹Charon› (op. 3), da die Proben des Gemischten Chors Zürich wieder beginnen.

1415
– E. Br. m. U. Basel, 29. September 1902, 3 S. 8°. Betr. Abmachungen wegen Proben (für die Aufführung von Andreaes ‹Charon› in Zürich).

1416
– E. Br. m. U. Basel, 1. Januar 1903, 2 S. 8°. Erwidert Andreaes Neujahrswünsche, freut sich über den Kontakt mit ihm und hofft auf weiteres Zusammentreffen.

(Wiedergegeben oben S. 117; Andreae hatte Suter am 8. 11. 1902 für seine Vermittlung bei der Wahl zum Dirigenten des Gemischten Chors Zürich gedankt. Brief in der UB Basel, wiedergegeben oben S. 112 und 113.)

1417
- E. Br. m. U. Kandersteg, 30. Juli 1903, 3 S. 8°. Lädt Andreae zu einem Besuch in Kandersteg ein, wo das Ehepaar Suter die Ferien verbringt.

1418
- E. Br. m. U. Basel, 28. Oktober 1903, 3 S. 8°. Dankt «für Zusendung des großen und kleinen Charonheftes» und schildert seine Eindrücke vom Heidelberger Musikfest. Er möchte Andreaes «Phantasie in Zürich hören». (Uraufführung: 15. 12. 1903).

1419
- E. Br. m. U. Basel, 8. März 1904, 4 S. 4°. Gratuliert Andreae zu dessen Erfolgen in Zürich. Spricht über die Programme der bevorstehenden Basler Konzerte und erwähnt den Beginn der Sammlung für eine Orgel im Musiksaal.

1420
- E. Br. m. U. Basel, 4. Mai 1904, 3 S. 8°. Plant Reisen nach Köln, Mannheim und Frankfurt a. M., um in diesen Städten Aufführungen neuer Werke von Elgar, Pfitzner und R. Strauss zu erleben; hofft, Andreae fahre mit.

1421
- E. Pk. m. U. (Basel), (6. Mai 1904), 1 S. 16°. «M. L.! Herzlichen Dank für imaginem. Also wir fahren zusammen nach C. – Ich freue mich heillos!» (vgl. Nr. 1420).

1422
- E. Pk. m. U. Basel, 4. Juni 1904, 1 S. 16°. Andreaes ‹Charon› wird am 23. 2. (1905) in Basel aufgeführt werden. Suter hofft, Andreae werde «dann hier sein können, um ihn zu dirigieren».

1423
- E. Pk. m. U. Kandersteg, 4. Juli 1904, 1 S. 16°. Erbittet Auskünfte über den Cellisten Ernst Röntgen und dessen «Leistungen auf der Kniegeige und seinen Lebenswandel».

1424
- E. Br. m. U. Kandersteg, 23. August [eher: Juli] 1904, 3 S. 8°. Andreae und Suter planen von Kandersteg aus eine gemeinsame «Walliserfahrt», Suter hofft, daß sich Hans Huber anschließen wird (vgl. Nr. 796).

1425
- E. Br. m. U. Kandersteg, 21. August 1904, 3 S. 8°. War krank, es geht ihm aber wieder besser. Behält den gemeinsamen Aufenthalt im Wallis «in angenehmster Erinnerung».

1426
- E. Br. m. U. Kandersteg, 30. August 1904, 3 S. 8°. Brief an Andreaes Mutter, Frau Adelina Andreae-Perroni in Bern. Entschuldigt sich für eine an ihn und seine Frau ergangene Einladung in das Haus der Eltern Andreae in Bern.

1427
- E. Bk. m. U. Basel, 27. Oktober 1904, 2 S. 16°. Betr. «Aufführungsfreiheit» von Andreaes ‹Charon›. «Das + + + [für 1905 vorgesehene Eidg.] Sängerfest [in Zürich] verdirbt Einem alle Programme, alle Arbeitsfreude, alle Vereinsnoblesse. Pfui Teufel, was ist das für eine häßliche Sache!»

1428
– E. Br. m. U. Basel, 14. Dezember 1904, 4 S. 8°. Spricht über bevorstehende Basler Konzerte, u. a. über die Proben für Andreaes ‹Charon›. Beneidet Andreae, der auf das Sängerfest in Zürich «schöne Sachen vorbereiten» könne.

1429
– E. Pk. m. U. (Basel), (30. Dezember 1904), 1 S. 16°. Neujahrswünsche. Suter freut sich, daß Andreae am 25. Januar nach Basel kommt. «Wird Reger auch dabei sein?»

1430
– E. Br. m. U. Basel, 16. Mai 1905, 3 S. 8°. Erwähnt eine geplante gemeinsame Reise nach Schottland, die Basler Schillerfeier und bevorstehende Basler Veranstaltungen, u. a. eine Aufführung von Andreaes ‹Symphonischer Phantasie› (am 11. 2. 1906).

1431
– E. Ak. m. U. (Zweisimmen), (28. Juli 1905), 1 S. 16°. «Ouverture zur Sommerfahrt 1905»: Scherzhafter musikalischer Feriengruß des Ehepaares Suter in Noten.

1432
– E. Pk. m. U. Greyerz, 14. August 1905, 1 S. 16°. Hat sich mit seiner Gattin «in dem herrlichen Bergnest Gruyères festgesetzt» und hofft auf Besuch von Andreae.

1433
– E. Ak. m. U. (Tour de Trême), (25. August 1905), 1 S. 16°. Grüße aus dem ehemaligen «Klösterlein» La Part-Dieu (FR). (Weitere Grußworte von Henri Marteau in französischer Sprache).

1434
– E. Bk. m. U. Basel, 30. August 1905, 2 S. 16°. Betr. Ed. Bernoullis Untersuchung über die «Oratorientexte Händels» (Zürich 1905), deren Vorrede «eine äußerst konfuse vergleichende Bemerkung» über die Messias-Aufführungen Suters in Basel (1904) und Andreaes in Zürich (1905, Bearbeitung von Fr. W. Franke) enthält. Bittet Andreae, ihm die Messiasbearbeitung von Friedrich Wilhelm Franke zuzusenden, damit er sich «in dieser Sache eine Meinung bilden kann». (Wiedergegeben oben S. 118).

1435
– E. Br. m. U. Basel, 10. November 1905, 4 S. 8°. Freut sich auf Andreaes Besuch in Basel. Er erwähnt u. a. die bevorstehende Einweihung der neuen Orgel im Musiksaal, klagt über wenig Verständnis für seine Kunstansichten in der ‹Liedertafel› und kommt noch auf die Proben für Andreaes «Symphonische Phantasie» zu sprechen.

1436
– E. Pk. m. U. (Basel), (4. Dezember 1906), 1 S. 16°. Adresse: «Herren [Ludwig] Hess, [Siegmund von] Hausegger und Andreae Solistenzimmer der Tonhalle Zürich.» Es handelt sich um einen nur mit «Suter» unterzeichneten musikalischen Scherz (Partitur, 2 Takte), auf die Worte, «Grüß Gott Hess! Grüß Gott Hausegger! Grüß Gott Andreae!»

1437
– E. Br. m. U. Basel, 29. April 1911, 3 S. 8°. Gratuliert Andreae zur Aufführung von Bachs Matthäus-Passion (am 22. und 23. 4. 1911) in Mailand mit dem Gemischten Chor Zürich und schildert seine Eindrücke als Zuhörer. (Wiedergegeben oben S. 119).

1438
– E. Br. m. U. Basel, 16. Februar 1915, 7 S. 8°. Betr. Verstimmung Suters gegenüber Andreae und der Zürcher Tonhalle-Gesellschaft im Zusammenhang mit den von Suter

zu leitenden Konzerten. Wünscht indessen den «ungetrübten Fortbestand» ihrer Freundschaft. Es folgen Programmvorschläge für die betreffenden Konzerte.

1439
– E. Br. m. U. Basel, 19. Februar 1915, 4 S. 8°. Schreibt in versöhnlichem Tone und macht Vorschläge für die Programme der folgenden Zürcher Konzerte; im «5. Konzert» (15./16. 3. 1915) wird die (Ur-)Aufführung seiner Sinfonie (op. 17) stattfinden.

1440
– E. Pk. m. U. (Leipzig), (13. September 1918), 2 S. 16°. Grüße, auch von F. Brun, (O.) Schoeck, A. Brun u. a., die das Schweizer Musikfest in Leipzig und am 15. 9. eine Aufführung von Andreaes Oper ‹Ratcliff› besuchen.

1441
– E. Br. m. U. Basel, 18. März 1919, 4 S. 8°. Betr. Auseinandersetzung mit Carl Vogler, Mitdirektor am Konservatorium Zürich und Präsident des Schweiz. Musikpädagogischen Verbandes. Erwähnt eine bevorstehende Aufführung seiner ‹Walpurgisnacht› (op. 5) unter Andreaes Leitung.

1442
– E. Br. m. U. Binningen, 9. April 1919, 4 S. 8°. Freut sich über die erfolgreiche Zürcher Aufführung eines seiner Jugendwerke (‹Walpurgisnacht› durch Andreaes Chöre) und dankt Andreae für alle Mühe.

1443
– E. Br. o. U. Binningen, 10. März 1921, 3 S. 8°. Brief ohne Anrede und Unterschrift. Das Schreiben enthält Suters «Vorschläge für die Gesammtchöre des Eidg. Sängerfestes in Luzern.»

1444
– Gedr. Bk. m. U. (Faksimile der Handschrift), o. O., April 1925, 1 S. 8°. Bedankt sich für «Treue» während einer Krankheit mit einem Gedicht.

1445
– E. Pk. m. U. Basel, 6. August 1925, 1 S. 16°. Dankt Andreae «für den venezianischen Gruß» und erwähnt die eigenen Ferien im Bündnerland.

1446
– E. Ak. m. U. (Basel), 20. September 1925, 1 S. 16°. Dankt für die Zusendung von Notenmaterial.

1447
– E. Br. m. U. [Basel], 2. Oktober 1925, 2 S. 4°. Schickt das «Schumann-Material» (2. Sinfonie) zurück und nennt die Gründe, weshalb er es nicht verwendet; die «Weingartner'schen Vorschläge» erregen bei ihm Bedenken. Er äußert ferner seine Freude über Andreaes Oper ‹Casanova› und lobt deren Aufführung. (Wiedergegeben oben S. 119).

1448
– E. Br. m. U. [Basel], 19. Oktober 1925, 2 S. 4°. Schreibt Andreae einiges auf, was als Gesamtchor am Eidgenössischen Sängerfest in Lausanne (1926) in Betracht fallen könnte.

1449
– E. Bk. m. U. [Basel], 22. Dezember 1925, 2 S. 16°. Kündigt Andreae die Sendung einer «Leckerli-Schachtel» an und dankt ihm für die «schöne Laudi-Aufführung» (Zürich, 8. 12. 1925). Sie bleibt ihm, wie auch die Berner Aufführung unter Fritz Brun

(14. 6. 1925) «ins Herz eingeschrieben» (‹Le Laudi di San Francesco d'Assisi› op. 25). (Wiedergegeben oben S. 121 und 122).

1450
– E. Bk. m. U. [Basel], 23. März 1926, 2 S. 16°. Schickt Andreae eine ihn frappierende «Correspondenz aus Zürich in der Nationalztg.» (die den Schweizer Musikern den Vorwurf des Antisemitismus zu machen scheint). Dabei seien sie «doch weit entfernt davon, so einseitig vorzugehen, wie der Anbruch in Wien oder die Hochschule in Berlin es auf jüdischer Seite tun».

1451
– E. Br. m. U. [Basel], 4. Juni 1926, 1 S. 4°. Äußert den Wunsch, der Hauptprobe für «Schönberg's Quintett» in Zürich beiwohnen zu dürfen und erkundigt sich bei Andreae nach den Plänen in bezug auf die «nächstjährigen Solisten». Ferner erwähnt er eine gemeinsam unternommene «Emmentalertour», die ihm «trotz Regen in angenehmster Erinnerung» sei. (Wiedergegeben oben S. 122).

1452
Sutermeister, Heinrich, geb. 1910, Schweizer Komponist. M. Br. m. U. Vaux-sur-Morges, 12. April 1950, 1 S. 4°. Betr. eigene Kompositionen: «gestern habe ich noch die gute Nachricht erhalten, daß ‹Raskolnikoff› von den fünf größten italienischen Theatern nächsten Winter übernommen werden soll». Erwähnt ‹Das kalte Herz›, Oper für kleines Orchester, nach dem Märchen ‹Das kalte Herz› von Hauff; «Ich war soeben in Berlin: Die moderne Oper nimmt eine ungeahnte, sprunghafte Entwicklung, ob zum Guten oder zum endgültigen Tod.. das ist mir noch nicht klar.» Schreibt «Marche Fantasque», ein Kompositionsauftrag von Radio Bern «für ein reines Orchesterstück [...], und zwar sollte die Essenz des Spittelerschen Gedichtes ‹Die jodelnden Schildwachen› wiedergegeben werden.»

1453
– M. Br. m. U. Vaux-sur-Morges, 17. April 1950, 1 S. 4°. Schickt Andreae sein «neues ‹Kind›» zur Durchsicht. «Vorallem hoffe ich, dabei nicht in einen billigen, äußerlichen Patriotismus, der ja auch Spitteler trotz mancher Zeitgebundenheit seiner Ballade, ferngelegen ist, abgeglitten zu sein».

1454
– M. Br. m. U. Vaux-sur-Morges, 28. April 1950, 2 S. 4°. Dankt Andreae für dessen «Hinweis auf die letzten Takte: es ist das Ei des Kolumbus, nach welchem ich auf komplizierteren Wegen gesucht hatte, denn diese Schlußtakte hatten mich nie befriedigt». Legt «noch die Antwort auf den Operntext im Doppel» (an Frau Dr. Koref) bei (vom 28. 4. 1950).

1455
– E. Br. m. U. o. O. (5. Juli 1959), 1 S. 4°. Glückwünsche zum 80. Geburtstag. (Brief enthalten im Album des Tonkünstlervereins zu Andreaes 80. Geburtstag).

1456
Szigeti, Joseph, 1892–1973, ungarischer Violinist. E. Pk. m. U. Neuchâtel, 26. August 1920, 1 S. 16°. An «Herrn A. Hug Zürich Sonnenquai» gerichtet. Fragt, «ob das neue Werk von Dr. Andreae für Violine & Orchester bald erscheinen wird» (op. 32).

1457
– E. Br. m. U. Neuchâtel, 18. September 1920, 2 S. 8°. Dankt für die Zusendung und Widmung der Rhapsodie (op. 32) von Andreae. «Was ich an dem Stück besonders

prachtvoll finde, (neben der Qualität der Gedanken, der Dimensionen und der geigerischen Behandlung) das ist, daß die Entwicklung der Themen so ‹von sich aus› von statten geht». Schlägt kleine Änderungen am Schluß der Kadenz vor, «damit das ‹a› mehr ‹brummt› bevor es in das Tutti [bei Takt oder Ziffer] 36 einmündet».

1458
Tertis, Lionel, 1876–1975, englischer Bratschist. E. Br. m. U. Sutton, Surrey, 18. Mai 1931, 2 S. 8°. Spielt mit dem Orchestre de la Suisse Romande und möchte auch in Zürich spielen. Fragt Andreae, ob er zu dem «International Festival at Oxford» komme.

1459
– E. Br. m. U. Sutton, Surrey, 4. Oktober 1931, 2 S. 8°. Betr. höhere Stimmung der Viola in Mozarts Symphonie Concertante (KV 364). Spielt William Waltons Konzert für Viola und Orchester. Wünscht ein Orchesterstück zwischen Mozart und Walton, «so as to give my strings time to settle down» (Stimmung für Mozart: des – as – es – b).

1460
– E. Br. m. U. Sutton, Surrey, 28. Oktober 1931, 2 S. 8°. Betr. Ankunft in Zürich.

1461
– E. Br. m. U. Sutton, Surrey 7. November 1931, 2 S. 8°. Dankt «for your wonderful conducting» (betr. Aufführung von Mozart, Konzertante Sinfonie und William Walton, Konzert für Viola und Orchester). «Zürich is indeed fortunate to have you.»

1462
Tischhauser, Franz, geb. 1921, Schweizer Komponist. E. Bk. m. U. St. Gallen, 19. März 1947, 2 S. 16°. Dankt für die Aufführung seines Concertinos (1945) und die Annahme der Serenade (1946). «Es war geradezu ein Erlebnis für mich, meine Musik einmal so präzis gespielt und klanglich hervorragend abgetönt, dabei die Architektonik so klar herausgearbeitet und die Übergänge so elegant betreut zu hören.»

1463
– E. Br. m. U. St. Gallen, 22. Januar 1948, 2 S. 16°. Dankt für die Aufführung seiner Serenade für Streichorchester. «Es war beglückend für mich, wie Sie meine Serenade temperamentvoll und mit vollendeter Einfühlung erstehen ließen [...] Jenen Übergang im ‹Marsch› werde ich nun nochmals vornehmen».

1464
– E. Br. m. U. St. Gallen, 10. März 1949, 3 S. 8°. Berichtet über Änderungen in der Überleitung der Serenade für Streichorchester (1946). «Die ganze 8-taktige sequenzreiche und spannungsarme Überleitung ist nun weggefallen».

1465
– E. Br. m. U. o. O. (5. Juli 1959), 1 S. 4°. Glückwünsche zum 80. Geburtstag: «mit Stolz denke ich zurück an die hervorragenden Aufführungen meines Klavier-Concertino und meiner Streicher-Serenade, mit denen Sie mich kaum dem Konsi Entwachsenen ins Zürcher Musikleben einschalteten.» (Brief enthalten im Album des Tonkünstlervereins zu Andreaes 80. Geburtstag).

1466
Toch, Ernst, 1887–1964, österreichischer Komponist. E. Pk. m. U. (Garmisch-Partenkirchen), (24. Februar 1933), 1 S. 16°. Möchte Andreae in Zürich besuchen.

1467
Toscanini, Arturo, 1867–1957, italienischer Dirigent. E. Vk. m. U. o. O. [ca. 1922], 1 S. 32°. «Ringrazio gentilmente».
1468
– Gedr. Bk. m. handschr. Eintragungen o. U. Mailand, [1925] 1 S. 16°. Einladung «ad un concerto di musiche del Maestro Ildebrando Pizzetti eseguito dal Quartetto Busch.»
1469
Toscanini, Walter, ?, Bruder von Arturo Toscanini, E. Br. m. U. Mailand, 8. Juli 1925, 2 S. 4°. Dankt für Andreaes Sendung eines Wagner-Briefes an seinen Bruder.
1470
Verkulantoff, Ariel, russischer Emigrant, E. Br. m. U. (Zürich), 4. Juni 1950, 1 S. 4°. Dankt für Andreaes «Hilfsbereitschaft [...]. Mich würde es freuen einen Brief des Autors der 6. Symphonie [Bruckner] (vermutlich an Wolff in Berlin), deren III. Satz ich erst durch Sie eigentlich erfaßt habe, in Ihren Händen zu wissen.»
1471
Vogel, Wladimir, 1896–1984, Schweizer Komponist. E. Br. m. U. Ascona, (5. Juli 1959), 1 S. 4°. Dankt anläßlich von Andreaes 80. Geburtstag für «die 1932 erfolgte Zürcher Erstaufführung meiner 2 Etüden für Orchester, mit der Sie mich zu einer Zeit legitimierten, als man meine Musik und mich in Zürich kaum kannte». (Brief enthalten im Album des Tonkünstlervereins zu Andreaes 80. Geburtstag).
1472
Wagner, Siegfried, 1869–1930, deutscher Komponist. E. Br. m. U. Bayreuth, [1911 ca.], 4 S. 8°. Ist mit Robert Denzler nicht zufrieden.
1473
Richard Wagner-Gedenkstätte Bayreuth. M. Br. m. U. Bayreuth, 15. November 1954, 1 S. 4°. Die «Richard Wagner-Gedenkstätte» möchte eine Kopie des Briefes von Ludwig II., König von Bayern, an Wagner haben (vgl. Nr. 1599).
1474
Walker, Edyth, 1867–1950, amerikanische Sängerin. E. Br. m. U. Cortina, Tirol, 8. Juli 1907, 4 S. 8°. Programmvorschläge.
1475
Walter, Bruno, 1876–1962, deutscher Dirigent. M. Br. m. U. München, 17. Juni 1915, 1 S. 4°. Bedauert, Andreaes Werk («Ratcliff») nicht an der Hofoper aufführen zu können. «Ich konnte mich beim besten Willen von Ihrer Musik nicht angezogen fühlen und möchte nur hoffen, daß ich bei einer andern günstigeren Gelegenheit einem dramatischen Werke von Ihrer Hand mit größerer Sympathie gegenüberstehen kann.»
1476
– E. Pk. m. U. Wien, 13. Dezember 1923, 1 S. 16°. Betr. Andreaes Kleine Suite (op. 27; Tonart, Satzüberschriften etc.), die Walter in New York aufführen möchte.
1477
– E. Br. m. U. Leipzig, 9. Dezember 1931, 1 S. 4°. Erkundigt sich nach der Möglichkeit, Andreae anläßlich eines Aufenthaltes in Zürich zu treffen.
1478
– E. Br. m. U. St. Moritz, 19. Dezember 1931, 2 S. 8°. Prof. Daniel (Berlin) will Schweizerbürger werden.

1479
– E. Br. m. U. Ascona, 22. Mai 1932, 2 S. 4°. Möchte sich im Tessin niederlassen: «ich suche einen Platz im Tessin, um mich hier niederzulassen, selbstverständlich unter der Verpflichtung, keinerlei ständige Arbeit in der Schweiz zu übernehmen.»

1480
– E. Br. m. U. Zürich, 16. Mai 1933, 2 S. 4°. Setzt sich für Prof. Dr. Daniel, bisher an der Berliner Hochschule für Musik tätig, ein, der in der Schweiz als Gesangs- und Sprechpädagoge wirken möchte.

1481
– Telegramm, Lugano, 7. Juli 1939, 1 S. 8°. Glückwünsche zum 60. Geburtstag.

1482
– E. Br. m. U. Lugano, 14. September 1939, 4 S. 8°. Empfiehlt Mariano Zargani, Bratschist «des Orchesters der M.J.A.R.» (Turin).

1483
– M. Br. m. U. Frankfurt, 5. September 1950, 1 S. 8°. Freut sich auf ein Wiedersehen in Zürich: «In Salzburg haben Sie uns sehr gefehlt. Die Bruckner-Feier war ein ergreifendes Erlebnis. Wer hätte dort mehr hingehört als Sie!».

1484
– E. Br. m. U. Beverly Hills, USA, 5. Juli 1959, 2 S. 4°. Gratuliert Andreae zum 80. Geburtstag. «Die Gesamtbedeutung aber Ihrer edlen Lebensleistung in einer musikalisch so problematischen Epoche wie der jetzigen steht vor aller Augen als ein weithin wirksames und mahnendes Beispiel».

1485
Walter, Georg, 1875–1952, deutscher Tenor. E. Br. m. U. Berlin, 26. April 1949, 1 S. 4°. Möchte 1950 in Zürich in der Matthäus-Passion singen. Grüße an Othmar Schoeck. «Ich singe immer noch öffentlich in Oratorien». Sang zum «48ten Mal in Berlin den Evangelisten».

1486
Walton, Sir William Turner, 1902–1983, englischer Komponist. E. Br. m. U. Zürich, 29. April 1930, 1 S. 4°. «Ich habe eine Grammophonplatte ‹Portsmouth Point› für Sie mitgebracht».

1487
– E. Br. m. U. London, 12. Februar [1932], 1 S. 8°. Betr. Aufführung des Violakonzertes.

1488
– E. Br. m. U. London, 10. Juli [1932], 1 S. 8°. Kommt nach Zürich, «to show you my choral work» (Chorwerk ‹In honor of the City of London›).

1489
– E. Br. m. U. Ascona, 17. Juli [1932], 1 S. 8°. Fuhr direkt nach Ascona.

1490
– E. Ak. m. U. Ascona, (19. Oktober 1932), 1 S. 16°. Betr. Oratorium ‹Belshazzar›.

1491
Wedekind, Erika, 1868–1944, deutsche Sängerin. E. Ak. m. U. Dresden, 1. Mai 1909, 2 S. 16°. Dankt «für die freundliche Zusendung Ihres ‹Bevorzugten› den ich gern in mein Repertoir aufnehmen werde.»

1492
Weil, Hermann, 1876–1949, Kgl. Württ. Kammersänger. E. Pk. m. U. (Stuttgart, 2. April 1911), 1 S. 16°. Singt Christuspartie (in der Matthäus-Passion): «mit oder ohne Arie? (Am Abend, da es stille ward) [sic]».

1493
Weingartner, Felix von, 1863–1942, österreichischer Dirigent. M. Br. m. U. Bad Kreuth, 27. Juli 1907, 1 S. 4°. Empfiehlt Frau Hedwig Marx-Kirsch als Pianistin.

1494
– M. Br. m. U. Darmstadt, 27. April 1917, 1 S. 4°. Empfiehlt seine neue Sinfonie Nr. 4 in F-Dur; R. Strauss führt sie in Berlin auf; Uraufführung unter H. Abendroth am 30. Oktober im Gürzenich-Konzert in Köln.

1495
– E. Br. m. U. Erlenbach, ZH, 12. August 1925, 1 S. 4°. Setzt Sinfonie von Fritz Brun auf sein Wiener Programm (Sinfonie Nr. 3).

1496
– E. Br. m. U. Erlenbach, ZH, 5. September 1925, 1 S. 4°. Der Vater von Frau Weingartner ist in London gestorben.

1497
– E. Br. m. U. Erlenbach, ZH, 18. September 1925, 1 S. 4°. Einladung.

1498
– E. Br. m. U. Erlenbach, ZH, 21. September 1925, 1 S. 4°. Freut sich auf A.s Besuch.

1499
– E. Br. m. U. Erlenbach, ZH, 27. September 1925, 1 S. 4°. Glückwünsche: «Ein höchst erfreuliches Werk».

1500
– E. Br. m. U. Erlenbach, 25. Juli 1926, 1 S. 4°. Dankt Frau Andreae für Blumengruß.

1501
– E. Br. m. U. London, 29. Januar 1927, 1 S. 4°. Hat die «Zelte in Erlenbach abgebrochen», kommt aber in die Schweiz zurück.

1502
– E. Br. m. U. Basel, 15. November 1928, 1 S. 4°. Freut sich, «mit Ihrem ausgezeichneten Orchester ein Konzert zu leiten [...]. Es wird praktisch sein, von meiner Symphonie Streicher und Bläser zuerst getrennt zu probieren.» (Sinfonie Nr. 4).

1503
– E. Br. m. U. Basel, 23. Januar 1929, 1 S. 4°. «Ich möchte Ihnen nur sagen, daß mir Ihr schönes Orchester eine große Freude bereitet hat.»

1504
– E. Br. m. U. Basel, 17. November 1929, 1 S. 4°. Fragt nach neuem Orchesterwerk (Musik für Orchester op. 35).

1505
– E. Br. m. U. Basel, 27. Dezember 1929, 1 S. 4°. Neujahrswünsche.

1506
– E. Br. m. U. Basel, 9. Januar 1930, 2 S. 4°. Möchte «neue Sinfonie» (Nr. 4) von Fritz Brun hören.

1507
- E. Br. m. U. Montana, 22. Juli 1930, 1 S. 4°. Honorar 1000 Fr.; wünscht für die 7. Sinfonie doppelte Bläserbesetzung (Beethoven Sinfonie A-dur op. 92).

1508
- E. Br. m. U. Basel, 16. November 1930, 1 S. 4°. Bittet zu einem «gemütlichen Déjeuner» nach der Probe.

1509
- E. Br. m. U. Basel, 19. November 1930, 1 S. 4°. Andreae besucht Weingartner in Basel.

1510
- E. Br. m. U. Basel, 10. Dezember 1930, 1 S. 4°. «Ihr Stück ist auch gestern sehr beifällig aufgenommen worden» (Musik für Orchester op. 35).

1511
- M. Br. m. U. Basel, 3. April 1931, 1 S. 4°. Schreibt als Direktor des Konvervatoriums Basel: «Der Zweck der Schule ist lediglich, einheimische Kräfte zu wecken».

1512
- E. Br. m. U. Paris, 16. April 1931, 2 S. 8°. Betr. doppelte Holzbläserbesetzung für die 7. Sinfonie von Beethoven.

1513
- E. Br. m. U. Wien, 6. Oktober 1937, 1 S. 4°. Ist mit solistischer Mitwirkung von Frau Moor (Julia, Sängerin) einverstanden.

1514
- E. Br. m. U. Wien, 10. November 1937, 1 S. 4°. Programmvorschläge.

1515
- E. Br. m. U. Wien, 13. Dezember 1937, 1 S. 4°. Programmvorschläge: Mozart, Divertimento, B-Dur KV 287, Kleine Sinfonie, A-Dur KV 201.

1516
- M. Br. m. U., Basel, 29. Januar 1938, 1 S. 4°. «Im 4. Satz des Divertimento (Adagio) ist nach meiner Ansicht zweifellos ein Solo gemeint.» (Mozart, Divertimento KV 287).

1517
- E. Pk. m. U. (Basel), 29. Januar 1938, 2 S. 16°. Schreibt, daß er «für die kleine Symphonie und das Divertimento die Besetzung 10, 8, 6, 4, 3 für richtig» halte. «Für ‹Jupiter› bitte natürlich **vollste** Besetzung. Nicht ungern hätte ich im Finale (nur dort) sogar verdoppeltes Holz».

1518
- E. Br. m. U. Manchester, 3. März 1938, 2 S. 8°. Wünscht keine doppelten Holzbläser in der Jupitersinfonie (von Mozart).

1519
- E. Br. m. U. Lausanne, 8. März 1938, 2 S. 4°. Hat Missa solemnis (von Beethoven) seit 1934 nicht mehr dirigiert.

1520
- E. Br. m. U. Lausanne, 16. November 1938, 2 S. 4°. Empfiehlt den Geiger Ricardo Odnoposoff.

1521
– E. Br. m. U. Genf, 5. Juli 1939, 1 S. 4°. Geburtstagswünsche zu Andreaes 60. Geburtstag.

1522
Weismann, Julius, 1879–1950, deutscher Komponist. E. Br. m. U. Sils-Maria, 19. Juli 1905, 2 S. 8°. Friedrich Hegar empfiehlt seine (Weismanns) Chorwerke (mit Orchester, op. 10, I ‹Hymnus an den Mond› und II ‹Schnitterlied›).

1523
– E. Pk. m. U. Sils-Maria, 25. Juli 1905, 1 S. 16°. Partitur von op. 10, I und II ist noch nicht fertig.

1524
– E. Br. m. U. Freiburg i. B. 17. März 1910, 2 S. 4°. Möchte die fürs Tonkünstlerfest eingereichte Violin-Klaviersonate (op. 28 F-Dur) durch die Violin-Solosonate (op. 30 d-moll) ersetzen. Anna Hegner «ist die beste Interpretin, die ich mir wünschen könnte».

1525
– E. Pk. m. U. Freiburg, 22. März 1910, 1 S. 16°. Freut sich, daß die Violinsonate Andreae gefällt (op. 30 d-moll).

1526
– E. Pk. m. U. Freiburg, 30. März 1910, 1 S. 16°. Bittet um Rücksendung der Violinsonate (op. 28 F-Dur).

1527
– E. Br. m. U. Freiburg i. B. 5. April 1910, 1 S. 4°. Frl. Anna Hegner spielt «Sonate für Violine allein op. 30 in d-moll» am Tonkünstlerfest.

1528
Welti-Herzog, Emilie, 1859–1923, Schweizer Sängerin. E. Bk. m. U. Berlin, 16. Mai 1905, 4 S. 16°. Möchte so einlogiert sein, daß «ich mit einem Schritt aus dem Haus schon im Grünen bin, ohne mir erst Hut und Handschuhe anzuziehen.»

1529
– E. Pk. v. fremder Hand m. U. Berlin, 18. Mai 1905, 1 S. 16°. Betr. Programm.

1530
– Pk. v. fremder Hand m. e. U. Berlin, 27. Mai 1905, 1 S. 16°. Betr. Programm für ein «Volksgesangskonzert».

1531
– E. Pk. m. U. Aarburg, 10. Juli 1905, 1 S. 16°. Kommt nach Zürich zur Probe.

1532
– E. Bk. m. U. Berlin, 4. Februar 1907, 4 S. 16°. Verdankt Einladung zu einem Konzert des Beethoven-Festes im Mai. Wirft die Honorarfrage auf: Schlägt 1500 Fr. vor; «Ich mache in meinem Vaterland immer gern Ausnahmen» (statt wie in Deutschland 2500 Mark).

1533
– E. Br. m. U. Berlin, 13. Februar 1907, 4 S. 8°. Diskussion um Honorar (1300 Fr.), Programm: Beethoven 9. Sinfonie, Mozart Arie aus ‹Così fan tutte›. Probentermine.

1534
– E. Ak. m. U. (Bern), (2. März 1907), 1 S. 16°. Andreae soll Richard Strauss schreiben wegen eines Urlaubsgesuches für das Zürcher Konzert (vgl. vorangehende Briefe): «Er kann *Alles* machen.»

1535
– E. Pk. m. U. Berlin, 19. April 1907, 1 S. 16°. «Kann ich die Probe zur Arie auch am 5. Mai machen? Ich würde Zeit gewinnen auf diese Weise.»

1536
– E. Pk. m. U. Berlin, 26. April 1907, 1 S. 16°. Erneuert Probenwunsch; stellt Programm zur Diskussion: «Chorfantasie, Elegischer Gesang und Tremate […] sind doch eigentlich Chorstücke??»

1537
– E. Pk. m. U. Berlin, 1. Mai 1907, 1 S. 16°. Teilt Ankunftstermin und Hotel in Zürich mit.

1538
– E. Br. m. U. Berlin, 28. Februar 1910, 2 S. 8°. Betr. Programm eines Extrakonzertes vom 23. April (1910): (Abschiedsfeier für Emilie Welti-Herzog: Schweizer, Erster Satz aus unvoll. Sinfonie UA; Mozart, Arie der Donna Anna aus ‹Don Juan›; J. S. Bach, Air aus D-Dur-Suite; Schumann, Lieder; Bolzoni, La poule, Scherzo für Orchester; Schubert, Lieder; Rossini, Ouverture zu ‹Wilhelm Tell›; Weber, Arie der Rezia aus ‹Oberon›).

1539
– E. Br. m. U. Berlin, 3. April 1910, 3 S. 8°. Programmvorschläge.

1540
– E. Bk. m. U. Aarburg, 30. Dezember 1918, 2 S. 16°. Dankt «für Ihr impulsives, warmes Versprechen, das mir in seiner unbedingten Aufrichtigkeit, mein umgestürztes Ideal von Manneswort wieder aufrichtete.»

1541
– Br. v. fremder Hand m. U. Aarburg, 5. März 1923, 3 S. 8°. Empfiehlt ihre Tochter als Sängerin in Händels ‹Acis und Galathea›.

1542
Wendel, Ernst, 1876–1938, deutscher Dirigent. E. Pk. m. U. Bremen, 18. August 1921, 1 S. 16°. Bringt Andreaes Sinfonie C-Dur (op. 31) in Bremen zur Aufführung.

1543
– E. Br. m. U. Bremen, 14. Dezember 1921, 1 S. 4°. Will Andreaes Sinfonie (op. 31) in der kommenden Spielzeit in Hannover aufführen.

1544
– E. Pk. m. U. Bremen, 24. Mai 1930, 1 S. 16°. Betr. Mißverständnisse wegen Bremer Cellistenstelle.

1545
Wille, Ulrich, 1848–1925, Schweizer General, E. Br. m. U. o. O., 5. April 1918, 1 S. 8°. «Meinen herzlichen Dank für die Freude, die Sie mir durch Ihre Antheilnahme an meinem 70ten Geburtstag bereitet haben».

1546
Wittelsbach, Rudolf, 1902–1972, Schweizer Komponist/Pianist. E. Br. m. U. Zolli-

kon, 26. Dezember 1944, 3 S. 4°. Strebt ein Konservatorium an, das «eine wirkliche Bildungsstätte und ein geistiges Zentrum» ist.

1547
- E. Br. m. U. Zürich, 31. Mai 1959, 1 S. 4°. Dankt Andreae anläßlich von dessen 80. Geburtstag für das Wirken «als Lehrer, dessen großzügiger Unterricht die Persönlichkeit des Schülers ebenso zu erwecken verstand wie dessen Selbstkritik». (Brief enthalten im Album des Tonkünstlervereins zu Andreaes 80. Geburtstag).

1548
Wolf-Ferrari, Ermanno, 1876–1948, italienischer Komponist. E. Br. m. U. Zürich, 18. März 1918, 1 S. 4°. «Ich bin nicht aus Hochmut ein Einsamer geworden, glauben Sie mir. Es mußte sein, um *dankbarer* aufzuerstehen».

1549
- E. Br. m. U. Zollikon, 16. April 1919, 1 S. 4°. Gratuliert zur Aufführung der h-moll-Messe (Bach): «Wunderbar! Wunderbar! Wunderbar!... Noch zittert alles in mir!».

1550
Wolfrum, Philipp, 1854–1919, deutscher Komponist/Dirigent. E. Pk. m. U. Heidelberg, 11. November 1902, 1 S. 16°. Betr. Tempofrage; «vollends in einem Concertsaale mit ganz anderen akustischen Bedingungen wie einer Kirche ist die Beschleunigung [...] am Platze».

1551
- E. Pk. m. U. (Heidelberg), 16. Juli 1908, 1 S. 16°. Ist in Leipzig und Stuttgart als «Klavierspieler» mit Max Reger zusammen engagiert. Diskussion der Form eines Auftretens in Zürich.

1552
- E. Br. m. U. [Heidelberg], 8. Februar 1909, 1 S. 8°. Bedankt sich für Gastfreundschaft in Zürich. Bittet um Auskunft über einen (schweizerischen) Sänger namens [Alfred] Flury.

1553
- E. Pk. m. U. (Heidelberg), 5. März 1909, 1 S. 16°. «In Basel haben sie mich gleich zu einem Vierteldutzend Vorträgen (Haydn, Liszt, Schumann) engagiert!!!» Bedankt sich für die Vermittlung des Sängers Flury, der ausgezeichnete Kritiken erhielt.

1554
- E. Ak. m. U. (Heidelberg), 9. Juni 1910, 1 S. 16°. «Glückwünsche zum glänzenden Sieg».

1555
- E. Pk. m. U. Heidelberg, 22. Dezember 1910, 1 S. 16°. Generalprobe sollte am Vormittag sein, «Reger ist auch *sehr* occupirt».

1556
- E. Pk. m. U. (Heidelberg), 1. Februar 1911, 1 S. 16°. (An die Verwaltung der Tonhalle gerichtet.) Wolfrum und Reger kommen am 7. November für Probe und Konzert des Bachabends nach Zürich. Honorar 800 Fr. (mit Regers Unterschrift in Wolfrums Schrift).

1557
- E. Pk. m. U. (Heidelberg), 20. August 1911, 1 S. 16°. Programmvorschlag.

1558
– E. Br. m. U. Heidelberg, 6. Dezember 1911, 3 S. 8°. Möchte nicht ohne Schweizer Kollegen als Preisrichter am Eidgenössischen Sängerfest amten. «Empfehlen Sie mich auch Meister Hegar».

1559
– E. Br. m. U. Samaden, [1919], 2 S. 4°. Betr. finanzielle Probleme «eines Deutschen, der gesundheitshalber seinen Aufenthalt jetzt in Ihrer schönen Schweiz nehmen muß – die Valuta!».

1560
Wood, Henry, 1869–1944, englischer Dirigent. E. Br. m. U. London, 2. Januar 1922, 2 S. 8°. «your Miniature Suite *made a great impression*. [...] I shall play it again later in the season in Manchester and Liverpool».

1561
– M. Br. m. U. Chorleywood Common. 5. September 1924, 1 S. 4°. «I am playing your ‹Kleine Suite› at one of the Liverpool Philharmonic Society's concerts next season».

1562
– E. Br. m. U. Chorleywood Common. 28. Februar 1932, 2 S. 4°. Ist mit Honorar von 1250 Fr. einverstanden.

1563
Woyrsch, Felix, 1860–1944, deutscher Dirigent/Komponist. E. Br. m. U. Altona, 19. September 1907, 2 S. 8°. Freut sich, daß sein ‹Totentanz› in Zürich aufgeführt wird. Erwähnt sein ‹Passions-Oratorium› (op. 45).

1564
Wüllner, Anna, ?, Gemahlin von Franz Wüllner. Gedr. Br. o. U. Köln, 8. September 1902, 1 S. 4°. Todesanzeige von Professor Dr. Franz Wüllner, städtischer Kapellmeister und Direktor des Konservatoriums für Musik in Köln.

1565
– E. Br. m. U. Köln, [September 1902], 4 S. 8°. Will dafür sorgen, daß Andreae Franz Wüllners Partitur von Bachs Matthäus-Passion erhält.

1566
– E. Br. m. U. Köln, 31. Dezember 1902, 4 S. 8°. Betr. Wüllners Partituren der Bach-Passionen und der h-moll-Messe.

1567
– E. Pk. m. U. Köln, 9. Januar 1903, 1 S. 16°. Betr. Aufführungsmaterialien zu den Passionen Bachs.

1568
– E. Br. m. U. Köln, 4. März 1903, 1 S. 16°. Berichtet über Fritz Steinbachs Einsetzung als Nachfolger von Franz Wüllner am Konservatorium Köln.

1569
– E. Pk. m. U. Köln, 7. März 1903, 1 S. 16°. Betr. Aufführungsmaterialien zur Matthäus-Passion Bachs.

1570
– E. Br. m. U. Köln, 25. Mai 1903, 4 S. 8°. Bietet Andreae Franz Wüllners Handexemplare der Beethoven-Sinfonien zum Kopieren der Eintragungen an.

1571
– E. Pk. m. U. Köln, 18. Januar 1904, 1 S. 16°. Betr. Aufführungsmaterialien zur Johannes-Passion von Bach und zur Missa solemnis von Beethoven.

1572
– E. Pk. m. U. Köln, 21. März 1904, 1 S. 16°. Betr. Aufführungsmaterialien zu Händels Messias.

1573
– E. Pk. m. U. Köln, 24. März 1904, 1 S. 16°. Betr. Karfreitagsaufführung des Gemischten Chors Zürich der Missa solemnis von Beethoven.

1574
– E. Pk. m. U. Köln, 4. Juni 1904, 1 S. 16°. Gratuliert Andreae zu einer Aufführung der ‹Sinfonischen Fantasie› (für Tenorsolo, Chortenor, Orgel und Orchester, op. 7).

1575
– E. Br. m. U. Berlin, 7. Januar 1907, 3 S. 8°. Gratuliert zur Verlobung.

1576
– E. Br. m. U. Berlin, 7. Mai 1907, 3 S. 8°. Glückwunsch zur Heirat.

1577
Wüllner, Franz, 1832–1902, deutscher Dirigent. E. Br. m. U. Köln, 26. Dezember 1900, 4 S. 8°. Orientiert über die musikalische Lage in Köln. Freut sich, daß es Andreae in Bern gefällt, obwohl dort «die Opernverhältnisse [...] nicht mehr die früheren, wirklich glänzenden» zu sein scheinen.

1578
– E. Pk. m. U. Crêt-Junot, 16. August 1901, 1 S. 16°. Freut sich auf Andreaes Besuch.

1579
– E. Br. m. U. Köln, 18. November 1901, 2 S. 8°. Läßt die gewünschte Orgelstimme der h-moll-Messe (J. S. Bach) kopieren. Gibt Tempoangaben (zu einem von Andreae aufzuführenden Chorwerk). Fragen zu möglichen Engagements von Musikern. Möchte Andreaes neue Oper sehen (‹Oenone›).

1580
– E. Bk. m. U. Köln, 1. Januar 1902, 2 S. 16°. Dankt für «die ausführlichen Nachrichten über Ihr letztes Concert [...]. Am meisten hat mich Ihr Bericht über ‹Charons Nachen› interessiert. Wenn Sie einen Klavierauszug fertig haben, lassen Sie mich das Werk einmal sehen.»

1581
– E. Pk. m. U. Köln, 13. Januar 1902, 1 S. 16°. Betr. Orgelstimmen (zu Bachs h-moll-Messe).

1582
– E. Pk. m. U. Köln, 28. März 1902, 1 S. 16°. Freut sich, Andreae im Sommer in Köln zu sehen.

1583
– E. Bk. m. U. o. O. o. D. 1 S. 16°. Gedicht.

1584
Wüllner, Josefa, ?, Tochter von Franz Wüllner. E. Bk. m. U. [Köln], 23. August 1902, 2 S. 16°. Orientiert Andreae über Franz Wüllners schlechten Gesundheitszustand.

1585
Wüllner, Ludwig, 1858–1938, deutscher Sänger/Schauspieler. E. Pk. m. U. Berlin, 29. Juni 1923, 1 S. 16°. Bietet Andreae drei Bände der Bachausgabe (Matthäus-Passion, Johannes-Passion und h-moll-Messe) mit Eintragungen seines Vaters Franz Wüllner an.

1586
– E. Pk. m. U. Berlin, 16. Dezember 1933, 1 S. 16°. Schickt Melodram («Hero und Leander») von Dirk Fock und ‹Die Nachtigall› von Arnold Winternitz «als eingeschriebene Drucksache».

1587
Wurmser, Lucien, ?, französischer Instrumentalist. E. Br. m. U. Paris, 22. März 1906, 2 S. 8°. Möchte unter Andreaes Leitung spielen.

1588
Ysaye, Eugène, 1858–1931, belgischer Violinist. M. Br. m. U. des Sekretärs R. Strakosch, Brüssel, 6. August 1907, 1 S. 4°. Programmvorschläge: «Monsieur Ysaÿe me charge de vous dire, qu'il lui est très difficile de vous donner un Programme pour un Concert qui a lieu dans 6 mois.»

1589
– E. Bk. m. U. (Brüssel), [nach August 1907], 2 S. 16°. Bestimmte Programmangaben: Viotti, Violinkonzert a-moll, Nr. 22, Moór, Violinkonzert op. 62 G-Dur.

1590
– M. Br. m. U. des Sekretärs R. Strakosch, Brüssel, 23. Januar 1908, 1 S. 4°. Endgültiges Programm: «Moor, Violinkonzert op. 62, G-Dur, dann Beethoven oder Mendelssohn oder Bruch, Schottische Fantasie [op. 46]».

1591
– Telegramm, Innsbruck, 26. Februar 1908, 1 S. 8°. Definitive Programmwünsche: «Wünsche Viotti u. Moor oder Moor u. Beethoven oder Mozart u. Moor». (Telegramm von Andreae: «Moorkonzert in unserm Programm unmöglich. Spielen Sie bitte: Beethoven, Bachsonate oder Beethoven, Bachkonzert, A-moll Viotti Adagio».)

1592
– Telegramm, Wien, 28. Februar 1908, 1 S. 4°. «Insistance blessante vous prie me remplacer» (dazu Manuskript der Erklärung, mit der Andreae das Konzertpublikum über die Absage von Ysaye unterrichtete).

1593
Zaurischa, Willi, Akad. Maler in St. Florian. E. Br. m. U. St. Florian/Linz, 19. Juli 1959, 2 S. 4°. und 8 S. Noten, Willi Zaurischa, Akad. Maler in St. Florian schickt «zur besonderen Erinnerung an St. Florian [...] die Abschrift einer unveröffentlichten Komposition Anton Bruckners, die gewiß nur ganz wenigen Personen bekannt ist. [...] Das Werk diente zu einer Geburtstagsfeier, des in St. Florian wohnhaft gewesenen Grafen Karl O. Hegerty.» (‹Des Dankes Wort sei mir vergönnt› für Männerstimmen, o. op., 1855).

1594
Zilcher, Hermann, ?, E. Br. m. U. Zürich, 4. September 1943, 1 S. 4°. Bedauert, Andreae nicht getroffen zu haben.

Dokumente, die zur Briefsammlung Volkmar Andreae gehören:

1595
Bruckner, Anton, 1824–1896, österreichischer Komponist. E. Br. m. U. Wien, [1887?], 1 S. 8º. Widmet Kaiser Franz Josef von Oesterreich die Sinfonie Nr. 8. (Entwurf des Briefes).

1596
– E. Br. o. U., [1875?], 1 S. 8º. Betr. die zweite Auflage der dritten Sinfonie, d-moll. (Quittung von 1600 M).

1597
– Gedr. Vk. m. U. Wien, 1896, 1 S. 16º. Empfehlungskarte für (?) Haemmerli: «Hochgeboren! Ich erlaube mir den Überbringer als einen ganz ausgezeichneten Jungen und geschickten Mann zu empfehlen, Dr. A. Bruckner». [Geschenk an Andreae: «Wien im März 1921»].

1598
Laquai, Reinhold, 1894–1957, Schweizer Komponist. Gedr. Bk. m. U. o. O. o. D. 1 S. 16º. Geschenk an Andreae: Bild «Felix Mendelssohn als Knabe» mit Unterschrift «F. Mendelssohn Bartoldi».

1599
Ludwig II., 1845–1886, König von Bayern. E. Br. m. U. München, 29. Juli 1866, 4 S. 8º. Ludwig II., König von Bayern bietet Richard Wagner das «Du» an (vgl. Nr. 1473).

1600
Tschaikowsky, Pjotr, 1840–1893, russischer Komponist. E. Br. m. U. Moskau, 13. August 1889, 1 S. 8º. Kommt am 6. Dezember; Grüße an Madame Sieger.

1601
Wagner, Richard, 1813–1883, deutscher Komponist. E. Br. m. U. Zürich, [1849–1858], 1 S. 8º. An Unbekannt: kann der Einladung nicht Folge leisten.

1602
– E. Br. m. U. Zürich, o. D. 1 S. 8º. Bittet Herrn Bär, mit Herrn Meisterhagen ihn zu besuchen, um wegen eines «Orchester Benefizkonzertes zu reden».

PERSONEN- UND WERKREGISTER

Dieses Register bezieht sich ausschließlich auf die in diesem Band enthaltenen Regesten. Von Querverweisen zu und von den kommentierenden Texten wurde abgesehen; hingegen sind alle Zitate von Andreae-Korrespondenzen in diesen Texten mit den entsprechenden Nummern in den Regesten versehen.

Abendroth, Hermann 499, 1494
Ackroyd, William 1200
Aeschbacher, Adrian 204, 1338, 1339
Alaleona, Mirra 591
d'Albert, Eugen 558
– Aschenputtel op. 33   33
– Klavierkonzert 517
d'Albert, Felicitas 32
Alioth, Marguerite 805
Allegra, Edmondo 343, 344, 387
Andreae, Adelina 1426
Andreae, Elisabeth 35, 318, 774, 841, 1364, 1365, 1400, 1401
Andreae, Hans 291
Andreae, Marianne 1242, 1243, 1251
Andreae, Volkmar
– Der Bevorzugte 1491
– Capriccio op. 46   288
– Casanova op. 34   299, 300, 301, 302, 316, 397, 479, 480, 481, 555, 694, 978, 984, 1146, 1374, 1447
– Charons Nachen op. 3   1114, 1304, 1414, 1415, 1418, 1422, 1427, 1580
– Chöre 656
– Der fliegende Holländer (Lied) 561
– Das Göttliche op. 2   614, 615, 616, 617, 618
– Haarus 778
– Klavierlieder 657
– Klaviersonate 1176
– Kleine Suite op. 27   339, 388, 580, 685, 693, 758, 983, 1122, 1267, 1476, 1560, 1561
– Lebenslied 1293
– Li-Tai-Pe op. 37   715, 716, 1300
– Musik für Orchester op. 35   26, 166, 260, 309, 1504, 1510
– Notturno und Scherzo op. 30   685, 688
– Oenone 533, 724, 877, 1304, 1579
– Ratcliff op. 25   335, 367, 551, 552, 684, 757, 913, 947, 982, 983, 1118, 1242, 1440, 1475

– Rhapsodie op. 32   1167, 1168, 1456, 1457
– Sinfonie op. 31   365, 366, 369, 374, 381, 382, 388, 396, 397, 553, 763, 827, 985, 986, 1542, 1543
– Sinfonische Fantasie op. 7   620, 622, 623, 624, 625, 734, 735, 742, 1032, 1039, 1111, 1113, 1296, 1305, 1306, 1307, 1308, 1358, 1367, 1377, 1378, 1379, 1418, 1430, 1435, 1574
– Streichquartett op. 9   267, 740, 1309
– Streichtrio op. 29   363, 1116
– Suite op. 38   174, 175, 863
– Theaterstück [?] 272
– Vater Unser op. 19   153
– Violinkonzert op. 40   271, 715, 1004, 1006, 1007
– Violinsonate op. 4   853, 998, 1027
– Wanderlied 561
Ansermet, Ernest 186, 197, 247, 248, 249
Arbenz, Wilhelm 155, 246
Armhold, Adelheid 5
Attenhofer, Carl
– Lied im Volkston 39
Auer, Max 874

Bach, Johann Sebastian 329, 401, 485, 1082, 1353
– Actus tragicus 357
– Brandenburgisches Konzert Nr. 3   16
– Doppelkonzert BWV 1043   520
– Johannes-Passion 499, 1151, 1566, 1567, 1571, 1585
– Kantate [?] 545
– Klavierkonzert d-moll 511
– Kreuzstab-Kantate 1077, 1079
– Kunst der Fuge 1297, 1299
– Matthäus-Passion 26, 86, 159, 457, 489, 496, 497, 499, 500, 727, 751, 793, 944, 1149, 1151, 1186, 1437, 1485, 1492, 1565, 1566, 1567, 1569, 1585
– Messe in h-moll 141, 362, 1549, 1566, 1579, 1581, 1585

- Partita für Violine E-dur 1035, 1036, 1044
- Sonate für Violine C-dur 1042
- Solosonaten für Violine 277, 1043
- Suite D-dur Nr. 3   1538
- Tripelkonzert a-moll 511
- Violinkonzert 1591
- Violinsonaten 1043
Backhaus, Wilhelm 204
Balestra, Ilda 1177
Balmer, Luc 401, 409
Bandi, [?] 881
Bär, [?] 1602
Barber, Samuel 1366
Barblan, Otto 30
Bartók, Béla 1297
- Orchestersuite op. 3   51
- Rhapsodie op. 1   53, 54, 55, 56, 57
- Rumänische Tänze 57
Baumgartner, Paul 204
Beck, Conrad
- Concertino 60
- Sinfonietta 59
Becker, Hugo 1026, 1040, 1041
Beckert, Paul 89
Beer, Sidney 1394
Beethoven, Ludwig van 329, 402, 597, 1297, 1532
- Andante op. 78   1157
- Chorfantasie op. 80   1536
- Egmont-Ouvertüre 299, 301
- Klavierkonzert Nr. 1   419, 514
- Klavierkonzert Nr. 2   42, 43, 44
- Klavierkonzert Nr. 3   45, 324, 326
- Klavierkonzert Nr. 4   311, 514, 558, 1155, 1399
- Klavierkonzert Nr. 5   45, 328, 512, 558, 1155, 1159, 1164, 1165
- Leonoren-Ouvertüre II   299
- Leonoren-Ouvertüre III   23, 378
- Missa solemnis 1, 151, 152, 306, 535, 1097, 1141, 1519, 1571, 1573
- Romanze op. 50   1280
- Rondo op. 51   1158
- Sinfonie Nr. 1   10, 11, 185
- Sinfonie Nr. 2   185, 311
- Sinfonie Nr. 3   9, 10, 11, 12, 185
- Sinfonie Nr. 4   185
- Sinfonie Nr. 5   185, 310, 730
- Sinfonie Nr. 6   7, 8, 185

- Sinfonie Nr. 7   9, 185, 1507, 1512
- Sinfonie Nr. 8   7, 8, 9, 185, 310
- Sinfonie Nr. 9   48, 163, 185, 498, 739, 752, 1533
- Sinfonien 18, 1570
- Violinkonzert op. 61   852, 1061, 1062, 1280, 1590, 1591
Bekker, Paul 382, 957
Benn, Gottfried 781, 787
Berber, Felix 1312
Berg, Alban
- Wozzeck 78
Berlioz, Hector
- Benvenuto Cellini 165
- Carnaval romain 341
- Harold en Italie 1036
- La Damnation de Faust 1065, 1067, 1070, 1147, 1180
- Requiem 1381
- Roméo et Juliette 404, 1150, 1151, 1152
- Symphonie fantastique 419
Bernhard, Hans 769
Bernoulli, Eduard 1434
Bhaba, Homi 478
Bizet, Georges
- Arlesienne-Suite 351
Blanchet, Emile-Robert
- 64 Préludes op. 71   80
- Konzertstück op. 14   388
Blum, Robert 1047
- Ouvertüre zu einer heroischen Tragödie 84
Boccherini, Luigi
- Sonate Nr. 6   74
Bockelmann, Maria 1142
Bockelmann, Rudolf 1142
Bodmer, Hermann 23, 1339
Boehe, Ernst
- Tragische Ouvertüre 324
Boller, Fritz 1291
Bolzoni, Giovanni
- La poule 1538
Bourgeois, Léon 455
Brahms, Johannes 340, 767, 811, 1117
- Capriccio op. 76.2   1336
- Capriccio op. 116.3   1336
- Doppelkonzert op. 102   145, 283, 284, 285
- Intermezzo op. 116.4   1336
- Intermezzo op. 118   1167

- Klavierkonzert Nr. 1   360, 514
- Klavierkonzert Nr. 2   360, 514, 1155, 1164
- Lieder 1075
- Rhapsodie op. 79   1160
- Rhapsodie op. 119.4   1336
- Sinfonie Nr. 1   299, 512
- Sinfonie Nr. 2   299, 811, 1086
- Sinfonie Nr. 4   184, 299
- Triumphlied op. 55   811
- Ungarische Tänze 527
- Variationen op. 56a   526, 967
- Vier ernste Gesänge op. 121   1067
- Violinkonzert op. 77   1061, 1063
Braunfels, Walter 90
- Brambilla-Ouvertüre op. 22   132, 133
- Chorkantate 110
- Der Tod der Kleopatra op. 59   131, 133
- Die Vögel op. 30   126
- Drei chinesische Gesänge op. 19   128, 129
- Klavierkonzert op. 21   115
- Offenbarung Johannis op. 17   91, 92, 93, 94, 95, 96, 97, 105, 106, 109, 1313
- Präludium und Fuge op. 26   127
- Serenade op. 20   110, 130
- Ulenspiegel op. 23   115
- Variationen op. 15   107, 108, 110, 111, 112, 385
- Variationen op. 25   116, 120, 121, 122, 123, 124, 385
Breitenbacher, Franz Joseph 539
Breittmayer, Maggy 1032
Bruch, Max
- Das Lied von der Glocke op. 45   534
- Schottische Fantasie op. 46   1590
Bruckner, Anton 610, 714, 779, 874, 880, 930, 1189, 1483, 1593, 1597
- Geburtstagslied 1593
- Sinfonie Nr. 1   862
- Sinfonie Nr. 2   23
- Sinfonie Nr. 3   187, 613, 1596
- Sinfonie Nr. 5   15, 16, 711, 712, 879
- Sinfonie Nr. 6   711, 712, 862, 1470
- Sinfonie Nr. 7   973
- Sinfonie Nr. 8   1595
- Sinfonie Nr. 9   50
- Sinfonien 605
Brun, Alphonse 145, 486, 1440

Brun, Elisabeth 147, 226
Brun, Fritz 30, 116, 120, 121, 486, 731, 749, 805, 1050, 1110, 1150, 1440, 1449
- Cellosonate 224
- Grenzen der Menschheit 154
- Klavierkonzert 202, 204, 205, 206, 207
- Ouvertüre 211
- Sinfonie Nr. 2   137, 144, 196, 197
- Sinfonie Nr. 3   144, 145, 1495
- Sinfonie Nr. 4   148, 1506
- Sinfonie Nr. 5   154, 160, 161, 162, 164
- Sinfonie Nr. 6   169, 170, 172, 173
- Sinfonie Nr. 7   178, 212
- Sinfonie Nr. 8   188, 189, 190, 191, 192, 194, 1595
- Sinfonie Nr. 9   209, 210, 211, 212, 215, 216, 217, 218, 219, 220, 221, 222, 223
- Sinfonie Nr. 10   226, 227, 228
- Sinfonischer Prolog 200
- Streichquartett Nr. 3   194, 195, 198, 208
- Variationensatz 1944   194, 197, 208
Brun, Hanni 176, 183, 227
Brun, Hans 147, 201
Bülau, Wolfgang 886
Bülow, Hans von 554
Bungert, August
- Mysterium: Warum? Woher? Wohin? 232
Burkhard, Willy
- Dank 261
- Das ewige Brausen op. 46   236, 237, 243
- Das Gesicht Jesajas op. 41   236, 237, 238, 239, 240, 241, 242, 243, 256
- Das Jahr op. 62   254, 255, 256, 1283, 1301
- Hymnus op. 57   245, 246, 247, 248, 249, 250, 251, 252, 254
- Kantate op. 27   234
- Rilkezyklen op. 20.1/2   235
- Serenade op. 42   236, 242
Sinfonie op. 21   259
Sonatine für Klavier 253
Streicherkonzert op. 50   243, 246
- Te Deum op. 33   235
- Till Ulenspiegel op. 24   234
- Ulenspiegel-Variationen op. 37   235, 247, 250, 252
Burrian, Karl 96

Busch, Adolf 275, 277, 278, 279, 282, 283,
    285, 290, 293, 294, 296, 321, 1359, 1363,
    1364, 1468
– Introductione op. 47   288
– Konzert für großes Orchester 277, 278,
    279
– Ouvertüre op. 28   263
– Sinfonische Fantasie op. 17   296
– Violinkonzert 295
Busch, Eta 268
Busch, Frieda 1359, 1363, 1364
Busch, Fritz 314, 315, 316, 320, 955
Busch, Gisela 268
Busch, Hanspeter 268
Busch, Hedwig 1365
Busch, Hermann 285
Busch, Irene, s. Serkin
Busoni, Benni 402, 403
Busoni, Ferruccio 185, 411, 412, 413, 414,
    416, 477, 818, 825, 858, 859, 1055, 1266,
    1297, 1340
– Arlecchino op. 50   338, 399
– Berceuse élégiaque op. 42   324, 556
– Carmen-Sonatine 387
– Concertino op. 48   343, 344, 387
– Concerto op. 39   322, 323, 415
– Die Brautwahl op. 45   366, 391
– Doktor Faust 350, 361, 364, 365, 369,
    372, 373, 374, 398, 406, 408
– Gesang vom Reigen der Geister
    op. 47   348
– Indianische Fantasie op. 44   327, 328,
    364, 368, 391
– Klavier-Toccata 396
– Konzertstück op. 31a   364
– Rondo arlecchinesco op. 46   327
– Sarabande op. 51   346, 347, 348, 349
– Sarabande und Cortège op. 51   350,
    351, 352, 353, 354, 355, 356, 357, 358,
    359
– Tanzwalzer 396, 475, 591
– Turandot op. 41   338, 339
– Violinkonzert op. 35   266, 351
Busoni, Gerda 49, 472, 474, 861, 1278,
    1340
Butting, Max 474

Caplet, André
– Le Miroir de Jésus 418
Casals, Pablo 156, 1103

Casanova, Silvio di 402, 510
Casella, Alfredo 474, 475
– La donna serpente 451, 452
– Violinkonzert 453
Chopin, Frédéric 329
– Klavierkonzert e-moll 556
– Préludes op. 28   322, 323
Clotfelter, [?] 430
Cohen, [?] 414
Combe, Eduard 754
Corelli, Arcangelo
– Concerto grosso aus op. 6   520
Cortot, Alfred 382, 1103
Courvoisier, Walter 30, 912, 1319

D'Annunzio, Gabriele 382
Dammert, Udo 1166
Daniel, Prof. Dr. [?] 1480
De Boer, Willem 138, 145, 521, 522, 954,
    1249
Debussy, Claude 1173
– Ibéria 1173
– Pelléas et Mélisande 1150
– Trois nuages 36
Delius, Frederick
– Brigg Fair 464, 465, 467
Demetriescu, Theophil 407
Denjis, Thomas 499
Dent, Edward 402, 1340
Denzler, Robert F. 753, 1472
Dieren, Bernard van 390
Dierolf, Frieda 292
Dobrowen, Issai 299
Doorn Lindeman, Dora van 1127
Doret, Gustave 142
Draeseke, Felix 1309
– Symphonia Tragica op. 40   482
– Serenade op. 49   482
Dubs, Hermann 869
Duhem, Jean [?] 1174
Dukas, Paul
– Sinfonie C-dur 811
– Sonate 1271
Durigo, Ilona 306, 870, 921
Dvořák, Antonín
– Cellokonzert op. 104   62, 65, 66, 70,
    74, 156
– Drei slawische Tänze 527
– Romantische Stücke op. 75   527
– Violinkonzert op. 53   967

Einstein, Alfred 1406
Eldering, Bram 4, 1367, 1368
Elgar, Edward 180, 1378, 1420
Erb, Karl 1, 165, 166, 921
Erdmann, Eduard 11
Erler-Schnaudt, A. 1248
Ermatinger, Erhart 1135
Evans, Edwin 476

Fahrni, Helene 256
Falla, Manuel de 476
Feuermann, Emanuel 509
Feuermann, Monica 508, 509
Février, Henri 1031
Fischer, Edwin 204
Flesch, Carl 519, 1027
Flury, Alfred 1552, 1553
Fock, Dirk
– Hero und Leander 1586
Förstel, Gertrud 306
Franck, César
– Variations symphoniques 1183, 1274, 1275
Franke, Friedrich Wilhelm 1434
Franz Joseph, Kaiser von Österreich 1595
Freund, Robert 1194, 1195, 1197, 1198, 1219, 1237
Frey, Walter 36, 204
Fried, Oscar 1389
Friedberg, Carl 745
Fuchss, Werner 53, 55, 939
Fürstner, Otto 1389
Furtwängler, Wilhelm 578
– Sinfonie Nr. 1 574

Galliera, [?] 1163
Galston, Gottfried 393
Ganz, Rudolph 842, 848
Gehri, Elisabeth 256
Geiser, Walther 49
Gerhardt, Livingstone 430
Gieseking, Walter 256
Giessen, Hans 620, 735
Ginster, Ria 499
Glaff, [?] 744
Glazunow, Alexander
– Violinkonzert 527
Glenck, Hermann von 724
Gluck, Christoph Willibald
– Alceste 5, 9

Goethe, Johann Wolfgang 1042
Goetschius, Percy 806

Haas, Joseph 700
– Variationensuite op. 64 595, 596
Haeberlin, Elise Helene 466
Haemmerli, [?] 1597
Händel, Georg Friedrich 1121, 1122
– Acis und Galathea 1541
– Judas Maccabäus 1080
– Messias 536, 537, 538, 539, 540, 541, 542, 543, 544, 1068, 1080, 1141, 1434, 1572
– Psalm 112 1376
– Saul 1285
Hamsun, Knut 236
Harrison, Beatrice 72
Hassler, Dr. [?] 892, 893
Hauff, Wilhelm 1452
Hausegger, Hella von Bronsart 680
Hausegger, Hertha 675
Hausegger, Siegmund von 111, 600, 601, 604, 605, 606, 607, 608, 609, 612, 1436
– Aufklänge 684, 685, 686, 687
– Hymnen an die Nacht 645
– Lieder 633, 634, 661, 663
– Natursinfonie 662, 666, 669, 671, 672, 674, 676, 677, 681, 703, 705, 706, 707, 708, 1328
– Weihe der Nacht 656
Haydn, Franz Joseph 991, 1297
– Die Jahreszeiten 1075, 1083
– Sinfonie B-dur Hob. I. 102 591
– Sinfonie D-dur Hob. I. 104 591
– Sinfonie G-dur Hob. I. 94 16
– Sinfonie G-dur Hob. I. 100 368
Haym, Dr. [?] 744
Hedmondt, Marie 1119
Hegar, Friedrich 138, 561, 565, 636, 638, 811, 834, 1033, 1102, 1195, 1197, 1522, 1558
– Ahasvers Erwachen op. 34 734, 761
– Cellokonzert op. 44 757, 760
– Das Herz von Douglas op. 36 756
– Jung Volk op. 5.3 742
Hegar, Johannes 747, 757, 764, 834
Hegar, Lina 709
Hegar, Peter 633
Heger, Robert 1310
– Hero und Leander 1309
Hegerty, Graf Karl 1593

Hegner, Anna 1524, 1527
Heimann, [?] 399
Heine, Heinrich 896, 897, 907
Hekking, Gérard 1017, 1022
Henking, Bernhard 1134, 1135, 1136
Hermann, Paul 938
Herrenschmidt, Marcelle 389, 390
Hess, Ludwig 94, 96, 97, 98, 99, 101, 102, 103, 615, 657, 1195, 1199, 1311, 1436
Hesse, Hermann 139, 178
Heuser, [?] 1378
Heyer, Robert 1320
Hilg, Egyd 948
Hindemith, Paul 81, 213
– Das Unaufhörliche 77, 781, 782, 783, 787
– Konzert für Orchester op. 38   305
– Mathis der Maler 1301
Hirt, Franz Josef 204
Hirt, Fritz 805
Hirzel, Max 1406
Hitler, Adolf 1144
Hobohm, [?] 695
Hoesslin, Franz von 1169
Honegger, Arthur 993, 1147, 1178, 1268
– Cellokonzert 992, 993, 994, 995
– Horace victorieux 790
– König David 969
Honegger-Vaurabourg, Andrée 791, 993, 1268
Huber, Hans 402, 565, 1033, 1295, 1424
– Festspiele 844
– Klavierkonzert 801, 802
– Quintett op. 136   830
– Sinfonie Nr. 3   837
– Sinfonie Nr. 4   819, 820, 821, 823
– Sinfonie Nr. 5   799
– Sinfonie Nr. 7   342, 809
– Sinfonie 804, 1039
– Suite für Violoncello op. 89   828, 829, 830, 831, 832, 833
Hugo, Victor 910

d'Indy, Vincent
– Sinfonie op. 25   1281, 1284, 1285
Isler, Ernst 767, 1204, 1205, 1207, 1210, 1239

Jaecker, [?] 177, 179
Jamet, André 460

Janigro, Antonio 980
Jaques-Dalcroze, Emile 1033, 1310, 1318, 1320, 1321
– Violinkonzert C-dur 856, 1036
Jarnach, Philipp 402, 474
Joachim, Joseph 529
– Violinkonzert op. 3   526

Kägi, Walter 185
Kaminski, Heinrich 1169
– 69. Psalm 864, 865, 866
– Introitus und Hymnus 866
– Magnifikat 867, 868, 869
Kantorowitz, [?] 442, 1061
Katz, Peter 895
Kempter, Lothar 753, 755
Kestenberg, Leo 382
Klatte, Wilhelm 1322
Klose, Friedrich
– Das Leben ein Traum 890, 891, 892, 893, 917, 918, 928
– Der Sonne Geist 913, 919, 920, 921, 923, 924, 925, 926, 927
– Die Wallfahrt nach Kevlaar 896, 897, 898, 899, 900, 901, 902, 903, 904, 905, 906, 907
– Ein Festgesang Neros 910, 911
– Elfenreigen 890, 893
– Ilsebill 882
– Messe op. 6   885, 886
– Präludium und Doppelfuge 930, 1039
– Proteus 886
– Vidi aquam op. 10   887, 888, 889, 890
Knöll, Dr. [?] 302
Kodály, Emma 939
Kodály, Zoltán 1297
– Cellosonate op. 8   938
– Háry János-Suite 940
– Psalmus hungaricus op. 13   939, 969
– Streichquartett op. 2   52, 53
Kohlbecker, W. 1193
Koref, [?] (Frau Dr.) 1454
Kornauth, Egon
– Sinfonie Nr. 2   942
Kötscher, Hans 805
Kraus, Felix von 690
Krauss, Clemens 1411
Kreis, Otto 153
Kremser, Eduard
– Der Trompeter von Säckingen 41

Křenek, Ernst
- Concerto grosso 955
- Die Nachtigall op. 68   962, 963, 964, 965
- Quartett 954
- Thema und 13 Variationen op. 69   962, 963, 964, 965

Kuhn, Max 1205

La Roche, Adelheid 766
Labroca, Mario 474
Lalo, Edouard
- Cellokonzert 994
- Symphonie Espagnole 1063
Lang, Rolf 1339
Lange, Julius 725
Langnese, Rolf 1406
Laquai, Reinhold 403
Lauber, Joseph 30, 805
- Violinkonzert 1039
Lavater, Hans 177
Lehr, Lorenz 145
Leichtentritt, Hugo 401
Leider, Frida 1142
Leimer, Kurt 1402
Leonard, Lotte 469
Levy, Ernst 805
Levy, Leon
- Sinfonie Nr. 5   969
Lion, Ferdinand 978
Liszt, Franz 329, 824, 1031, 1162
- Dante-Sinfonie 931
- Faust-Sinfonie 379, 391
- Figaro-Fantasie 324, 325, 326
- Klavierkonzert A-dur 1155
- Klavierkonzert Es-dur 1155, 1159
- Totentanz 322, 323, 328, 1162
Lochbrunner, Gottfried 393
Loeffel, Felix 236, 255
Loeffler, Charles Martin
- Carnaval des morts 596, 597
- Eclogue 597
Loewen, Inese 447, 449
Loewe, Carl
- Balladen 1068
Lothar, Friedrich Wilhelm 1314
Louis, Rudolf 886
Lüchinger, Adolf 578
Ludwig II., König von Bayern 871, 872, 873, 934, 935, 936, 1170, 1473

Magers, Jörg 405
Mahler, Gustav 378
- Das Lied von der Erde 556
- Rückert-Lieder 988
- Sinfonie Nr. 3   987
- Sinfonie Nr. 4   341, 1122
- Sinfonie Nr. 5   29
Marek, Czeslaw
- Orchestersuite 996
- Sinfonie 996
Marteau, Henri 264, 887, 1205, 1223, 1227, 1228, 1433
- Cellokonzert 1002, 1003
- Gesang der Geister 1042
Marteau, Jean Sébastien 1011, 1014
Martin, Frank
- Ballade 36
- Esquisse pour petit orchestre 1046
- In Terra Pax 1048
Martucci, Giuseppe
- Notturno 591
Marx-Kirsch, Hedwig 1493
Matthes, René 843
Maurice, Pierre
- Misé brun, drame lyrique 1053
Meisterhagen, [?] 1602
Mendelssohn, Arnold 1321
- Pandora op. 37   1056, 1057, 1058, 1059, 1321
Mendelssohn-Bartholdy, Felix 1598
- Klavierkonzert d-moll 1154
- Sinfonie A-dur 1154
- Violinkonzert 1062, 1590
Mengelberg, Willem 499, 521, 1124
Menuhin, Yehudi 1061
Mersmann, Hans 130
Merz-Tunner, Amalie 23
Messchaert, Johann Martinus 306, 988
Mayer, Sabine 1370
Michaelis, [?] 266
Möckel, P. O. 352
Mombert, Alfred 913
Monteverdi, Claudio
- Madrigale 401
Moór, Emanuel
- Cellokonzert 437
- Tripelkonzert 1103
- Violinkonzert op. 62   520, 1102, 1103, 1589, 1590, 1591
Moor, Julia 1513

421

Mooser, R. Aloys 186
Moser, Paul 3
Mottl, Felix 504
Mozart, Wolfgang Amadeus 401, 402, 756, 1353, 1591
– Così fan tutte 399, 1533, 1535, 1536
– Divertimento KV 287   1515, 1516, 1517
– Don Giovanni 1184, 1538
– Idomeneo 351, 354, 1184
– Klavierkonzert A-dur KV 488   1184, 1185
– Klavierkonzert A-dur 117, 424, 425
– Klavierkonzert Es-dur KV 271   1182, 1184, 1185
– Klavierkonzert Es-dur 368, 383
– Klavierkonzert c-moll KV 491   340
– Klavierkonzert d-moll KV 466   341
– Rondo D-dur KV 382   1183, 1184
– Sinfonie A-dur KV 201   1515, 1517
– Sinfonie C-dur KV 551   1517, 1518
– Sinfonie D-dur KV 385   526
– Sinfonie D-dur KV 504   36
– Sinfonie c-moll 1185
– Konzertante Sinfonie KV 364   1459, 1461
– Violinkonzert A-dur KV 219   527, 529
– Violinkonzert D-dur KV 218   527, 529
– Violinkonzert D-dur KV 271a   1062, 1063
Mühlfeld, Richard 1025
Munzinger, Karl 30, 136, 853
Mussorgski, Modest
– Bilder einer Ausstellung 6, 8
Muthesius, Volkmar 1292

Nardini, Pietro
– Allegro 526
Navone, [?] 1017
Neumann, Paul 776, 777
Niggli, Arnold 482
Nissen, Hans Hermann 26

Oboussier, Robert 861
– Sinfonie Nr. 1   1129
Odnoposoff, Ricardo 1520
Onegin, Sigrid 168
Oser, Hans 914, 915

Paderewski, Ignacy 80, 382

Paganini-Flesch, Oktaven-Etude 526
Paque, Désiré 339
Pasquier, Pierre 1380
Pattiera, Tino 300
Paumgartner, Bernhard 1402
Pentzoldt, Fritz 1144, 1145
Petri, Egon 415
Petri, Henri Wilhelm 1369
Pfeiffer, Hubert
– Messe E-dur 1169
Pfitzner, Hans 811, 1309, 1420
Pizzetti, Ildebrando 1468
Posa, Oscar
– Lieder 1075
Possart, Ernst 904
Poulenc, Francis
– Aubade 1929   1178
– Concert Champêtre 971, 972
Prokofjew, Sergej 1297
– Symphonie classique op. 25   1181

Queling, Riebe 3

Raabe, Peter 23, 1338
Raff, Joachim 378
Rassow, [?] 1322
Rauch-Godot, Jehanne 75
Ravel, Maurice
– Alborada del gracioso 420
– Bilder einer Ausstellung 8
– Forlane 420
– Jeux d'eau 420
Reger, Christa 1251, 1252
Reger, Lotti 1252
Reger, Max 542, 756, 803, 1009, 1031, 1034, 1252, 1253, 1254, 1255, 1297, 1309, 1429, 1551, 1555, 1556
– An die Hoffnung op. 124   1248, 1249
– Aus meinem Tagebuch op. 82   1211
– Ballettsuite op. 130   1244, 1245, 1248
– Der 100. Psalm op. 106   751, 1212, 1226, 1227, 1228, 1229, 1230, 1238, 1312
– Die Nonnen op. 112   1225, 1241
– Fünf Gesänge op. 98   1211
– Introduktion, Passacaglia und Fuge op. 127   1245
– Klarinettensonate op. 107   1218
– Klavierquartett op. 113   1227, 1228, 1229, 1231, 1233, 1237

- Klavierkonzert op. 114 1255
- Klaviertrio op. 102 1219
- Konzert im alten Stil op. 123 1241, 1242
- Mozart-Variationen op. 132 299, 301
- Konzert im alten Stil op. 132 299, 301
- Passacaglia op. 96 1207, 1211, 1218, 1219
- Romantische Suite op. 125 1241, 1244
- Serenade op. 95 1207, 1208, 1209, 1210, 1212, 1215
- Sextett op. 118 1238
- Sinfonietta op. 90 1198, 1201, 1202, 1204, 1209, 1212, 1215
- Sinfonischer Prolog op. 108 302, 1223, 1224, 1225
- Soloviolinsonate 1249
- Sonatine op. 89 1201
- Streichquartett op. 54 1191
- Streichquartett op. 74 1191, 1200
- Streichquartett op. 109 1225
- Suite op. 93 1207, 1209, 1211
- Triumphgesang op. 126 1241, 1245
- Variationen und Fuge op. 81 1201
- Variationen und Fuge op. 86 1201, 1218, 1219
- Variationen und Fuge op. 100 1206, 1212, 1218
- Variationen und Fuge op. 132 1246, 1248
- Vier Gesänge op. 88 1201
- Vier Lieder op. 97 1211
- Vier Tondichtungen op. 128 311, 1244, 1245, 1248
- Violinkonzert op. 101 262, 292, 1025, 1035, 1039, 1044, 1223, 1226, 1228, 1238
- Violinsonate Nr. 4 op. 72 1198
- Violinsonate Nr. 5 op. 84 1207
- Vortragsstücke op. 76 1201, 1203
- Zehn Gesänge op. 83 1190, 1191, 1192, 1193, 1198, 1201, 1242

Rehberg, Adolphe 1012
Rehberg, Walter 1255
Rehberg, Willy 825, 826, 1012
Reichel, Bernard
- Pièce symphonique 1264
- Sinfonie 1942/44 967, 1259, 1261, 1262, 1263, 1301
Reiff, Hermann 411, 412, 413, 414, 477
Reiff, Lily 1401, 1519
Reinhardt, Max 475
Reinhart, Hans 727
Reinhart, Walther 868
Reitz, Fritz 145
Reucker, Alfred 399
Reuter, Florizel von 1024, 1026
Reutter, Hermann
- Missa brevis op. 22 567, 568
Rezniček, Emil Nikolaus von
- Ritter Blaubart 398
Ritter, Alexander 649
Romano, Corrado 979
Röntgen, Engelbert 138
Röntgen, Ernst 1423
Röntgen, Julius 523, 1091
Rösch, Friedrich 875
Rosenthal, Moritz 556
Rossini, Gioacchino
- La Cenerentola 591
- Wilhelm Tell 1538
Röthlisberger, Edmund 810, 816
Roussel, Albert
- Evocations op. 15 1281, 1282

Sacher, Paul 194, 197, 236, 243, 260
Saint-Saëns, Camille
- Africa op. 89 1155, 1183
Salis, Arnold von 828
Savoff, Familie 490
Scarlatti, Domenico
- Sonaten 425
Schädelin, Walter 137
Scheidemantel, Karl 548
Schelling, Ernest
- Sinfonie 1294
- Suite 1294
Scherchen, Hermann 148, 169, 170, 188, 190, 209, 247
Scherz-Meister, Elsa 187
Schey, Hermann 26, 242
Schibler, Armin 1259
Schild, Erich 815
Schillings, Max von 1206
- Glockenlieder op. 22 1311
- Sinfonischer Prolog op. 11 1317
- Violinkonzert 1312
Schmid, Erich 31
Schmid, Karl 1107
Schmid, L. 1360

Schmid-Lindner, August 912
Schmitt, Florent
– 47. Psalm op. 38   1332
Schmuller, Alexander 1228, 1236
Schnabel, Artur 559, 1187, 1399, 1406
Schnabel, Karl Ulrich 1339
Schoeck, Hilde 1343
Schoeck, Othmar 30, 81, 139, 141, 148, 178, 181, 294, 303, 362, 404, 486, 1440, 1485
– Massimilla Doni 1344
– Penthesilea 473, 1343
– Sonate op. 35   1047
Schönberg, Arnold
– Bläserquintett op. 26   471, 1451
– Gurrelieder 1346, 1347
Schreker, Franz 398
Schubert, Franz 178
– Impromptu op. 142.3   1335
– Lieder 1083, 1538
– Moments Musicaux op. 94   1333
Schubert, Heinz
– Hymnus op. 1   23
Schuller, Julius 817, 818
Schulthess, Walter 912, 913
– Violinsonate 915
Schumann, Georg 549, 550
– Klavierquartett op. 29   1350
– Oratorium Ruth op. 50   1350, 1351
Schumann, Robert 821
– Klavierkonzert op. 54   1155, 1159
– Lieder 1538
– Manfred 161
– Manfred-Ouvertüre 1086
– Sinfonie Nr. 2   1447
– Sinfonie Nr. 4   301
– Toccata op. 7   1157, 1160
Schütz, Heinrich 1139
Schwartz, [?] Frau, 846
Schwarzenbach, Mathilde 392
Schwarzenbach, Rudolf 66, 70
Schweizer, [?]
– Sinfonie 1538
Schwob, Susanne 195
Scott, Walter 398
Seeberg, Hans 1110
Seidler, [?] 905
Selden, Gisela
– Sinfonische Variationen 1
Senius, Felix 306

Serkin, Peter 1362
Serkin, Rudolf 269, 270, 280, 281, 290, 291, 297, 311
Serkin-Busch, Irene 1363, 1365
Shaw, George Bernhard 391
Sibelius, Jean
– Sinfonie Nr. 5   397
Sieger, [?] 1600
Siegrist, [?], Frl. 962
Silva, Luigi 451
Simon-Kocher, Zina 155
Sinigaglia, Leone
– Rapsodia piemontese op. 26   1369
– Violinkonzert op. 20   1367, 1368, 1369
Spitteler, Carl 1452, 1453
Spohr, Louis
– Violinkonzert Nr. 9   266
Staempfli, Edward
– Violinkonzert Nr. 1   1375
Stein, Fritz
– Händel-Psalm, Bearb. 1376
Stein, Richard 1142
Steinbach, Fritz 1568
Steiner, Adolf 769
Strakosch, R. 1588, 1590
Strauss, Pauline 1396
Strauss, Richard 733, 739, 880, 1420, 1534
– Also sprach Zarathustra 729, 798, 1388
– Burleske op. 15   1388
– Daphne op. 82   1392
– Don Juan op. 20   1394
– Don Quixote op. 35   1388, 1389
– Ein Heldenleben op. 40   878, 1395, 1396, 1397, 1398, 1399
– Eine Alpensinfonie op. 64   332, 1387, 1390, 1391
– Elektra 507
– Feuersnot 1374
– Hymnus op. 33.3   1290
– Intermezzo 481
– Oboenkonzert 1393
– Orchesterlieder 166
– Pilgers Morgenlied op. 33.4   1290
– Salome 1384, 1386
– Sinfonia Domestica op. 53   1390, 1391
– Taillefer op. 52   1312, 1381, 1382, 1383, 1384
– Till Eulenspiegel 324, 368, 512
Strawinsky, Igor
– Capriccio 1929   1407

– Petruschka 36
– Psalmensinfonie 1410
– Sacre du Printemps 1407
Stucki, Rosmarie 204
Studer, Arved 4, 1412
Suk, Josef
– Fantasie Nr. 2   527
Suter, Hans 201
Suter, Hedwig 201, 810
Suter, Hermann 148, 201, 486, 565, 806
– Die erste Walpurgisnacht op. 5   1441, 1442
– Le Laudi op. 25   497, 1449
– Sinfonie op. 17   1439
– Violinkonzert op. 23   134
Sutermeister, Heinrich
– Das kalte Herz 1452
– Marche Fantasque 1452, 1453, 1454
– Raskolnikoff 1452
Szigeti, Joseph 453

Tenaglia, Antonio
– Aria 526
Tetrazzini, Luisa 1367
Thibaud, Jacques 1103
Thoman, Maria 557
Thuille, Ludwig 1003
– Klavierquintett op. 20   1303
Tischhauser, Franz
– Concertino 1462, 1465
– Serenade 1462, 1463, 1464, 1465
Toscanini, Arturo 279, 282, 288, 314, 382, 1141, 1144, 1361, 1367, 1469
Tschaikowsky, Peter I. 66, 70, 378
Tulder, Louis van 469

Uhlmann, Otto 1048
Ulmer, Willy 1329
Ulrich, Carl 505, 506, 1073, 1074

Valentin, Sophie 691
Vassal, Hanna Ulrike 1256
Vaterhaus, Hans 919
Verdi, Giuseppe
– Macbeth 168
– Requiem 1269
Versteegh, Theodora 941
Viotti, Giovanni Battista
– Violinkonzert Nr. 22   953, 1589, 1591
Vivaldi, Antonio

– Konzert e-moll 158
Voelker, Franz 173
Vogler, Carl 182, 756, 759, 1441

Wagner, Richard 402, 871, 872, 873, 934, 935, 936, 1170, 1469, 1473, 1599
– Der fliegende Holländer 419, 1399
– Götterdämmerung 503, 504, 507
– Lohengrin 732
– Meistersinger 40, 286, 1290
– Parsifal 286, 503
– Rienzi 503, 504, 505
– Tannhäuser 311, 732
– Tristan und Isolde 503
Wagner, Winifred 1142
Waldkirch, H. von 1147
Walter, Bruno 1339, 1406, 1411
Walton, William
– Belshazzar's Feast 1490
– In Honor of the City of London 1488
– Portsmouth Point 1486
– Violakonzert 1459, 1461, 1487
Weber, Carl Maria von
– Euryanthe-Ouvertüre 1154
– Klavierkonzert 1154
– Oberon 1538
Webern, Anton von 477
Weill, Kurt
– Konzert op. 12   305
Weingartner, Felix 160, 162, 169, 1447
– Sinfonie Nr. 4   1494, 1502
Weismann, Julius
– Chorwerke op. 10   1522, 1523
– Sonate für Violine und Klavier op. 28   1524, 1526
– Violinsolosonate op. 30   1524, 1525, 1527
Wellesz, Egon
– Chorwerk 23
Westermann, Gerhart von
– Arie 567
Widmann, Josef Viktor 767
Wilhelm II., deutscher Kaiser 456
Winternitz, Arnold
– Die Nachtigall 1586
Wirz, Dr. H. 1125
Wirz, Victor 566
Wirz-Wyss, Clara 783
Wittelsbach, Rudolf 420, 422
Wolff, Cläre 1142

Wolff, Erich 1223
Wolff, Fritz 1142
Wolff, Hermann 1223
Wolfrum, Philipp 803
Wood, Henry 475
Woyrsch, Felix
– Passionsoratorium op. 45   1563
– Totentanz op. 51   1563

Wüllner, Franz 739, 1564, 1565, 1566, 1568, 1570, 1584, 1585
Wüllner, Ludwig 161

Ysaye, Eugène 520, 1103, 1104

Zargani, Mariano 1482
Ziehns, Bernhard 399

VERZEICHNIS DER ABBILDUNGEN UND FAKSIMILES

Abbildungen 16/17

1884
1905/06
ca. 1920
Mit Adolf Busch, ca. 1930
Anfangs der 50er Jahre
Linz, 1949
Wien, Ende der 50er Jahre

Faksimiles

Fritz Hegar 57
Max Reger 79, 89
Gustav Mahler 101
Hans Huber 107
Volkmar Andreae 113
Hermann Suter 121
Fritz Brun 137
Béla Bartók 145
Friedrich Klose 155
Arnold Schönberg 169
Richard Strauss 195
Ferruccio Busoni 203, 207
Zoltán Kodály 251
Paul Hindemith 265
Willy Burkhard 271

Zum Zürcher Musikleben im 19. Jahrhundert:

**Friedrich Hegar –
Sein Leben und Wirken in Briefen**
Ein halbes Jahrhundert Zürcher Musikleben
1865–1923
Im Auftrag der Allgemeinen Musikgesellschaft Zürich
bearbeitet und herausgegeben von Fritz Müller.

380 Seiten mit zahlreichen Abbildungen

Friedrich Hegar, der Vorgänger Volkmar Andreaes als Chefdirigent des Zürcher Tonhalle-Orchesters bis 1906 und wie dieser während Jahrzehnten der entscheidende Gestalter des Musiklebens der Stadt Zürich, hat, ebenfalls wie Andreae, mit vielen bedeutenden Künstlern seiner Zeit korrespondiert, etwa mit Brahms, Bruch, Goetz, Hans Huber, Sarasate, Clara Schumann, Richard Strauss, Hermann Suter, Felix Weingartner, aber auch mit Jakob Bächtold, dem Gottfried Keller-Biographen, Gottfried Keller selbst, C. F. Meyer, Nietzsche, Spitteler, J. V. Widmann, Ulrich Wille. Aus einem gewaltigen Bestand von über 1500 Dokumenten hat der Herausgeber Fritz Müller eine Auswahl von Briefen und von Auszügen aus Briefen getroffen, die ihm sowohl nach dem Inhalt wie auch nach dem Verfasser oder Empfänger interessant zu sein schienen. In manchen der Briefe geht es nicht nur um das Zürcher Musikleben von damals, sondern auch um die Kompositionen Friedrich Hegars und deren Aufführungen im In- und Ausland. Hegar zählte weit über seine Heimat hinaus zu den begehrtesten und beliebtesten Komponisten und Gastdirigenten, sowohl bei Chören wie bei Orchestern. Durch diesen Band erhält der Leser ein überaus anschauliches Bild eines der bedeutendsten Schweizer Musiker der 2. Hälfte des 19. Jahrhunderts, aber auch jener für Zürich musikalisch besonders glorreichen Zeit, die auf Richard Wagners gescheiterte Reformvorschläge folgte.

ATLANTIS MUSIKBUCH-VERLAG